LA CHRONIQUE

D'ENGUERRAN

DE MONSTRELET

PARIS. — IMPRIMERIE DE CH. LAHURE ET Cⁱᵉ
Rue de Fleurus, 9

LA CHRONIQUE

D'ENGUERRAN

DE MONSTRELET

EN DEUX LIVRES
AVEC PIÈCES JUSTIFICATIVES
1400 — 1444

PUBLIÉE

POUR LA SOCIÉTÉ DE L'HISTOIRE DE FRANCE

PAR L. DOUËT-D'ARCQ

TOME SIXIÈME

A PARIS

CHEZ Mme Ve JULES RENOUARD

LIBRAIRE DE LA SOCIÉTÉ DE L'HISTOIRE DE FRANCE

RUE DE TOURNON, N° 6

—

M DCCC LXII

EXTRAIT DU RÈGLEMENT.

Art. 14. Le Conseil désigne les ouvrages à publier, et choisit les personnes les plus capables d'en préparer et d'en suivre la publication.

Il nomme, pour chaque ouvrage à publier, un Commissaire responsable, chargé d'en surveiller l'exécution.

Le nom de l'Éditeur sera placé à la tête de chaque volume.

Aucun volume ne pourra paraître sous le nom de la Société sans l'autorisation du Conseil, et s'il n'est accompagné d'une déclaration du Commissaire responsable, portant que le travail lui a paru mériter d'être publié.

Le Commissaire responsable soussigné déclare que l'Édition de la Chronique d'Enguerran de Monstrelet, *préparée par M.* Douët-d'Arcq, *lui a paru digne d'être publiée par la* Société de l'Histoire de France.

Fait à Paris, le 1ᵉʳ mai 1861.

Signé L. BELLAGUET.

Certifié,

Le Secrétaire de la Société de l'Histoire de France,

J. DESNOYERS.

TABLEAU CHRONOLOGIQUE

DES

FAITS COMPRIS DANS CE VOLUME.

ANNÉE 1441.

(Du 16 avril 1441 au 1er avril 1442.)

La duchesse de Bourgogne prend congé du roi à Laon.....	1
Démolition du château de Montagu......................	4
Siége de Creil...	5
Siége de Pontoise.....................................	6
Le duc d'York marche au secours de cette ville..........	12
Attaques du côté de l'abbaye de Maubuisson.............	19
La ville est prise d'assaut.............................	22
Siége de Tartas.......................................	24
Entrevue de Charles, duc d'Orléans et de Philippe le Bon, duc de Bourgogne, à Hesdin........................	25
Assemblée de Nevers; demandes des seigneurs et réponses du roi...	26

ANNÉE 1442.

(Du 1er avril 1442 au 21 avril 1443.)

Expédition du roi en Languedoc. — La journée de Tartas...	50
Prise de Saint-Sever de Gascogne......................	53
Prise de Marmande et de la Réole......................	55
Prise de Conches par les Anglais, et de Gaillardon par les Français..	57

TABLEAU CHRONOLOGIQUE.

Entrevue de l'Empereur et du duc de Bourgogne à Besançon. 59
Siége de Dieppe par les Anglais................... 60
Prise du château de Milly en Beauvoisis.............. 61

ANNÉE 1443.

(Du 21 avril 1443 au 22 avril 1444.)

Préparatifs de Charles VII pour une expédition en Normandie. 66
Entrée du comte de Sommerset en Anjou.............. 66
Tournoi du seigneur de Chargny.................... 68
Expédition du comte d'Étampes en Luxembourg......... 73
Le Dauphin (Louis XI) fait lever le siége de Dieppe....... 77
Est envoyé en Languedoc pour la punition d'un capitaine gascon nommé Sallazar............................ 82
Conquête du Luxembourg par le duc de Bourgogne....... 83
Mort de Louis de Luxembourg, archevêque de Rouen...... 93

ANNÉE 1444.

(Du 12 avril 1444 au 28 mars 1445.)

Défaite des troupes du Dauphin par le maréchal de Bourgogne.. 95
Trêves avec l'Angleterre............................ 96

CHRONIQUE
D'ENGUERRAN
DE MONSTRELET.

LIVRE SECOND.
1422-1444.

DE L'AN MCCCCXLI.
[Du 16 avril 1441 au 1ᵉʳ avril 1442.]

CHAPITRE CCLVIII.

Comment la duchesse de Bourgongne se parti du roy Charles estant à Laon et retourna au Quesnoy, où alors estoit le duc de Bourgongne son mari.

Au commencement de cest an, Charles, roy de France, estant à Laon, où il avoit solempnisé la feste de la résurrection Jhésucrist en l'ostel ébiscopal de l'évesque d'ycelle cité de Laon, tenant pluiseurs grans consaulz sur les requestes que luy avoit faites la duchesse de Bourgongne et ceulx de son conseil, en la fin desquelz consaulx finablement, comme j'ay jà déclairié, ly en furent peu accordées. Dont elle ne fut point bien contente, et appercut assés clèrement, et aussy firent ceulx qui estoient avec elle, que les gouverneurs d'ycelui Roy n'avoient mie bien agréable le duc de Bourgongne, ne ses besongnes. Et pour tant, elle véant que sa demeure yluceq ne ly estoit mie gramment prouffitable, prinst congié au dessusdit Roy, et le remercia de l'honneur et bonne récepcion qu'il luy avoit faite. Et après luy dist : « Monseigneur, de toutes les requestes que je vous ay faites ne m'en avés nulles octroiiées ne accordées, jà soit-il seloncq mon advis qu'elles fussent assés raisonnables. » A quoy le Roy ly respondi assés courtoisement, en disant : « Belle seur, ce poise nous que aultrement ne se puet faire. Car seloncq ce que nous trouvons en nostre conseil, à cui en avons parlé bien au long, ycelles requestes nous seroient moult préjudiciables à accorder. » Après lesquelles parolles elle prinst congé, comme dict est, au Roy, et à son fils le Daulfin. Puis se parti de là et s'en vint ou giste à Saint-Quentin, avec elle toutes ses gens. Et le raconduisi le connestable et aulcuns aultres, grand espace. Duquel lieu de Saint-Quentin elle s'en vint lendemain disner au Chastel en Cambrésis[1]. Et à ceste heure estoient alés aulcunes gens dudit roy, fouragier ou pays de Haynau et ès marches à l'environ ; et emmenoient moult grosses proies, c'est assavoir chevaulx, vaches, et aultres biens et bestailz. Si furent

---

1. Cateau-Cambrésis (Nord).

tost et radement poursievis des gens de ladicte duchesse. Lesquelz en occirent trois ou quatre en la place, et les aultres se sauvèrent par force de bien coure, réservé deux qui furent ratains et pris, et menés au Quesnoy-le-Conte, où ils eurent les hateriaulx coppés. Auquel lieu du Quesnoy ala au giste ycelle duchesse de Bourgongne, où estoit le duc son mari, à cuy elle racompta tout ce qu'elle avoit trouvé envers le roy de France et ceulx qui le gouvernoient. Et pour vrai, la plus grand partie des nobles qui avoient esté avec elle en ycelui voiage, n'estoient point si françois à leur retour qu'ils estoient quand ils alèrent devers le Roy, pour aulcunes parolles qu'ils avoient oyes et veues en yceulx de ce party. Pour lesquelz rappors, le dessusdit duc de Bourgongne se pensa en luy meisme, et s'en devisa avec aulcuns de son plus privé conseil, que grand besoing lui estoit de luy et ses pays tenir seurs et bien garnis de gens, considérans que à peu de occasion on seroit tost enclin de lui faire grief ou dommage. Nientmains, si y avoit-il tous jours des vaillans, discrès, prudens et saiges hommes, qui moult désiroient et contendoient de les tenir en paix et bonne union. Et par espécial de la partie du Roy se y employèrent l'archevesque de Rains, grand chancelier de France. Et jà soit-il que la dessusdicte duchesse de Bourgongne se fust départie de devers le Roy, comme vous avés oy ci-devant, si y avoit-il, de jour en jour, aulcuns hommes de bien alans et venans de partie à aultre pour entretenir et concorder ce qui feroit à faire entre eulx.

CHAPITRE CCLIX.

Comment la forteresce de Montagu, appertenant au damoiseau de Commarcis, fut abatue et désolée par le commandement du duc de Bourgongne.

En oultre, messire Robert de Salebrusse, seigneur de Commarcis, poursievoit très fort le Roy et ceulz de son conseil pour ravoir la forteresce de Montagu. Lequel seigneur de Commarcis n'estoit point en la grace du duc de Bourgongne, mais l'avoit en très grande indignacion et hayne pour pluiseurs injures qu'il avoit fait en ses pays, et aussy à ses gens et subgectz. Et pour tant ne vouloit consentir pour nulle riens que ycelle forteresce luy fust rendue, ains vouloit qu'elle fust démolie et abatue. Et pareillement le désiroient pluiseurs bonnes villes, comme Rains, Laon, Saint-Quentin et aultres, pour ce que de très long temps gens s'estoient acoustumés d'eulx y tenir. Lesquelz moult fort avoient travillié et oppressé par leurs courses et pilleries ceulz desdictes villes et du plat pays à l'environ. Et finablement la conclusion fut telle, que ceulx qui estoient dedens baillèrent seurté de le rendre au Roy, à l'entrée du mois de juing prochainement ensievant, en tel estat qu'il plairoit audit duc de Bourgongne, c'est assavoir entière ou désolée. Et de ce fut le Roy content. Pendant lequel temps, le duc de Bourgongne fict mettre ouvriers en œuvre en grand nombre pour ycelle forteresce abatre et démolir. Et ainsy en fut fait. Mais durant le temps dessusdit, ycelui damoiseau de Commarcis cuida trouver aulcuns moyens secrètement de le ravoir en sa main pour argent, à aulcuns de ceulx qui l'avoient en garde. Lesquelx furent de ce accusés, et pour ceste cause prins, et en y eut quatre qui eurent les hateriaux coppés. Lequel en estoit l'un, le prévost de la ville dudit Montagu. Ainsy et par telle manière fut désolée ycelle forteresce, laquelle estoit scituée et assise hault sur une montaigne, en moult fort lieu. A l'occasion de laquelle le pays avoit eu moult à souffrir, comme dict est dessus.

CHAPITRE CCLX.

Comment le roy de France ala mettre le siège devant la ville de Creyl, laquelle il conquist.

Item, après que le roy de France eut sousjourné par l'espace d'un mois ou environ dedens la cité de Laon, il se parti de là, et par Soissons et Noyon s'en ala à Compiengne, où il sousjourna par aulcuns jours, en attendant son armée qui se préparoit pour aler devant la ville de Creyl. Et non obstant que Guillemme de Flavy, capitaine d'ycelle ville de Compiengne, euyst son pardon et rémission du Roy, pour la mort du seigneur du Rieu, mareschal de France, qui estoit mort en ses prisons, toutefois n'ala il point devers le Roy. Mais par avant sa venüe, pour la doubte des amis dudit seigneur mareschal, s'en ala avec le seigneur d'Offemont pour estre plus seur de sa personne. Et lors venoient gens de plusieurs parties dudit royaume de France devers le Roy, qui par avant avoient esté mandés. Et peu de jours ensievans, se départy ledit Roy de ladicte ville de Compiengne et s'en ala à Senlis, où il sousjourna ung petit de temps, et puis se mist à chemin avec son exercite pour aler vers la ville de Creil, que tenoient les Anglois. Si se loga assés près d'ycelle ville, au costé devers Paris. Et le connestable et aultres capitaines se logèrent à l'autre costé devant le pont. Devant laquelle ville, de première venue furent faites aulcunes escarmuches. Et tost après furent assis les gros engiens du Roy contre les portes et murailles, dont très fort les adommagèrent, et tant que les assiégés commencèrent à avoir grand doubte d'estre prins d'assault. Pour quoy, au bout de douze jours ou environ après ledit siège mis, requirent de traictier avec ycelui Roy ou ses commis. Sy leur fut octroyé. Et en fin d'ycelui traictié, furent contens de rendre ladicte ville et le chastel avec tous les biens, par tel si qu'ils povoient emporter tant seulement leurs robes et ce qu'ils avoient d'argent. Et ce fait, s'en alèrent soubz bon sauf conduict, tous à pied, par la porte du pont en tirant vers la ville de Biauvais. Et y estoit en chief d'yceulx Anglois, messire Guillaume Chamberlan. Après lequel partement des dessusdis Anglois, le Roy entra dedens le chastel. Et les aultres seigneurs et capitaines se logièrent en pluiseurs lieux devant la ville. A laquelle garder il commist Yvon du Puis.

CHAPITRE CCLXI.

Comment le roy de France ala assègier la ville de Pontoise, laquelle eu la fin il conquist d'assault.

Item, après que le roy de France eut sousjourné aulcuns peu de jours en la ville de Creil, il tira vers la ville de Pontoise, à tout son armée, et y vint environ la my mai. Si se loga en l'abéye de Maubuisson, où il y a une notable église de dames et de moult beaulx édefices. Et avec luy se logèrent tous ceulx de son ostel, avec aulcuns aultres. Et le connestable et les mareschaulx de France, c'est assavoir les seigneurs de Saloingnies et de Lohiac, et pluiseurs aultres capitaines, se logèrent en aulcuns aultres divers lieux. Et brief ensievant furent assis et affustés les grans engiens du Roy devant ung bolevert qui estoit au bout du pont, au costé devers ledit lieu de Maubuisson. Lequel fut tantost si adommagié qu'il fu prins d'assault. Si y furent mors quatorze ou seize des gens du Roy, et pluiseurs bléciés. Et pareillement furent aulcuns Anglois. Lequel bolevert le Roy fist refortifier, et ordonna pour la garde d'ycelui messire Denis de Chailly et Michault Durant, à tout leurs gens. Et d'aultre part on fist faire ung pont par dessus la riviere d'Oise contre l'abéye de Saint-Martin, lequel fut cloz de petite muraille, et fut fortifié tout à l'environ, tant de fossés comme de petit boleverts, ainsy qu'il est acoustumé de fortifier bastilles. Et là se loga messire Charles d'Augou, le seigneur de Cotigny, admiral de France, avec lui trois ou quatre mil combatans. Et si fut fait à l'entrée du pont, au dehors de ladicte rivière d'Oise, une assés forte bastille, pour la garde d'ycelui pont. Par le moyen desquelles fortificacions pouvoient passer seurement à leur aise, sans le dangier desditz Anglois leurs adversaires, auquel costé il leur plaisoit de ladicte rivière. Et entretant que les approches dessusdictes se faisoient, vinrent devers le Roy grand nombre de gens, tant seigneurs et nobles hommes comme ceulx des bonnes villes, qui par avant avoient esté mandés. Entre lesquels y vindrent, de ceulx de la cité de Tournay, jusques au nombre de six vins combatans ou au desus, en très bon convenant, gens d'eslite et très bien habilliés, dont la plus grand partie estoient arbalestriers. Et les conduisoient trois notables hommes d'ycelle cité, dont le premier estoit nommé Symon de Saint-Jenois, l'autre Robert le Louchier, et le tiers Jehan de Courcielles. Si furent reçus du Roy très joieusement. Et aussy y vinrent ceulz de la cité de Paris, en moult grand quantité et en très bel estat, et avec ce d'aultres bonnes villes. Et si comme ils venoient, estoient receus et logés par les gens du Roy, comme il appertenoit. En oultre, Loys de Luxembourg, conte de Saint Pol et de Ligney, qui par avant avoit fait son amas de gens d'armes en ses seignouries, y arriva, environ huit jours après le Saint Jehan, à tout six cens combatans ou environ, très bien en point; et faisoit moult chault. Si mist ses gens en bataille assés près du logis du Roy. Lequel, avec aulcuns de ses princes et capitaines, les ala veoir bien à loisir, et toutes ses gens. En fu moult joieux de sa venue; si le festoia et mercia moult grandement de ce qu'il l'estoit venu servir à si belle compaignie. Avec lequel conte de Saint-Pol estoit le seigneur de Vervins, messire Colard de Mailly, Loys d'Enghien, messire Ferri de Mailly, Jehan de Hanghiers, messire Daviot de Poix, Jacotin de Béthune et ses frères, George de Croix, et pluiseurs autres gentils hommes. Si furent ce jour une grand partie moult travilliés de la chaleur dessusdicte, et tant que à la cause d'ycelle chaleur morut ung gentil homme, nommé Robert de Fransomme. Et quand le Roy les eut veus, comme dict est, s'en alèrent logier au plus près de là, et brief ensievant se logier avec les aultres audit siège. Et aussi y vint le conte de Vaudémont, acompaignié de cent à six vins combatans. De laquelle venue le Roy fut très content et joyeux. Et pour vray, à ceste assemblée furent moult de grans ou service du dessusdit roy de France. C'est assavoir, son fils le Daulfin, le conte de Richemont, connestable de France, et les deux mareschaulx dessus nommés, et l'admiral, messire Charles d'Angou, les contes d'Eu et de La Marche, de Saint-Pol, de Vaudémont, de Labreth, de Tancarville, de Joingny, le visdame de Chartres, le seigneur de Chastillon, le seigneur de Mareul en Brie, le seigneur de Bueil, La Hire, Pothon de Sainte-Treille, le seigneur de Ham, messire Heinselin de La Tour, le seigneur de Moy, Glaudu de Auges, Renauld de Longueval, le seigneur de Moyencourt, le seigneur de La Suze, messire Theolde de Walperghe, Anthoine de Chabennes, Charles de Flavi, messire Gilles de Saint-Simon, Hue de Mailly, Olivier de Coitivy, le seigneur de Pennesach, Blanchefort, Floquet, Brousacq, Joachim Rohault, Pierre Renauld, le seigneur de Graville, maistre Jehan de Gapondes, Joffroi La Hire, le bastard de Harcourt, et moult d'aultres notables gens de grande auctorité. Et tant que, seloncq l'estimacion de ceulx en ce congnoissans, le Roy povoit bien avoir en tout de dix à douze mil combatans, et fleur de gens de guerre. Lesquelz, chascun endroit soy, estoient moult désirans de conquerre la ville de Pontoise.

Durant lequel temps, le duc d'Yorch, le seigneur de Thalebot et aulcuns aultres chiefs de la partie des Anglois qui se tenoient à Rouen, commencèrent à viser et ymaginer comment ils pourroient mieulx souscourir à leurs gens qui estoient dedens ycelle ville de Pontoise. Et en fin se conclurent que pour la première fois, le seigneur de Thalebot le yroit ravitailler pour adviser la manière et conduicte des François. Si se mist sus ledit Thalebot, à tout quatre mil combatans ou environ, tant de pied comme de cheval, à tout chars, charettes et bestail. Et ala par aulcuns jours, tant qu'il vint logier jusques à une ville nommée Cheverin[1], assés près dudit lieu de Pontoise, et là jut deux nuis. Et entretant, bouta des vivres dedens ladicte ville, sans avoir aulcun empeschement et destourbier. Car le Roy et ceulx de son conseil estoient délibérés de non combatre yceulx Anglois, si non que ils les trouvassent grandement à leur advantaige. Après lequel ravitaillement, messire Jehan de Thalebot s'en retourna à Mante, et se logèrent ses gens en ung village au dehors de la ville, et de là s'en retournèrent en Normendie. Et entretant, les engiens du roy de France qui estoient assis contre ladicte ville de Pontoise, tant en la grande bastille de Saint-Martin comme ailleurs, gettoient continuelment contre les tours et murailles d'ycelles, et les dérompoient en pluiseurs lieux. Mais les dessusdiz assiégés les refaisoient nuit et jour, de queues[2] et de bois, au mieulx qu'ilz povoient. Et avec ce faisoient aulcunes fois des saillies contre lesdiz François. Aux quelles, tant d'une partie comme de l'autre, en y avoit très souvent de mors et de bléciés et de navrés. Durant lequel temps, le

---

1. Chauvry, arr. de Pontoise (Seine-et-Oise).
2. De *Queues*, c'est-à-dire de tonneaux remplis de terre.

Roy et ceulx de sa partie encloyrent ycelle ville par siége, tout à l'environ. Mais bonnement ne povoient encore veoir qu'il se peuyst faire sans trop grand péril, parce que lesdiz siéges ne povoient aler au secours l'un de l'autre, se besoing en eust esté. Et si sentoient que les Anglois dessusdiz estoient bien puissans, et assés prestz pour venir brief ensievant eulx combatre pour lever le siège. Et pour ces causes delayèrent, lesdiz François, de environner ycelle ville. Et fut ordonné qu'on feroit encore une grande bastille en la forest de Compiengne, pour amener par eaue, et ycelle asseoir sur aulcuns des costés où on verroit qu'il seroit plus expédient. A laquelle, pour le faire expédier, fut commis Guillaume de Flavi. Et certain temps après, ledit messire Jehan de Thalebot retourna pour la seconde fois et ravitailla arrière de chief ladicte ville et lesdiz asségiés, de foison de vivres et d'aulcuns engiens et habillemens de guerre. Et à chescune fois y laissoit une partie de ses gens, et remenoit avec luy ceulx qui estoient navrés ou malades. Et comme par avant, après ledit ravitaillement s'en retourna sans avoir aulcun empeschement. Toutefois, le Roy véant les manières que tenoient sesdiz adversaires, ayant considéracion que celui siège porroit estre long par le moyen des vivres qu'on amenoit en ladicte ville de Pontoise de jour en jour, en estoit moult mérancolieux et desplaisant. Nientmains il, de sa personne, faisoit très grand diligence de faire fortifier ses bastilles, comme de les pourveoir de vivres et aultres besongnes nécessaires pour eulx deffendre, se ainsy advenoit qu'on les assaillist.

CHAPITRE CCLXII.

Comment le duc d'Yorch, souverain gouverneur de Normendie pour le roy d'Angleterre, vint vers la ville de Pontoise pour cuidier lever le siège du roy de France.

Ou temps dessusdit, le duc d'Yorch, qui estoit chief pour la guerre et lieutenant général pour le roy Henri d'Angleterre quand ès marches de France et de Normendie, avoit assemblé de six à sept mil combatans. Entre lesquelz estoient, les seigneurs d'Escalles et de Thaleboth, messire Richard d'Oudeville, qui avoit espousé la duchesse de Bethfort, seur à Loys de Luxembourg, conte de Saint-Pol, et aulcuns autres capitaines de Rouen, dont plus avant ne suis informé des noms. Et avoient avec eulx très grand nombre de chars, charettes et chevaulx chargiés de vivres et artilleries; et si avoit grand bestail. Si se mirent en chemin en moult belle ordonnance, entour le mi-juillet, et de Rouen, par aulcunes journées, vinrent devers Pontoise, ledit duc d'Yorch et ses gens. Et faisoit l'avant garde, à tout trois mil combatans, messire Jehan de Thalebot. Si se loga ledit duc à Cenery [1], à demie lieue près de ladicte ville de Pontoise. Et l'avant garde se loga à une ville nommée Hetonville [2]. Ouquel logis ils furent par trois jours et ravitaillèrent ladicte ville très habondamment de pluiseurs manières de vivres. Et adonc firent sçavoir au Roy qu'ilz estoient venus pour le combatre et toute sa puissance, se il se vouloit mettre aux champs

---

1. *Cenery*, sans doute Ennery, à 3 kilom. de Pontoise.
2. *Hetonville*, sans doute Hérouville, à 6 kilom. de Pontoise.

contre eulx. Mais le Roy n'eut point conseil de ce faire, ains luy fut dit et remoustré comme aultre fois par ceulx de son grand conseil, qu'il seroit mal consillié de adventurer sa personne et toute son armée contre gens de si petit estat au regard de luy. Disant oultre, que aultres fois luy avoit trop chier [cousté] en aulcunes batailles qui avoient esté faites contre eulx par ses gens durant son règne, et que mieulx valoit de leur laissier faire leur envaye pour ceste fois, et garder les passages de ladicte rivière, car bonnement ne pourroient lesdiz Anglois faire long séjour à si grant gent, pour ce qu'ilz n'avoient vivres, si non à grand dangier. Si fut ceste conclusion tenue. Si furent pluiseurs capitaines envoyés par ordonnance avec leurs gens au bout de la rivière d'Oise, depuis Pontoise jusques à Biaumont, et encore oultre. Et le Roy et ceulx des bastilles demourèrent en leurs logis. Et adonc, les Anglois, véant que point ne seroient combatus, prinrent conseil et conclurent l'un avec l'autre de passer la rivière d'Oise se ilz povoient, pour aler en l'Isle de France, et meismement au logis du Roy. Si se deslogièrent dont ilz estoient logiés, au quatriesme jour, et tous ensamble s'en alèrent logier à Chanville Hault-Vergier[1]. Et pour ce qu'ilz estoient assés advertis qu'on gardoit les passaiges contre eulx, veyrent bien qu'ils ne povoient mieulx faire, ne achever leur entreprinse, que par nuit. Et avoient petit bateaulx de cuir et de bois, cordes et aultres habillement, tous propices à faire pons, qu'ils

---

1. Il faut lire Chambly le Haubergier. C'est Chambly, à une demi lieue de Beaumont-sur-Oise. On l'a appelé le Haubergier parce qu'on y fabriquait des hauberts.

avoient chargiés sur leurs charios. Si ordonnèrent que la grigneur partie de leurs gens feroient samblant de vouloir passer par force d'assault au port de Beaumont, en y faisant ung très grand cri et haulte noise, adfin que toutes gens de leur adverse partie laissassent leurs gardes pour y venir, et les aultres, à tout leurs habillemens, yroient tout quoyement espyer sur la rivière quand ils verroient qu'il seroit heure de besongnier. Laquelle chose ils trouvèrent selonc leur intencion. C'est assavoir, adrecèrent contre l'abéye de Royaumont, où lors n'y avoit point de guet. Car desjà toutes gens de guerre estoient alés devers ledit lieu de Beaumont, où le dessusdit cry et le bruit estoit encommencié, si comme entre eulx Anglois avoient proposé et devisé. Et faisoient grand semblant de vouloir yluecq passer la rivière; ce qui estoit mal possible, pour tant qu'on leur volsist deffendre. Et adonc, les dessusdiz Anglois boutèrent ung batelet en l'eaue, et passèrent bien doubtablement oultre, trois ou quatre, pour la première fois. Lesquelz atachèrent une forte corde d'un bort à l'autre, à tout petis penchons qu'ilz avoient loyé par le milieu, par le moyen de laquelle ilz passèrent tantost, de quarante à cinquante. Lesquelx se fortifièrent de penchons aguisiés à deux boutz, ainsy qu'ilz ont accoustumé de faire. Or considérés le péril où les premiers passans se mettoient. Car pour vray, s'il y eust eu seulement dix combatans de la partie des François, ils eussent bien gardé ledit passage contre ledit duc d'Yorch. Si est moult bel exemple pour ceulx qui ont telle besongne à conduire de y commettre gens qui soient seurs et doubtent à perdre leur honneur, pour ce que par malvaise diligence adviennent souvent de grandes mésaventures. Et tost après, aulcuns des gens Floquet, qui avoient la charge de cest costé, en retournant de envers Beaumont où ilz estoient alés au cry dessusdit, apperceurent lesdiz Anglois qui passoient. Si y alèrent tantost et cryèrent à l'arme tout au long de ladicte rivière jusques audit lieu de Beaumont, où estoient grand partie des capitaines, qui montèrent tantost à cheval. Et alèrent les aulcuns audit passage sur intencion de les rebouter. Mais ce fut peine perdue. Car ilz estoient jà en trop grand nombre pour y résister, jà soit qu'il y eut escarmuche entre ycelles deux parties. A laquelle escarmuche fut mort ung très vaillant homme nommé Guillaume du Chastel, nepveu de messire Tanegui. Et avec luy furent mors deux ou trois aultres. Et avoient fait lesdiz Anglois ung pont de cordes, par lequel ilz passèrent tout leur charroy et aultres baghes et aultres habillemens de guerre. Et lors les François, véant qu'ilz n'y povoient mettre remède, se tirèrent grand partie hastivement vers Pontoise, et noncèrent au roy de France ces nouvelles. Lequel en fut moult fort desplaisant, et perçut bien aulcunement qu'il estoit en grand péril de recepvoir grand honte, dommage et destourbier. Si fist sans délay porter grand partie de son artillerie devers la grande bastille de Saint-Martin, et se prépara diligamment de deslogier de là et toute son armée, se besoing luy en eust esté. Et lors yceulx Anglois, quand ils furent passés tout à leur aise, couchèrent la première nuit au pont dudit passage. Et firent ce jour aulcuns nouveaulx chevaliers. Entre lesquelz le furent fais les filz du conte d'Ormont, d'Irlande, et les deux frères du conte de Staffort, dont l'un se disoit conte d'Eu. Et lendemain se deslogèrent assés matin, et chevaulchèrent en moult belle ordonnance en tirant vers Pontoise. Et adonc eut le Roy conseil de laissier son logis de Maubuisson, et s'en ala à Poissy, et avec luy tous ceulx de son ost, réservé ceulx de la bastille Saint-Martin, desquelz estoit souverain capitaine le seigneur de Coctigny, admiral de France, et avec lui, Lahire, Joachin Rohault, Jehan d'Estouteville et Robinet son frère, messire Robert de Béthune, seigneur de Moreul en Brie, le seigneur de Chastillon, le seigneur de Mayoncourt, Renauld de Longueval, le seigneur de La Roche Guion, seigneur de Moy en Beauvoisis, et moult d'autres nobles et grans seigneurs et vaillans hommes d'armes. Et aussi y demourèrent ceulx de la cité de Tournay dont dessus est faite mencion. Et y avoit en retrait des vivres de l'ost en très grand habondance. Et au partement d'ycelui Roy, leur fu promis de les souscourir en tout ce qu'il leur seroit possible. Et quand au bolevert du bout du pont que tenoient lesdiz François, ils le délaissèrent et habandonnèrent. Et en après, le dessusdit duc d'Yorch se tira vers Maubuisson, dont le roy de France s'estoit parti, et y trouva encore des vivres et autres biens que les marcheans n'avoient peut enlever, et là se loga. Et Thalebot s'en ala logier une lieu plus avant en une ville sur la rivière entre Pontoise et Conflans. Lequel logis ils tinrent trois jours. Et aloient en la ville par leur pont, que ceulx de dedens avoient réédifiée avec leur bolevert, tout à leur plaisir. Et pareillement ceulx de dedens yssoient quand bon leur sambloit, sans avoir empeschement ou destourbier de leurs dictz adversaires. Si espéroient ceulx de ladicte bastille estre assaillis chascun jour, et estoient en voulente de eulx très bien deffendre. De laquelle chose, au regard d'assault ilz n'avoient garde, car yceulx Anglois n'eussent jamais bouté leurs gens en ce dangier, actendu les affaires qui leur sourvenoient, dont ilz ne povoient encore veoir la fin. Mais non obstant ce, leur disoient qu'ilz les assauldroient et qu'ilz se départissent à tout une partie de leurs baghes, et qu'ilz feroient grand sens, actendu et veu que le Roy les avoit habandonnés et laissiés en ce dangier. Mais ilz n'en avoient nulle volenté de ce faire, ains respondirent qu'ilz n'en feroient riens, et que point ne les doubtoient. Entre lesquelles parolles furent faites aulcunes escarmuches entre eulx, et plus de trait que par aultre manière. Et au quatriesme jour, ledit duc d'Yorch se desloga dudit lieu de Maubuisson et ala au logis de Thalebot, qui avoit fait faire ung bolevert de cordes, cloyes et aultres besongnes, par lequel ilz repassèrent l'eaue d'Oize. Et povoient bien avoir quarante chars, que charettes. Et ce propre jour, Pothon de Saincte-Treille s'estoit parti de Poissy, à tout grand quantité de gens de guerre, pour mener vivres à la devant dicte bastille. Et alèrent après luy le connestable de France, le conte de Saint-Pol, et aulcuns aultres capitaines, pour le souscourir, se il en euyst besoing. Mais ilz furent advertis du rapassage desdictz Anglois. Pour quoy ilz envoyèrent devers ledict Pothon, dire qu'il se batast de retourner. Et il leur remanda qu'ilz s'en alassent passer par Meulen, par où ilz s'en retourneroient audit lieu de Poissi par l'autre costé de la rivière. Laquelle chose ilz firent. Et après que le duc de Yorch et ses Anglois furent repassés comme dict est, s'en alèrent mectre en bataille devant Poissy, où estoient le Roy et le Daulphin, avec grand partie des seigneurs et des capitaines; et y eut une moult grand escarmuche, à laquelle furent prins deux des archiers du connestable de France et ung archier du conte de Saint-Pol. Et de là s'en alèrent logier en une [ville] nommée Courtie sur Saine, et lendemain retournèrent à Mante. Et le Roy s'en ala de Poissy à Conflans, à tout une partie de ses gens. Et ledit connestable, le conte de Saint-Pol, et pluiseurs aultres, alèrent passer à Saint-Clau[1] et de là à Paris, où ilz furent deux jours. Et puis retournèrent, toutes gens de guerre, en l'Isle de France, où leur furent délivrées villes pour eulx logier, chascun selonc son estat. Et depuis le Roy, à tout les seigneurs qui estoient entour lui, alèrent à Saint-Denis en France, où ilz furent jusques à la mi-aoust. Et de là retourna le Roy encore à Conflans, où il fist faire un pont pour passer en ung isle sur la rivière de Saine. Avec ce, fist faire ung aultre pont pour passer la dessusdicte rivière tout oultre. Au bout duquel il fist faire ung bolevert et grans fossés entour, dedens lequel se logèrent grand nombre de gens de guerre.

Durant lequel temps, Thalebot vint pillier la ville et l'abéye de Poissy[2] et les biens des dames, et puis s'en retourna à Mante. Et brief ensievant fut la ville de Pontoise ravitaillié pour la quatriesme fois, et y demourèrent les gens du duc d'Yorch ou lieu de ceulx qui y estoient de par ledit Thalebot. Dont le Roy fut moult troublé, véant qu'il estoit petit apparant que son entreprinse venist à bonne fin. En conclusion il se pensa en luy meisme, que se il se départoit de là sans

---

1. Saint-Cloud.
2. L'abbaye de Maubuisson.

avoir l'obéyssance d'ycelle ville de Pontoise qui tant lui avoit cousté et devant laquelle il avoit jà esté si longue espace de temps, ce luy seroit ung très grand déboutement et deshonneur de s'en partir sans le subjuguier, et crieroit le peuple contre luy et ses gouverneurs, et par espécial les Parisiens, qui tant y avoient mis du leur. Et avec ce, estoit du tout adverti comment les princes de son royaume et meysmement de son sang, n'estoient point bien contens de son gouvernement, et luy avoit esté dit qu'ilz se debvoient assambler ensamble, et que ce n'estoit point pour son bien. Et par ainsy n'estoit point de merveille se il avoit bien à penser; nientmains il se disposa et conclut avec les plus féables de son conseil, de retourner et logier audit lieu de Maubuisson, et de pourseyvir sadicte entreprinse. Et y revint, au bout de douze jours après ce qu'il en estoit parti. Si fist relogier ses gens en pluiseurs lieux, ainsy comme ilz estoient par avant son partement.

Et ung aultre jour, se leva une moult grande escarmuche au costé d'entre Maubuisson et ladicte ville, à laquelle fut mort Glaude de Hangest, seigneur d'Azillières, du trait d'un canon. Et d'aultre part, durant le temps dessusdit, furent faites pluiseurs chevaulchiés et escarmuches entre les François et les Anglois. Lesquelles racompter chascune à par ly, seroient longues et annuiables. Dont à l'une fut blécié Charles d'Anjou d'une flesche. Et au regard des grosses besongnes et rencontres, s'en firent peu qui facent à escripre. En après, le conte de Saint-Pol, qui avoit ses gens, lesquelx estoient moult travilliés et avoient despendu largement du leur et moult désiroient de retourner en leur pays, qui le prioient qu'il les volsist remener, prinst congié au Roy et à monseigneur le Daulphin. Et s'en retourna devers son pays. Lesquelz luy donnèrent de biaus dons, en le remerciant des bons services qu'il leur avoit fais. Si se parti de là et puis amena ses gens pour passer la rivière d'Oise au pont Sainte-Maxence. A l'entrée duquel pont le capitaine d'ycelui yssi hors pour parler au conte de Saint-Pol. Si s'esmeurent entre eulx parolles rigoreuses, et tant que ycelui conte de Saint-Pol cuida faire prendre ledit capitaine. Mais il saillist vistement dedens son fort, et incontinent fist tirer de canons et d'arbalestres sur ledit conte de Saint-Pol et sur ses gens. Desquelx cops de canon fu tué le cheval messire Ferri de Mailly, et ung aultre homme d'armes eut le bras rompu. Pour lequel débat, ledit conte et ses gens se retrayrent arière de là, et s'en alèrent passer à Compiengne, et de là se tira, ledit conte, en son pays. Et ceulx dudit pont alèrent après aulcuns de ses gens qui estoient passés et aloient vers Mondidier. Si les batirent et destroussèrent.

Et en ces meismes jours, se parti pareillement le conte de Vaudémont, à tout ses gens, et aussy firent aultres grans seigneurs, et laissèrent le Roy en l'estat que vous avés oy. Dont il n'estoit gaires joyeux, quel samblant qu'il moustrast. Mais il ne le povoit adonc avoir aultre, et lui convenoit actendre toutes les aventures qu'il plaisoit à Dieu luy envoyer. Si faisoit de jour en jour très diligamment continuer de faire getter et traire ses gros engiens contre les tours et murailles de la ville[1], et avec ce contre l'église de Nostre Dame

---

1. De Pontoise.

estant au dehors d'ycelle ville. Laquelle les Anglois tenoient et avoient tenu tous jours, passé long temps. Lesquels murs de ladicte église furent moult démolis et abatus. Et tant, que le seizième jour de septembre ensievant, le Roy eut conseil de faire assaillir ycelle église ; et fut par ung samedi. Si fut assés tost prinse d'assault, et ceulx de dedens mors et prins. Laquelle église estoit moult haulte et assés près de ladicte ville, par quoy on povoit de là veoir grand partie du gouvernement desdiz Anglois, et avec ce les en povoient moult travillier de petis canons et culevrines et aussy d'arbalestres et aultres habillemens de guerre. Par le moyen de laquelle prinse de ladicte église, fut de rechief conclud que le mardi ensievant on livreroit pluiseurs assaulz à ycelle ville, pour veoir et assayer se on les pourroit conquerre. Et comme il avoit esté conclud, fut fait. Car le mardi dessusdit, le Roy et tous les aultres seigneurs et capitaines firent armer et habillier leurs gens et les exhortèrent moult doulcement, chascun endroit soy, de bien faire la besongne et de combatre hardiement. Et fut ordonné que l'assault du Roy se feroit devers la tour du Frice, qui estoit fort batue et adommagié ; le Daulphin, messire Charles d'Angou, et aultres assauldroient devers Nostre-Dame, le mareschal de Lohiac et pluiseurs aultres assauldroient au port, vers Maubuisson, et les aultres, par batiaulx, yroient assaillir par la rivière. Lesquels assaulz furent encommenciés, moult durs, aspres et cruelx, et dura bien par l'espace de deux heures. Et pour vray, se les Anglois assailloient de grand courage et voulenté, pareillement les François dessusdiz les assailloient très vaillamment. Et ne sambloit que, grand partie en y avoit, euyssent aulcunement doubte de la mort.

Durant lequel assault, y eut ung moult vaillant homme et très hardi, qui point n'estoit de grand lignié, sinon de courage, et estoit de l'assault du Roy, lequel assailloit devers la tour de Friches dessusnommée, ycelui se y porta si puissamment, que jà fust-il que les Anglois feyssent grand résistence, il monta tout amont par grand force et par grand proesce, par les pierres et rompures que les canons avoient faites, et commença à getter viguereusement desdictes pierres sur lesdiz Anglois qui la deffendoient, par quoy il convint qu'ils se trayssent arrière de leurs deffences. Et adonc les aultres François de plus en plus se boutèrent avant et entrèrent tous ens, criant à haulte voix, Saint Denis! Ville gaignié! Si se trouvèrent tantost dedens en très grand nombre, qui très vaillamment envayrent les deffendans. Lesquelx se commencèrent à trouver souspris et à tourner le dos et fuir pour eulx retraire par les églises et aultres fors lieux. Toutefois y eut tantost et tout prestement plus de cinq cens anglois mis à l'espée, et le sourplus furent prisonniers, qui pouvoient estre seloncq juste extimacion, le nombre de quatre cens ou environ. Et entre les aultres, de ceulz qui y furent mors, le fut ung chevalier anglois nommé messire Nicolle Bourdet. Et si fut prins le capitaine de ladicte ville. Et de la partie du Roy y furent mors, tant à assaillir la ville et au prendre, comme ceulz qui moururent après par bléceures et navrures, quarante ou environ. Si furent aussy fais pluiseurs nouveaulx chevaliers, entre lesquelx le furent Jehan et Robinet d'Estouteville, frères, Renauld de Longueval, le Bon de Rolly, et pluiseurs aultres. Et quand au regard de celui qui monta premiers sur la tour du Frice, il fut moult auctorisié de tous les seigneurs pour sa grand vaillance. Si le anobli le Roy, luy et ses successeurs, et avec ce lui donna aulcuns riches dons pour soy entretenir luy et son estat.

Si entra ledit Roy en ladicte ville avec ceulx de son assault. Et assés tost après que ses gens l'eurent gaignié, feist deffendre incontinent qu'on ne feist nulle force aux habitans d'ycelle ville qui s'estoient retrais èsdictes églises, si non à ceulz qui estoient armés. Et luy venu, sa bannière au plus près de luy, devant la grande église, ung anglois sailly hors d'ycelle, qui se rendi à luy. Si le recupt à merci, et depuis le délivra sans payer aulcune finance, et lui donna aulcuns beaulx dons. Et tantost entra dedens ycelle église et fist son orison moult dévottement et humblement devant le grand autel, en regraciant Dieu son créateur de la belle et bonne fortune qu'il lui avoit envoyée.

En après, tout le jour et la nuit ensievant, yceulx François cherchoient les Anglois, lesquelx s'estoient muciés en pluiseurs lieux et divers, et à fait que ils les trouvoient, les mettoient à l'espée ou les prenoient prisonniers.

Ainsy et par cette manière reconquist Charles, roy de France, VIIe de ce nom, la dessusdicte ville de Pontoise, par force d'assault, à son très grand honneur. Devant laquelle ville il avoit eu pluiseurs grans affaires, comme desus est déclairié. Et au regard des nobles, tant chevaliers comme escuyers et aultres gens de guerre qui furent à ycelui assault, il en y eut très grand nombre qui se y portèrent moult preudhommement et moult vaillamment. Entre lesquelx me fut dit que messire Charles de Boqueaulz y avoit esté bien veu.

CHAPITRE CCLXIII.

Comment le conte de Hontiton, anglois, et le visconte Dourse, subject au roy d'Espaigne, mirent le siége devant la ville de Tartas, appartenant au seigneur de Labreth.

Item, durant le temps dessusdit, le conte de Hontiton, anglois, le visconte Dourse, subject au roy d'Espaigne, et messire Thomas de Rameston, séneschal de Bourdeaulx, qui avoient la charge et gouvernement du pays de Guienne de par le roy Henri d'Angleterre, assambla des marches de Bordelois et du pays à l'environ, bien de cinq à six mil combatans, à tout lesquelz ils mirent le siége devant la ville de Tartas, appartenant au seigneur Charles de Lebreth. Et là devant furent ung mois ou plus, ycelle ville combatant et oppressant par pluiseurs et divers engiens. Et tellement se y maintinrent, que lesdiz asségiés se rendirent, par telle condicion que ladicte ville demourroit en la main du seigneur de Conach[1], et d'un fils de bourgois de Bayone, nommé Angerot de Saint-Per, qui estoient anglois. Et avec ce fut baillié en ostaige le maisné fils du seigneur de Labreth, nommé le cadet Charles, jusques au moy ensievant de l'an mil IIII^c et XLII. Lesquelx le promirent à rendre à ycelui qui à ce jour seroit le plus puissant, des deux rois de France et d'Angletere, devant ycelle ville. Et promirent, oultre lesdiz

---

1. Coignac.

asségiés et les deux dessusdiz, que se les Anglois y estirent les plus fors, ladicte ville de Tartas et toutes les aultres villes, terres et signouries que lesdiz Anglois tenoient du seigneur de Labreth, seroient bailliés audit cadet Charles de Labreth, lequel feroit sairement de fidélité au roy d'Angleterre ou à ses commis.

Après lequel traictié, se départirent lesdiz Anglois asségans, et signifièrent brief ensievant au roy d'Angleterre ce qu'ilz avoient trouvé et besongnié, adfin que au jour dessusdit y peust pourveoir pour tant que touchier leur povoit. Et pareillement le fist sçavoir ledit seigneur de Labreth au roy de France, lequel luy promist de y aler en sa personne, avec la plus grande et la plus puissante armée qu'il pourroit finer ne trouver en toute son obéyssance.

CHAPITRE CCLXIV.

Comment le duc d'Orliens retourna de France devers le duc de Bourgongne.

Item, en l'an dessusdit, Charles, le duc d'Orliens, retourna du pays de France devers le duc de Bourgongne, qui lors se tenoit en la ville de Hesdin. Lequel duc de Bourgongne, quand il sçeut sa venue, ala au devant de lui, et se entrefirent grand joie. Et tout ensamble s'en alèrent audit lieu de Hesdin, où le dessusdit duc d'Orliens fut par l'espace de huit jours, et y solempnisa la feste de Tous les Sains. Pendant lequel temps tinrent l'un avec l'autre pluiseurs grans et estrois consaulz sur leurs affaires et besongnes. Et conclurent de eulx assambler assés brief ensievant en la ville de Nevers, avec pluiseurs aultres grans princes et seigneurs du royaume de France. Lesquelz jours passés, ycelui duc d'Orliens se départi d'yluecq, et par Saint Pol s'en ala en la ville d'Arras, où il fut moult haultement et honnourablement receu et festoié de tous les estas de ladicte ville, et luy furent donnés aulcuns biaus et riches dons. Et puis, partant de là, s'en ala à Paris, et de Paris à Blois.

Après lequel temps, le duc de Bourgongne fist assambler certain nombre de gens de guerre, lesquelx il conduist et mena ou pays de Bourgongne. Au devant duquel duc vinrent devers Troyes en Champaigne, grand partie des nobles dudit pays de Bourgongne, pour luy compaignier. Si renvoia les Picars qu'il avoit là amenez, et leur fist deffendre moult destroitement qu'ils ne sousjournassent et ne meffeyssent riens aux pays ne aux subgects du roy de France. Si fut en ce voiage, pour la seconde fois, abatue la forteresce du seigneur de Commarcis, assavoir est la forteresce de Montagu, laquelle ledit seigneur avoit fait réédifier.

CHAPITRE CCLXV.

S'ensieut la copie des instructions envoiées au roy Charles de France par les segneurs du royaume qui s'estoient assamblés à Nevers. Et les responces que le Roy et ceulx de son grand conseil firent sur ycelles instructions et les requestes faites par les dessusdiz.

Premièrement recitèrent quatre articles aultre fois proposés par les ambassadeurs du Roy par luy envoyés à Nevers devers lesdiz seigneurs, avec les responces servans à ung chascun article.

Item, remoustrèrent au Roy la nécessité de la paix généralle du royaume de France, et en ensievant ce que par luy avoit esté accordé, il debvoit, pour éviter charge, faire entretenir la journée de la paix au lieu acoustumé, sans soy arrester à la différence du lieu où on véoit point de intérest souffisant pour empeschier ladicte journée de paix. Et aussi que la journée de Tartas et celle de ladicte paix se peussent bien estre entretenue.

Responce faite par le Roy auxdiz articles.

Quand est au premier point, il ne s'i fault point arrester. Car il n'a point esté récité des responces faites à Nevers par les seigneurs à monseigneur le chancelier de France, à messire Loys de Beaumont, et à aulcuns aultres envoyés audit lieu de Nevers par le Roy.

Audit second article touchant les remoustrances de la paix, etc., le Roy a eu et a tousjours bon vouloir de y entendre et procéder par effect, par tous moyens licites et raisonnables, comme il sçet bien que lesdiz seigneurs ainsy l'entendent. Et veus les debvoirs qu'il a fais en ceste matière, il s'en tient bien estre acquitié envers Dieu et le monde. Car, comme il est notoire, quand le traictié fut fait d'entre le Roy et monseigneur le duc de Bourgongne en la ville d'Arras, le Roy fist, par l'advis de mondit seigneur de Bourgongne, qui désiroit le bien et union desdiz royaumes, offres bien grandes et plus qu'il ne debvoit, aux Anglois qui pour lors estoient envoyés par le roy d'Angleterre pour traictier la paix desdiz deux royaumes. Lesquelles offres furent par eulx refusées. Et pour ce, et aultres choses, sambla aux cardinaulx et aultres yluecq envoyés pour ladicte matière par nostre saint père le pappe et le saint concille de Basle, aussy aux parens, seigneurs et serviteurs que mondit seigneur de Bourgongne avoit assamblés de tous ses pays en bien grand nombre, que veue la desraison qui estoit en la partie d'Angleterre refusant telles offres, ledit seigneur de Bourgongne ne se debvoit plus tenir à leur loyaulté, mais, tant pour ce que pour aultres causes, s'en povoit desjoindre et faire paix avec le Roy, son naturel et souverain seigneur et chief.

Item, et depuis, le Roy, à la requeste de monseigneur d'Orliens et le duc de Bretaigne, et du consentement de mondit seigneur de Bourgongne, sans lequel jamais ladicte paix d'Arras n'a volu entendre, ne procéder à nulz moyens de paix avec lesdiz Anglois, jà soit ce que de leur part aulcunes ouvertures luy en ayent esté faites, mais pour tousjours soy mettre en son debvoir, envoia envers mondit seigneur de Bretaigne ses ambassadeurs sollempnelz, à tout povoir souffisant pour prendre lieu de convencion où les ambassadeurs solempnelz de la part du roy de France et d'Angleterre peussent aler, et mondit seigneur le duc d'Orliens, qui debvoit estre amené à Chierebourg, y peust estre. Laquelle chose pour lors ne prist aulcun effect.

Item, depuis la requeste de monseigneur d'Orliens et de madame la duchesse de Bourgongne, le Roy consenti tenir journée entre Gravelignes et Calais pour le fait de ladicte paix, à certain jour. Auquel lieu et temps il envoia ses ambassadeurs à povoir souffisant, non obstant que ledict lieu d'entre Gravelignes et

Calais estoit bien lontaing et en l'obéyssance de ses ennemis. Mais ce lui fist accorder et consentir, la faveur de mondit seigneur le duc d'Orliens, qui pour celle cause debvoit estre admené au dessusdit lieu de Calais. Car le Roy vouloit et désiroit qu'il fust présent, ou près du lieu où ladicte cause seroit démenée, pour y avoir son advis, ainsy que bien raison estoit, veu la prochaineté de linage à quoy ycelui duc d'Orliens actient au Roy, et aussy pour parvenir à aulcuns moyens de sa délivrance. Et, ce ne fust pour les causes dessusdictes, le Roy n'euyst point accepté le lieu de Gravelignes dessusdit. A laquelle convencion fut faite une cédulle par mondit seigneur d'Orliens et madicte dame la duchesse de Bourgongne, contenant pluiseurs poins touchans ladicte paix. Laquelle cédule fut envoyée devers le roy Charles, où il avoit lors ses Trois Estas, pour la diversité des oppinions, aussy pour la féaulté de mondit seigneur le Dauphin, auquel, comme chascun sçet, touche plus que à nul aultre après le Roy, et aussy que point n'y estoient les seigneurs et gens des pays de Languedoc, de Vienne et d'aultres pays, fut prinse une aultre journée à Bourges en Berry, ou mois de février ensievant. Auquel jour et lieu le Roy avoit intencion de estre. Mais nonobstant certaines divisions qui lors sourvindrent, ne peut venir à ladicte journée.

Item, et nientmains en entretant l'apointement de la journée prinse par mondit seigneur d'Orliens et madicte dame la duchesse de Bourgongne, envoia, à la journée emprinse au premier jour de may, solempnelle ambassade avec povoir souffisant pour besongnier au fait de ladicte paix. Et y furent et demourèrent lesdiz ambassadeurs par l'espace de sept ou de huit mois, sans rien besongnier, par la défaulte des Anglois qui point n'y envoyèrent gens, ne povoir pour besongnier. Et tant seulement fut emprise une aultre journée au premier jour de may ensievant, qui fut l'an mil IV^c et XLII. Auquel jour, de rechief, le Roy envoia moult notables ambassadeurs ayans povoir souffisant comme dessus. Et n'y fut riens besongnié, pour la défaulte des Anglois qui n'y avoient envoyé que ung simple clerc; qui n'estoit point personne souffisante pour traictier de telle et si haulte matère.

Item, et lors de rechief fut fort pourparlé par mondit seigneur le chancelier avec ma dicte dame la duchesse de Bourgongne, de entreprendre une aultre journée au premier jour de ce présent mois de may, ès marches de Beauvais, de Senlis ou de Chartres. Laquelle journée madicte dame de Bourgongne fist sçavoir au roy d'Angleterre. Et ly fut faite responce par unes lettres, lesquelles elle envoia au roy de France. Et en effect contenoient que en aultre lieu ne tendroient ne feroient tenir ladicte convencion que audit lieu de Gravelignes, auquel lieu le Roy n'a délibéré de tenir ladicte journée. Et meismement par ce que, veu que par trois fois le Roy avoit envoyé en l'obéyssance desdis Anglois, ne debvoient yceulx Anglois refuser lieu en l'obéyssance du roy de France, où ils povoient sçeurement et convenablement assambler. Et ce que le Roy consenty tant de fois assambler audit lieu de Gravelignes, a esté en faveur de la délivrance de mondit seigneur le duc d'Orlieus.

Item, et nientmains le Roy, pour tous jours de plus en plus moustrer et donner à congnoistre son bon propos et voulenté, en continuant ce que par monseigneur le chancelier avoit fait sçavoir à madicte dame la duchesse de Bourgongne, est content de tenir journée avec sesdiz adversaires les Anglois pour le bien de paix, au xxve jour du mois d'octobre prochainement venant, ès marches ci-dessoubs déclarées. C'est assavoir entre Pontoise et Mante, entre Chartres et Verneul, entre Sablé et Le Mans, jusques à la place moyenne, devisée et prinse par les ambassadeurs commis d'une part et d'aultre. Et ne puet le Roy plust tost prendre journée audit xxve jour pour deux causes très raisonnables. La première si est qu'il voelt estre retourné de la journée de Tartas au temps dessusdit, et estre près du lieu où ladicte convencion se tendra, acompaignié de messeigneurs de son sang qui estre y vouldront, ou de leurs gens, aussy des prélats, barons et grans seigneurs, et aultres notables hommes de son royaume, et meismement ceulz de la nacion de Normendie, sans lesquelz, avec les aultres dessusdiz, il n'a intencion de procéder, ne besongnier en ladicte cause et matère de paix, ainsy que raison est, veu qu'ils ont bien acquité leur loiaulté envers le Roy son père, et luy. Et tant y ont souffert qu'ils ont bien déservi de y estre appellés et de en avoir l'oppinion d'eulx et leur conseil; et aussy pour ce que la chose leur touche plus que à nulz aultres. L'aultre cause, si est pour les anciennes alliances qui sont entre les nacions d'Espaigne et de France et de celles d'Escoce, lesquelles jusques à l'eure présente se sont bien entretenues et gardées, le Roy envoiera par ycelui temps pendant devers lesdiz rois d'Espaigne et d'Escoce et ses aultres alyés, pour eulx signifier la cause de ladicte convencion, adfin de avoir leur advis, conseil et consentement. Car par les anciennes alliances que ilz ont ensamble, ilz ne pueent ne doibvent faire paix finalle, ne prendre longues trèves auxdis Anglois, sans le consentement les ungz des aultres. Car tous jours depuis lesdictes alliances faites entre les dessusdiz rois de France, d'Espaigne et d'Escoce et aultres, elles ont esté bien gardées et entretenues et de par le Roy, qui à l'eure présente est confermée, pour riens ne les vouldroient enfraindre, ne aler au contraire. Et bien a cause de ce faire, car il a trouvé lesdictes alliances entre eulx bonnes et seures envers luy et les gens de leurs pays. Et ont fait leurs subgects de grans services à la maison de France. Et pour ce que le Roy doibt désirer et désire que les debvoirs en quoy il s'est mis et voelt mettre, lesquelz comme luy samble doibvent estre tenus de toutes gens très licites et raisonnables, et soit congneu partout maintenant et pour le temps advenir pour son acquit et descharge envers Dieu et le monde, il a intencion de signifier les debvoirs dessusdiz en quoy il s'est mis, et le offre que de présent il fait de tenir convencion avec sesdiz adversaires pour le bien de paix, ès lieux dessusdiz, qui autant ou plus sont à l'advantaige et seurté de partie adverse, comme du Roy, à nostre Saint Père le pape, auxdis rois d'Espaigne et d'Escoce, et aultres seigneurs, ses alyés. En oultre, le Roy le fera sçavoir à la partie d'Angleterre adfin qu'ils y envoyent. Et requiert le Roy à monseigneur le duc d'Orliens, les ducs de Bourgongne et de Bretaigne, et à madame la duchesse de Bourgongne, qui en ceste matière se sont employés, que devers ladicte partie d'Angleterre ils voellent envoyer aulcuns de leurs gens pour exploitier, induire et mouvoir à renvoyer leurs ambassadeurs solempnelz, avec bon souffisant povoir, au jour et l'un des lieux dessusdiz, pour yluecq besongnier au bien de la matère de paix. Auquel temps n'y aura point de faulte que le Roy n'y envoie gens notables, ayans povoir souffisant.

Item, le Roy voelt dès maintenant ouvrir et descouvrir de sa volenté à messeigneurs, comme à ceulx de qui il doibt estre seur et certain qu'ils voellent l'onneur de luy et de sa couronne ainsy que raison est, comme ceulx qui en sont descendus et prouchains, touchant certaines parolles qui y furent dictes, dont le Roy est informé, qui servent biaucop à la matière de paix. Lesquelles sont, que à la première assamblée qui fut tenue entre Gravelignes et Calais, présent madame la duchesse de Bourgongne et le cardinal d'Angleterre, il fut prononcié par la bouche de l'archevêque d'Yorch que *Usque in ultimo flactu*[1], toute la nacion d'Angleterre ne soufferroit pas, ne consentiroit que leur roy tenist riens en hommage, ressort ne souveraineté, de nul aultre roy ou prince, que de luy meisme. Qui estoit chose mal accordable pour parvenir à quelconque traictié de paix, et n'est point chose qui se puist, ne doibve faire. Et pour ce, le Roy est délibéré et arresté que pour riens il ne baillera, ne délaissera aulcune chose auxdiz Anglois, que ce ne soit en foy et en hommage, souveraineté et ressort, comme les aultres vassaulx de son royaume et ses subgectz. Car il ne voelt pas que ce que ses prédécesseurs ont augmenté et acreu par la vaillance et bon gouverne-

---

1. *Sic.* Lis. flatu.

ment d'eulz et l'ayde de leurs subgectz, soit ainsy perdu. Et ne pourroit croire le Roy, que pour riens, nulz de messeigneurs de son sang, ne les vaillans et notables hommes de ce royaume, se y peuyssent consentir, ne encore, se faire le vouloit, le souffrir, considéré la haultesse et excellence de la couronne et de la dessusdicte maison de France.

Item, que adfin que chascun congnoisce les debvoirs que le Roy a fais jusques à présent pour entendre à avoir ladicte paix, et que pour le temps advenir charge ne l'en peust estre imputée, il fera pour estre en mémoire, enregistrer en sa Chambre des comptes ceste présente response.

Item, ont requis provision convignable, devant le alée du Roy à Tartas. Au regard des nouvelles entreprinses des Anglois au pays de Chartain et de Beausse, le Roy y donne remède et y envoie le bastard d'Orliens qui[1] lesdiz pays ont et auront bien agréables, avec puissance de gens de guerre pour résister auxdictes entreprinses.

Item, pour ce que lesdiz seigneurs se doibvent prouchainement assambler à Nevers, ont lesdiz ambassadeurs requis au Roy que, en entretenant tousjours ce que par ses ambassadeurs avoit fait sçavoir aux dessusdis seigneurs, qu'il estoit content que monseigneur le duc de Bretaigne se assamblast avec eulx audit lieu de Nevers, il plaist au Roy escripre de rechief et mander qu'il se rassamble audit lieu de Nevers avec lesdiz seigneurs, en lui envoiant son sauf conduict et sçeurté, se aulcun besoing en est. Comme le Roy fist sçavoir

---

1. Qui *sic*. Lis. que.

par monseigneur le chancelier et messire Loys de Beaumont qu'il estoit content de leur assamblée, espérant les veoir en sa ville de Bourges, en quelque lieu qu'ilz feussent venus, et leur eust fait bonne chière, et veu voulentiers comme ses plus prouchains parens, et communiqué avec eulx sur les affaires de son royaume. Et quand à la venue de monseigneur de Bretaigne à Nevers, le Roy s'esmerveille de ce qu'ilz en font mencion, ne plainte. Car le Roy luy estant en bonne intencion que parce qu'il estoit en son chemin, se il fust venu par terre, que son plaisir estoit qu'il passast par luy et pour le compaignier audit lieu de Bourges à la venue desdiz seigneurs, se bonnement et à l'aise de sa personne se povoit faire. Aultrement euyst peu sambler audit duc de Bretaigne que le Roy se euyst voulu estrangier de luy. Et nientmains, le Roy envoia le seigneur de Gaucourt avec lettres patentes, lesquelles il a devers luy, se il vouloit aler par l'eaue par Blois et Orliens pour luy acompaignier et lui faire ouverture comme à sa propre personne. Et de rechief rescripre au dessusdit duc de Bretaigne de rassambler à Nevers, ne samble point au Roy que ce soit chose raisonnable ou convignable que lesdiz seigneurs facent assamblée pour traictier des fais de ce royaume en l'absence du Roy, ou sans son commandement. Mais le Roy, à son retour de Tartas, a bien intencion de les requérir pour avoir leur ayde, conseil et souscours, et mettre armée sus, la plus grande qu'il pourra, pour entrer en Normendie, ad ce qu'il ait milleur traictié de paix ou, par puissance, à l'ayde de Dieu et d'eulx, aidier à recouvrer sa signourie.

Item, au regard de justice, ont requis au Roy que

tant en parlement que aultres offices de justice de ce royaume, il lui plaise commettre personnes saiges et expérimentées en fait de justice, et pourveoir aux offices et non point aux personnes.

Le Roy, à son povoir à tousjours mis, esleu et constitué en son dict parlement les milleurs et les plus saiges et des plus ydoines clercs qu'il a peut finer, ne trouver. Et encore y sont des plus saiges et des plus notables pour le présent commis à clercs, juristes et expérimentés de ce royaume. Et en faveur et requeste de monseigneur le duc de Bourgongne, le Roy y a mis douze, telz que mondit seigneur de Bourgongne lui a volu nommer. D'aultres seigneurs, quand ils ont requis pour personnes qui le valent ès aultres offices de la justice du royaume, le Roy y a mis gens notables et suffisans pour exercer bien et deuement lesdiz offices, tant par eulx comme par leurs lieutenans, qui sont gens de justice et clercz et notables hommes en tel cas eulx congnoissans pour faire et administrer justice.

Item, qu'il plaise au Roy faire abrégier les procès et administrer justice aux parties et tant aux subjects desdiz seigneurs comme aux subjects du Roy, sans moyen, en faisant constitucion, et par effect le entretenant, que sans avoir regard aux parcialités du temps passé, bonne justice y soit mise et administrée.

Le Roy n'a jamais eu plainte ne doléance desdictes choses, et désire de tout son povoir administracion de justice et le abréviacion des procès, sans avoir regard aulcun auxdictes particialités, ains vouldroit pugnir tous ceulz qui vouldroient faire le contraire. Et l'intencion du Roy est escripre à sa court de parlement et à ses aultres officiers de justice, que d'ore en avant ils abrégent encore plus qu'ils ne ont acoustumé lesdiz procès, et facent bon et brief droit et justice auxdictes parties, sans avoir regard auxdictes parcialités aulcunes.

Item, ont remoustré au Roy l'orreur des roberies, oultraiges et desrisions que font pluiseurs gens de guerre qui se dient au Roy, tant sur les subjectz desdiz seigneurs que sur les siens, requérans sur ce provision, non par lettres et parolles, mais par effect. Et aussi ont remoustré qu'il seroit convenable que, seulement aulcuns capitaines notables, qui bien et loyalement ont servi le Roy, eussent la charge des gens d'armes et de guerre.

Item, que les gens de guerre fussent payés, soldoyés et logiés ès frontières, et que sans pugnicion on ne leur souffrist tenir les champs ou vivre sur le peuple. Et avec ce, que le Roy retiengne seulement pour lui servir, gens expérimentés de la guerre, et non soy arrester à la multitude, mais constraigne les gens de bas estat, noiseux, rioteux et non sachans de la guerre, de eulz retourner à leurs labeurs et mestiers.

Lesdictes pilleries ont tousjours despleu au Roy et desplaisent de tout son ceur. Et s'est assayé pluiseurs fois de vuidier toutes gens faisans pilleries, et les logier sur frontières. Et luy estant derrainement à Angiers l'avoit fait et ordonné, et les avoit establis et soldoyés. Mais lors et depuis, on luy a levez lesdictes gens d'armes, qui ont esté cause de remettre les pilleries sur les pays. Et luy ont esté faites pluiseurs traverses, par quoy on n'a point peu excuser, ne donner provision auxdictes pilleries, ainsi comme il avoit proposé et intencion de faire. Et est le Roy du tout délibéré, en ensievant le conseil desdiz seigneurs, de y pourveoir si convenablement, que lesdictes pilleries cesseront, et de chacer toutes gens inutiles pour la guerre. Si requiert auxdictz seigneurs qu'ils ne voellent acueillier aulcuns qui seroient contre ladicte ordonnance.

Item. Ont remoustré au Roy la povreté du commun peuple, et excessives tailles, aydes, imposicions et gabelles, dont les dessusdiz subgectz sont insubportablement foulés, requérans que il plaise au Roy de y pourveoir convenablement et modéréement.

Le Roy est très desplaisant de la povreté de son peuple, en quoy il a très grand intérest et dommage, et a intencion, seloncq son povoir, de les relever et supporter le plus qu'on pourra. Et pour eulx oster la pillerie, luy a convenu aler, l'an passé, ès pays de Champaigne, où il a esté et fait cesser ladicte pillerie. Samblablement le fera à aultres lieux de son royaume, et ne cessera jusques à ce qui il le ait fait; et, maintenant, comme dessus est touchié, les gens d'armes ès dictes frontières en leur faisant paiement et ordonnance de vivre, en quoy il est délibéré d'entendre et vaquer. Aultrement, congnoist la dépopulacion et destruction de son royaume et de ses subgects. Et au regard des tailles, aydes et gabelles excessives dont les subgectz desdiz seigneurs sont insupportablement grevés et foulés, le Roy a plus supportés les pays et subgectz desdiz seigneurs que les siens propres. Et sera trouvé que quand, en l'année, sur lesdicts subgectz du Roy auront estés levées deux tailles, sur les pays et subjès desdiz seigneurs, n'en aura esté levée que une, que lesdis seigneurs meismes ont prinse, levée et empeschié, ou la plus grand partie. Pour quoy appert que besoing a esté au Roy avoir aultre ayde que des pays desdiz seigneurs, pour conduire le fait de sa guerre et de ses aultres grans officiers.

Item. Ont remoustré au Roy comment telles tailles et imposicions se doibvent mettre sus et imposer, et appeller les seigneurs et les estas du royaume.

Les aydes ont esté mises sus par les seigneurs et par leur consentement. Et quand aux tailles, le Roy, quand il a esté en lieu, les a appellés, ou leur fait sçavoir. Combien que de son autorité roial, veu les grans affaires de son royaume, si sourgans[1] comme chascun sçet, et meismement ses ennemis en occupent une grand partie et destruisent le sourplus, les puet mettre sus. Ce que aultre que luy ne puet faire sans son congié. Et n'est jà nul besoing de assambler les trois Estas pour mettre sus lesdictes tailles, car ce n'est que charge et despence au povre commun peuple, qui a à payer les frais de ceulz qui y viennent. Et ont requis, pluiseurs seigneurs desdiz pays, qu'on cessast de telle convocacion faire. Et pour ceste cause sont contens qu'on envoie la commission aux esleus selonc le bon plaisir du Roy.

Item. Que aux grans affaires de ce royaume le Roy debveroit appeller les princes de son sang plus que nulz aultres, et que ainsy se doibt faire raisonnablement, veu leur grand intérest et qu'ainsy est accoustumé de faire par les très-chrestiens rois de France, ses progeniteurs.

Item. Ont requis au Roy qu'il luy plaise entretenir

---

1. *Si sourgans*, c'est-à-dire qui surgissent de toutes parts.

lesdiz seigneurs en leurs prérogatives et auctorités, lesquelles ilz ont, tant à cause du sang, comme à cause des parries et haultes signouries qu'ilz ont ou royaume.

Le Roy n'a traictié d'aulcune matière haulte sans le sçeu desdiz seigneurs ou de la plus grand partie d'yceulx, et encore son intencion n'est point de aultrement faire, et est son plaisir et sa voulenté de les entretenir en leurs prérogatives et auctorités, et n'a riens fait au contraire. Ainsy luy facent les seigneurs, et facent faire à leurs subgetz en leurs terres et segnouries, ainsy qu'ilz sont tenus de faire.

Item. Qu'il luy plaise eslire en son grant conseil gens notables, crémans Dieu, et non extremes ou passionés ès divisions passées.

Item. Qu'il plaise au Roy eslire lesdiz consilliers en nombre compétent, et non plus commettre la somme ou conduict des grans affaires de ce royaume à deux ou trois, comme il a esté fait par ci-devant.

Le Roy, de son povoir a tousjours quis et esleu en son conseil des plus notables de son royaume, ne le Roy n'a eu regard aux divisions passées. Il les a et tient pour oubliées. Et a tousjours, le Roy, eu bon nombre de consilliers, pour lesquelx il a conduict et délibéré les matères, ainsy que le temps et le cas l'ont requis.

Item. Qu'il plaise au Roy prendre en bien ces remoustrances, veu les quatre causes remoustrées au Roy, qui ont meu les seigneurs à ce faire.

Le Roy les prent très bien eu gré, et tient certainement que lesdiz seigneurs le font et dient en bonne intencion.

Item. Ont parlé du fait de monseigneur le duc d'Orliens, remoustrans les mérites d'ycelui, et que durant sa prison et depuis qu'il a esté pardeçà la mer, il n'a eu aulcune substance ou provision du Roy, non obstant que le Roy durant le temps de sa prison ait prins toutes les aydes et subvencions de ses pays. Et ont requis au Roy qu'il luy plaise restablir les places et signouries qu'il détient, appartenans à mondit seigneur d'Orliens. Et aussy luy faire provision convignable, comme pour soustenir son estat, comme pour le paiement de son rançon.

Le Roy, de son temps, ne luy a osté aulcunes terres, ne faite aulcune chose de nouvellité en son fait. Et ce dont il se plaint à présent, fu fait au temps du roy son père, accompaignié de grans seigneurs de son sang qui lors vivoient, et mondit seigneur d'Orliens estoit deçà. Toutefois, monditseigneur d'Orliens n'aura cause d'estre mal content quand au fait de l'ayde pour sa finance. Le Roy congnoist bien qu'il a esté longuement prisonnier et a beaucop souffert. Dont il luy desplaist. Pour quoy, le Roy a bien intencion de luy aidier et faire aidier par les subgectz de son royaume. Et requiert, le Roy, aux diz seigneurs, que, en tant qu'il touche leurs terres et signouries, ilz donnent faveur et ayde ainsy que le cas le requiert et requerra.

Item. Ont remoustré au Roy le fait de monseigneur le duc d'Alençon, en luy requérant qu'il luy pleuyst restituer la place de Nyort, ou luy faire promptement délivrer son argent, ou paiement, et aussy le restablir à sa lieutenance et pension, et luy faire restituer sa place de Sainte-Susanne et ung sien prisonnier anglois, ou luy administrer bonne et briève justice.

Quand le Roy a esté en son pays de Poitou pour y donner provision et faire cesser les pilleries qui se y

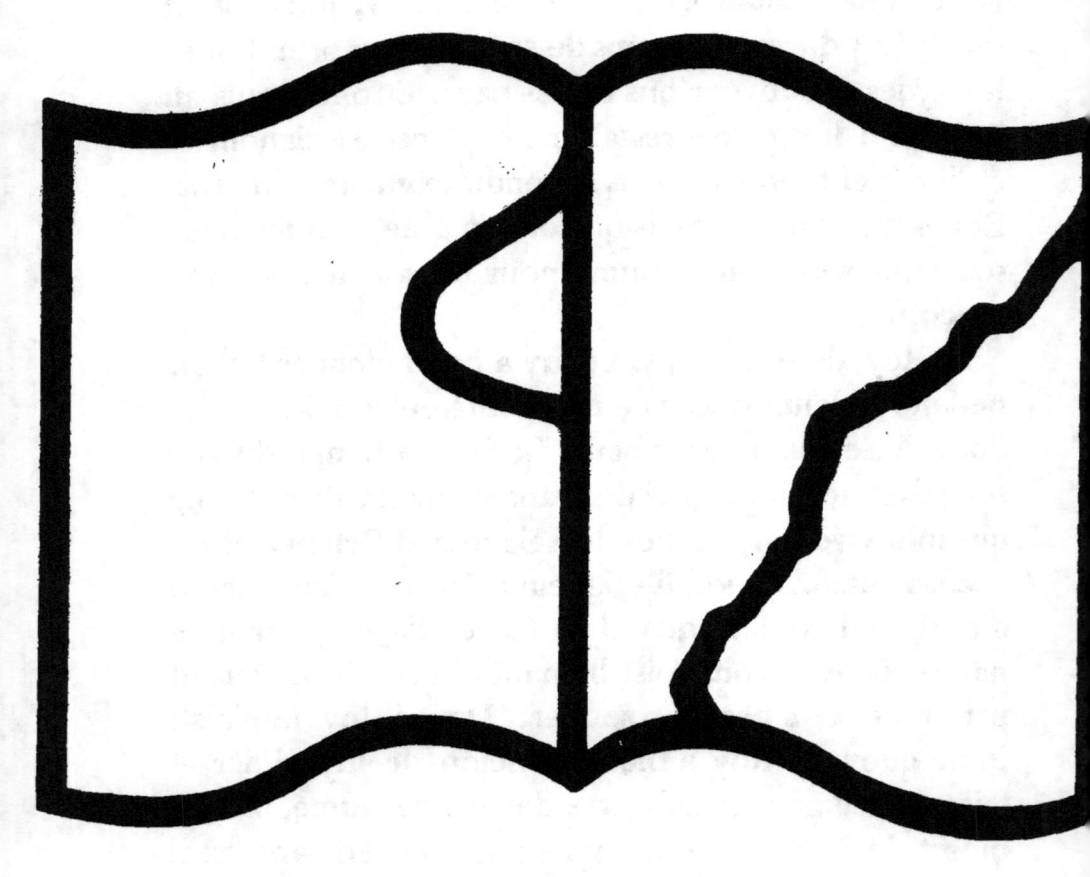

Texte détérioré — reliure défectueuse

NF Z 43-120-11

faisoient, et mettre en sa main pluiseurs places par lesquelles se faisoient lesdictes pilleries, doubtant le Roy que durant le temps de son voiage de Tartas et en son absence, que par les villes et chasteaulx de Nyort fust porté dommage au Roy et à son pays de Poitou, ainsy que aulcune fois et aultre fois a esté, le Roy le reprist en sa main, en intencion de payer et contenter ce en quoy il estoit tenu, jà soit ce que toute la debte ne fust point de prest. Et déjà a fait baillier à monditseigneur d'Alençon VI^m escus, et le sourplus à son paiement luy fera faire et baillier, aux termes et ainsy que le Roy l'a escript à monditseigneur d'Alençon, et n'y aura point de faulte, sans ce que le Roy ait regard aux rentes et revenues dudit lieu de Niort, que monditseigneur d'Alençon a levées au temps qu'il l'a tenu.

Touchant le restablissement de sa lieutenance et pension, quand monditseigneur d'Alençon se conduira et gouvernera envers le Roy ainsy qu'il doibt, le Roy le traictera comme son parent et subject, en ayant mémoire de la prochaineté de linage et aux services que luy et les siens ont fait au Roy et au royaume. Et tousjours l'a fait, jusques ad ce que la faulte est venue par luy.

Touchant la place de Sainte-Susanne, le Roy ne l'a point bailliée au seigneur de Bueil, ne de par luy il ne la détient. Et toutes fois que monditseigneur d'Alençon requerra au Roy justice, il luy administera et fera administrer très voulentiers. Et ledit seigneur de Bueil a bien de quoy respondre, s'il le tient de tort, à monseigneur d'Alençon. Samblablement, du prisonnier qu'il demande, lui sera administrée raison et justice.

Item. Ont parlé du fait monseigneur de Bourbon,

demandant que sa pension luy fust entretenue, laquelle n'est point excessive.

Le Roy luy a fait tellement continuer que rien ne l'en est deu, et sur XIIII[m] et IIII[c] francz que monte ladicte pension sur ceste présente année, le Roy avoit ordonné luy estre baillié IX[m] francz, que ses gens ne vouloient accepter à Bressuires en janvier darrain passé. Et se esmerveille le Roy comment à présent il en fait mencion.

Item. Ont parlé du fait monseigneur de Vendosme, en suppliant au Roy qu'il luy pleuyst lui faire avoir les pensions et biens qu'il a eus par ci-devant, dont il est bien mestier audit seigneur et n'a point besoing qu'elles luy soient cassées. Et aussi qu'il plaise au Roy qu'il puist venir exercer son office de Grand maistre d'ostel, comme il a acoustumé d'estre.

Le Roy ne l'a point mis hors de son ostel. Luy meisme s'en est mis hors. Et quand monditseigneur de Vendosme se gouvernera envers le Roy ainsy qu'il doibt, le Roy lui fera ce qu'il appertendra.

Item. Et au regard de monseigneur de Nevers, considéré la prouchaineté de linage dont il atient au Roy, et que monseigneur son père moru en son service, et les services que monditseigneur de Nevers puet faire au Roy, il luy plaise luy faire oster et cesser les empeschemens à luy mis au grenier à sel d'Arsy-sur-Aube et lui faire avoir les descharges en la manière acoustumée pour le paiement de sa pension.

Le Roy, en contemplacion de monditseigneur de Nevers et en faveur de luy, non obstant les grans charges et affaires que le Roy a à supporter pour le fait de sa guerre, est très bien content que monditseigneur de

Nevers ait sadicte pension dont il prendra en paiement la composicion des Réthelois pour autant qu'elle vault, et au surplus le Roy lui baillera de ses tailles et aydes de....[1], en faisant et donnant obéyssance au Roy, ses lettres, mandemens et officiers, ès terres de monditseigneur de Nevers, aultre que jusques à maintenant n'a esté fait. Et n'est point le Roy content que monditseigneur de Nevers sueffre par toute ladicte contée de Réthelois, ses pays de Champaigne et aultres pays voisins, estre foulés, courus, mengiés, ne destruis, tant par ses gens comme par aultres, qui y passent, et se retraient en ladicte contée de Réthelois. Et pour y pourveoir tellement que le Roy ait cause d'en estre content[2]. Et au regard dudict grenier d'Arsy-sur-Aube, le Roy voelt qu'on envoie en sa Chambre des comptes sçavoir se monditseigneur de Nevers doibt prendre et avoir ledit grenier d'Arsy. Et ce que luy sera certifié par ladicte chambre, le Roy y devra provision.

Item. Ont requis pour monseigneur de La Trimoulle qu'il plaise au Roy lui rendre et restituer la place et ville de Neelle, et le faire joyr de sa pension, sans rompture de l'apointement qui lui avoit esté fait.

Le Roy n'entent riens debvoir à monditseigneur de La Trimoulle, et envoie, le Roy, en la chambre des comptes pour sçavoir tout ce qu'il a eu de lui contre raison durant ce qu'il a esté contre luy, en sa com-

---

1. Le nom du lieu est resté en blanc dans le ms. 8366. Vérard n'en tient pas compte, et supprime le mot *de*.
2. Cette phrase est inintelligible. Il devrait y avoir : « Et le duc de Nevers devra y pourveoir tellement que le Roy ait cause d'en estre content. »

paignie, et depuis. Et aussy fault sçavoir ce qu'il a eu et prins par voies obliques indeuement, de pluiseurs habitans de Lymoges et d'aultres, en divers lieux. Et ce fait, se le Roy luy doibt riens, il le fera payer. Au regard de sa pencion, qu'il requert avoir IX^m frans; pencions ne sont point héritaiges, mais sont bailliées à voulenté par grâce de prince à ceulx qui les déservent. Le Roy en a esté libéral seloncq ce que possible luy a esté, à messeigneurs de son sang et à ceulx qui ont perdu le leur par leur service; aussy à ceulx qui de leurs personnes se sont employés aux grans affaires du Roy et du royaume de France.

Item. Ont parlé du fait de monseigneur le duc de Bourgongne, sans vouloir faire de présent aulcune poursieute, ainsy et par la manière qu'il a esté proposé. C'est assavoir pour donner à congnoistre au Roy que le traictié de la paix entre le Roy et luy n'est point encore accompli en pluiseurs articles de la part du Roy. Et aussy qu'il y a très grand nombre d'articles où on a actempté directement, et encore fait-on de jour en jour, contre ledit traictié de paix, au grand préjudice de monditseigneur de Bourgongne.

Le Roy a tousjours désiré et voulut avoir paix, amour et bon accord avec monditseigneur de Bourgongne, et pour le avoir n'a riens espargnié et jusques à ci a tousjours entretenu ladicte paix et accord, et a voulenté de le ainsy faire sans riens interrompre. Et pour le mieulx fermer et entretenir a, le Roy, fait et bien volu le mariage de sa fille alyer avec son filz, monseigneur de Charolois. Et quand ad ce qu'il reste à accomplir du traictié de la paix d'Arras fait entre le Roy et monditseigneur de Bourgongne, mondit seigneur a veu les grans affaires que le Roy jusques à présent a eu et souffers, pour quoy ne les a peu accomplir ainsy qu'il eust voulu. Mais il a intencion et bon vouloir de les accomplir au mieulx et le plus brief qu'il pourra, et tant que monditseigneur de Bourgongne en debvera estre content. Et quand ad ce que audit article est faite mencion que en pluiseurs poins et articles de la dicte paix a esté actempté directement de la part du Roy et fait ou de jour en jour, le Roy ne sut, ne croit, ne vouldroit que rien de sa part eust esté actempté, ne fait au contraire. Mais bien auroit, le Roy, sur ce de quoy soy doloir. Dont il se passe de présent.

Item. Ont aussy au Roy remoustré les roberies et grans oppressions faites par pluiseurs et diverses fois par les gens de guerre du Roy ès pays de monditseigneur le duc de Bourgongne, et plus sans comparaison que par avant ladicte paix d'Arras. Et encore après le siège de Pontoise, où seubz l'asseurance du roy que nulz de ses gens ne enteroient ès pays de mondit seigneur de Bourgongne, il n'y avoit mis aulcune provision au contraire, nientmains, tantost après le département dudit siège, très grand partie des gens de guerre du Roy, entre lesquelz estoit son pennon et l'estendart de monseigneur le connestable, sont venus à grand compaignie en la duchée de Bourgongne et y ont fait autant de mal ou pis que feroient ennemis; et avec ce ont usé de malvaises et deshonnourables parolles et non véritables et langaiges, contre la personne de monditseigneur de Bourgongne et de ses officiers et subjectz.

De ce que lesdictes gens d'armes ont esté ès pays de monditseigneur de Bourgongne, ce a esté contre la deffence et ordonnance du Roy et à sa très grande desplaisance, et sy tost qu'il fut venu à sa congnoissance, il y envoia monseigneur le connestable de France pour les faire vuidier desdiz pays. Lequel les fist départir le plus tost qu'il peut. Car le Roy vouldroit tousjours garder les pays de monditseigneur de Bourgongne, autant ou plus que les siens. Pour quoy, en ce cas on ne debveroit donner aulcune charge au Roy. Et auroit le Roy bien cause de soy douloir se il vouloit. Car pluiseurs des gens d'armes de monditseigneur de Bourgongne, depuis la paix ont passé et rapassé par les pays du Roy, en faisant des maulx beaucop. Et meismement en alant au souscours du conte de Vaudémont. Et darrainement, ou passage de monseigneur et madame de Bourgongne, tant que le pays de Langres et là entour en est d'. tout destruit et rendu inutille de secourir au Roy jusques à long temps ci-après. Et ont esté prins les gens et officiers du Roy, et menés et mis en composicion et à grosses finances ès places du mareschal de Bourgongne, sans en vouloir faire aulcune réparacion, combien que par maintes fois on en ait assés requis et fait grand poursieute. Si a on aussy par deux fois fait abatre la place de Montagu, appertenant à ung des subjectz du Roy. Qui ne se debvoit faire. Et aussy a esté prinse, pilliée et robée ladicte place de Montagu, le Blan, en Bourbonnois, et prins les filz et nepveux de messeigneurs Jaques et Antoine de Chabennes, et deux aultres jeunes filles au desoubz d'eage, et emporté les biens, tant dudit messire Jaques, comme dudit Anthoine de Chabennes, qui estoit lors ou pays de Normendie, ou service du Roy, par celuy que le Roy avoit fait délivrer franchement et quictement à la requeste de monditseigneur de Bourgongne. Pour quoy requiert, le Roy, à monditseigneur de Bourgongne qu'il face faire restitucion desdiz josnes enfans et des biens appertenans audit messire Jaques et Anthoine de Chabennes, qui tous jours en font poursieute devers le Roy.

Item. Ont dict lesdiz ambassadeurs les excusacions de monseigneur de Gueldres, pour lesquelles il ne povoit encore faire responce touchant le fait des demandes particulières au regard du mariage pourparlé de monseigneur Charles et de mademoiselle de Gueldres, en requérant au Roy qu'il lui pleuyst attendre la responce jusques à la Pentecouste prochain venant.

Le Roy avoit bien volu et désiré l'acomplissement dudit mariage, pour tous jours continuer et entretenir amour et amistié entre ses parens, et que tant mieulz peust estre servi d'eulx. Mais pour ce lesdiz ambassadeurs ont dict qu'on ne bailleroit point les terres qu'on a demandées, monditseigneur Charles n'est point consillié de y entendre sans avoir terre.

Item. Ont parlé à part au Roy de certaines extorcions nagaires faites à monseigneur le duc de Bretaigne en la ville d'Angiers sur le fait de VII^c pipes de vin qu'il faisoit mener en Bretaigne pour les provisions de luy et de monseigneur le conte de Montfort.

A monditseigneur de Bretaigne n'a point esté fait d'excès. Et ce qui a esté fait en la prinse des vins, a esté fait par vertu d'arrest de parlement, donné à cause d'aulcuns excès, prinse des biens et desobéyssances faites en Bretaigne. Toutefois, en faveur de monditseigneur de Bretaigne, son frère, monseigneur de Montfort, son nepveu, le Roy, sans préjudice dudit arrest, fait faire délivrance desdis vins, non obstant que en Bretaigne on ne fait l'obéyssance qu'on doibt, ne qu'on a fait du temps passé.

Item, après que les ambassadeurs dont dessus est faite mencion eurent esté et vacquié par pluiseurs journées en l'ostel du Roy, où ils furent reçeus assés honnourablement, et qu'ils eurent bien au long remoustré tout l'estat et les articles pour quoy ilz estoient là envoyés de par les seigneurs dessusdiz, et aussy que les responces sur yceulx articles, tant de bouche comme par escript, leur eurent esté bailliées de par le Roy, prinrent congié et s'en retournèrent devers les dessusdiz seigneurs.

Toutefois le Roy n'estoit point bien content, ne joieux des assamblées que les dessusdiz seigneurs faisoient en son absence. Car de jour en jour en y avoit des plus grans de son hostel et de ceulx de son privé conseil, qui lui disoient et rapportoient que lesdictes assamblées n'estoient point pour son bien, et que yceulx seigneurs se efforçoient de attraire de leur party les nobles hommes de son royaume avec les gens d'église et le commun peuple, pour faire tous ensemble nouvelles ordonnances, et baillier gouvernement en royaume de par les Trois Estas, ce qui seroit et pourroit estre à son grand préjudice, par ce que, se ainsy estoit, comme ilz disoient, il n'auroit nulle auctorité, si non par les mains de ceulx qui auroient ledit gouvernement. A quoy le Roy dessusdit respondoit, qu'il ne pourroit nullement croire que yceulz dessusdiz seigneurs voussissent ce faire contre luy, ne sa majesté royalle, et par espécial que le duc de Bourgongne se volsist entremettre, ne consentir d'aulcune chose estre faite à son préjudice, considéré la paix et réunion que nagaires ilz avoient fait l'un contre l'autre. Et disoit oultre, que se il povoit estre certainement adverti qu'ils voulsissent traictier ou faire aulcune chose contre luy, ne sadicte majesté, il lairoit toutes aultres besongnes pour ceulx courre sus et leur feroit [comme] aux Anglois ses anciens ennemis.

DE L'AN MCCCCXLII.

[Du 1er avril 1442 au 21 avril 1443.]

CHAPITRE CCLXVI.

Comment le roy de France fist grande assemblée de gens d'armes, avec lesquels il a tenir la journée de Tartas, à laquelle journée les Anglois ne comparurent point.

Au commencement de cest an, le roy de France fist un très grand mandement par toutes les parties et par tous les pays où il estoit obéy, pour continuer son entreprinse qu'il avoit encommencié, et assambler gens de guerre, sur intencion d'aler tenir la journée de Tartas, de laquelle en aultre lieu est faite mencion. Car il avoit entreprins et voulenté de y avoir la plus grosse armée que oncques il y euyt eu pour nulz de ses aultres affaires durant son règne. Et aussi la besongne luy touchoit moult grandement. Car se il eust délaissié ycelle journée sans y bailler souscours, il estoit en péril et en adventure de perdre ès pays de Guienne et de Gascongne très grand partie des signouries à luy obéissans, et avec ce les nobles d'yceulx pays. Lesquelles gens de guerre, avec pluiseurs aultres grans seigneurs, se commencèrent fort à mectre sus très diligamment et en très grand multitude. Et se assamblèrent en pluiseurs et divers pays de très grosses compaignies, lesquelles, par la délibéracion de son conseil, il fist tirer devers la cité de Toulouse par divers chemins. Et entretant, la journée qui avoit esté prinse au premier jour de may fu ralongié, à la requeste des capitaines anglois qui avoient faite ladicte composicion de Tartas, jusques au jour de saint Jehan-Baptiste prochainement ensievant. Lequel temps durant, le Roy fist ses préparacions, et en fin se parti, en très noble et puissant appareil, pour aler audit lieu de Toulouse, où toute sa dessusdicte assamblée se faisoit comme dict est ci-dessus. Et pour vray, quand le Roy de France fut yluecq venu et que tous les grans seigneurs et capitaines qu'il avoit mandés furent assamblés ensamble, il fut trouvé qu'il povoit bien avoir le nombre de quatre vins mil chevaulx, avec très grand nombre de charios et de charettes menans artilleries, vivres et aultres engiens et habillemens de guerre. Et quand aux seigneurs et capitaines, il y en avoit moult largement. Entre lesquelz y estoit le Daulphin, premier filz du Roy, le conte de Richemont, connestable de France, messire Charles d'Angou, le conte d'Eu, le conte de Fois, le visconte de Limaigne, filz au conte

---

1. Le 24 juin.

d'Ermignach [1], le seigneur de Labreth, le conte de Comminges, les deux mareschaulx de France, qui avec le dessusdit connestable faisoient l'avant garde, c'est assavoir le seigneur de Lohiac et de Jaloingnes, le seigneur de Cotigni, admiral de France, le seigneur de Vilars, le seigneur de Mongascon, le seigneur de Saint Priach, le seigneur de Calenton, le seigneur de Saint Vallier, le seigneur de Widemont; et pluiseurs aultres grans seigneurs, capitaines et vieus routiers de guerre, fleur de droites gens d'armes, qui par très long temps avoient sievy la guerre, comme La Hire, Pothon de Sainte-Treille, Anthoine de Chabennes, Olivier de Cotigni, le seigneur de Blanville et son frère messire Robert, Blanchefort, Pennesach, Floquet, Joachim Rohault, Pierre Renauld, Mathelin de Lescouan, Dimenche de Court et moult d'aultres nobles hommes de grand renom. Et lors, le Roy venu audit lieu de Toulouse, fut adverti par pluiseurs seigneurs du pays et des marches de Gascongne, que les Anglois n'estoient point puissans d'assés pour comparoitre à ladicte journée contre luy. Et pour ce, après qu'il eut eu conseil avec les plus saiges de sa compaignie, se disposa de aler audit lieu de Tartas, à tout une partie de ses gens, adfin qu'il peust estre pourveu et furni de vivres plus habondamment. Si se parti dudit lieu de Toulouse, à tout environ seize mille chevaulx. Desquels estoient la plus grand partie des seigneurs et capitaines dessus nommez. Et ala logier à deux lieues près de Tartas, à

1. Il s'agit de Jean, fils de Jean IV, comte d'Armagnac, et qui lui succéda en 1450, sous le nom de Jean V. Du vivant de son père, il portait le titre de comte de Lomagne.

une petite ville fermée nommée Millien, qui estoit au seigneur de Labreth. Laquelle tenoit le conte de Fois. Et ses gens se logèrent assés près tout à l'environ d'ycelle ville. Et lendemain, qu'il estoit le jour prins entre les deux parties, ala le Roy lui mettre en bataille devant ladicte ville de Tartas, et y fut depuis le matin jusques entre X et XI heures devant nonne. A laquelle heure vinrent devant luy les dessusdiz seigneurs de Cognac et Angerot de Saint-Per, lesquelx avoient ycelle ville en garde comme dessus est déclairié. Et amenèrent avec eulx le cadet Charles de Labreth, qui estoit demeuré en hostaige. Si apportoient les clefz de de la ville, lesquelles ils rendirent et mirent ès mains du Roy. Et avec ce fist, ledit seigneur de Cognac, sairement au Roy. Et le dessusdit Angerot de Saint-Per s'en ala en la cité de Acques[1]. Et adonc, le dessusdit seigneur de Labreth entra dedens sa ville de Tartas. Et le Roy s'en ala au giste à Cognac, qui est une petite ville assise assés près environ deux lieues dudit lieu de Tartas, et là sousjourna le jour de saint Jehan et lendemain tout le jour.

CHAPITRE CCLXVII.

Corament le roy de France, après la journée de Tartas, s'ala logier devant Sainte-Sevère, chief du pays de Gascongne. Si le conquist ville et chastel, et aultres places pluiseurs oudit pays.

En après, le mercredi ensievant de la journée de Tartas, dont ci devant est faite mencion, le Roy et toute son armée s'en alèrent devant Saincte-Sevère, où

1. Dax (Landes).

tout le pays s'estoit retrait. Et y avoit cinq fermetés, car c'estoit une ville forte à merveilles. Desquelles fermetés les gens de monseigneur le Daulfin prinrent les deux de première venue sans faire long procès, et se logèrent dedens. Et peu de jours ensievans les gens du Roy prinrent la tierce fermeté. Et depuis fut commandé de par le Roy qu'on assaulsist la quarte. Auquel les Anglois firent grande résistence. Mais petit durèrent, et furent reboutés et poursievys très vigueureusement jusques à la porte du maistre chastel. Lequel, sans commandement ne ordonnance du Roy ne de ses capitaines, fut assailli très vaillamment par les François. Et dura ledit derrain assault environ l'espace de quatre heures, moult horrible et mervilleux. Mais enfin les Anglois qui estoient dedens furent prins et conquis par force et mis à l'espée. Et en y eut prestement sans remède mis à mort bien de huit cens à mil Anglois. Et n'y moururent à celui assault que environ de vint à trente gens du Roy. Entre lesquelz en fut l'un le petit Blanchefort. Si fu prinse la ville par le costé que faisoit assaillir le connestable de France. Et là fut prins du costé desdiz Anglois, messire Thomas de Rameston, et aulcuns aultres en petit nombre. Après laquelle prinse et que le Roy y eut sousjourné environ l'espace de douze jours, il s'en ala mettre le siège devant la cité de Acques en Gascongne, où il fut bien environ cincq sepmaines. Et y avoit un moult fort bolevert devant l'une des portes. Et après que les gros engiens du Roy eurent trait et jetté par pluiseurs jours et démoly la muraille de ladicte ville et le dessusdit bolevert, on assailly ycelui bolevert. Et dura ledit assault bien par l'espace de cinq grosses heures, très cruel et mervilleux. Et en fin fu conquestié et prins de force, environ le jour faillant. Si y furent mors dix ou douze Anglois. Et des François en y eut pluiseurs navrés. Après laquelle prinse on fist retraire toutes gens de par le Roy, réservez ceulx qui furent commis à garder ledit bolevert. Et lendemain ceulx de ladicte ville de Acques, doubtans qu'on y feyst nouvel assault et qu'on recommençast de plus fort, se rendirent tous à la voulenté du Roy, excepté le seigneur de Montferant, qui en estoit capitaine pour le roy d'Angleterre, et le dessusdit Angerot de Saint-Per, lesquelx se randirent, sauf leurs corps seulement. Sy s'en alèrent le baston au poing. Et avec ce promist ledit seigneur de Montferant, de rendre en la main du Roy deux forteresces qu'il avoit assis près de la bonne cité de Bourdeaulx. Et pour la seurté de ce, bailla son fils en hostaige, lequel demoura prisonnier par long temps, parce que ledit seigneur de Montferant ne volt point rendre les forteresces dessusdictes ainsy que promis l'avoit. Et gouvernoient lors en ycelui pays, le Captal de Buef, ledit seigneur de Montferant, et messire Thomas de Rameston, séneschal de Bourdeaulx. Durant lequel temps lesdiz Anglois reprinrent la ville et chastel, avec tous les fors, de Sainte-Sevère. Mais brief ensievant le roy de France y retourna, à tout son armée. Si fu reconquise de force, et y eut moult grand nombre d'Anglois mis à mort.

Ouquel temps, se rendi françois et fist sairement au Roy en lui baillant obéyssance en ses villes et forteresces le seigneur de Rochetaillarde. En après ala le Roy devers Marmande, laquelle se rendi à luy. Et de là se tira devers la Réolle, qui fut assiègé très puissamment par lesdiz François. Et depuis fu prinse ycelle ville, d'assault. Mais le chastel se tint environ l'espace de six sepmaines. Au bout duquel terme se rendirent ceulx de dedens, sauves leurs vies. Et y commist le Roy Olivier de Cotigny pour en avoir le gouvernement, avec aulcunes aultres places qui avoient esté conquises durant ledit voiage. De laquelle ville de La Réolle estoit capitaine pour le roy d'Angleterre, le baron de Quinnus, lequel depuis se rendi françois. Et entretant que les conquestes dessusdictes se faisoient, y eut aulcune destrousse sur eulx par lesdiz Anglois sur les François. Et par espécial les paysans du pays leur faisoient forte guerre. Pour quoy, tant pour la grande multitude de gens qui y avoit le Roy, comme pour les reboutemens et agaitz que leur faisoient les dessusdiz, furent par pluiseurs fois moult oppressés de famine; et moururent la plus grand partie de leurs chevaulx. Dont les routiers et aultres qui ont acoustumé de les champs, long temps par avant furent fort troublés. Et en y eut très grand nombre qui se tirèrent plus avant ès pays pour eulx rafreschir. Et mesmement alèrent jusques assés près du pays de Navarre, en faisans de très grans dommages au povre commun peuple. Et d'aultre part, pendant le temps dessusdit, les Anglois se assamblèrent ung certain jour, et, par moyens qu'ilz avoient, reprinrent la cité d'Acques en Gascongne sur les François, de laquelle estoit capitaine Renauld Guillaume le Bourguignon, lequel fut prins prisonnier, et très grand partie de ses gens mis à mort. Duquel le roy de France fut très mal content, pour ce qu'il avoit perdu si en haste et par malvaix soing ycelle cité, qui assés largement avoit cousté au conquerre.

Après lesquelles besongnes et que le Roy eust esté oudit pays de Gascongne environ de sept à huit mois, et fist en ycelui pluiseurs belles conquestes comme dict est ci-dessus, considérant le grand travail que de jour en jour avoient eu ses gens pour la défaulte de vivres dont ils avoient à très grand dangier, si conclut et délibéra de tourner à Montauben, où il fut environ deux mois. Et là fist ses ordonnances pour la garde du pays, et, par diverses journées, s'en retourna à Poitiers. Et peu de temps après, La Hire, qui moult avoit esté travaillié en celuy voiage et qui desjà estoit homme assés bien eagié, ala de vie à trespas, ou chastel de Montauben. Pour la mort duquel le Roy fut très desplaisant, quand ce fut venu à sa congnoissance. Et ordonna que sa femme possessast de aulcunes terres et signouries qu'il avoit donné audit La Hire sa vie durant.

CHAPITRE CCLXVIII.

Comment les Anglois eurent la ville de Conches en Normandie sur les François par traictié, et pareillement eurent les François la ville de Gaillardon, laquelle tenoient les Anglois.

Item, durant le temps que le roy de France estoit ou voiage de Tartas comme dict est dessus, se assamblèrent en Normendie très grand nombre d'Anglois, et soubz la conduicte du conte de Sombreseth, de messire Johan de Thalebot, et d'aulcuns aultres capitaines anglois, vinrent assègier la ville de Conches en Normendie. Et y estoit dedens comme capitaine .....[1]

[1]. Le nom est en blanc dans le mss. 8346. Ce chapitre et le suivant ne se trouvent pas dans Vérard.

lequel fist grand diligence avec ses gens pour deffendre ycelle ville. Nientmains elle fut très fort approuchié et assaillie, tant de canons comme d'aultres groz engiens et habillemens de guerre. Et tellement fut contrainte, que de jour en jour ceulx de dedens faisoient grand doubte d'estre prins d'assault. Si envoyèrent secrètement devers le conte de Dunois, bastard d'Orliens, et messire Pierre de Bressay, seigneur de la Garesne, qui avoient la charge de par le Roy, à tout certain nombre de gens de guerre, pour garder la frontière contre lesdis Anglois sur les marches des pays de Chartain et du Maine. Et si leur firent signifier le dangier en quoy ilz estoient, en eulx requérant de avoir leur secours et ayde. Mais quand ilz eurent assamblé tout ce qu'ilz peurent avoir de gens, ilz trouvèrent qu'ilz n'estoient point puissans assés pour lever ledit siége. Et pour tant, adfin de baillier empeschement aux dessusdiz assiégans, alèrent logier devers Gaillardon, que tenoient les Anglois, et y firent livrer ung très cruel assault. Auquel assault ceulx de dedens résistèrent très vaillamment et reboutèrent lesdiz assaillans. Et entretant, ledit conte de Sombreset, anglois, et ceulx de sa compaignie, firent traictié avec ceulx de Conches, moyenant qu'ilz s'en alèrent en rendant ladicte ville. Et ne les eust ledit conte point prins, se non qu'ilz se fussent du tout rendu à sa voulenté[1], se n'eust esté ce qu'il avoit intencion d'aler combatre les François dessusdiz qui estoient devant Gaillardon, se ilz le vouloient attendre. Lesquelz

---

1. C'est-à-dire : qu'il les eut forcé de se rendre à merci, se n'eust esté, etc.

François, qui furent aulcunement advertis de la venue dessusdicte, traictèrent hastivement avec ceulx de dedens. Si fu le traicté tel qu'ilz leur donnèrent aulcune somme de pécune adfin qu'ilz se partirent de là. Et baillèrent ycelle ville aux seigneurs François dessusdiz, qui y mirent très grosse garnison. Et après se retrayrent de là et retournèrent à Chartres et ès aultres bonnes villes tenans leur party en ycelui pays, pour garder les frontières contre les dessusdiz Anglois. Et tantost après, messire Jehan de Gapaumes, capitaine de Dourdan, fut prins par aulcuns de ses gens qui le trahirent et le livrèrent aux dessusdiz Anglois, auxquelz pour sa rançon il paia depuis moult grand finance.

Et en ce meisme temps, y eut une destrousse faite sur les Anglois assés près de Garville[1], à deux lieues de Evreux. En laquelle destrousse furent mors de la partie des dessusdiz François, Jehan de Bressay et Mordon de La Fontaine, avec aulcuns aultres. Nientmains, par la vaillance et diligence de Floquet qui estoit l'un de leurs chiefz, furent lesdis Anglois tous rués jus et destroussés, desconfis et mors en la place environ de onze à douze vins, et si en y eut pluiseurs qui furent détenus prisonniers.

Item, en ce meisme temps, l'empereur d'Alemai-

1. Sans doute pour Gravigny (Eure), mais ce lieu n'est qu'à 3 kil. d'Évreux. Quant à Graville, qui se rapporterait bien mieux au *Garville* de notre texte, il ne faut pas y songer. Car il n'y a que deux localités de ce nom en Normandie, et l'une est près du Havre et l'autre dans le département de la Manche. A la vérité, on trouve dans le *Dictionnaire topographique du département de l'Eure* de M. Galebled, un hameau du nom de Graville, mais c'est une dé-

gne¹, acompaignié de pluiseurs grans et nobles seigneurs et moult grant nombre de gens, s'en vint en la cité de Besançon. Ouquel lieu ala devers luy en moult noble et bel appareil le duc Phelippe de Bourgongne.

CHAPITRE CCLXIX.

Comment les Anglois asségièrent la ville de Dieppe en Normendie.

Item, durant le temps dessusdit, les Anglois, environ le nombre de huit cens combatans, alèrent devant la ville de Dieppe en Normendie. Et là, sur une montaigne assés haulte et advantageuse firent former et asseoir une forte bastille, laquelle fut advironnée de fossés parfons à merveillez et fut pourveue très largement de canons, culevrines et aultres engiens et habillemens de guerre. Dedens laquelle bastille ilz laissièrent de quatre à cinq cens combatans, desquelx estoit le chief et capitaine, ung chevalier nommé Guillaume Pointo. Et depuis vint avec lui le bastard de Thalebot. Si commencèrent à mener moult forte guerre à ceulz de la ville de Dieppe. Et assirent pluiseurs groz engiens qui jettoient tousjours incessamment dedens ycelle ville. Par quoy elle estoit moult oppressée et travillié. Et avec ce gardoient continuellement que nulx vivres n'y peussent entrer. Et toutes fois, lesdictz Anglois estoient très souvent rafreschis de vivres et de nouvelles gens, par quoy leur partie

pendance de Beuzeville, chef-lieu de canton de l'Eure, à 35 kil. d'Évreux.

1. Frédéric III.

adverse avoit moult à souffrir. Nientmains, Charles des Mares, qui estoit ung des principaulx capitaines de la dessusdicte ville de Dieppe, et aulcuns aultres vaillans homme de guerre avec lui, faisoient moult grand diligence nuit et jour pour résister aux dessus-diz Anglois, leurs adversaires. Et aussy, durant le temps que ycelle bastille y fut faite, furent ravitailliés par pluiseurs et diverses fois, tant par mer comme par terre. Et y avoit très souvent entre lesdictes deux parties de très dures escarmuches, auxquelles en demouroit très souvent de mors et de navrés des deux parties. Et dura ceste besongne entre ycelles parties assés longuement, et jusques à tant qu'on comptoit le temps l'an mil IIIIe et XLIII, que lors Loys, Daulphin, premier filz du Roy, y ala à tout sa puissance et conquist ladicte très forte bastille de force, comme ci-après sera plus à plain déclairié.

CHAPITRE CCLXX.

Comment Pierre Renauld fut par force débouté de la forteresce de Milly [1].

Vous avez bien oy racompter comment Pierre Renauld estoit logié ou chastel de Milly estant à deux lieues ou environ près de Beauvais, lequel lieu de Milly il avoit fait réparer et fortifier. Et avoit bien avec luy le nombre de deux cens combatans, tous fors sacquemans, rades et viguereux, à tout lesquelz il

---

[1]. C'est ici que reprend Vérard, qui, comme nous l'avons dit plus haut, n'a pas les deux chapitres précédents.

couroit souvent en divers lieux. Et tout ce qu'il povoit attaindre et attraper au dehors des chasteaulx et fermetez[1], tant sur les pays du Roy, comme ailleurs, estoit prins, ravi et enmené ou emporté en leur forteresce ou garnison. Et par espécial avoit couru et couroit continuellement de jour en jour sur les villes et pays de l'obéyssance et signourie du duc de Bourgongne, du conte d'Estampes, et de pluiseurs aultres grans seigneurs de ce party. Et meismement très souvent passoient l'eaue et la rivière de Somme en tirant vers les marches d'Artois, où il avoit de XII à XVI lieues de leur dicte garnison. Et pareillement faisoient les chastellenies de Péronne, Mondidier et Roye, où ilz prenoient de bons prisonniers, lesquelz ilz mettoient à grosses finances, ainsy et par la manière que euyssent peut faire les adversaires du temps de la guerre, avec tous aultres biens quelconques, dont lesdiz pays estoient moult fort oppressés et travilliés. Si en furent par pluiseurs fois faites grandes plaintes et doléances aux seigneurs dessusdiz, dont ilz estoient très mal contens. Et pour ceste cause, envoia ledit duc de Bourgongne devers le Roy, avec aultres affaires, luy remoustrant la destruction de yceulx ses pays, en luy requérant de y avoir provision. A quoy le Roy fist responce, comme aultre fois avoit fait pour pareil cas : C'estoit qu'il luy en desplaisoit moult, et qu'il estoit très content que ledit duc de Bourgongne le feyst ruer jus et destrousser se il le povoit trouver en sesdiz pays, ou qu'il le feyst asségier et débouter par ses gens, d'ycelle forteresce de Milly. Et il manderoit et feroit

1. Forteresses.

faire deffence à tous ses capitaines des marches à l'environ, qu'ilz ne lui baillassent ayde, souscours ne faveur nulle contre les gens dudit duc de Bourgongne, sur autant qu'ils doubtoient à encourir son indignacion. De laquelle responce ycelui duc fut assés content, et se pourpensa qu'il pourverroit au sourplus au plus brief que bonnement faire le pourroit. Si trouva moyen de faire traictier avec aulcuns capitaines Anglois sur la marche de Normendie, et qu'ilz bailleroient seurté de non faire guerre à ses gens. Et quand ledit duc de Bourgongne fut assés adcertené des deux parties qu'ilz ne luy porteroient nul grief ne dommage, ne à ses gens, à la cause devant dicte, luy, qui pour lors estoit en son pays de Bourgongne, fist sçavoir au conte d'Estampes, qui avoit le gouvernement de ses pays de Picardie, qu'assamblast le plus de gens de guerre qu'il pourroit finer et les menast devant ledict chastel de Milly. Sur quoy ledict conte fist grand diligence et mist ensamble en assés brief terme bien le nombre de douze cens combatans ou environ, tant chevaliers, comme escuyers et aultres gens de guerre, les plus experts et exelens d'ycelui pays de Picardie et de la marche à l'environ. Entre lesquelz estoient, Walerant de Moreul, Gui de Roye, Jehan de Hangiers, le seigneur de Saveuses, Simon de Lalaing, Jehan de Happlaincourt, Charles de Rochefort, messire Colard de Mailly, et moult d'aultres grans et notables seigneurs et gentilz hommes. Et fut faite celle assamblée en la ville d'Amiens. Duquel lieu, à tout charroy chargié de vivres et habillemens de guerre, s'en alèrent en moult belle et bonne ordonnance, par aulcuns jours, jusques à Beauvais, où il fut receu moult honnourablement, et ses gens se logèrent ès vilages environ. Et de là ledit conte se tira devant le chastel de Milly. Si fist logier ses gens au plus près de la porte, qui desrompirent très fort les deffences de la dessusdicte forteresce, et par espécial de la basse court qu'ilz avoient moult fort réparée de quesnes[1] et d'aultres groz bos. Si se commencèrent ceulx de dedens à deffendre très radement et très viguereusement, tant de canons comme d'aultres artilleries et engiens de guerre. Desquelz ilz occirent et navrèrent aulcuns des gens du conte d'Estampes. Entre lesquelz y fut mort messire Mathieu de Humières. Et avoient les gens dudit conte laissié leurs chevaulx, pour la plus grande partie, en la ville de Beauvais. De laquelle, et aussy de la cité d'Amiens venoient vivres de jour en jour audit siège. Durant lequel siège, après que les engiens dessusdiz eurent moult fort adommagié les fortificacions de la basse court dessusdicte, y fut livré par lesdiz asségans ung très dur et fort assault. Auquel, tant d'un costé comme d'aultre furent faites pluiseurs vaillances et prouesces. Desquelles, entre les aultres, le seigneur de Saveuses, avec ses gens, emporta le bruit. Nientmains, ceulx de dedens se deffendirent très puissamment, et tant que lesdiz assaillans véant que bonnement ne les povoient conquerre sans avoir trop grand perte et dommage de leurs gens, se retrayrent. Et y furent mors des assaillans environ de huit à dix. Et des deffendeurs y eut aulcuns navrés. En après, yceulx deffendans, considérans qu'ilz ne se povoient longuement tenir, et

1. De chênes.

aussy qu'ilz n'avoient point grand espérance d'avoir aulcun secours, firent traictié avec les commis dudit conte d'Estampes, moyenant et par tel sy, qu'ilz se départiroient de là en emportant trestous leurs biens avec eulx. Si rendirent la dessusdicte forteresce, dedens laquelle on bouta le feu, et le fist on du tout démolir et désoler. Et ce fait, ledit conte et ses gens s'en retournèrent, environ la sepmaine peneuse[1], ès lieux dont ilz estoient venus. Et avoit ledit conte esté devant ladicte place et tenu siège environ de trois sepmaines ou plus, audit lieu de Milly.

Pour lequel voiage et déboutement des dessusdiz coureurs, tous les pays qui avoient acoustumé d'estre courus et pilliés, furent très joieux quand ilz furent adcertenez qu'on les avoit ainsy deslogiés et chaciés hors de ladicte place.

1. La semaine sainte.

DE L'AN MCCCCXLIII.

[Du 21 avril 1443 au 22 avril 1444.]

CHAPITRE CCLXXI.

Comment le roy de France fist grande assamblée de gens d'armes pour aler en Normendie. Et d'aulcunes courses et conquestes que le duc de Sombreset fist ou pays d'Angou et ailleurs, sur les François.

Au commencement de cest an, le roy de France fist grande assamblée de gens d'armes, sur intencion d'entrer en Normendie l'esté ensievant, et aussy pour baillier secours à ceulx de Dieppe, qui estoient fort constrains et travilliés par le moyen de la très forte bastille que tenoient les Anglois devant ycelle ville de Dieppe. Lequel secours le Roy leur envoia, c'est assavoir pour ravitaillier ladicte ville. Et y furent menés grand foison de bestail et aultres vivres, à tout grand quantité de gens d'armes, qui les boutèrent dedens à grand force. Et y eut entre les deux parties de très grosses escarmuches, auxquelles en y eut de mors et de navrés, tant d'un costé comme de l'autre.

Ouquel temps, le conte de Sombreset assambla bien jusques au nombre de six mil combatans ou environ, à tout lesquelz il entra ou pays d'Angou, où il fist de très grans dommages par feu et par espée. Après se tira vers Bretaigne et prinst d'assault La Guierche[1], apertenant au duc d'Alençon, laquelle ville fut du tout pillié et robée. Et puis s'en ala logier à Poussay[2], et y fut bien deux mois. Si couroient de jour en jour ses gens par diverses compaignies le dessusdit pays d'Angou, de Craonnois et de Chastrangonnois. Desquelx yceulx pays firent pluiseurs destrousses par les paysans[3]. Et d'aultre part, le mareschal de Lohiac eut la charge avec les gens du duc d'Alençon, de par le roy de France, pour résister aux entreprinses dessusdictes. Sy conclurent d'aler férir de nuit sur les Anglois et sur leurs logis, c'est assavoir dudit conte de Sombreseth. Mais il en fut à tamps adverti. Si ala au devant d'eulx et les vint rencontrer, qu'ilz ne leur donnoient de garde. Et pource, furent yceulx François mis en desroy, et en y eut de vint à trente, que mors que prins, et les aultres se sauvèrent au mieulx qu'ilz peurent, par force de bien fuir. Et de ceulx qui furent prins, en furent le seigneur d'Ausigni, Loys de Bueil et plusieurs aultres gentilz hommes. Après lesquelles besongnes, ycelui conte de Sombreset se desloga de devant Ponsay et ala prendre le chasteau de Beaumont la Visconte[4]. Et puis, après ce qu'il eut assises ses garnisons sur les frontières, il s'en retourna à Rouen.

1. La Guerche (Ille-et-Vilaine).
2. Poucencé (Maine-et-Loire).
3. *Sic.* Cette phrase n'a pas de sens. Il faut lire : « Desquelz yceulz pays firent pluiseurs destrousses *sur* les paysans. » Ou bien : « Desquelx yceulz pays *furent* pluiseurs (de ces gens de guerre) destroussés par les paysans. »
4. Beaumont-le-Vicomte (Sarthe).

CHAPITRE CCLXXII.

Comment aulcuns chevaliers et gentilz hommes de la court du duc de Bourgongne entreprinrent ung fait d'armes par la manière que ci après sera déclairié.

Item, en ce meisme temps, le duc de Bourgongne estant en son pays de Bourgongne, y eut pluiseurs gentilz hommes de son hostel et pays qui, pour son plaisir et par sa licence, firent anoncier et publyer par pluiseurs marches et pays de Bourgongne, que se ilz estoient aulcuns nobles hommes qui voulsissent faire armes et acquérir honneur, ilz seroient receus par yceulx et parfurnis en certaines armes qu'ils avoient entreprinses. Desquelz gentilz hommes leurs noms seront ici après déclairiés, et aussy la manière des chapitres qui pour ceste cause furent envoyés ès pays dessusdiz, par messire Pierre de Buisemont, seigneur de Chargni, qui estoit chief de ladicte entreprinse.

CHAPITRE CCLXXIII.

Copie du mandement dessusdit et les noms de ceulx qui debvoient faire les armes.

« En l'onneur de Nostre Seigneur et de sa très glorieuse mère, de madame Sainte Anne, et de monseigneur Saint George. Je, Pierre de Baufrémont, seigneur de Chargni, de Monlyet et de Montfort, chevalier, consillier et chambellan de très hault, très puissant et très exelent prince, mon très redoubté et souverain seigneur, monseigneur le duc de Bourgongne, fay sçavoir à tous princes, barons, chevaliers et escuyers sans reproche, c'est excepté ceulx du royaume de France et des pays alyés et subgectz de mondict souverain seigneur, que pour augmenter et acroistre le très noble mestier et exercite des armes, ma voulenté et mon intencion est, avec douze chevaliers et escuyers gentilz hommes de quatre costés, et desquelz les noms ci-après s'ensievent, c'est assavoir : Thiébault, seigneur de Rougemont et de Mussy, messire Guillaume de Brefremont, seigneur de Sees et de Souvegnon, Guillaume de Viane, seigneur de Monbis et de Gilly, Jehan, seigneur de Waleugen, Jehan, seigneur de Rap et de Ciricourt, Guillaume de Champdivers, seigneur de Cheingni, Jehan de Chiron, seigneur de Ranchevières, Anthoine de Vaudray, seigneur de Laigle, Guillaume de Vauldray, seigneur de Collaon, Jaques de Chalant, seigneur de Ameville, messire Amé, seigneur d'Espirey, et Jehan de Chaingny, garder et deffendre ung pas séant sur le grand chemin venant de Digon à Auxonne au bout de la chaucié, partant de ladicte ville d'Auxonne et ung gros arbre appellé l'Arbre des Hermittes. Et tout par la fourme et manière qui ci-après s'ensieut.

« Premiers. Y a deux escus dont l'un est noir, semé de larmes d'or, et l'autre de violet, semé de larmes noires. Lesquelz escuz penderont audit Arbre des Hermittes, et seront de telle condicion que tous ceulx qui feront touchier par le roy-d'armes, héraulx ou poursievans l'escu noir aux larmes d'or, seront tenus de faire armes à cheval avec moy ou avec l'un de mesdiz chevaliers ou escuyers, jusques au nombre de douze courses de lances, à fer esmoulu. *Item.* En faisant lesdictes armes, si l'un est porté à terre de cop de lance et de droite attainte sur le harnois, celui qui ainsy sera porté à terre donra à son compaignon qui ainsy l'aura porté jus, ung dyament tel qu'il luy plaira. *Item.* Chascun soit armé de tel harnois que bon luy samblera, double ou saingle [1], acoustumé de faire armes et sans malengien. C'est à attendre que l'arest ne ait nul advantaige, fors ainsy qu'on le porte en la guerre. *Item.* Que chascun portera ses garnisons de lances et de fers, excepté que la rondelle qui gist sur les mains, ne sera que de quatre dois de large et non plus. *Item.* Les lances seront d'une meisme mesure depuis la pointe du fer jusques à l'arrest; desquelles lances je bailleray le longueur. *Item.* Pour faire et accomplir lesdictes armes à cheval, furniray lances à tous, et toutes prestes dedens les lices, telles et samblables de celles de mes dessusdiz compaignons et des miennes. *Item.* Et se feront lesdictes armes à cheval, à la toille, laquelle sera de six piés de haulteur.

Sensievent les articles sur le fait des armes à pied.

« En après, yceulx princes et barons, chevaliers et escuyers de la condicion dessusdicte, qui auront plus leur plaisir de faire armes à pied, seront tenus comme dessus de faire touchier l'escu violet aux larmes noires, et de combatre de haches ou d'espées, lequel que mieulx leur plaira, à quinze cops. *Item.* Que en faisant lesdictes armes, se l'un mect les mains ou les genoulz à

---

1. Double ou simple, de *singulus*. On disait aussi sangle. Par exemple, des gants sangles ou fourrés.

terre, celui qui ainsy y aura touchié, sera tenu de donner à l'autre ung ruby de tel valeur que bon luy samblera. *Item.* Que chescun soit armé de hárnois acoustumé de combatre en lices. *Item.* Et se l'un estoit deffurni de haches ou d'espée, je l'en furniray assés et de samblables à celles de mes compaignons et des miennes. Et en ycelles haches ou espées n'y aura chose qui n'y doibve estre par raison, ou sans crochès, ou aultre malengien. *Item.* Celui qui aura son adresce de faire armes et combatre avec moy de pied, et l'un de nous deux est porté à terre de tout le corps, il sera tenu de lui rendre prisonnier où l'ostelent lui ordonnera[1]. *Item.* Celuy qui ainsy sera prisonnier, pour sa droite rançon et délivrance sera tenu de donner à celui ou celle que ledict hostelant vouldra ordonner à eslire, au desus de cinq cens escus. *Item.* Ceulx desdiz estrangiers ne requièrent moy ne mesdiz compaignons, car ilz trouveront à toutes les heures, limittes et ordonnées en ce présent traictié, qui les furnira. *Item.* Et ne porront les dessusdiz estrangiers faire avec moy ne mesdiz compaignons que une fois armes, c'est assavoir l'une à cheval, et l'autre à pied; et plus avant ne pourront requerre mes dessusdiz compaignons ne moy, durant le temps de ces présentes armes. *Item.* Se feront lesdictes armes de cheval et de pied par la manière qui s'ensieut : C'est assavoir, celles de cheval, le lundi, le mardi et le mercredi, et celles de pied, le joesdi, le vendredi et le samedy. *Item.* Et se commencera ledit pas, le premier jour de jullet qui sera l'an

---

1. L'*ostelent*, sans doute celui qui était chargé de séparer les champions, l'oste-lance?

mil IIIIe et XLIII, et durra quarante jours entiers, sans comprendre les dimenches, ne les festes commandées en la ville de Romme. *Item.* Aulcuns desdiz princes, barons, chevaliers et escuyers, ne porront ne [1] seront tenus de passer par le pas ne à ung quart de lieue près, qu'ilz ne facent et acomplissent les armes dessusdictes ou qu'ilz ne laissent gaiges, c'est assavoir son espée ou ses esperons, lequel qui mieulx lui plaira. *Item.* Et pour faire et acomplir lesdictes armes tant de cheval comme de pied par la manière et ordonnance contenue ci-desus, j'ay humblement supplié et requis à mondit souverain seigneur, que de sa grâce me donnast congié et licence d'ycelles parfaire. Lequel, désirant l'acomplissement d'ycelles, le me a bénignement otroié. Et pour ce faire me donne et a donné à juge, très hault et puissant prince et mon très redoubté seigneur, monseigneur le conte de Nevers et de Réthel, et en son absence, monseigneur le mareschal, conte de Fribourg et de Noefchastel.

« Et adfin qu'il vous appère que ces présens chapitres procèdent de mon intencion et voulenté, desirant yceulx acomplir par la manière dessusdicte, les ay fais séeller du séel de mes armes et signées de ma main, le VIIIe jour de mars, l'an mil IIII^c XLII.

« *Item.* Je prie aux dessusdiz princes, barons, chevaliers et escuyers, qu'ilz ne ayent aulcune ymaginacion de malvoellance. Car je ne le fay que pour acroistre le noble mestier et exercite des armes, et aussy pour avoir acointance par armes aux bien renommés et vaillans princes et nobles dessusdiz qui

---

1. Ce second *ne* est ici pour *et*.

venir y vouldront. *Item.* Auront les dessusdiz nobles estrangiers, bon, sœur et loyal saufconduict de mondit souverain seigneur, et en son absence, de son mareschal. »

CHAPITRE CCLXXIV.

Comment le duc de Bourgongne envoia le comte d'Estampes, à tout grand puissance de gens d'armes, en la duchée de Luxembourg.

Item, en cette meisme saison, la duchesse de Luxembourg, qui aultre fois avoit eu espouse le duc Anthoine de Brabant et Jehan de Bavière, défunctz, tous deux oncles, l'un de par père, et l'autre de par mère, du duc Phelippe de Bourgongne, fist grand complainte à ycelui duc de Bourgongne de ce que ses hommes et subgectz de ladicte duchée ne le vouloient obéyr, ne payer de ses rentes et revenues, et la plus grand partie d'ycelui pays, et par espécial de ycelui fort de Luxembourg et de Tyonville et aultres lieux à l'environ, et l'avoient déboutée des dictes villes, en eulx rendans du tout rebelles et inobédiens contre elle. Si luy requéroit et prioit humblement, que pour Dieu et pour pitié, et aussy pour l'onneur et amour de ses deux oncles dessusdiz qu'elle avoit eus par mariage et avec lesquelz elle s'estoit portée et conduicte honnourablement, il le volsist aidier et secourir à ce grand besoing, tant qu'elle peust estre obéye et remise en sa signourie, ou aultrement le convenroit dore en avant vivre en grand meschief et povreté. A quoy ledit duc ly fist responce très courtoise, en disant que voulentiers et de ceur ly bailleroit secours, ayde et confort contre les dessusdiz de Luxembourg, par toutes les voies et moyens licites et raisonnables que bonnement faire pourroit. Dont elle le mercia grandement. Et pour sur ce avoir advis que bon en seroit à faire, fist ledit duc assambler son conseil pour veoir et débatre la matière, adfin de sçavoir ce qu'il en seroit bon pour le mieulx. Ouquel conseil fut délibéré que ledit duc de Bourgongne envoyeroit ses mesaiges solempnelz devers ceulx de Luxembourg, eulx requerre et sommer qu'ilz feissent devers ycelle dame et ses officiers toute l'obéyssance qu'il apertenoit et comme ilz estoient tenus de faire; et ce ainsy ne le faisoient, ycelui duc de Bourgongne l'aideroit et conforteroit de toute sa puissance pour le remettre en sa signourie. Auxquelles requestes et sommacions ceulx de Luxembourg ne volrent entendre ne obéyr nullement, jà soit il que pluiseurs requestes leur en furent faites. Mais pour eulx entretenir, se pourveyrent dedens leurs villes de gens de guerre. C'est assavoir du duc Guillaume de Saxe, qui se disoit héritier de ladicte duchée de Luxembourg. Et envoya ung sien parent nommé le conte de Clicque, à tout huit cens combatans des marches d'Allemaigne. Lesquelz se boutèrent en garnison en la dessusdicte ville de Luxembourg et de Tyonville, et aultres villes et forteresces à l'environ, qui estoient à eulx favourables. Et eulx, là venus, commencèrent à courre et faire grand guerre à aulcunes villes et forteresces qui encore estoient demourées en l'obéyssance de ladicte dame. Et par ainsy fut ycelui pays fort divisé et en grand tribulacion.

Et adonc, le dessusdit duc de Bourgongne, sachant que les dessusdiz perséveroient de jour en jour en leur mauvaix propos, se conclud et délibèra du tout de eulx faire forte guerre. Et pour ceste cause escripvi ses lettres au conte de Vernenbourg et au damoiseau de Salemire, à Henri de La Tour, et aux aultres nobles du pays et duchée de Luxembourg et de la marche à l'environ. Dont la plus grand partie tenoient le party de la dessusdicte duchesse et qui se vouloient employer en l'ayde et faveur d'elle, qu'ilz feyssent guerre à tous ceulx qui ly estoient contraires et désobéyssans. Et leur manda oultre que brief y envoieroit de ses gens, et puis yroit en personne pour reconquerre ladicte duchée, et en débouteroient ceulx qui le occupoient. A laquelle requeste dudit duc de Bourgongne ilz furent très contens d'entendre et obéyr. Et de fait, après qu'ilz eurent deffiés les dessusdiz, leur firent guerre ouverte, et coururent sur eulx par pluiseurs et diverses fois.

Entretant, ledit duc de Bourgongne envoia ledit conte d'Estampes en Picardie, et lui fit sçavoir qu'il assamblast certain nombre de gens de guerre pour mener en Bourgongne devers luy. Ce qu'il fist. Et quand son armée fu preste, il les fist tirer devers Saint-Quentin en Vermendois, et luy meisme y ala en sa personne. Si estoient avec lui, Walerant de Moreul, Gui de Roie, le seigneur de Humières, le seigneur de Saveuses, messire Symon de Lalaing, le seigneur de Noefville, Gauwain Quiéret, messire Anthoine de Wissoch, Jehan de Haplaincourt, et pluiseurs aultres notables chevaliers et escuyers. Et povoit avoir en tout le nombre de douze cens combatans. Si se tira dudit lieu de Saint-Quentin devers Laon, pour aler passer assés près de la conté de Reters. Mais quand il fut entre Montagu et Sisonne, il luy fut dit que Dimence de

Court, Le Ronchin et aulcuns aultres capitaines des gens du Roy, estoient logiés à Montagu et audit lieu de Sisonne. Lesquelz nagaires avoient esté ou pays de Rethelois où ilz avoient fait de grans et mervilleux dommages. Pour lesquelz ledit conte d'Estampes estoit très mal content d'eulx. Et avec ce, ung petit par avant, ycelui Dimence de Court avoit esté destroussé en Bourgongne, et avoit promis de luy non plus logier sur les pays dudit duc de Bourgongne, ne sur ceulx de son party. Si leur manda et fist sçavoir qu'ilz se retrayssent hors de son chemin, et qu'il se vouloit aler logier audit lieu de Montagu. Ce que point ne vouloient faire. Pour quoy entre ycelles parties s'esmeurent aulcunes rigueurs. Et fut ordonné par ledit conte d'Estampes et son conseil qu'on leur courust sus. Et ainsy en fut fait. Si furent la plus grand partie desdiz François du tout destroussés, et tous leurs biens, tant chevaulx comme autres bagues, prins et ravis par les Picars. Et en y eut bien peu de mors et de navrés. Et depuis qu'ilz eurent esté fais prisonniers, furent délivrés, et avec ce furent à aulcuns rendues aulcunes de leurs bagues. Et par spécial à ycelui Dimance de Court fut rendue partie de ses bagues. Si se tirèrent arrière le plus brief que faire le porent. Pour lesquelles destrousses, le Roy, ne son filz, ne furent point bien contens, de ce que ainsy on les avoit ruésjus en leur pays, et aussy pour tant qu'ilz aloient à ung mandement que faisoit ledit Dauphin, pour aler au secours de ceulx de Dieppe. Duquel ci-après sera faite plus ample mencion. Nientmains, la besongne demoura ainsy faite pour lors. Mais depuis en vindrent de très grans remours.

En après, le conte d'Estampes et ses gens se tirèrent jusques sur les marches de Bourgongne. Et tinrent ses gens les champs Vers Lengres[1] et Monsangon[2]. Durant lequel temps ledit conte d'Estampes et les seigneurs, en la plus grande partie, qui estoient avec luy, alèrent à Digon devers le duc de Bourgongne, où ilz furent moult joieusement receus et festoiés. Et se tinrent là certaine espace de temps, entant que ledit duc faisoit ses apprestes pour aler à puissance en la duchée de Luxembourg.

CHAPITRE CCLXXV.

Comment le Daulphin ala secourir ceulx de la ville de Dieppe qui estoient asségiés des Anglois leurs adversaires.

En ce meisme temps, le roy de France ordonna à son filz le Daulphin, de aler souscourir ceulx de Dieppe, qui par lonc temps, comme dict est ci-dessus, avoient esté durement oppressés et travilliés des Anglois leurs adversaires, desquelx ilz estoient asségiés par une très forte bastille où ilz se tenoient. Si se tira ledit Daulphin vers Paris, à tout certain nombre de gens de guerre. Et estoient en sa compaignie le conte de Dunois, le seigneur de Gaucourt, le seigneur de Betizach, le seigneur de Pressigni, et moult d'autres capitaines en grand nombre. Et luy, approuchant près de Paris, manda à venir devers luy à Compiengne, pluiseurs du pays et de la marche environ. Entre lesquelx y fut mandé Loys de Luxembourg, conte de Saint-Pol, qui

---

1. Langres (Haute-Marne).
2. Monsaon (Haute-Marne).

y ala, grandement acompaignié de pluiseurs seigneurs et gentilz hommes. Aussy vindrent devers luy, le seigneur de Moyencourt, Renauld, Hector, Charles et Raoul de Flavi, le seigneur de Moy, le seigneur de Longueval et moult d'aultres grans seigneurs et notables hommes de guerre des marches de Beauvoisis, de Santhers et de Vermendois. Et y vint aussy messire Robert de Salebrusse, damoisiau de Commarcis, et son nepveu, Jehan de Hangiers. Duquel lieu de Compiengne ledit Daulphin fist tirer ses gens vers la cité d'Amiens. Et après, par Moyencourt ala gèsir à Chaule[1] dedens le chastel. Ouquel lieu estoit Gauwain Quiéret, capitaine d'icelle forteresce, lequel de là s'en ala avec le Daulphin. Et tous ensamble se tirèrent par Amiens à Abbeville, ouquel lieu il assambla toutes ses gens. Et povoient bien estre environ de quatre mil combatans, très bien en point. Lesquelz furent conduis par ledit Daulphin et les seigneurs et capitaines qui estoient avec luy, jusques audit lieu de Dieppe, où il se loga et grand partie de ses gens. Et les aultres se logièrent au plus près, tant ès faulzbourgz, comme ès villages. Et lendemain qu'il fu là venu, fist sommer à ceulz de ladicte bastille qu'ilz se voulsissent de là départir et eulx en aler sauvement, en emportant partie de leurs biens. A quoy yceulx Anglois ne volrent entendre nullement. Ains firent responce, et dirent qu'ilz se deffenderoient jusques à la mort. Sur laquelle responce le Daulphin mist son conseil ensamble pour sçavoir qu'il en estoit bon de faire. Et en fin duquel conseil fut conclud qu'on les assauldroit dedens briefz jours, après ce qu'on au-

---

1. Chaulnes (Somme), comme aussi Moyencour.

roit préparé ses engiens et habillemens de guerre pour faire ledit assault. Et comme il avoit esté délibéré et conclud, en fut fait. Car la nuit de Nostre-Dame my-aoust, environ dix heures du matin, après ce que ledit Daulphin eut fait drécier pluiseurs queues de vin sur le bout et habandonné à ses gens pour eux refectionner, fist sonner ses trompettes pour aler audit assault. Lequel se commença, moult horrible et mervilleux, et dura environ de deux à trois heures. Où il y eut fait moult de belles apertises et fais d'armes, tant d'un costé comme d'aultre, et par espécial de la partie desdis François assaillans. Car ycelle bastille est forte à grand merveille et moult puissamment fortifiée, et aussy pourveue de groz canons, engiens et aultres artilleries, desquelz ceulx de dedens se deffendoient moult radement et vaillamment. Et avec ce estoient advironnés de bien parfons fosés à manière de bonne ville, dedens lesquelx il convenoit descendre par eschielles, et puis à force remonter audit bolevert. Toutefois, nonobstant la mervilleuse fortificacion de ladicte bastille, et aussy la grande et corageuse résistence que firent lesdiz Anglois, les François montèrent amont, et le gagnèrent par leur force et proesce, jà soit que dedens y eust de quatre à cinq cens combatans anglois, au deffendre. Desquelz en furent prestement mis à l'espée trois cens et mieulx, et le sourplus furent pris et détenus prisonniers. De la partie dudit Daulphin en y eut de mors, tant audit assault comme de ceulz qui depuis morurent des navreures, environ le nombre de quarante hommes. Desquelz furent les principaulx, Anthoine de Moy, Jehan de Hersellaines, le bastard de Noyelle, et aulcuns aultres. Et estoient capitaines d'ycelle bastille, Guillaume Porto et le bastard de Thalebot, lesquelx deux furent détenus prisonniers. Et se rendi ledit messire Guillaume de Porto au Daulphin, ja soit-il ce que le conte de Saint-Pol, qui prudentement et vaillamment se y estoit porté, le dist avoir premier prins. Mais il n'en fist aulcune demande, ne question. Et quand est au seigneur de Moy, c'est assavoir messire Loys de Socourt, il emporta la louenge de ceste journée pour le mieulz assaillant, par la relacion de la plus grand partie des dessusdiz François. A laquelle journée et mervilleux assault furent fais chevaliers, le conte de Saint-Pol, Jehan de Thorote, Anthoine de Bornonville, Jacotin de Béthune, Jehan de Cresecques, Philippe d'Inchy, Renauld de Honcourt, Gui Quiéret, Gauwain Quiéret, George de Croix, Renauld de Sains, Hugue de Mailly, Estout d'Estouteville, Charles de Flavi, Raoul de Flavi, Jaques de Fresnes, Desport Descerme, Rouge du Fay, Charles du Fay, Jehan de Sains de Cambresis, et aulcuns aultres.

Après laquelle besongne ledit Daulphin se fist deschaucier et ala à pieds nuds jusques en l'église Saint Jaque de Dieppe, où il remercia très humblement Dieu son créateur et le beneoit baron Saint Jaques de la bonne fortune qu'il avoit obtenue contre les Anglois ses anciens adversaires. Et après se loga en ycelle ville de Dieppe. Et brief ensievant fut ladicte bastille habandonnée à désoler, et le fut en assés brief terme après. En oultre, quand ycelui Daulphin eut séjourné en ladicte ville par l'espace de trois jours ou environ et qu'il eut ordonné comment ceulx de la ville se auroient à conduire, se parti de là et s'en retourna en la ville de Abbeville, à tout ses gens, où il fut des habitans receu moult honnourablement et joieusement. Et en après aulcuns peu de jours, se départi de là, et par Amiens chevaulcha jusques à Compiengne. Et depuis s'en ala à Chasteler, où le conte de Saint-Pol le reçut moult grandement et honnourablement, et y séjourna par aulcuns jours. Et encore s'en retourna à Compiengne.

Et entretant ses gens couroient très souvent ou pays d'Artois et ès villes et pays du duc de Bourgongne et de ses gens. Et estoient moult enclins d'eulx faire dommage, pour et à cause principalment de la destrousse de Montagu, dont assés par ci-devant est faite mencion. Et pour y obvyer furent envoyés devers ledit Daulphin, à Compiengne, l'évesque de Verdun et le seigneur de Ternant de par ledit duc de Bourgongne, aux quelz il promist qu'il feroit cesser ses gens d'armes de plus faire ycelles courses sur le pays. Nient mains, pour celle promesse cessèrent assés petit, ains continuèrent assés, en faisant de très grans desrois. Et meismement ceulx de la garnison d'Eu alèrent pillier les faulzbourgz de la cité de Cambray et le moustier de Nostre-Dame de Cantimpré. Et à leur retour prinrent le chastel de Hérussart emprès Beauquesne, appertenant à messire Jehan de Fosseux, et le pillièrent du tout. Pour lesquelles entreprinses ceulz desdiz pays estoient bien en grand doubte, pour ce que la plus grand partie des nobles estoient alés, comme dict est, avec le conte d'Estampes devers le duc de Bourgongne.

Ouquel temps, le Roy remanda son fils le Daulphin qu'il retournast devers luy à Tours en Touraine, où pour lors il se tenoit. Lequel y ala assés hastivement.

Et lui venu devers le Roy son père, fut grandement festoyé et moult noblement receu, tant du Roy comme des aultres grans seigneurs, pour la belle victoire qu'il avoit obtenue sur les Anglois, ses adversaires. Et tantost après lui fut baillié en charge d'aler après Sallezar, qui emmenoit grand foison de gens d'armes vers Guienne sans le congié du Roy. Et luy fut commandé de le ramener, ou du moins luy oster ses gens. Si le poursievy moult radement et le raconsievy devers Auvergne, et fist tant que la plus grand partie des gens d'armes que ledit Sallezar avoit avec luy, se mirent avec ledit Daulphin. Lequel, de plus en plus fist très grosse assamblée, et se tira devers les pays du conte d'Armignac. Lequel il avoit en charge de prendre et le faire prisonnier de par le Roy son père. Et pour ce que ycelui conte d'Armignac se tenoit de sa personne en l'Isle de Jourdain, envoia, le Daulfin, aulcuns de ses capitaines, à tout foison de gens d'armes, logier ès faulzbourgs et autour d'ycelle ville, et leur ordonna et commanda qu'ilz gardassent bien que ledit conte ne se départesist de là. Et brief ensievant vint en sa personne. Au devant, duquel ycelui conte d'Armignac yssi pour aler au devant de luy. Lequel Daulfin dessusdit le fist prisonnier de par le Roy. Dont il fut moult esmervillé; mais pour lors ne le peut amender. Et avec ce fut prinse sa femme, et aulcuns de ses enfans. Et fut ycelle ville de l'Isle Jourdain, en la plus grande partie, toute courue et pillié. Et y furent trouvés biens innumérables et à très grand habondance, et de très riches et précieux joyaulx. Et avec ce furent mises en la main du Roy pluiseurs aultres de ses villes et forteresces principaulz.

Si fut la cause de sa prise pour ce que ycelui conte avoit fait pluiseurs désobéyssances au Roy, et qu'il avoit traictié de maryer une sienne fille qu'il avoit, au roy Henri d'Angleterre. Et furent les lettres des traictiés dessusdiz trouvés en aulcuns de ses coffres. Et avec ce avoit fait morir le mareschal de France, c'est assavoir le seigneur de Severach, à la très grande desplaisance du Roy, son seigneur. Et quand le Roy, qui de long temps avoit esté adverti des besongnes dessusdictes, et que pour ycelles avoit envoyé devers luy solempnelle ambassade pour lui remoustrer les besongnes dessusdictes, luy signifiant la dessusdicte désobéyssance qu'il avoit faite et faisoit chascun jour à son souverain seigneur, il avoit respondu que se le Roy luy bailloit aucun empeschement en nulles de ses seignouries, ou faisoit baillier, il se alieroit à tel qui bien luy aideroit à garder contre toute sa puissance.

CHAPITRE CCLXXVI.

Comment le duc de Bourgongne mist la duchée de Luxembourg en son obéyssance.

Or convient retourner à parler du duc de Bourgongne, lequel en ce temps faisoit grans préparacions pour aler en la duchée de Luxembourg. Et avoient pluiseurs moyens qui de jour en jour aloient et venoient devers luy pour sçavoir se on pourroit trouver aulcuns bons moyens de traictier entre la duchesse et ceulx qui estoient avec elle désobéyssans, lesquelz enfin ne se peuvent trouver. Et pour ceste cause le dessusdit duc disposa du tour de eulx livrer forte guerre, et les mettre en l'obéyssance d'ycelle duchesse. Si envoia premiers oudit pays, maistre Simon de Lalaing, et de trois à quatre cens combatans avec luy, qui se joindirent et assamblèrent avec le conte de Vernembourg et les aultres nobles du pays de la marche qui estoient alyés audit duc de Bourgongne. Et se logèrent à Aillon[1] et en aulcunes aultres villes qui tenoient la partie de la dessusdicte duchesse, comme dict est ci-dessus. Et eulx venus en ycelui pays, cuidèrent par moyens avoir l'obéyssance de Thyonville. A quoy ilz faillirent, pour ce que le conte de Clicq et ceulx de son party les avoit attrais de leur costé, et y mirent des gens de guerre pour les aidier à entretenir. Et depuis, assés brief ensievant, vint ledit conte de Clicq, à tout grand puissance, garny de charroy et habillemens de guerre, logier assés près de ladicte ville d'Arlon, qu'il entendoit à assiègier. Si y eut entre les parties grandes escarmuches, où furent aulcuns de ses gens mors et bléciés. Et depuis, doubtant la grand puissance du duc de Bourgongne, se retraist à Luxembourg. Durant lequel temps, les dessusdiz firent pluiseurs courses l'un contre l'autre. Et aloient les Picars aulcune fois coure jusques aux portes de Luxembourg. Et entretant, le dessusdit duc de Bourgongne se parti de Digon en très bel arroy, grandement acompaignié de chevaliers et d'escuyers, et s'en vint à Ywis, qui est de la duchée de Luxembourg, et là se loga, et y fut receu de habitans moult joyeusement. Ouquel lieu de Ywis il conclud de faire assé-

---

1. *Aillon*, lis. Arlon, comme au reste le texte lui-même le porte plus bas.

gier ung chastel nommé Willy, qui estoit garny de pluiseurs sacquemans, qui long temps par avant avoient fait et faisoient encore de jour en jour de grans oppressions et tyrannies au povre peuple dudit pays. Et estoit leur chief ung nommé Jaquemin de Beaumont. Si eurent la charge de les asségier, Guy de Roye, le seigneur de Saveuses, Hue de Hœsines, et aulcuns aultres chiefz. Lesquelz y alèrent, à tout six cens combatans ou environ. Et y firent drécier pluiseurs groz engiens, qui fort adommagièrent ledit chastel. Et se disoient, les dessusdiz, estre au demoiseau de Commarcis, qui avoit esté en la compaignie du Daulfin à prendre la bastille de Dieppe, comme dessus est dict. Si fut adverti d'icelui siège, et pour le cuidier lever, assambla environ mil combatans, entre lesquelz estoient Le Ronchin, Pierre Robert, et pluiseurs aultres routiers de guerre. Si se tirèrent par pluiseurs journées en approuchant ceulx du siège dessusdit, et tant, qu'à ung matin férirent en leurs logis, et de première venue se boutèrent dedens, sans y trouver résistence, sinon assés petit. Nientmains, ceulx qui avoient la charge dudit siège, oyans l'effroy, rassamblèrent leurs gens moult en haste, en bonne ordonnance, et commencièrent à marcher avant contre leurs ennemis. Lesquelx assés tost ilz reboutèrent hors dudit logis, aux champs. Et là, de tous costés se commencèrent de très grandes escarmuches, auxquelles se porta très vaillamment, comme il me fut rapporté, messire Gauwain Quiéret, Hue de Longueval, et pluiseurs aultres, avec les chiefz dessus nommés. Lequel messire Gauwain y estoit venu ung jour devant, et les avoit adverti de la venue dudit damoiseau de Commarcis. Finablement, ycelui damoiseau et ceulx de sa compaignie, véans qu'ilz povoient plus perdre que gagnier à yluecq demourer longuement, se partirent assés hastivement, et s'en retournèrent audit lieu de Commarcis. Et y furent mors de ses gens huit ou dix, et pluiseurs navrés. Et de la partie des assègans fut mort ung gentil homme, nommé Gauthier de Pavant, et peu d'aultres avec luy. Avec léquel de Commarcis s'en ala ledit Jaquemin de Beaumont, et yssi du chastel par derrière, entretant que ladicte escarmuche se faisoit, en habandonnant ses gens. Lesquelz se rendirent en brief terme ensievant, par tel si que ilz s'en yroient à tout partie de leurs biens. Et après, ledit duc de Bourgongne fist logier ses gens sur les frontières vers Luxembourg. Et ala le conte d'Estampes, à tout grand partie des capitaines et gens de guerre, à Cles, qui est une grande ville, laquelle aultre fois avoit esté fermée. Et fut yluecq grand espace de temps. Si couroient ses gens bien souvent sur leurs adversaires, desquelz, quand ilz les rencontroient, en faisoient bien peu de compte. Car yceulx Alemans, qui se tenoient à Luxembourg et ès aultres villes à l'environ, quand ilz se trouvoient aux champs contre les Picars, ne se vouloient point mettre à pied, quelque nombre qu'ilz fussent, et ne faisoient que escarmucher à cheval de leurs crenekins. Et tantost qu'ilz veoient approuchier lesdis Picars, se tournoient à fuite. Si en y avoit aulcune fois de raconsievys, qui estoient mis à mort sans remède. Laquelle chose sambloit à ces Alemans bien estrange, parce qu'ilz n'avoient point acoustumé d'estre ainsy servis, ne de faire entre eulx guerre si mortelle.

Et entant que toutes ces besongnes se faisoient, le duc de Bourgongne, qui avoit avec luy, comme dict est desus, pluiseurs du pays assés subtilz, eut pluiseurs ymaginacions et consaulz avec ses plus féables et aulcuns des dessusdiz, pour sçavoir comment il venroit à chief de ceste guerre. Si luy fut dit qu'il pourroit bien faire essayer sçavoir se on trouveroit point manière de eschieller et prendre de nuit ladicte ville de Luxembourg. Et quand ledit duc oy ce, il y entendi voulentiers, et fut content qu'on y besongnast par tous les moyens qui pourroient estre possibles. Et pour faire l'assay et aler aviser le lieu pour le pourgetter, furent advisés deux gentilz hommes, c'est assavoir l'un du pays de Bourgongne, nommé Guillaume de Grevant, et le second Robert de Miraumont, natif de Picardie, et avec eulx aulcuns aultres du pays, qui les conduisoient. Si se mirent à chemin et alèrent par pluiseurs fois veoir et espier comment ils pourroient faire, et aussy comment ceulx de dedens se gouvernoient en fait de guet. Et avoient avec eulx aulcuns exelens eschelleurs. Si trouvèrent et perceurent qu'il y faisoit bon, et que ceulx de dedens se acquittoient assès petitement de faire le guet. Et adonc en y eut qui par eschelles montèrent amont et avisèrent bien à leur aise tout l'estat de ladicte ville. En après se départirent et retournèrent le plus secrètement qu'ilz peurent devers le duc de Bourgongne, auquel ilz firent leur rapport sur ce qu'ilz avoient veu et trouvé. Sur lequel rapport ledit duc se conclut de faire essayer de mener ceste entreprinse à fin. Si le fist sçavoir au conte d'Estampes et aux capitaines qui estoient avec lui, en eulx signifiant que c'estoit son plaisir qu'ilz feyssent ladicte entreprinse, et qu'il yroit en personne avec eulx, pour les aidier et secourir, se besoing leur en estoit. Et estoit lors ycelui duc à Arlon, et le dessusdit conte d'Estampes, à Es. Lequel conte d'Estampes, quand il eut oy et entendu l'intencion dudit duc, assambla grand partie des plus nobles de sa compaignie et leur remoustra toutes les besongnes dessusdictes. Et avec ce leur déclaira l'intencion dudit duc et leur requist que sur ce le volsissent consillier. Et adonc fut la besongne aulcunement débatue entre eulx. Et y en avoit d'aulcuns qui doubtoient aulcunement à faire et consillier ladicte entreprinse pour pluiseurs raisons qu'ilz y mettoient. Et en fin, tout considéré, se conclurent ensamble de le faire, puis que c'estoit le plaisir et ordonnance du dessusdit duc de Bourgongne, leur chief et souverain seigneur. Et après ceste conclusion, fut advisé à cuy on bailleroit la charge de faire le premier eschiellement. Si y furent commis messire Gauwain Quiéret, le seigneur de Bosqueaulx, Guillaume de Grevant et Robert de Miraumont dessus nommés, avec eulx les eschielleurs, de soixante à quatre vins compaignons. Si se mirent à chemin, et avoient bonnes guides du pays qui les menoient. Et depuis les sievy et rataint le seigneur de Saveuses, jà soit qu'il fust pour lors moult agrevé de maladie. Pour la compaignie duquel ilz furent bien joieux quand ilz le veyrent avec eulx. Si se tirèrent le plus quoiement qu'ilz peurent jusques à demie lieue de Luxembourg, où ilz se mirent à pied et laissèrent leurs chevaulx. Et puis s'en alèrent tout oultre jusques au lieu qui estoit ordonné. Et eulx là venus, avoient ordonné ceulx qui debvoient premiers monter, et aussy ceulx qui les sievroient de main en main, par très bonne ordonnance. Et quand tout fut prest, on commença à drécier les eschielles et à monter ainsy qu'il avoit esté advisé. Et fut requis au seigneur de Saveuses qu'il demourast au pied des eschielles pour faire tenir les ordonnances et pour faire monter ceulx qui ad ce estoient commis. Lequel le fist bien et à point. Car audit lieu n'y avoit homme qui bien ne se volsist conduire par son conseil. Et quand lesdiz messires Gauwain Quiéret, Robert de Miraumont et les aultres, furent dedens, en la plus grand partie, ilz prinrent aulcuns de ceulx du guet, auxquelz ils firent samblant de les mettre à mort se ilz faisoient aulcune noise. Et tost après, yceulx alèrent rompre une posterne et ouvrir pour ledit seigneur de Saveuses et aultres qui les avoient sievys, jusques à deux cens ou environ, qui y entrèrent et commencèrent à cryer à haulte voix : Ville gaigniée! Duquel cry toute la ville fut estourmie. Et tout en haste cryèrent à l'arme en pluiseurs lieux. Et entretant les dessusdiz Bourguignons se tirèrent ou marchié, lequel ilz gagnièrent, non obstant que ceulx de dedens se fussent assamblés, en petit nombre, pour le garder. Si firent peu de résistence. A laquelle fut navré le dessusdit messire Gauwain Quiéret. Et des dessusdiz deffendeurs en furent mors deux tant seulement, et les aultres se mirent de toutes pars à fuyr vers le chastel, et aussy vers la ville bas.

En après ledit conte d'Estampes, qui les dessusdiz sievoit de près à puissance, fut adverti de celle prinse par pluiseurs messages que yceulx envoièrent devers luy; si se hasta le plus tost qu'il pot de y venir. Et quand il fut dedens, il fut ordonné qu'on envoieroit certain nombre de gens devant le chastel, pour garder la saillie de ceulx qui estoient dedens. Mais desjà ilz avoient bouté le feu tout au travers de la rue qui estoit devant ledit chastel, par lequel furent arses moult de belles maisons et la plus grand partie des chevaulx des gens d'armes qui là estoient logiés, lesquelx en grand nombre s'estoient retrais ou chastel dessusdit. Et avec ce, quand le peuple, dont il y avoit grand multitude qui s'estoient retrais en la basse ville, veyrent et perceurent que leur ville estoit ainsy prinse et qu'il n'y avoit point de rescousse, ilz s'en yssirent hors et s'en alèrent à Thionville et aultres lieux, moult desconfortés, en habandonnant tous leurs biens.

Et ce meisme jour vint audit lieu de Luxembourg ledit duc de Bourgongne. Après laquelle venue se commencèrent ses gens à logier par ordonnance par ladicte ville. Lesquelx, tantost après, furent tous pris et ravis et butinés par ceulx qui avoient conquise ladicte ville. Et avoit esté ordonné, à faire ycelle entreprinse, que tous lesdiz biens seroient partis et butinés équallement, et que chascun seloncq son estat en auroit sa porcion, sans y faire aulcune fraude. Laquelle ordonnance ne fut point entretenue. Mais en furent fraudés la plus grand partie des compagnons, par espécial du moyen et mendre estat. Et en y eut peu qui y eussent prouffit, sinon aulcuns des chiefz de l'armée, et ceulx qui avoient conduict la besongne. Et aussi aultres qui furent commis à butiner, et qui eurent le gouvernement d'yceulx biens. Pour laquelle fraude on y eut pluiseurs qui s'en complaindirent l'un à l'autre, disant qu'on leur moustroit malvais exemple de eulx une aultre fois adverturer leurs corps pour gagnier ce où ilz n'avoient point de prouffit. Nientmains, pour quelque plainte qu'ilz en feyssent, n'en peurent avoir aultre chose. Ains furent constrains assés rigoreusement, tant par sairement comme aultrement, de rendre ou rapporter, ou délivrer ce qu'ilz avoient trouvé, en la main desdiz butiniers. A laquelle assamblée et besongne estoit le seigneur de Humières, qui exerçoit l'office de mareschal. Auquel office il avoit esté commis de par le seigneur de Blanmont, le mareschal de Bourgongne. Aussy estoient avec ledit duc de Bourgongne, des marches de Picardie, le conte d'Estampes dessusdit, le seigneur de Croy, conte de Porcien, Walerant de Moreul, messire Simon de Lalaing Gui de Roy, messire Robert de Saveuses, son frère Hue de Hames, Hue de Longueval, le seigneur de Bosqueaulx, messire Anthoine de Wissoch, et moult d'aultres nobles hommes. Et des marches de Bourgongne, le seigneur de Ternant, messire Pierre de Baufremont, seigneur de Chargni, le seigneur de Brasy, Charles de Rochefort, Philebert de Vandre, Jehan de Vandre, Philebert Dyancourt, et aulcuns aultres chevaliers et escuyers en grand nombre. Et quand est au conte du Clicq, il se retraist avec ses gens dedens le chastel. Mais depuis se embla de nuit secrètement, et s'en ala, tout de pied, à Thionville. Lequel chastel de Luxembourg se détint depuis ladicte prinse environ trois sepmaines. Durant lequel temps, de ceulx de dedens fut occis, par trait qui le féri en la teste, messire Jehan, bastard de Dampierre. Et ledit seigneur de Saveuses, à une saillie que avoient fait aulcuns dudit chastel, fut navré très griefment d'un vireton [1] en la poitrine, dont il fut en péril de mort. Mais par la diligence des cyrurgiens dudit duc de Bourgongne tourna depuis à garison. En la fin des quelles trois sepmaines, le dessusdit conte de Clicq, fist traictié avec les commis du dessusdit duc de Bourgongne, moyennant que ses gens qui estoient oudit chastel de Luxembourg, s'en yroient sauves leurs vies, et si n'emporteroient riens de leurs biens. Et avec ce rendi ladicte ville de Thionville, et s'en retourna en son pays d'Alemaigne, à grand perte, honte et confusion, de lui et de ses gens. Et par ainsy, ycelui duc de Bourgongne eut plaine obéyssance de ladicte duchée de Luxembourg et des appertenances, en peu de temps et à petite perte de ses gens. Auquel lieu ala la duchesse, sa femme, et avec elle la duchesse de Luxembourg, aultre fois nommée. Laquelle avoit fait, ou fist traictié avec ledit duc, par condicion qu'il joyroit de ladicte duchée toute sa vie durant et y auroit tout tel droit qu'elle y avoit, et il ly en renderoit pour chascun la somme de . . . . . [2] francz monnoie de France.

Ouquel temps, ledit duc de Bourgongne avoit fait publier, luy estant en la ville de Luxembourg, que nul de quelque estat qu'il fust, ne prenist débat, ou feyst aulcune extorcion aux seigneurs du pays, ne à leurs gens, qui estoient en sa compaignie, des marches d'A-

---

1. Le vireton était un trait de bois dur fortement armé d'un fer pointu, et qu'on pouvait décocher avec une grande force de l'arbalète.
2. La somme est en blanc dans le mss. 8346. Vérard met : « Dix mille francz. »

lemaigne et de ladicte duchée. Laquelle publicacion fut enfrainte par ung sien archier de corps, nommé le petit Escocois, qui prinst débat à messire Pierre Bernard, et de fait le féri aulcunement. Pour lequel fait, ledit duc le fist prendre, et nonobstant pluiseurs prières d'aulcuns grans seigneurs de son hostel, et aussy dudit messire Bernard qui luy pria pour le dessusdit sauver la vie, le fist pendre, jà fust que moult l'eust amé paravant que bien fust content de son service. Mais il le fist, principalement adfin de baillier exemple à tous aultres, qu'ilz ne fussent si osés de rompre, ne enfraindre ses édictz et ordonnances.

En oultre, après que ledit duc de Bourgongne eust là esté par aucun temps, et qu'il eut commis à la garde et gouvernement d'ycelle ville et du pays de Luxembourg, ung sien filz inlégitisme, nommé Cornille, et avec lui, pour le conduire, Philebert de Vauldre, et aulcuns autres gentilz hommes, et avec ce, que grand nombre des habitans de ladicte ville de Luxembourg furent retournés en ycelle ville en leurs lieux par sa grace et licence, et qu'on leur eut vendu aulcune partie de leurs biens et par espécial leurs maisons, par certain apointement fait avec eulx, se parti de là, et avec luy toutes ses gens d'armes, et s'en retourna ou pays de Brabant. Et les Picars et aultres retournèrent chascun en leurs lieux.

En cest an, ala de vie à trespas messire Loys de Luxembourg, archevesque de Rouen; ou pays d'Angleterre. Lequel se disoit grand chancelier de France pour le roy Henri d'Angleterre et chief de son conseil ou royaume de France en tant qu'il touchoit les villes et cités qui estoient obéyssans à yceluy roy. Et trespassa en une ville nommé Héli[1], où il y a une abbey de noirs moisnes, dedens laquelle il fut enterré assés sollempnellement. Et tenoit ycelle signourie en commande, dont il avoit des grans prouffis. Et au regard de ses biens, après que son testament fut en parti acompli, le roy d'Angleterre en eut la plus grand partie.

Item, en ce temps dessusdit, furent mis pluiseurs ambassadeurs sus, d'entre les deux rois de France et d'Angleterre. Lesquelx très souvent aloient d'un pays en aultre pour trouver moyens de paix entre les deux royaumes, ou du mains ralongier les tréves. Et pour lors, le roy de France se tenoit à Tours en Touraine. Ouquel lieu se tinrent pluiseurs grans consaulz et moult d'assamblées sur ceste matère. Aux quelles estoient mandés et convoquiés très souvent les trois Estas de son royaume. Toutefois, nonobstant lesdictes assamblées, se mouvoient continuellement les deux parties, et menoient grosse et forte guerre les ungz aux aultres.

1. Ély, comté de Cambridge.

DE L'AN MCCCCXLIV.

[Du 12 avril 1444 au 28 mars 1445.]

CHAPITRE CCLXXVII.

Comment aulcuns des gens du Daulfin se tirèrent vers le pays de Bourgongne, lesquelz furent rués jus par le marescheal de Bourgongne et les siens.

Au commencement de cest an, le Daulfin de Viennois, premier filz du Roy, retourna devers son père qui estoit à Tours en Touraine. Et avoit ledit Daulfin esté moult grand espace de temps ou pays de Languedoc, tant pour le fait du conte d'Armignac, comme pour aultres affaires. Auquel retour, moult de gens de son armée se tirèrent sur les marches de Bourgongne, où ilz firent de très grans desrois, comme aultre fois avoient fait. Si s'en alèrent logier à ung groz village nommé Espoise[1]. Auquel lieu leur vint coure sus le seigneur de Blanmont, mareschal de Bourgongne, acompaignié de pluiseurs nobles du pays, et y eut dur rencontre entre eulx. Mais enfin, par la diligence et vaillance dudit mareschal et d'aulcuns aultres seigneurs de sa compaignie, furent yceulx Françoys tournés à desconfiture, et en y eut très grand nombre,

1. Époisses (Côte-d'Or).

que mors que pris. Et brief ensievant en furent portées les nouvelles audit Daulfin, et luy fut dit comment ses gens avoient estés rués jus ou pays de Bourgongne. Lequel Daulfin jura lors ung grand sairement, qu'il s'en yroit en personne oudit pays, pour les contrevengier. Et d'aultre part, le duc de Bourgongne fut adverti de ce que le Daulfin avoit dit et juré. Si dist pareillement qu'il yroit aidier à garder son pays. Et par ainsi y eut aulcun commencement de rigueur entre ces deux princes. Mais assés briefz après, par le moyen d'aulcuns notables et saiges personnes d'un costé et d'aultre, furent les choses rapaisiés, et ledit Daulfin rafraindi son yre et son courous.

CHAPITRE CCLXXVIII.

Comment unes trièves furent faites et données entre les rois de France et d'Angleterre et tous leurs parens, amis, et aliés et subgetz.

Item, durant le temps dessusdit, se continuèrent à Tours en Touraine les assamblées et traictiés d'entre les deux royaumes de France et d'Angleterre. Ouquel lieu estoient pluiseurs princes et grans seigneurs du royaume de France en personne. Et ceulx qui point n'y estoient, avoient envoyé grans et notables ambassadeurs, ayant povoir souffisant de par les seigneurs qui les avoient envoyés. Entre lesquelz y estoit de par le duc de Bourgongne, messire Jehan de Croy, bailly de Haynau, le prieur de Vergy, maistre Oudart Caprel et aultres nobles hommes. Et aussy y estoient ceulz des bonnes villes en grand nombre. Et pareillement, de la partie du roy d'Angleterre y estoient, à tout povoir souffisant, messire Guillaume de Laboulle, conte de Suffort, maistre Adam Mollaine, garde du privé seel du roy d'Agletetre et doyen de Salsebéry, messire Robert de Roos, Thomas Hoos et aultres. Lesquelz, tous ensamble, par diverses journées se assamblèrent l'un avec l'autre. Et furent faites pluiseurs ouvertures entre ycelles parties pour venir et conclure à paix généralle. Mais finablement, pour les grandes difficultés qui lors estoient entre ycelles parties, ne povoient venir ne eulx accorder à ladicte paix générale. Mais sur espérance de y parvenir et traictier de ladicte paix, prinrent unes trièves et abstinence de guerre jusques à certain temps entre les dessusdictes parties. Lesquelles s'entretinrent assez seurement. Dont du contenu la teneur s'ensieut :

« Charles, duc d'Orliens et de Valois, conte de Blois et de Beaumont, seigneur de Couci et d'Ast, Loys de Bourbon, conte de Vendosme et de Chartres, souverain maistre d'ostel de France, Pierre de Bresel[1], seigneur de la Varenne et de Bresesac, séneschal de Poitou et d'Avignon, Bertrand de Beauval, seigneur de Presegni[2], chevalier, consillier et chambellan de très exelent prince le roy de France, nostre très redoubté et souverain seigneur. A tous ceulz qui ces présentes lettres verront, salut. Comme nostre saint père la pape ayt très souventes fois prié et requis, et exorté par ses lettres et mesages, et meismement darainement par révérend père en Dieu l'évesque de Viese, son ambassadeur et mesage, le Roy nostre très redoubté

---

1. Pierre de Brezé, seigneur de la Varenne et de Brissac.
2. Pressigny.

et souverain seigneur, de condescendre et vouloir entendre par moyen de longue trième ou aultrement à bonne paix, union et concorde avec très hault et très puissant prince son nepveu d'Angleterre; lequel pour ceste cause a depuis nagaires envoyé et transmis, à tout certain povoir, par devers nostre très redoubté et souverain seigneur, ses sollempnelz ambassadeurs et mesages, c'est assavoir Guillaume de Laboulle, conte de Suffort, grand maistre d'ostel dudit très hault prince, nepveu d'ycelui très redoubté et souverain seigneur, maistre Adam Melainne, garde de son privé seel, docteur en loix, doyen de Salsebéry, messire Robert Roos, mestre Thomas Hoos, chevaliers, Richard Androne, secrétaire dudit très hault et puissant prince nepveu d'ycelui très redoubté et souverain seigneur, docteur en loix, et Jehan Wembloch, escuyer. De laquelle chose le Roy nostre très redoubté seigneur, pour révérence de Dieu, pour la pitié aussy qu'il a tousjours eu et a des grans dommages et afflictions que le povre peuple d'une partie et d'aultre a eu longuement et a encore à souffrir et porter à l'occasion de ladicte guerre, et pour éviter l'effucion du sang humain, s'est libéralement condescendu pour besongnier en ceste matère avec lesdiz ambassadeurs de son dict nepveu, et, sur tout, communiquier, traictier et apoinctier avec eulz, luy ait pleu nous commettre et dépecher de sa part et nous baillier ses lettres de povoir, dont la teneur s'ensieut.

« Charles duc d'Orliens, etc., sçavoir faisons que après ce que pour traictier à ladicte paix et trève nous avons assemblé par pluiseurs journées en ceste ville de Tours avec yceulx ambassadeurs d'Angleterre, nous, à leur requeste, avons, par vertu à nous donnée, en espérance principale de parvenir par traict de temps à bonne paix et accord final entre nostre très redoubté et souverain seigneur et sondit nepveu et des royaumes de France et d'Angleterre, octroyé, consenti, promis et accordé, et par ces présentes octroions, consentons, prometons et accordons, pour et ou nom de nostre très redoubté et souverain seigneur, avec les dessusdiz conte de Suffort et aultres mesages et ambassadeurs d'Angleterre desusnommés, et eulz aussy avec nous, par vertu du pooir à nous donné. Duquel aussy la teneur s'ensieut.

« Henricus, etc. Trêves générales pour le Roy nostre très redoubté et souverain seigneur, son royaume, tant par terre et par eaue doulce, comme par mer, ses vassaulx et subgectz, et meismement pour très puissans princes les rois de Castille, des Rommains et de Lyon[1] et Sézille, duc d'Angou de Bar et de Lohorainne, le roy d'Escoce, monseigneur le Daulfin de Vienois, aisné filz de France, nous, duc d'Orliens dessusnommé, les ducs de Bourgongne, de Bretaigne, de Bourbon et d'Alençon, le conte du Maine, et généralement pour tous les seigneurs du sang du Roy nostredit souverain seigneur et ses aultres subgects, amis, alyés et adhérens, et par tous leurs royaumes, Dauphiné et Vienois, duchées, contées et par tous les aultres pays, terres et signouries qu'ilz ont et tiennent tant en ce royaume que dehors, et pour tous leurs vassaulx et subgectz. Cestassavoir, au regard desdiz amis et alyés et adhérens non subgectz, se comprins y voelent estre et pour

---

1. *Lis.* Léon.

ledit tréshault prince et nepveu de nostredit très redoubté et souverain seigneur et les royaumes, terres et signouries quelconques, et aussy pour les terres et pays qu'il tient et occupe de ceste heure en cestui royaume de France, et pour tous ses parens, amis et alyés et aidans et adhérans qu'il y vouldra comprendre, se compris y voelent estre. Lesquelz alyés, aidans et adhérens, non subgectz d'un costé et d'aultre, ou ceulx qui y vouldroient estre compris, seront tenus de prometre et jurer à garder ladicte tréve et de réparer ce que par eux ou les leurs seroit fait au contraire.

« A commencier lesdictes trêves par tout le royaume de France, tant par terre comme par eaue doulce et ès portz de mer : est assavoir, en la duchée de Guienne et pays de Gascongne, et ès portz de mer et ès ysles qui y sont, le xve jour de juing prochainement venant, à souleil levant, et en tous les aultres pays et contrées d'ycelui royaume. Et au regard de la mer, le premier jour de juillet après ensievant ladicte heure de souleil levant, par tous les royaumes d'Angleterre et signouries d'Yrlandes et de Gales, et par toutes les aultres signouries et isles quelconques dudit très hault et puissant prince et nepveu de nostredit très redoubté seigneur, dudit premier jour de juing prouchain venant, à souleil levant. Et au regard de ladicte mer, le premier jour de juillet prouchain venant, à souleil levant. Et, au regard desdiz alyés d'un costé et d'aultre, commenceront ycelles trêves après ce qu'on aura signifié la déclairacion de leur voulenté, d'une partie et d'aultre. Et souffira pour la descharge et acquit du Roy nostredit très redoubté et souverain seigneur, qu'il face signifier ladicte déclairacion et voulenté desdiz alyés à celui qui aura la charge et gouvernement pour ledit trèshault et puissant prince son nepveu d'Angleterre deçà la mer ès parties de Normendie et de Guienne. Et au regard d'ycelui très puissant prince et nepveu de nostredit très redoubté seigneur, il souffrira qu'il face faire ladicte significacion en la court du parlement à Paris. Et dureront lesdictes trêves, commençans comme desus, jusques au premier jour d'apvril prouchain venant, à la dessusdicte heure du souleil levant, l'an révolut qu'on comptera, seloncq l'usage de ce royaume, l'an mil IIIIe et XLV avant Pasques.

« *Item*. Durant lesdictes trêves cessera et fera le Roy nostre dit très redoubté et souverain seigneur, cesser toute guerre et voie de fait entre lui et ses royaumes, pays et subgectz et alyés, ainsy que dict est. Et ledit très hault et puissant prince et nepveu de nostredit très redoubté seigneur, ne aidera, ne soufferra aulcuns de ses subgectz du Roy nostredit seigneur, ne aultre quelconque personne, à l'encontre de luy, ne en son dommaige ou préjudice. Et pareillement ne fera le Roy nostredit très redoubté et souverain seigneur, au regard dudit très hault et puissant prince son nepveu.

« *Item*. Et pendant ycelles trêves, ne pourra l'une d'ycelles parties, ne ses gens, prendre, ou parti et obéyssance de l'autre, aulcunes villes, places, forteresces ne aultres lieux, par force, par emblée, eschellement de jour ne de nuit, pour vendicion, tradicion, séduction, ne aultrement en quelque manière, ne soubz quelque couleur ou moyen que ce soit. Et cesseront, et fera le Roy nostre très redoubté et souverain seigneur cesser, toutes prinses de personnes quelconques de quelques estat ou condicion qu'ilz soient, et rançonnemens, excepté les rançons de ceulx qui avoient esté prins par avant lesdictes trêves, pilleries et roberies, boutemens de feu, et à tout aultre fait et exploit de guerre. Et ne pourront ne ne debveront, les gens de l'une desdictes parties, tenir compaignies de gens de guerre ou parti de l'autre, ne y porter aulcun dommage.

« *Item*. Et s'il advenoit que les gens de l'une desdictes parties prenissent aulcune cité, ville, place ou forteresce sur l'autre, la partie qui auroit fait ladicte prinse oudit cas, sera tenu de rendre et remettre ladicte place ès mains et obéyssance de l'autre, ainsy qu'elle avoit esté paravant ycelle prinse, et tout réparer et restablir. Et ou cas que sans force d'armes ceulz qui auroient ainsy fait ne vouldroient obéyr ne rendre ladicte place, la partie à cuy ilz auroient esté paravant ladicte prinse ou au temps d'ycelle, sera tenue de les faire obéyr à ses despens. Et ainsy sera tenue l'autre partie en ce, se elle en est requise. Et supposé que ladicte réparacion ne peust estre faite pendant lesdictes trêves, nientmains la partie à laquelle seroient ou auroient esté paravant ou au temps d'ycelle, prinse, ceulx qui auroient fait ladicte prinse, seront tenus de le rendre et réparer tout entièrement.

« *Item*. Ne pourra, ne souffrera l'une partie ne l'autre, faire ne emprendre aulcune place ne forteresce de nouvelles marches des frontières, de nulle part ailleurs en l'obéyssance de l'autre. Et se aulcun faisoit le contraire, la partie à laquelle seroit le subgect ou serviteur qui auroit fait ladicte entreprise, sera tenu de faire démolir et abatre ledit nouvel édefice à ses despens.

« *Item*. Pendant lesdictes trêves, tous les subgectz d'une partie et d'aultre porront désarmés aler, venir, demourer, marchander de toutes marchandises, réservé habillemens de guerre, seurement et paisiblement, et faire toutes aultres œuvres et besongnes licites, les ungz ès pays de l'aultre, sans estre empeschiés, arestés ou molestés en quelque manière que ce soit, pour marque, reprisable entreprise, ne pour quelque debte, obligacion, ne aultre chose faite ou advenue paravant lesdictes trêves, en paiant tout paiages acoustumés ès lieux et pays par où ils passent ou passeront. Pourveu toutefois, que les subgectz, nobles ou gens de guerre, de l'une desdictes parties, ne pourroient et ne pourront entrer ès chasteaulx, villes fermées et aultres fors lieux en l'obéyssance de l'aultre, sans demander licence ou congié aux seigneurs capitaines desdiz lieux ou de leurs lieutenans, et qu'ilz soient désarmés ou en petit nombre. Et au regard des vrais pèlerins, ilz pourront aler en compaignie, grande, moyenne ou petite, ainsy que pélerins ont acoustumé de faire en tous lieux où il y a pélérinages anciennement acoustumés. Et au regard d'eulx et des aultres personnes comme marcheans et aultre menu peuple, il souffira qu'ilz demandent et obtiennent congié et licence d'entrer ès dictes villes, chasteaulx et forteresces, aux portiers d'ycelles.

« *Item*. Quant au fait des debtes et obligacions faites et contractées, passées et advenues entre les subgectz desdictes parties depuis lesdictes tresves et durant ycelles, la contrainte, congnoissance et juridiction en sera faite par la justice du parti ou lesdictes debtes et obligacions auront esté faites, contractées et advenues, sans faire aulcun renvoy ou domicile de la partie obligié. Et oudit cas on pourra user d'arest de personne et de biens, se la matère y est disposée. Et l'aultre partie sera tenue de faire, en son obéyssance, l'exécution des sentences et apointemens, par réquisiteurs des juges et officiers qui les auront fais et donnés.

« *Item*. Au regard des délis communs commis ou perpétrés par les subgectz de l'une desdictes parties en obéyssance de l'aultre lesdictes trièves durans, la congnoissance, juridiction et pugnicion en sera et appertendra à la justice du parti où le cas auroit esté commis. Et sera tenue l'aultre partie de baillier les personnes délinquans, se le cas requiert détencion des personnes, pour en faire justice ainsy comme il appertendra. Toutefois, s'il advenoit qu'il y eust confiscacion ou amende pour l'intérest de justice, l'une partie ne pourra prendre droit ou coustume sur les biens estans ou parti de l'aultre. Et au regard de partie, il en sera fait comme dessus est dict des debtes et obligacions civilles.

« *Item*. Ou cas que lesdictes trièves faulroient avant que satisfaction et réparacion peust estre faite d'aulcune des choses dessusdictes, en sera fait ainsy que dessus est contenu. Et se depuis lesdictes trèves encommenciés aulcuns marcheans ou aultres desdictes parties, avoient aulcunes denrées et biens ou parti et obéyssance de l'aultre, qui y fussent en la fin d'ycelles trèves, lesdictes denrées seroient bailliés et délivrées à ceulx à qui elles apartenroient, et leur en sera faite bonne raison ainsy que on eust fait durant lesdictes trêves. Et pour les transporter en leur party leur sera baillié saufconduict vaillable, à pris raisonnable, par l'autre partie.

« *Item.* Pour ce que plusieurs des subgectz du Roy nostredit très redoubté et souverain seigneur, ont en l'obéyssance de sondit nepveu d'Angleterre pluiseurs terres et signouries, desquelles ilz ont par ci-devant foy, en tout et en partie, par mains de frémiers ou aultrement, ilz en pourront joyr durant lesdictes trièves, ainsy et par la fourme et manière qu'ilz faisoient paravant ycelles.

« *Item.* Et au regard des appatis, ilz ont acoustumé d'estre levez d'un costé et d'aultre, il en sera fait et ordonné par les conservateurs desdictes trièves et par aultres commissaires qui y seront ordonnés et députés par le Roy nostredit très redoubté et souverain seigneur de sa part, et par lesdiz ambassadeurs ou aultres commis de par le devantdit très hault et puissant prince, son nepveu d'Angleterre.

« *Item.* Et s'il advenoit que aulcuns actemptas fussent fais à l'encontre desdictes trièves, que Dieux ne voelle, elles ne seront pas pour ce corrompues, ne pour ce ne sera guerre faite d'une partie ne d'aultre. Mais demourront les dessusdictes trièves en leur force et vertu, tout ainsy et par la forme et manière que se aulcune chose n'en avoit esté faite au contraire. Mais lesdiz actemptas seront réparés, et les malfaiteurs pugnis, par les conservateurs et commissaires qui ad ce seront commis et ordonnés; et de par nostredit et souverain seigneur, pour sa part, et de par le très hault prince son nepveu, pour la sienne.

« *Item*. Et se durant lesdictes trêves aulcune question ou débat s'esmouvoit par l'une desdictes parties à l'encontre d'aulcuns des aultres subgectz ou alyés de l'autre durant lesdictes triéves, ycelle partie ne pourra pour ce soustenir ne soy alyer avec celui contre lequel ledit débat seroit ainsy esmeu et encommencié.

« Toutes lesquelles choses dessusdictes et chascune d'ycelles, nous, duc d'Orliens, conte de Vendosme, et aultres dessusnommés commis et députés de par nostre très redoubté et souverain seigneur le roy de France, avons promis et juré, prometons et jurons, pour et ou nom et en l'âme de nostredit très redoubté et souverain seigneur le Roy, par ces présentes, faire avoir agréable à ycelui mon très redoubté et souverain seigneur, et par ces patentes, telles qu'il appertendra et que le cas le requiert, les tenir, approuver et ratifier et confermer, et en bailler ses lettres en la ville de Rouen à celui qui aura le gouvernement de sondit nepveu deçà la mer, dedans le xv° jour de juillet prochainement venant. Pourveu que ainsy se face de la part du dessusdit très hault et puissant prince le nepveu de nostredit très redoubté et souverain seigneur, estant yluecq dedens ledit terme. En tesmoing de ce, nous et chascun de nous, endroit soy, avons signées de noz mains et fait séeller de noz séaulz cesdictes présentes lettres, données audit lieu de Tours, le xx° jour de may l'an de grâce mil iiii° et xliv. »

Et en traitant toutes les besongnes dessusdictes furent faites pluiseurs ouvertures. Aussy pour traictier le mariage du dessusdit roy Henry d'Angleterre avec la fille du roy Renier de Sezille, duc d'Ango de Bar et de Lohorainne. Lequel depuis fu parfait et confermé, comme cy-après sera déclairié en mon tiers livre. Et quand au regard des conservateurs pour l'entretenement des trèves dessusdictes, y furent commis de par le roy de France[1]....

Sensièvent aulcunes exortacions, moralles, qui sont et pueent estre moult prouffitables à veoir et oyr, aux rois, princes et grans seigneurs qui ont signouries à conduire et gouverner.

Le premier point, si est que les rois, princes et grans seigneurs ne doibvent nulluy opprimer par leur puissance, si non en terme de justice. Ilz doibvent justement jugier entre l'omme et leur prouchain, sans avoir acceptacion de personne. Ilz doibvent estre deffendeurs, c'est à dire que ilz doibvent deffendre les estrangiers, les orphenins et les femmes vesves. Ilz doibvent restraindre et deffendre tous larecins. Ilz doibvent pugnir tous adultères. Ilz ne doibvent point eslever les iniques et les parvers. Ilz ne doibvent point nourir jangleurs ne bateleurs, ne gens qui sont de orde vie. Ilz doibvent périr et destruire les malvais. Ilz doibvent de leurs aumosnes nourir les povres. Ilz ne doibvent soustenir meurdriers, ne hommecides. Ilz doibvent soustenir et deffendre les églises. Ils doibvent moult regarder ès gouvernemens et signouries de leurs

---

1. Ici s'arrête brusquement, à cette date du 20 mai 1444, le second livre de Monstrelet. Cependant le ms. 8346 ne met l'*Explicit* de rigueur qu'à la fin du chapitre suivant, par lequel nous terminerons comme lui.

pays de y constituer hommes justes et de bonne vie, ayans bonne conscience. Ilz doibvent avoir consilliers anciens, saiges et attrempés, pour sçavoir discerner le bien du mal, et bien congnoissans. Ilz ne doibvent point entendre ne eulz arrester aux dispersions ou dispertisions d'ancanteurs, devins, sorciers, ne telles samblables gens. Ilz doibvent differer et dissimuler leur yre et fureur contre ceulz qui sont soubz eulx. Ilz doibvent deffendre leur pays justement contre leurs adversaires. Ilz ne se doibvent point, pour prospérité qu'ilz ayent, eslever en leur corage. Ilz doibvent souffrir et soustenir paciamment toutes les adversités qui leur viennent. Ilz se doibvent du tout fier en Dieu et y avoir confidence. Ilz doibvent avoir ferme foy catholique en leur créateur. Ilz ne doibvent point souffrir mal faire à leurs enfans, ne à ceulz qui sont subgectz et soubz eulx, mais les doibvent enseignier et endoctriner. Ilz doibvent, certaines heures, vacquier et eulx arrester à dévocion. Ilz ne doibvent point devant heure convenable gouster viande ne prendre leur réfection. Et ceulz qui uzent et voelent user des enseignemens dessusdiz, font avoir grand prospérité ou pays qu'ilz ont en gouvernement. Et eulx meysme, en la fin, acquièrent la gloire céleste.

Explicit le second volume
DE ENGUERANT DE MONSTRELET.

ADDITIONS

A LA

CHRONIQUE DE MONSTRELET.

(Tirées du manuscrit de la Bibliothèque impériale, coté *Suppt. fr.* 93.)

Lettres patentes du 12 septembre 1413, sur les troubles.
(Addition à la p. 403 du t. II.)

Charles, par la grace de Dieu roy de France. A tous ceulx qui ces présentes lectres verront, salut. Comme par l'occasion des divisions et guerres et descors, jà pieçà meuz en nostre royaume par aucuns de ceulz de nostre sang et lignage, pluiseurs choses nous euissent dampnablement et menchionnèrement esté rapportées, soubz umbre desquelles et pour ce en nostre conseil et aussy en nostre ville de Paris n'estoit pas telle franchise, et que n'estièmes pas conseilliez vrayement et loyaulment à l'onneur de Nous et au bien de nostre royaume comme il appartenoit; car pluiseurs estoient parcial et affecté desordonnéement, et les autres avoient telle crémeur qu'ilz chéoient, en la personne meismement de grant vertu et de grant constance, parce qu'ilz veoient que pour dire et tenir vérité, pluiseurs perdre leur estat, et ainsy pluiseurs venoient, par espécial les notables, prélas, nobles et aultres aussy de nostre conseil et de nostre ville de Paris, estre torchionnèrement et violentement prins et despouilliez de leurs biens et mis à renchon, pour quoy pluiseurs de noz bien vueillans estoient fugitifs et absens de no conseil et de nostre ville de Paris. Et furent pluiseurs lectres patentes dampnablement procurées et indeuement obtenues en nostre nom et scellées de nostre seal et envoyées à nostre très puissant père souverain seigneur des chrestiens roys, au saint college de Rome et à aultres pluiseurs grans prinches et seigneurs, contenans qu'il estoit venu à nostre congnoissance plainement et clèrement et nous teniesmes pour bien et deuement infourmés, tant par certaines lectres qui nagaires furent trouvées et apportées en noz mains et de nostre conseil, comme par envie que nous aviemez veu et veismes tous les jours, jà soit ce que de piechà nous en doubtiesmes et que la chose avoit esté grant tamps couverte soubz dissimullacion, que Jehan de Berry, nostre oncle, Charles d'Orléans et ses frères, noz nepveux, Jehan de Bourbon, Jehan d'Allenchon, Charles de Labreth, noz cousins, Bernard d'Erminac et leurs aidans et confortans, adhérens, alliiez et complices, meuz et induiz de mauvaiz pourpos, inicque et dampnable, avoient entreprins et s'estoient enforchiez de expeller, destituer et destruire Nous de nostre estat et auctorité royal, et de tout leur pooir nous et nostre genre, que Dieu ne vueille, et oultre ce faire ung nouvel roy en France. Laquelle chose est abhominable à oir et à réciter à tous cuers de noz bons et loyaulx subgès. Et que en ce et en aultres choses qu'il leur imposoient, inicquement et mauvaisement ilz avoient commis envers nous et nostre royal magesté grans et énormes criesmes et maléfices, tant de lèse-magesté comme aultrement. Et aussy pluiseurs libelles diffamatoires ont esté faictes et bailliés à pluiseurs personnes et atachiés aux portaux des églises et publiiés en pluiseurs lieux au grant deshonneur et en grant charge des plus grans de nostre sang et lignage, comme de nostre très cher et bien amé filz, noz très chiers et bien amez nostre oncle de Berry, noz très chiers et bien amez nepveux et cousins les ducz d'Orléans et de Bourbon, les contes de Vertus, d'Allenchon, d'Erminac et aussy de Labret, connestable de France, de pluiseurs barrons, nobles et aultres leurs bien vueillans, et conséquamment de Nous et nostre dominacion. Pour lesquelles choses, Nous, par icelles lectres abandonniesmes tous nosdis oncle, filz, nepveux et cousins avec leurs adhérens, serviteurs et bien vueillans, à prendre et destruire, avec toutes leurs terres, seignouries et biens quelzconques, en déclarant iceulx avoir fourfait envers nous corps et biens. Et encore à eulx plus grever et injurier et de nous eslongnier et esmouvoir le peuple contre eulx soubz la couleur d'unes certaines bulles, oultre XL ans impétrées et octroyées, contre les gens de compaigne lesquelz sans tisle et sans cause de leur auctorité levoyent et assambloient gens par manière de compagne contre nous et nostre royaume, lesquelles bulles ne se povoient ne se devoient, comme par le clère inspection d'icelles peut clèrement apparoir, applicquier contre noz devantdis filz, oncle, nepveux,

cousins et aultres devantdis, et tout par deffaulte de
bon et vray conseil et sans ce que par nostredit et souverain très saint père le pappe, et sans délibéracion
de notables personnes comme il appartenoit au cas,
et sans ordre de droit, de procès ou monicion ad ce
requises ne observées, et sans prédédent délibéracions
quelzconques, furent indeuement par force, faveur
et volenté desordonnées, déclarées aucunes sentences
d'excommuniement contre les devantdis de nostre
sang et lignage, leurs officiers, subgetz, adhérens et
complices, par lesquelles ilz furent contre vérité publiiées comme excommuniez par tout nostre royaume.
En oultre furent de rechief proclamé à paine de ban
comme traictres et malfaicteurs, et de fait bany de
nostre royaume et despoinctié de leurs bénéffices et
offices. A l'occasion desquelles choses furent dictes,
semées et publiées pluiseurs erreurs, et exerceez pluiseurs inhumanitez et crueuses contre pluiseurs, lesquelz à l'occasion des choses devantdictes furent
prins et mis à mort au regart du salut del ame comme
de celle mort naturelle et piteuse, comme gens hors
de loy et sans confession, comme bestes brutes, sans
avoir administracion de quelque sacrement de sainte
église, et enfouys aux champs et jettés aux bestes nues
et aux oysiaulx comme se ce feussent chiens. Lesquelles choses sont moult dures et inhumaines, dampnables, inicques, crueuses et moult destrecheuses et
par espécial entre crestiiens et vrays catholiques..Lesquelles choses devantdictes ont esté faictes à l'instigacion, impression, violence et importunité d'aulcuns
sédicieurs, troubleurs de paix et malveillans de noz
oncle, filz, nepveux et cousins, contre raison et vérité

machinacion et dampnables fictions et pour venir
à leurs faulces et mauvaises entreprinses, comme nous
avons esté depuis et sommes de présent informez plainement. Et pour ce, Nous qui ne voulons [ne] par
raison povons telz choses et telz blasphèmes non vrayes
et ainsy faictes et procurées comme dit est en la deshonneur et charge de ceulx de nostre sang et lignaige
et d'aultres devantdis, demourer ainsy, et qui tousjours désirons et avons désiré la vérité des choses
dessusdictes estre congneue et réparée, laquelle par
inadvertence et autrement indeuement a par nous esté
faicte au préjudice, à la charge et deshonneur d'aultruy et meismement de ceulx de nostre sang et lignaige
et des aultres devantdis, comme nous sommes obli-
giez, savoir faisons Nous estre plainement informez
de nosdis oncle, filz, nepveux et cousins, prélas, barons, nobles et aultres leurs bien vueillans avoir eu
tousjours devers nous bonne et loyalle intencion et
avoir esté noz bons et vrays parens obéissans et subgetz et telz que doivent estre envers nous, et que tout
ce qui a esté fait maisement, dampnablement et sur-
reptichement impétré contre vérité et raison, à l'in-
stance, impression, instigacion, importunité et violence
d'aulcuns sédicyeux, troubleurs de paix et malveillans
comme dit est. Pour laquelle cause toutes les lectres
et mandemens qui contre leur honneur et à leur charge
ont esté faictes touchans les choses dessusdictes ou
leurs deppendences, Nous, icelles déclairons et par
ces présentes avons déclaré avoir esté torchonnière-
ment et de nulle valleur faictes et passées, et surrepti-
cement impétrées par leurs faulx et malvullans accu-
seurs, et en ce avons esté déceu et non bien advertis

de la vérité et par deffaulte de bon conseil et liberté
de dire vérité, comme dit est. Et toutes les lectres et
mandemens avec toutes les aultres choses quelzconques qui seroient à la charge et deshonneur de nosdis
oncle, filz, nepveux et cousins et aultres devantnommés, et génerallement tout ce qui s'en est ensievy,
Nous, estant en nostre parlement, et lieu de justice
tenans de pluiseurs de nostre sang et lignage, de pluiseurs prélas gens d'église, tant de nostre fille l'Université de Paris, de pluiseurs barrons et aultres notables personnes, tant de nostre grant conseil et de nostre
parlement, comme nostre ville de Paris accompagniés,
révoquons et adnullons, et par ces présentes avons révoquié et adnullé, dampnons et adnichillons et du
tout en tout mettons au néant, et deffendons à tous
noz subgetz sur paine d'encourir nostre indignacion
et sur tout quamques ilz povent mesfaire envers Nous,
que contre la teneur de noz affections, déclaracions,
révocacions et ordonnanches, ne fachent, dient ou
viengnent pour le présent ne en tamps advenir, par
fait, par parolle ou aultrement par quelconque manière que ce soit. Et que se aulcunes lectres ou mandemens aulcuns estoient ou fussent exhibé, monstré
ou produit en jugement ou dehors, ne voulons à iceulx
aulcune foy estre adjoustée, maintenant ne aultres fois.
Mais voulons et commandons qu'ilz soient deschirez
et coppés partout là où ilz pourront estre trouvez. Et
pour ce donnons en mandement à noz amez et féaulx
noz conseilliers gens de nostre parlement, au prévost
de Paris et à tous aultres noz baillifs, prévostz, sénéchaulx et aultres justiciers, à leurs lieutenans et à
chascun d'eulx si comme à eulx appartiendra, que

noz présentes assercion, déclaracion, révocacion et ordonnances facent publiier affin que nulz ne puist de ce avoir ignorance, en leurs auditoires et en tous les aultres lieux à faire proclamacions et telz cas et aultres accoustumés en leurs juridictions et mètes, à son de trompe ou aultrement deuement. Et tout ce voulons nous estre preschié et estre remoustré par les prélatz et clers qui ont accoustumé de preeschier au peuple, que ès choses dessus exprimées avons esté deceu, séduit et mal informé ou tamps passé par les manières et cautielles dessusdictes. Et ainsy (*sic*) voulons et ordonnons que au transcript de ces présentes lectres faictes soubz scel royal ou aultre autenticque, comme à l'original soit plaine foy adjoustée. En tesmoing desquelles choses nous avons à ces présentes fait mettre nostre scel. Donné en nostre grant chambre de parlement à Paris, où estoit le lit de justice, le xiie jour de septembre, l'an mil iiii^c et xiii, et de nostre règne le xxxiiie. Par le Roy tenant son lieu de justice en sa court de parlement.

BAYE.

(Bibl. imp. ms. *Supp^t fr.* 93, fol. 183vo.)

Lettres patentes du 18 *septembre* 1413, *contenant le récit de l'émeute Cabochienne du mois d'avril précédent*[1].

(Addition à la p. 405 du t. II.)

Charles, par la grace de Dieu roy de France. A tous ceulx qui ces présentes lectres verront, salut. Pour ce

1. Cette pièce importante se trouve dans le ms. *Supp^t fr.* 93 (fol. 183vo), mais nous préférons la donner d'après un Vidimus

que depuis certain temps ençà, plusieurs merveilleux
fais et entreprises sont advenues en nostre bonne ville
de Paris par gens sédicieulz, troubleurs de paix, rebelles, coulpables de crime de lèse magesté, lesquelz
pourroient estre notifiez et publiez de par le monde
en divers pays et contrées autrement que lesdiz fais
et entreprises n'ont esté commis et perpétrez, Nous,
voulans la vraie vérité des choses dessusdictes estre
sçeue et notifiée à ung chascun, pour eschever toutes
erreurs et foles créances qui par deffault de la vérité
non sçeue pourroient induire les cuers humains à
diverses fins et résolucions, dont plusieurs maulx et
inconvéniens pourroient ensuir tant à Nous et à nostre
royaume comme à tous aultres princes et seigneurs
qui ont peuple à gouverner, Savoir faisons et certif-
fions au vray, que Nous, estans et faisans nostre rési-
dance [en nostre bonne] ville de Paris, et avec nous
nostre très chière et très amée compaigne la Royne,
nostre très chier et très amé filz, Loys, duc de
Guienne, et nostre très chier et très amé oncle le duc
Berry, et plusieurs aultres de nostre sang et lignaige
et de nos conseilliers et serviteurs, si comme accoustumé avons, advint que le xxviiie jour du mois d'avril
derrenièrement passé, Elyon de Jacleville[1], Robert de
Mailly, Charles de Reucourt, autrement dit de Lens,
chevaliers, Guillaume Barrau, lors nostre secrétaire,

original du bailli de Blois, du 10 novembre 1413, pièce qui est
conservée aux Archives de l'Empire (carton K. 58, n° 5). Bien que
cette pièce soit trouée en plusieurs endroits, il nous a été facile de
rétablir les passages perdus, au moyen de notre manuscrit *Supp^t.
fr.* 93. Nous les imprimons entre crochets.

1. Elion de Jacqueville (*Supp^t. fr.* 93).

ung cirurgien nommé maistre [Jehan de Troyes et] ses enffens, Thomas le Gouez[1] et ses enffens, Garnier de Saint-Yon, bouchiers, Simonet le Coustellier dit Caboche, escorcheur, Baude des Voides[2], Andry Roussel, Denisot de Chaumont, maistre Eustace de Laistre, maistre Dominique Francois, m° Pierre [Cauchon, maistre Nicolle] de Saint Ylier, m° Jehan Bon, maistre Pierre Barbe, m° Felix du Bois, m° Pierre Lombart[3], m° Nicolle du Quesnoy, Jehan Guérin, Jehan Pimorin, Jaques Lambau[4], Guillemin Gente, Jehan Parent, Jaquet de Saint Laurens, Jaquet de Rouen, [Martin de Neauville] Martin de Coulommiers, maistre Toussains Baiart[5], m° Jehan Rapiot, maistre Hugues de Verdun, maistre Laurens Calot, Jehan de Rouen, filz de la tripière du Parviz Nostre Dame[6], Jehan Malart, frépier, Simonet Baivart, pasticier, Jehan Boieue, poissonier[7], et plusieurs autres leurs complices, fauteurs et adhérens, de divers estaz et condicions, qui par avant ladicte journée avoient fait plusieurs assamblées secrètes, conspiracions et monopoles en divers lieux, de jour et de nuit, se assamblèrent à très grant et excessif nombre [tous armés, et] à estendart déploié vindrent par manière d'ostilité et de puissance desordonnée pardevant nos-

1. Thomas le Goys (*Supp¹. fr.* 93).
2. Simon le Coutellier, Caboche, escorcheur de vaches, Baude des Bordes (*ibid.*).
3. Ces trois derniers noms ne se trouvent pas dans le *Supp¹. fr.* 93.
4. Jaques Laban (*ibid.*).
5. Baugart (*ibid.*).
6. Du Puys Nostre-Dame (*ibid.*).
7. Ces deux derniers noms omis dans le *Supp¹. fr.* 93.

tre hostel de Saint-Pol, sanz ce que nous en sceussions aucune chose, et s'en alèrent devant l'hostel de nostredit filz le duc de Guienne [ouquel] hostelz ilz vouldrent entrer par force, et pour ce rompirent les portes contre la voulenté d'iceluy nostre filz et de ses gens et serviteurs, et y entrèrent de fait, et alèrent en sa chambre, malgré qu'il en eust et contre sa voulenté, non obstant quelzconques [requestes et inhibicions] qu'il leur fist au contraire. Et quant ilz y furent entrez, prinsdrent de fait, violentement et par force, nostre cousingermain le duc de Bar, le chancellier qui lors estoit de nostredit filz, et plusieurs autres nobles hommes noz chambellans et conseillers et de nostredit filz, et yceulz emmenèrent de fait en prison, là ou bon leur sembla, et les misdrent en plusieurs et divers lieux et prisons privées, où ilz les ont tenuz et fait tenir continuelement tant qu'ilz ont peu. Duquel excès nostre dit filz print [et conceut si grant?] courroux qu'il en fut en péril de mourir[1], ou très grand maladie. Et depuis, en persévérant en leurs faulz et desloyaulx propos, vindrent devers Nous en nostredit hostel de Saint-Pol, et là proposèrent, ou firent proposer en nostre présence [ce que bon leur sambla, disant] absolument qu'ils vouloient avoir certaines personnes qu'ilz avoient en escript en certain rolle qu'ilz portoient, lesquelz estoient en nostre compaignie et présence, dont Loys, duc en Bavière, frère de nostredicte compaigne la Royne, estoit l'un. [Et, plusieurs aultres notables hommes de] noz chevaliers, cham-

1. Le ms. *Supp^t fr.* 93 met « prist telle desplaisance et telle ire qu'il fut en péril, etc. »

bellans et conseillers, maistres de nostre hostel et aultres noz serviteurs de plusieurs et divers estaz et en plusieurs offices prinsdrent par force, violence manifeste, et contre nostre voulenté les envoièrent en prison en . . . . . semblablement les . . . . [1]. Et après ce, alèrent en la chambre de la Royne nostredicte compaigne, en la manière devant dicte, et en sa présence, contre son gré et sa voulenté, prinsdrent en sadicte chambre plusieurs dames et damoiseles, dont les aucunes estoient de nostre hostel et de celui de la Royne, et ycelles envoièrent prisonnières comme devant. Duquel excès nostredicte compaigne print en elle telle erreur[2], paour et abhominacion qu'elle en fu en péril de mort, ou très griesve maladie. Et depuis la prise des dessusdiz hommes et femmes, iceulz malfaiteurs procédèrent envers plusieurs par voye de fait à leur voulenté par très durs tourmens de gehine et de tirannie merveilleuse contre toute forme de justice et de droict. Et aucuns aultres gens de nobles lignées et de grant estat tuèrent en la prison, et puis firent publier contre vérité que eulz mesmes s'estoient tuez, et les firent mener au gibet; et aucuns des autres noièrent, les autres firent murtrir ès lieux où ilz les avoient trouvez en prison. Et les dames et damoiselles qu'ilz avoient ainsy prinses, comme dit est, traictèrent très inhumainement. Et jà soit ce qu'ilz feussent requis moult instamment qu'ilz voulsissent souffrir que la voye de justice feust ouverte aux per-

---

1. « Les mirent en prison, là où bon leur sembla, comme ilz avoient fait des aultres » (Supp^t fr. 93).
2. Fureur (ibid.).

sonnes par eulx prinses et détenues prisonniers, comme dit est, et que nostre court de parlement en eust la congnoissance, comme raison est, néantmoins ilz n'y vouldrent oncques obtempérer ne condescendre, mais firent faire et escripre lectres patentes à leur voulenté, lesquelles par force et contraincte ilz firent seeler de nostre grant seel en la chancelerie, et avecques ce contraignirent Nous et nostredit filz, de les signer de noz signez manuelz et de aprouver tous leurs faiz. Et pour mieulx avoir chancellier à leur poste et leurs lectres estre seellées d'ilec en avant, firent par menaces et contraintes bouter hors de son office nostre amé et féal chancellier Arnaut de Corbie, chevalier, qui longement nous avoit servy oudit office, et en sen lieu firent mectre Eustace de Laitre. Par lesquelles lectres, contre toute vérité, estoit dit et affermé que tout ce que ilz avoient fait ès choses dessusdictes avoit esté fait par la voulenté et ordonnance de Nous et de nostredit filz le duc de Guienne, et pour le grand bien de Nous et de nostre royaume. Et icelles lectres ont envoiées en plusieurs et diverses parties, villes et cités de nostre royaume et ailleurs où bon leur sembla. Et plusieurs autres crimes et énormités ont faictes et perpétrées, tendans à conclusion de faire extirper et mourir toute noblesse et clergié, et tous bons marchans et bourgeoiz, afin de régner, dominer et gouverner tout nostre royaume à leur voulenté, et pour induire les autres populaires à leurs faulses et desloialles intencions. A laquelle conclusion ilz penssent estre parvenuz, veu la grant multitude qu'ilz estoient, leur male voulenté et le grant port et faveur que aucuns avoient à eulx, se n'eust esté que par la grace de Dieu, depuis toutes ces choses ainsy faictes et advenues comme dessus est dit, plusieurs de noz bons parens et amis et de noz bons et loyaulx subgiez et de nostre fille de l'Université, et aussy plusieurs bons bourgoiz et notables personnes de la ville de Paris, se mistrent ensamble et vindrent devers nostredit filz le duc de Guienne et devers nostredit oncle le duc de Berry [tous disans à une voix] qu'ilz vouloient la paix ; et leur requeistrent qu'ilz montassent à cheval et qu'ilz vouloient vivre et mourir avec eulx pour tenir la paix ainsy que acordée et jurée avoit esté, et qu'ilz nous vouloient oster de la servitude et du grant danger où Nous estions et nous mectre en noz libertés et franchises comment nous estions par avant. Adonc ces choses par eulx ainsy dictes et requises, partirent nosdiz filz de Guienne et oncle de Berry ; et les dessusdiz alèrent avec eulx [premiers ès lieux] où estoient lesdiz prisonniers, et yceulx délivrèrent et misdrent hors desdictes prisons. Entre lesquelz estoient notredit cousin le duc de Bar. Et est vérité que durant ceste tempeste et soudaine mutacion et que noz[dit filz le duc d'Acquittaine], et oncle duc de Berry, estoient occupez ès choses dessusdictes, les dessusdiz crimineux oyans et véans ces choses par lesquelles leurs faulz et mauvais propos et entreprises estoient mis au bas et eulx foustrez de leur désir, [et que par ce ilz estoient en] péril de leur vie, comme désespérez de nostre grace et miséricorde, se rendirent fuitifs et se despartirent hastivement de nostredicte ville de Paris, ou la plus grand partie d'yceulx. Dont les autres ont esté prins et pugnis, et procédé l'en a et procédera contre eulx par voye de droit et de justice comme il appartient. Mesmement que depuis ces choses ainsy advenues sont venuz devers nous en nostredicte ville de Paris noz très chiers et très amez cousins filz et neveu, le roy de Sécile, les ducs d'Orléans, [le duc de Bourbon], les contes d'Alençon, de Vertus, d'Eu, de Richemont et de Tanquarville. Par le conseil et bon advis desquelz et des gens de nostre parlement et de nostredicte fille l'Université et de noz autres bons et loyaulx conseillers, Nous, [à l'ayde de Dieu gouvernerons] nostre royaume et les offices d'icelluy moyennant bonne justice et bonne paix et tranquilité, ainsy qu'il appartient à nostre royal majesté. Et pour ce que aucunes lectres et rappors contre vérité pourroient estre faiz ou envoiez en plusieurs et divers lieux et pays, et aussy que les manières qu'ilz ont tenues sont dampnables et devoient estre desplaisans et abhominables à toutes bonnes créatures, et espécialement à touz princes et seigneurs qui ont peuple à gouverner, Nous mandons et commandons au gouverneur d'Orléans[1], et à touz autres officiers, justiciers et subgiez, prions et requerons très instamment les gens d'église oudit pays d'Orléanois, que se aucunes lectres estoient envoiées ou aucuns rappors fais au contraire des choses dessusdictes ou d'aucunes d'icelles, ilz n'y vueillent adjouster foy ne créance aucune. Et se il advenoit que aucuns des dessusdiz crimineux ou de leurs complices, facteurs ou adhérens, s'estoient retraiz ou retraioient en aucuns des pays,

---

1. « Nous vous mandons, et commandons à nostre Bailly d'Amiens » (*Supp^t fr.* 93). Ces sortes de pièces d'intérêt général étaient envoyées à toutes les provinces avec les variantes nécessaires.

seigneurie ou puissance dudit baillage, vous bailli, les prenez ou faictes prendre et emprisonner et punir comme traistres, murtriers et rebelles à leur naturel et souverain seigneur, ou les nous envoiez sous ferme garde en nostredicte ville de Paris, pour en faire telle et si aperte justice comme en tel cas appartient, et que tous autres y prennent exemple et se gardent de telles desloialles et faulses entreprises vouloir faire, ne ensuir. Et ces choses tant faites que nous en soyons contens. Et ces présentes faictes crier et publier solennellement par voix publique et son de trompe en tous lieux où il est accoustumé de faire criz. Et avecques ce faictes mectre et fichier ès portes des églises de vostre dit bailliage la copie de ces présentes collationnées à l'original, si que nul n'en puisse prétendre ygnorance. En tesmoing de ce nous avons fait mectre nostre seel à ces lectres. Donné à Paris le xviiie jour de septembre l'an de grace mil cccc et treze. Et de nostre règne le xxiiiie. Ainsy signées à la marge de dessus ycelles lectres : par le Roy en son conseil, ouquel le roy de Sicille, messeigneurs les ducs d'Orléans, de Bourbonnois et de Bar, les contes d'Alençon, de Vertuz, d'Eu, de Richemont et de Tancarville, le connestable, Vous[2], le grant maistre d'hostel, les arcevesques de Sens et de Bourges, les évesques de d'Angiers, de Noyon et d'Evreux, le chancellier de Guienne et celui d'Orléans, plusieurs grans seigneurs, barons, conseillers et chambellans et autres estoient.

GONTIER.

(*Arch. de l'Emp.*, carton coté K. 58, pièce 5.)

1. Le XVII dans *Supp[t] fr.* 93.
2. *Vous*, c'est-à-dire le chancelier.

Lettres du duc de Bourgogne au roi, datées de Gand 21 novembre (1413).

(Addition à la p. 415 du t. II.)

Jehan, duc de Bourgoingne, conte de Flandres, d'Artois et de Bourgoingne. Mon très chier et très redoubté seigneur, je me recommande à vous tant humblement comme je puis et sçay, désirans continuellement comme droiz est, de sçavoir de vostre bon estat, que Dieu par son doulz plaisir vueille tousjours continuer et maintenir de bien en mieulx selon vostre bon vouloir et plaisir. Pour quoy je vous supplie très humblement, mon très chier et très redoubté seigneur, que plus souvent je puisse estre de vous par voz lectres bien et ad plain adcertenez. Car Dieu sçet, mon très chier et très redoubté seigneur, comment je désire de vous veoir en bonne prospérité et ne puis avoir plus grant consollacion et plus parfaicte joye en ce monde, que de oir bonnes nouvelles de vous, que Dieu par sa saincte grace me doinst tousjours oyr et sçavoir telles et si bonnes que vous vouldriez et que je vouldroye et désir de moy meismes. Et très chier et très redoubté seigneur, se de vostre grace et humillité vous plaist sçavoir de mon estat, j'estoie au département de cestes, en très bonne santé de ma personne, grasce à Dieu, qui tousjours vous vueille semblablement octroyer. Très chier et très redoubté sires, je tieng bien estre en vostre bonne mémoire, comment par vostre ordonnance, du conseil de mon très redoubté seigneur monseigneur d'Acquittaine, vostre filz et le mien, de pluiseurs seigneurs de vostre sang et de vostre grant conseil, et à la grant et humble requeste de vostre fille l'Université de Paris, de gens d'église, d'icelle ville, du prévost des marchans et des eschevins, et générallement des aultres bonnes gens de vostredicte ville, certaines ordonnances tant de vostredit grant conseil comme de pluiseurs aultres conseilliers desdiz seigneurs et du mien, de ladicte Université, de l'église de ladicte ville de Paris, à avoir paix et union des seigneurs de vostre sang pour le bien qui en peu advenir et à vous et à eulx et générallement à tout vostre royaulme, et meismement pour la réparacion de misère et misérable estat de vostredit royaulme, qui estoit en estat de toute désolacion, se ne fust la [grace] de Dieu qui vous inspira de ladicte ordonnance, moyennant laquelle chascun vostre léal parent et subget de vostre royaume puet avoir espérance de dormir et reposer en paix, si comme il fut dit et proposé notablement devant vous où estoient pluiseurs tant de vostre sang comme aultres, par ung notable chevalier conseiller de mon très chier seigneur et cousin le roy de Sezille. Et néantmainz mon très redoubté seigneur, jà soit che que je euisse juré en vostre présence de bonne foy et bonne intencion, et tant cordiallement comme pluiseurs adonc assistans présens devant vous povoient veoir, et pour ce que je doubte et ay doubté que pour mon département pluiseurs puissent prendre aucune estraingne ymaginacion sur la routure et infraction de vostredicte ordonnance, le plus tost que j'ay peu après mon département je vous ay envoyé mes lectres à vous certiffier de la voulenté et intencion que j'avoye et ay à l'entretenement de vostredicte ordonnance. Et encores, à plus grant confirmacion j'ay envoyé devers vous mes gens pour ceste cause principalement, comme je tieng estre en vostre mémoire. Mais ce non obstant, mon très chier et très redoubté seigneur, et que je n'aye riens fait contre vostredicte ordonnance, quelque charge que aucuns m'ont voulu donner contre vérité, saulve l'onneur et révérence tousjours de vous, moult de choses sont et ont esté faictes samblablement qui ont esté faictes contre la teneur de vostre ordonnance, au contempt, préjudice et vitupère de moy et des miens, qui estoient dedens icelle ordonnance déclarés. Et pour ce suis je mains tenuz de procéder de vostre voulenté et de vostre filz mon très chier et très redoubté seigneur, ou aucuns d'aultres preudommes de vostre sang et lignaige ou aussy de pluiseurs aultres de vostre grand conseil. Mais je suis tenu de procéder à l'instigacion et pour cas et grans importunités d'aucuns qui ont longuement contendu et contendent à estraingnes voyes et matères, lesquelz Dieu par sa sainte grace vueille réduire et ramener à bien, ainsy qu'il sçet, que mestiers est, et que le désire. Et pour la déclaracion des causes dessusdictes, il est vray, mon très redoubté seigneur, que à l'instigacion et procuracion d'aucuns, assez tost après le serment fait sur vostredicte ordonnance ont esté faictes pluiseurs chevaulchiés, armées et congrégacions par le moyen de vostredicte ville de Paris, par espécial emprès mon hostel et de mes logis et en l'environ, lesquelz samblablement estoient faiz ou contempt et préjudice de moy. Car depuis que je party de Paris n'ont là esté faictes telles armées, chevaulchiés ne assemblées et qui pis est, qui euist adont creu aucuns, la main euist esté mise sur moy devant mon département. Qui n'estoit pas signe d'avoir paix ne union. *Item*, est vray que devant et après, pluiseurs de voz bons et anchiens serviteurs et pluiseurs des miens quy n'avoient riens fourfait, furent prins et emprisonné, et les autres constrains par force et par voyes obliques à eulx départir hors de Paris. *Item*, que tous ceulx que on sçavoit qui avoient eu aucune amour ou faveur à moy, furent destituez de leurs estas, honneurs et offices par telle manière que aucuns par élection et sans aultruy préjudice les euissent eu et sans ce que sur eulx on sçeuist ou peuist sçavoir aucun mal ne quelque aultre cause, fort tant qu'ilz estoient trop Bourguignon. Et encores tous les jours se fait ainsy. Et se par adventure deissent ou feissent dire ou voulsissent dire que cela avoit esté fait et se faisoit pour ce que moy estant devers vous et en vostre service à Paris j'avoye fait samblablement? Ad ce puet estre respondu bien et vraiement. Car supposé que ainsy fust, se puet on clèrement apperchevoir et congnoistre, considérez les termes de vostre ordonnance qui sont principalement fondé sur bonne paix, amour et union, que ce n'est fors vengence d'avoir fait ce que dit est, laquelle chose est signe de division et non pas de paix, amour ne union. Et euist esté plus expédient pour la confirmacion de vostredicte ordonnance et bien de vostre royaume, de pourvoir par bonne et vraye élection à voz offices non aux personnes, sans avoir regart à ladicte vengence. *Item*, que par lesdictes procuracions et inductions à paine estoit nul, fust de voz serviteurs, mon très chier et très redoubté seigneur, de madicte dame la Royne, de mon très redoubté seigneur vostre filz, des gens de vostre sang, de ceulx de l'Université, de ladicte ville de Paris, qui osast parler et communiquier avec aucuns puisque on sentoit ou sçavoit qu'ilz voulsissent mon bien et honneur, qu'ilz ne fussent griefment pugny et corrigiet. *Item*, que en pluiseurs sermons, proposicions ou assamblées ont esté dictes paroles contre mon honneur et estat et contre vérité, saulve l'honneur et révérence de vous, en usant de parolles non pas si estranges que on n'entendesist bien notoirement que on les désist pour moy. En venant directement contre la paix ordonnée et par vous faicte tant à Chartres comme à Aussoire, et contre les termes de la cédulle derrenièrement jurée et promise. Lesquelles choses sont de très mauvaiz exemple et contre l'enseingnement de Cathon, et promovans à toutes tenchons, débas et discencions qui pourroient tourner, que Dieu ne vuelle, en grant préjudice et détriement de vostre royaume. *Item*, ont esté faictes pluiseurs lectres en pluiseurs [lieux] tant en vostre royaume comme dehors, grandement faisans mencion, qui bien les entent, contre l'onneur de vous, mon très redoubté seigneur, de mondit seigneur d'Acquittaine et de pluiseurs aultres de vostre sang et lignaige, de vostre grant conseil, de vostre fille l'Université, de l'église de Paris et aussy d'icelle vostre ville de Paris. Et se aucuns disoient ou vouloient dire que ce fust fait pour le recouvrier de leur honneur dont par les lectres ilz avoient esté vitupéré, à tout le moinz deuissent ilz exprimer la vérité et derrenières lectres sans donner charge à aultry, quy a bien voulu tenir les termes de vostredicte ordonnance. *Item*, que pluiseurs m'ont voulu donner charge contre vérité, saulve l'onneur et révérence de vous, mon très redoubté seigneur, que j'ay tenu contre vostre ordonnance et deffense gens d'armes quy grandement ont opprimé et dommagié vostre peuple. La vérité est telle comme aultres fois je vous dis et fis dire, que par vostre commandement je eus charge d'avoir mil hommes d'armes avec monseigneur de Berry, mon oncle, et aultres aussy, ausquelx vous avez donné charge de gens d'armes à obvier à pluiseurs dommages que faisoient pluiseurs gens de compaigne et à pluiseurs entreprinses qu'ilz vouloient faire devant vostre ville de Paris en grand deshonouracion et vitupère de vous. Et, incontinent après vostredicte ordonnance jurée, je les contremanday ne oncques puis ne manday pour gens d'armes, ne n'ay tenus aucuns sur le pays. Et se aucuns se sont là tenus eulx advouans de moy, ce n'a pas esté de mon ordonnance, ne de mon commandement. Ne sçay se ce a esté de leur voulenté pour ce qu'ilz veoient lesdictes gens de compaignie qui faisoient et encores font tant de mault que chascun scet. *Item*, est vray, mon très redoubté seigneur, comme il est assez notoire que aucuns ont tenu longuement et tiennent encores lesdictes gens de compaigne entre les rivières de Loirre, de Saine et Yone et ailleurs, en venant contre vostredicte ordonnance. Quy est à la totale destruction de vostre peuple et pays, où ilz ont esté et sont sans différence des personnes de quelconques estat qu'ilz soient, gens d'église, nobles ou aultres, en moy donnant charge que les tiennent pour doubte de ce que on dist que je fay assamblée des gens par tous mes pays pour aller à Paris à grant puissance, et en ce et autrement faisant contre vostredicte ordonnance, laquelle chose, sauve vostre honneur et révérence, mon très redoubté seigneur, il n'est pas vray. Car je ne l'ay pas fait ne pensay oncques ad ce, ne à aultre chose quelconques qui vous deuist desplaire en quelque manière, ne je fis oncques ne vueil faire le contraire, mais seray tant comme je vivray vostre bon, vray et léal parent et très obéyssant subget. *Item*, est vray mon très chier et très redoubté seigneur que pluiseurs, si comme je suis informé plainement, ont dit publicquement contre vérité, saulve tousjours l'onneur et révérence de vous, que j'avoye à Paris mourdreurs et tueurs convenables et expers pour eulx tuer ou mourdrir. Sur quoy mon très redoubté seigneur, je vous afferme en vérité que je ne fis oncques ce, mais quy plus est, ne pensay. Et ce ne sont point les premières charges qu'ilz m'ont volu donner. *Item*, que pluiseurs ont esté bany au content de moy, dont aucuns dirent qu'ilz ne l'ont point desservy, et cela monstreront ilz bien si comme ilz dient se ilz povoient estre sceurs de leurs corps de avoir bonne et vraye justice. Lesquelles choses je ne dy pas ne entengs à empescher la pugnicion et correction des mauvaiz ou ceulx qui vous ont fait desplaisir, ne à ma dame très souveraine et à mondit très redoubté seigneur d'Acquittaine, mais pour ceulx qui, ou contempt de moy, ont esté ainsy depposé. *Item*, que par aucuns ont esté ès hostelz de mes povres serviteurs que j'ay en vostredicte ville de Paris entour et environ mon hostel d'Artoys, lesdiz hostieulx et charciez et retournez, pour ce que on disoit que lectres avoient esté portées esdiz hostelz par moy pour baillier à pluiseurs des quartiers des halles pour faire une commocion en vostredicte ville de Paris, et par espécial oudit quartier des halles, dont pluiseurs des femmes de mesdiz serviteurs ont esté durement traicliés et en vostre chastellet examinées sur ce. Pour quoy mon très redoubté seigneur, plaise vous sçavoir que oncques je n'escripsi ne fis escripre aucunes lectres en enfraingnant vostredicte ordonnance. Et font mal et peichent ceulx qui me baillent telles charges de quoy vous ne aultre puissiez ne puissent avoir maise ymaginacion contre moy. Et bien doivent congnoistre ceulx de Paris, tant ceulx dudit quartier comme des aultres, qui pour morir ne feroient ne vouldroient faire pour moy ne pour aultre quelconque quelque chose qui deuist tourner à vostre deshonneur et desplaisance. Et tant qu'est à moy, Dieu ne me preste jà tant vivre que je fache le contraire. *Item*, et qui pis est, on m'a dit, comme j'ay entendu, contre vérité, saulve l'onneur et révérence de vous, que j'ay traictié un mariage en Engleterre; auquel mariage j'ay promis les chasteaulx de Crottoy, Chierbourg et Ken, avecques pluiseurs autres choses faictes oudit traictiet ou grant préjudice de vous et de vostredit royaume. Laquelle chose je ne fis oncques ne pensay. Et pleuist à Dieu que tous ceulx de vostre royaume vous euissent esté et fussent tousjours aussy loiaulx à la conservacion de vostre personne et progénie et conservacion de vostre seignourie et domaine de vostredit royaume, comme j'ay esté et seray toute ma vie. *Item*, que contre vostre ordonnance ont esté faictes et poursievyes pluiseurs aultres choses à déclarer en temps et en lieu, qui sont contre l'estat et honneur de ma personne et des miens, lesquelles choses devant touchiés et aultres à déclarer comme dit est, ne font tenir les plus principaulx termes de vostredicte ordonnance, mais faire plus dure guerre et plus maise que homme à paine puist faire, c'est assavoir de controver toutes les voyes qu'ilz puissent trouver par ce que dit est, de moy faire eslongier de l'amour et grace de vous et de mon très redoubté seigneur monseigneur d'Acquittaine, et aussy de ma très-redoubtée dame. Lesquelz, ensamble les biens, honneur et estas de vous et d'eulx aussy, j'ay désiré toute ma vie et désir sur toutes les choses qui sont en ce monde. Toutesfois, mon très redoubté seigneur, je ne vous escrips pas ne vous fay sçavoir les choses devantdictes affin que je vueille aller contre vostre ordonnance ne icelle enfraindre de réintégracion ou réparacion de vostre estat ne de vostre royaume, qui tant à souffrir en tous estas et en tant de manières qu'il n'est homme tant pervers ne cruel auquel il n'en deuist prendre pitié. *Item*, se aucuns m'ont donné ou vueillent donner charge de reculler et eslongier de exauchier vostre ordonnance, je vous afferme que oncques n'y pensay, ne ycelle n'ay volu empeschier, mais l'ay volu autant que homme de vostre royaume fait, soit de vostre sang ou aultre, exauchier. Mais il est bien vray que je querroye provisions à mectre bonne paix ferme et estable en vostre royaume, doubtans les choses dessusdictes advenir. Pour quoy je vous supplie, mon très redoubté seigneur, tant humblement et cordiallement que je puis, qu'il vous plaise à pourveoir aux inconvéniens devantdis par telle manière que ceulx qui de che sont bléchiez ou empeschiez n'ayant cause de eulx plus doloir, et que vostredicte ordonnance soit tellement entretenue que ce soit au bien de vous et salut et restauracion de vostre royaume, et que chascun puist dormir ainsy que on cuidoit, et reposer en paix. Et ad ce faire et exposer tout mon corps, le mien, mes amis et tout ce que Dieu m'a presté, en ce et en toutes aultres choses vostre bon plaisir et commandement d'accomplir je suis prest et appareillié. Et mon très chier et très redoubté seigneur, je supplie au benoit filz de Dieu qu'il vous ait en sa sainte garde et vous doinst bonne vie et longue. Escript en nostre bonne ville de Gand le xxi⁰ jour de novembre.

(Bibl. imp., ms. *Supp*ˢ., fr. 93, fol. 196ᵛᵒ.)

Lettres patentes du 26 *ianvier* 1413 (*V. S.*).
(Addition à la p. 413 du t. II.)

Charles, par la grace de Dieu roy de France. Au bailly d'Amiens ou à son lieutenant, salut et dileccion. Il est venu à nostre congnoissance que nostre cousin de Bourgoingne, contre le traictié de la paix par nous faicte à Aussoire et par luy et aultres de nostre sang et lignage jurée et audit lieu d'Aussoire promise, et depuis à Paris et ailleurs, et depuis luy ont esté faictes pluiseurs inhibicions et deffences, tant de par noz aultres lectres patentes comme par ambassadeurs notables et aultrement, a fait et fait faire chascun jour grans congrégacions et assemblées de gens d'armes et de trait et aultres gens de guerre. Et jà est partis de son pays et se tient sur les champs en intencion, si comme on dist, de venir à Paris, dont ladicte paix pourroit estre rompue et enfrainte, et par ce pourroient venir et sourdre grans et innumérables et irréparables maulx et inconvéniens à Nous et à nostre royaume, dominacion et subgez, se par nous n'estoit sur ce pourveu de remede convenables. Pour quoy, Nous, les choses dessusdictes considérées, vueillans obvier et pourveir ausdiz maulx inconvéniens et entreprinses dudit duc de Bourgoingne, nous sommes délibéré de résister de toute nostre puissance contre luy et tous aultres qui vouldroient empeschier ladicte paix aucunement, et de nous, pour ce, aidier de tous nos bons vrays vassaulx et subgez. Pour quoy nous vous mandons et expressement enjoingnons sur tout quanques vous povez mesfaire devers nous, que sollempnellement, à haulte voix et à son de trompe, vous proclamés et publiiés ces présentes par toutes villes, lieux et places à faire publicacions et proclamacions accoustumées en vostredit bailliage. Et par la teneur d'icelluy nous [leur enjoignons] sur leur foy, léaulté et obédience qu'ilz nous doivent, qu'ilz soient au ve jour de février prochain venant en nostre ville de Mondidier, en armes, prestz et appareilliez pour, en nostre ville de Paris ou ailleurs où nous vorrons ordonner ou commander, nous servir. En laquelle ville de Mondidier ilz trouveront gens de par nous qui les recepvront, ordonneront sur paiement tellement que de ce ilz deveront estre content, et là leur ferons sçavoir là où ilz devront aller. En faisant deffence à tous nosdiz vassaulx et subgez, et nous meismes leur deffendons sur les paines dessusdictes et sur estre rebelles et inobédiens envers nous et de fourfaire corps et biens, que pour quelconques mandemens, priières ou requestes qu'ilz aient ou puissent avoir dudit duc de Bourgoingne ou d'aultres quelconques qui soient de nostre sang et lignage, ou d'aultruy soubz umbre et coulleur de nous, de nostre fait ou aultrement, ilz ne s'arment ne voisent avec eulx, ne obéissent en aucune manière, sans nostre licence ou congiet, dont il leur appère par nosdictes lectres patentes de datte subséquente à icelles présentes. Mais s'ilz estoient devers ledit de Bourgoingne ou aultre départy pour venir, qu'ilz s'en retournent et viengnent le plus tot qu'ilz pourront en leurs maisons, supposé qu'ilz fussent du lignage, hommes liges ou vassaulx dudit de Bourgoingne ou de celluy ou ceulx qui ainsi les aroit mandés ou qu'ilz tenissent en fiefz d'iceulx, desquelz de leurs povoirs et juridictions, quant ad ce cas et pour ceste fois, nous, tant seulement nous les exemptons, et avec ce leur promettons de les garandir et deffendre de tous dommages et intérestz qu'ilz pourroient avoir à ceste cause. Et en cas que après nosdictes deffences et oultre nostredit mandement aucuns de noz vassaulx de vostredit bailliage se partiront pour aller servir en armes ledit de Bourgoingne, ou aucuns qui sont jà en son service ne s'en détournoient dedens le tamps deu après la publicacion de ces présentes en leur maison et hostel, mais demourassent envers ledit de Bourgoingne ou aultres qui les auroient mandés, nous vous mandons et commandons sur les paines dessusdictes que sans délay, excusacion ou aultre dissimulacion, vous les mettés ou faictes mettre en nostre main réallement et de fait par bon et loial inventaire tous leurs biens meubles et aussi toutes leurs terres, maisons, rentes, prouffiz et hiretaiges quelconques, et iceulx baillier à gouverner de par nous à personne qui de ce puissent et sachent rendre raison quant et où il appartiendra, en procédant oultre aux paines contenues en ces présentes, ainsi comme par raison appartiendra et devra. Et avec ce que tous les sédicieux, lesquelz vous trouverez ou savoir porrez en vostredit bailliage, qui par faulces relacions ou menchonges trouvées, adeviennemens de fait ou aultrement, s'esforchent ou se vueillent esforchier de mettre nouvelles divisions en vostredit bailliage, ou qui continueront celles [qui] aultresfois ont esté en nostre royaume, ou qui aultrement venroient ou vouldroient venir contre ladicte paix, vous les prenez ou faictes prendre et pugnir comme vous verrez estre à faire par raison. Et de ce faire vous donnons povoir, puissance, auctorité et mandement spécial. Mandons et commandons à tous noz justiciers et officiers et subgez que en ce faisant [vous] obéissent et entendent dilligamment, et aussi à tous noz aultres baillis et capitaines et gardes des bonnes villes, chasteaulx, pons, passages, destrois et juridictions mandons et commandons que ilz sachent et signiffient et laissent nosdiz vassaulx et subgez de vostredit bailliage à tout leurs chevaulx, baghages et aultres biens quelconques, en venant devers nous ou ailleurs où nous les ordonnerons à aller pour nostre service, venir, passer et repasser par les lieux devant dis en portant seulement vidimus soubz seel royal de vostredit bailliage et certifficacion de vous comment ilz viennent devers nous ou ailleurs pour nostredit service, sans à eulx ou aucuns d'eulx faire ou donner aucun mal, encombrier ou empeschement, non obstant que par noz aultres lectres nous leur eussions mandé et deffendu qu'ilz ne laissast pas ou se ne fient aucunes gens d'armes de quelque estat, auctorisé ou condicion qu'ilz soient, de nostre sang ou aultre, passer ne repasser par lesdiz lieux sans nostre licence dont il leur appère par noz lectres patentes de dacte subséquent à ces présentes des deffences devant dictes. Donné à Paris le xxvi° jour de janvier de l'an mil iiii° et xiii, et de nostre règne le xxxiii°. Ainsi signé : par le Roy à la relacion du grant conseil tenu par la Royne, le duc d'Acquittaine présent.

E. MAUREGART.

(Bibl. imp., ms. *Supp^t fr.* 93, fol. 196 v°.)

Lettres du Dauphin au duc de Bourgogne, des 4, 13 et 22 décembre (1413).

(Addition à la p. 427 du t. II.)

A tous ceulx qui ces présentes lectres verront, Jehan Clabaut, escuier, garde de par le Roy du seel du bailliage de Vermendois establi à Royer, salut. Sachent tous que le xxiii° jour de février de l'an présent mil iiii° et xiii, de par très hault et très puissant prince monseigneur le duc de Bourgoingne, nous ont esté exibées et monstrées trois paires de lectres closes et signées de très excellent prince monseigneur le duc d'Acquittaine, lesquelles nous avons veues, tenuez et leuez de mot à mot, et desquelles la teneur s'ensuit.

Trèschiers et bien amez père. Nous vous mandons que incontinent ces lectres veuez, toutes excusacions cessans, vous venez devers nous bien accompaigniez pour la sçeurté de vostre personne. Et en ce, sur tout ce que vous doubtez à nous courouchier, ne nous déffaillez pas. Escript de nostre propre main, à Paris, le IIIe jour de décembre. Signées de sa main : Loys. Et en la suscripcion : A nostre très chier et bien amé père le duc de Bourgoingne.

Très chiers et très amé père. Je vous ai aultresfois escript que vous venissiez devers moy très bien accompagniez, pour quoy je vous prie et mande que le plus tost que vous pourrez vous venez à moy très bien accompagniez, et pour cause. Et ne doubtés, car je porteray vostre fait tout oultre, qui qui le veuille veoir. Escript de ma propre main, à Paris, le XIIIe jour de décembre. Signées de sa main : Loys. Et en la subscripcion : A nostre très chier et très amé père le duc de Bourgoingne.

Très chiers et très amé père. Je vous ay jà mandé par deux fois que vous venissiez à moy, dont vous n'avez riens fait. Toutesfois, nous vous mandons encore de rechief, que toutes choses arrière mises, le plus tost que vous pourrez vous veniez à nous, très bien accompagniez pour vostre sceurté. Et en ce ne défailliés point pour quelconques lectres que vous ayez de nous au contraire, sur toute l'amour que nous amez et sur tout quanques vous nous doubtés à courouchier, et pour certaines causes que tant nous touchent que plus ne pevent. Escript de ma propre main, le XXIIe jour de décembre. Signées de sa propre main : Loys. Et à la superscripcion d'icelles lectres : A nostre très chier et bien amé père le duc de Bourgoingne.

En tesmoing desquelles lectres dessus escriptes, par nous leuez, veuez et tenuez comme dit est, nous avons mis à cestes le séel dudit bailliage, saulve le droit du

Roy nostre sire, et l'aultruy, et ce faict à l'original, la collacion faicte en la présence de Jehan Billart, escuier, garde de par le roy de la prévosté de Roye et des terres exemptes de Charny et des ressors de Roye; de Pierre de Laleaue, grenetier dudit lieu de Roye, de Nicollas d'Ardel, chanoine de Roye, Jehan Pellehaste, maistre Guillaume de La Garde, maistre Godeffroy Bauduin, Brissart, tabellion royal, l'an et jour dessus-diz. Ainsi signé :   BRISSARD.

(Bibl. imp., ms. *Supp^t fr.* 93, fol. 198 v°.)

Lettres du duc de Bourgogne aux bonnes villes du royaume du 27 février 1413 (V. S.).

(Addition à la p. 441 du t. II.)

Très chiers et bons amis. Pour ce que tousjours voulons et désirons, vous et aultres et tous aultres bons et loyaulx subgez de monseigneur le Roy et les bienveillans aussi de mon très redoubté seigneur monseigneur le duc d'Acquittaine, Daulphin de Vienne, estre advertiz de tout ce que puet touchier à son bon estat et honneur et celluy de ce royaume et du bien publicque d'icelluy, affin de aider à pourvoir à yceulx justement et loyaulment ainsi qu'il appartient, vous signiffions que à la très singulière requeste de mondit seigneur d'Acquittaine deuement à nous faicte par III paires de lectres closes, escriptes et signées de sa propre main, contenans en effect que sur tout le plaisir et service que jamais nous lui desiriemmes à faire, nous venissiemmes devers luy, le mieulx et le plus grandement accompagnié que nous povyemmes, Nous, obtempérans à son bon plaisir et volenté comme faire le deviemmes, sachans aussi le grant dangier et servaige en quoy il estoit, et encores par aucuns est détenus ou chastel du Louvre contre droit et raison, à son très grant et amer desplaisir, nous meissiemmes en armes à puissance, non pas par ambicion ou concupiscence d'avoir aucune nouvelle dominacion en ce royaume, ne pour rompre et enfraindre aucunement la paix jurée et promise par nous, laquelle nous voulons sur toutes choses garder et entretenir, mais seullement pour obéir, ainsi que nous sommes tenus, aux bons plaisirs et voulentés de monseigneur le Roy et de mondit seigneur d'Acquittaine, en intencion de luy mettre de tout nostre povoir hors du dangier devant dit, sans faire guerre, despoullier ne desrober, ne faire ou porter quelconque dommaige, mais sommes venus en courtoisement vivant et amiablement, en payant noz despens, jusques à la ville de Saint-Denis en Franche. Lequel lieu, le plus tost que nous y fumes entrés, nous envoyasmes par nostre hérault le roy-d'armes d'Artoys, certaines lectres closes adrèchans à monseigneur le Roy, à madame la Royne et à mondit seigneur d'Acquittaine, et aussi à la bonne ville de Paris, par lesquelles nous les notifiemmes, sçavoir faisiemmes, nostre venue, et que aucunement nous ne veniesmes pour faire guerre, ne ladicte paix enfraindre, mais veniesmes au mandement de mondit seigneur d'Acquittaine et pour obéir à ses bons plaisirs comme dit est, en requérant d'avoir actes de parler et d'estre oys devers monseigneur le Roy et de monseigneur d'Acquittaine, pour tousjours faire nostre devoir et aussi faire ses bons vouloirs et plaisirs, et de tout nostre povoir accomplir comme raisons est et que sommes tenus. Mais ce non obstant la présentacion de nosdictes lectres, rigoureusement et sans cause raisonnable, par le conte d'Erminag et aultres ses adhérens, fut empeschiez, en grant contempt et vitupère de nous et des nostres, en disant par ledit conte à nostredit hérault, que s'il ne se partoit bientost et sans demeure, et que s'il, ou aultre de noz gens revenoit plus, on lui feroit copper la teste. Et pour ce, dudit lieu de Saint-Denis, notablement et grandement accompagniez de noz gens d'armes et de traict, le samedi ensievant, dixsieme jour de ce présent mois de février, nous partismes et allasmes en propre personne devant la ville de Paris, sans faire aucun mal à quelque personne, en l'intencion de dire ou faire dire amiablement les causes de nostre advenement, ou au moinz d'avoir plus gracieuse responce que n'avoit eu nostredit héraulx. Mais depuis que fumes là venus et que nous eumes envoyé à Saint-Honnauré, qui estoit plus près de nous, nostredit hérault et après luy ııı de nos notables chevalliers, pour requérir comme dessus estre oys, il leur fu dit qu'ilz se recullassent arrière ou aultrement on trairoit contre eulx. Et sans plus dire ne eulx voloir oyr ou aultrement escouter, furent trais d'arbalestres. Dont il nous despleut et desplait, et non sans cause. Et jà soit ce que toutes ces rigeurs désordonnées nous fussent faictes sans le sçeu ne le consentement du Roy, ne de monseigneur d'Acquittaine, et que nous avons voulu tout ce souffrir et porter en pacience, avec la prinse de pluiseurs noz officiers, pour tousjours entretenir ladicte paix, et que bien et doulchement sans aucun commenchement de guerre ou aultrement souffrir estre mal fait, pour l'onneur de monseigneur le Roy et dudit monseigneur d'Acquittaine, retournames audit lieu de Saint-Denis, en délaissant paisiblement tous vivres, marchandises et aultres choses parmy ledit lieu de Saint-Denis aller à Paris comme ilz faisoient devant nostre advenement, toutesfois nous avons entendu que par aucunes hayneuses et désordonnées inductions faictes contre l'onneur de monseigneur le Roy et de mondit seigneur d'Acquittaine et de tout le bon estat de la chose et bien publicque de ce royaume, et sans ce qu'il viengne ou procède par quelque manière de leur voulenté ou intencion, moult de lectres ont esté faictes injustement, maisement et hayneusement données et octroyées contre toute bonne justice, par lesquelles monseigneur le Roy, nous et tous aultres qui ont esté en nostre compagnie devant la ville de Paris comme dit est, [sommes] banis et habandonnez de son royaume. Non obstant que nous ne iceulx, maintenant ne aultresfois, ne l'ayons pas desservi et que ne sommes pas de ceulx qui aultresfois l'ont assis dedens la ville de Paris, et qui dampnablement en pluiseurs lieux de son royaume ont bouté les feux, ont occis ses subgez, ont efforchiés femmes, viollés pucelles, despoullié et desrobé églises, villes, chasteaulx et aultres lieux, et fait pluiseurs aultres grans maulx, inhumanités et cruaultés. Lesquelles persévérant tousjours de mal en pis en leur mauvaiz pourpos et dampnable, tiennent monseigneur le Roy et monseigneur d'Acquittaine en dangier, comme dit est dessus. Et pour ce, mes très chiers et bons amis, que toutes les choses devant dictes sont faictes contre ladicte paix faicte à Auxoirre et contre la cédulle derrainement faicte à Pontoise pour le bon entretenement, et qui nous sont tant importables que nullement ne le povons porter ne souffrir soubz dissimulacion, et par espécial pour le considéracion de ce que, tant par monseigneur le Roy et mondit seigneur d'Acquittaine, comme par tous seigneurs de son sang et grant conseil, et depuis par pluiseurs prélatz et notables de ce royaume, ensamble députez de pluiseurs bonnes villes pour et en leurs noms, c'est assavoir de Paris, Rains, Rouen, Laon, Beauvaiz et aultres de plusieurs provinches de ce royaume sur ce noblement assamblés, fu promis et sollempnellement juré de faire ayde, confort et assistence à tous ceulx qui ladicte paix entretenroient, et de résister et demourer contre tous ceulx quy aucunement l'enfrainderoient, nous vous signiffions ces choses, vous affermant qu'elles sont vrayes, affin que s'il vous étoit donné à entendre le contraire que vous n'y adjoustissiez aucune foy, mais vueilliez tousjours estre et demourer envers monseigneur le Roy et monseigneur d'Acquittaine bons, vrays et loyaulx comme tousjours avez esté, et nous aydier et conforter et nous assister en ceste partie, si comme nous avons en vous vraye et grant fiance, et que comme dit est, a esté promis et juré. Car, pour vray nous entendons, Dieu devant, avec vostre bonne aide, pour le bien et aide de monseigneur le Roy et de monseigneur d'Acquittaine et pour la bonne réparacion de la chose publicque de ce royaume, ceste chose poursievir loyaulment sans espargnier quelque chose, jusques adont que nous congnoistrons et sçaurons monseigneur le Roy et mondit seigneur d'Acquittaine estre en leur franchise, liberté et dominacion, ainsi comme ilz doivent estre, et que ceulx qui ainsi les tiennent en servage et dangier et leurs gens soient hors de leur compagnie et en leurs pays, ainsi que nous sommes prestz de faire pour l'observance de ladicte paix et le bien commun de ce royaume, lesquelles choses nous désirons. Et s'il est quelque chose que vous vueilliez et nous puissions, sachez certainement que nous le ferons de très bon cuer, au plaisir de Dieu, qui vous ait en sa sainte garde. Escript en nostre ville d'Arras soubz nostre séel de secret chy placqué, le xxviie jour de février, l'an mil iiii^c et xiii. Et dessus estoit inscript en la marge : Le duc de Bourgoingne, conte de Flandres et d'Artnois. Et affin, très chiers et bons amis, que vous soiiés plus plainement informé et adcertené des lectres dudit monseigneur d'Acquittaine et du contenu en icelles, nous vous envoyons avec ces présentes le vidimus d'icelles fait soubz séel autenticque. Ainsi signé : Viguier. Et estoient lectres patentes en papier, séellées, etc. Et en la superscripcion avoit : A nos très chiers et bien amez les bourgois, manans et habitans de la ville d'Amiens.

(Bibl. imp., ms. Supp^t fr. 93, fol. 201.)

Lettres patentes du 8 février 1413, pour la levée du ban et de l'arrière-ban contre le duc de Bourgogne (V. S.).

(Addition à la p. 442 du t. II.)

Charles, par la grace de Dieu roy de France. Au bailli d'Amiens ou à son lieutenant, salut. Comme pour obvier aux grans et inumérables maulx, dommaiges et inconvéniens qui sont advenus et que sont en adventure d'advenir en nostre royaume, ou préjudice de nous et de la chose publicque, pour l'occasion des guerres, divisions, discordz et débas adonc estans entre pluiseurs de nostre sang et lignage, et affin que noz subgectz puissent vivre et demorer en bonne paix et transquillité desoubz nous en nostre seignourie et desormais estre gouvernés par bonne justice, laquelle sinon en tamps de paix ne puest estre deuement faicte ne administrée, nous avons ordonné par grant et meure délibéracion et avons accordé et mis bonne paix entre lesdiz de nostre sang et lignage, laquelle ont promis et sollempnellement jurée en nostre présence tenir et garder inviolablement. Et jà soit ce qu'il soit pas licite que aulcuns de nosdiz loiaulx vassaulx et subjez, soient de nostre sang et lignage ou aultres, et meisment contre nos inhibicions et deffences, faire congrégacions de gens d'armes en nostre royaume, et que depuis, qu'il est venu à nostre congnoissance que nostre cousin de Bourgoingne se dolloit d'aulcunes choses lesquelles il disoit lui avoir esté faictes en son préjudice contre la teneur desdiz traictiet et accord, et pour ce aussy qu'il tenoit et occupoit, ou tenir et occuper faisoit, plusieurs chasteaulx [et] forteresses à nous appartenans contre nostre voulenté, et qu'il receptoit et tenoit devers luy et en ses pays pluiseurs malfaicteurs, crimineulx et coulpables devers nous de lèze magesté, euissions envoyé à nostredit cousin de Bourgoingne pluiseurs de noz notables ambassadeurs pour luy admonnester d'entretenir lesdiz traictié et accord, et luy offrir toute voye de justice et à faire toute réparacion deue à faire de ce qui seroit fait contre lesdiz traictié et accord, se aucune chose en estoit fait au contraire, et luy enjoindre et requérir qu'il rendist et remeist lesdiz chasteaulx en nostre main si comme il estoit tenu de ce faire, et avec ce luy commander et enjoindre de par nous qu'il ne receptast aucunement lesdiz malfaicteurs, mais nous les envoyast sans délay pour les pugnir de telle pugnicion qu'il appartenoit à faire de raison, à quoy il ne fist point d'obéyssance ou responce convegnable. Et depuis par certaines noz lectres closes et patentes, et darrainement par ung des huyssiers de nostre parlement, pour ce qu'il estoit venu à nostre congnoissance que nostredit cousin de Bourgoingne faisoit une grant armée et congrégacion de gens d'armes, euissions deffendu et fait deffendre à nostredit cousin de Bourgoingne qu'il ne feist plus telles armées ne telles assamblées, mais se cessast du tout, néantmainz nostredit cousin de Bourgoingne, en venant contre lesdiz traictié et accord, les inhibicions et deffenses devant dictes, par manière d'ostilité et de guerre, a fait et continué sadicte armée et congrégacion de gens d'armes et de traict, et y est yssus de son pays à tout grant puissance, et a prins son chemin par voyes déceptives et frauduleuses. A prins et occupé, et encore occupe et détient par forche et contre nostre voulenté noz villes de Compiengne et de Soisons, et en icelles a mis garnison de gens d'armes, et s'est enforchié d'entrer en nostre ville de Senlis; a esté et est reffusans de rendre à nous ou faire rendre noz chasteaulx et forteresses devantdiz et détient iceulx et occupe, ou fait détenir et occuper contre nostre gré et voulenté; a recepté devers luy et en ses pays les malfaicteurs et crimineulx sans les avoir renvoiez devers nous, et retient aussy ledit huyssier devers luy par voye de fait et indeuement avec les aultres noz messagiers, de nostre très chierre et très amée compaigne la Royne et de nostre très chier et très amé filz le duc d'Acquittaine, portans lectres contenans deffence et aultres choses tendans à bonne paix, sans de ce faire à nous ou à eulx aucune responce. Et vint nostredit cousin de Bourgoingne à tout sa puissance près et entour nostre ville de Paris, et ou content de nous et de noz deffences, inhibicions et commandemens, amena avec luy et tient lesdiz malfaicteurs et crimineulx ou grand partie d'iceulx, jà soit ce qu'ilz fuissent ou soient coulpables et convaincus de crisme de lèze majesté, et pour ce bany de nostre royaume. Lesquelles choses sont et ont esté faictes, commises et perpétrées par nostredit cousin de Bourgoingne, ses allyés, adhérens et complices contre nostre majesté royal, contre les ordonnances des accords et traictiez de ladicte paix et en enfraingnant icelle contre le bien publicque, paix et tranquillité de noz subgez et de nostre royaume, et aussy contre noz inhibicions et deffences devantdictes en desertacions et destruction de nostre peuple et de [*lis.* à] nostre grant desplaisance. Et dont encore plus grans inconvéniens s'en pourroient ensievir se en ces choses n'est mise promptement remède. Nous, audiz inconvéniens et aultres qui s'en pourroient ensievir, vueillans obvier, et noz subgez remettre et réduire en nostre obéissance, et qui ne volons plus souffrir ne tollerer les voyes de fait ne entreprinses de nostredit cousin de Bourgoingne, mais voulons de tout nostre povoir réprimer icelles et corrigier à l'ayde de ceulx de nostre sang et lignage et de nos aultres loyaulx et bons vassaulx et subgez, par telle manière que ce soit exemple à tous aultres, vous mandons et commandons et destroictement enjoingnons, que incontinent ces présentes veuez vous faictes proclamer sollempnellement à haulte voix et à son de trompe en vostredit bailliage nostre arrière-ban de par nous. En faisant commandement, tant par proclamacions, publicacions en tous lieux accoustumés à faire proclamacions en vostredit bailliage et ès ressors d'icelluy, comme aultrement, et par tant de fois que nulz ne le puist ou vueille ignorer, à tous les nobles de vostre bailliage qui ont accoustumé de user et ensievir les armes et qui sont en estat de poursievir, et aultres qui tiennent fiefs et arrière fiefs venans ou vaillans par an xx* t., et oultre aux bourgois et habitans de toutes bonnes villes et ressors de vostredit bailliage, c'est assavoir, auxdiz nobles qui ont accoustumé de user et ensievir armes comme dit est, par la foy et loyaulté et aussy le service qu'ilz nous doivent, et sur le paine de confiscacion de leurs biens, fiefs et arrière fiefs et tenementz, ilz viengnent tantost et sans demeure, à tout le plus grant nombre et puissance de gens d'armes et de traict qu'ilz porront, toutes excusacions cessans et aultres essonnes quelconques; et auxdiz bourgois et habitans des bonnes villes, qu'ilz envoyent le plus qu'ilz pourront de gens d'armes et de traict devers nous en nostre ville de Paris, montés à cheval et armez, souffisamment accompagniez. Et nous leur mandons et commandons que ainsy le facent, et à nous servir ès choses dessusdictes et ailleurs là où nous les vorrons employer. En eulx deffendant sur les paines dessusdictes et de fourfaire corps et biens, que devers nostredit cousin de Bourgoingne pour quelque mandement ou commandement de lectres, requestes, sommacions ou promesses qu'il leur ait fait ou face faire ne envoyer soubz ombre de nostre service ou du sien ou aultrement, ilz ne voisent ou envoyent, ne le servent en quelque manière. Et se aucuns s'en alloient ou retournoient à eulx en aler avec luy, que incontinent ilz s'en reviengnent, et qu'ilz ne luy donnent conseil, aide, faveur ne consolacion quelconques qui soit ou puist estre. Et tous ceulx que vous pourez sçavoir estre en sa compagnie ou service et estre favourables en sesdictes entreprinses, prenez les, se vous le pourez prendre, et se non, faictes les appeler à paine de ban. Et prenez ou faictes prendre et mettre roiellement et de fait tous leurs biens, meubles et non meubles, villes, chasteaulx, seignouries, fiefz, arrière fiefz, censes, revenues et aultres possessions quelconques en nostre main, et soubz icelle gouverner. Et oultre, faictes faire commandement de par nous par proclamacion sollempnelle comme dessus, à tous prélatz, abbés, prieurs, chappellains et aultres gens d'église de vostre bailliage qui nous doivent charrois, charrettes, sommiers et aultres services à noz arrière-bans, que cesdiz services ilz nous facent, et que lesdiz charrois, charrettes et sommiers ilz nous envoyent incontinent ordonnez, pretz et appareilliez pour nous servir ou fait dessusdit, en eulx constraingnant ou faire constraindre à ce par prinse de leur temporel et par toutes aultres voyes accoustumées et pertinentes en tel cas. Et avec ce, faictes inhibicion et deffence de par nous sur les paines dessusdictes que nulz laboureulx ou gens de mestier ne aultres quelconques, se non les dessus nommez, se assamblent ou mettent ensamble par manière d'armée de communes ou de compagnes ou aultrement par manière de brigans, ainsy comme il a esté fait ès temps et ans passez, mais entendent à faire leur mestier et labour. Et se aulcuns d'iceulx sont trouvez faisans le contraire, se les emprisonnez, et faictes ou faictes faire d'iceulx telle punicion et justice que au cas appartiendra, tellement que les aultres y prengnent exemple. Et en oultre voulons et vous commandons et estroictement enjoingnons, que quelques gens d'armes et de traict en quelque nombre qu'ilz soyent, passans par vostredit bailliage et ressors d'icelluy, de quelque nacion ou pays qu'ilz soyent, de nostredit royaume ou dehors, venans devers nous en nostredicte ville de Paris à nostre mandement pour nous servir en ce que dit est, vous les faictes et laissiez passer, aller et venir plainement et paisiblement par tous les lieux, portes, pons et passages de vostredit bailliage et ressort d'icelluy, sans eulx faire ou souffrir estre fait destourbier ou aultre empeschement quelconques soubz umbre de noz lectres de inhibicions à vous envoiées de non souffrir aucuns passer se ilz n'estoient mandez à venir devers nous par noz lectres patentes octroyées en nostre grant conseil de datte subséquent de noz lectres de deffences devantdictes ou aultres quelconques ad ce contraires. Mais leur bailliez et faictes baillier et délivrer passage, conseil, ayde et faveur, et secours se mestier est, par gardes, pons, pors, passages et destrois de vostredit bailliage et aultres quelconques.

Auxquelz nous mandons que ainsy fachent sans aulcun reffuz ou contradiction, car ainsy nous plaist-il estre fait et ainsi l'avons ordonné et ordonnons estre fait, non obstant noz lectres de deffences et quelconques aultres ordonnances, mandemens, lectres et aultres deffences ad ce contraires. Et de leurs récepcions et de ce que fait en aurez, nous certefiez souffisamment ou à nostre amé et féal chancellier, affin qu'il appère mieulx de vostre dilligence. Et gardés bien, sur paine de privacion de vostre office et sur les paines devant-dictes, que en ce n'ayt point de faulte. Nous voulons en oultre et vous mandons par ces présentes, que toutes les causes et querelles meues et à mouvoir, debtes, besongnes, possessions et biens quelconques de tous ceulx de vostre bailliage qui sont venuz et vendront devers nous à nostredit mandement et service, vous le tenez et faictes tenir par tous prévostz, juges et aultres officiers de vostre bailliage, en estat, du jour de leur partement jusques à xv jours après leur retour, sans faire ou souffrir estre fait, ce pendant, eulx estre contrains, molestés ou aucunement estre empeschiés au contraire. Mais se aucune chose estoit faict ou actempté au contraire, que vous le réparez sans délay. Et de toutes les choses dessusdictes et chascune d'icelles vous donnons et octroyons poissance, auctorité et mandement espécial par ces présentes. Par lesquelles aussy nous mandons à tous noz aultres justiciers et subgez, que à vous et à voz commis et depputez en faisant ce que dit est, à vous obéyssent et entendent dillaganment et vous prestent conseil, confort et aide, et prison se mestier est et de ce sont requis. Donné à Paris le vnı^e jour de février, l'an de grace mil quatre cens et treize, et de nostre règne le trente troisiesme. Ainsi signé : A la relacion de son grant conseil tenu par la Royne, où estoient le duc d'Acquittaine et pluiseurs aultres.

JEHAN DU CHASTEL.

(Bibl. imp., ms. *Supp^t fr.* 93, fol. 202.)

Lettres patentes des 17 et 20 février 1413, contre le duc de Bourgogne.

(Addition aux p. 459 et 460 du t. II.)

Charles, par la grace de Dieu roy de France. Au bailli d'Amiens ou à son lieutenant, salut et dillection. Comme aultresfois pour ce qu'il est venu à nostre congnoissance que Jehan, nostre cousin de Bourgoingne, nostre ennemy, rebelle et inobédient, avoit escript et envoyet par pluiseurs fois lectres closes et patentes, tant en nostre bonne ville de Paris comme en pluiseurs aultres bonnes villes de nostre royaume, à séduire et décepvoir nostre peuple et pour coulaurer sa maise et dampnable entreprinse que nagaires il a fait pour venir à puissance de gens d'armes en nostre ville de Paris, Nous, par nos lectres luy eiussiemmes expressément mandé et deffendu qu'il ne fust aucun de quelque estat qu'il feust qui recheupst quelques lectres closes ou patentes dudit de Bourgoingne, et que [se] elles estoient recheuez que ouverture ne response aucune en quelque manière n'en feust faicte nullement, mais nous fuissent envoyées ou à nostre chancellier ou conseil, à en ordonner comme de raison. Et il soit ainsi que ledit de Bourgoingne en continuant en son dampnable pourpos, nagaires ait envoyet certaines lectres patentes scellées de son séel de secret en nostre ville de Paris, et icelles fist affichier de nuyt et secrètement aux portaulx de pluiseurs églises et en autres lieux de ladicte ville, et aussi en pluiseurs aultres villes de nostredit royaulme, ainsi que nous avons entendu. Par lesquelles est certifiiet entre les aultres choses, qu'il estoit venu devers Paris pour nous et nostre très chier et très amé filz d'Acquittaine mettre hors de dangier et de servage en quoy ledit de Bourgoingne nous disoit estre détenus par aucuns estans devers nous, et que son intencion estoit de jamais se départir desdictes entreprinses et procuracions jusques adont que iceulx (*sic* lis : icelui) ait remis nous et nostredit filz en nostre plaine dominacion et franche volenté. Lesquelles choses devant dictes ainsi, et aultres par ledit de Bourgoingne escriptes, sont notoirement faulces et contre toute vérité. Pour lesquelles choses grâces à Dieu rendons. Car nous, ne nostredit filz, n'avons esté ne sommes en quelque dangier ne servaige, ne nostre honneur, ne nostre justice, ne l'estat de nostre dominacion n'ont esté, ne sont de présent bléchié ne admenrie. Mais ceulx tousjours, depuis que ledit de Bourgoingne se party de Paris, avons gouverné et gouvernons paisiblement et franchement sans contradiction et sans empeschement, ce que faire n'avions peu depuis l'orrible et détestable homicide commis et perpétré par ledit de Bourgoingne en la personne de bonne mémoire nostre très chier et très amé seul frère germain, duc d'Orléans, auquel Dieu pardoinst. Et avons dominé depuis le département dudit de Bourgoingne et dominons nostre royaulme ainsi que nous y loist et de droit appartient. Et a esté obéy continuellement en toutes choses humblement et dilligaument par tous ceulx de nostre sang et lignage, si comme ilz estoient tenu et ainsi que bons parens, vassaulx et loyaulx subgez devoient faire à leur Roy et seigneur souverain. Excepté toutesfois ledit de Bourgoingne qui contre nostre voulenté et expresse deffence a assamblé grant quantité de gens d'armes et de traict, et par manière d'aversaire est venu devant nostre ville de Paris, ayans en sa compagnie pluiseurs faulx et desloyaulx homicides et aultres plains de criesme contre la majesté royalle et avec autres, banys pour ceste cause de nostre royaume. Par le moyen desquelz et d'aucuns, ledit de Bourgoingne, de sa mauvaise et obstinée volenté, cuida aussy entrer en nostredicte ville de Paris, pour prendre et usurper tout ce qu'il escript au contraire de ses lectres, c'est assavoir le regime de nous et de nostredit premier filz et royaulme, et d'icelle ville approprier les finances, ainsi que depuis le très horrible homicide il a longuement fait, à la très grant desplaisance et dommage de nous et de nostredit filz et de notre royaume. Dont ledit de Bourgoingne et les siens ont eu et receu LX mille frans et plus. Pour lesquelles choses et aultres plus à plain [contenues] en certaines nos lectres de ce faictes, nous avons déclarées celluy estre rebelle et à nous estre inobédient, briseur et violleur de paix, et par ainsi anemy de nous et de nostredit royaume. Et pour ce que aucuns de noz vassaulx et subgez qui par adventure ont et pevent avoir ignorance de la vérité des choses dessusdictes, pourroient aucunement foy et crédence adjouster et en ce que (*sic* lis : à ce que) ledit de Bourgoingne par ses lectres a escript et divulghiet ou pourroit escripre menchonnablemeut et contre vérité, et que pluiseurs d'iceulx no vassaulx et subgez pourroient par telles menchonnes grandement estre fraudés et déceuz, et aussi que ce pourroit redonder et tourner en très grant préjudice et dommage de nous, de nostre dominacion et royaulme, et de noz bons et loyaulx vassaulx et subgèz, nous, vueillans des choses dessusdictes à un chascun la vérité estre sçeue et congneue, et obvier à telles mauvaises et dampnables menchonnes, et aussi aux maulx et inconvéniens qui seroient en voye de exécuter, signiffions et notiffions que des choses dessusdictes escriptes par ledit de Bourgoingne, semées et divulghiés par aucuns de ses adjoings et complices, n'en est rien ne a esté, et ne sont que faulces choses et mauvaises menchonnes, trouvées pour séduire nostredit peuple, et parvenir à sa très mauvaise et devant dicte dampnable fin. Auquel de Bourgoingne nostre intencion, à l'aide de Dieu, de toute nostre poissance est de obvier et résister, et le mettre, les siens, adhérens et aidans et confortans, en telle subjection et obédience que par raison doivent estre mis subgèz inobédiens à leur souverain seigneur, et de ce est nostre voulenté, aucunement ne départirons. Se vous mandons et commandons, sur quanques vous poez meffaire, que noz lectres vous faciez sollempnellement publier par tous les lieux en vostredit bailliage esquelz il appartient à faire proclamacions et publicacions et ès villes et ressors dudit bailliage, tellement que nulz ne puist ignorer ne prétendre ignorance. En faisant commandement de par nous à tous nos vassaulx et subgez de vostre dit bailliage, et que nous leur faisons aussi commandement sur la foy, loyaulté et obédience qu'ilz nous doivent et sur paine d'estre réputez rebelles devers nous et de fourfaire corps et biens, que doresmais en avant ils ne rechoivent de par ledit de Bourgoingne, ne de sesdiz adhérens et alliiés, aucunes lectres. Et s'aucunes estoient rechuptes, nous leur commandons qu'ilz n'y facent ouverture, publicacion ne lecture, ne responce quelconques. Mais toutes closes ou ouvertes, sans en oultre procéder, les nous apportent ou à nostre amé et féa (sic) chancellier, à en ordonner si comme nous samblera d'estre en à faire. Et avec ce, nous leur deffendons sur les paines dessusdictes, que à icelluy de Bourgoingne, à sesdiz aydans et adhérens ou confortans, par quelque manière ne donnent aide, ne conseil ou faveur, affin qu'ilz se démonstrent toujours estre vrais obédiens et subgès si comme ilz doivent estre, ou autrement ferons pugnir les délinquans si comme rebelles et inobédiens envers nous, et tellement que ce sera exemple à tous les aultres. Donné à Paris le xviie jour de février, l'an de grace mil quatre cens et xiii et de notre regne le xxxiiie. Ainsi signées : Par le Roy, à la relacion de son grant conseil.

M. Mauregart.

Et de rechief fut envoyé encore ung aultre mandement royal contre le duc de Bourgoigne par tout le royaume et lieux accoustumés. Dont la teneur s'ensieut[1].

---

1. Voy. t. III, p. 460.

Charles, par la grace de Dieu roy de France. Au bailli d'Amiens ou à son lieutenant, salut. Comme il soit si notoire entre nos subgès que nulz ne puist prétendre à ignorance, que Jehan, nostre cousin de Bourgoingne, nagaires soit venus emprès nostre ville de Paris avec très grant multitude et congrégacion de gens d'armes et de traict, ce qui est contre nostre volenté et plaisir et oultre noz mandemens et inhibicions et deffences de par nous sollempnelment, tant par noz deffences comme par noz lectres à luy par pluiseurs fois faictes, et que de fait il ait prins nostre ville de Saint-Denis et d'icelle ait fait bastille contre nous et contre nostre ville de Paris, et de fait est venuz à estandart déploiiet en bataille devant icelle, et courut et fait courir jusques ès portes d'icelle ville de Paris, Et encores détient et fait occuper par force aucunes de noz villes comme Compiengne et Soisons, et se tient en nostre royaume avec grant quantité et grant multitude de gens d'armes, qui [est] en nostre grant préjudice et desplaisir et à très grant oppression et charge de nous et de nostre royaume et subgez. Et de quelconque chose icelluy de Bourgoingne ait dit ou escript son advenement estre raisonnable, nous véons clèrement et sommes certains que toutes les causes, couleurs et raisons que ycellui a escript et dit de sondit advenement intercepcions (*sic*) sont faulx mandemens et contre toute vérité, et que son pourpos et intencion est seullement pour veoir s'il pourroit entrer par violence ou force ou par aucunes mauvaises manières et agaisemens malicieux, en nostre dicte ville de Paris, pour faire son plaisir de nous, de nostre très chière et très amée compaigne la Royne, et de nostre très chier et très amé premier filz le duc d'Ac-quittaine, et d'aultres de nostre sang et lignage et d'icelle nostre ville, et conséquaument avoir du tout nostre royaume, puissance et auctorité, et par manière de tyrannie usurper le régime de nostre dominacion; si comme notoirement aultresfois il a prins et gouverné à la très grande et irréparable destruction, oppression et dommage de nous, des dessusdiz de nostre lignié, de nostre dicte ville de Paris et de tout nostre royaume et subgez. Pour lesquelles causes nous l'avons fait nagaires dénoncher rebelles et inobédient à nous et nostre adversaire et ennemy, avec tous ses complices, serviteurs, aidans et faveur portans. De laquelle dicte ville de Saint-Denis, il est de présent yssus et ne sçavons quel chemin il veult tenir. Et par aucunes aultres lectres vous avons mandé et enjoint que vous feissiez criier de par nous en vostredit bailliage que nulz ne fust si hardis sur paine de perdre corps et biens de le aller servir ne accompagnier en ladicte armée par luy mise sus et assamblée, et que tous ceulx de vostredit bailliage et des ressors qui contre nozdictes deffences sont venuz et viennent en sa compagnie, vous preisissiez ou feissiez prendre, saisir et mettre en nostre main leurs terres, hiretages et possessions et biens meubles estans ès mettes de vostredit bailliage et par icelle nostre main feissiez iceulx cueillier et lever. Néantmains de ce faire vous avez esté reffusans, différens et retardans, en tenant peu de conte de nostredit mandement et ordonnance, si comme nous avons entendu. Pour laquelle chose, s'il est ainsi, il nous desplait et non sans cause. Si vous mandons et de rechief enjoingnons estroictement sur paine d'estre privé de vostre office et sur tout ce que vers nous povez mesprendre, que incontinent ces lectres veues vous fachiez de par nous criier et publiier à son de trompe par tous les lieux accoustumés à faire proclamacions oudit bailliage, que nul de quelconque estat qu'il soit, ne voist servir ledit de Bourgoingne en sadicte armée et congregacion par luy faicte, et que tous ceulx qui y sont alé, tantost et sans délay retournent en leurs maisons sur paine de perdre et confisquier pardevers nous corps et biens. Et pour ce que pluiseurs dudit bailliage notoirement sont en la compagnie dudit de Bourgoigne et aussi pluiseurs sont oudit bailliage de ses adhérens, confortans et favourables, qui contre nostre plaisir, volenté et ordonnance murmurent et ont murmuré et s'efforcent de séduire nostre bon peuple et subgez, donnent conseil, soulas et aide en tant qu'ilz pevent audit de Bourgoingne et en la faveur d'icelluy, si comme nous avons entendu, nous vous mandons et enjoingnons sur les paines devant dictes que tous les biens d'iceulx, meubles, hiretages et possessions, en quelconques lieux que ilz soient ès mettes de vostredit bailliage, et généralement de tous ceulx qui contre nosdictes lectres sont et se tiennent ou iront en sa compagnie, et ceulx quy luy bailleront ou donront conseil, soulas et aide, et aultrement sont favourables à sadicte mauvaise et dampnable intencion, vous le prenés incontinent ou faictes prendre et mettre en nostre main réallement, par telle ordonnance que vous vous aidiez de noz aultres mandemens sur ce bailliez. Et néantmoinz, se vous povez prendre aucuns desdiz delinquans et inobédiens, prenés les ou faictes prendre en quelconque lieu qu'ilz pourront estre trouvez, hors lieux sains, et iceulx pugnissez des paines devant dictes ou aultrement, selon leurs démérites, ainsi que raison sera. Et se ceulx vous ne povez prendre, faictes les appeller à nos drois par proclamacion publique et sur paine de bannissement et confiscacion de leurs biens. Et avecques ce, commandés de par nous par sollempnelle publicacion ainsi qu'il est dit, noz vassaulx et aultres quy ont accoustumé de porter armes, que incontinent ilz viengnent pardevers nous à la plus grant force et compagnie qu'ilz porront, pour nous servir et résister à la mauvaise volenté et intencion dudit de Bourgoingne et de ses complices, et à eulx mettre et ramener en nostre subjection et obéissance ainsi qu'ilz doivent estre, et iceulx pugnir et corrigier de leurs mesfaiz et offences, et tout selonc la fourme de noz aultres certaines lectres sur ce à vous nagaires adréchiez. Et faictes tant ès choses devantdictes et ès deppendences d'icelles, que nous n'ayons cause de procéder contre vous par deffaulte de non avoir obéy à nous. Donné à Paris le xxe jour de février, l'an de grace mil III^c et XIII et de nostre règne le XXXIIIe. Ainsi signées : Par le Roy : à la relacion de son grant conseil, tenu par la Royne et monseigneur le duc d'Acquittaine.

J. Du Chastel.

(Bibl. imp., ms. *Suppt fr.* 93, fol. 207, v°.)

Comment Sagimont, roy de Bohaigne, fu en cest an esleu roy d'Allemaigne et recheupt les seremens de la plus grant partie des seigneurs du pais. VI^{xx}IXe chapitre.

(Addition à la p. 43 du t. III.)

En la fin du mois d'obtembre Saigremont de Belaigne, roy de Hongrie, de Tromache et de Damas, vaillans homs en armes et catholicques, et la royne sa femme, fille du conte Cylien en Esclave, en moult grant appareil viendrent à Aquigranye. Lequel Saigremont fu premièrement esleuz en roy d'Allemaigne par ceulx d'Allemaigne ordonnés ad ce. Après ce, il fu promeu en Empereur Romain, et le viiie jour du moys de novembre consacrés et couronnés par l'archevesque de Coulongne en l'église de Nostre-Dame de Acquigranye, comme il est de coustume; et après, devoit estre confermés par le pappe de Romme. Après ce, luy et sadicte femme rechuprent pour la plus grant partie les hommages et seremens de ceulx dudict royaume; promettans de aller au concille général à Constance pour le bien de toute l'Eglise universelle. Lequel concille devoit estre tenu l'an mil IIII^c et XII ou moys d'apvril par ce pappe Alexandre ou son successeur. Mais il a esté prolunghiés jusques à maintenant. Icelle cité de Constance est ou province de Mayence sur l'iaue du Rin. Et est déclarié que ledit concille ainsi prolunghiez, sera tenus par le pappe Jehan XXIIIIe de ce nom, successeur dudit Alexandre. S'ensievent les noms de ducz, prélatz, contes, barons et aultres, qui furens présens à Acquisgranye à la coronacion dudit roy Saigremont, audit jour viiie dudit mois de novembre, l'an mil IIII^c et XIII. Premièrement le duc Loys en Bavière, le conte Palatin du Rin, esleisseur du roy d'Allemaigne à estre promeuz en empereur, le duc de Sacxone, pareillement esliseur du roy d'Allemaigne, et le mareschal de l'Empire, burgrave de Norenberghe, qui fist l'office du marquis de Brandeburghe, esliseur du roy d'Allemaigne. Et aultres ducz, et assavoir de Lorraine, de Guelles, de Jullers, de Walgast, et Tede, duc de Russie. Et deux archevesques, est assavoir de Coulongne et de Trèves, finallement esliseurs du roy d'Allemaigne à estre promeuz en empereur. *Item*, Jehan, duc en Bavière, esleu du Liège, duc de Buillon et conte de Los. *Item*, le conseil du roy de Behaingne, esliseurs d'Allemaigne et de l'Empire, le conseil de l'archevesque de Mayenne, aussi esliseurs d'Allemaigne et de l'Empire, V évesques, est assavoir Wisebourg, de Passot, de Saint Piride, de Aylac. En Honguerie, de la Cure. Et le Grand maitre de l'Ospital des frères des Allemans, est assavoir de Pruces, le conte de Clèvez. *Item*, Acrisaire, filz du marquis de Montferant. De Meurs et de Saasbourg, le seigneur de Hondeshon. *Item*, de Suassebourch seigneur de Ranus. *Item*, de Zame, et trois contes de Nausson, le conte de Cassuelbonne et son filz, les contes de Haulte-Pierre et de Linguenhen, et deux autres contes avec luy, les contes de Raynech et Hayneberch, de Viecten, de Mestan, et deux autres contes avec luy, de Disly, de Villestain, de Wide, de Blancquehem, de Sainette, de Viestain, sire Jehan Chaule, viscontes de Millan, et le seigneur de Brinior, de Bestille, le seigneur de Banonne. S'ensieut ceulx de Hongherie. Premièrement Charles Nycolay, grant conte de Hongherie, Marcial Nycolay son filz, conte de Tenuse, Wart, seigneur de Sciebourg, gouverneur de VII chastelz, deux contes ambassadeurs de Villac du pays de Servie, Vurguesian, Vaidasiandrias, Péduricolans, Lasque Jacob jadis de Vaida, Lasqudam son frère, le conte Jehan de Carnassie, le conte George de Carnassie, Penyemerich, sire Laurens de Ront de Pasco, le seigneur Taite Nycolay sire Clechy, Nycolay sire Janus Vaida, grant maistre d'ostel du roy Saigremont, sire Beaufie de Symon Perrin, Emeric Thumas, Périsu Resgony, Estrewan Nostrespan Sy Vaida desur Chaepietre, mareschal de Honguerie. *Item,* les barons de Behaingne qui furent présens à ladicte coronacion ausdiz jour et lieu: Premièrement, sire Guillaume le Haze, sire Winchelan de Douy, ung sire seigneur de Lida, et III barons de son lignague avec luy, sire Gaspar de Douy, le seigneur de Illebourch, le seigneur de Blentuenon, sire Andrieu Balesqui. S'ensievent les barons de la Basse Allemaigne : le seigneur de Hausseberch, le damoiseau d'Ercles, sire Jehan de Namur, les seigneurs de Haynnau, de Lembourg et Vinstghen, de Bolay, de Picquebat, et deux aultres barons avec luy, de Havrech, de Vinsebarche, de Roncle, sire Fulcho de Honnestain, Bourgrans de Raynech, les seigneurs Holloch de Westrebourch de Connebourch et deux aultre (*sic*) barons avec luy, sire Florin du Bos, les seigneurs de Horne et d'Erlre, sire Fucho de Coulongne, mareschal d'Absettes, sire Othe de la Becque, le seigneur de Zevemberghe, le seigneur de Marc. S'ensievent les ambassadeurs présens à ladicte coronacion, envoyés d'aucuns princes et de autres. Premièrement les ambassadeurs du roy de Behaigne, les ambassadeurs du roy d'Engleterre, les ambassadeurs de l'archevesque de Mayence, les ambassadeurs du conte de Haynnau, les ambassadeurs de Posti Romaine, les ambassadeurs du conte de Savoye, les ambassadeurs du duc de Brabant, les ambassadeurs de Luxembourg, les ambassadeurs de l'abbé Stabuleuse, les ambassadeurs de la cité de Cambray, les ambassadeurs de Coulongne, les ambassadeurs de Tulle, les ambassadeurs de Verdun. *Item*, l'abbé de Saint Cornille de Compiengne fu présent à ladicte coronacion.

(Bibl. imp. *Supp* fr. 93, fol. 220ᵛᵒ.)

Lettres de la publication de la paix d'Arras.
Paris, février 1414 (v. s.).
(Addition à la page 60 du tome III.)

Charles, par la grace de Dieu roy de France. A tous présens et advenir. Comme pluiseurs choses ayent esté faictes et sont advenues depuis la paix faicte à Pontoyse, à la très grant desplaisance et dommages de nous et de nostre royaulme et subgez, pour lesquelles choses nous aviemes nostre très chier et très amé cousin le duc de Bourgongne en nostre indignacion et male grace, nagaires nous transportasmes avec très grant compagnie et congrégacion de gens d'armes et de traict devant la ville d'Arras, et à nous là estans, vindrent devers nous nostres très chiers et très amés cousin et cousine le duc de Brabant et la duccesse de Haynnau, et en leurs compaignies nostres très chiers et bien amés les dépputez de par les III estaz du pays de Flandres, lesquelz comme procureurs et ayans puissance de nostredit cousin de Bourgoingne, en grant révérence et humilité à nous firent obéyssance pour nostredit cousin de Bourgoingne, telle que nous sommes de ce bien contens. Et en signez de démonstracion d'icelle obéyssance ilz nous firent faire ouverture de ladicte ville d'Arras, et sur les murs d'icelles furent mises nostres banières, et aussi à nous firent obéyssance de aultres villes et chasteaulx que nostredict cousin tenoit et tient de nous. Et d'abondance icelluy recheumes en nostre bonne grace et amour. Et en après nostres dessusdictz cousin et cousine et depputez dessus nommez, promirent et accordèrent pour nostredit cousin de Bourgoingne, à nous estre baillié et rendu, ou à nostre commis, le chastel du Crottoy et icelluy remettre réalment et de fait en nostre main. Et feront leurs povoirs loyalment que les chasteaulx de Chinon soient aussi réunis en nostre main. Et avec ce, pour le bien de paix pluiseurs choses furent pourparlées et appointiés, par le moyen desquelles nous nous partesismes et feismes partir nostredit host de devant la dessusdicte ville d'Arras. Et depuis pour la perfection et accomplissement des choses promises, vindrent devers nous nostredis cousin de Brabant et cousine de Haynnau, ambassadeurs de nostredit cousin de Bourgoingne, et les depputez des trois estas de Flandres. Avec lesquelz en la présence de nostre très chier et très amé filz ainsné le duc d'Acquitaine, Daulphin de Vienne, à ce de faire par nous commis pour les choses estre mises à bonne fin et conclusion, appointement fu fait. Nous faisons savoir, que nous ayans pitié et compassion de grans expressions, perdicions et dommages, lesquelz en tamps passé a eu et soustenu nostre peuple pour l'occasion des guerres et armées faictes en nostre royaume, vueillans relever, garder et préserver nostres subgez de icelles oppressions, et désirans de tout nostre cuer et ferme pourpos et voulenté faire cesser toutes voyes de fait, et doresenavant bon accord et union soient entre nosdiz subgez, tellement que iceulx nostres subgez se puissent retraire et sçeurement demourer chascun en son lieu et habitacion et vivre soubz nous et nostre dominacion en bonne transquillité, soubz la confidence de bonne justice; que les laboureurs puissent faire leurs labeurs et tous marchans et aultres gens puissent aler et mener leurs marchandises et aultres bien où il leur plaira par tout nostredit royaume et dehors, sans péril ou empeschement aucun, considérans le bien de paix qui est inestimable, et les grans maulx qui s'en sont ensievy par les guerres nagaires par expérience de fait il a esté assez veu et congneu et encores pouroient ensievir. Et affin que toutes créatures aient et puissent avoir meilleur et plus ferme pourpos de eulx amender et retourner à nostre créateur, de nostre certaine science, plaine puissance et auctorité royal, par le adviz, conseil et meure délibéracion de nostre ainsné filz, de pluiseurs de nostre sang et lignaige, de prélatz, barons, chevaliers de nostre grant conseil, de nostre court de parlement, de nostre chambre des comptes et aultres notables personnes en grand nombre, nous avons voulu, avons fait, ordonné et commandé, voulons, faisons, ordonnons et commandons paix estre ferme et estable en nostredit royaume entre noz subgez, et que cessent rancunes et mallivolences, en deffendant à tous de quelque estat, auctorité ou condicion qu'ilz soient, sur tout ce qu'ilz pevent fourfaire envers nous, que doresenavant ilz ne se mettent en armes, ne procèdent par voye de fait ou de guerre. Et à nourrir et entretenir ladicte paix, pour l'onneur et révérence de Dieu, vueillans à rigueur de justice préférer miséricorde, avons fait, donné et octroyé et de nostre dessusdicte plaine puissance et auctorité royalle, faisons, donnons, octroyons abollicion généralle à tous, tant de nostre dessusdit royaume et dominacion, comme aux estrangiers de quelque estat, auctorité ou condicion qu'ilz soient, sur tout ce qu'ilz pevent avoir aidié, servi et donné faveur à nostredit cousin de Bourgoingne à nostre desplaisance et contre nostre volenté depuis la paix faicte à Pontoyse jusques au jour duy, excepté cinq cents personnes non nobles de nostredit royaume, qui ne soient pas subgez, vassalz ou serviteurs de nostredit cousin de Bourgoingne. Desquelles cinq cents personnes les noms seront bailliez à nostres cousin de Brabant et nostre cousine de Haynnau dedens la feste de la Nativité saint Jehan Baptiste prochain venant. Excepté aussy iceulx qui par nostre justice ont esté nomméement banys depuis ledit tamps par procès deuement faiz, observés et gardés les sollempnitez en telz cas accoustumées. Lesquelles cinq cents personnes et banys ne seront aucunement comprins en ladicte abollicion. Et pour mieulx tousdis garder ladicte paix et toutes les manières des entreprinses, débas, divisions et sédicions eschiever, nous avons volu et ordonné, volons et ordonnons et nous plaist, que tous ceulx qui depuis ladicte paix de Pontoise, estans des hostieulx de nostre très chière et très amée compaigne la Royne et de nostredit filz, eslongiez ont esté de leurs hosteulx et de nostre ville de Paris jusques à deux ans prochains venans, demoureront eslongiez, et que ceulx qui ont esté eslongiez de nostredicte ville de Paris et d'aultres villes de nostredit royaume, ou qui de leur volenté se sont absenté, demouront eslongiés de nostreditte ville de Paris et des aultres dont ilz se sont absentez jusques au terme de deux ans, et que aucuns d'iceulx ne porront approchier nostredicte ville de Paris plus près que de IIII ou V lieues, réservé toudis nostre ordonnance et bonne grace sur ce. Et néantmoins nous plaist et voulons que lesdis eslongiez puissent aler, venir et converser tout partout où il leur plaira en nostredit royaume les deux ans durans, toutesfois dehors de nostredicte ville de Paris et hors des aultres villes et lieux dont ilz se sont et ont esté eslongiez, sans ce que pour occasion de ladicte élongacion aucun empeschement soit à eulx, ou puist estre aucunement fait, en corps ou en biens. Et de rechief, à tenir nostres dis subgez en bonne paix et obvier aux inconvéniens qui par les débas de offices en tamps passé sont advenu et encores porroient advenir, nous avons voulu et ordonné, voulons et ordonnons que toutes les offices par nous données depuis ladicte paix de Pontoyse demourront en nostre plaine disposicion et voulenté, sans ce que pour la cause de ladicte abollicion iceulx qui ont esté despoinctiez de leursdis offices depuis ledit tamps puissent prétendre aulcun droit ou réclamer. Et quant aux prisonniers, nous leur ferons faire raison et justice. Et ne voulons pas que aucun seigneur, baron, chevalier, escuyer ou aultres quelzconques, pour cause de service par eulx non fait à nous, ou pour cause de service fait par eulx à nostredit cousin de Bourgoingne, ou ceulx aussi qui sont comprins en ladicte abolicion pour l'occasion de ce que dit est, soient ou puissent estre aucunement grevez, mollestez ou empeschiez en corps ou en biens. Mais voulons que toutes dominacions, terres, fiefz, possessions et hiretages quelzconques des dessusdis, aultres que desdis banys, excepté celles que pour les causes dessusdictes ont esté prinses et mises en nostre main, leur soient rendues et mises à délivrance, et que toutes les aultres tourbes et empeschemens que pour ce à iceulx ont esté mis ou pouroient estre de ce, soient ostez hastivement et sans demeure au prouffit d'iceulx et de chascun d'eulx, en tant qu'il nous touche. Et sur ce nous imposons et mettons à nostre procureur sçilence, non obstant que les cas ne soient pas chy exprimés. Et encores à hoster toutes les matères de discorde et débas qui par ces ou autrement pourroient advenir pour l'occasion des biens meubles d'une partie et d'aultre prins, nous avons voulu et ordonné, voulons et ordonnons que lesdis biens meubles ainsi prins depuis ladicte paix de Pontoyse par justice ou aultrement pour l'occasion de la guerre, on ne porra pas de ce faire demande ou prosécucion de une partie ne de l'autre. En oultre voulons, ordonnons et deffendons à nostredit cousin de Bourgoingne que desormais en avant ne face, ne procure estre fait par luy ne par aultruy, en secret ou en appert, par voye de fait ou aultrement, aulcun mal, destourbier ou empeschement à mesdis loyaulx vassaulx, officiers, subgez et bienvueillans, ne aucuns de ses subgez loyaulx et vassaulx, ne aussy aux subgez, loyaulx et vassaulx des aultres de nostre sang et lignage qui ont servy à nous contre luy, ne à aucun de sesdis subgez, loyaulx et vassaulx qui ne l'ont pas servy pour la crémeur de mesprendre ou fourfaire pour les inhibicions par nous sur ce faictes, ne as habitans de nostredicte ville de Paris ou aultres quelzconques de nostredit royaume ou dehors, en commun ou en particulier, ou aultrement par quelque manière que ce soit, pour l'occasion du service à nous fait, ou de service à luy non fait par lesdis siens vassaulx ou subgez pour les causes dessusdictes. Et en tant que de nostredit cousin de Bourgoingne feroit ou s'enforcheroit de faire ou faire faire à sesdis vassaulx et subgez le contraire, nous lui entredisons et deffendons toute auctorité, jurisdiction et congnoissance, voulons aussi, ordonnons et deffendons à tous aultres dessusdis de nostre sang et lignaige, qu'ilz ne facent ou procurent estre fait, par eulx ne par aultruy, en secret ou en appert, aucun mal, destourbier ou empeschement à nosdis fiefvez, vassaulx, subgez, officiers et bienvueillans, ne à aucuns de leurs fiefvez, subgez et vassaulx de nostredit cousin de Bourgoingne, as habitans de nostredicte ville de Paris ne à aultres villes quelzconques de nostredit royaume ou dehors, en commun ou en particulier, par voye de fait ou aultrement, pour l'occasion du service par eulx fait à nostredit cousin de Bourgoingne, ou du service à eulx non fait par leursdiz subges, fiefvez et vassaulx. Et en tant que les dessusdis de nostre sang et lignage feroient ou de faire s'enforcheroient ou faire faire le contraire à leurdis fiefvez, vassaulx et subgez, nous les contredisons et deffendons toute auctorité, jurisdiction et congnoissance. Et avec ce voulons, ordonnons et commandons à nostredit cousin de Bourgoingne qu'il renge (*sic*) ou face rendre réallement et de fait as seigneurs, barons, chevaliers, escuiers et aultres, tant de nostredit royaume que dehors, soient de noz subgez, fiefves et vassaulx ou des siens, toutes leurs dominacions, terres, possessions et hirétages quelzconques qu'il a prins ou mis ou fait prendre et mettre en sa main pour l'occasion dudit service à nous fait, ou de service à luy non fait, ou aultrement, pour l'occasion des choses dessusdictes. Et de ce liève sadicte main et fache lever à plain, oste ou fache oster et lever sans délay tout destourbiers et empeschemens quelzconques à leur prouffit et à chascun d'iceulx en tant qu'il leur puet touchier. Voullons aussi, ordonnons et commandons aux aultres dessusdis de nostre sang qu'ilz rendent ou facent rendre aux seigneurs, barrons, chevaliers, escuiers et aultres gens, tant de nostredit royaume comme dehors, soient de noz fiefvez et vassaulx ou des leurs, toutes leurs dominacions, terres, fiefvez, possessions et hiretages quelzconques, se aucuns en ont prins et mis ou fait prendre et mettre en leurs mains pour l'occasion du service fait à nostredit cousin de Bourgoingne, ou aultrement, pour l'occasion des choses dessusdictes, et de iceulx lièvent et ostent ou facent oster et lever à plain leursdictes mains, et ostent ou fachent hoster sans délay tous tourbles et empeschemens quelzconques au prouffit d'iceulx et de chascun d'eulx en tant qu'il leur touche. Et affin que ladicte paix persévère doresenavant pardurable-

ment ferme et estable sans violler, et à pourveir ad ce
qui pourroit estre cause de rompre ladicte paix, oultre les choses dessusdictes, avons voulu et ordonné,
voulons et ordonnons que tous les traictiés de paix
fais à Chartres et les aultres qui ont esté faiz depuis,
soient tenu et paracomply. Et avec ce avons deffendu
et deffendons à nostredit cousin de Bourgoingne et
aultres de nostre sang et lignage et à tous aultres
nostres subgés, qu'ilz ne fachent aucunes aliances
avec les Engles par quelconque manière, ne aussi ne
aultres quelzconques, au préjudice de nous et de ladicte paix, en enjoignant enjoingnons à iceulx et bien
expressement commandons que se dès maintenant
aucunes en avoient faictes, ilz les rendent et baillent
à ceulx à cuy ilz les ont fais et que chascun de
iceulx nous baillent lettres qu'il appartiendra. Et en
oultre avons voulu et ordonné, voulons et ordonnons
à plus grant sçeurté de la dessusdicte paix, que nostre dit cousin de Brabant, les ambassadeurs de nostre
dit cousin de Bourgoingne, les députez des III estas
du pays de Flandres dessus nommés, ou non et comme
procureurs de nostredit cousin de Bourgoingne et en
leurs noms privez, et iceulx députez ou nom et eulx
faisans fors des gens des III estas du pays de Flandres, et icelluy nostre cousin de Bourgoingne en sa
personne, nos très chiers et très amés filz et cousins
les contes de Charrolois et de Nevers, les gens des
III estas de la duchié de Bourgoingne et contés de
Flandres et d'Arthois et chascuns d'iceulx, jurent et
promettent : Est assavoir, ceulx qui chy sont présent,
en noz mains, et les absens, ès mains de noz commis
et depputez, et ce par leur foy et serment sur la croix

et saintes Ewangilles de Dieu, que bien et léalment ilz tenront et garderont sans violer et seront tenu de garder de tout leur povoir ladicte paix et toutes les aultres choses chy dessus déclarées. Et ne feront ne feront faire par eulx ou par aultres par voy dirrecte ou oblicque, appertement ou secrètement, par parolles ou escrips, ou aultrement par quelque manière que ce soit, aucune chose contre ladicte paix au préjudice d'icelle ou d'aucunes des choses dessusdictes, sur paine d'encourir en nostre indignacion et de tant qu'ilz pevent fourfaire envers nous. Et s'il advenoit, que Dieux ne vueille, que aucuns d'iceulx, fust seigneurs ou autres, fesist ou fourfesist de faire et entreprendre ou actempter aucune chose au contraire, ilz ne luy donront ayde, conseil, soulas ou faveur, de corps, finances de gens ou aultrement par quelque manière ; mais empescheront icelluy de tout leur povoir. Et lesdiz seremens et promesses, les dessusdis et chascuns d'eulx qui sur ce de par nous seront requis, sans dillacion ou difficulté aulcune bailleront leurs lettres compétentes et bonnes, séellées de leurs seaulx, lesquelles affin de bonne mémoire seront mises et gardées en nostre trésor. Et semblables sermens et promesses et sur lesdictes paines, feront nos très chiers et très amés cousins, oncle, filz et nepveulx, le cardinal de Bar, le roy de Sécille, les ducz de Berry, de Tours, d'Orléans, de Bretaigne, de Bourbon, d'Allenchon, et de Bar, les contes de Vertus, d'Eu, de Richemont, de Dreuez, connestable de France, de la Marche, de Vendosme, Grant maistre d'ostel, de Marle, le Boutiller de France, d'Erminag, de Saint-Pol, de Pontièvre, et de Tancarville, et tous les aultres de nostre sang et lignaige et aussi les gens des III estas de leurs pays. Est assavoir les présens en noz mainz, et les absens ès mains de noz commis ad ce. Et de ce bailleront leurs lettres soubz leurs seaulx, lesquelles aussi seront mises en nostre trésor affin de bonne mémoire pardurable. Et avec ce feront les dessusdiz sermens et promesses sur les paines dessusdictes devant nosdiz commis et à ce depputez, tous les prélatz, chevaliers, barons, cappitaines, baillifz, séneschaulx, prévostz et aultres officiers, tous noz fiefvez, vassaulx, bonnes villes et subgez par moyen et sans moyen, et aultres gens de tous estas, tant nobles que non nobles, et tant d'église comme séculiers, et de ce bailleront lettres soubz leurs seaulx, lesquelles semblablement seront mises et gardées en nostredit trésor. Et en oultre ce, bailleront iceulx nostre cousin de Bourgoingne et tous aultres dessus nommés de nostre sang, leurs lettres adréchans à leur subgez, fiefvez et vassaulx pour faire les sermens par la manière que dit est. Et encores, à plus grant sçeurté de ladicte paix, nosdiz cousin de Brabant, dame de Haynnau et les dessus nommez avec, feront tout leur loyal povoir pareillement de faire promettre et jurer par noz très chiers et très amés cousins le duc Guillaume de Bavière, conte de Haynnau, le duc de Lorraine, le conte de Savoye, l'évesque de Liège, le conte de Namur et aultres qui seront advisé. Et en oultre nous avons voulu et ordonné, voulons et ordonnons que se aulcuns excez ou temptacions estoient doresenavant fais contre ladicte paix, que pour ce ladicte paix ne sera aucunement rompue, mais la partie bléchié porra demander justice de tout ce qu'on lui aura meffait, et de tout ce réparacion luy sera faicte par noz officiers qu'il appartiendra par raison. Sy donnons en mandement à noz chiers et loyaulx, au connestable, au chanchellier, aux gens tenans et qui tenront nostre Parlement, aux mareschaulx, au maistre des arbalestriers, à l'admiral, prévost de Paris, à tous nos séneschaulx, baillifz, prévostz, cappitaines, maieurs, eschevins, et à tous noz aultres judiciers, officiers et subgez ou à leurs lieuxtenans et à chascun d'eulx comme à iceulx appartiendra, que ilz gardent, facent garder, maintenir et paracomplir les choses dessusdictes et chascune d'icelles sans faire ou souffrir estre fait et actempté au contraire. Que se aucun le faisoit ou s'esforchoit de le faire ou actempter, de fait, d'escript ou de parolle, ou aultrement, que on sentesist réprobacion pour l'occasion des choses passées, que iceulx, griefment, sans déport, comme perturbateurs de paix et crimineulx de lèse-magesté pugnissent tellement que ce soit exemple à tous les aultres. Et facent ces présentes publier ès lieux publicques et accoustumés à faire publicacion en leur povoir et jurisdiction, affin que nulz de ce vueille ou puist prétendre ignorance. En enjoingnant et commandant à tous que se ilz sçèvent aucun de quelque estat qu'il soit qui dye ou profère parolles en publicque ou aultrement contre l'onneur de dessusdiz de nostre sang et lignaige, die ou face aucunes choses contre ladicte paix, que ilz le dénonchent à justice à faire deue pugnicion, sur paine d'estre pugny comme seroit ledit parleur ou principal faiseur, ou de aultre grief paine selonc la exigence du cas, comme transgresseurs de noz ordonnances et commandemens. Et affin que ce soit ferme et estable perdurablement, nous avons fait mettre à ces présentes nostre séel. Donné à Paris, ou mois de février, l'an de grace mil IIIIe et XIIII, et de nostre règne le XXVe. Ainsi signées : Par le Roy et son grant conseil.

E. Mauregard.

Et comme icelle paix avoit esté criée en la ville de Paris, le fu pareillement en divers lieux du royaume de France.

(Bibl. imp. *Supp^t fr.* 93, fol. 225.)

La Complaincte du povre commun et des povres laboureurs de France.

(Addition à la page 105 du t. IV.)

Hélas! hélas! hélas! hélas.
Prelatz, princes et bons seigneurs,
Bourgeois, marchans et advocatz,
Gens de mestier, grans et mineurs,
Gens d'armes et les trois Estatz,
Qui vivez sur nous laboureurs,
Confortez nous d'aucun bon aide.
Vivre nous fault; c'est le remède.

Vivre ne pouvons plus ensemble
Longuement, se Dieu n'y pourvoye.

Mal fait qui l'aultruy tolt ou emble
Par barat, ou par faulse voye.
Perdus avons soulas et joye.
L'on nous a presques mys à fin;
Car plus n'avons, ne blé ne vin.

Vin, ne froment ne autre blé,
Pas seullement du pain d'avoine,
N'avons nostre saoul la moytié,
Une seulle foys la sepmaine.
Les jours nous passons à grand peine,
Et ne sçavons que devenir.
Chascun s'en veult de nous fuyr.

Fuyr de nous ne devez mye :
Pensez, nous vous en prions,
Et nous soubtenez nostre vie.
Car pour certain nous languissons.
Allangouris, nous nous mourrons :
Seigneur, pour Dieu, confortez nous.

Confortez nous, vous ferez bien.
Et certes vous ferez que sages.
Qui n'a charité, il n'a rien.
Pour Dieu regardez noz visages,
Qui sont si piteux et si palles,
Et noz membres riens devenir.
Pou nous povons nous soubstenir.

Soustenir ne nous povons plus
En nulle manière qui soit,

Car, quant nous allons d'hus en hus,
Chascun nous dit : Dieu vous pourvoie !
Pain, viande, ne de rien qui soit,
Ne nous tendez, n'emplus qu'aux chiens.
Hélas ! nous sommes chrestiens.

Chrestiens sommes nous voirement,
Et en Dieu sommes tous voz frères.
Si vous avez l'or et l'argent,
Ne sçavez si durera guères.
Le temps vous apprestant les bières,
Et si mourrez certainement ;
Et ne sçavez quant et comment.

Comment osez dire et pensez
Plusieurs choses que de nous dictes :
Que ce nous vient par noz péchez,
Et vous en voulez clamer quictes.
Pour Dieu, jà plus ne le dictés,
Et autrement nous confortez.
Pour ce en pitié nous regardez.

Regardez nous, et si pensez
Que sans labour ne povez vivre,
Et que tous, sus nous vous courez.
Longtemps a que chascun nous pille ;
Ne nous laissez, ne croix ne pille,
Ne rien vaillant que vous puissez ;
De quelque estat que vous soyez.

Soyez s'il vous plaist advisez,
Et que de cecy vous souviengne,

Que nous ne trouvons que gaigner,
Ne nul qui nous mette en besongne.
Chascun de vous de nous s'eslongne ;
Mais se ainsi nous laissez aller,
A tart vous en repentirez.

Repentirez vous si acertes,
Que si ainsi nous en allons,
Vous cherrez les jambes retraictes
Et au plus près de voz talons.
Sur vous tumberont les maisons,
Voz chasteaulx et voz tenemens.
Car nous sommes voz fondemens.

Voz fondemens sont enfonduz,
N'y a mais rien qui les soustiengnent.
Les murs en sont tous pourfenduz,
N'y a piller qui les retiengne.
N'y estat qui en rien se faigne
De nous mener jusques au plus bas.
Pour ce nous fault crier hélas !

Hélas ! prélatz et gens d'église,
Sur quoy nostre foy est assize,
Chiefz estes de crestienté.
Vous nous voyez nudz sans chemise,
Et nostre face si eslize,
Et tous languis de povreté.
Pour l'amour Dieu, en charité
Aux riches gens ce remonstrez,
Et que vous les admonestez
Qu'il aient pitié d'entre nous autres,

Qui pour eulx avons labouré,
Tant que tout leur est demeuré.
De noz povretez ilz sont causes,
Comme leur dirons cy en bas.
Pour ce nous fault crier hélas!

Hélas! très puissant Roy françois,
Nous penssons, si bien t'avisois
Et tu feusses bien conseillé,
Qu'aucun pou nous espargnerois.
Tu es le roy de tous les roys
Qui sont en la chrestienté.
Dieu t'a ceste grant dignité
Baillée, pour raison deffendre,
Et à diligentement entendre
Aux complaintes qui vont vers toy.
Et par ce, gárder nous pourras
De ainsi fort crier hélas!

Hélas! très noble roy de France
Le pays de vostre obéissance
Espargnez le, pour Dieu mercy.
Des laboureux ayez souvenance.
Tout avons prins en pacience
Et le prenons jusques icy.
Mais tenez vous assour, que si
Vous n'y mettez aucun remède,
Que vous n'aurez chasteau, ne ville;
Que tous seront mys à exille.
Dont jà sommes plus de cent mille,
Qui tous voulons tourner la bride.
Et vous lairrons tous esgaré;

Et pourrez cheoir en tel trespas
Qu'il vous fauldra cryer hélas[1] !

Hélas ! se serait grant douleur
Et grant pitié à regarder,
Que ung si très excellent seigneur
Cryast hélas ! Or y pensez !
Pas ne seriez le premier
Qui par deffaulte de raison faire,
D'estre piteux et débonnaire,
Aurait esté mys en exil.
Tenu estes de bon affaire,
Mais que n'ayez point de contraire,
Dieu vous garde de ce péril,
Et vous mette si au délivre
Qu'en paix puissons dessoubz vous vivre,
Dès le plus hault jusques au bas ;
Tant que plus ne cryons hélas !

Hélas ! comment ses tailles grans
Qu'avez fait, passer a quinze ans,
Par chascun an trois fois ou deux,
Et des monnoyes les tumbemens,
Et les griefs de vos sergens,
Ont bien noz vaches et noz beufz
Amoindriz, et tous noz chasteux,
Tant qu'il n'y treuvent plus que prendre.
Mais, par Jhésus le Roy des cieulx !

---

[1]. Rapprochez cette menace de celle de la fin :

« . . . . Vous voirrez par vos yeulx
Le feu bien près de vos hosteulx
Qui vous les pourroit bien bruler »

Ne sçay si vous en vallez mieulx.
Pour ce, vous prions joinctes mains
Que nous pardonnez nos complains,
Et que en hayne ne prenez pas
Si nous cryons ainsi hélas!

Hélas! pour Dieu, noz bons seigneurs,
Qui estes les grans gouverneurs
Et gouvernez tout nostre Roy,
Que nous vueillez donner secours.
Au Roy présentez noz clamours
Et vous joingnez de bonne foy
A luy faire passer l'octroy
Que tant humblement requéron,
En nostre humble supplicacion.
Noz très chiers seigneurs, vous sçavez
Que la clef du royaulme tenez
Et que trestout ne gist qu'en vous,
Et pour ce vous plaise, qu'aiez
Regard à noz grans povretez,
Et que ayez mercy de nous.
Pour Dieu, seigneurs, advisez vous,
Vous tous qui avez la puissance,
De donner bonne conséquence
Aux lettres qu'envoyons au Roy,
Et aux estatz qui sont à soy.
Et aussi pourrez en tel cas
Nous garder de crier hélas!

Hélas! ducz, marquis et contes,
Barons, chevaliers et vicontes,
Et nobles qui chasteaulx avez,

Voz ayglantiers et voz ronces,
Voz officiers avec leurs pompes,
Nous ont souvent fait espoucer
A voz murs nous faire garder,
La nuyt, à la pluye et au vent,
Trestout le corps de nous tremblant;
Puis nous mettoient voz gens asseur
Qu'avions dormy dessus les murs;
Et noz robbes nous despouilloient
Par violence rudement,
En nous mettant à grans rançons,
Frappans sur nous à grans bastons.
Puis que leur disions tout bas
Mercy pour Dieu! hélas! hélas!

Hélas! hélas! encore n'estiez
Vous pas contens se plus n'aviez
De nous, puis que estions batuz
Et que nous estions renssonnés
Affin de venir aux escuz,
Que vous avez moult souvent euz,
Disant : c'est nostre droit demaine.
Raison le vouldroit à grant peine.
Là ne sont point les fondemens
De voz terriens tenemens.
Ilz sont bien aultrement fondez,
Si vous très bien le saviez.
Mais je croy que n'y tendez pas;
Vous en pourrez bien dire hélas !

Helas! voulentiers nous teussions,
De plus parler, si nous penssions,

De vous ne de voz officiers.
Manger ilz ont noz goretons
Et noz brebis et noz moutons,
Et de noz bledz fait voz garniers.
Puis fault aux sergens leur glene,
Au portier du blé pour sa peine.
Et puis fault pour chascun vaisseau
Qui est mis dedans le chasteau,
Cinq soulz pour vostre cappitaine,
Et ung ou deux boisseaulx d'avoine.
Dont il fait souvent grant amas.
Ne luy chault, se cryons hélas!

Hélas! encore y a il plus,
Qui moult souvent le cuer nous trouble,
Quant le Roy mect une ayde sus,
Il convient que le coup nous double.
Vous nous en mettez en grand trouble.
Car il convient souventeffois
Que nous les payons par deux fois.
Et quant gens d'armes au pays viennent,
Qui bien vous servir se peinent,
Pour ce que vous les soustenez,
Noz beufz et noz vaches emmainent,
Et les tuent et les détiennent.
Et s'il est que les en gardez,
Il faut qu'aiez pour voz peines
Et de l'argent et des avoines.
Et les mettent en ung grant tas.
Nous povons bien crier hélas!

Hélas! gens d'armes et de traict,

Vous avez le forment deffaict
Et mis en consummacion.
Tourmentez nous avez de fait.
Le complaindre peu nous vauldroit
Se plus avant en dision.
Chascun sçait bien si nous menton.
Mais je croy, que veuillez ou non,
Que avant que soit longue saison
Passée, dire vous os
Que vous nous voirrez en repos,
O l'aide de voz destinées,
Et des neiges et de gelées,
Qui ont esté en mains yvers,
Maintz en cherront trestous envers
Trestous mors la gueule bayée,
Avant que l'année soit passée,
Se Dieu n'y employe sa grâce.
Ainsi luy plaise qu'il le face
Comme il fist aux Egiptiens.
Jà pieçà en l'ancien temps
Quant il les repeust de la manne
Qu'il leur fist du ciel descendre,
De Pharaon les délivra,
Ainsi que de nous il fera,
S'il luy plaist, ains Pâques fleuries,
Si vous ne menez meilleures vies.
Et puis après ne dirons pas
Que nous faciez crier hélas !

Hélas ! advocatz emparlez,
Maintes fois nous avez brouillez
Et maintenus en plaidoier.

Dont bien garder vous nous poviez,
Se la voulenté en eussiez.
Mais ce n'estoit que voz envies,
Tant que eussiez les bources garnies,
De nous mettre à nul accord;
Aincois, par voyes subtives,
Par voz ars et par voz praticques,
Nous faisiez du droit le tort.
Bien estes causes, les plusieurs,
De partie de noz douleurs,
De noz pertes et de noz gas.
Bien en pourriez crier hélas !

Hélas ! bourgois qui de noz rentes,
De noz labeurs et de noz plantes
Avez vescu au temps passé,
Vous voyez noz chières dolentes
Et les poux qui nous cheent des temples,
De langueur et de povreté,
Mains jours nous avez abuzé
Et recueilliz en vostre hostel,
Quant voz rentes vous doubloient,
Mais quant vous nous voyez en debte
Et que n'avons, ne vin ne blé,
Plus ne faictes compte de nous.
Pour ce, souvent nous faictes vous
Braire, et crier hault et bas :
Que ferons nous chétifz, hélas !

Hélas ! marchans, vous nous avez
Par maintes fois revisetez,
Et voz denrées seurvendues;

Mais quant de nous acheptiez
Vous le nous mesprisiez.
Foy est bien en vous perdue.
Vous avez loyaulté deçeue.
En vous avez commis usure,
Larrecin et parjurement.
Mais celluy qui rendra droicture
A toute humaine créature,
Vous rendra vostre payement
Par son droicturier jugement.
Et maudirez tous ces amas
Quant crier vous fauldra hélas!

Hélas! vous autres de mestiers,
Mareschaulx et cordouenniers,
Et les tanneux de peaux velues,
Vous nous avez esté moult chiers.
Vos parolles nous ont deçeues.
Pis nous avez faict que usuriers,
Car, pour néant, par chascun jour,
Vous avez eu nostre labour,
Marchant avant la cueillecte.
Bien en pourrez avoir mal tour,
Si n'en faictes aulcun retour
Avant que jugement s'y mette.
Alors saison ne sera pas
Que vous faulsist crier hélas!

Hélas! vous sçavez tous comment
Nous perdismes nostre froment,
Que entan nous semasmes ès terres,
Pour la gelée dure et grant

Qui les mist à confondement.
Et puis vous sçavez tous quelz guerres,
Quelz meschiefs, et quelles rappines
Nous feirent toutes ses vermines
Qui vindrent aux saisons nouvelles.
N'y demoura, ne pois ne febves,
Dont ne tatassent des premiers
Ratz et souris, et verminiers;
Et les espiz en emportoient,
Des blez qui demourez estoient.
Et par moult diverses manières
Ils les mettoient en leurs tesnières
Et en firent de grans amas
Dont maint en ont crié hélas!

Hélas! avons cryé assez
Pour Dieu que vous nous pardonnez,
Et que vous pensez en vous mesmes
Si nous vous disons vérité.
Tout nostre fait veoir vous povez
Ainsi que nous faisons nous mesmes.
Courroux, mal talent et ataines,
Nous regardent tous chascun heure.
Beuf, ne pourceau ne nous demeure,
Ne brebis, ne noz povres vaches,
De quoy faisions noz laitages,
Qui nostre vie soubstenoit,
Et de la fain nous guarissoit.
Mais la mort et le divers temps
Les a fait demourer ès champs,
Et mortes les trouvons par les teltz.
C'est ce que bien, souventes foys,

Quant voyons advenir telz cas,
Qui nous fait fort cryer hélas!

Hélas! sans plus vous dire hélas!
Comment pevent penser créatures,
Qui bien advisent noz figures.
Et ont sens et entendement,
Et nous voyent nudz par les rues,
Aux gelées et aux froidures,
Nostre povre vie quérant,
Car nous n'avons plus rien vaillant,
Comme aucuns vueillent lengagez.
Ilz s'en sont très mal informez.
Car s'ilz pensoient bien en Rodiguez[1],
Et Escoçois en leurs complisses,
Et ès yvers qui sont passez[2],
Et autres voyes fort oblicques
Dont tous estatz nous sont relicques
Comme chascun nous a plusmé.
Ilz seroient bien héréticques
S'ilz pensoient bien en leurs vies,
Qu'il nous feust rien demouré.
Telz langaiges ne sont que gas :
Si nous taisons de dire hélas!

O très saincte mère l'Eglise,
Et vous très noble roy de France,
Conseilliers, qui à vostre guise

---

1. Allusion au fameux routier Rodrigo de Villandrado.
2. Ceci peut s'appliquer surtout à l'année 1409, qu'on appela l'année du grand hiver. (Voyez notre tome I, page 165.)

Mettez tout le pays en ballence,
Advocatz de belle loquence,
Bourgeois, marchans, gens de mestiez,
Gens d'armes, qui tout exillez,
Pour Dieu et pour sa doulce Mère,
A chascun de vous endroit soy,
Vous plaise penser aucun poy
En ceste complaincte amère,
Et si vous, bien y advisez,
Nous cuidons que appercevrez
Et que vous voirrez par voz yeulx,
Le feu bien près de voz hosteulx,

Qui les vous pourroit bien brusler,
Si garde de près n'y prenez.
Désormais, si nous nous taisons,
Autres lettres vous envoyrons
Closes ; dedans veoir vous pourrez
Noz faites et noz conclusions,
Et les fins à quoy nous tendons.
S'il vous plaist vous les ouvrerez,
Noz requestes vous conclurez,
Et Dieu du tout ordonnera
A la fin, ou quant luy plaira.
Mais Dieu vous y doint si bien faire
Que acquérir vous puissiez sa gloyre,
Et qu'en ce ayez telz regars
Que plus ne vous crions hélas !

  Amen par sa grâce.

(*Chronique de Monstrelet*. Édit. de Vérard (sans date), t. I, feuillet 296).

EXTRAIT D'UNE CHRONIQUE ANONYME

POUR LE RÈGNE

DE CHARLES VI

1400 — 1422

AVERTISSEMENT.

Le morceau suivant est tiré d'une chronique universelle abrégée, commençant à la création du monde et s'arrêtant à l'année 1431. C'est un volume in-4· pap. de 511 feuillets, d'une écriture cursive de la première moitié du quinzième siècle. Il appartient à la Bibliothèque impériale où il est conservé sous la cote *Cordeliers* 16. Les récits de cette chronique se développent à partir du règne de Philippe de Valois ; elle donne alors, principalement pour ce qui regarde la Flandre et le Hainaut, des détails qu'on ne trouve pas ailleurs. Nous en extrayons tout ce qui se rapporte à la partie du règne de Charles VI, embrassée par Monstrelet dans son premier livre, c'est-à-dire l'espace compris entre les années 1400 et 1422 (ce qui comprend les folios 328 à 430 du manuscrit en question). L'auteur, qui nous est inconnu, se montre en plusieurs endroits Bourguignon assez passionné ;

quant à sa diction, que nous reproduisons scrupuleusement, elle est picarde. Ainsi qu'on va le voir, notre manuscrit n'a rien pour les années 1401 et 1402.

L'AN MIL IIIIe.

Fu la fille au roy de France renvoyé d'Engleterre en France, laquelle fu depuis mariée à l'aisné filz du duc d'Orléans, qui estoit son cousin germain, et en eubt ung enffant qui gaires ne vesquy, et ossy ne fist elle depuis que elle l'ot porté. Et fu commune renommée que elle n'eubt oncques parfaicte joye depuis son retour d'Engleterre.

L'AN MIL IIIIe III.

Le XXVIIe jour d'avril moru le duc Phelippe de Bourgogne en la ville de Hal. Lequel duc fu en son tamps tenu pour l'un des sages princes de France, et par son sens il tint grant tamps le royaume en paix, combien que le duc d'Orléans luy fist mainte paine et voloit tousjours estre le maistre. Mais ledit de Bourgogne l'en garda bien, tant par le sens de luy, comme par sa puissance, laquelle il luy moustra pluiseurs fois en son tamps, tant en la ville de Paris, où ils firent de grandes assamblées, comme ailleurs, mais oncques horion n'en fu donné. Après laquelle mort, vesqui la contesse Marguerite sa femme, environ ung an et non plus. Lesquelx trespassés laissèrent six de leurs enffans vivans, c'est assavoir troix filz et troix filles. L'aisné des filz fu Johan, conte de Nevers, lequel fu duc de Bourgongne, conte de Flandres, d'Artoix et de Bourgongne, Palatin, seigneur de Salins et de Malines, deux foix per et doien des pers de France. Le second fu Anthoine, qui fu duc de Brabant et de Lembourc et seigneur d'Anvers. Et le tierch, fu Phelippe, auquel ses frères donnèrent les contés de Nevers et de Retheloix. Et les trois filles estoient mariées, l'une au duc d'Osteriche, et la seconde au conte de Savoie, et la tierche, au conte de Haynau. Et fu ledit duc Phelippe de Bourgongne menez et enterrez aux Chartroux emprès Digon, lesquelx Chartroux il avoit en son temps fondés ; et y fist faire une moult noble église et grande. Et la duchesse, s'espeuse, fu enterrée à Saint-Pierre de Lille, emprès le conte Loys, son père.

L'AN MIL IIIIe V.

Fu mis le siége devant le chastel de Merk emprès Calaix, par le conte de Saint-Pol. Et au moix de may fu ledit conte combatu des Engloix, et furent toutes ses gens pris et desconffis, et y fut la desconffiture moult grande des gens de Picardie. Mais ledit conte s'en fuy et saulva hors de la bataille, bien hastivement, et laissa ses gens prendre et tuer en icelle. Et y furent pluiseurs grans engiens perdus et menez en Engleterre.

En cel an, par le commandement et ordonnance du duc Loys d'Orléans fu secrètement menez hors de Paris Loys, ainsné filz du roy de France, lequel estoit duc de Guyenne et daulphin de Viennoix, et avoit espousée l'ainsnée fille du duc Johan de Bourgongne. Et estoient conduiseurs dudit duc de Guyenne, Loys, duc de Bavière, frère de la royne et oncle dudit enffant, et Édouart de Bar, marquis du Pont, filz au duc de Bar. Et estoit ledit enffant menez en ung chariot couvert, et ceulx qui le menoient tous en armez. Car il savoient le duc de Bourgongne estre sur les camps à grant puissance pour venir à Paris.

Quant le duc de Bourgongne sçeult celle emprise et ce département, il fu en moult grant doubtance. Car il savoit bien la mauvaise volenté du duc d'Orléans, qui tousjours croissoit de mal en pis en toutes manières, tousjours tendant à la couronne de France. Il, meu de loiaulté et preudommie, chevaulça à force et course de chevaulx après ledit duc de Guyenne son beau-filz, et passa parmy Paris sans repaistre. Et se hasta tant de chevaulchier que il le ractaint ainchois que il venist à Meleun, où on le menoit pour celle nuit. Et pour ce que il estoit bien près de ladicte ville, ossy tost que il eubt ractaint le chariot auquel il estoit, il meismes sacqua une espée et trencha les trais de ce chariot, et puis rebouta sadicte espée, et alla parler audit duc de Guyenne. Et après ce que il l'eubt salué, il lui demanda où on le menoit ; et il respondy que il ne savoit. Et lors lui demanda ledit duc de Bourgogne se il volloit point retourner à Paris, et il, lui respondy que ouil. Adonc fist le duc de Bourgogne remectre à point les trais dudit chariot, et fist retourner son beau-filz à Paris. Dont ceulx qui le conduisoient n'osèrent faire samblant. Car le duc de Bourgogne estoit en armez aussi bien que ilz estoient, et si estoit le mieulx acompaignié, et tousjours luy venoient gens qui le sievoient de tire, dont sa force croissoit tousjours. Et par ainsi remena l'enffant à Paris. Dont tout le peuple fu moult joieulx, car il avoient grant paour et doubtance d'iceluy enfant.

De ce retour fu le duc d'Orléans moult dolant en son corage; et commencha la haynne moult grande entre luy et le duc de Bourgogne. Et firent assamblées de gens d'armes l'un contre l'autre. Ne oncques puis, quelque traictié qui s'en feist, bonne amour ne reigna entre eulx deux. Dont il vint depuis moult de maulx en France. Et commenchèrent lors à faire bandes l'un contre l'autre. Mais toutesfoix fu la paix faicte pour ceste foix, mais elle ne dura gaires.

L'AN MIL IIII^c VI.

Le XXVIe jour de juing fu le grand éclipse de soleil. Et en cel an alla le duc d'Orléans au pays de Guyenne pour faire guerre aux Engloix. Mais il s'en retourna sans rien faire.

En cel an meisme, fist le duc de Bourgogne une grande et noble assamblée de gens d'armes environ Saint-Omer, et fist carpenter grant foison d'engiens et habillemens de guerre pour asségier la ville de Calaix. Et furent tous ordonnez, et banyères desployez, pour aller mectre ledit siege. Et estoient les processions faictes par les bonnes-villes de Piccardie et de Flandres. Mais par mandement très-espécial du roy de France il covint laissier ladicte emprise. Et fu commune renommée que le duc d'Orléans fu cause de ladicte deffence. Dont le duc de Bourgongne fu très-dolant; et recommença la guerre et la haynne plus grande que oncques mais. Et retourna ledit duc de Bourgogne à Paris, avoec luy ses deux frères, lesquelx y menoient très grand puissance de gens. Et y fu l'évesque de Liége, à belle compaignie, lequel évesque estoit frère au conte de Haynau et à la femme du duc de Bourgongne. Et furent ung jour en armez et en cottes d'armes dedens la ville de Paris pour aller combattre ledit duc d'Orléans, qui estoit au Bois de Vissaine, et que on disoit venir à Paris. Mais par le moien du roy Loys et des ducqz de Berry et de Bourbon, la chose fut appaisié et ne partirent point de Paris. Dont le duc de Bourgongne fu moult dolant. Car il savoit certainement que ledit duc d'Orléans ne çachoit que à luy destruire et faire morir.

L'AN MIL IIIIe VII.

Le jour de Saint-Clément, XXIIIe jour de novembre, après soupper, fu le duc d'Orléans occis et tué par Rollet d'Octonville et ses complices en la ville de Paris, et fut laissiés tout mort enmy la rue par le commandement du duc de Bourgongne, lequel advoa depuis ledit Rollet et sesdis complices de tout le fait entièrement. Et fist depuis déclairer les causes pour quoy il l'avoit fait morir, en la présence de plusieurs princes et seigneurs de France. Et après la mort dudit duc d'Orléans, et l'enterrement d'icelui, qui fu en l'église des Célestins audit lieu de Paris, ledit de Bourgongne se party hastivement de Paris et s'en retourna en Flandres pour les périls eschiever, car les alliiez dudit duc d'Orléans estoient en grand nombre et en grande puissance audit lieu de Paris. Et fu icelui duc de Bourgongne à l'enterrement dudit duc d'Orléans et mena le deuil avec plusieurs autres princes de son sang. Dont plusieurs maintinrent que il fu mal conseillié

De celle mort fut le commun peuple moult joieulx, car ledit duc d'Orléans leur faisoit souffrir moult de maux par les grandes tailles et aides que il faisoit souvent ceuillir et mectre sus, el nom du Roy, et tout retournoit à son seul et singulier plaisir et pourfit. Et en faisoit forteresses et chasteaux, et en soustenoit houriers, couratiers et gens de meschante vie, comme danssours, flateurs et gens de nient. Et aussi en maintenoit ses grans estas et ses ribaudies. Car il n'estoit si grande que il ne volsist dechevoir, et en deshonnoura mainte. Dont ce fut pitez; desquelles je me passe legièrement.

En cel an, environ la Chandeiller, furent envoyez de par le roy de France et son Conseil, en la ville d'Amiens, le roi de Sézille, son cousin germain, et le duc de Berry, son oncle, pour parlementer au duc de Bourgongne, lequel, moult grandement acompaignié de chevaliers et escuiers, alla audit lieu d'Amiens à la journée sur ce assignée, et y trouva son oncle et son cousin dessus nommés, avoec lesquelx il tint conseil, et parlementa tant, que par iceulx fu conclud que à certain jour après ensievant, icelui duc de Bourgogne yroit à Paris pour faire propposer les causes et tout ce qui l'avoit meu pour quoy il avoit fait occire le duc d'Orléans, frère du roy de France, et son proppre cousin germain. Et après ceste conclusion par eulx prinse, s'en retournèrent les seigneurs dessus nommez à Paris, et le duc de Bourgongne en Artoix et en Flandres, où il fist son mandement moult grant pour avoir ses chevaliers et escuiers en grant puissance pour aller à Paris au mois de march ensievant.

Au mois de march, party le duc de Bourgongne de ses pais de Flandres et d'Artoix, et s'en alla à Paris noblement et grandement accompaignié. Et lui arrivé audit lieu, se loga en son hostel d'Artoix et ses gens tout entour de luy. Et fist barrer les rues d'entour son hostel affin qu'il ne fust souspris en sondit hostel. Et en l'hostel du roy de France à Saint-Pol, fist ledit de Bourgongne proposer par maistre Jehan Petit, docteur en théologie, la juste et bonne intencion qu'il avait eu à faire occire le duc d'Orléans. Et fu faicte ladicte proposicion en la présence du duc Loys de Guyenne, ainsné fils du Roy de France, du roy Loys de Sézille, du cardinal de Bar, fils au duc de Bar, des ducqs de Berry, de Bretaigne, de Bar et de Lorraine, et de pluiseurs autres princes, barons, prélats, clercs et docteurs de l'Université de Paris, et d'autres manières de gens de tous estats. Et dura celle proposicion bien quatre heures ou environ. Après laquelle proposicion s'en retourna le duc de Bourgogne en sesdis pais d'Artoix et de Flandres, esquelx il séjourna jusques après aoust, mais ainchois que il partesist dudit lieu de Paris, il eubt sa paix au Roy par lectres séellées de son grand seel. Desquelles la teneur s'ensieut.

Coppie des lectres du roy Charles de France sur le fait du pardon de la mort du duc d'Orléans.

Charles, par la grace de Dieu roy de France, à tous ceux qui ces lectres verront, salut. Comme après le cas advenu de la mort nostre très chier et très-amé frère le duc d'Orléans, que Dieu absoille, nostre très chier et très amé cousin le duc de Bourgogne, doubtant que par le rapport d'aucuns ses malvueillans nous euissons prins aucune desplaisance de à l'encontre de luy pour occasion dudit cas, nous eubt fait supplier qu'il nous pleust oir en nostre personne, se faire se povoit, ou commectre aucuns prochains de notre sang à oir ses justificacions pour ledit cas, et ad ce faire, pour aucuns empeschemens que nous aviens, eussiens commis nostre très cher et très amé fil ainsné le duc de Guienne, Daufin de Vienne, et noz très chiers et très amez cousins et oncles le roy de Jhérusalem et de Séille, et le duc de Berry, en la présence desquelx, pour ce assamblez en notre hostel de Saint-Pol à Paris, appelez et estant devers eulx pluseurs autres de nostre sang et grant nombre de gens, tant de nostre Grant Conseil comme de nostre Parlement et de nostre Chambre des Comptes, et grant multitude de gens tant nobles comme autres, tant de nostre aisnée fille l'Université de l'estude de nostre dicte ville de Paris, comme des bourgeois et autres d'icelle ville. Et d'ailleurs nostre dit cousin de Bourgongne ait fait dire et proposer publicquement pluiseurs cas touchans sesdictes justificacions, en réservant aucuns à dire en temps et en lieu. Et entre les autres ait fait dire et proposer, qu'il est, par le gré Notre Seigneur, extrait de notre sang et nacion de France, et si prochain de nostre lignage comme nostre cousin germain en ligne masle, c'est assavoir fils de feu nostre très-cher et très-amé oncle le duc de Bourgoingne, que Dieu pardoinst, qui tout son vivant ama si loiaument nous, nostre généracion, nostre royaume et aliance. Nous pour les mariages de nostredit fils de Ghienne et nostre très cher et très-amé fille la duchesse de Ghienne, fille ainsnée de nostredit cousin de Bourgoingne, et de nostre très chière et très amée fille, Michielle de France à nostre très-chier et très-amé fil, le conte de Charoloix, fil seul héritier de icelui nostre cousin, et que il a et tient en nostre royaume si belles et notables seignouries comme la duché de Bourgongne, la conté de Flandres et la conté d'Artoix; est per de France et doyen des pers, nostre homme liege et vassal, et à ces causes il est tenu de entendre en toutes manières à lui possibles à la préservacion et conservation de nostre personne, de nostre lignée, et à l'onneur et bien de nostre royaume. Et pour ce qu'il avoit percheu et apperchevoit et estoit plainement acartainé et informé, si comme il fist dire et proposer, que nostredit frère avoit machiné et machinoit de jour en jour à la mort et expiracion de nous et de nostre géneracion, et tendoit par pluiseurs voies et moiens à parvenir à la couronne et seignourie de nostredit royaume, il, pour la seureté et préservacion de nous et de nostredite lignée, pour le bien et utilité de nostredit royaume, et pour garder envers nous la foy et loiaulté en quoy il nous est tenus, avoit fait mectre hors de ce monde nostredit frère. En nous suppliant que, se par le rapport d'aucuns de ses malvueillans ou autrement nous avons prins aucune desplaisance contre luy pour la cause dudit cas advenu en la personne de nostredit frère, nous, considérées lesdictes causes pour lesquelles il avoit fait faire et vaulsissons oster de nostre corage toute desplaisance que par ledit rapport ou autrement porions avoir eu au regard de luy pour occasion dudit cas, et le avoir et tenir en nostre et singulière amour comme nous faisions par avant. Et aussi ordonner que il et ses successeurs soient et demeurent paisibles dudit fait et de tout ce qui s'en est ensievy. Et depuis encores nostredit cousin le duc de Bourgongne nous ait fait faire en sa présence samblable requeste et supplicacion tendans à ceste fin, présens ad ce nostredit ainsné fils, nosdis cousins et oncles et pluiseurs autres de nostredit sang et de nostredit conseil et autres pluiseurs. Savoir faisons que nous, considéré la ferme et loial amour et bonne affection que nostredit cousin a eu et a à nous et nostredicte lignée, et espérons qu'il aura toujours ou tamps advenir, avons osté et ostons de nostre corage toute desplaisance que pour le rapport d'aucuns mal vueillans de nostredit cousin ou autrement porions avoir eu envers luy pour occasion de choses dessusdictes. Et voullons que iceluy, nostre cousin de Bourgongne, soit et demeure en nostre singulière amour comme il estoit par avant. Et en oultre, de nostre certaine science voulons et nous plaist par ces présentes que nostredit cousin de Bourgongne, ses hoirs et successeurs soient et demeurent paisibles envers nous et nos successeurs dudit fait et cas et de tout ce qui s'en est ensievy sans que par nous, nosdis successeurs, nos gens et officiers ou les gens et officiers d'iceulx noz successeurs, pour cause de ce leur soit donné ou puissist leur être donné mal ne aucun empeschement, hores ne pour le tamps advenir. En tesmoing de ce nous avons fait mettre notre séel à ces présentes lectres données à Paris le IXe jour de mars, l'an de grace mil IIII^c et VII, le XXVIIIe de nostre règne. Ainsi signé : Par le Roy, présens le roy de Sézille, messeigneurs les ducqs de

Ghienne, de Berry, de Bretaingne et de Lorraine, et les contes de Mortaing, de Nevers et de Vaudemont, messire Jacque de Bourbon, l'archevesque de Sens, l'évesque de Poictiers, le conte de Tancarville et le Grant maistre d'ostel, le sire d'Armont, le sire de Divery, le sire de Dampiere, le Galoix d'Aunoy et pluiseurs autres, etc.

L'AN MIL IIIIe VII (bis).

En cel an fu moult grant yver de gellées et de nesges, lesquelles durèrent plus de trois mois entiers, et au dégeller furent les yauues si grandes que les pons en pluiseurs lieux, tant à Paris comme ailleurs, furent rompus et emportés par la raideur des grans glachons qui estoient fort et espès, et ossy de l'yauue qui estoit si grande que en pluiseurs villes les gens furent asségiés en haultes loges, qui ne s'en osèrent partir jusques à ce que les yauues furent du tout escoulées et passées ; et en furent pluiseurs maisons emportées parmy les rivières.

L'AN MIL IIIIe VIII.

Se rebellèrent ceulx du pais de Liége contre Jehan de Bavière, leur seigneur et évesque, frère au conte de Haynau, et le cachèrent hors dudit pais de Liége, et esleurent et prirent ung aultre évesque qui estoit fils au seigneur de Perves, et le mirent de fait et de puissance en la seignorie et possession dudit pais. Et assamblèrent grant puissance de gens de communes d'iceluy pais, et allèrent asségier la ville de Trect, en laquelle s'estoit retrais ledit Jehan de Bavière. Et avoient avoec eulx le seigneur de Pervez et ses enffans, lesquelx furent leurs cappitaines.

En ce tamps se party du pais de Liége le seigneur de Hainsberghe, et s'en alla devers le conté de Haynau pour avoir secours pour ledit Jehan de Bavière, son frère, mectre hors du péril où il estoit. Et pareillement s'en alla en Flandre devers le duc de Bourgongne pour requérir ledit secours. Lesquelx deux princes lui promisrent de assambler leurs gens et de aler faire lever ledit siége. Et incontinent firent leur mandement par tons leurs pais, en

Bourgongne, Flandres, Artoix, Haynau, Hollande, Zeelande et Namur. Desquelx pais arriva moult grant chevallerie; et se trouvèrent ensamble au moix de septembre les seigneurs, barons, chevaliers et escuiers cy-après nommez. Et ledit mandement durant, envoyèrent iceulx princes, aucuns chevaliers et cappitaines pour entrer audit pais, et y conquerirent deux ou trois places, ainchois que les chevaliers et barons de Bourgongne et de Savoie fussent arrivez.

Ce sont les noms des seigneurs estans en la compaignie du duc de Bourgongne au voiage de Liège.

Les contes de Maire, de Flermont et de Fribourg, messire Pierre de Navarre, messire Anthoine de Craon, le prince d'Orange, seigneur de Châlon, le seigneur de Vregey, mareschal de Bourgongne, Philippe de Harcourt, le seigneur de Saint-George, Regnier Polt, les seigneurs d'Espaigne, d'Ancre, de la Bame et de Rougemont, George de la Trimouille, le seigneur de Courcelles, Jacques de Courtramblé, Guillaume de Champdivers, Anthoine de Thoulongon, Jacques de Vienne, Guillaume de Tignonville, Gauchier de Ruppes, Guy de Pontaillier, le seigneur de Chasteauvillain, les seigneurs du Sorbon, de Dio, de Rey, de Touches, de la Ferrée, de Pompet, de Eru, de Oiselet, de Cottebrune, de Raon, de Laguice et de Jacleville, Henry et Pierre de Bauffremont, Jehan d'Aunay et Guichart Dauffin, tous chevaliers de Bourgongne et de Savoie en la plus grant partie. Les seigneurs de Croy, de Helly, de Waurin, de la Viesville, de Nuefville, de Beaufort, d'Incy, de Sampy, de Longueval, de Noyelle que on dist le Blanc chevalier, de Dours, de Raisse, de Genly, de Bours, de Beauvoir, de Miraumont, de Saint-Légier, de Mauminez, de Herbaumez, de Landas et de Roisimbos, tous chevaliers de Picardie, et Enguerran de Bournonville, escuier dudit pais de Picardie. Messires Jehan de Ghistelle et Loys, son frère, Rollant de Uutkerke, Jehan de Bailloël, le seigneur de Roubaix, Robert et Victor de Flandres, bastars du conte Loys de Flandres, tous chevaliers de la conté de Flandres. Et si y viendront Jehan de Roye, Andrieu de Humières, Jehan de Harcourt, le chastelain de Lens, Aubert de Canny, Guillaume de Bonnyères, Jehan de Nielles, seigneur d'Alleham, et autres seigneurs tant d'un pais comme d'autre.

Cy après sont les noms des seigneurs estans en la compaignie du conte de Haynau.

Le conte de Namur, avoec luy messire Jehan de Namur, son frère, et pluiseurs chevaliers et escuiers dudit païs de Namur, le séneschal de Haynau, les seigneurs d'Enghien, de la Hamedde, de Lallaing, de Boussut, de Quesnoit, de Lingne, de Floyon et de Hamsberghe, messire Jehan de Jeumont, Robert le Roux et pluiseurs autres.

Quant le seigneur de Pervez et les Liégois oïrent les nouvelles de la venure des seigneurs dessusdis, ils se partirent de leur siége et s'en allèrent à Liége, où ils se raffreschirent une nuit, et lendemain en partirent et allèrent au devant de leurs anemis. Et quant ils les perchurent, ils se hastèrent de assambler à eux, car ils savoient bien que le duc de Brabant et le conte de Nevers venoient à grand puissance en l'aide desdis seigneurs de Bourgongne et de Haynaut. Et pour ce se hastèrent-ils de asseir leurs trébus et canons, et de commenchier la bataille. Et estoient plus de trente mille hommes. Et quant les princes dessusnommez virent leur ordonnance, ils deschendirent à piet, excepté qu'ils ordonnèrent une bataille de gens de cheval pour aller par derrière frapper en la bataille des Liégois. Desquelx, de cheval furent cappitaines, le seigneur de Heilly et Enguerran de Bournonville. Et fut icelle ordonnance et bataille le vingt-troisième jour du moix de septembre.

Ledit jour à heure de tierce se mirent ensamble les deux parties dessusdictes, et à l'assambler commenchèrent Liégois à traire leurs canons et trébus. Mais ils les avoient si hault assis que ils passèrent par-dessus la bataille de leurs anemis, et ne firent gaires de maulx. Et après le trait desdis canons, assamblèrent les deux batailles l'une contre l'autre et commenchèrent à combattre main à main. Là y eult grant estequis et grande occision, et se frappèrent Bourguignons, Flamens, Piccars et Hennuyers ès Liégois, moult raddement. Et ils se deffendirent au mieulx que ils porrent de leurs planchons à longues pointes. Et ainsi que la bataille estoit en ce point, frappèrent ceulx de cheval ès Liégois par derrière, par tel manière que ils furent incontinent desconffis. Car ils ne se donnoient garde d'iceulx, lesquelx leur firent moult de maux et les desrontèrent tous, par quoy ils furent tous mors et desconfis. Là furent tuez le seigneur de Pervez et ses enffans, c'est assavoir le nouvel évesque et ung aultre, et bien vingt-huit mille Liégois. Et en échappa bien pau, que tous ne fussent mors en la place.

Lendemain de celle bataille arrivèrent en l'ost des princes dessusnommez, le duc de Brabant et le conte de Nevers, lesquelx amenerent moult belle compaignie de gens d'armes, et furent moult dolans de ce que ils ne vindrent devant ladicte journée. Et tantost après leur venure, se vindrent rendre en l'obéissance de Jehan de Bavière et des seigneurs dessusnommez, pluiseurs bonnes villes dudit pais de Liége. Et en fin tout le pais se rendi à eulx, et on les rechupt à mercy moiennant ce que ils promisrent de tenir toute l'ordonnance desdis seigneurs entièrement, et de ce baillerent ostages de chascune bonne ville et par espécial de la ville de Liége, et furent envoyés en pluiseurs bonnes villes en Picardie et en Haynau. Et fu journée assignée aux députez dudit pais de aller à Lille pour oir la sentence et ordonnance d'iceulx seigneurs.

Ainsi que les princes dessusdis entendirent à la reddicion de ceulx du pais de Liége, arriva en leur compaignie Jehan de Bavière, évesque dudit pays, à très belle et nette compaignie de gens. Lequel évesque fut très joieusement receuz d'iceulx seigneurs, et baisèrent l'un l'autre par fraternelle amour, et puis les mercia ledit de Bavière de leur bon et brief secours qu'ilz lui avoient fait.

Après ces choses ainsi faictes, fu commis messire Jehan de Jeumont de aller en la ville de Liège et autres avoec luy, et de faire faire justice de tous ceulx qui seroient trouvez couppables de la traison et rebellion dessusdicte. Là furent pluiseurs hatriaux coppés et pluiseurs gens noyez, tant hommes comme femmes. Et entre les autres y fu le demoisel de Rochefort décolez.

A la journée mise et assignée de estre à Lille, arrivèrent les princes dessusnommez d'une part, et les députés et communs pais de Liége, d'aultre. Et là fu la sentence donnée en l'ostel du duc de Bourgoigne audit lieu de Lille, nommé La Salle, par la bouche de messire Jehan de Noelles, seigneur d'Ollehain. Et furent les Liégois condempnez de perdre tous leurs prévilléges et ossy toutes franchises de bannières de mestiers, et autres ossy. Et aussi furent condempnez à abatre pluiseurs portes de bonnes villes et les murs d'entour et de remplir les fossez d'icelles villes. Et en oultre furent condempnez en très grand somme d'avoir, au pourfit desdiz seigneurs de Bourgoigne et de Hainau. Et fu la sentence tèle, que les ostagiers demouroient ès mains desdiz seigneurs jusques à l'acomplissement de toutes ces choses et autres déclarées en ladicte sentence. Et ainsi fu fait.

En cel an, le vesve de feu le duc d'Orléans, fille au duc Galliace de Melan, et les enffans que elle avoit dudit feu duc d'Orléans, qui estoient troix, c'est assavoir le duc d'Orléans, le conte de Vertus et le conte d'Angoulesme, firent faire à Paris pluiseurs proposicions et escriptures, présent le grant conseil du Roy, à l'encontre du duc de Bourgoigne à cause de la mort dudit feu duc d'Orléans. Et icelui de Bourgoigne en fist faire pluiseurs à l'encontre d'eulx et de leursdictes escriptures, répondans et trouvans justifficacions à l'encontre d'icelles et condempnans tous leurs poins et articles. Et passa celle année par ces moyens fais en manière de procès sans plus avant procéder en fait de guerre de l'un costé ne de l'autre, jusques au moix de march avant Pasques. Et fu ladicte ducesse, vesve dudit duc d'Orléans, en celle saison à Paris, et puis s'en retourna en la duchié d'Orléans, où elle trespassa environ ung an après.

En cel an meismes, au moix de march, en la ville et en l'église de Nostre-Dame de Chartres, en la présence des roix de France, de Sézille et de Navarre, de la royne de France, du duc de Ghienne, Daulphin de Viennoix, des ducqs de Berry, de Bourbon, du cardinal de Bar, duc de Bavière, des contes d'Alenchon et de Cleremont, La Marche, Mortain, Saint-Pol, le conte Daulphin, Vaudemont, Roussi, Conversant et de pluiseurs autres seigneurs du sang royal, fu faicte, accordée et jurée bonne paix et concorde entre le duc de Bourgoigne ilec présent d'une part, et le duc d'Orléans aussi présent, soy faisans fort de sa mère et du conte de Vertus aussi présent, du conte d'Angoulesme non présens, d'autre part. Et dist le duc de Bourgoigne, en la présence des roix et princes dessusnommez, les parolles a lui ordonnées à dire sur ce, en adréchant icelles principalment au roy de France et audit duc d'Orléans, en requérant pardon sur le fait de ladicte mort. Lequel lui fu octroyé par iceulx. Et fu le serment solempnellement fait de tous lesdiz seigneurs, de icelle paix entretenir sans jamais aler à l'encontre. Et estoit à ce jour gardant la place seure, le conte de Hainau, à ce commis et ordonné de par le roy de France, à tout II^c lances, affin que se aucuns d'une partie ou d'aultre se feust avanchiés de faire aucune emprise contre ladicte paix, icellui conte fust allez alencontre, luy et ses gens, et se fust tenus de la partie aiant le droit. Et incontinent après ladicte paix jurée, se party le duc de Bourgoigne dudit lieu de Chartres, à toute sa compaignie, sans séjourner.

L'AN MIL IIII^c IX.

Par jugement du grant conseil du roy de France, fu Montagu, grant-maistre d'ostel d'iceluy roy, décolés et exécutés ès halles de Paris, la teste mise sur le bout d'une lance esdites halles et le corps pendu par les espaulles au hault estage de Montfaucon, pour pluiseurs criesmes et malifices à lui imposés, tant de la maladie du roy, et autres. Et estoit lors prévost de Paris messire Pierre des Essars. Et estoient à ce tamps dedens Paris, le roy de Navare, les ducqs de Berry, de Bourgoigne et de Bourbon, et aultres.

De celle mort fu le duc d'Orléans moult courouchiés, et ossy furent ceulx de son aliance, et par espécial le duc de Berry. Et ne demoura mie longuement que il ne monstrassent leurs corages et que il ne comenchassent la guerre. Et lors estoient à Paris le roy de Navare et le duc de Bourgoigne, qui gouvernoient le Roy et les grandes besoignes de son royaume. Dont les autres seigneurs avoient grande envie, et firent alliance les pluiseurs contre ledit duc de Bourgoigne pour le, du tout, débouter dudit gouvernement de France.

En ces alliances qui furent faictes à Gyen-sur-Loirre, auquel lieu furent tous les princes contraires audit duc de Bourgoigne.

L'AN MIL IIII^c X.

Les ducqs d'Orléans et de Berry assamblèrent grans gens en leurs païs pour venir à Paris en armes et à puissance. Et le duc de Bourgoigne, quant il le seult, manda ses deux frères et pluiseurs seigneurs et chevaliers de ses païs pour venir devers luy audit lieu de Paris, pour lui forteffier contre l'emprise d'iceulx ducqs de Berry et d'Orléans. Et si manda le duc de Lorraine, le conte de Savoie et le conte de Saint-Pol et aultres, pour avoir advis et consseil sur ladicte entreprise. Et estoit à ce tamps le roy de France logiés au Palais, avec lui le roy de Navare et le duc de Bourgoigne, le cardinal de Bar et messire Pierre de Navare. Et se si logèrent le duc de Brabant, le conte de Nevers et le conte de Saint-Pol, quant ilz furent venus. Et ossy firent pluiseurs seigneurs de leur alliance. Et mirent garnison de gens d'armes à Saint-Germain-des-Prés, dont messire Rolland de Hutkerke fu cappitaine. Et adonc estoient les Brabanchons logiés à Saint-Denis.

Quant les ducqs de Berry et d'Orléans furent partis de leurs païs et que ilz eubrent leur puissance assamblée, ilz arrivèrent tout droit à Viccestre, ung bel hostel à manière de forteresse estant bien près de Paris appartenant au duc de Berry, et là se logèrent et leurs gens, à l'environ. Et y furent environ III sepmaines. Et cependant furent pluiseurs ambaxadeurs envoyez audit lieu de Vicestre de par les princes estans à Paris, et ossy dudit lieu de Wiccestre à Paris de par les princes estans audit Wicestre. Et tant que il fut en fin par eulx conclud et accordé pour oster tous débas et motifs de guerre, que chascuns des seigneurs du sang roial s'en retourneroit en son païs sans avoir quelque gouvernement en France, et ne demourroit emprez le Roy nulz d'iceulx seigneurs, fors messire Pierre de Navare, lequel y fu ordonnez et commis par iceulx seigneurs d'un commun accord, avoec luy aucuns chevaliers et aultres gens de consseil, pour gouverner les besoingnes d'iceluy royaume; lesquelx furent prins et esleuz d'une partie et de l'autre. Et aussi au gouvernement du duc de Guienne, auquel fu laissié Enguerran de Bournonville et autres. Et par ainsi partirent tous lesdiz princes et seigneurs à ung jour, les ungs de Paris, les autres de Vicestre. Lesquelx de Vicestre n'entrèrent point à Paris pour celle foix, ains s'en retournèrent en Berry et à Orléans. Et le roy de Navarre s'en retourna en son païs, et pareillement firent tous les autres seigneurs. Et retourna lors ledit des Essars en Flandres et en Artoix avoec ledit duc de Bourgoigne, et fu retenus de son hostel, où il demoura bien ung an. Car il n'estoit pas en la grace desditz de Berry et d'Orléans pour ce que il avoit prins et arresté ledit de Montagu, et qu'il gouvernoit très-grandement, à leur samblant. Et pour ce fu osté de ladicte prevosté de Paris, et y fu mis en son lieu Le Borgne de La Heuse, et depuis messire Morelet de St-Cler, maistre d'ostel de l'ostel du Roy. Et depuis ne demoura mie longuement que ceulx de Paris n'alassent abactre l'ostel de Vicestre, affin que nulle garnison de gens d'armes n'y fust mise. Car elle leur estoit trop près voisine.

En cellan y eubt pluiseurs envyes et divisions à Paris entre ceulx qui estoient commis et ordonnés pour conseiller le Roy et gouverner le royaume de France. Et ne se povoient accorder ensamble, pour ce que les ungs estoient tenans le party de Berry et Orléans, et les autres estoient tenans le party de Bourgoigne, et voloit chascuns avoir la dominacion, et ne pot la chose longuement durer en ce point. Car ceulx qui tenoient le party de Berry et d'Orléans escripsoient devers leurs seigneurz et maistres, toute l'ordonnance et manière des gens dudit conssel tenans le party de Bourgoigne. Et firent tant que ledit d'Orléans escripsi pluiseurs lectres moult injurieuses et diffamatoires, donnans très grandes charges de deshonneur sur pluiseurs chevaliers et gens de conseil estans devers le Roy et ledit duc de Ghienne, son filz, lesquelx chevalliers et conseilliers tenoient le party du duc de Bourgoigne. Et adréchoient icelles lectres en pluiseurs lieux et à diverses personnes, comme au Roy, et à la roynne de France, laquelle se tenoit lors entre Paris et St-Denis, sur la costière de la place du Lendit, en ung hostel que on appelle Saint-Awain[1] au duc de Guyenne, leur filz, à l'Université de Paris, à le chambre de Parlement et à le Chambre des comptes. Desquelles lectres les coppies furent envoiées devers le duc de Bourgoigne en son païs de Flandres, pour ce qu'elles touchoient grandement son honneur et de pluiseurs de ses gens, dont aucuns estoient en icelles nommez par noms et sournoms. Sur quoy le duc de Bourgoigne fu conseilliés de garder son honneur et de escripre devers le Roy, la Royne, duc de Guienne et tous les autres ausquelz ledit d'Orléans avoit escript. Ainsi fist le duc de Bourgoigne faire lectres, reprenans les poins escrips par ses adversaires et respondant à chascun d'iceulx en desmentent ledit duc d'Orléans de ce que il avoit dit et escript en pluiseurs lieux de ses dictes lectres maisement et faussement contre vérité, ledit de Bourgoigne soutenant les preudommes que

---

[1] C'est Saint-Ouen.

il avoit laissiés emprès le Roy bons et loiaulx serviteurs envers icelui et sa couronne, et pluiseurs autres choses, donnans grans charges de desloiaulté sur aucuns dénommés en sesdictes lectres estans devers iceluy Roy de par ledit duc d'Orléans, lesquelx il disoit non estre dignes d'estre conseilliers d'iceluy Roy. Et par ces lectres et divisions recommença la guerre moult grande moiennant la rachine de rancune et de hainne qui estoit ès cuers desdiz seigneurs ainsi qu'il apparu depuis par pluiseurs foix et par grant tamps. Et toutesfois demourèrent à ceste foix ceulx du party de Bourgoigne les plus puissans devers le Roy et ledit duc de Guienne, et ossy les amoit le Roy le mieulx entour luy, en santé et en maladie, et moult souvent demandoit où estoit son cousin de Bourgoigne et le désiroit moult à veir, et toute sa vie demoura en icelle voulenté quelque chose que on lui feist depuis faire. Et estoit lors chancellier dudit duc de Guienne, messire Jehan de Nielles, seigneur d'Ollehaing.

L'AN MIL IIIIe XI.

Environ le moix de juing, assambla le duc d'Orléans une grant compaignie de gens d'armes, et se party de son pais en intencion de entrer à Paris et de cachier et débouter tous ceulx qui tenoient le party de Bourgoigne, et au surplus gouverner le royaume à son plaisir. Et arriva à Saint-Denis, et fist tant que la tour de Saint-Clau luy fu livrée par Collinet de Puiseux, chevalier, qui en estoit cappitaine. Lequel en fu depuis décolez et esquartelés comme traictre ès halles de Paris, et les quartiers pendus à quatre chemins hors des portes dudit lieu de Paris. Et fu lors messire Manssart du Bos commis cappitaine de Saint-Clau par ledit duc d'Orléans, et messire Cluignet de Brabant fu commis de aller à Ham en Vermendois, à grant puissance de gens, pour tenir frontière sur les marches de Picardie. Et ainsi commancha à faire forte gherre entour Paris. Mais ce non obstant il ne post tant faire que il entrast dedens ladicte ville de Paris. En laquelle estoient Enguerran de Bournonville et pluiseurs autres, avoec ledit Pierre de Navarre. Lesquelx mandèrent le conte de Nevers, qui estoit le plus prochain d'eulx, et il arriva à belle compaignie de ses gens et leur aida à garder ladicte ville jusques à la venure du duc de Bourgoigne, son frère, lequel estoit jà mandé par trois ou quatre manières de lectres escriptes de par le Roy, qui le mandoit aller à Paris pardevers luy à toute la puissance que il porroit finer pour faire vuidier ledit duc d'Orléans et ses complices, lesquelx le Roy par sesdictes lectres réputoit pour ses anemis et adversaires, enfraudeurs de paix, lesquelx, contre sa volenté, avoient mis gens d'armes en des villes et forteresses en plusieurs lieux, dont il estoit très mal content. En commandant audit duc de Bourgoigne que sur toute la féaulté, amour et service qu'il lui devoit, il ne feist faulte de se secourir à ce besoing. Et pour tant que ledit duc d'Orléans ne polt entrer à Paris, il s'en retourna en son pais et laissa ses gens en garnison en plusieurs villes et forteresses en ce royaume, environ Paris et ès marches de Picardie. Et luy retourné à Gergeau, fist mander deffiances audit duc de Bourgoigne. Desquelles deffiances la teneur et coppie s'enssieult.

Coppie des lectres de deffiances du duc d'Orléans et de ses frères à l'encontre du duc de Bourgoigne.

Charles, duc d'Orléans et de Valoix, conte de Bloix et de Beaumont et sire de Couchy, Philippe, conte de Vertus, et Jehan, conte d'Angoulesme. A toy Jehan, qui te dis duc de Bourgoigne. Pour le très horrible murdre par toy fait en grant trayson et aghès apenset par murdre et affaitties en la personne de nostre très chier seigneur et père mons. Loys, duc d'Orléans, et frère germain de monseigneur le Roy, nostre très souverain seigneur et le tien, non obstant pluiseurs sermens et compaignies d'armes que tu avoies à lui, et pour les grans desloiaultés, traysons et deshonneurs et mauvaistés que tu as perpétrés contre nostredit seigneur le Roy et contre nous en pluiseurs manières, te faisons savoir que de ceste heure en avant nous te nuirons de toute nostre puissance par toutes les manières que nous porrons, et contre toy et ta desloiaulté et traison nous y appellons Dieu et raison en nostre aide, et de tous les preudommes du royaume. En tesmoing de vérité nous avons fait séeller ces présentes lectres du séel de moy Charles dessus nommé. Donné à Jerguau, le xviiie jour de juillet, l'an de grace mil iiii^c et xi..

Rescripcion et response par monseigneur le duc de Bourgoigne contenans deffiances sur les lectres et deffiances à lui dudict duc d'Orléans envoyez.

Jehan, duc de Bourgoigne, conte de Flandres, d'Artoix et de Bourgoigne, Palatin, seigneur de Salins et de Malines. A toy Charles, qui te dis duc d'Orléans, à toy Philippe, qui te dis conte de Vertus, et à toy Jehan, qui te dis conte d'Angoulesme, qui naguères nous avez escript lectres de deffiances, faisons savoir et voulons que chascun sache, que pour abattre les très horribles traisons par très grant mauvaistiés et aghais appensés conspirées et machinées et faictes félonnement à l'encontre de monseigneur le Roy, nostre très redoubté et souverain seigneur et le vostre, et contre sa très noble généracion par feu Loys, vostre père, faulx et desloial traictre en pluiseurs et diverses manières, et pour garder ledit vostre père, faulx et desloial traictre, de parvenir à la fine exécucion détestable à laquelle il a contendu contre nostre très redoubté seigneur et le sien, et aussi contre sadicte généracion, si faussement et nottoirement que nul preudomme ne le devoit plus laisser vivre. Et meismement, nous qui sommes cousin germain de mondit seigneur, doyen des pers et deux foix pers, et plus estrains à lui et à sadicte généracion que aultre quelconque de leurs parens et subgès, ne deusmes ung si faulx et desloial cayen et félon traictre laissier sur terre plus longuement, que ce ne fust à nostre très grant charge, avons pour nous acquiter loialment et faire nostre devoir envers nostre très-redoubté et souverain seigneur et sadicte généracion, fait morir comme il devoit ledit faulx et desloial traictre. Et en ce avons fait plaisir à Dieu, service loial à nostre très redoubté et souverain seigneur et exécuté raison. Et pour ce que toy et tesdis frères ensievez la trache fausse, desloiale et félonne de vostredit père, cuidans venir aux dampnables et desloiaulx fais à quoy il contendoit, avons très grande liesse au cuer desdictes deffiances. Mais du surplus contenu en icelles, toy et tesdiz frères avez mentis et mentez faussement, maisement et desloiaument, comme faulx, mauvaix et desloiaulx traictres que vous estes. Dont à l'aide de Nostre Seigneur, qui sçet et congnoist la très entière et parfaicte loiaulté, amour et vraie intencion que toujours avons eu et aurons tant que vivrons, à mondit seigneur le Roy, sadicte généracion, au bien de son peuple de tout son royaume, vous ferons venir à la fin et pugnicion tèle que telz faulx mauvais et desloiaulx traictres, rebelles et désobéissans et félons comme toy et tesdiz frères estes, doivent venir pour raison. En tesmoing de ce, nous, etc.

Au commandement du roy de France, assambla le duc de Bourgoigne toute la puissance de gens d'armes que il polt finir en Flandres et en Picardie, et manda le duc de Brabant, son frère, à venir en sa compaignie. Et en oultre fist requeste aux quatre membres de sondit pais de Flandres que ilz lui volsissent aidier et livrer les communes de sondit pais de Flandres, affin de secourir le Roy, son souverain seigneur et le leur, lequel par ses lectres, que il leur monstra, l'avoit si expressément mandé, comme dit est. Lesquelles lectres furent publiées en pluiseurs villes de Flandres, et leur pardonnoit le Roy par sesdictes lectres tout ce qu'ilz feroient en ce dit voiage contre l'entreprise de sesdiz anemis. Par quoy ilz accordèrent à leur seigneur de luy servir en ce dit voiage à toute leur puissance, moiennant ce que il leur promist de demourer et estre avec eulx, et ossy de les ramener jusques en son pais d'Artoix.

Au moix d'aoust se mirent sus les communes du pais de Flandres à grant puissance. Et environ la my-aoust partirent dudit pais en belle ordonnance, et menèrent avoec eulx pluiseurs ribaudequins et grand carroy. Et arrivèrent en Artoix, en la compaignie du duc de Bourgoigne, leur seigneur naturel. Lequel avoit illec assemblez ses gentilz hommes et gens d'armes de cheval. Et y estoit le duc de Brabant, à belle compaignie de gens d'armes de cheval. Et ainsi partirent ensamble pour aller mectre siége devant la ville de Hem. Et en ce tamps avoit, ledit duc de Bourgoigne, mandé en Engleterre grant faison d'archiers, mais ils ne furent mie si tost prest que fut ledit duc. Et par tant s'en ala, à toute celle puissance, devant la ville de Hem, et là se loga son ost pour la nuitié, sans le avironner tout autour. Et fu son ost nombrée à LXVI mille combattans, XXIIII mille charios, sans nombre de varlès et charetons.

Quant Cluignet de Brabant apperchut la grant puissance du duc de Bourgoigne, il se party par nuit hastivement et secrètement, ainchois que la ville fust avironnée et enclose, et habandonna ladicte ville, et emmena ses gens avoec lui et grand plenté de peuple d'icelle ville. Et lendemain entrèrent dedens, Picars et Flamens, lesquelz pillèrent et fustèrent ladicte ville à tous lez. Mais les Flamens y furent les maistres et y gaingnièrent moult, et puis boutèrent le feu par tout, si que il n'y demoura église ne maison que tout ne fust ars et destruit. Et y eubt près remours entre Flamens et Piccars pour le pillage fait en icelle ville. Mais il convint les Picars souffrir, car les Flamens y estoient trop fors et ne tenoient compte de gentil homme qui y fust. Et ne tint qu'à ung pau que le seigneur de Heilly n'y fut d'eulx villenez.

Après la prinse et destruction de Hem, alla le duc de Bourgoigne et son ost à Mondidier, et se logèrent ses gens ès villages d'entour, et les communes de Flandres se logèrent ès plains champs en tentes et pavillons, dont ilz avoient grant plenté, et avoient X hommes ung car pour mener lesdictes tentes et leurs vivres. Et là demourèrent grant tamps en attendant leurs anemis, lesquels estoient logiez environ la ville de Saint-Denis. Et fu commune renommée que ilz venroient combactre le duc de Bourgoigne et sadicte puissance, mais ilz n'en firent riens, anchois se tindrent tous cois en leurs logis. Et tant furent en ce party que il commença à ennuyer aux Flamens de ce que ilz se tenoient là si longuement sans rien faire, et demandèrent congié de retourner en leur pais. Mais le duc de Bourgoigne ne leur volt point donner, et leur pria que ilz demourassent encores xv jours; et ilz lui accordèrent. Mais ce ne fu mie volentiers. Et quant les xv jours furent passez, ilz dirent finablement que ilz s'en voloient aller et que là ilz ne demourroient plus. Dont ledit de Bourgoigne fu moult dolant, et toutesfoix leur requist-il de demourer encores IIII jours. Ce que ilz ne voloient point accorder, mais en fin ilz se y consentirent en la plus grant partie. Et ce non obstant, lendemain au point du jour ilz commenchèrent à descendre tentes et pavillons, demenèrent grant noise en criant en leur langaige : Allons! allons en no pais. Et adont fu ledit de Bourgoigne moult esmervéillié, et monta à cheval, son frère et autres seigneurs avec luy, et leur pria moult doulcement en alant de logis en logis que ilz volsissent demeurer les quatre jours par luy requis. Et avoient tous les seigneurs qui lors estoient avoec luy, en faisant ladicte prière, tous les chiefz nudz, et luy meismes osta sa barrette affin qu'ilz se volsissent devers luy humilier. Mais ce n'y valu riens. Car ilz s'en partirent et retournèrent en Flandres. Et les convoya icelui duc jusques en son dit païs d'Artoix, ainsi que promis leur avoit, et puis les laissa raler chascun en son lieu, mais les gentilz hommes demourèrent avec luy. Et en ce tamps arriva en Artoix le conte d'Arondel, à tout grant foison de gens d'armes et d'archers. Lequel conte d'Arondel fu moult grandement receuz du duc de Bourgoigne qui fu moult joieux de sa venure. Et à ce tamps s'en retourna le duc de Brabant en son païs et en ramena ses gens, par le gré et consentement de son frère. Et après ce, party ledit duc de Bourgoigne du païs de Picardie et s'en alla à Pontoise, avoec luy Piccars, Flamens et Engloix, et audit lieu de Pontoise séjourna bien xv jours en actendant tous ses gens. Et puis s'en party et chevaucha par nuit vers Paris en alant au pont à Meulen et tout estrange païs. Et luy vindrent au devant le conte de Nevers, Enguerran de Bournonville et pluiseurs autres, de Paris, lesquelx portèrent bleux chapperons en lieu d'ensaigne. Et puis quant ils furent tous ensamble, ilz entrèrent à Paris, et y furent joieusement receuz. Et entrèrent à Paris par la porte Saint Jacque.

Tantost après que le duc de Bourgongne fut arrivez à Paris, il fist faire commandement de par le Roy que tous ceulx de la ville qui avoient puissance, se appareillassent au mieulx et le plus seurement que ilz porroient pour estre prestz au mandement du Roy pour aller où ledit duc de Bourgongne les voldroit mander et mener. Et lors firent faire ceulx de Paris, gros jacques de fustenne pour vestir dessoubz leurs armeures. Et quant ilz furent appareilliés, il les mena par nuyt hors de Paris. Et s'en allèrent tous ensamble envers la ville de Saint-Clau, où il avoit très grande et grosse garnison des gens d'armes dudit duc d'Orléans. Mais ilz ne allèrent point le droit chemin, et fu sur le point du jour avant que ilz arrivassent audit lieu de Saint-Clau.

En la compaignie du duc de Bourgongne, à l'emprinse et assault de Saint-Clau, estoient les contes de Nevers, de Ponthèvre, de Marle et d'Arondel, Enguerran de Bournonville et tous les chevaliers et escuiers de Flandres et de Picardie estans en la compaignie dudit duc. Lesquelx livrèrent très grant assault à la ville de Saint-Clau, qui estoit lors très fort barrée et forteffiée. Et bien se défendirent ceulx de dedens et gardèrent bien l'entrée. Et fu l'estour et la bataille moult grande, car lesdiz assault et bataille se faisoient de combattre main à main. Et longuement dura l'estrif, mais en fin y furent Orléannoix desconfis et occis, et fu la ville gaingnée, en laquelle on tuoit gens sans mercy, et y fu le gaing moult grand de chevaulx et d'armeures, car toute la ville en estoit plaine. Et se y eubt pluiseurs gens noyez, qui se cuidèrent sauver en la tour, mais le pont fu si tost levez que la plus grant partie en demoura dehors, qui furent occis et noyez en reculant vers ledit pont jusques auquel ilz furent combatus. Et y fu prins leur cappitaine nommé Manssart du Bos, chevalier, lequel fu menez à Paris et luy fu le hatterel trenchié ès halles de Paris, et le corps pendu à Monfaucon.

Après celle prinse et desconffiture, et le duc de Bourgongne estant encores en ladicte ville de Saint-Clau, se party le duc d'Orléans de la ville de Saint-Denis, à moult grant haste, et ossy firent toux ses gens, desquelx les pluiseurs y laissèrent de leurs meilleurs joiaulx et harnas que ilz n'obrent loisir de prendre ne trousser, et s'en allèrent vers ledit lieu de Saint-Clau à l'autre lez de la rivière du costé devers la tour. Laquelle tour estoit encores tenue des gens dudit duc d'Orléans. Et quant icelui d'Orléans et ses gens furent arrivez à ladicte tour, ilz se mirent en ordre de bataille, tous à cheval. Et le duc de Bourgongne ce véant fist deschendre ses gens à piet et les ordonna pour attendre la bataille se ses anemis venoient contre luy, combien que adont la plus grant partie de ses gens s'en estoient retournez à Paris. Et lors que il fu mis en bataille avoec ses gens, se party ledit d'Orléans et s'en ralla de tire en son pais, sans plus rien faire.

Quant les nouvelles du département du duc d'Orléans furent apportées à Paris, Pierre de Essars, qui estoit remis en son office de prévosté et estoit demourez pour garder la ville, party dudit lieu de Paris, à tout grant gent, et s'en alla à Saint-Denis où il trouva plusieurs malles et sommiers et autres baghes, lesquelles il fist apporter audit lieu de Paris. Et fu commune renommée que il y gaingna très grand avoir. Et tantost s'en retourna le duc de Bourgongne à Paris, et gouverna le royaume de France à grant puissance de gens pour résister contre les emprises des anemis du Roy et des siens.

En cel an, fu le conte Walleran de Saint-Pol mis de par le roy de France en la possession de la connestablie de France au lieu de Charles de Labret, lequel tenoit plainement le party des ducqs de Berry et d'Orléans, et par conséquent anemy du Roy. Mais non obstant celle ordonnance ledit de Labret se fist toute sa vie tenir et nommer pour connestable de France, et procura tant, que environ troix ans après, ledit conte de Saint-Pol s'en déporta moiennant une somme d'argent qui lui en fu pour ce délivrée, de X^m escus, ainsi qu'il fu commune renommée.

Après ce que le duc d'Orléans s'en fu retournés en son païs, le duc de Bourgongne contenta les Engloix et leur donna congié, et fist tant qu'ilz furent bien contendz de luy, et s'en retournèrent en Engleterre. Et ledit de Bourgongne demoura à Paris.

En cel an, sur le printamps, fist le roy de France ung grand mandement de gens d'armes, et pareillement fist le duc de Bourgongne par tous ses païs, pour estre prestz, après le jour de Pasques lors à venir, pour aller mectre à l'obéissance le duc de Berry et ses alliez. Et fu lors la première armée que le duc de Ghienne feist. Lequel duc alla en ce voiage avoec le Roy son père, et le duc de Bourgongne avec eulx, à moult grant puissance de gens. Et y furent lors le seigneur de Heilly, Jehan de Ghisce et Engheran de Bournonville, à moult grant puissance et comme les cappitaines adventureux, lesquelx y acquirent moult grant honneur. Et fu ce voiage appellé le voiage de Bourges. Auquel ilz mirent en l'obéissance du roy la ville et le chastel d'Estampes, et y fu prins le cappitaine, nommé Loys Bourdon, lequel fu menez prisonnier à Lille. Et pluiseurs autres forteresses se rendirent sans cop férir en ladicte obéissance. Mais ledit chastel d'Estampes fu prins par force.

Le XIe jour de juing, fu le siège mis devant Bourges de par le roy de France, les ducqs de Ghienne et de Bourgongne et pluiseurs autres seigneurs de leur compaignie, à grant puissance de Francoix, Bourguignons, Piccars et Flamens. Et à ce siège arriva le roy Loys de Sézille, à moult belle et grant compaignie de gens d'armes, combien que il avoit tousjours tenu et encores tenoit, comme il fist tout son tamps, plus le party de Berry et d'Orléans que celui de Bourgongne. Et par son moien fut traicté fait tel que le siège fu laissé. Et s'en partirent le Roy et les seigneurs de sa compaignie et en allèrent à Ausoirre. Et tantost après ce, se party le duc de Berry de ladicte ville de Bourges en laquelle il avoit esté asségiés, et arriva audit lieu d'Aussoire. Et ainsi fist le duc d'Orléans, de son païs, et pluiseurs autres princes et seigneurs leurs alliez.

DE L'AN MIL IIIIe XII.

En la ville d'Aussoire furent les roix de France et de Sézille, les ducqs de Ghienne, Berry, Bourgongne et Orléans et pluiseurs aultres princes et barons, et y séjournèrent environ ung mois, pendant lequel tamps la paix fu faicte de tous les seigneurs dessusdiz. Et furent long tamps ensamble, moustrant signe d'amour l'un à l'autre. Et de la ville d'Aussoire s'en allèrent à Meleun où ilz furent long tamps en conssseil, et là fu ladicte paix du tout confermée et accordée de toutes pars. Car illec furent tous les princes et seigneurs du sang roial à qui la gherre povoit touchier. Et conversoient les seigneurs l'un avoec l'autre, ainsi que oncques guerre ne se fust meue entre eulx. Et chevaulçoient aucunes fois deux sur ung cheval, c'estassavoir les ducs de Bourgongne et d'Orléans, et ossy icelui de Bourgongne et le conte de Vertus. Et sambloit lors à ceulx qui les veoient, que jamais gherre ne deuist avoir entre eulx. Mais celle compaignie ne dura pas longuement, ains y avoit-il tousjours du poil de l'ours, comme cy-après trouverés.

Or est vray que quant le duc de Berry seult que le Roy faisoit son appareil pour aller mettre siège devant Bourges à telle puissance, il envoia incontinent en Engleterre pour avoir gens d'armes et archiers pour le secourir. Lesquelx gens d'armes d'Engleterre ne porent estre si tost prestz qu'il euist volu, et ne arrivèrent à Bourges jusques à ce que le traictié se fist et que le siège se leva. Par quoy lesdits Englès ne furent point mis en oeuvre, ains leur donna ledit de Berry congié d'eulx en retourner en leur pais. Mais ilz dirent que ilz ne se partiroient point sans estre contentés, et demandèrent C et L^m couronnes, pour lesquelles paier ils ne volrent recevoir d'iceluy duc quelque lettre, ne obligacion. Et ce, pour le consentement du duc d'Orléans et du conte de Vertus, le conte d'Angoulesme, leur frère, fu livrés ausdiz Engloix par forme d'ostages et de plège, pour estre menez et détenus en Engleterre jusques al accomplissement et plain paiement de ladicte somme de C et L^m couronnes. Et par ainsi s'en retournèrent lesdits Engloix en Engleterre et emmenèrent ledit conte d'Angoulesme avoec eulx. Et fu le chef et général cappitaine desdiz Engloix, le duc de Clarence, filz au roy Henry d'Engleterre, duc de Lenclastre.

Après ladicte paix jurée et confrémée à Meleum sur Saine, le VII⁰ jour de septembre se party le roy de France dudit lieu de Meleum et retourna à Paris, et avoec luy pluiseurs des princes et seigneurs de son sang, et y alla ledit conte de Vertus, lequel conversoit souvent avoec le duc de Bourgogne, et chevauchèrent souvent parmy Paris, eulx deux sur ung cheval. Dont le peuple fut moult joieux. Et en ce tamps, par la prière d'aucuns desdiz seigneurs fu despendus ly corps dudit feu Montagu et la teste ostée des halles de Paris et tout mis en terre sainte en l'église des Célestins à Marcoussy, laquelle il avait fondée, amortie et fait un couvent de religieux. Et aussi avoit-il fait faire et donné la grande cloche de Notre-Dame de Paris, nommée Catherine.

En cel an, après le retour de Bourges, firent ceulx de l'Université de Paris pluiseurs proposicions en la présence du grant consseil du Roy, à l'encontre de plusieurs officiers de France aians gouvernement de finances, et par espécial contre messire Pierre des Essars, prévost de Paris, lequel avait esté gouverneur et conduiseur des finances du Roy au voyage de Bourges, et ne s'en estoit point bien acquittés, si comme ilz disoient. Et tant persévérèrent en ce propos que ledit prévost, pour doubte de esmutacion de commun et de righeur de justice, se absenta et partit hors de Paris secrètement, avoec luy Anthoine son frère, et les gens de son hostel, et s'en alla au chastel de Chierbourcq, dont il estoit cappitaine de par le Roy. Mais depuis, par aucuns moiens et lectres que on luy envoia, il retourna à Paris pour cuider faire sa paix, et se mist et loga en la bastille Saint-Anthoine, là où il fut assègiés par Elion de Jacleville, chevalier, lors cappitaine de Paris ; lequel de Jacleville avoit avoec lui les bouchiers et grant partie de la communalté dudit lieu de Paris. Et en fin furent pris lesdiz Pierre et Anthoine son frère, et furent menés prisonniers au Louvre et depuis au Palaix. En laquelle prison ils demourèrent l'espace d'un moix ou environ, et puis fu ledit prévost, par jugement condempné à traisner et copper le hatterel. Lequel jugement fu présentement accomplis. Et depuis fu sondit frère, ung jour, en très grand péril de morir, et pareillement lui devoit-on faire sa sentence. Mais il fist ledit jour si lait temps de pluye et de vent, que la journée fu remise à ung jour autre, et celle autre continuée à une autre, et tant que en fin il eubt aide et fu depuis du tout délivrez. Et fist parfaire le grand saint Christoffre que sondit frère avoit encommencher, lequel saint Christoffre est dedens Nostre-Dame de Paris. Et fu icelui Anthoine, depuis ces choses, en grand rengne, et fu fais chevalier.

Après la mort du prévost de Paris, refu fais prévost Le Borgne de la Heuse. Et lors se commenchèrent ceulx de Paris à diviser les ungs contre les aultres. Et faisoient, ceulx de l'Université, tant de proposicions touchans le gouvernement du royaume que on n'en vit oncques tant faire. Et commenchèrent les ungs à prendre ung party, et les aultres l'autre. Et lors rengnoit Jacleville comme cappitaine de Paris et les bouchiers avec luy, à grant puissance, lesquels tenoient le parti Bourguignon.

L'AN MIL IIIIe XIII.

Par souspechon de traison furent prins à Paris et menez en prison au chastel du Louvre, le duc Loys de Bavière, frère de la reyne de France, le duc Édouard de Bar et Jacques de La Rivière, chevalier. Et au jour de leur prinse furent fais et portés blancs chapperons parmy Paris par ledit Élion de Jacleville et lesdis bouchiers, lesquelx furent cause de ladicte prinse; et en portèrent les ducqs de Berry et de Bourgongne. Et tantost après l'emprisonnement dessusdit, ledit de La Rivière se tua et occist en la prison. Et dist-on que ce fust d'un pot d'estain dont il se frappa sur sa teste, et pour ce il fust depuis sadicte mort, comme homicide de sa personne, décollés ès halles de Paris.

Et ce véant, le conte de Vertus s'en party de Paris, lui VIe, sans prendre congiet au duc de Bourgongne, qui souvent le visetoit, et s'en alla par le conseil du duc de Ghienne, comme on dist.

Après ces choses ainsi advenues, party Élion de Jacleville de Paris, avoec luy grant foison de gens de ceulx de Paris, et s'en allèrent à Mousteriau-ou-fault-Yonne, à l'encontre de Cluignet de Brabant que on disoit lors venir à grant puissance. Et au département que fist ledit Élion de Paris, il bailla en garde la bastille de Saint-Anthoine aux maistres bouchiers dudit lieu, comme Caboce, Denisot de Chaumont, Les Goys et ceulx de Saint-Yon, affin que se aucune chose leur survenoit ilz se peussent saulver dedans icelle.

En celle saison estoit le duc de Bourgongne moult seul et petitement accompaigniez, comme celuy qui de riens ne se doubtoit et quidoit avoir bonne paix par tout. Mais il fut ung jour que ceulx de Paris se armèrent et s'en allèrent en la place de Saint-Germain d'Ausserrois. Desquelx Jacquet de Laillier, qui tousjours tint le party contraire du duc de Bourgongne, fut le premier. Et ce jour meismes firent mettre en armes le duc de Ghienne et le menèrent au chastel du Louvre, où il fit mectre hors de prison le duc Loys son oncle, et le duc de Bar son cousin. Et quand les bouchiers virent ces choses ilz se murent en armez et s'en allèrent à l'ostel de la ville pour eulx illec mectre ensamble. En laquelle maison on leur rapporta que les autres estoient plus forts que eulx et que ilz avoient intencion de les combattre à leur retour dudit chastel du Louvre. Après lequel rapport lesdis bouchiers se partirent hastivement dudit hostel et se départirent en pluiseurs lieux, ly ungs chà, ly autres là, et n'y eubt oncques celui qui eubst advis de luy bouter en ladicte bastille. Dont ilz se repentirent depuis.

Celle adventure fu moult merveilleuse et secrète, car le jour de devant on y crioit *Vive Bourgongne!* et cedit jour, qui fu le lendemain, on y crioit *Vive Guienne et Orléans!* Et commencha on à prendre les conseilliers et chevaliers du duc de Bourgongne et les mener en prison ; et fu l'esmuete merveilleuse.

Le premier jour de juillet fu decollez ès halles de Paris messire Pierre des Essars, dont cy devant est faicte mencion.

Quant le duc de Bourgongne apperchut la manière de ceulx de Paris, lesquelx aloient par tout quérir et prendre ses gens, il se doubta moult, car il se trouva tout seul, parce que ses gens s'escoussoient et fuyoient que mieulx mieulx. Et se partirent les pluiseurs de Paris en moult petit estat, deshonneurment et hastivement. Et ce non obstant s'en ala ledit de Bourgongne devers le Roi et luy requist que le seigneur de la Viesville et pluiseurs autres de ses gens, prisonniers comme dist est, luy feussent rendus, actendu que il ne avoient mesfait ne mesdit à personne. Laquelle requeste le Roy luy acorda volentiers et commanda très expressement que toutes sesdictes gens lui fussent rendus et délivrés. Et ainsi fu fait, et après ce mena, ledit de Bourgongne, cachier le Roy en la forest de Bondis, en laquelle forest il prinst de luy congiet moult humblement et de cuer courouchié, car il véoit bien que il n'estoit point bon de luy retourner à Paris. Et le Roy fu moult dolant de sa départie et luy demanda où il voloit aller. Et le duc luy respondi que il estoit mandé de ses gens pour retourter hastivement en son païs pour aucuns grans affaires qui y estoient sourvenus, et que au plaisir de Dieu il retourneroit briefment pardevers luy. Et à tant se party le duc de Bourgongne du Roy, à bien petit estat, mais il estoit bien monté. Se chevauça fort et hastifment, tant que il vint en son païs d'Artoix. Et sur le chemin trouva beaucoup de ses gens qui s'en estoient fuys de la ville de Paris ainsi que dit est.

En ce tamps se moustrèrent ceulx de Paris à plainement tenir le party d'Orléans et mandèrent icelui duc à venir à Paris, et il y vint et commencha à gouverner à sa guise. Dont ceulx de Paris se repentirent depuis. Car les ducqs de Berry et d'Orléans se rendirent si fors dedens Paris que en grant tamps après ilz n'en furent les maistres, et furent d'iceulx tenus moult en grant subjection. Et ce non obsant ceulx du quartier des halles demeurèrent toujours bourguignon couvertement, mais ils n'en osèrent faire samblant.

Par celle esmutacion se party de Paris maistre Wistace de Laistre, chancellier de France, Jehan et Guillaume le Goys frères, Garnot de Saint-Yon et deux frères qu'il avoit, Denisot de Chaumont et pluiseurs autres bourgois et marchans de Paris qui avoient tenu le party de Bourgongne, et se retournèrent en Artoix après iceluy duc, et furent les aucuns retenus de son hostel et mis en divers offices. Et lors fu fait chancellier de France, maistre Henry de Marne, qui aultrefois et par avant ledit maistre Witasse l'avoit esté. Et aussi furent pluiseurs officiers muez et changez du tout, et fu le gouvernement de France mis en la main desdis de Berry et d'Orléans et de leurs alliiez. Et mirent le duc de Ghienne au Louvre, auquel ilz baillèrent toutes nouvelles gens, en ostant ceulx que il avoit anchiennement euz, dont les aucuns retournèrent avec le duc de Bourgongne. Et desjà s'en estoit partis Enguerran de Bournonville et autres avec luy.

Quant le duc de Bourgongne eubst esté une espace de tamps en ses païs de Flandres et d'Artoix, le duc de Ghienne son beau filz luy envoia III paires de lettres escriptes de sa propre main, par lesquelles il lui faisoit savoir que il estoit estroictement détenuz au chastel du Louvre comme ung prisonnier, et ne povoit d'illec partir ne parler à nulle personne, fors en la présence de ceulx qui l'avoient en garde, et que on luy avoit ostés de sa compaignie tous ceulx esquels il avoit fiance et amour, en requérant par sesdictes lettres audit duc de Bourgongne que il lui volsist briefment faire aide et secours et le délivrer de ce dangier où il étoit. Et à ce tamps estoient pluiseurs bourgois de Paris, veullans à icelui duc de Bourgongne, qui veoient et apperchevoient le dangier et péril où on les contendoit à mettre, en luy faisant savoir que il venist à Paris et que ilz feroient tant que la porte lui seroit ouverte. Pour ces causes assambla le duc de Bourgongne une belle et nette compaignie de gentilz hommes en armes des pais de Piccardie et de Flandres, en laquelle fu le seigneur d'Arcle. Et fu Enguerran de Bournonville celuy qui conduisy le avant garde; et fu leur chemin tout droit à Soissons et delà à Compiengne, esquelles villes le duc laissa garnison de gens affin que les passages ne lui fussent clos à son retour. Et puis s'en ala à Saint-Denis, où il fu environ quinze jours, et tant que il en party une nuit et s'en ala devers Paris bien secrètement, et y cuida avoir entrée ainsi que on luy avoit mandé. Mais l'emprise de ceulx qui l'avoient mandé mettre dedens, failli et fu leur fait descouvert par ung de qui ilz ne se doubtoient point. Et là fut le duc de Bourgongne en bataille devant Paris l'espace de sept heures. Et quant il vit que point n'y entreroit et que son fait fu rompu, il s'en retourna audit lieu de Saint-Denis, auquel lieu il ne séjourna guères depuis, ains s'en retourna à Compiengne et à Soissons, esquelles villes il mist grandes garnisons de gens d'armes à la requeste des bourgois d'icelles pour doubte que ilz avoient de estre mal menez pour ce que ilz avoient livré passage audit de Bourgongne. Et fu laissiés Hue de Lannoy, chevalier, et aucuns de ses frères avoec luy, comme cappitaine de Compiegne; et Enguerran de Bournonuille fu commis cappitaine de Soissons.

Après le retour du duc de Bourgongne du voiage de Saint-Denis, Taneghy du Chastel, chevalier et prévost de Paris, et Remonnet de La Guerre, furent commis de par les ducqs de Berry et d'Orléans à faire hoster et destaquier toutes les cainnes des rues et quarefours de Paris et de les faire mener en la bastille Saint-Anthoine et au chastel du Louvre, et de faire prendre et oster toutes les armeures des bourgois et manans de Paris, et de faire porter esdictes forteresces icelles armeures. Et ainsi le firent et chevaulchoient parmy Paris en armes tous les jours à grant compaignie, et avoient cars et carectes qui menoient lesdictes caines et armeures ès lieux dessusdis. Et firent tant que il n'y avoit nul bourgois ne manant qui osast porter quelque baston ne armeure, forg ung petit coutel à taillier son pain. Et ne furent creus à garder porte ne tour de ladicte ville, par nuit ne par jour, mais on les faisoit garder par les gens d'armes de garnison de ladicte ville de Paris, aux despens desdis bourgois et manans.

En la fin de cel an, en la nouvelle saison, ou tamps de quaresme, assembla le roy de France une grande et puissante compaignie de princes et seigneurs tenans le party des ducqs de Berry et d'Orléans, lesquelx ducqs estoient cause de ladicte assamblée, laquelle fu faicte entour la ville de Senlis, pour mectre en obéissance et à mercy ceulx qui tenoient Compiengne et Soissons, et puis entrer en Artoix au païs du duc de Bourgongne pour contrevengier le duc de Berry du voiage qui fu fais à Bourges.

En la compaignie du Roy se mirent et assamblèrent le roy Loys de Sézille, les ducqs de Guyenne, d'Orléans, de Bourbon, d'Alenchon et de Bar, les contes de Vertus, de Richemont, d'Eu, de Dammartin, d'Armignac, de Vendosme, de Roussy, de Penthèvre, de Tonnoire, de Marle, Charles de Labret, connestable de France, le visconte de Nerbonne et pluiseurs autres chevaliers et barons de pluiseurs païs tenans la bande et partie desdis ducqs d'Orléans et de Berry. Et s'en y eubt pluiseurs qui tenoient le party de Bourgongne, lesquelx furent avoec les dessus nommez par la constrainte d'iceulx. Et en celle armée fist-on porter la bande au roy de France et au ducq de Guyenne son filz, et fu lors mise sus par telle manière que tous ceulx qui la portoient s'en tenoient à estre grandement honorés. Et demourra lors le duc de Berry cappitaine et garde de Paris.

L'AN MIL IIIIe XIIII.

Après Pasques arriva le roy de France devant Compiengne à grant puissance, et fu son ost nombrée à IIe mille (sic) hommes, lesquelz mirent le siège devant la ville de Compiegne, et y furent environ III sepmaines. Et puis fu la ville rendue au Roy par traictié et s'en partirent saulvement ceulx de dedens, lesquelx se y portèrent moult honnorablement. Et moustra ledit chevalier de Lannoy au roy de France en son grand conseil, les causes pour quoy le duc de Bourgongne l'avoit illec commis, et la vraie et loiale intencion que icelui ducq avoit au bien du Roy et de son royaume.

Et tant fist que le Roy rechupt à traictié ceulx de la ville de Compiengne et leur pardonna tout ce que on leur povoit demander à cause de ce que ilz avoient livré passage audit de Bourgongne et détenue ladicte garnison.

Après la reddicion de Compiengne, alla le Roy à siége devant la ville de Soissons, laquelle tenoit Enguerran de Bournonville, et fit gecter pluiseurs canons contre eulx de l'ost du Roy. Et par le traict d'iceulx canons fu occis le bastard de Bourbon. Dont pluiseurs seigneurs furent courrouchiés. Et ce siége durant se rebellerent ceulx de la ville de Soissons contre ceulx de la garnison et les assaillirent. Et ainsi que ilz se combatoient les ungs contre les autres, fu par aucuns de ladicte ville une porte ouverte parmy laquelle ceulx de l'ost du Roy entrèrent en ladicte ville et mirent à l'espée tous ceulx de la garnison que ilz trouvèrent. Et y fu prins ledict Enguerran de Bournonville, lequel par grant envoye et par haynne fu en plain marché décolez devant tout le peuple. Dont mainte gent furent dolant, car il estoit bon homme d'armes et bon cappitaine, sans nul reproche, et avoit tousjours loiaument servy le Roi et le duc de Bourgongne. Et veullent aucuns dire que on le fist morir pour avoir la vengeance dudict bastard de Bourbon.

En la ville de Soissons, après la prise d'icelle, furent maulx innumérables perpétrés par les gens d'armes dedens entrez, et y furent églises dérobées et femmes violées sans mercy moult honteusement sans en nulle espargnier, mariée ne aultre, et en furent plusieurs efforchiées en la présence de leurs maris. Et fu lors toute la ville fustée et gastée de tous lez. Dont ce fu pitez, car il y avoit de moult nobles joiaulx en pluiseurs églises, lesquelx furent du tout perdus.

Après la prise de Soissons alla le Roy à Péronne, et là vindrent à luy les députez des quatre membres de Flandres, lesquelz il avoit mandez venir par devers luy par lettres en parchemin, signées en escripture de *Charles* et séellées de son séel en cire vermeille, lesquelles lettres furent renvoiiez en Flandres secrètement et portées en pluiseurs bonnes villes comme Gand, Bruges, Yppres et aultres, et furent gectées et semées en pluiseurs lieux par les rues en céliers et en maisons sur les fenestres et autrement, et ne sçeult on qui les aporta. Et touteffois par la vertu d'icelles les quatre membres de Flandres au voiage de Péronne y envoièrent leursdiz députez, combien que ce ne fust point du plaisir ne consentement du duc de Bourgongne, leur naturel seigneur, lesquelz députez furent grandement receuz de pluiseurs seigneurs en l'ost du Roy, et par espécial du duc de Bar, qui estoit seigneur de Cassel et du Bois de Mepe en Flandre.

En la compagnie des députés des quatre membres de Flandres au voiage de Péronne dessusdit, avoit ung homme bastard qui se disait gentil homme, lequel estoit principal conseiller de la ville de Gand depuis bien pau de tamps, et avoit tout son tamps servy le duc de Bar, père de celuy qui lors régnoit, et celuy meismes depuis la mort de son père, et avait esté bailleux et receveurs de pluiseurs terres à eulx appartenans. Mais depuis la mort du père, que les terres de Dunkerke, Bourbourg, Bornem, Warneston et autres avoient été données à Robert de Bar, conte de Marle, nepveu dudit conte de Bar rengnant, ledit bastard avoit été mis en l'office de principal conseillier de Gand comme dit est. Et en cel an meismes avant que le duc de Bourgongne partist de Paris, luy avoit fait ledit duc de Bar ravoir le pais de Flandres, duquel il estoit banni par la loy de ladicte ville de Gand par l'espace de L ans et ung jour pour ce que il avoit fait tuer ung homme pour argent. Et luy rendit ledit duc de Bourgogne tout le pais par la prière d'iceluy duc de Bar. Et ledit bastard retourné audit pais, fist tant que il fut retenus audit office pour ce que il estoit souffisant homme en coustumes du pais de Flandres, et estoit bel langagier en françoix et en flamencq ; et fu chieulx nommez Gille de Braecht. Lequel, en celle ambaxade, porta la parolle pour lesdis députés en la présence du Roy et des princes de son conseil illec présens. Car depuis ce que il luy avoit rendu son pais et que il avoit esté retenus à ceulx de Gand, les conseilliers et officiers d'iceluy duc audit pais de Flandres l'avoient en diverses matères trouvé moult estrange et changié de meurs en pluiseurs manières, et sembloit par son langaige et par ses oeuvres que il fust aussi grant seigneur que son prince. Et fu commune renommée que lesdictes lettres trouvées et semées comme dit est, furent faictes et envoiiées par son moien. Car lesdictes lettres estoient faictes et les tiltres de chascun membre ossy bien divisés comme se elles eussent esté escriptes à Bruges ou à Gand.

Après ce que iceulx députez de Flandres eubrent fait la révérence au Roy, que ilz luy eubrent fait dire les causes de leur venure par la bouche dudit bastard, le Roy les fist mercyer de leur bonne obéissance, et puis leur fist remoustrer pluiseurs choses touchant l'emprise que il avoit faicte en ce voiage, tendans ad fin que aucuns du pais de Flandres ne feissent aide ne secours de gens, d'argent, ne aultrement au duc de Bourgongne leur seigneur, actendu que le Roy estoit souverain, etc., et moult d'autres choses toutes tendans à ladicte fin. Sur lesquelles choses ils tindrent III jours conseil, et durant lesdis III jours ledit Gille de Braech bastard, se embla et absenta pluiseurs foix de ses compaignons, tant de jour comme de nuit et plus de nuit que de jour, et s'en alloit parlementer audit duc de Bar secrètement sans le sçeu d'iceulx ses compaignons, que on povoit dire ses maistres en tant qu'il estoit leur serviteur retenu à gaiges. Lesquelx le amoient moult pour ce que il avoit si notablement parlé à leur gré en la présence du Roy et de son consseil, et n'avoient nulle doubtance sur son fait. Et quand ils eubrent pris conclusion avoec le conseil du Roy, ilz prirent congié et s'en retournèrent en Flandres. Et à leur département leur furent donnez et délivrés pluiseurs beaulx dons de vaisselle d'argent, laquelle ilz partirent en la cité de Cambray, et en rapporta chascun sa part en sa maison. Et retournèrent ceulx de Gand audit lieu de Gand par un samedy, et au lundy ensuivant fu mise la journée pour faire leur relacion devant la loy, bourgeoisie et communaulté de ladicte ville. Mais ledit lundy, à heure de six heures du matin, au moix de juillet, ledit Gilles de Braecht, qui estoit un homme fort rigoreux et contre commune gent, et moult hays audit pays de Flandres, fut agaitiés de III compaignons dont les deux estoient frères et estoient en la francise de la bourgeoisie dudit lieu. Et fut l'aghait mis entre la maison dudit Gilles et le maison des échevins de Gand, bien près dudit lieu. Et là où ledit Gilles venoit pour faire ladicte relacion, il fu assaillis et occis desditz compaignons, et luy coppèrent la gorge pour mieulx estre assurez de sa mort. Et si avoit ledit Gilles à celle heure avoec lui III varlès, mais il n'en y eubt que l'un qui se meist à deffense.

Ainsi perdy Gille de Braecht la vie, et par tant l'intencion que il avoit, fust maise ou bonne, demoura en cel estat et ne polt plus avant sortit effect. Mais de sa mort fu le peuple de Gand moult esmeu, et laissa chascuns sa besongne à faire pour aller à l'ostel desdis eschevins, tous armés au couvert, car ilz cuidoient certainement que le duc de Bourgongne euist ce fait commandé à faire pour ce que ilz savoient bien que ledit Gilles n'estoit point en sa grace. Et firent bien en haste partir messagiers et chevauceurs à piet et à cheval pour poursieurvir et faire prendre lesdiz facteurs. Lesquelz facteurs furent recongneuz par ung desdis chevauceurs qui les perchut en un batiel où ilz se faisoient mener du grand pont à Saint-Bavon, et fist ledit chevauceur assambler le bailli024 et les sergens dudit Saint-Bavon et fist prendre les troix compaignons dessusdis, et les fist mener à Gand prisonniers. Mais avant que ilz venissent en ladicte prison, une grant partie du commun de Gant se assambla entour eulx afin qu'ilz ne fussent rescoux. Car toute leur affection estoit de savoir la vérité dudit fait. Et quand ceulx furent en ladicte prison, ilz furent moult cruellement géhinez affin de savoir qui ce fait leur avoit fait faire. Mais ilz jurèrent et affermèrent, et en ce point demourèrent jusques à la mort, que ce estoit leur proppre fait et que d'eux meismement ilz le avoient ainsi empris sans conseil ne commandement de nulle personne, pour ce que il avoit les deux frères fais poures par sa force et par son malice et encores les manechoit il à tuer de jour en jour, pour laquelle chose ilz se estoient bastés de le adevanchier. Et sur ce point rechurent la mort et furent décolez sur le pont où on coppe les testes des bourgois, et puis furent mis en terre sainte aux Augustins dudit lieu de Gand. Et toutesfois furent ceulx de Flandres, par le rapport qui leur fu fait par leurs dits députés des requestes qui leur avoient esté faictes de par le Roy, tout d'acord que de acomplir icelles et de non aidier le duc de Bourgongne à garder son païs d'Artoix. Comme ilz ne firent, gentil ne autre.

Au département que le Roy fist de Péronne, il fist arriver son oost devant la ville de Balpaumes en Artoix, laquelle ville luy fu incontinent rendue par traictié, et empli le chastel. Car ce n'étoient point places tenables contre telle puissance. Et puis prinst le Roy son chemin pour aller mectre siège devant Arras.

Au temps que le duc de Bourgongne fu adverti que le Roy estoit conseilliés de ses ennemis de emprendre et faire le voiage dessusdit, il manda hastivement et très-espécialment les barons, chevaliers et escuiers de ses païs de Bourgongne venir pardevers luy à toute puissance pour lui aidier à résister contre l'emprise desdis ses ennemis, lesquelx avoient intention de amener avoec eulx le roy de France et le duc de Guyenne, son fils. Pour laquelle chose la plus grant partie de la gentilesce de Bourgongne se mist sus en armes, et partirent desdits pais pour venir en Artoix. Et quant ceulx qui avoient le Roy en gouvernement sçeurent la venure desdits Bourguignons, ilz envoient deux héraulx et rois-d'armes devers eulx, et leur firent faire deffense de par le Roy qu'ilz ne alassent plus avant au mandement dudit de Bourgongne et que ilz s'en retournassent en leur pais sur peine de encourir en l'indignacion du Roy et de estre réputez pour ses anemis. Lesquelx Bourguignons respondirent ausdis héraulx que ilz avoient intencion de parfaire leur voiage et de accomplir le commandement de leur naturel seigneur avoec lequel ilz volloient mourir et vivre. Et à tout celle response s'en retournèrent lesdis héraulx, et firent leur relacion de ladicte response à ceulx qui les avoient envoiiez. Lesquelx firent incontinent partir une grande compaignie de gens d'armes pour aller courir-sus ausdis Bourguignons. Et les costoyèrent bien chincq journées, que oncques ne les osèrent assaillir. Car ilz chevauçoient en belle ordonnance de bataille. Et arrivèrent à l'entrée du pais de Hainau, là où les gens d'armes commis d'eulx poursuir frappèrent en la queue. Mais ilz n'y concquestèrent gaires, car ilz n'y osèrent arrester et s'en retournèrent ainsi que ilz estoient venus. Et les Bourguignons arrivèrent à Granmont, et passèrent par dehors Audenarde et puis arrivèrent à Lille. En laquelle ville ilz trouvèrent le duc de Bourgongne, qui les reçut moult joyeusement et les ordonna à aller en pluiseurs villes et forteresses en ses pais de Flandres et d'Artoix, comme Arras, Hesdin, Lens, Douay et Lille et autres faisans frontière, contre ceulx qui amenoient le Roy contre luy.

Le jour de la Magdelaine, arriva le roy de France et mist siège devant la ville d'Arras et ossy devant la cité. Esquelles ville et cité estoient de par le duc de Bourgongne pluiseurs chevaliers et escuiers, tant du pais de Bourgongne comme de Piccardie. C'est assavoir messire Jehan de Luxembourg, qui avoit esté nez en Ytalie, le seigneur de Noielle, en son tamps appellé le Blancq Chevalier, les seigneurs de Montagu, de Ront et de Champdivers, le gouverneur d'Arras et pluiseurs autres, lesquelz furent nombrez à V^e hommes d'armes, sans ceulx de la ville. Lesquelx firent moult de belles saillies sur l'oost du Roy en pluiseurs lieux et presque tous les jours, que pau en faillirent, et tousjours rentrèrent deudens la ville à leur honneur, et secoururent et mirent nouvelle garnison de gens et de vivres au chastel de Bellemotte, assés près dudit lieu d'Arras. Et lequel siège durant, lequel y fu continuellement par l'espace de sept sepmaines ou environ, sans ce que ceulx de dehors y meisfessent de riens, se ne fu de leurs canons dont ilz perchèrent les murs, tours et portes d'icelle ville et de ladicte cité en pluiseurs lieux. Mais oncques ne firent semblant d'y livrer assault.

Ce siège durant, se mirent à traictier et à aller devers le Roy, le duc de Brabant et la contesse de Hainau, frère et seur du duc de Bourgongne. Et s'en retourna le roy en France et toute son oost sans plus riens faire et sans entrer en ladicte ville d'Arras, de laquelle on ne leur fist oncques ouverture. Mais on le fist à Bourges, et y entrèrent pluiseurs seigneurs de par le Roy, combien que le Roy ne le duc de Bourgongne n'y entrèrent point. Et fu rendue la ville de Bappaumes en l'obéissance dudit de Bourgogne, comme son héritage.

Après le département du roy de France, alla le duc de Bourgongne à Cambray et là fist appointier son carroy et toutes ses besoignes pour aller en Bourgoigne avec les barons et gentilz hommes dudit pays. Et laissa Philippe, son filz, et dame Michiele de France, espeuse de sondit filz, au pais de Flandres. Et au département dudit de Bourgongne, iceluy duc estoit très mal contend des quatre membres dudit pais de Flandres pour ce que ilz avoient esté contre sa volenté audit lieu de Péronne, et avoec ce ne lui avoient vollu faire ne donner quelque aide ne cofort contre ses anemis, et se savoient bien comment le Roy estoit par iceulx menez et conduis du tout à leur volenté. Pourquoy ils devoient croire que ce n'estoit point le fait dudit Roy, mais estoit le fait et emprise de sesdis ennemis. Et ne tint pas à eulx que ledit duc de Bourgongne ne fust deshonnorés et destruis. Et ainsi s'en alla iceluy duc en Bourgongne, et y séjourna plus d'un an.

En cel an meismes fu mis le concille à Constance, en Allemaigne, de pluiseurs cardinaulx, patriarces, archevesques et évesques et autres prélatz et ambaxadeurs de pluiseurs roix et princes chrestiens. Et estoit lors très grant division en l'Eglise par Pierre de Lune, nommé pappe Bénédic, qui se disoit vray pappe, et ne voloit céder non obstant que sustraction lui estoit faicte par pluiseurs causes de la plus grand partie de chrestienté, et n'avoit mais obéissance qu'en Espaigne et en Arragon. Auquel royaume d'Arragon il se tenoit en une forte ville sur la mer. Et aussi en cel an avoit esté prins et menez en prison en la duchié de Baivière, le cardinal de Bouloigne, nommé le pappe Jehan. Et le prinst le roy des Rommains, empereur d'Alemaigne, pour pluiseurs creismes et articles que on lui mettoit sus. Et pour mectre l'Église en bonne paix et vraie union, fist tant ledit roy des Rommains que le concille se tint continuellement par l'espace de deux ans, ainchois que ceulx desdis roiaumes d'Espaingne et d'Arragon y venissent. Lesquelx y vinrent en l'an mil IIIIe et XVI, au mois d'aoust, à très belle et noble compaignie de prélatz et de chevallerie. Et tant que après leur venure on procéda à vraie éleccion de pappe. Et enfin fut esleu, confremé et pontiffié le cardinal de la Tombe, de la nacion de Romme, en l'an mil IIIIe XVII, et fu nommés pappe Martin.

EN L'AN MIL IIIIe XV.

En la saison d'aoust, se mist en mer le nouvel roy Henry, filz de Henry, roy d'Engleterre, avecq luy les ducqs de Clarence et de Bethefort, ses frères; le duc de Iorcq, les contes d'Arrondel, de Werwic, de Kint, et Dontiton, le seigneur de Ros et le seigneur d'Escaillon et son frère, et pluiseurs autres. Et arriva à Harfleu, où il mist siège et y fu environ IX sepmaines, et puis lui fu rendue par traictié, par le seigneur de Gaucourt, qui en estoit cappitaine tenant le party d'Orléans.

En ce tamps, se mirent sus les princes et seigneurs de France à toute puissance pour aller contre lesdis Engloix. Et quant le roy d'Engleterre seult que ilz estoient assemblez, il party de Harfleu et y laissa le duc de Bethfort, et il s'en volt retourner à toutes ses gens par le pais d'Artoix à Calaix. Mais les princes et seigneurs de France le poursievirent jusques audit pais d'Artoix, et tant que il ne polt eschapper sans eulx livrer bataille, non obstant que il avoit jà passé les rivières d'Oise, d'Autye et de Somme. Et furent ractains et enclos emprès Aisincourt et de Rouseauville. Dont iceulx Engloix furent moult dolans, car contre eulx estoit toute la fleur de la chevallerie du royaume de France, et estoient François mieulx de quatre contre ung.

De l'armée de France estoit à ce jour le chief et souverain, le duc d'Orléans, et avoec luy estoient les ducqs d'Alenchon, de Bourbon et de Bar, les contes de Nevers, de Richemont, d'Eu, de Vendosme, de Marle, de Roussy, de Tonnoire, de Vaudemont, de Danmartin et de Salebruce; Charles de Labret, connestable de France, Jehan de Bar et Ferry de Loeraine, le viconte de Nerbonne, et toute la fleur de chevallerie de France, de Picardie et de Hainau. Mais des pais de Flandres et de Bourgongne n'y eubt nul seigneur que messire Loys de Ghistelle, filz au seigneur de Ghistelle.

Le XXV° jour du moix d'octobre, assamblèrent à bataille Françoix et Engloix, environ heure de prime, en une place emprès lesdis lieux de Aisincourt de Rousseauville. Et commenchèrent Englès à traire sur les Françoix. Lesquelx Engloix estoient en deux bosquès, et la bataille des Françoix estoit entredeux pour assambler à la bataille du roy d'Engleterre, qui estoit au dessus de ses archiers. Et estoient les Françoix en une ghasquière nouvellement ahennée, qui leur fist moult de paine à passer. Car ilz estoient pesamment armez et la ghasquière estoit molle, par quoy ilz furent moult lassés et traveilliés à en yssir. Car ilz estoient de piet. Et quant vint à l'assambler à ladicte bataille du roy d'Engleterre, les pluiseurs estoient si traveilliés que à paines se savoient-ilz ravoir de ladicte ghasquière. Et les Engloix estoient frès et nouviaulx, qui ne s'estoient meuz de leur place avantageuse, et commenchèrent à fraper moult asprement sur les Françoix et en abatirent moult qui ne se povoient relever, et se n'avoient les pluiseurs qui les aidast à les remettre sus, car ilz n'avoient volu mener avec eulx nuls de leurs varlès, pour ce que entre eulx gentilz hommes voloient avoir l'onneur de ladicte bataille. Mais ilz en furent trompez, car ilz y furent tous mors et desconfis, que bien pau en eschappa. Et ne dura gaires la bataille. Et droit au point de la desconsfiture arriva le duc de Brabant en ladicte place, à bien pau de gens, de son hostel tant seulement. Lequel se bouta bien chaudement en ladicte bataille, en laquelle il fu incontinent occis et deux chevaliers avoec luy, filz du seigneur de Lens en Haynau, et frères à l'évesque de Cambray qui pour lors estoit.

En celle bataille furent occis et mors le duc de Brabant, le duc d'Alençon et le duc de Bar, les contes de Nevers, de Marle, de Roussy, de Vaudémont, de Dammartin, de Vendosme, d'Eu et de Salebruce, le connestable de France, Jehan de Bar, Ferry de Lorsaine, Loyz de Ghistelle et toute la gentillesche qui se mist en ladicte bataille que bien pau en eschappa, se ne furent ceulx qui y furent prins en vie. C'est assavoir les ducqs d'Orléans et de Bourbon, les contes de Vendosme et de Richemont et aucuns autres, dont il n'en retourna gaires hors de leur prison. Et de la partie du roy d'Engleterre ne moru nul homme, fors le duc de Iorc son oncle, et aucuns autres gentilzhommes en petit nombre.

Après celle bataille s'en alla le roy d'Engleterre à Calaix bien hastivement, car il doubtoit que les demourés et fuyans ne se rassamblassent pour les combattre de rechief, et pour ce s'en party et s'en alla de tire en Engleterre, et y fist mener tous les prisonniers.

Après celle desconffiture manda le duc de Berry, le conte d'Armignac venir pardevers luy en la ville de Paris, ainsi que il fist. Et après ce que il y fut arrivez il fu fait connestables de France, affin que leur bande se peust entretenir contre le duc de Bourgongne.

Quant toutes ces choses furent venues à la cognoissance du duc de Bourgongne, qui encores estoit en sa duchié de Bourgongne, il assambla la plus grant puissance que il polt en la duchié et en la conté de Bourgongne, et puis s'en party et s'en vint en France pour ce que il sçavoit le Roy et son royaume estre en très grant péril et aventure pour la grant perte qu'il avoit eue de sa chevalerie, et ossy pour ce qu'il estoit petitement gouverné de gens et de consseil. Et arriva icelui duc à Laingny sur Marne, et là fu longuement pour espérance de trouver traictié pour aller à Paris devers le Roy son seigneur et y envoi a pluiseurs fois ses ambaxadeurs. Mais oncques ne polt finer au duc de Berry, au conte d'Armignac, au chancellier de France, Taneguy du Chastel et autres, que il entrast à Paris. Et durant le tamps desdictes ambaxades moru soudainement le duc de Ghyenne, ainsné filz du roy. Duquel la mort fu célée par l'espace de quattre jours affin que ceulx de Paris n'eussent nulle souspechon sur ceulx qui le avoient en gouvernement. Et fu commune renommée que il fu empoisonnez par ceulx qui estoient entour luy, pour ce que il avoit grant affection et désir d'avoir le duc de Bourgongne son beau père, emprès luy.

Après la mort du duc de Ghienne venue à la cognoissance du duc de Bourgongne, se party icelui de Bourgongne de la ville de Laingny, et retourna en Artoix et en Flandres. Dont ceulx qui tenoient le party de Berry et d'Armignas, lesquels furent de tous tamps depuis nommés *armignacs*, firent grant mocquerie d'iceluy duc et de son emprise et l'appellèrent grant tamps Jehan de Laingny, et par avant l'appeloient Jehan Beausire, et Jehan à la longue cotte, par grand desrision.

Quant le duc de Bourgongne fut retournez en Artoix, il donna congié à toutes ses gens d'armes, lesquelx s'en retournèrent en Bourgongne. Et dedans brief tamps après, icelui duc s'en alla en Haynau devers Jehan de France, duc de Thouraine et par le trespas de sondit frère, daulphin de Viennoix comme ainsné filz du roy de France. Lequel avoit espousée la fille audit conte de Haynau, nièpce audit duc de Bourgogne. Avec lequel il tint conseil pour trouver la manière comment il porroit estre seurement menez et conduis devant le Roy, son père, pour avoir le gouvernement tel que à luy appartenoit. Mais ils ne porent trouver manière qui fust seure pour luy mener, tant que ceulx qui estoient à Paris eussent le gouvernement du roy. Et par tant se conclurent que icelui Daulphin demourroit encores en Haynau avec sa femme. Et puis s'en retourna le duc de Bourgongne en Flandres, où il séjourna plus d'un an entier.

En cel an fu la sentence rendue à Constance par le concille général de chrestienté estant audit lieu, de la matière et question meue entre le duc de Bourgongne d'une part, et l'évesque de Paris, frère audit feu Montagu et autres clercs et docteurs de l'Université de Paris tenant le party d'Armignac, d'aultre part, ladicte matière touchant nostre foy chrestienne en aucuns poins à cause de la proposicion faicte à Paris par maistre Jehan Petit, docteur en théologie, au commandement et adveu d'iceluy duc, comme cy devant est dit. Laquelle proposicion ledit évesque et ses complices avoient condempnée et arse publicquement par jugement, en la ville de Paris, comme chose plaine de hérésie et de fauseté. De laquelle sentence icellui duc appella en court de Romme, où estoit lors assamblée la fleur de clergie de toute chrestienté, comme dit est, et y fist appeller et évocquier ceulx qui avoient donné ladicte sentence. Laquelle sentence darrenière faicte audit concille sur l'appelacion dessusdicte, fu al honneur dudit duc de Bourgogne et conservacion de sadicte proposicion et à la condempnacion desdis évesque et clergie de Paris, lesquelx furent condempnés de rappeller leur jugement comme faulx et mauvais, publicquement et devant tous, quant requis et semons en seroient.

En cel an, Jacques de Bourbon, conte de La Marche, alla en Ytalie à grant compaignie de gens, et prist à mariage la royne Jehenne, seur à feu le roy Lansselaou, et fu tenu pour roy de Sézille par tout le royaume. Et fist son connestable de Lourdin de Saligny, chevalier natif du royaume de France. Et depuis ce tamps ne vesquy gaires le roy Loys, duc d'Ango, mais moru tout enflés du mal Saint-Quentin.

EN L'AN MIL IIIIe XVI.

Vint le roy des Rommains en France et fu à Paris, où il fu bien receuz et conjoiz du duc de Berry et du conte d'Armignac, et y séjourna environ XV jours, et de là s'en alla en Engleterre devers le roy, où il fu longuement, en pourçachant le paix des deux roys et royaumes de France et d'Engleterre. Mais il n'y pot riens besoungnier et s'en retourna en son païs d'Alemaingne sans riens faire. Et donna aux Liégois pluiseurs franchises et libertez. Et fist en ce voiage de la conté de Savoie une duchié. Et est vray que quant le Roy des Rommains party d'Alemaingne pour aller en France et en Engleterre, il estoit et avoit toujours esté tenant le party contraire du duc de Bourgongne, par le moien du duc Loys de Bavière, frère de la roynne de France, des cardinaulx de Cambray et de saint March, maistre Jehan Garson et autres commis ambaxadeurs du roy de France, par le moien des gouverneurs du royaume. Mais quant ledit roy des Rommains retourna en son dit païs, il estoit tout tourné de la partie dudit duc de Bourgongne par ce que il avait veu et oy en sondit voiage où ledit de Bourgongne eust puissance, car le conte d'Armignac luy avoit dit que se il passoit parmy le pays d'Artois ne ailleurs sur les marches du pays d'iceluy duc de Bourgongne, il le feroit prendre et emprisonner et le tendroit en sa subgection.

En cel an le XIIIe jour du mois de septembre, à heure de vespres, s'esmurent et rebellerent ceux de Napples contre le roy Jacques, et prirent la royne sa femme en ladicte ville de Napples, et menèrent grosse guerre audit roy et à ceux qui tenoient son party. Et fu prins son connestable et le seigneur de saint Meuriss, beaupère dudit connestable. Et pour mieulx asseur se fist ledit roy mener par ung bringuantin en mer au chastel de l'Euf, et laissa de ses gens en garnison au chastel de Neuf. Et dura celle guerre jusques au XXVII° jour d'octobre ensievant, que la paix se fist moiennant ce que tous les François estans audit royaume, aians estat ou offices en icelui, s'en partiroient et s'en retourneroient chacun en son païs, excepté ceulx qui seroient commis à servir le corps dudit roy, en bien petit nombre. Et après celle paix faicte retourna ledit roy au chastel Neuf et la royne aussi. Auquel chastel lui fu de tous le serement renouvelé de le tenir pour leur roy toute sa vie, sans ce qu'il deuist avoir nul gouvernement dudit royaume, et lui fu son estat ordonné pour sa personne de gens, de chevaulx et d'aultres choses, tout au plaisir d'iceulx Napolitains.

Au jour que le roy Jacques arriva au chastel Neuf, après ladicte paix faicte, firent ceulx de Napples grant joie parmy la ville, et alumèrent feux et chandeilles parmy les rues et sur les terraces des maisons. Et lendemain, furent les dames et demoiselles de Napples dansser et mener joie audit chastel. Mais au tierch jour fu ledit roy si court tenu que nul ne pooit parler à lui, sinon en la présence de ceux qui l'avoient en ce gouvernement, et ne porrent les gentilz hommes de France prendre congié à luy. Et tantost après mirent la royne en ce party, pour doubte que eulx deulx ensemble ne fussent maistres desdis gouverneurs. Et toutesfois, pour leur serement acquitter, ils tinrent l'un et l'autre pour leur roy et royne, mais ils les gouvernoient eulx et leur royaume du tout à leur volenté. Et fu le chief de tous les rebelles et traytours, un anchien homme de la plus riche et puissante lignié de Napples, nommé Hennequin Mourmil, qui estoit celuy en qui le roy avoit la plus grant fiance de tous les Ytaliens. Et fu chieulx roi en ce point détenus par grande espace de tamps. Enfin leur eschappa et fu conduis par mer au païs de Tarente, qui luy estoit donnés, et puis s'en party et fu du tout déboutéz dudit royaume. Et y alla depuis luy, le duc d'Ango, filz dudit roy Loys darrenièrement trespassé. Et fu receuz en la cité d'Averse, mais il n'y eubt mie esté longuement quand il l'en convient partir. Et fu ençachiés par le roy d'Arragon.

En cel an moru le duc de Berry en la cité de Paris, et fu menez et enterrés en la ville de Bourges. Et par ainsi demoura le duc d'Armignac gouverneur du royaume de France.

L'AN MLI IIIIe XVII.

Party le conte de Haynau de son païs pour mener le Daulphin de Vienne devers le roy son père, et le mena jusques à Compiengne et là le laissa en la garde de ses gens; et ledit conte s'en alla à Senlis devers la royne de France et depuis à Paris, pour trouver les moyens et manière de amener ledit Daulphin audit lieu de Paris. Et en ce tamps allèrent pluiseurs chevalliers et escuiers devers icelui Daulphin audit lieu de Compiengne, faignans de lui faire révérence et honneur. Et tant y en alla et si près le approchèrent, que il moru bien hastivement, ainchois que ledit conte de Haynau retournast audit lieu de Compiengne. Et luy furent les nouvelles portées audit lieu de Paris. Dont il se party incontinent, très dolant et courouchié, et s'en retourna en son païs de Haynau, auquel il mora bien prochainement après. Et fu commune renommée que ils furent tous deux empoisonnez desdis Armignas. Et adont ne demoura au roy de France que ung seul filz qui estoit moult josnes, et fu nommés Charles, conte de Pontieu. Lequel estoit à Paris et demoura au gouvernement d'iceulx Armignas, dont moult de maulx avindrent depuis en France.

En ce tamps ce moutéplia la puissance du conte d'Armignac, et portèrent les damoiselles de Paris, en grant sollempnité, la bende aux festes et ducasses de Paris, et les faisoient traviser parmy les rues tant les faisoient longues et plentiveuses, et fist-on à ce tamps si grand feste de ladicte bende que on le donnoit à porter à pluiseurs ymages ès églises de Paris, qui estoit merveilleuse chose à veir à faire porter aux ymages représentans les sains de Paradis et au roy de France, la bende du conte d'Armignac, laquelle bende fu jadis donnée à ung sien devanchier, conte d'Armignac, par condempnacion et pugnicion du pappe, à le porter à tous jours mais, luy et ses hoirs, en signe d'amendise du fourfait que il avoit lors commis; et encores lui fist on grâce, car la condempnacion fut de porter une bart au col, laquelle fu couverte en une bende par la prière d'aucuns princes et seigneurs. Et elle fu à ce tamps si fort augmentée que on la donnoit à porter aux sains et aux saintes et au roy de France.

Après le trespas du Daulfin et du conte de Hainau, fist le duc de Bourgongne ung grant mandement de gens d'armes par tous ses pays, à assambler au moix d'aoust entour Amiens et Corbie. Et le tamps durant que ses gens se ordonnoient et appareilloient pour le servir, ledit duc s'en alla devers le roy d'Engleterre à Calaix pour aucunes choses secrètes qui point ne vindrent à congnoissance de communes gens. Et pour la seureté de sa personne fu la manière de son allée telle, que au partir de sa ville de Saint-Omer il avoit avoec luy le conte de Charoloix, son filz, et grand plenté de chevalliers et escuiers en armes, et chevaucha en belle ordonnance jusques à une yauue qui queurt entre Saint-Omer et Calaix. Et par de là ladicte yauue estoit le seigneur de Glochestre, frère au roy d'Engleterre, lequel estoit très bien accompaignié de gens d'armes et illec attendoit le duc de Bourgongne. Et au passer ladicte yauue, lesdiz ducqs de Bourgongne et de Glochestre se mirent l'un contre l'autre, le duc de Bourgongne pour aller à Calaix, et le duc de Glochestre pour aller à Saint-Omer. Et droit au my lieu de ladicte yauue firent la révérence lez ungs à l'autre, et en ce faisant se arrestèrent ung peu en ladicte yauue et puis passèrent oultres, chascuns à tout son estat tant seulement. Et s'en alla le duc de Bourgongne en la compaignie desdis Engloix audit lieu de Calaix. Et le duc de Glochestre s'en alla en la compaignie dudit conte de Charoloix audit lieu de Saint-Omer, comme ostagier pour la seureté de la personne dudit duc de Bourgongne. Et quant le consseil fu finéz à Calaix, et que iceluy duc de Bourgongne fust disposé de retourner en son pais d'Artoix, on le fist savoir au duc de Glochestre, et retournèrent ces deux princes en la manière que ilz estoient venus chascuns en son lieu.

Après le retour du duc de Bourgongne en son pais d'Artoix, icelui duc fist ung grant mandement pour haster les barons et gentilz hommes de Bourgongne, et en les actendant s'en alla à Corbie et à Amiens. Esquelles il fu grandement receuz et honnorez, et luy livrèrent iceulx de ladicte ville d'Amiens arbalestriers et paviseurs pour les mener par tout où il lui plairoit, à leurs proppres despens. Et pareillement firent ceulx des bonnes villes de Arras, Béthune, Lille et Douay et pluiseurs autres. Et actendy les Bourguignons audit lieu de Corbie, luy estant logié en l'abbéie de Saint-Pierre audit lieu.

En la fin du moix d'aoust arrivèrent à Corbie les seigneurs et barons de Bourgongne en moult noble et grande compaignie. Et incontinent après leur venure se party le duc de Bourgongne dudit lieu de Corbie par ung dimence après disner et se loga celle nuit en plains champs emprès le chastel de Demuin à deux lieuwes près dudit Corbie. Lequel chastel de Demuin estoit nouvellement mis en l'obéissance du Roy et du duc de Bourgongne. Auquel logis arrivèrent ce jour pluiseurs estandars et cappitaines dudit de Bourgongne. Lesquelx s'en partirent à lendemain et prirent le chemin devers Beauvaix. Et furent adonc les Bourguignons commis à mener l'avant garde devers Beauvaiz. Laquelle ville et l'évesque d'icelle leur firent obéissance, et y entra le duc à toute sa puissance, et y séjourna bien huyt jours, et y fist mettre jus tous subsides, IIIIes, imposicions et gabelles de sel et autres marchandises. Et tantost après son département de Beauvaiz, retourna la dame du chastel de Demuin en son premier point, et mist grant garnison d'Armignas en sondit chastel. Laquelle garnison fist moult de maulx audit païs de Corbie.

En la compaignie du duc de Bourgongne estoient en ce voyage les seigneurs barons et cappitaines cy-après nommez.

Et premiers, les noms des barons et gentilz hommes des païs de Bourgogne et de Savoie :

Le mareschal de Bourgongne, seigneur de Vregy, Loys de Châlon, seigneur d'Arguel, filz au prince d'Orenge, le seigneur de Sallenoue, le seigneur de Jonvelle, frère au seigneur de La Trimouille, messire Regnier Pot, les seigneurs de Montagu, de Neufchastel, de Chasteauvillain, de Chasteauviez, de Thy, de Cottebrune, d'Ancre, de Toulongon, de Champdivers, de Chastelus et de Digonne, messire Anthoine de Thoulongon et Andrieu son frère, escuier, le Viau de Bar, Baillieu d'Aussoix, Henry de Champdivers, Gauchier de Ruppes, Andrieu de Salins, Regnault de Montcommun, Anthoine de La Marche, Anthoine de Vergy Jacques de Courtiamble, le seigneur de Saint-Liébault, Pierre de Fontenay, seigneur de Ransse, Pierre de Digongne, Pierre de Bauffremont et Chasteluisa, chevalier, Jehan de Gingin, Jehan du Clau, Clavin du Clau, Emar de Vienne, escuiers et pluiseurs autres.

Les noms des gentilz hommes de Picardie :

Messire Jehan de Luxembourcq, les seigneurs d'Anthoing, de Fosseux, de Longueval, de Noielle, d'Inchy, de Cohem, de l'Ille-

Adan, de Humbercourt, de Picquegny, de Sorel, de Saint-Légier, de Rollecourt et de Belleferière, Athis et Daviod de Brimeu, frères, Paien de Beaufort, Guillaume de Bonnières, Hue de Lannoy et Ghilbert son frère, Maurroy de Saint-Légier, Charles de Lens, Jennet de Poix et Robinet de Mailly, chevaliers, Hector et Philippes de Saveuses, frères, Jacotin, Collinet, Jehan et Robert de Brimeu, Jehan de Fosseux, Regnault de Longheval, Jehan de Horne, Davyot de Poix, Coppin Gauvain et Maillet de La Viesville, Camuset de Ligny, Tramet de la Tramerie, Jehan d'Obigny, le bastard de Thian et Charles Labbé, escuiers, et pluiseurs aultres.

Les noms des gentilz hommes du pais de Flandres :
Le souverain bailli de Flandres, le seigneur d'Esteenhuse, les seigneurs de Le Vexte, Gruthuse, Commines et de Roubais, Robert et Victor de Flandres, frères, bastars de feu le conte Loys de Flandres, et Victor de Rabecque, chevaliers, Robert de Masmines, Henry de Dixmude, Hector de Beuroult, le bastard de Colscamp, escuiers, et autres.

Les noms d'aucuns seigneurs de l'ostel dudit duc de Bourgongne :
Le josne conte de Saint-Pol, son nepveu, filz de feu le duc de Brabant, lequel conte n'avoit que XVII ans d'éage et fu sa première armée et n'estoit que escuier, les seigneurs de Briauté et de Courcelles, ung autre chevallier d'Alemaingne et Élion, seigneur de Jacleville, chevaliers, Charlot de Dully, lorrain, Pierre Stewart, alemant, et pluiseurs autres.

Laquelle oost fu nombrée à XXXVI^c hommes d'armes et plus de II^m archiers. Et y trouva on pour ung jour II^c mille personnes, et bien C et L^m chevaulx, parmy le carroy, qui estoit moult grant et tenant plus de deux grosses lieuwes loings en cheminant, lesquelx estoient chargiés de tous habillemens que oncques mais pour ung seul prince ne fu plus belle oost veue de ses subjectz.

En la ville de Beauvaix fist le duc de Bourgongne copper les batteriaulx de III laronceaux qui estoient venus espier et empoisonner son oost et les yawes des puis. Et au partir d'icelle ville il commist l'avantgarde au seigneur de Jacleville et à Hector de Saveuses. Lesquelx prirent leur chemin à Chambely le Haubregier emprès Beaumont sur Oise, et pillèrent et fustèrent toute la ville, et puis allèrent en l'église d'icelle et brisèrent et effondrèrent tous les escrins et coffres appartenans aux gens dudit village, et emportèrent tout ce qu'ilz trouvèrent dedens sans y riens laissier. Et puis s'en allèrent à Beaumont et livrèrent grant assault ès tours dessus le pont, par terre et par yawe, et fu ledit pont gaignié par ledit assault et ossy fu la ville. Mais les Armignas se retrairent au chastel, lequel chastel de tous costés fu assiégés, et y allèrent pluiseurs seigneurs des pais de Bourgongne, lesquelx prirent leur logis ès maisons de la ville et pendirent leurs estandars dehors. Mais pour ce ne se volrent ceulx rendre qui dedens ledit chastel s'estoient boutés. Et pour celle cause fist le duc de Bourgongne séjourner ses gens environ ladicte ville et fist asseoir ses plus gros engins et bombardes en grant nombre devant ladicte forteresse en une belle praierye sur le bort de la rivière. Et durant ledit siège, le duc de Bourgongne dessusdit se loga en ladicte ville de Chambely et son oost ès villages d'entour. Et dura cedit siège environ VIII jours, et puis se rendirent ceulx dudit chastel à la volenté dudit duc par ce que ilz ne se porrent plus tenir. Car ilz furent telement batus desdis engiens que leurs barrières et murailles furent en pluiseurs lieux domagiés et abatues. Et y furent trouvées LII personnes de gens d'armes, desquelx y en y eubt IX hommes décolez et les autres furent mis à raenchon. Et à ce siège arriva le seigneur de l'Ille-Adam en la compaignie dudit duc de Bourgongne.

Après la prise du chastel de Beaumont, se party l'ost du duc de Bourgongne en deux parties, et s'en allèrent mectre siège devant la ville de Pontoise. C'estassavoir l'oost des Bourguignons, du costé de l'abbéie de Maubuisson; et le duc de Bourgongne et son ost de Piccars et Flamens passa la rivière d'Oise audit lieu de Beaumont et mist le siège du costé devers la justice. Auquel siège mectre arrivèrent les deux oosts tout en ung tamps et à une meisme heure devant ladicte ville, et y eubt grande escarmuche de ceulx de ladicte ville au siège mectre contre ceulx de l'avant garde de l'ost dudit duc. Et fu celle escarmuche faicte à l'entrée des faubours de ladicte ville là où il y eubt pluiseurs navrés et occis d'un costé et d'aultre. Mais en fin furent les fourboux gaingniés et furent les Armignas reboutés dedans la ville. Esquelx fourbours se logèrent Piccars et Flamens jusques aux portes d'icelle. Et furent les engiens assis droit devant lesdictes portes au dessus de la grande église et au plus près d'icelle église, qui n'estoit point lors fermée. Et se loga le duc et ses gens en une belle plaine et y fist tendre tentes et pavillons, et puis fist faire tous les apparaulx qu'il appartenoit pour grever ladicte ville. Mais ceulx qui dedens estoient en garnison apperchurent lesdiz apparaulx. Ilz commenchèrent à parlementer et tant, que dedens chincq jours après ilz se rendirent leurs vies et biens saulfz et livrèrent ladicte ville audit duc de Bourgongne, et s'en allèrent sauvement à Paris moiennant que ilz promirent, à icelui duc d'eulx non armer contre luy jusques au jour du Noel prochain a venir passé. Et estoient III cappitaines portant estandars, c'est assavoir le bastard de Sainte Terre, Tromagon et Marragon, natifz du païs de Gascongne. Mais quelque serement que ilz feissent, ossi tost que ilz furent à Paris ilz se armèrent comme devant.

Le siège de Ponthoise durant, envoièrent ceulx de la ville de Senlis aucuns de leurs bourgois devers le duc de Bourgongne, lesquelz bourgeois luy rendirent ladicte ville de Senlis en l'obéissance du roy de France et de luy. Et il les rechupt à ce moult volentiers et leur promist de les conforter et aider, et d'eulx baillier bon cappitaine pour eulx garder et deffendre se ilz en avoient besoing. Et celle reddicion se fist par le moien dudit de Luxembourg, qui fu commis d'aller audit Senlis et ès païs d'entour pour mectre les fortresses en l'obéissance du Roy et dudit duc de Bourgongne.

Quant les Armignas furent partis dudit lieu de Ponthoise, le duc de Bourgongne, à bien pau de gens, alla visiter ladicte ville et les bonnes gens d'icelle, lesquelx il amoit moult, car il y avoit aultreffois esté bien receuz et obéis. Et ne souffry lors que les gens d'armes y entrassent affin que on ne leur ostasts leurs provisions et leurs vivres. Et fu toujours la ville fremée, tant que l'oost s'en fust partie.

Au département de Pontoise, mena Castelinba l'avant-garde au pont de Meulan, où il ne trouva nulle deffense, car toute la garnison s'en estoit partie et allée avoec ceulx de Ponthoise qui avoient passé parmy ladicte fortresse. Et au-dehors de la ville, sur le costé de Vignolles, se loga l'ost du duc de Bourgongne une nuitée, et lendemain s'en party. Et quant toute l'oost fut passée le pont et que le duc se vit en plains champs en une belle plaine de terre au desoulz d'une montaigne et avant qu'il passast icelle, il fist arrester sa bataille et fist mectre tous ses gens d'armes d'icelle en ordonnance de bataille pour savoir comment ilz estoient habilliés. Et là trouva une moult noble compaignie de gentillesche et de gens de trait bien montés et armés, chascuns selon luy. Et si estoit son avant-garde devant, à tout IIIIe hommes d'armes, et son estendart de fourrie, à tout LX hommes d'armes, et en l'arrière-garde estoit demeurés Castelinba et ses gens, environ C hommes d'armes.

Là se tint le duc de Bourgongne très-content de toutes ses gens, et fu moult joieux de les veoir en telle ordonnance, et party d'icelle place en prenant son chemin devers Paris. Et lendemain envoia ledit de Luxembourg et autres cappitaines de Piccardie au nombre de IIIIe hommes d'armes ou environ, mettre le siège devant la tour de Saint-Clau. Et se logèrent dedens la ville, et firent asseoir leurs engiens sur le bord de la rivière devant ladicte tour. Et le duc de Bourgongne s'en alla devant Paris et se logea au Mont rouge, et y fist tendre tentes, trefz et pavillons, et ossi firent les seigneurs de son oost. Et sambloit une bien grosse ville à veoir leurs logis, combien que la plus grant partie de ses gens se logèrent ès villages à une lieue et à deux arrière de luy.

Endementiers que le duc de Bourgongne estoit sur le Mont rouge, messire de Mauroy de Saint-Légier passa la rivière de Saine et les gens desoubz son estandart avec luy, et allèrent ardoir et destruire les fours et les molins de Saint-Brisse, et puis retournérent saulvement en l'oost dudit duc de Bourgongne par l'autre lez de ladicte rivière.

Quand le duc de Bourgongne eubt esté huyt jours au Mont rouge devant Paris, il fist deslogier son oost et s'en alla logier en une aultre montaigne à une lieue près dudit Mont rouge en approchant Paris, et là se loga et fist mettre son estandart sur ung arbre secq estant sur ladicte montaigne et pour ce fu ce logis, apellé le logis du Secq Arbre. Et là furent ledit duc et ses gens logiés plus d'une sepmaine. Et durant le temps de ces deux logis, furent pluiseurs escarmuches faictes au dehors de Paris de ceulx qui estoient de la garnison dudit lieu et des gens d'icelui duc de Bourgongne logiés ès villages plus prochains de Paris. Mais il n'y eubt gaires de perte d'un costé ne d'aultre, ne chose faicte qui fache raconter. Car ceulx de Paris n'eslongnoient point leur ville, et rentroient dedens icelle si tost que il veoient gens plus fors d'eulx.

Ce tamps durant furent moult asprement gectés les gros engins assins devant Saint-Clau, et dommagèrent moult ladicte grosse tour de deux costés, et par espécial par le costé devers la ville, là où le trait fu fait si grant que ung homme armé sur son cheval fust passé parmy. Et fu ladicte tour tout estonnée, perchiée en pluiseurs lieux et presque toute gastée. Mais elle demoura en estant et ne fu point gaignié, car tous les jours y venoient nouvelles gens de Paris. Et firent logis en terre où ilz se tenoient, car en ladicte tour ilz ne se osoient, ne se povoient tenir. Et fu la première petite tour prinse d'assault et le feu bouté dedens, par quoy elle fu presque toute arse, et les molins qui estoient desoulz furent ars et destruis. Mais il n'y eubt aultre chose fait, et demeurèrent les Armignas maistres du pont et de ladicte tour par ce que le duc de Bourgongne et son oost partirent de Paris, et ossi firent ceulx de Saint-Clau, lesquelx retournèrent en l'oost d'iceluy et allèrent mectre le siège devant Mont-le-Héry.

Le jour que le duc de Bourgongne se deslogea de devant Paris, il fist très-lait tamps et ne cessa de plouvoir. Et furent les Bourguignons ce jour en bataille devant Paris, jusques à tant que toute l'oost fut partie, charroy et tout, et y furent bien sept heures, et puis en partirent en faisant l'arrière-garde. Et celle nuit se loga le duc à Longjumeau, et les Bourguignons qui faisoient le arrière-garde, par le commandement d'iceluy duc, passèrent tout parmy le village de Longjumeau et allèrent logier deux lieues oultre, en faisant l'avant-garde. Et lendemain fu le siège mis devant le chastel de Mont-le-Héry et se loga le duc de Bourgongne dedens le village dudit Mont-le-Héry, et ses gens se logèrent ès villages d'entour, et y furent les engiens assis tout entour le chastel, ès vignobles et ailleurs. Et fu l'appareil fait moult grant devant la barrière dudit chastel, et y furent trois gros engins menez. Lesquelx engins devant ladicte barrière assiz, furent une vesprée gectés en si grand radeur que ceulx de la fortresse en furent tous esbahis. Et lendemain furent mandés gens d'armes de chascun estandart et grand nombre d'arbalestriers pour assaillir la fortresse. Et fu conclud que tous lesdis engins seroient ensamble gectés de tous costés. Mais quant ceulx dudit chastel apperchurent ces apparaulx, ilz commenchèrent à parlementer, et, par saulf conduit, allèrent aucuns des plus notables d'iceulx parler au duc de Bourgongne. Et en fin furent d'accord de rendre la fortresse de Mont-le-Héry en l'obéissance d'icelui duc de Bourgongne dedens huyt jour après ensievans, ou cas que dedens icelui terme ilz ne seroient secourus de secours si puissant que pour faire partir ledit de Bourgongne et sa puissance. Et ce pendant laissèrent devers icelui duc des hostages souffisans, dont il se tint pour contens. Et ce siège durant de Mont-le-Héry, se rendirent ceulx de Marcoussi, et s'en partirent salvement. Et ceulx de Mont-le-Héry envoyèrent devers le conte d'Armignac pour avoir secours de luy et des siens dedens ledit jour de VIII jours, ou se ce non ilz renderoient ladicte fortresse.

Durant le siège de Mont-le-Héry, le seigneur de Jacleville, Jehan de Gingin, Jehan d'Obigny, Jehan et Clavin du Crau, à toute leur puissance, furent envoiiéz à Chartres pour faire mectre la ville de Chartres et le pais d'entour en l'obéissance du Roy et du duc de Bourgongne. Auquel voiage firent tant les dessus nommés que à eulx, el nom que dit est, se rendirent les villes et forteresses d'Estampes, de Chartres, de Gaillardon et autres au pais de Chartrain. Et de tout ce pais fu commis gouverneur ledit de Jacleville.

Par défaulte de secours fu rendue ès mains du duc de Bourgongne la forteresse de Mont-le-Héry et y fu mise garnison de par iceluy duc. Et pareillement fu fait à Marcoussi. Et puis alla le duc de Bourgongne mectre siège à Corbueil. Lequel siège ne se polt tenir longtemps pour deux causes, l'une pour la saison d'iver qui estoit venue, et pour les grandes pluies qui furent à ce tamps si merveilleuses que pluiseurs y prinrent très griesves maladies dont ilz morurent. Et y commença la mortalité moult grande, laquelle se parfina en la ville de Chartres après ce que le duc de Bourgongne y fu arrivé. L'autre cause fu pour ce que la royne de France manda hastivement icelui duc pour aller devers elle à Tours, en Touraine, où elle se tenoit pour lors ; et avoit esté toute desrobée de son trésor et de ses joiaulx. Et par ce, se party le duc de Bourgongne de son siège de Corbueil, bien pau devant la Toussains, et prinst son chemin à Chartres, où il ne séjourna gaires, mais s'en alla de tire, à tout une partie de ses gens, audit lieu de Tours, et passa par Vendosme et à Bonneval. Et au jour que la Royne luy avoit fait savoir, il arriva devers elle à l'abbéie de Saint-Laurens, au dehors de Tours, par ung matin que on disoit la messe à ladicte abbéie. Et illec parlèrent longuement ensamble, et puis fist la Royne tant, que la ville de Tours fu ouverte et mise en l'obéissance d'icelui duc au nom du roy de France. Et quant le duc s'en party en la compaignie de ladicte Royne, et y laissa garnison, et en fu Charles Labbé, cappitaine. Lequel Charles la rendi depuis, environ ung an après, en l'obéissance des Armignas, et en demoura luy meisme cappitaine comme devant. Mais tant fist-il de bien, que à ceulx de sa compaignie qui volrent retourner en la compaignie du duc de Bourgongne, il bailla saulf-conduit et les laissa partir sauvement sans eulx rien hoster ne prendre, et les fist conduire hors des périls.

Endementiers que le duc de Bourgongne fist le voiage de Tours et que la plus grant partie de ses gens estoient demourés et logiés ès villages d'entour Chartres, saillirent une nuit les Armignas estans en garnison à Dreux et à Dourdan, sur le point du jour; effondrèrent en ung village nommé Sours, à deux lieues près dudit lieu de Chartres. Auquel village estoit logiés le bastard de Thian, gouverneur de l'estandart du seigneur d'Incy, lequel seigneur d'Incy estoit logiés dedens la ville de Chartres pour la seureté de son corps. Lesquelx Armignas firent moult de maulx audit village et y prirent moult de gens en leurs lis, et en demoura pau que tous ne fussent pris. Et tout ce qu'on y trouva de leurs chevaulx, harnas et aultres choses, que riens n'y laissèrent. Et prirent l'estandart dudit seigneur d'Incy et l'emportèrent avoec eulx.

Or fu l'avanture telle que le frère dudit seigneur d'Incy et ledit bastard ne furent point prins, mais après le département desdis Armignas fist icelui bastard sonner sa trompette pour rassambler les fuyans de sondit logis, et tant fist que il se trouva environ xx chevaulx. Et lors jura que jamais ne retourneroit se saroit quelx gens c'estoient qui emportoient l'estendart de son seigneur. Et commença à chevauchier de tire après eulx tousjours sa trompette sonnant. A celle heure avoit ès villages prochains dudit logis destroussés, pluiseurs hommes d'armes des gens d'aultres seigneurs de Picardie illec logiés, comme les gens dudit de Luxembourg, du seigneur d'Anthoing et autres, lesquelx estoient sur leur garde et s'estoient levez et esveilliez par la noise que lesdis Armignas avoient fait, et bien apperchurent ledit bastart chevauchier après eulx. Dont pluiseurs d'iceulx furent meuz de le sievir, et montèrent à cheval appellans ly ungs l'autre. Et tant que ledit bastard se trouva assés fors pour assaillir ceulx qui l'avoient destroussé. Et chevauça si asprement, luy et ceulx de sa compaignie, que ilz rataindrent leurs anemis et les assaillirent tèlement que il les desconfirent tous, et rescourent le fust de leur estandart, et ses gens que pau en eschappa, lesquelx furent depuis mis à raenchon, et l'estandart du bastard de Sainte-Terre, cappitaine d'iceulx Armignas, fu mis et portés dedens l'église, et devant l'ymage de Nostre-Dame de Chartres, où il pendy moult longuement.

Quant le duc de Bourgogne party de Tours il amena la Roinne de France à Chartres, et durant le tamps de leur séjour audit lieu, le duc de Bourgongne rechut lettres d'aucuns de ses amis de Paris, lesquelles contenoient que il alast hastivement à toute puissance devers ladicte ville, et que à certain jour par eulx devisé esdictes lettres, ilz lui feroient ouverture de ladicte ville. Et pour ce faire party ledit duc et mena ses gens devant la porte par laquelle il devoit avoir ouverture. Mais son département de Chartres et son emprise sur ce, fut sçeue par les gouverneurs de Paris, et par tant fu la ville gardée tèlement que point n'y entra. Et quant il vit que il estoit déceuz, il s'en ala à Mont-le-Héry et là donna congié aux Piccars et aux Flamens de eulx en retourner en leurs païs, et il s'en retourna à Chartres avoec les Bourguignons. Et audit lieu de Mont-le-Hery fu commis de par ledit duc, le bastard de Thian à garder, et estoit capitaine général de la ville de Senlis, pour ce que icelui duc avoit intencion de s'en aller à Troies en Champaigne et eslongier ladicte ville de Senlis.

Ainchois que le duc de Bourgongne alast devant Paris ceste dernière foix, Hector de Saveuses, lui xiie, avoit prins dedens l'église de Nostre-Dame de Chartres, Elion, seigneur de Jacleville, et pour aucunes rancunes et parolles qu'ilz avoient eu ensamble, icelui Hector fist porter ledit de Jacleville hors d'icelle église et mettre jus emprès l'ostel de l'évesque, et là le mist en tel point à l'aide de ses gens, que il fu du tout affollés et deshonnourés. Et si estoit l'un des plus raddes chevaliers qui fust à ce jour en l'ost d'icelui duc et très grandement en sa grâce. Et après ce fait ledit Hector monta à cheval et ses gens avoec luy, et se party bien hastivement de Chartres, et s'en alla où son estandart estoit logiés, à deux lieuwes près de ladicte ville. Et ledit de Jacleville se fist porter en l'ostel et en la présence du duc de Bourgongne, et là prinst moult pieusement congié de luy. Car il sentoit bien que il ne povoit vivre longuement. Et le duc fu si courouchié de ce fait que il fist armer toutes ses gens parmy la ville et luy meismes se arma pour se poursievir ledit Hector, et fist fremer les portes, et chevauça parmy ladicte ville en armes à très grande compaignie et alla jusques à la porte par où ledit Hector estoit passé, ainchois que elle euyst esté close. Et par tant s'en retourna icelui duc en son hostel moult courouchié. Mais la paix fu assés tost aprez faicte, pour ce que iceluy duc eubt mestier d'estre acompaigniez et servis audit voiage de Paris dudit Hector et d'autres ses parens et amis.

Quant le duc de Bourgongne se deubt partir de Chartres pour aller à Troyes, il commist gouverneur dudit lieu le nepveu dudit de Jacleville, pour ce que son oncle empiroit de jour en jour. Et moru bien tost après. Et prist ledit nepveu les gens de son oncle et garda Chartres une espace de tamps. Et depuis y fu commis Charles de Lens, chevallier, lequel avoit lors ung grant rengne entour ledit duc de Bourgongne, et estoit gavenier de Cambrésis, et depuis fu amiral de France.

Au moix de décembre partirent de Chartres la royne de France et le duc de Bourgongne, et avoec eulx le josne conte de Saint-Pol, et prirent leur chemin pour aller à Joingny. Et entre Chartres et Joingny ils furent costoyez et poursuys du conte d'Armignac et de toute sa puissance, en nombre de seize estandars. Et quant la Roine et ledit de Bourgongne furent arrivez audit lieu de Joingny, aucuns des cappitaines de la compaignie dudit conte d'Armignac se frappèrent ès logis du seigneur de Brégy, de Montagu, et de Chas-Villain, tout d'un train, et y firent grant huée et escharpiel en esrachant jus lanches et estandars, et coururent jusques aux portes de Joingny, et esmurent toute l'ost dudit duc de Bourgongne aux champs et en la ville. Et y eubt pluiseurs cappitaines d'icelle oost qui se mirent sus et poursuirent lesdis Armignas très radement. Et fu le seigneur de Chasteau Villain le premier de tous et celuy qui plus longuement le poursuivy. Mais quant il apperchut la puissance dudit conte d'Armignac mise et arrestée en belle bataille et à laquelle bataille retournèrent lesdis coureurs Armignas, ledit de Chasteauvillain et les aultres poursuivans Bourguignons retournèrent chascuns en son logis. Car ilz n'estoient point fors assez contre telle puissance.

En la ville de Joingny séjournèrent la Royne et le duc de Bourgongne environ chincq jours, et puis s'en partirent et allèrent à Auspierre, où ils séjournèrent une sepmaine ou environ. Et après s'en allèrent à Troyes, où ils arrivèrent la vigile de Noël au disner. Et furent les officiers et bourgois de la ville au devant d'eulx, combien que à celle heure et tout cedit jour il plouvoit très-fort. Et fu la grant cloche sonnée pour la grant joie de leur venure. Là donna congié, le duc de Bourgongne, à ses gens d'armes, lesquelx en retournèrent en leurs pays. Et desdonc en y avoit pluiseurs retournez sans congié prendre, et s'en estoient les aucuns partis dès la ville de Chasteaulandon.

A ce tamps furent commis en pluiseurs fortresses les gens de Jehan d'Obigny, de Jehan et Clavin du Clau et autres, pour tenir frontière et garder le pais contre pluiseurs Armignas tenans villes et fortresses au pais de Champaigne, affin que vivres et marchandises ne fussent empeschiés à venir audit lieu de Troyes. Auquel lieu de Troies la Roine et le duc de Bourgongne séjournèrent tout l'iver jusques aprez Pasques.

En cel an moru le mareschal de Bourgongne bien tost aprez ce que il fu arrivez en Bourgongne, et en son lieu fu fait mareschal le seigneur de Cottebrune, bel et radde chevalier et grand cappitaine de gens d'armes.

En cel an fu l'union en sainte Église, et fu pontiffié le pape Martin. Lequel assés tost après son pontiffiement, fist mectre hors de prison le pappe Jehan, qui se mist du tout en sa mercy et en son obéissance. Et lors en eubt le pappe pité et le fist cardinal. Et ne vesquy gaires depuis.

L'AN MIL IIIIe XVIII.

En la sepmaine de Pasques furent commis ambaxeurs el nom du roy de France, du conte d'Armignac et autres tenans son party d'une part, et de par la Royne et le duc de Bourgongne d'autre, pour traictier et adviser se paix se porroit trouver entre iceulx. Et se logèrent les ambaxeurs du Roy et du conte d'Armignac à Moustreau-ou-faul-Yonne, qui estoit de leur party, et les ambaxeurs de la Royne et d'iceluy duc se logèrent à Bray-sur-Saine, où se tenoit le party de Bourgongne. Et furent iceulx ambaxeurs d'acord ensamble que quant ilz deveroient assambler tous ensamble, ilz yroient chascune partie, à cent chevaulx et non plus, eulx et leurs gens armez de haubergons, espées, daghes et bracheles et non autrement, à ung village nommé La Tombe, assès environ la my voie des deux villes dessus dictes. Et pour plus grant seureté de chascune partie et du consentement d'icelles, le seigneur de La Trimouille fu commis à estre garde de la place, à tout tel nombre de gens et ainsi armés que bon lui sambleroit. Et ainsi fu fait et entretenu tout le tamps durant de leur dicte ambaxade. Et furent XVI ambaxeurs de chascun costé, paraulx d'estat les ungs aux autres et les plus fors chascun en son party que on polt trouver en la court desdiz seigneurs et dame, pour chascun bien garder son party. Et est assavoir que de chascun costé avoit ung archevesque, deux évesques, quatre gentilz hommes, six clercs notables, deux bourgois de Paris et ung secretaire. Desquelx les noms s'ensuivent.

Les noms des ambaxeurs du roy de France et du conte d'Armignac :

L'archevesque de Rains, les évesques de Paris et de Clermont en Auvergne, Jehan de Harcourt, conte d'Aumalle, Manssard d'Eme et Regnault de Merquoicques, chevaliers, maistre Gérard Macet, le juge Maye, Jehan de l'Olive, Estevenin de Bonpuis, et autres jusques au nombre dessusdit.

Les noms des ambaxeurs de la Royne de France et du duc de Bourgongne :

L'archevesque de Sens, frère à Charles de Savoisy, les évesques de Lengres et d'Arras, messire Jehan de La Trimouille, seigneur de Jonvelle, le seigneur de Courcelles, Jacques de Courtramble, seigneur de Saint-Liébaut, Coppin de la Viesville, maistre Pierre Cochon, qui depuis fu évesques de Beauvaix, Jehan Leclerc, qui fu depuis chancellier de France, Gilles de Clemmessy, qui depuis fut chevalier et prévost de Paris et en après gouverneur de Chartres, maistre Thierry le Roy, Jehan le Mercier et Jacques Braulart, tous conseilliers de la Royne et du duc de Bourgongne, et maistre Baude des Bordes, secretaire.

Non obstant celle ambaxade ainsi emprise sur forme de traictié de paix, quelque abstinence de guerre ne fu entre les seigneurs; tant seulement entre les ambaxeurs dessusdis, le terme de leus saulfconduis. Durans lesquelx saulfconduis, furent renouvelés et ralongiés, par ce que ilz ne porrent estre d'accord par le tamps que les premiers saulfconduis comprenoit. Et dura celle ambaxade en sa vertu l'espace de deux mois ou environ. Et ledit tamps durant furent lesdis ambaxeurs par pluiseurs journées au village dessus nommé La Tombe, et tenoient leur conseil en l'église dudit lieu, et leurs gens se tenoient au dehors. Et s'esbatoient les ungs aux autres ainsi que bon leur sambloit sans ce qu'il y eust oncques noise ne débat. Et se tenoit le seigneur de La Trimouille au consseil avoec les autres. Et commença icelle ambaxade aprez le Pasque close et la sepmaine prochaine ensievant.

En ce tempore proprement, alla le conte d'Armignac mettre siège devant la ville de Senlis, et y mena le roy de France et très grant nombre de gens, et y fist mener pluiseurs gros engiens prins à Paris et ailleurs, lesquelx il fist ruer contre les portes, tours et muraille d'icelle ville. Dont elle fu moult adommagié en la fin dudit siège, lequel se tint près d'un moix sans aultre chose faire, fors dommagier ladicte forteresse. Et se défendoient bien ceulx de la garnison de ladicte ville, dont le bastard de Thian estoit cappitaine. Et firent pluseurs saillies sur leurs anemis, et leur firent maint destourbier sur l'espérance que ilz avoient d'estre secourus des seigneurs et gentilz hommes de Picardie, lesquels par le commandement du duc de Bourgongne leur avoient promis ledit secours.

Tantost après les nouvelles du siège mis à Senlis venues à la congnoiscance de Jehan de Luxembourg, cappitaine de Piccardie, et des autres chevaliers et cappitaines dudit pais, ilz firent leur mandement pour assambler la plus grant puissance que ilz porroient pour aller secourir ceulx de ladicte ville de Senlis, mais ainchois que ilz fussent prestz, furent ceulx de ladicte ville de Senlis si près prins et leurs murs si près de terre abbatus en pluiseurs lieux, que il leur convint prendre traictié avec leurs anemis. Et promirent de délivrer ladicte ville à iceulx dedens ung jour dénommé en leurdit traictié, se dedens iceluy jour ilz n'estoient secourus de secours puissant à faire partir ceulx dudit siège ou de eulx livrer bataille. Et à ce traitié ilz furent receuz, moiennant ce que pour seureté de entretenir leur promesse ilz délivrèrent au conte d'Armignac aucuns hostagiers de ladicte ville, lesquelx on leur promist à rendre et délivrer ou cas que ledit secours leur venroit.

En ce tamps se tenoient moult fier et rigoreux les ambaxeurs du Roy et du conte d'Armignac estans à Moustreau, pour ce que journellement ilz avoient nouvelles du siège de Senlis et savoient le grand dangier où estoient ceulx de ladicte ville et le traicté par eulx fait. Sur quoy ilz se tenoient moult orguilleux et ne vouloient condescendre à quelque traictié se il n'estoit du tout à leur volenté, et ce estoient les plus fors en la loy d'Armignagnerie que on avoit seu eslire de leur estat en la ville de Paris. Et pareillement on leur avoit mis à l'encontre d'eulx les plus fors Bourguignons que on avoit peu eslire en tout le conseil de la Reyne et duc de Bourgongne. Lesquelx ne voloient accorder ne consentir quelque traictié estre fait au deshonneur ne au préjudice dudit duc de Bourgongne, ne ossi principalment chose qui fust contre le bien publique du royaume de France. Et partant ne se povoient accorder ensemble et se passoit toujours le tamps, par quoy il failli que leurs saulfconduis fussent renouvelez et ralongiés l'espace d'un moix.

En ce tamps, fist le duc de Bourgongne mettre ensemble pluiseurs garnisons et gens d'armes estans au pais de Champaigne, pour aller courir sur les marches de Senlis et dommagier ceulx qui tenoient ledit siège. Et fu Callot de Dulli le chief et conduiseur de ces gens, avec luy Jehan et Clavin du Clau, Jehan d'Obigny et aultres, et s'en allèrent à la Freté-sur-Gerre, laquelle ilz conquirent et mirent en l'obéissance du duc de Bourgongne. Et puis se tirèrent vers ladicte ville de Senlis pour tenir frontière et grever et nuire ausdis Armignas. Lesquelx s'estendoient aucune foix bien loings pour aller fourragier et quérir vivres pour eulx et pour leurs chevaulx.

Après le département de Callot de Dully du pais de Champaigne, party le duc de Bourgongne de Troyes pour aller viseter ses pais de Bourgongne et pour aller devers l'empereur d'Allemaingne à une journée que ilz avoient assignée et mise pour estre ensemble en la ville de Montbéliart, darraine ville du conté de Bourgongne. Et laissa la Royne à Troies, acompaignié de pluiseurs seigneurs de Bourgongne et du grant conseil qui estoit illec ordonnez à tenir la chambre du parlement de France au lieu de celle que on solloit tenir à Paris. Auquel lieu de Paris n'estoit lors faicte justice ne raison. Et pour ce fu celle ordonnée à tenir audit lieu de Troyes, et y faisoit-on justice à toutes personnes qui le requéroient. Et furent celle chambre et autres ordonnances faictes par la puissance que la Royne avoit de ce et autres choses faire et ordonner pour le bien, honneur et prouffit et utilité du royaume. Car le Roy lui avoit donné le gouvernement de sondit royaume par don irrévocable, et par conséquent elle povoit user de la puissance à lui donnée, moiennant le bon conseil qu'elle prenoit sur ce.

Or convient retourner aux seigneurs et gentilz hommes de Picardie qui s'estoient assamblez à grant puissance et qui partirent dudit païs pour lever le siège de Senlis ; et chevauçèrent tant que ilz arriverent à Pontoise devant le jour de la reddicion en faisant savoir leur venure à ceulx de la ville, lesquelx se tindrent à icelui secours. Mais pour ce que ledis Piccars ne se moustrèrent point sur l'oost du conte d'Armignac dedens icelui jour, ledist conte fist décoler les ostagiers que il avoit sur ce pardevers luy, et puis fist mectre toute l'ost ensemble pour venir contre les dis Piccars, et passa les bois en attendant l'aventure d'iceulx. Et ceulx ossy se partirent de Pontoise en moult belle ordonnance, et allèrent tant que ilz perchurent l'oost dudit conte. Car à ce tamps le Roy estoit à Creil.

Quand le conte d'Armignac, lequel tenoit ses gens en bataille sur une montagne moult avantegeuse, apperchut l'oost des Piccars, il envoya ung hérault pardevers eulx assavoir quels gens c'estoient et quelle chose ilz demandoient. Et il luy fu respondu que ce estoient les gentilz hommes de Piccardie illec venus au service du Roy et du duc de Bourgongne, leur souverain et naturel seigneur, pour secourir et aidier la bonne ville de Senlis et les bonnes gens de dedens, et que le conte d'Armignac leur mandast sa volenté et la place pour eulx combattre.

A tout celle response s'en alla ledit hérault, mais oncques puis ne retourna, et furent les deux parties en bataille arrenghiés par l'espace de six heures ou environ, et tant que le vespre fut venu. Et ce pendant saillirent ceulx de la ville et boutèrent le feu ès logis d'entour ladicte ville, que riens n'y demoura d'entier, et prirent et gaignèrent pluiseurs engiens et bonnes baghes illec laissiés, et emmenèrent tout dedens icelle.

Ainsi que les parties dessus dites estoient si près approchiés que dit est, arrivèrent en l'ost du conte d'Armignac pluiseurs coureurs venant de fourragier des marches esquelles se tenoit Callot de Dulli devant nommé, et avoient vu iceluy Callot et ses gens en grant nombre avoec pluisers autres cappitaines, estans sur une montaigne en bataille. Et les coureurs courans parmy le païs pour lesdis Armignas, s'en estoient raffuys envers ledit conte et lui racontèrent leurs nouvelles, desquelles il ne fut pas joieulx. Et bien tost après ce fist partir ses gens et aulx en aller que mieulx mieulx, fors une partie des mieulx armez qu'il fist demourer en bataille jusques ad ce que tous les aultres fussent bien eslongiés. Et à telle heure se partirent que oncques puis ne se rassamblèrent ne retournèrent audit siège, mais s'en rallèrent chascuns en son lieu. Et en demourèrent celle nuit les pluiseurs ès bois d'entour, et lendemain s'en retournèrent à Paris.

Après ces choses s'en alla le conte d'Armignac à Creil, et ramena bien hastivement et sans séjour ceulx qui estoient avec luy demourés à sauveté, sans plus tenir les champs, et ne fist nul samblant de raler quérir les engiens qu'il avoit perdus. Et les seigneurs de Piccardie, sachans ledit département, s'en retournèrent à Pontoise et de là en Piccardie, moult joieusement, à leur honneur. Et Callot de Dulli et les autres cappitaines d'avoec luy, s'en retournèrent en Champaigne en leurs garnisons.

En celle manière s'en ralla le conte d'Armignac à Paris, et en ramena le Roy de France et son estat avoec luy. Mais il fist ainchois décoler les ostagiers que il tenoit de ladicte ville de Senlis, combien que il avoit promis de les rendre au cas que le secours leur venroit. Mais il maintenoit que ledit secours n'estoit mie apparus dedens ledit jour, et les autres maintenoient que puis que ilz s'estoient tenus à icelui secours si près aprochié dedens ledit jour que jusques à Pontoise, ilz devoient ravoir leurs hostagiers.

Ainsi se leva le siège de Senlis, et ceulx de la ville firent copper les hateriaulx à XLVI armignas illec prisonniers, et s'en eubt deux pendus et deux noyés, et se y eubt deux femmes noiiés pour ce que le conte d'Armignac avoit fait morir leurs bons amis, hostagiers de ladicte ville. Et fist le bastard de Thian refortiffier ladicte ville de murs et d'autres choses et le fist garnir de vivres au mieulx que il pot, et le fist mettre en tel point que il en eubt honneur toute sa vie, et en fu fait bailli bien tost après et du tout gouverneur, tant en garde comme en justice.

En ce tamps estoit le duc de Bourgongne party de Troyes pour aller devers l'empereur d'Allemaingne comme dit est, et trouva en son chemin les cardinaulx des Ursins et de Saint March, lesquelx nostre saint père le pappe envoyoit en France pour appaiser la grant division qui couroit entre les princes. Ausquelx cardinaulx ledit de Bourgongne fist grant honneur et révérence et les rechut moult lyement, en leur monstrant trèsgrant amour, et leur fist très bonne chière en sondit pais de Bourgongne, et par espécial audit cardinal de Saint March, lequel il sçavoit avoir esté et estre son adversaire et mortel anemy et qui l'avoit grevé en toutes places et manières qu'il avoit peu. Mais il luy rendy le bien pour le mal. Dont ledit cardinal fu moult esbahy, attendu ce que dit est. Et quant iceulx cardinaulx eubrent besongnié envers icelui duc, qui leur dist finablement qu'il ne demandoit que paix et que pour icelle avoir il avoit envoié ses ambaxeurs audit lieu de Bray-sur-Saine comme dit est, et ne avoit autre intencion ne volenté que de mettre le Roy et le royaume de France en sa franchise et bonne union, mais il y avoit pluiseurs qui l'empeschoient à ce faire, dont il estoit moult courouchiés. Iceulx cardinaulx se partirent de Bourgongne et prirent leur chemin pour aller devers les ambaxeurs dessus nommez, et passèrent parmy Troies. Et puis alla le cardinal de Saint-March à Nogent-sur-Saine, et celluy des Ursins alla à Prouvins. Et de là arriva ledit de Saint Marcq à Bray-sur-Saine, et allèrent les ambaxeurs illec résidens alencontre de luy moult honorablement, et à l'encontrer il les baisa tous l'un après l'autre, et puis s'en retournèrent iceulx dedens la ville de Bray-sur-Saine, où ledit cardinal ne séjourna gaires mais s'en alla à Moustriau-ou-Fault-Yonne devers les autres ambaxeurs, et de là party et s'en alla à Paris. Auquel lieu il fist ung grant preschement sur le bien de paix, et se y acquita grandement, et puis s'en retourna audit lieu de Monstriau. Auquel lieu il séjourna et demeura continuellement durant le tamps de ladicte ambaxade. Et le cardinal des Ursins arriva audit lieu de Bray, et là demeura et séjourna jusques en la fin de ladicte ambaxade.

Après le siège de Senlis levé ainsi que dit est, se commenchièrent à adnonchier les ambaxadeurs du roy de France et du conte d'Armignac et se mirent en termes de raison, et furent par pluiseurs journées ensamble avoec les ambaxeurs de la Royne et du duc de Bourgongne audit village et en l'église de La Tombe, les cardinaulx dessus nommez avoec eulx en tous les consaulx que ilz tindrent depuis leur venure. Et tant fu par iceulx traictié et parlementé que en fin la paix fu faicte et jurée solempnellement par lesdis ambaxeurs, présens lesdis cardinaulx, moiennant ce que chascune partie devoit porter ledit traictié de paix devers les souverains, c'estassavoir les ungs devers le Roy, le conte d'Armignac et leur conseil, et les autres devers la Royne et le duc de Bourgongne, pour savoir se icelle paix ilz volroient consentir et jurer. Et ou cas que elle ne leur plairoit, iceulx ambaxeurs et les seigneurs et dame dessusdis demourroient en leur premier estat, sans paix ne abstinence de guerre. Et sur ce point partirent lesdis ambaxeurs et ossy lesdis cardinaulx et s'en retournèrent là dont ilz estoient partis, c'est assavoir les ungs à Paris, et les autres à Troyes.

Quant les ambaxeurs de la Royne et du duc de Bourgongne furent arrivez à Troyes et ilz eurent monstré ledit traictié à icelle Royne et tout son conseil, auquel estoient maistre Huitasse de Laittre, son chancellier, et tous les autres conseillers de la chambre de parlement et autres, ladicte Roine et tout son conseil eubrent icelluy traictié et tous ses poins pour agréable, sans y riens contredire. Et pour ce que ledit duc de Bourgongne n'estoit point encores retourné audit lieu de Troies, le traictié de ladicte paix luy fut porté en sondit pais de Bourgongne par aucuns desdis ambaxeurs, et celluy veu en la présence de son consseil illec présent, ledit duc de Bourgongne le tint pour bon, sans y riens excepter, et estoit prest de le jurer et entretenir du commenchement jusques en fin.

Or convient retourner aux ambaxeurs du Roy et du conte d'Armignac qui s'en allèrent à Paris et illec firent assambler le conte d'Armignac, le chancellier de France, le prévost de Paris et pluiseurs autres et leur monstrèrent et lieurent le contenu dudit traictié de paix par eulx accordé et juré comme dit est. Lequel traictié en tous ses poins fu du tout désagréable et contre la volenté desdis conte d'Armignac, chancellier, prévost de Paris, Remonnet de La Guerre et autres, et par grand orgueil et oultrage ilz deschirèrent ledit traictié et n'en volrent rien tenir, pour ce que ilz voloient tousjours demourer les maistres et les gouverneurs du royaume de France.

Ainsi fu le traictié de paix rompu et deschiré par lesdis Armignas. Dont le commun peuple de France fu moult dollant et desconfly, car ilz avoient eu moult grand joie de ce que la voix couroit et avoit couru de ladicte paix, et quant ilz seurent que elle ne seroit point entérinée, ilz furent du tout mis au bas. Et en hairent telement les Armignas que oncques puis ne les amèrent de bon cuer, mais commenchèrent à aviser manières comment ilz en seroient vengiés, par espécial ceulx de Paris. Car adonc ilz apperchurent plainement la mauvaisté et traison desdis Armignas, par qui ilz avoient souffert mainte disette et poureté par la grant chierté qui illec avoit couru et encores couroit plus que en autres lieux.

En ce tamps avoient reprins iceulx Armignas les chasteaulx de Monthery et de Marcoussy, et tout par faulte de secours, et y avoient mis grosses garnisons. Et si avoient de leur party entour Paris, les villes et forteresses de Meaux, Meleun sur Saine, Sens, Moustreau, Saint-Denis, Villeneuve le Roy, le pont de Charenton, Compiengne, Soissons, Laon, Noyon et pluiseurs autres. Pour quoi ilz se tenoient si grans que il ne leur estoit mie advis que jamais ilz fussent déboutés de leur gouvernement.

En celle saison estoit le roy d'Engleterre entrés en Normendie et concquestoit villes et fortresses. Et pau y trouvoit de deffense, car le pais estoit si divisé que les gens ne savoient quel party tenir. Et tenoit-on lors audit pais de Normendie troix divers partis, c'estassavoir Engloix, Bourguignon et Armignac. Et ainsi estoit le royaume de France en moult grant désolation de toutes pars, et estoit au plus petit point et en plus grant péril de perdicion que oncques mais n'avoit par avant esté. Car la guerre estoit du père contre le fil, du frère contre le frère, de l'oncle contre le nepveu, et ainsi des aultres. Et le plus estoit que en une ville on tenoit les deux partis de Bourgongne et d'Armignac, qui fu une moult grant merveille à veir et la plus merveilleuse de toutes. Car robeurs et larons estoient partout en rengne et en saison, et marchandise du tout et par tout perdue.

Au moix de juing, devant le Saint Jehan, mandèrent et escripvirent secrètement aucuns bourgois de la ville de Paris au baillieu d'Aussaux et au seigneur de l'Ille-Adam, lesquelx estoient en garnison à Mante, Vernon et Meulen et là environ, que ilz venissent à toute leur puissance secrètement à une certaine heure de nuit qui par eulx fut devisée, et que ilz trouveroient la porte de Paris ouverte du costé devers eulx, sans nulle faulte. Et sur ces nouvelles les deux cappitaines dessusdis assemblèrent leurs gens et entretinrent la journée à eulx assignée, et se mirent par nuit aux champs et chevauchèrent en bonne ordonnance jusques à la porte de Paris, laquelle ilz trouvèrent ouverte ainsi c'en leur avoit promis. Mais ilz doubtèrent ung peu que ce ne fust traison, et se arrestèrent devant ladicte porte. Mais en fin ilz se conclurent de mettre tout contre tout, et entrèrent dedens la ville armez de toutes leurs armeures ainsi que pour entrer en bataille, et chevaulcèrent parmy les rues bien coyement sans faire noise ne cry jusques à ce que ilz furent arrivez au Chastellet de Paris, là où ilz trouvèrent ceulx qui les avoient mandés. Et lors firent ung cry par commun accord, qui fut La paix! la paix! Et ce fait ilz se partirent en plusieurs lieux et s'en allèrent où ilz pensoient à trouver lesdis gouverneurs qui avoient ladicte paix rompue. Et s'en allèrent les aucuns en l'ostel du Roy à Saint-Pol pour estre asseur que le Roy ne fust menez hors de Paris, et aucuns aultres allèrent à l'ostel du conte d'Armignac, et les aultres à l'ostel du Chancellier, tousjours criant La paix! la paix! Auquel cry la plus grant partie de ceulx de Paris se assemblèrent enfin, et se mirent en l'aide desdis Bourguignons.

En celle nuit, en l'ostel Saint-Pol, fu trouvés le roy de France, lequel on garda très espécialment. Et en celle meisme nuit furent prins en leurs hosteulx le chancellier de France, nommé Henry de Marne, Remonnet de La Guerre et autres. Mais le conte d'Armignac et le prévost de Paris se saulvèrent et ne furent point trouvés celle nuitié. Et s'enfuy ledit conte d'Armignac et se saulva en la maison d'un bon povre homme auquel il promit grant avoir affin que il le célast et le meist hors de voie de gens. Et ledit prévost se saulva en la bastille Saint-Anthoine et emporta sur son col Charles de France, Daulphin de Viennoix, tout deschault et presque tout nud ainsi que il l'avoit prins en son lit, et puis s'enfrema en ladicte bastille. Et toute la nuitié ne cessèrent les Bourguignons de quérir et prendre Armignas, et ceulx de Paris avec eulx. Et en prirent tant que les prisons de Paris en furent plaines. Et le lendemain et bien huyt jours après ilz ne firent que prendre gens, et de pillier et emporter tous les biens estans ès hosteulx d'iceulx Armignas. De quoy pluiseurs qui estoient povres compaignons furent riches tous les jours de leur vie, et les aucuns le perdirent aussi legièrement que ilz les avoient gaingnié. Et quant vint au second jour après ladicte prise, que le conte d'Armignac fuist asserisié et appaisié et que la cache des Bourguignons fuist appaisié et finée, icelui conte d'Armignac dist à son hoste que il luy alast achatier à mengier et que il lui rapportast nouvelles de la ville et quel chose on y faisoit et de celuy rapportast la certaineté, et que à tousjours mais il le feroit riche se il povoit de là eschapper et estre à sauveté. Et le bon homme respondy que volentiers le feroit, et se party de se maison pour faire le commandement de son oste.

Mais il trouva les rues plaines de gens d'armes, lesquelx çachoient et quéroient par tout ledit conte d'Armignac aussi fort que le premier jour. Et quant le bon homme apperchut le péril où il estoit se le conte estoit d'aventure trouvés en sadicte maison, il doubta moult. Car il savoit bien que se il y estoit trouvés, de sa vie ne seroit riens. Si s'appensa en luy meisme que il le nonceroit aux cappitaines dessusdis ou à l'un d'eulx. Et tant fist, avant qu'il retournast en sadicte maison, que il trouva ledit Viau de Bar, baillieu d'Aussoix, et lui dist que il avoit en sa maison ledit conte d'Armignac et que à grant peine l'avoit-il recongneu pour ce que il estoit si povrement vestus et habilliés, et que d'iceluy il feist son plaisir, en soy excusant de ce que plus tost ne luy avoit fait savoir. Et adonc alla ledit Viau de Bar en la maison du povre homme, en laquelle il trouva ledit conte d'Armignac ainsi que le povre homme lui avoit dit, et le fist prendre et monter sur son propre cheval derière luy et le mena tout droit au Palais, avoec les aultres grans maistres. Et par ainsi failli et fina la grosse çache faicte pour ledit conte d'Armignac.

Durant la chose de Paris, furent mandés Bourguignons et Armignas en toutes les garnisons d'entour Paris, les Bourguignons pour aller en ladicte ville de Paris, et les Armignas pour aller en la bastille de Saint-Anthoine devers ledit prévost de Paris. Et à ces mandemens allèrent plusieurs cappitaines et leurs gens d'armes avoec eulx tant d'un costé comme de l'autre, mais plus en arriva au mandement dudit prévost que il ne fist au mandement desdis cappitaines. Car la plus grant partie des villes et fortresses d'entour Paris estoient Armignaghes, et par conséquent ilz furent plus tost en ladicte Bastille, pour ce qu'ilz en estoient plus prochain.

Quant Taneguy du Chastel eubt assembliez grant nombre de gens d'armes, il party ung jour de ladicte bastille bien tost après ladicte prise de Paris, affin de sousprendre les Bourguignons illec nouvellement arrivez, et se bouta luy et ses gens en la bastille de Saint-Anthoine à estandart desployé, et laissa le josne enffant Daulfin de Viennoix à l'entrée de ladicte Bastille par dedens la ville, affin que iceulx de Paris se tournassent de son costé, et gaingna ladicte rue jusques au bout d'icelle. Mais ce pendant se assemblèrent et mirent à deffense les deux cappitaines dessusdis et leurs gens, avoec grant nombre de ceulx de Paris, et se combatirent très radement contre leurs anemis. Là fu la bataille moult grande et dura assés longuement que on ne savoit lesquelx avoient le meilleur, jusques à ce que le bastard de Thian et ses gens, lesquelx estoient nouvellement venus de Senlis, frappèrent en ladicte bataille en cryant leur cry moult haultement. Par lequel cry lesdis Armignas commenchèrent à reculer. Et tant fist le bastard et ses gens, qui estoient raddes et séjournés, que à l'aide des aultres Bourguignons illec estans, lesdis Armignas furent desconsfis et reculés dedens ladicte Bastille par force de bien férir, et en y eubt pluiseurs occis. Et ne valli riens la soubtiveté dudit Taneguy, car il fu tout joieulx quant il se trouva à saulveté dedens ladicte Bastille.

Ainsi furent Armignas déconffis dedens la ville de Paris. Et ne demoura gaires après que ledit Taneguy ne se partist de ladicte Bastille et emmena le Daulfin avoec luy, et prist son chemin devers le pais de Berry. Auquel pays il se arresta, et là demoura par long tamps, en menant grosse guerre el nom dudit Dauffin. Lequel il tint si court et lui donna si mauvais conseil, que toute France en fu puis pardestruite et mise au bas. Dont ce fu pitez, car par luy fu renouvelés ly noms de Ganelon, auquel ledit Taneguy fu du tout comparés par la mauvaise traison qui fu en luy trouvée.

Après le département de Taneguy du Chastel, entrèrent lesdis Bourguignons en la bastille Saint-Anthoine, laquelle estoit du tout habandonnée. Et se mirent garnison au pont de Charenton, où ilz ne trouvèrent nulle deffense, car tous s'en estoient allez avec ledit Taneguy. Et à ce tamps arrivèrent à Paris Charles de Lens, lors gouverneur de Chartres, le seigneur de Longheval, Hector et Philippe de Saveuses, lesquelx amenèrent avoec eulx grant nombre de gens d'armes. Et furent lors pluiseurs officiers ordonnez audit lieu de Paris, et fu le Viau de Bar commis à la prévosté de Paris, et ledit de l'Ille-Adam fu fait mareschal de France, et Charle de Lens, admiral. Et le seigneur de Longheval, Hector et Philippe de Saveuses, furent commis à aller à Compiengne, Soissons et aultres villes sur les marches de Piccardie, pour icelles faire mettre en l'obéissance du Roy et du duc de Bourgongne. Et leur furent ouvertes et mises en ladicte obéissance lesdictes villes de Compiengne et Soissons. Desquelles villes furent cappitaines ledit seigneur de Longheval, Hector et Philippe de Saveuses, c'estassavoir ledit de Longheval à Soissons, et les deux frères à Compiengne. Et tantost après se rendirent en ladicte obéissance les villes de Laon, de Corbeuil et aultres.

En ce tamps furent remises les caines par les rues et quarefours de Paris ainsi qu'elles avoient esté par avant, et pour ce que on ne retrouva toutes celles qui avoient esté ostées et que les aucunes d'icelles avoient esté portées et cariées à Bourges, on en fist faire des nouvelles par tout où il en convenoit. Et se armèrent les bourgois de Paris comme ilz avoient fait par avant.

Au tamps que Paris fu prinse, estoit encores le duc de Bourgongne à Digon, et là luy furent les nouvelles portées de ladicte prise. Lesquelles entendues il se party bien tost dudit lieu et s'en retourna à Troies. Et manda tous ses barons de Bourgongne en armes pour le acompaignier à aller à Paris. Et quant il fut près dudit lieu de Troies, les bourgois dudit lieu luy allèrent au devant en moult belle ordonnance, tous vestus de robes de bleu et de chapperons vermaulx tous paraulx, et en avoient envoié deux pareilles audit duc de Bourgongne et au conte de Saint-Pol. Lesquelx les avoient en ce jour vestus, et en ce point entrèrent en ladicte ville en belle ordonnance. En laquelle ville on faisoit très grand joie de dansser et faire feux parmy les rues, de sonner orghes, harpes et aultres instrumens dont on se povoit résjoir.

Après ce que le duc de Bourgongne fu arrivé à Troies, il fist appareillier toutes les besongnes de la Royne et de luy, pour en aller hastivement à Paris. Et luy allèrent au devant jusques audit lieu de Troyes bien IIII^c hommes d'armes et grand nombre d'archiers de Piccardie. Desquelx furent cappitaines ledit de Luxembourq, le seigneur de Fosseux, le vidasme d'Amiens et autres. Et bien tost après leur venure se party le duc de Bourgongne, en la compaignie de la Royne, de ladicte ville de Troyes.

En la compaignie du duc de Bourgongne et en son hostel estoient nouvellement venus le seigneur de Nuailles, frère ou conte de Foix, Guy Turpin, chevalier, qui avoit esté compaignon d'armes audit Taneguy, auquel chevalier l'empereur avoit fait sa paix envers ledit duc de Bourgongne, et luy promist que toute sa vie il tenroit son party et luy seroit loial et obeissant. Et si estoient la dame de Giach et son filz, qui estoit bel et rade chevalier. Lesquelx dame et son filz s'estoient nouvellement rendus Bourguignon et se mirent en la compaignie d'icelui duc, et il les rechut et leur fist depuis moult de biens, qu'il emploia très mauvaisement. Et leva lors ledit filz son estandart, et prist desoubz luy les gens dudit Castelinba, lequel s'en estoit allés en son païs de Lombardie.

En ce tamps fu le seigneur d'Arguel envoiiez au pais de Langedoc, avocc luy Jehan de Gingin et autres en grant nombre, pour mettre ledit pays en l'obéissance du Roy et du duc de Bourgongne.

En ce meisme tamps se rebellèrent ceulx de la ville de Péronne contre ceulx de la garnison d'icelle ville, et y fu prins Thomas de Largis, chevallier, bailli de Vermendois. Lequel fu menez à Laon et là fu décolez. Et si furent prins Guillaume, le bastard de Hainau, le prestre de Sorel et autres, et fu le ramennent bouté dehors ladicte ville. Laquelle fu mise en l'obéissance du Roy et dudit duc de Bourgongne.

A l'entrée du mois de juillet se partirent de Troies la Royne de France et le duc de Bourgongne, et furent commis les seigneurs de Picardie à mener l'avant garde, et prirent le chemin de Noigent et de Prouvins. Et le duc de Bourgongne conduisoit la Royne, à tout sa bataille. En laquelle estoient le prince d'Orenge, le seigneur de Saint-George, et très belle compaignie de gens d'armes; et sy estoient les barons et gentilz hommes cy devant nommez, exceptés les seigneurs de Vrégy et d'Arguel.

Ainchois que la Royne et le duc de Bourgongne peussent venir à Paris, s'esmurent ceulx de Paris et se mirent en armes bien soudainement, pour ce que ilz oirent dire qu'en la ville de Paris avoit pluiseurs particuliers traictres Armignas qui avoient baillié et livré anneures à pluiseurs grans maistres prisonniers au Pallaix et ailleurs pour les sauver. Et pour ce se assamblèrent lesdis de Paris, et allèrent à grant puissance rompre les prisons du Palais, Chastelet et autres, esquelles les Armignas estoient prisonniers, et se tuèrent et occirent tous ceulx qu'ilz y trouvèrent sans en prendre nul à mercy. Et les dévestirent tous et prirent ce qu'ilz avoient et puis apportèrent tous mors les conte d'Armignac, chancellier de France, et Remonet, en la place du Palaix. Et comme les gouvernèurs du roiaume de France et principaulx cappitaines desdis Armignas ilz furent laissiés III jours en la place dessusdicte. Et là les aloit chascun veoir qui en avoit volenté et désir, pour estre asseuré et acertené de la mort d'iceulx. Et ce fait s'en allèrent parmy Paris iceulx facteurs, et de rue en rue tuoient et occioient tous ceulx qu'ilz encontroient qui estoient souspechonnez d'avoir tenu le party d'Armignac, et quant ilz ne les trouvoient point en leur chemin parmy les rues, se les alloient ilz quérir et tuer en leurs maisons sans en nul déporter. Et en tuèrent pluiseurs par hainne, qui couppes n'y avoient. Car il ne convenoit de dire : véla ung Armignac ! que il ne fust incontinent occis et euist esté le meilleur Bourguignon du monde. Et furent les mors nombrés en celle tuyson à V^e hommes ou environ.

De la mort du conte d'Armignac et del occision dessusdicte, fu le duc de Bourgongne moult dolant et courouchié. Car, pour ledit conte d'Armignac et autres illec occis, il avoit espérance de ravoir le Daulfin de Viennoix, seul filz du Roy que tenoit ledit Taneguy du Chastel, et ossi pluiseurs villes et forteresses estans en l'obéissance desdis Armignas, et par ainsi on euyt peu trouver paix entre iceulx. Dont riens ne se fist lors. Car le conte d'Armignac avoit ung filz assés grant pour porter armes, qui se bouta et mist avoec ledit Taneguy en l'aide dudit Daulfin.

Le XIIIIe jour du moix de juillet, en ung bel jour qu'il fist moult chault, entrèrent à Paris la Royne de France et le duc de Bourgongne et toutes leurs gens, en armes les estandars desployez. Et leur furent au devant les bourgois de Paris en moult belle et grande compaignie, tous vestus de bleu, et au lieu de la bende que ilz avoient long tamps portée et soustenue, ilz portoient et portèrent depuis par grant espace de tamps la croix de Saint-Andrieu, qui estoit et tousjours fu l'enseigne du duc de Bourgongne et de ses gens. Et avoient iceulx bourgois envoié à iceluy duc et au conte de Saint-Pol, son nepveu, à chascun une robe de velours bleu à petites mances à rebrachier dessus le ceusté, et en portèrent à ce jour les pareilles le nouvel prévost de Paris et le nouvel amiral de France, dessus nommez. Et ainsi entrèrent à Paris par la porte Saint-Anthoine, et y furent très joieusement receuz et crioit on partout Noël ! et leur gectoit-on fleurs et violettes par les haultes fenestres de pluiseurs hosteulx dessus leurs chiefz. Et en celle manière s'en allèrent devers le Roy, qui pour lors estoit logiés au Louvre, et delà s'en alla ledit de Bourgongne en son hostel d'Artoix, et là se loga et demoura ung espace de tamps jusques à ce que le Roy fu remenez en son hostel de Saint-Pol, auquel il se tenoit le plus volentiers en sa santé et en sa maladie. Et lors se loga ledit duc de Bourgongne à ung grand hostel emprès la Bastille et devant l'ostel des Tournelles, nommé l'Ostel-Neuf.

Quant le duc de Bourgongne fut arrivez à Paris, il fist ordonner officiers et gens de justice, de guerre et de finances, pour gouverner le royaume de France et résister à l'entreprise des anemis du Roy et chascun faire loiaument ce que à cause de son office luy appartenoit. Et fu maistre Huitasse de Laictre chancellier de France, ainsi que par avant avoit esté; Charles de Lens confremé amiral, ledit de l'Ille-Adam et le seigneur de Chastellus furent mareschaulx de France, et ledit Viau de Bar confremé prévost de Paris. Et fu la chambre de Parlement remise sus moult grandement, de laquelle fu premier président maistre Philippe de Morviller. Et pareillement fu la Chambre des Comptes remise sus, de laquelle fu président l'évesque de Thérouane, frère audit de Luxembourg. Et en oultre furent ordonnés huyt notables clers pour estre maistre des requestes de l'ostel du Roy, desquelz fu président maistre Jehan Leclercq. Et ne fu point nommé de connestable de France en grant tamps après. Et demoura ledit de Luxembourg cappitaine général du pais de Picardie. Et furent ces choses ordonnées par grant délibéracion du conseil, du consentement de la Royne et du grant conseil roial. Et estoit lors le Roy en bon point de santé. Lequel fu présent à pluiseurs consaulx qui se firent pour les causes dessusdictes. Et fu lors ordonné que le duc de Bourgongne seroit cappitaine et gouverneur de Paris. Et fu Charles de Lens son lieutenant en ce.

En ce tamps estoit le roy d'Engleterre tenant siège devant le Pont de l'Arche, que tenoient les Armignas, et en estoit le seigneur de Graville cappitaine, lequel ne le tint pas longuement mais le rendy par traictié ausdis Engloix et s'en party saulvement.

En ce tamps meismes envoia le duc de Bourgongne grant foison de gens d'armes en la ville de Rouen, laquelle estoit lors en l'obéissance du Roy et de luy. Et en furent cappitaines, Anthoine de Thoulongon, chevallier, Henri de Chauffours, le bastard de Thian et aultres, qui y furent commis à demourer pour résister à l'entreprise du roy d'Engleterre.

Au moix d'aoust alla le roy d'Engleterre mettre siège devant Rouen, lequel siège dura près de demy an. Et se tindrent et deffendirent bien ceulx de dedens et y firent moult de biaux fais d'armes et de saillies ledit siège durant, et y endurèrent moult de paine et souffrirent maintes mesaises par défaulte de vivres et de secours.

En ce tamps furent les villes de Compiengne et de Soissons reprinses par la soutiveté des Armignas et par défaulte de garde.

Et furent prinses sur le point du jour, et se saulva le seigneur de Longheval par les murs de ladicte ville de Soissons dont il yssi empur sa chemise. Et pluiseurs de ses gens s'en fuirent et sauvèrent au mieulx que ilz porrent, et les autres furent prins et occis. Et pareillement fu fait à Compiengne, combien que Hector ne Philippe de Saveuses ne estoient point au jour de ladicte prinse.

En ces deux villes fyrent Armignas moult de maulx à leur venue, et y mirent grandes garnisons de gens d'armes, lesquelx tindrent icelles villes par grant tamps après et plus longuement celle de Compiengne que de Soissons, et tindrent les passages de Piccardie clos tèlement que nulle marchandise ne pouvoit courir de Piccardie à Paris, ne de Paris en Piccardie, se ce n'estoit en grant péril et aventure de tout perdre. Car ceulx dudit Compiengne se espardoient jusques au chemin qui va de Beauvais à Ponthoise.

En cel an, au moix de septembre, s'esmut de rechief le commun de Paris bien soudainement, sur le point du jour, et se assamblèrent plus de IIIIe en une compaignie, lesquelx allèrent rompre toutes les prisons du Roy audit lieu de Paris, au Palais, au Grand et Petit Chastelet et ailleurs, et tirèrent de rechief tous les Armignas de nouvel emprisonnés et en firent les pluiseurs saillir en pur leurs chemises des plus hautes tours et murs dudit Chastelet sur les carriaux dembas, et ceulx qui ne volloient saillir estoient prins de deux ou de trois hommes par les testes, bras et piés, et puis estoient eslevez et escueillés en hault et gettez sur lesdis carriaux, et ainsi estoient tous debrisiés et depeschiés. Et quant ilz eubrent ce fait ilz s'en allèrent à l'ostel de Bourbon pour tout cherquier et quérir, et savoir se il y avoit personne embusquié en icelui. Auquel ilz trouvèrent ung estandart ployé, lequel ilz desvoleyèrent et levèrent en hault, et le portèrent en l'ostel où le duc de Bourgongne estoit logié, emprès ladicte Bastille, pour luy moustrer icelui estandart, en lui disant que encores y avoit-il des Armignas à Paris. Et quant ledit duc l'ot veu par une haulte fenestre de sa chambre, qui estoit lors luy et ses gens armés de tous harnoix en sondit hostel, iceulx gens de commun deschirèrent icelui estandart en pluiseurs pièches et puis passèrent et rachèrent sus, au dépit de tous les Armignas, de France. Et ce fait s'en allèrent en la cour de ladicte Bastille, et demandèrent à avoir sept prisonniers qui dedens estoient. Lesquelz on ne leur volt point délivrer à leur première requeste. Pour quoy ilz commenchèrent à desmachonner les murs de la forteresse et dirent que jamais ne cesseroient jusques à ce que iceulx prisonniers leur seroient délivrés. De laquelle emprise le duc de Bourgongne fu moult courouchiés. Mais pour doubte de plus grant inconvénient il consenty que on leur délivrast lesdis prisonniers, moiennant ce que ilz promisrent de les mener en Chastelet et d'en laissier convenir justice, par laquelle ilz devoient estre pugnis selon leurs meffais. Et ainsi leur furent délivrés iceulx prisonniers. Lesquelx, pour accomplir une partie de leur promesse, les menèrent jusques à l'entrée dudit Chastelet, et là les occirent et tuèrent tous, et puis les desvestirent et prirent leurs robes, qui estoient bonnes, chapperons, chaintures et tout ce que ilz avoient, et puis les laissèrent gisans sur les cauchiés. Et s'en allèrent de rue en rue parfaire leur journée, tuant en dépéchant tous ceulx que on disoit estre Armignas, eussent la croix Saint Andrieu ou non. Et meismement y tuèrent pluiseurs femmes qui estoient renommées d'avoir tenu ledit party d'Armignac. Et les desvestoient, tous et toutes, jusques à la chemise, et à pluiseurs ne demouroient que leurs braies. Et ainsi s'en allèrent jusques à la noire nuit, que ilz se départirent les ungs des aultres, et s'en alla chascun en sa maison. Et toustefois toutes ces gens qui ainsi rengnèrent ce jour n'estoient que gens de petit estat, bien méchantement armés et habilliés, dont Capeluce, le bourrel de Paris, estoit le capitaine, et en avoit plus de II^c en la compaignie qui n'avoient point de haubregon, et n'y euist on point trouvé ung homme notable. Mais on doubtoit que se on se fuist prins à eulx, les aultres ne les eussent point laissiés emprisonner, ne pugnir. Et toutes fois avoit fait le Roy deffendre par avant, toutes ces entreprises et voyes de fait, sur paine d'en perdre la vie.

Pour eschiver telles ou samblables esmutacions et occisions, furent commis deux chevalliers à mener ledit commun hors de Paris, avoec aultres notables bourgeois dudit lieu, et les deux chevalliers et leurs gens, pour aller mettre siège devant Mont-le-Héry. Et asses tost après leur département, furent prins et exécutés ès halles de Paris le bourrel dudit lieu et deux autres ses compaignons, comme cappitaines et ennorteurs de ladicte commocion et occision, pour donner exemple aux aultres que plus ne faissent telles emprises.

Quant ceulx qui estoient devant Mont-le-Héry oirent dire que ces troix estoient ainsi décolez, ilz en furent moult courouchiés, par espécial ceulx qui avoient esté leurs compaignons en faisant les choses dessusdictes. Et partirent incontinent dudit siège en retournant à Paris. Mais lesditz cappitaines demourèrent tenans ledit siège. C'estassavoir Gautier de Ruppes, bourguignon, et Gauthier Raillard, Chevallier du ghet audit lieu de Paris. Et quant ceulx dudit Paris arrivèrent à la porte de ladicte ville, ilz la trouvèrent fremée et ne les volt on laissier dedens. Pourquy ilz s'en retournèrent audit siège de Mont-le-Héry moult courouchiés de ce qu'ilz n'avoient peu prendre vengement de leurs compaignons. Et bien peu devant les choses dessus dictes, fu par jugement exécutez et mis à mort le filz bastard dudit Henry de Marne, en son tamps chancellier de France, comme dit est.

Le siège de Mont-le-Héry durant, arrivèrent les Armignas de Meaux secrètement, sur le point du jour, en la ville de Laingny sur Marne, et la gaingnerent soudainement, par faulte de garde, et y firent moult de maulx tout le jour que ilz y entrèrent, de batre, pillier et rober tout ce que bon leur fu. Mais, dedens une tour séant sur les murs, se saulvèrent pluiseurs, tant de la garnison comme de la ville, et là se tindrent tout ledit jour.

Tantost fu sceue à Paris la prinse de la ville de Laingny par les fuyans qui arrivèrent audit lieu de Paris, dont le duc de Bourgongne fut très-courouchiés et fist incontinent partir de Paris le sieur de l'Ille-Adam, en grand puissance, et s'en alla vers ladicte ville de Laingny. Et avoec eulx arrivèrent au soir les gens d'armes de cheval estant devant Mont-le-Héry, lesquelx gens d'armes, mis ensamble, firent tant que au soir, endementiers que les Armignas souppoient, par le moien des bonnes gens du pais et de ceulx de ladicte tour, ilz tirèrent en ladicte ville et commirent gens pour warder les portes et entrées d'icelle, et puis s'espandirent et frappèrent ès maisons et commenchièrent à mettre à l'espée ; tous les Armignas y furent occis sans en prendre nul à mercy. Et ainsi fu ladicte ville reconquise et gaingnée le propre jour que elle avoit esté perdue, et y fu mise plus fort garnison qu'il n'y avoit par avant eue.

Lendemain de la prinse et rescousse de Laingny, party le duc de Bourgongne de Paris et s'en alla à grant compaingnie de gens au pont de Charenton, et attendy illec le duc de Bretaingne pour parler à luy, ainsi que eulx deux estoient ensemble par avant d'accord. Et avoient prinse ladicte journée audit lieu de Charenton pour ce que en moroit lors à Paris très fort. Et y fu celle an la mortalité si grande qu'il y moru près de IIII^{xx} mille personnes. Et de la compaingnie d'icelui duc y moururent le prince d'Orange, le seigneur de Fosseux, Gannet de Poix, chevalier, et pluiseurs autres. Et quant ces deux princes dessusdis eubrent grant tamps parlé ensamble et fait ce pour quoy ilz estoient illec assamblez, icelui duc de Bourgongne s'en retourna à Paris, et le duc de Bretaingne en son pais.

En celle saison fu faicte à Paris une procession génerale de toutes les églises de ladicte ville, et fu la messe chantée en l'église Notre-Dame. Et endementiers que on chantoit la messe en ladicte église, fu fait ung sermon solempnel au parviz d'icelle par ung frère mineur, docteur en théologie. Et là estoient fais pluiseurs eschaffaux esquelx estoient les conseillers du roy de France, comme le chancellier et aultres, les Recteur et autres notables clers de l'Université, pluiseurs grans seigneurs, Prévost et autres notables bourgois de Paris. Et si en y avoit ung auquel estoient les vicaires et autres officiers de l'évesque de Paris. Lesquelx ians sur ce puissance et commission génerale et espécialle dudit évesque, lors malade à Saint-Mor des Fossés, rappellèrent, el nom dudit évesque, la sentence que icelui évesque et ses complices avoient donnée en tamps passé contre l'onneur du duc de Bourgongne et la proposition par luy advoée et faicte par feu maistre Jehan Petit, ainsi que cy devant est dit et escript, en réparant quant à ce l'onneur et loiaulté dudit duc comme vray campion de la couronne de France, et audit sermon, comparée à l'escaillier soustenant la vigne, en monstrant quant à ce les lettres dudit évesque et le pooir à eulx sur ce donné et excusant iceluy obstant sadicte maladie. Et tant dirent et firent devant tout le peuple illec assamblé et les seigneurs dessusdis, que ledit duc de Bourgongne en fu contend. Et fu ladicte révocacion faicte au milieu dudit sermon.

Au moix de novembre ensievant, envoia le roy de France ses ambaxeurs au Pont de l'Arche pour traictier avoec les ambaxeurs du roy d'Engleterre illec envoyez sur forme de traictier et trouver les moyens par quoy le siège de Rouen fust laissié et que bonne paix fust faicte entre les deux roys de France et d'Engleterre. Et alla le cardinal des Ursins dessus nommé, avoec lesdis ambaxeurs du roy de France pour moyenner et aidier à faire ladicte paix. En laquelle ambaxade furent envoiiez l'évesque de Beauvaix, frère à Thevenon, le seigneur d'Autre, le premier président de Parlement Regnault de Folleville, chevallier, et maistre Thiery le Roy, tous conseilliers, et maistre Baude des Bordes, secretaire du roy de France. Et de par le roy d'Engleterre y furent envoiiez le conte de Warwich, le chancellier d'Engleterre et aucuns autres clers de sa court, ses conseilliers. Et dura celle ambaxade environ XV jours, pendant lesquelx ledit cardinal ala par deux foix devers ledit roy d'Engleterre en son siège devant Rouen. Et nient mains aucun traictié ne se y polt trouver en abstinence de guerre ne autrement, et s'en partirent sans rien faire. Et retourna ledit cardinal devers le roy de France, avoec lesdis ambaxeurs, en la ville de Ponthoise. En laquelle ville il estoit nouvellement arrivez et se y estoient [logés] la Royne et le duc de Bourgongne. Devers lesquelx, iceulx cardinal et ambaxeurs alèrent incontinent pour faire leur relacion, et icelle faicte se disposèrent ledit Roy, Royne et duc de Bourgongne d'eulx partir de ladicte ville de Ponthoise et aller à Beauvaiz pour secourir ladicte ville de Beauvais. Et lors furent mandés gens d'armes par tout le royaume de France et arbalestriers de bonnes villes, pour aller devers le Roy entour ladicte ville de Beauvaix. En laquelle et autour d'icelle arriva grant nombre de gens et d'arbalestriers, et y furent ceulx de Tournay en grande compaingnie. Mais ainchois que toute la puissance du Roy peuist estre illec assamblée, furent ceulx de Rouen si près pris de famine que il les convint rendre au roy d'Engleterre, et s'en partirent ceulx de la garnison saulvement, mais ilz n'emportèrent riens avoec eulx, ains s'en allèrent en pur leurs pourpoins, sans croix et sans pille. Et fu la ville mise du tout en l'obéissance du roy d'Engleterre.

Après la prinse de Rouen se rendirent au roy d'Engleterre les villes et forteresses de Mante et de Vernon, par défaute de vivres. Et ce venoit par les divisions et guerrés qui si longuement avoient duré et rengné en France. Par quoy les villes avoient esté exilliés et gastées de ceulx qui y avoient esté en garnison durant lesdictes guerres, lesquelx avoient mengié les provisions desdictes villes et fortresses. Et se estoit le tamps si mauvaix que nulx n'osoit labourer ne mener marchandise sur les champs, et par tant ne se povoient les fortresses tenir. Aprez lesquelles reddicions, les Engloix séjournèrent audit pais de Normandie, toute la saison d'iver, sans rien faire. Et se tindrent ceulx du Chastel Gaillart plus d'un an depuis lesdistes reddicions. Mais en fin il les convint rendre, pour ce que ilz trouvèrent leurs vivres et provisions du tout destruis et pourris par mauvaise garde.

Tantost après la reddicion de la ville de Rouen, se partirent de Beauvais le Roy et la Royne de France et le duc de Bourgongne, et s'en allèrent à Prouvins sans entrer à Paris, et envoièrent audit lieu le conte de Saint-Pol, le chancellier de France et aultres, pour demourer en ladicte ville et appointier les besongnes et affaires illec sourvenans, tant en justice comme sur le fait de la guerre. Et fu lors fait prévost de Paris, maistre Gilles de Clenmessy.

Le Roy de France estant à Prouvins, allèrent devers lui en ambaxade de par le roy d'Engleterre, le conte de Waerwich et de Quint. Lesquelx, en leur allée, furent espiez sur le chemin par Taneguy du Chastel et autres Armignas de sa compaingnie, et furent d'iceulx assaillis emprès Chaumes en Brie. Et au commenchement de l'assault fu la plus grant partie de leur bagage prins et emmené. Mais ilz se deffendirent si bien, à l'aide des gens dudit de Bourgongne, en quel conduit ilz estoient, que en fin leur demoura la place. Et y furent Armignas desconfis, et y demoura en la place bien LX hommes d'armes d'iceulx Armignas occis, et le sourplus s'en fuy avoec ledit Taneguy. Et ce fait s'en allèrent lesdis Engloix et Bourguignons devers le roy de France et le duc de Bourgogne audit lieu de Prouvins, et besongnèrent devers icelui Roy et son conseil, et puis s'en retournèrent en Normendie devers le roy d'Engleterre, et luy reportèrent les poins et articles de quoy ilz estoient chargiés de par ledit roy de France sur forme de trouver traictié de paix entre iceulx roix. Et après le département desdis Engloix, se party le roy de France et toute sa compaingnie de la ville de Prouvins, et s'en allèrent tous à Troyes en Champaingne, où ilz furent joieusement receuz, et y séjournèrent jusques après Pasques.

Après ces choses fu le chastel de Coucy mis en l'obéissance du roy de France et du duc de Bourgongne, par le moien des prisonniers Bourguignons qui furent mis à délivre par ung valet de layens. Et tuèrent le cappitaine estans audit chastel, nommé Cadet, et pluiseurs autres avoec luy, et furent mis à l'espée, que bien pau en eschappa en vie. Et le cappitaine de la ville nommé La Hire cuida ravoir ledit chastel par ung soudain assault qu'il y vault faire livrer, mais il y faillit. Car il y avoit pluiseurs gentilz hommes mis à délivre de leur prison qui luy moustrèrent tel visaige que il fu tout joieulx de luy partir de ladicte ville, lui et ses gens. Et s'en alla à Guise; et ledit chastel de Coucy fu livré ès mains de messire Jehan de Luxembourcq.

L'AN MIL IIII^c XIX.

Tantost après Pasques, retournèrent les ambaxeurs du roy d'Engleterre devers le roy de France en la ville de Troies, et là fu traictié que à certain jour après ensievant les deux roix de France et d'Engleterre conviendroient ensamble au pont à Meulen et illec seroit fait et ordonné ung certain parc enclos de palis de bois audehors du village dudit pont de Meulen. Et illec aviseroient se aucun bon traictié de paix se porroit trouver entre eulx. Et désiroit moult le roy d'Engleterre à avoir à mariage dame Catherine, fille dudit roy de France.

Au moix de may arrivèrent à Ponthoise le Roy et la Royne de France, Catherine leur fille, le duc de Bourgongne, le conte de Saint-Pol et tout leur conseil, à grant puissance de gens d'armes. Et à Maude arriva le roy d'Engleterre, accompaignié des ducqs de Clarence et de Bethefort, ses frères, et de pluiseurs princes d'Engleterre, à grant puissance de gens d'armes et d'archiers.

Adonc estoient ordonnez et esleus les villages esquelz se logèrent François, et autres où se logeroient Englois. Et furent si bien devisés que il n'y eubt oncques division ne remours au logier ne aussi à séjourner en iceulx durant le traictié des deux roix. Et s'estoient logiés en pluiseurs lieux, les ungs bien près des aultres sans nulle closure. Mais oncques n'y eubt riens mesfait ne entrepris, des ungs aux autres.

Or estoit fais et ordonnez lez parcqs dessusdis emprès les village de Meulen pour assambler en conseil les deux parties devant dictes. Lequel parc estoit enclos de bailles et de pallis assis et estequiés les ungs contre les aultres, devers Meulen et devers Mante. Et y avoit trenquis et petit fossés tout le long desdictes bailles et pallis par dedens ledit parc, et joingnans à icelles bailles et pallis et du costé devers Meulen, couroit lyawe tout du long dudit fossé venant d'un vivier estant au dessus dudit parc et allant queir à la rivière de Saine estans au desoubz d'iceluy, droit à l'oposite dudit vivier, lesquelx rivière et vivier enclooient ledit parc de deux costés et lesdis palis des deux aultres. Et y avoit à chascun desdis palis chincq entrées, et à chascune entrée povoit passer chincq hommes d'armes de front. Et se fremoient ces entrées chascune de troix bailles. Et se prenoient icelles barrières droit au bort de ladicte rivière, et aloient jusques audit vivier du costé devers Meulen. Mais la barrière du costé de devers Mante se prenoit à l'opposite de l'entrée dudit vivier, pour ce que le vivier ne povoit aller jusques à la montaigne des vignobles qui est au dessus dudit vivier. Et pour ce n'y avoit-il point d'iawe au fossé près d'icelle barrière. Et au milieu dudit parc estoient tendus une tente et ung pavillon tenans ensamble; et povoit-on aller de l'un ou l'autre. Et en iceulx se devoient tenir les consaulx d'iceulx roix. Et au dehors dudit parc estoient tendus pluiseurs trefz, tentes et pavillons d'un costé et d'aultre, pour les princes et seigneurs ralfreschir et demourer jusques à l'eure que on entroit en conseil. Et ne devoit nulx entrer audit parc sans licence des gardes à ce commises. Et estoient les barrières du costé devers Meulen plus haultes et plus fortes que celles de devers Mante. Car elles estoient faictes de bons aix et espès, joignans ensamble de plus grant haulteur que le plus hault homme de la compaingnie. Et celles du costé des Engloix n'estoient que simples lices, à manière de baillies. Et la cause de la force de celles du costé des François estoit pour ce que la plus grant partie d'iceulx Engloix estoient archiers et eussent peu par leur trait destruire toute la compaignie de France illec présente, se n'eussent esté lesdictes closures, lesquelles furent faites par telles manières que tout le trait de tous les archiers d'Engleterre n'y povoit grever.

Quant les roix et princes furent arrivez ès lieux dessusdis, ilz prirent une journée pour assambler ensemble en conseil audit parc de Meulen. Et à cedit jour partirent de Ponthoise, la royne de France, dame Catherine sa fille, le duc de Bourgongne, le conte de Saint-Pol, avoec eulx tout leur conseil et très grand puissance de gens d'armes, et arrivèrent et deschendirent en leurs tentes pour ce ordonneez, entre le village du pont de Meulen et le parc dessus devisé. Et le roy d'Engleterre party à cedit jour de la ville de Mante acompagnié de ses deux frères et princes dessusdis, à très grand puissance de gens d'armes et de trait, et arriva et deschendy en sa grant tente tendue au dehors dudit parc. Et là furent d'accord d'entrer en conseil. Et lors se party ledit roy d'Engleterre de sadicte tente, et entra audit parc, avoec luy ses deux frères et ceulx de son conseil, par la moienne entrée desdictes lices. Et la Royne, adestrée du conte de Saint-Pol, se partirent de leur tente et entrèrent audit parc, et après elles aucunes de leurs dames et damoiselles et tout le grant conseil de France, chancellier de France et autres; et entrèrent en ladicte tente. Et là se tint le conseil moult longement. Et icelui durant se tenoient lesdictes damoiselles ung peu arrière dudit conseil, et les héraulx illec estans, tant d'un costé comme d'autre, se tenoient bien arrière desdictes tente et pavillon dedens ledit parc. Et les gens d'armes se tenoient tout du long lesdictes lices et palis, et là demourèrent jusques en la fin du conseil. Et quant icelui fu finé, chascune partie s'en retourna en la manière que ilz y estoient allés, les ungs à Ponthoise et les autres à Mante.

Celle ordonnance de aller, séjourner et retourner fu tousjours tenue à toutes les journées que le conseil fu illec tenus. Et se partoient communément de bonnes villes dessusdictes après avoir oy messe, et aucunes foix desjunnoient et disnoyent avant leur département et aucunes foix alloient disner en leurs tentes emprès ledit parc, et avenoit aucunes foix que la royne de France et sa compaignie arrivoient audit lieu de Meulen une heure ou demy heure ainchois que le roy d'Engleterre. Et aucuneffoix iceluy roy d'Engleterre y arrivoit premiers, autant d'espace que dit est, et y estoient aucunes foix les Françoix les plus fors, et une aultre foix les Engloix y estoient aussi en plus grant nombre, et communément y estoient assés ingaulx de puissance. Et alloient aucunes foix trois foix en la sepmaine, une autre foix deux, et à l'autre une; et aucune foix actendoient X ou XII jours. Mais ce pendant ilz envoièrent leurs ambaxeurs les ungs aux autres ausdis lieux de Pontoise et de Mante. Et ne fu le roy de France à nulles des journées tenues audit pont de Meulen, car il estoit malade tout le tamps, mais son chancellier y fu tousjours pour luy.

En ce tamps avoit esté Taneguy Du Chastel pluiseurs foix devers le duc de Bourgongne secrètement et envoyé devers iceluy par le Daulfin de Viennoix et son conseil, affin de trouver traictié de paix et concorde entre iceulx. Et tant y alla, que en la ville de Pontoise fu par eulx prinse une journée que de assambler ensamble ledit Daulfin et le duc de Bourgongne en plains champs emprès le poncel de Meulen sur Saine, et puis s'en party ledit Taneguy bien secrètement, ainsi qu'il avoit accoustumé. Et le fist ledit duc convoyer par les archiers de son corps hors des logis de ses gens d'armes, ainsi que autreffoix l'avoit fait. Car ledit Taneguy estoit si hays de toutes gens à Paris et ailleurs où on tenoit le party de Bourgongne, que se il eust esté apperceuz neseuz, on le fust allez dépéchier et occire, comme on avoit fait les aultres.

Au jour devisé et acordé de assambler les deux princes dessusnommés au poncel de Melun, arrivèrent iceulx princes audit lieu, grandement accompaigniés de gens d'armes. Et quant ce vint à l'approchier chascune partie se mist en bataille en très belle ordonnance, et les deux princes dessusnommez se partirent hors de leurs gens, chascun accompaignié de X personnes telles que bon leur sambla, et se mirent iceulx au milieu de leurs deux batailles. Et là parlementèrent longhement ensamble et, en fin de leur conseil, fu par eulx une autre journée assignée à retourner en ce propre lieu au meisme estat et en la manière que ilz y estoient venus, sur espérance de trouver par iceulx bon traictié de paix. Et ainsi de partirent ly ungs de l'autre les deux princes devant nommez, et retourna le duc de Bourgongne à Ponthoise. Et fu celle première assamblee faicte à l'entrée du moix de juillet.

En ce moix de juillet assés tost après le retour du duc de Bourgongne audit lieu de Pontoise, faillirent les trièves et traictié du pont de Meulen. Et ne se pot trouver la paix entre les deux roix, pour ce principalment que le duc de Bourgongne avoit espérance d'avoir bonne paix avoec le Daulfin et les siens. Lequel Dauphin estoit seul filz du roy de France, et par tant icelui duc de Bourgongne ne volt plus avant procéder avoec le roy d'Engleterre sans le sceu et consentement d'icelui Daulfin de Viennoix, héritier de France. Et pour ce se partirent les deux roix dessusdis de Ponthoise et de Mante. Et premiers party le roy d'Engleterre dudit Mante et s'en alla en Normendie, et furent les tentes destendues le tamps desdictes trièves durans et ledit parc deffait. Et le roy de France ne party dudit Pontoise jusques après la journée passée qui estoit assignée et ordonnée entre son filz et le duc de Bourgongne, comme dit est.

A la journée dessusdicte arrivèrent le Daulfin et le duc de Bourgongne emprès le poncel de Melun, et parlementèrent ensamble, tenans l'ordonnance de la première journée dessusdicte, et illec fu la paix faicte et jurée solempnellement par les deux princes dessus nommez et leur conseil, et généralment par tous leurs capitaines et gouverneurs desdis seigneurs illec présens. Et promirent iceulx princes de estre bons et loiaulx l'un envers l'autre, et de aidier ly ungs l'aultre contre tous et envers tous. Et se il advenoit que aucuns pourchassat l'anuy, le deshonneur ou le contraire de l'un d'iceulx princes, et il venoient connoissance de l'autre, ilz promirent et jurèrent solempnelement de le nonchier et faire savoir l'un à l'autre incontinent après ce que il seroit venu à la cognoissance. Et pluiseurs autres choses jurèrent lesdis princes sur le fait de ladicte paix, comme les lettres qui sur ce en furent faictes seellées des grans seaux d'iceulx princes, font plus à plain mencion. Desquelles lettres la teneur s'ensieult.

S'ensieult la coppie des lettres de la paix faicte entre le Daulphin de Viennoix et le duc Jehan de Bourgongne, en l'an mil IIII° XIX.

Charles, filz du roy de France, Daulphin de Viennoix, duc de Berry et de Touraine et conte de Poitau, et Jehan duc de Bourgongne, conte de Flandres, d'Artoix et de Bourgongne Paletin, seigneur de Salins et de Malines, à tous ceulx qui ces présentes lettres verront, salut. Comme à l'occasion des grans divisions qui depuis certain tamps encha ont rengné en ce roiaume, aucunes suspicions se soient engenrées ès cuers de nous et de pluiseurs noz officiers, serviteurs et vassaulx, les ungs envers les aultres, pour quoy et pour pluiseurs ymaginacions que à icelle cause avons concheu, avons esté empeschiés à concordamment vacquier et entendre ces fais et besongnes touchans nostredit seigneur le Roy et sondit roiaume, et de ensamble résister à la dampnable emprise de ses anchiens anemis et les nostres, les Engloix, qui soubz umbre et par les moiens des devant dictes divisions se sont enhardis d'eulx ainsi avant bouter en cedit royaume, et usurpent une bien grant partie de la seignourie, et porront encores plus faire, les choses estant en telle et samblable disposicion. Savoir faisons, que nous considérans et attendans les tant grans, innumérables maulx et inconvéniens qui par le fait desdictes divisions, se appaisiés n'estoient, se porroient encores plus ensievir, à plus grant folie, par ce ou par aventure, perdicion totalle de ceste dicte seignourie, qui nous redonderoit et à chascun de nous, à qui le chose puelt plus touchier après mondit seigneur que à nul aultre, à très grant charge et deshonneur, désirans de toute affection ainsi que tant tenu y sommes, y remédier et pourvoir. Et pour ce, à ceste fin, après pluiseurs traictemens sur ce euz et pourparlés entre aucuns des nostres d'une part et d'aultre, nous soions puis nagaires et aujourdhuy de rechief, assamblés et convenus ensamble, avons d'un commun accord et ascentement, pour honneur et révérence de Dieu principallement, aussi pour le bien et paix auquel ung chascun bon catholique doit estre enclin, et pour relever le povre peuple des grandes et si dures oppressions que à la cause avant dicte a eu à souffrir, promis, juré et enconvenienciet, ès mains de révérend père en Dieu Alain, évesque de Lyon, légat envoiet devers nous par nostre saint père le pappe pour le fait de ladicte union et paix de cedit royaume, sur la vraie croix et serement de noz corps pour ce prestez l'un à l'autre sur nostre part de Paradis, en parolle de prince et aultrement le plus avant que faire se puelt, les choses qui cy-apres s'ensièvent.

Et premièrement, nous Jehan, duc de Bourgongne, que tant que nous viverons en ce monde, nous, après la personne de mondit seigneur le Roy, honnourrons, secourrons et de tout nostre cuer et pensée plus avant et devant que tout aultre, chierirons et amerons le personne de mondit seigneur le Daulfin et, comme à son estat appertient, luy obéirons, et ne ferons ne soufferons estre fait à nostre povoir nulle chose qui soit à son préjudice, et de tout nostre povoir lui aiderons à garder et maintenir son estat et prérogatives en toutes manières, et luy serons à tousjours vray et loial parent, son bien et honneur procurerons, mal et dommage eschiverons par toutes voyes à nous possibles, et d'icelui les advertirons. Et se il advenoit que aucuns de quelque estat qu'ilz fussent luy volsusent faire ou porter guerre ou aultre dommaige, nous en ce cas le secourrons, aiderons et servirons de toute nostre puissance envers tous et contre tous, et en ce nous emploierons comme en nostre propre fait.

Et pareillement, nous Charles dessus nommé, Daulphin de Viennoix, tant qu'il plaira à Dieu nous donner vie en corps, à quelque estat seignourie ou puissance que puissons parvenir le tamps advenir, nous, toutes les choses passées mises en oubly, amerons et de bonne et loial affection chierirons nostre très chier et très amé cousin le duc de Bourgongne dessus nommé, et en tous ses fais et besongnes le traiterons comme nostre prochain et loial parent, son bien, son honneur et avanchement volrons et pourçacherons, son mal eschiverons, en son estat et prérogatives le garderons et maintenrons en toutes ses affaires. S'aucun de quelque estat qu'il soit le volloit et aulcune manière grever, le soustenrons, porterons, et sitost qu'il nous en requerra, le aiderons et deffenderons à toute puissance envers tous ceulx qui pevent vivre et morir. Et meismement, se aucun de nostre sang et linage ou aultres quelconques voloient, pour raison des choses advenues le tamps passé en ce royaume et autrement, demander et quereler aucune chose à nostredit cousin de Bourgongne ou à ses parens et subgès, nous, de toute nostre puissance luy aiderons, et deffenderons contre tous les dessusdis et aultres quelconques qui grever on dommagier le volroient.

Item, que nous Charles, Daulfin, et Jehan, duc de Bourgongne, entendrons et vacquerons desoremais par bonne unité et alliance, chascun selon son estat, à tous les grans fais de cedit royaume, sans voloir riens entreprendre ne avoir aucune envie l'un sur l'autre. Et se aucun rapport nous estoit fait par aulcuns noz officiers ou aultres quelz qu'ilz fussent, à la charge de l'un ou de l'autre pour engrever ou engenrer aucune nouvelle suspicion et division, nous en advertirons de bonne foy l'un l'autre ne n'y adjousterons aucune foy, et comme bons loiaulx parens et prochains de mondit seigneur le Roy et de la couronne de France, nous emploierons principallement d'une meisme volenté et sans fiction aucune, à la répulsion desdis anemis et nostres, à la réparacion de ceste dicte seignourie et aux relievemens des subgés d'icelle, ne ne prenderons avoec lesdis anemis aucun traictiet ou alliances, se n'est par le bon plaisir et consentement de chascun de nous et pour l'évident bien de ce royaume. Et aussi ne prenderons aucun traictiet ou alliances avoec quelques roix, princes ou communailles ou aultres personnes quelconques, soit de notre sang ou linage ou aultres quelx qu'ilz soient ou puissent estre, préjudiciables l'un à l'autre. Et qui plus est, en toutes alliances que ferons doresenavant y comprenderons l'un l'autre de bonne foy. Et se aucuns traictiés ou alliances avoient esté fais paravant ces présentes, avoec lesdis anchiens anemis ou avoec aultres préjudiciables à l'un ou à l'autre de nous, dès maintenant y renonchons et les volons estre dictes nulles et de nul effect. Et toutes ces choses avons promises et promettons comme dessus tenir fermes et entières sans jamais aller ou venir en aucune manière au contraire. Et se aucun de nous, de sa volenté ou aultrement, rompoit ou enffraingnoit, que Dieux ne voelle, ledit traictié et ceste présente alliance, volons et nous plaist et à chascun de nous, que les gens, vassaulx et serviteurs, présens et advenir, que celui qui enffraindera ladicte paix ne soient tenus après ladicte infraction de le servir, mais serviront l'autre partie et en ce cas seront absolz et quittes de tous seremens de féautez et autres, de toutes promesses et obligacions de services, et lesquelles, oudit cas, desmaintenant pour lors nous en tenons absolz et délivrés sans ce que pour le tamps advenir il leur puist estre imputé à charge ne reproche, ne que aucune chose leur en puist estre demandé. Et pour greigneur seureté et confirmacion, et ad ce que ne doyons avoir aucune ymaginacion sur les officiers et serviteurs l'un de l'autre, avons volu et ordonné que noz plus principaulx officiers et serviteurs jurent, et de fait en nostre mains et présence et ès mains dudit évesque de Lyon si ont juré, de tenir de leur part et tant que à eulx porra touchier les choses devant dictes, et espécialement de tout leur pouvoir ilz nous entretenront en très bonne et vraie amour l'un envers l'autre, et ne ne feront ne procurront chose qui le doie empeschier. Mais se aucun empeschement y appercevoient nous en advertiront, et de ce et de toutes les choses devant dictes, feront leur loial debvoir et en bailleront leur séellé. Et meismement ont ce juré et promis sur les saintes Évangilles de Dieu, sur le part de nous Daulphin. noz amez et féaulx, messire Jacques de Bourbon, seigneur de Thury, maistre Robert le Machon, nostre chancellier, le visconte de Nerbonne, le seigneur de Barbasen, le seigneur de Arpasein, le seigneur de Bosquage, le seigneur de Beauval, le seigneur de Montenay, le seigneur de Gamaches, messire Taneguy du Chastel, messire Jehan Louvet, président de Prouvence, Guillaume d'Auvergne, Hughet de Noyers, Jehan du Mesnil, Pierre Frotier, Guichart de Boforon et Collart de La Vigne. Et par la partie de nous duc de Bourgongne, noz amez et féaulx, le conte de Saint-Pol, messire Jehan de Luxembourcq, messire Archembault de Foix, seigneur de Nouaille, le seigneur d'Anthoing, messire Thiebault, seigneur de Neufcastel, messire Jehan seigneur de Neufchastel, le seigneur de Montagu, messire Jehan de la Trimouille, messire Guillaume, de Vienne, messire Pierre de Boffremont grant prieur de France, messire Gauchier de Ruppes, messire Charles de Lens, messire Jehan, seigneur de Cottebrunne, mareschal de Bourgongne, messire Jehan, seigneur de Thoulongon, messire Guillaume de Champdivers, Philippe Jossequin et maistre Nicollas Rollin. En oultre pour plus grant seureté des choses dessus dictes, volons et consentons que les seigneurs du sang et linage de mondit seigneur jurent et promettent pareillement de tenir et garder ceste présente amistié, bien vueillance, union et concorde, ainsi par entre nous faicte. Et samblablement les gens d'église, nobles et gens de bonnes villes de nos païs et seignouries et de mondit seigneur le Roy. Et avoec, nous submettons et chascun de nous, pour l'observacion et acomplissement des choses dessusdictes, à la cohercion et contrainte de nostre mère sainte Église, de nostre saint père le pappe, ses commis et députez, par lesquelx nous volons et consentons estre constrains et chascun de nous en droit soy, pour mieulx observer et acomplir les choses dessusdictes et chascune d'icelles, par voie d'escommeniement, anathématisacion, aggravacion, réaggravacion, interdict, en noz païs et terres et aultrement par lassensure de l'Église, le plus avant que faire se porra. En tesmoing desquelles choses, nous et chascun de nous, avons escrit nos noms à ces présentes de nos propres mains, et à icelles fait mettre et apposer noz seaulx. Donné au lieu de no convancion et assemblée, sur le ponceau qui est à une lieuwe de Melun ou droit chemin de Paris, assés près Polli le Fort, le mardi xı^e jour de juillet l'an mil ıııı^c xıx.

Celle paix faicte et jurée comme dit est, se assamblèrent les deux batailles des deux princes dessusdis ensamble, en criant Noel ! et faisant très grant joie les ungs aux autres. Et là furent longtemps en ce point, moustrans de avoir grant léesse de ladicte paix. Et quant vint au congié prendre, et que le Daulphin deubt monter à cheval, le duc de Bourgongne en humilité luy tint l'estrier tant que il fu monté sur son cheval, combien que icelui Daulfin luy pria par pluiseurs foix que il s'en volsist déporter, mais il ne le volt. Et ce fait, le duc de Bourgogne monta à cheval, et là prinrent ly ungs l'autre par la main et prirent congié moult amiablement, et puis se partirent ly ungs de l'aultre, et s'en retourna chascun à son ost et s'en allèrent chascun en son logis.

De cette paix fu moult joieux tout le peuple de France, et aussi furent ceulx des marches d'environ, lesquelx cuidoient par icelle paix avoir plainnière joie et fin de griefz paines et dolours qu'ilz avoient par long tamps soustenus. Mais il ne fu mie ainsi. Car toute malle meschanté et destruction leur en avint, ainsi que vous trouverez cy-après. Dont ce fu grant pitié. Car la plus grant partie du commun peuple dudit royaume et par espécial d'entour Paris, en fu destruit et perdu, et fu tout le plat païs despeuplé et désolé, que rien n'y demoura. Et moururent pluiseurs par les champs, par pure famine et povreté.

Après ladicte paix faicte partirent de Ponthoise, le Roy, la Royne et Catherine de France, et avoec eulx le duc de Bourgongne, et prirent leur chemin pour aller à Meaulx, laquelle ville estoit tenue des gens dudit Daulphin. Lesquelx ne volrent oncques faire ouverture au Roy de ladicte ville de Meaux. Et partant il n'y entra point, mais fu menés à Prouvins et delà à Troies, où il séjourna toute la saison de l'iver ensuivant. Et le conte de Saint-Pol, le chancellier de France et les aultres conseillers du roy faisans résidence à Paris, s'en retournèrent audit lieu de Paris et y firent leur résidence tout le tamps de l'iver dessusdit.

Assés tost après le département du roy de France de la ville de Ponthoise, de laquelle fu commis cappitaine le mareschal de l'Isle-Adam, arrivèrent Englès par nuit en grant nombre jusques à bien près des murs de Ponthoise. Et entrèrent dans la ville par esquielles et ne trouvèrent qui l'entrée leur deffendist, et gaingnièrent la ville. En laquelle ilz firent beaucop de maulx comme en ville conquise. Et touteffois se saulva le seigneur de l'Isle-Adam, qui lors estoit dedens ladicte ville, à tout bien pau de ses gens. Et avoec luy se sauvèrent pluiseurs des bourgois de ladicte ville, et s'en allèrent à Paris et ailleurs. Et perdirent tout ce qu'ilz avoient dedens icelle ville laissié.

Par celle ville de Ponthoise fu clos le passage qui estoit de Paris en Picardie. Par quoy ceulx de Paris souffrirent cel an mainte disette et eubrent très grant chierté de bled et d'autres vivres. Et adonc se despeuplèrent fort les villages du païs de Beauvesis. Car ilz ne osoient labourer, et ne savoient de quoy vivre.

Au moix de septembre ensievant fu une journée prise et accordée du daulphin de Vienne et du duc de Bourgogne pour convenir ensemble en la ville de Moustreau-ou-fault-Yonne pour avoir advis et conseil de deçachier et débouter les Engloix hors du royaume de France. Et fu la manière devisée des logis et des places esquelles se devoient tenir et assambler lesdis princes en conseil et autrement. Et pour estre à iceulx lieu et jour devisés, se party le duc de Bourgongne de Troies à grant compaignie de gens d'armes. Et s'en alla à Bray sur Saine, à chincq liewes près dudit lieu de Moustreau. Et envoia aucuns de ses gens appointier son logis, qui devoit estre au chasteau dudit lieu. Lequel chastel ilz trouvèrent desgarny de toutes choses et en avoit tout porté dehors, et maismet les huys et les fenestres de pluiseurs lieux en en estoient portées hors, par grant malice et traison. Dont pluiseurs des gens dudit duc de Bourgongne ne furent point bien contens. Car avoec ce ilz veoient en la compaingnie dudit Daulphin tous les plus grans anemis dudit duc de Bourgongne et les plus fors Armignas de France, tous en armes et en très grant puissance. Et encore ne veoient ilz point tout. Car toutes les maisons en estoient plaines. Et ces choses furent mandées à icelui duc par ses dictes gens estans audit Moustreau. Sur quoy le duc escripsi à iceluy Daulphin unes lettres closes en le advertissant que il estoit accompaigniés de tous ses anciens anemis en grant puissance et que il doubtoit que ilz ne fussent maistres de la compaignie sans nulle obéissance, et avoit paour de trayson. Sur lesquelles lettres ledit Daulphin luy rescripsi que il n'eust de nulle rien doubtance ne souspechon, et que seurement il alast devers luy, car il se faisoit fort de toutes ses gens.

Sur la seureté des lettres du Daulphin et sur la loiaulté que tenoit le duc de Bourgongne estre en icelui comme en filz de Roy, iceluy duc se party dudit lieu de Bray-sur-Saine apprès ce que il eubt ses messes, oyes et chevaulça jusques à bien près de ladicte ville de Moustreau. Et en son chemin luy fu dit que il se gardast bien comment il aloit audit lieu et que on se doubtoit fort de trayson, attendu le samblant et la manière à la contenance desdis Armagnas. Lequel duc respondy que il ne povoit croire que le filz du Roy, à qui il estoit si prochain de linage et auquel il n'avoit onques riens mesfait, le volsist trayr ne souffrir estre tray, attendu la bonne paix qu'ilz avoient faicte ensemble, et que sur sa loiaulté, au plaisir de Dieu, il entretenroit la journée par luy accordée. Et chevauça après celle parolle jusques à la barrière de ladicte ville. A laquelle barrière on le fist longuement jocquier anchois que on luy feist ouvreture en ladicte ville. Et là, de rechief, lui dist ung de ses gens que se il alloit plus avant il seroit trais, et que en ladicte ville il ne veoit aultre apparicion que de trayson. Auquel iceluy duc respondy, que pour morir il ne fausseroit ce qu'il avoit promis. Et puis dist ces parolles ou en substance : le corps pourront ilz bien avoir, mais l'âme non. Et ce dist-il, pour ce que à ce jour il s'estoit confessé et ordonné ainsi que pour recevoir la mort. Et en ce point entra en ladicte ville et s'en alla logier audit chastel, auquel il disna, et après le disner il envoia devers le Daulfin le seigneur de Saint-Georges et autres, pour savoir à quelle heure il luy plairoit que iceluy duc alast devers luy. Sur quoy il leur fist respondre que il voloit que ce fust à troix heures dudit jour. Et ainsi fut entretenu.

Le xᵉ jour du moix de septembre, à troix heures après disner, party le duc de Bourgongne du chastel de Moustreau, et s'en alla devers le Daulfin de Viennoix en une place pour ce ordonnée assés près dudit chastel, sur ung pont qui y est. Et est la place enclose de deux barrières, et chascun costé avoit ung huys fremant par dedens. Et quant ledit duc de Bourgongne vint à l'entrée de ladicte barrière on luy demanda quelx gens il voloit avoir avoec luy dedens ladicte place. Et il respondy que il y voloit avoir Charles, filz au duc de Bourbon, le seigneur de Nuailles, Jehan de Fierbourg, les seigneurs de Saint-Georges, de Montagu, d'Autre et de Giach, messire Anthoine de Vergy, Charle de Sens, Guy de Pontailler et maistre Jehan Seguinat, secrétaire. Et quant le duc de Bourgongne et les dessus nommés furent dedens entrés, les Armignas crièrent : c'est assés. Et lors fremèrent et clorrent l'uys. Et ledit duc alla faire la révérense au Daulphin et s'enclina moult humblement devant luy tout jus à ung genoul. Et en ce faisant, le visconte de Nerbonne et Taneguy du Chastel le prirent par les bras en le relevant. Et ce fait ledit Taneguy, d'une hache qu'il avoit en sa main, frappa iceluy duc entre la teste et les espaulles, si esforchieuement qu'il l'abaty à terre. Et incontinent après ce cop il fu de tous ces Armignas telement assaillis et férus que oncques plus de la place ne party. Et quant le duc fu ainsi abatus, le seigneur de Nuailles devant dit se coucha dessus luy pour le cuidier saulver, mais on frappa sur luy et l'auta si durement que oncques puis ne porta armes. Et fu ledit duc illec présentement occis et murdris, et ledit de Nuailles mis en tel point que il ne vesquy gaires après luy. Et en ce faisant issirent hors des maisons de ladicte ville gens sans nombre, armés tout au cler, tous introduis de leur fait, et commenchèrent à crier : tuez tout ! tuez tout ! Et estoit une grant orreur et cruaulté d'estre en icelle ville. Là furent prins tous les chevaliers dessus nommez entrez avec ledit duc de Bourgongne, excepté le seigneur de Montagu, lequel se saulva par saillir pardessus la barrière sur le cauchié de ladicte ville. Et ceulx qui estoient demourez audit chastel de par icelui duc se saulvèrent pour celle heure et levèrent le pont amont. Mais ilz n'avoient de quoy eulx vivre et deffendre. Et par tant ilz rendirent la fortresse ès mains d'iceluy Daulphin, et s'en partirent saulvement. Et fu le seigneur de Jonvelle le chief d'iceulx. Et beaucop d'autres qui estoient dedens ladicte ville se saulvèrent et mirent aux champs, et s'en allèrent à Bray, et laissèrent leur seigneur derrière tout mort. Et encore depuis qu'il fut mors, Olivier Lyet luy bouta ung espoy tout parmy le corps, du fondement jusques au haterel, et puis fu desrobez et desvestus de ses aniaulx et armeures et aultres que rien ne lui demoura sur son corps, fors seulement son juppon et ses housiaulx. Et quant il eubt esté assés longement gisans en la place, à la requeste d'aucuns il fut enterrés tout en ce point qu'il estoit en terre sainte, et ledit seigneur de Nuailles emprès luy. Et fu commune renommée que la dame de Giach, illec présente, son filz et Philippe Jossequin, con disoit qu'il estoit bien de ladicte dame de nuit et de jour, furent cause de ladicte traison et consentans d'icelle. Et toutes fois ledit Philippe Jossequin, qui avoit esté filz de armoyeur du duc Philippe de Bourgongne, père audit duc Jehan, estoit l'omme au monde que icelui duc Jehan avoit le mieulx amé et le plus avanchié en sa court d'homme qui rien ne luy fust, et tant que il en avoit courouchié pluiseurs seigneurs en tamps passé et son propre filz meismes. Car il luy moustroit toute l'amour que on pouvoit moustrer à homme et luy faisoit porter son séel de secret et signer lettres de son propre nom comme il eust peu faire de sa main, et ne savoit on reconnoistre l'un pour l'aultre, telement estoit leur lettre pareille. Et la cause pour quoy ceulx furent souspechonnez de ladicte trayson, furent que incontinent ilz se mirent à servir ledit Daulphin. Et y furent receuz et y demourèrent paisiblement et ne volt oncques nul d'eulx retourner du party de Bourgongne. Et si estoit ledit Philippe natif de Digon et y avoit ung moult noble hostel, et sa femme demourant en ladicte ville. Ainsi perdy le duc de Bourgongne les biens et honneurs qu'il avoit fais de sa france volenté et libéralité aux dessusnommez dame et seigneur de Giach, Philippe Jossequin et Taneguy du Chastel. Auquel Taneguy il avoit tant fait et moustré tant d'amour au tamps qu'il estoit venus et allez en faisant et pourchassant ledit traictié de paix, et tout alfin de parvenir à ladicte trayson. Auquel tamps il s'estoit accointié et apprivisié des dessus nommées, de Giach et Jossequin, avec lesquelx il se tenoit communement quant il estoit devers ledit duc et par le commandement d'iceluy pour ce que il en avoit en eulx parfaicte confidence. Et ilz tournèrent toute leur affection à le faire murdrir, ainsi que ce dit est. Dieux par sa grâce luy face mercy, car il moru vray et loial campion de la couronne de France, qui oncques ne volt faire ne consentir quelques traictiés ou alliances qu'il volsist faire au roy d'Engleterre ne autres que les personnes du roy de France et de tous ses enffans ne fussent tousjours reservez et qu'ilz ne demourassent ses souverains seigneurs, pour iceulx aidier et servir contre tous, fussent ses alliiés ou non, quelques traictiés ou alliances qu'il feist à eulx. Combien que ses anemis maintenoient le contraire en tous tamps.

A la journée que le duc de Bourgongne fu occis, ainsi que dit est, estoient en la compaignie dudit Daulphin Jehan de Harcourt, conte d'Aumale, le visconte de Nerbonne, Tanèguy du Chastel, les seigneurs de Barbazan, de Tigry, le seigneur de Gitry, François de Grignaulx, chevalier, Olivier Lyet et autres plusieurs.

En cel an furent mis à raenchon les barons, chevaliers et secrétaire prins en la compaignie dudit duc de Bourgongne, exceptés lesdis Charles de Bourbon et le seigneur de Giach. Ceulx demourèrent avoec le Daulphin, et ledit Charles de Sens, amiral de France, lequel ilz firent tenir par grant espace de tamps et depuis (*sic*).

Après la mort du duc de Bourgongne furent les gens d'icelui duc moult désolez, troublés et desconfortés pour la mort de leur seigneur. Et toutes fois eubrent-ilz conseil ensamble de tousjours maintenir sa querelle et son party et de tenir et garder les villes et fortresses que ilz avoient en garde et en obéissance. Et demourèrent les barons de Bourgongne emprès le Roy et la Royne de France, en la ville de Troies. Et les chevaliers et cappitaines de Picardie et de Flandres se tindrent avoec Philippe de Bourgongne seul filz audit deffunct duc de Bourgonge. Lequel par le trespas de sondit père, comme son héritier, fu duc de Bourgongne, conte de Flandres, d'Artoix et de Bourgongne Palatin, seigneur de

Salins et de Malines, deux foix per de France et doien d'iceulx pers, et si estoit par avant conte de Charoloix, seigneur de Chasteaubelin, et joissant des seignouries et prouffis des villes et chastellenyes de Péronne, de Roie et de Mondidier jusques à ce qu'il seroit plainement contentez de certaine somme d'argent et ossi de certains joiaulx, lesquelx furent promis et deubz à lui et à dame Michiele de France, s'espeuse, à leur mariage, dont ilz n'avoient riens eu. Desquelles seignouries et pais il povoit bien traire et avoir gens et finances pour vengier la mort de sondit père et sa juste querelle maintenir.

Au moix d'octobre, fist le nouvel duc de Bourgongne faire le service de son père en l'église de Saint-Vaast d'Arras moult solempnellement. Auquel service faire furent les évesques d'Amiens, de Cambray, de Thérouane, de Tournay et d'Arras. Et si furent pluiseurs abbés et prélats des pais de Flandres et de Picardie, jusques au nombre de XXIIII croches. Et à ce jour menèrent le dueil avoec ledit duc Philippe, messire Jacques de Harcourt et Jehan de Luxembourc. Et ledit service fait, s'en alla le josne duc prendre les hommages, seremens et possessions de pluiseurs villes et seignouries de ses pais de Flandres et d'Artoix.

Au tamps que le duc de Bourgongne estoit allés prendre les services de ses bonnes villes de Flandres, les Armignas par soutiveté prirent et gaingnièrent la ville de Roie par ce que ilz n'y trouvèrent nulle deffense, et en icelle mirent grosse garnison de gens d'armes. Dont le josne duc fu moult dolant, et fist pour ce ung grand mandement de gens d'armes et de trait en Piccardie et en Flandres, et alla asségier ladicte ville de Roye. Lequel siège dura environ chincq sepmaines, et après luy fu la ville rendue par traictié, et s'en allèrent saulvement ceulx de dedens. Mais en leur chemin ilz furent rencontrés d'aucuns Engloix et Picars mis ensamble, et par iceulx assalis telement que il en y eubt beaucop de mors et de navrez.

Après la prinse et reddicion de Roye, retourna le duc de Bourgongne à Arras, auquel lieu furent devers luy envoiiez en ambaxade de par le roy d'Engleterre, le conte de Waerwicq et autres conseilliers dudit roy chargiés de traictier avoec le duc de Bourgongne d'aucunes choses touchans le bien de paix des deux roix et royaume de France et d'Engleterre. Et là fu conclud que iceulx ambaxeurs et aultres telz que il plairoit au roy d'Engleterre, seroient envoyez devers le roy de France, à Troyes en Champaigne, pour avoir advis avoec le conseil dudit roy de France, et prendre aucune conclusion sur les poins et articles mis en termes audit lieu d'Arras touchant ladicte paix. Et à tant se partirent les diz ambaxeurs de ladicte ville d'Arras et s'en retournèrent en Normendie devers ledit roy d'Engleterre.

En ce tamps, prirent les Armignas la ville de Crespy en Lannoy, pareillement que ilz avoient prinse la ville de Roye, et pour celle cause se hata le duc de Bourgongne de mectre sus son armée pour aller devers le roy de France, son seigneur, et en son chemin alla mectre siège audit lieu de Crespy, lequel siège dura environ ung moix et puis luy fu la ville rendue par traictié, et s'en partirent salvement ceulx de dedens. Et ce traictié acorda ledit duc de Bourgongne, pour la haste que il avoit de aller devers le Roy. Et si estoient les Engloix, ambaxeurs dudit roy d'Engleterre, arrivés en sa compaignie pour eulx en aller avoec luy, comme dit est, et le hastoient moult, pour ce que le printemps approchoit.

Après la reddicion de la ville de Crespy furent les portes et les murs d'icelle abbatus et ruées jus et les fossés remplis, à la requeste de ceulx de Laon, qui estoient les plus prochains de ladicte ville, affin que les Armignas ne se pouissent plus enclorre. Et ce fait, s'en party le duc de Bourgongne et toutes ses gens avoec luy, exceptés les arbalestriers et paviseurs de bonnes villes d'Artois, lesquelz furent renvoiiez chascuns en son lieu. Et prinst icelui duc son chemin à Troies en Champaigne.

En la compaignie du josne duc Philippe, au voiage de Troies, estoient messire Jehan de Luxembourcq et les chevaliers et gentilz hommes de Picardie cy-devant nommez, en très belle compaignie de gens d'armes et d'archiers. Et si estoient les ambaxeurs du roy d'Engleterre, dont le conte de Waerwich estoit le chief.

Quant le josne duc de Bourgongne approcha la ville de Troyes, les barons et gentilz hommes de Bourgongne estans emprès le roy de France luy allèrent au devant en belle compaingnie, et ossi firent les bourgois de ladicte ville, et le rechurent moult grandement. Et entra en icelle ville en moult belle ordonnance et s'en alla faire la révérensense au Roy, à la Royne, et à Caterine leur fille. Lesquelz le rechurent moult joieusement et furent de sa venüre liez et joieulx.

Après ce que le duc de Bourgongne fut arrivés à Troies, furent pluiseurs journées du conseil tenues en ladicte ville sur le traictié de paix pourparlé entre le roy de France et le roy d'Engleterre. Et en fin fu la paix faicte et accordée par le Roy de France et la Royne, s'espeuse, et le duc de Bourgongne et tout son grant conseil, et ossi de pluiseurs bonnes ville (sic) de son royaume. Et fu le mariage accordé dudit roy d'Engleterre et de ladicte Caterine de France et sur ce journée prinse, en laquelle, en dedens icelle, ledit roy d'Engleterre devoit aller audit lieu de Troies pour acorder et jurer ladicte paix et espouser ladicte Catherine ainsi et par la manière que ledit traictié le portoit. Et sur ce point s'en retournèrent les ambaxeurs dudit roy d'Engleterre en Normendie devers iceluy roy, et firent leur relacion de tout ce que en son nom ilz avoient traictié et accordé. De quoy il fu très bien contens.

En ce tamps alla messire Jehan de Luxembourc et aucuns aultres chevaliers et gentilz hommes de Piccardie, mettre siège devant le chastel de Aillebaudières en Champaigne. Lequel chastel estoit moult fort, et faisoient ceulx de dedans moult de maulx audit pais, et avoient tousjours esté Armignas le tamps de la guerre et encores estoient. Et à ce siège mectre, y eubt grosse escarmuche, car les Armignas des garnisons d'entour se assamblèrent et une vesprée allerent assaillir ceulx qui se tenoient devant l'entrée dudit chastel. Lesquelx se deffendirent moult bien et hardiement, de pau de gens que ilz estoient contre ladicte puissance desdis Armignas. Mais ilz eussent esté desconfis se ilz n'eussent bien tost esté secourus de ceulx qui estoient logiés ès villages d'entour. Lesquelx y arrivèrent bien prestement et tant firent que lesdis Armignas s'en partirent et fuirent que plus n'y osèrent demourer. Et depuis ne demoura gaires la fortresse, et fu gaingniée par force d'assault. Auquel assault ledit Jehan de Luxembourcq perdy la veue de l'un de ses yeulx par le cop du fer d'une lance dont il fu férus, et n'en vit oncques depuis goute. A cel assault acquirent Piccars moult grant honneur, car il fu moult merveilleux et ardamment fais et poursievis. Et fu environ Pasques. Après laquelle prinse retournèrent les Piccars en Picardie, et le duc de Bourgongne demoura audit lieu de Troyes et les Bourguignons avoec luy.

L'AN MIL IIIIe XX.

Après Pasques, arriva le roy d'Engleterre à Troyes devers le roy de France, et le XXVIIIe jour du moix de may furent tous les traictiés dessusdis par luy solempnellement jurez à entretenir et faire entretenir de point en point. Et aussi le jurèrent pareillement le Roy et la royne de France, le duc de Bourgongne et tout le conseil du roy de France et les chevaliers et escuiers et autres commis et députés de pluiseurs bonnes villes illec présens. Et promisrent lesdis roix et les princes de leur compaignie de faire jurer icelle paix par tous leurs pais. Et lors espousa, ledit roy d'Engleterre ladicte Caterine de France, et la fist royne d'Engleterre. Et à ce voiage furent mis les Engloix en garnison au pont de Charenton affin que le pais ne fust clos à leur roy, et le tinrent grand tamps.

Le traictié de paix fait à Troies fu telz que le roy de France demourroit roy de toute France toute sa vie, et le roy d'Engleterre en seroit régent. Et après sa mort s'il arrivoit que devant morust, icelui d'Engleterre seroit roy de France et après luy ses hoirs et héritiers à perpétuité. Et pour les causes cy-devant escriptes, fu le Daulphin de Viennoix du tout privés et déboutés du droit que il povoit prétendre à avoir à la couronne de France. Et se il advenoit que le roy d'Engleterre morust devant le roy de France, se fu il acordé et juré que ledit royaume de France retourneroit à son plus prochain hoir.

Après ces ordonnances et solempnitez faictes, se partirent de France (*sic*) les deux roix et royne de France et d'Engleterre et les princes et seigneurs de leur compaignie. Et allèrent le roy de France et lesdictes roynes faire leur séjour à Bray sur Saine. Et le roy d'Engleterre et le duc de Bourgongne allèrent mettre siège devant la ville de Sens. Lequel siège dura environ XII jours et puis leur fu la ville rendue par traictié. Et s'en partirent ceulx de dedens saulvement.

Après ce que la ville de Sens fu rendue, allèrent lesdis roy d'Engleterre et duc de Bourgongne mettre siège devant Moustreau-oufault-Yonne. Et furent environ X sepmaines, et puis se rendirent ceulx de dedens saufz corps et biens, et ilz y furent receuz. Et s'en partirent en livrant la ville et le chastel dudit lieu de Moustreau audis roy d'Engleterre et duc de Bourgongne. En laquelle ville fu trouvés et desterrés le corps de feu le duc Jehan de Bourgongne, lequel corps fu trouvés moult entier, envers le corps du seigneur de Nuailles, dont pluiseurs furent esbahis. Et après ce que il fu desterrés, il fu mis en belle ordonnance en ung nouvel sarcu, et puis fu menez et conduis aux Chartroux emprès Digon, et là fu enterrés emprès le duc Philippe son père, qui lesdis Chartroux avoit fondés en son tamps.

Après la reddicion de la ville de Moustreau, fu prinse et esquellée la ville de Ville-Neufve le Roy, séant sur la rivière d'Iaune et fu mise en l'obéissance des deux roix. Et ce fait, se partirent le roy de France et les deux roynes dessusdictes de la ville de Bray sur Saine, et s'en allèrent séjourner à Corbeuil, et là séjournèrent jusques au moix de décembre ensuivant.

En ce tamps fu le siège mis devant Meleun sur Saine par le roy d'Engleterre et le duc de Bourgongne. Et dura bien près de chincq mois sans y plenté faire de fais d'armes. Et en estoit cappitaine le seigneur de Barbazan, qui se tint le plus longuement que il polt, sur espérance d'estre secourus des Armignas tenans son party. Et environ ung moix devant la reddicion dudit Meleun, furent mandez aucuns seigneurs et cappitaines dudit pais de Picardie par le duc de Bourgongne, pour aller devers ledit duc audit siège de Melun, pour ce que on maintenoit lors que lesdis Armignas se assambloient en grant puissance pour faire lever ledit siège. Et les Anglois à ce tamps estoient moult affoiblis et appetichiés par la mortalité qui avoit esté en leur oost. Et pour ce manda ledit duc de Bourgongne lesdis capitaines de Picardie, lesquelx y allèrent à tout IIIIe hommes d'armes, et furent logiés à Bri-Conte-Robert et là entour, jusques à la reddicion des forteresses dudit lieu de Meleun. Combien que la mortalité ne se frappa point en l'oost du duc de Bourgongne ainsi que elle fist en l'oost dudit roy d'Engleterre.

Quant le seigneur de Barbazan apperchut ses vivres et provisions prendre fin et le petit appareil dudit secours, il se mist à parlementer aux gens du roy d'Engleterre, et en fin se accorda de rendre les fortresses dudit Melun en l'obéissance des deux roix dessusdis en la manière qui s'ensuit.

C'estassavoir que lesdictes fortresses, ville et chastel de Melun, seroient rendues prestement et franchement en ladicte obéissance. En oultre que tous ceulx de la garnison desdis lieux lairoient en iceulx lieux toutes leurs armeures et barnas de guerre, sans en riens transporter. Item que se il y avoit aucuns de leur compaignie en la ville ne audit chastel, qui fussent coupables de la mort de feu le duc de Bourgongne, ceulx seroient mis en justice et en seroit pugnicion prinse ainsi qu'il appartenroit. Item, et tous les aultres de ladicte garnison demoureroient prisonniers jusques à ce qu'ilz avoient livré bonne caucion d'eulx non jamais armer contre lesdis roix, le duc de Bourgongne, ne aucun d'eulx.

Ce traictié fait et accordé, furent les fortresses de Melun ouvertes et mises en l'obéissance dessusdicte. Mais quant les Armignas en deubrent partir, on trouva que Olivier Lyet, qui avoit frappé l'espie au corps dudict deffunct de Bourgongne comme dit est, estoit mis hors de le voie et ne le povoit-on trouver. Dont le roy d'Engleterre et le duc de Bourgongne furent moult courouchiés, et en donnoient la charge audit seigneur de Barbazan pour ce que c'estoit le cappitaine d'eulx tous. Mais il s'en excusa moult grandement, en disant que dudit Olivier riens ne savoit. Et pour en savoir la certaineté s'en alla de logis en logis et de chambre en chambre en demandant que ledit Olivier estoit devenus. Et tant alla que il lui fu dit d'aucuns que on l'avoit veu parlementer à ung chevalier d'Engleterre, l'un de ceulx qui avoient fait ledit traictié de Melun, et que chieux en devoit savoir nouvelles. Adonc s'en retourna ledit Barbazan en l'oost dudit roy d'Engleterre et luy dist, en soy deschargant, ce que on lui avoit rapporté et certiffié dudit Olivier et dudit chevalier engloix. Et lors fu icelui engloix mandé à aller pardevers ledit roy. Lequel chevalier congnut et confessa à icelui roy secrètement, que pour une grant somme d'avoir que ledit Olivier lui avoit donnée pour ledit roy d'Engleterre, il l'avoit sauvé et fait passer secrètement par nuit la rivière de Saine par ung batel, et que l'avoir qu'il en avoit receu estoit tout prest au commandement dudit roy. Et quant le roy l'eubt oy il en fu très courouchiés, mais pour celle heure il fist samblant audit chevalier d'en estre bien content. Car il l'amoit moult et avoit grand confidence en luy pour ce que il l'avoit tousjours trouvé hardy et entreprenant; et fu cellui qui avoit prins la ville de Ponthoise.

Après la responce de ce chevallier, fist le roy d'Engleterre mener prisonnier à Paris le seigneur de Barbazan et tous ceulx de la garnison de Melun. Et y fist mettre nouvelle gent, et puis fist partir toute son oost et prist son chemin à Paris et le duc de Bour-

gongne et son oost avoec luy. Et quant ilz furent en plains champs
en une belle plaine, ledit roy d'Engleterre fist arrester ses gens et
les fist mettre en bataille, et puis fist appeler le chevalier dessusdit, auquel il fist, présens tous ceulx de sa compaignie, copper
le hatterel, combien que pluiseurs prières luy furent faictes de le
déporter et de lui pardonner son meffait attendu ce que il l'avoit
grandement et loyaument servy jusques au jour de ladicte faulte.
Et meismement les ducqz de Bourgongne et de Clarence luy en
prièrent, mais il leur respondy que de son seu il ne volloit avoir
nul traictre en sa compaignie, et que il le faisoit publiquement
décoler affin que tous y preissent exemple.

Au moix de décembre, ung peu devant Noël, arrivèrent les deux
roix de France et d'Engleterre à Paris, avoec eulx les ducqz de
Bourgongne, de Clarence, de Bethefort et de Excestre, les contes
de Waerwich, de Salsebery, Dontiton et aultres princes et seigneurs de leur compaignie. Et leur allèrent audevant les bourgois
de la ville, vestus tout ung de vermeil. Et entrèrent à Paris en
moult belle ordonnance. Et estoient les rues couvertes et parées
de draps de parement moult riches, en pluiseurs lieux. Et cryoit
on partout Noe. Et estoient les deux roix moult noblement vestus
et parez chevaulçant de front au destre costé de la rue l'un bien
près de l'autre, et le roy de France au dessus. Et après eulx, en ce
meisme rencq destre, chevaulchoient les deux frères du roy d'Engleterre cy devant nommez, et puis les autres princes, chevalliers
et escuiers d'iceulx roix. Et à l'autre costé de la rue, à la main
senestre, chevaulçoit le duc de Bourgogne, tout noir vestu, et tous
ses chevaliers après luy et tous les gentilz hommes de sa compaignie, en la plus grant partie tous noirs vestus et tenans ledit rencq
senestre et ledit duc de Bourgongne chevaulcant au front desdis
roix tout du long de ladicte ville jusques à l'église de Nostre-Dame.
Et en chevaulçant parmy lesdictes rues ilz trouvèrent les gens d'é-
glise à piet, en processions, arrestés par les quarefours où ilz devoient passer, et quant les deux roix les approchoient, on leur
présentoit à baisier pluiseurs relicques que iceulx gens d'église
tenoient moult solempnellement, et premiers au roy de France,
lequel se retournoit devers ledit roy d'Engleterre en lui faisant
signe et manière de premiers baisier lesdictes relicques, et adont
icelui roy d'Engleterre metoit la main à son chapron et faisoit
révérence audit roy de France, en faisant signe que il baisast le

premier; et lors baisoit le roy de France icelles relicques, et après luy le roy d'Engleterre. Et fu celle manière par eulx tenue tout du long de ladicte ville jusques à ladicte église de Nostre-Dame. En laquelle les deux roix et les princes dessusdis entrèrent et firent leurs offrandes, et puis remontèrent à cheval et s'en allèrent chascuns en son logis, c'estassavoir le roy de France, avoec lui le duc de Bourgongne, en son hostel de Saint-Pol, auquel ledit Roy se loga. Et le duc de Bourgongne, quant il l'ot convoyé, s'en retourna logier en son hostel d'Artoix. Et le roy d'Engleterre et ses deux frères s'en allèrent logier au chastel du Louvre; et leurs gens se logèrent parmy la ville, et les pluiseurs ès villages d'entour.

Lendemain de celle journée arrivèrent les deux roynes à Paris, et alla le duc de Bourgongne audevant d'elles, et aussi firent pluiseurs seigneurs d'Engleterre et ceulx de Paris, en pareille ordonnance que ilz avoient esté au devant des deux roix le jour précédent. Et furent icelles roynes moult joieusement receues audit lieu de Paris.

En ce tamps estoit le conte de Saint-Pol, envoiiez et commis, avoec luy pluiseurs aultres prélatz et gens de conseil du roy de France, en pluiseurs bonnes villes de Picardie et d'ailleurs, pour faire en icelles jurer la paix des deux roix en la manière devant dicte, pour icelle entretenir à tousjours mais. Et ce fait s'en [al] la ledit conte de Saint-Pol en la duchié de Brabant, auquel pais avoit lors grant appareil de division par ce que son frère le duc de Brabant estoit de moult simple et estrange gouvernement et estoit gouvernez par gens desplaisans à ceulx du pais.

En ce tamps arrivèrent à Paris les trois estaz de France ainsi que ilz y estoient mandés. Et après leur venure furent pluiseurs consaulx tenus sur pluiseurs choses touchans le gouvernement et bien publicque dudit royaume. Et furent lors remises sus pour l'espace d'un an, toutes gabelles, subsides, imposicions et quatriesmes sur toutes marchandises, fors seulement sur grains. Et en cel an il fu conclud de faire monnoie nouvelle en la manière que elle avoit couru le tamps passé, c'estassavoir XXVII pièches d'argent pour XXVIII. s. parisis et XVIII. s. pour ung escu. Car à ce tamps estoit la monnoie si foible que ung escu viès de LXIIII ou marcq valloit mieulx de sept frans, monnoies courans ou royaume de France, et ung escu nouvel de LXVII au marcq valloit mieulx de six frans et demy.

Depuis ces ordonnances et autres faictes audit lieu de Paris, fut advisé par le conseil de France que on feroit nouvelle monnoie de petis deniers, dont les chincq aroient cours pour huyt deniers parisis, autant que ung double blanc avoit par avant eu cours; et que pour ce temps (sic) on ne feroit aultre monnoie de plus grand pris, pour cause de ce que ceulx de Guise et d'aultres lieux armignas où on forgoit monnoie au nom du Daulphin en contrefaisant la monnoie du roy de France, eussent contrefait icelle bonne monnoie que on avoit conclud à faire, en très grand empirance, pour frauder tout le peuple dudit royaume ainsi que ilz avoient fait le tamps devant, faisoient encores de jour en jour, et firent depuis par long tamps tant que ilz rengnèrent en leur puissance. Et tantost après celle darrenière conclusion, on fist forgier ladicte petite monnoie, laquelle on ne povoit de gaires empirer. Et si valloit bien son pris. Et par ainsi furent en ce point lesdis Armignas décheuz, combien que depuis ilz en firent forgier de la pareille et y mirent le plus d'empirance que ilz porrent. Et en fu long tamps le maistre ès marches de Piccardie, Jacquet Laillier, frère à Michault, paravant et depuis cedit tamps, tant audit lieu de Guise comme depuis au Crotoy, par le commandement dudit Jacques de Harcourt. Et furent ces deniers petis nommez nicques.

En ce tamps reprinrent les Armignas par soutiveté la ville de Villeneufve-le-Roy et y mirent grosse garnison de gens pour garder le passage de la rivière. Et tantost après ce, furent envoiiez aucuns des barons et cappitaines de Bourgongne audit lieu de Villeneufve, lesquelx se logèrent tout entour ladicte ville ès villages prochains, par manière de siège. Mais il les en convint depuis partir par la force des Armignas assemblez de pluiseurs garnisons, lesquelz lesdis Bourguignons ne osèrent attendre. Et par ainsi demoura ladicte ville en l'obéissance desdis Armignas. Laquelle fist moult de destourbiers à la ville de Paris pour le passage qui y estoit clos. Mais en fin y fu trouvé ung remède, qui fu tel que le cappitaine dudit lieu consenty que toutes manières de marchandises et de vivres passassent par ladicte rivière par treu, moiennant certaine estimacion qui fu sur ce mise sur toutes marchandises. Et fu long tamps que on y passa en celle manière.

Au moix de jenvier, se partirent de Paris le roy et la roynne d'Engleterre et le duc de Bourgongne. Et s'en allèrent lesdis roy et royne à Rouen et de Rouen à Amiens, et d'Amiens à Calaix, et delà en Engleterre. Et le duc de Bourgongne retourna le droit chemin en ses pais d'Artoix et de Flandres, et luy allèrent audevant les gentilz hommes de Picardie jusquez à Beauvais, pour le ramener seurement en iceulx pays.

En France furent laissiés par le roy d'Engleterre les ducqz de Clarence et d'Excestre, les contes de Quint, de Salsebery, Dontiton et d'Eu, le seigneur de Ros et aultres seigneurs et cappitaines pour garder le royaume et résister aux entreprinses des Armignas et Daulphinois.

En cel an fu pris le Chastel-Thierry et livrés au seigneur de Chastillon, cappitaine de la ville de Rains, par aucuns estans et demourez dedens ledit chastel, lesquelz estoit si durement menés des Armignas que plus n'en porent souffrir, et avisèrent la manière de livrer icelui chastel audit seigneur de Chastillon en l'obéissance des deux roix et du duc de Bourgongne. Et en fin la trouvèrent et lui livrèrent ladicte place qui estoit moult forte. Et faisoient ceulx de dedens moult de maulx à tout le pais d'entour. Et par tel manière avoit par avant esté prins le chastel de Coucy et livré aux prisonniers illec estans en prison, lesquelx tuèrent et occirent tous les Armignas estans dedens ledit chastel. Et ceulx qui estoient logiés au village hors de ladicte fortresse le cuidèrent ravoir de force, mais ilz falirent et s'en partirent hastivement. Et de ceulx estoit cappitaine ung gascoing nommé Le Hire, bon homme d'armes et gaillard. Desquelles prises tout le commun peuple des pais d'environ furent très joieulx. Car ces deux fortresses estoient garnies de gens qui destruisoient tout ledit pais, et n'y povoit-on labourer. Et fu ledit chastel de Coucy mis ès mains desdis de Luxembourcq comme cappitaine général de Picardie.

En cel an moru maistre Huitasse de Laittre, chancellier de France, lequel bien avant sa mort avoit esté confermez évesque de Beauvaiz. Et en son lieu de chancellier fu mis maistre Jehan Leclerc, premier maistre des requestes de l'ostel du roy. Et en l'évesquié de Beauvais fu mis et receuz maistre Pierre Cochon, aussi maistre desdictes requestes.

En cel an, au mois de février, party de Valenchiennes la contesse de Haynau, femme au duc de Brabant, laquelle auparavant avoit eu espeuse le Daulphin Jehan, cy devant nommé. Et prist icelle dame congié à sa mère de aller voler et puis gésir à Bouchain, et ainsi elle le fist; mais lendemain, bien matin, elle s'en party et trouva le seigneur d'Escaillon sur les champs, qui estoit partis du roy d'Engleterre pour aller veoir sa femme demourant audit lieu de Valenchiennes, et estoit accompaigniés de deux fieux chevaliers qu'il avoit, et bien cent hommes armez à cheval. En la compaignie duquel se mist ladicte dame avoec ung nombre de gentilz femmes et autres de sa compaignie, et donna congié au seigneur de Monceaulx et aultres de ses gens, et leur commanda que ilz s'en retournaissent audit lieu de Bouchain. Et ce fait se mist icelle dame à chemin avoec ledit d'Escaillon, à privée maisnie et descongneument. Et passèrent ce jour, à heure de disner, parmy la ville de Lens en Artoix, et allèrent disner bien hastivement à ung petit village au dehors dudit Lens, nommé Cleux. Et là arrivèrent avoec eulx pluiseurs de leurs gens, lesquelz estoient allez par dehors ladicte ville de Lens affin que on ne visast à riens. Car ledit d'Escaillon faisoit entendant aux gens par tout son chemin que ce estoit la femme de son frère, laquelle il menoit devers son mary en Engleterre. Et après le disner ilz se mirent à chemin et s'en allèrent gésir à ung gros village appartenant au seigneur d'Anthoing, nommé Houdain, et lendemain s'en allèrent à Calaix. Auquel lieu ladicte dame séjourna longuement, et luy mena on depuis tout son estat audit lieu de Calaix, et puis s'en party et se fist mener en Engleterre.

Et ce fait, fu moult grand parolle en pluiseurs pais, car on ne savoit pour quoy ne sur quelle intencion elle s'estoit si tost partie de sondit pais. Et y avoit sur ce pluiseurs oppinions de gens, car les aucuns maintenoient qu'elle s'en alloit marier à ung des princes d'Engleterre pour le divers gouvernement qu'elle veoit et trouvoit en son mary, les autres maintenoient que elle alloit faire plainte au roy d'Engleterre du gouvernement de sondit mary qui avoit consenty les contés de Hollande et de Zellande estre bailliez et délivrés à Jehan de Baivière par cy devant évesque du Liège, oncle à ladicte dame. Lequel de Baivière joissoit lors plainement desdis pais, et se rendy son évesquié et la délaissa du tout et se maria depuis à la vesve de feu le duc de Brabant, marastre dudit duc de Brabant présent et du conte de Saint-Pol, son frère. Et aucuns autres maintenoient que elle s'en estoit allée pour ce que le duc de Bourgongne et ledit conte de Saint-Pol traittoient lors la paix et l'acord du duc de Brabant et d'elle, et en avoient esté ensamble en la ville de Tournay. Et pour lors estoient à Brouxelles, où ilz joustèrent et menèrent grand joye ensamble. Et ladicte dame n'avoit cure ne volenté de retourner ne estre avoec sondit mary.

L'AN MIL IIII^c XXI.

Au commencement d'avril après Pasques, avoit le duc de Clarence assamblés tous les gens d'armes et archiers d'Engleterre et pluiseurs chevaliers et gentilz hommes de France sur la rivière de Loirre, pour ce que le Daulphin avoit lors assamblé grant puissance de gens pour passer ladicte rivière. Et ung jour advint que on luy rapporta que il y avoit gens d'armes Armignas logiés à ung village sur ladicte rivière environ Le Mans, à III liewes près de son oost. Et quant ledit duc de Clarence eubt oy ces nouvelles, il fist armer et monter à cheval environ VIII^{xx} hommes de toute la fleur de ses gens, et avec eulx ung certain nombre d'archiers, et il meisme fu le cappitaine et conduiseur de ces gens. Et laissa son oost au gouvernement du conte de Salsebery, et il s'en alla tout droit frapper au logis desdis Armignas, lesquelx il trouva sur leur garde et en plus grant nombre que on ne luy avoit rapporté. Et les assailli très radement, et ilz se deffendirent très hardiement et y eubt très gros estour. Mais une grosse embusque d'Armignas sailli et alla frapper sur lesdis Engloix de tel force que ilz y furent tous enclos, et en fin y fu le duc de Clarence occis, mais ainchois fist-il moult d'armes de son corps. Là furent Engloix mors et occis, que pau en eschappa. Et puis repassèrent les Armignas ladicte rivière de Loirre, et laissèrent les mors gisans en ladicte place.

Quant celle desconffiture fu venue à la congnoissance du conte de Salsebery, il mena son oost devers la place où la bataille avoit esté et y cuida trouver lesdis Armignas, et quant il vit que il s'estoient partis il en fu très dolant, car il euist volentiers vengié la mort du duc de Clarence et des autres gentilz hommes occis en sa compaignie. Et lors fist prendre et emmener le corps dudit duc de Clarence et s'en retourna en son logis. Et fist ordonner icelui corps et l'en fist mener à Rouen et de là en Engleterre, où il fu noblement enterrés. Et fu le roy d'Engleterre très dolant de sa mort, car il estoit bon homme de son corps. Et pour celle mort vesty le duc de Bourgongne de noir et fist faire ung moult noble service pour son âme à Saint-Vaast d'Arras.

En ce tamps avoit si grand chierté de vivres à Paris, car pau leur povoit on mener de nul costé, pour les garnisons des villes et fortresses armignaghes, comme Meaux, Guise, Villeneuve, Dreux et pluiseurs autres. Et estoit lors à Paris demouré le duc d'Excestre, lequel se tint continuellement en la bastille Saint-Anthoine jusques au retour du roy d'Engleterre. Et le conte de Salsebéry tenoit frontière ausdis Armignas sur ladicte rivière de Loirre.

En ce tamps estoit messire Jacques de Harcourt au Crotoy, dont il se disoit estre garde et cappitaine de par le roy de France, et pareillement faisoit-il de Saint Walleri et pluiseurs fortresses estans au pais de Ponthieu, et faisoit grosse guerre aux Englois par terre et par mer, et conquist sur eulx pluiseurs vaissiaulx et grant avoir, par rencontres et autrement. Et assambla grans gens pour garnir lesdictes forteresses et ossi les vaissiaulx qu'il avoit sur le mer. Et se mist ung jour, une grand partie de ses gens ensamble, et s'en allèrent soudainement et secrètement vers la ville d'Eu et la gaingnièrent par faulte de warde et y tuèrent tous les Engloix que ilz y trouvèrent sans en prendre nul à mercy, mais point n'y demourèrent longuement, car les Engloix estans en Normendie avoec les gens dudit pais, reconquirent ladicte ville bien tost après par leur force et soutiveté.

En la fin du moix de may, fist et traicta tant ledit de Harcourt à Loys de Weucourt, escuier, que icelui Loys luy délivra en son obéissance la fortresse du Pont de Remy. Et à ce tamps se estoit une guerre meue entre ledit de Harcourt et le vidasme d'Amiens, et firent grant armée ly ungs contre l'autre. Et alla ledit vidasme courre la terre dudit de Harcourt. Et depuis ce ne se tint en grand tamps en paix, mais mut et commença guerre contre ledit le vidasme et contre tout le pais d'Artoix entièrement. Et mist grosses garnisons ès fortresses de Gamaches, de Araines, Noyelle, Pont de Remy et aultres, pour dommagier ledit pais d'Artoix et ossi le pais de Pontieu tenant le party bourguignon. Et fut ches choses au commenchement du moix de juing.

En ce moix de juing traicta telement ledit de Harcourt à Simon de Boulainviller, chevalier, cappitaine du chasteau de Yencourt en Pontieu, que ledit chastel luy fu délivrez et mis en son obéissance comme celuy de Remy.

En ce moix de juing dessusdit, fut crié par les bonnes villes de Picardie tenans le party de Bourgongne, et non ailleurs, que ung escu, qui lors valoit mieulx de sept frans à la monnoie qui lors couroit, ne vauldroit que XXXIIII. s. par., et une flourette du roy, que on appelloit en pluiseurs lieux camahieu, qui lors couroit pour seize deniers parisis, ne vauldroit que IIII deniers jusques à ce que la monnoie dessus dicte, que on forgoit lors en pluiseurs lieux, aroit son cours en la manière cy-devant dicte. Et non obstant celle ordonnance faicte en Picardie tant seulement, pour l'amour de la marchandise se demoura en France la monnoie de son estat. C'est assavoir l'escu pour sept frans, et la flourette pour XVI deniers; et tousjours montoit l'or par la faiblesche de la monnoie qui estoit si meschante et si mauvaise que on ne [povoit] pieur forgier. Et fu cecy fait le VI° jour du moix de juing.

Le IX° jour du moix de juing devant dit, arriva à Calaix le duc de Glocestre, frère du roy d'Engleterre, à très grand puissance de gens d'armes et d'archiers d'Engleterre. Et le XI° jour d'icelui moix, à chincq heures du matin, arriva audit lieu de Calaix ledit roy d'Engleterre, avoec luy le roy d'Escoche, son prisonnier, et avoec (sic *lis* : avoit) ledit roy d'Engleterre en sa compaignie bien XIIII^m combatans.

Tantost après ce que le roy d'Engleterre fut arrivez à Calaix, icelui roy et le duc de Bourgongne assamblèrent ensamble en la ville de Moustreul sur le Mer, et là furent quatre jours tenans conseil, et de là allèrent à Saint-Riquier et puis à Abeville. Esquelles villes ilz furent grandement et joieusement receuz. Et eulx estans en ladicte ville d'Abeville leur vinrent nouvelles certaines que le Dauphin de Vienne avoit mis siège devant la ville de Chartres. Et ces nouvelles oiies, se party bien hastivement le roy d'Engleterre dudit lieu d'Abeville et chevança de tire devers Paris, à tout son oost. Auquel lieu de Paris il avoit envoié, tantost que il fut arrivez audit lieu de Calaix, six cens combatans pour secourir et aidier ceulx dudit lieu qui lors avoient moult à souffrir. Et quant le roy dessusdit fut arrivé à Ponthoise, il s'en alla à Paris à tout une quantité de ses gens et envoia son frère et le roy d'Escoche, à toute leur oost eulx raffreschir sur la rivière de Saine, entour Mante et Vernon. Et le duc de Bourgongne assambla bien hastivement environ IIII^c hommes d'armes de Picardie et grant nombre d'archiers pour aller après le roy d'Engleterre. Lesquelx roy d'Engleterre et duc de Bourgongne estoient concludz ensamble de aller lever ledit siège de Chartres.

Tantost que le siège fut mis devant Chartres, le bastard de Thian se mist sus à grant puissance bien hastivement, et s'en alla devers ledit siège, et tout parmy les gens d'armes illec estans, ledit bastard passa luy et toutes ses gens. Et prirent en leur voie pluiseurs prisonniers d'iceulx Armignas et les menèrent dedens ladicte ville. En laquelle ilz entrèrent malgré tous lesdis Armignas, et y furent moult joieusement receuz. Et ledit bastard reconforta moult lesdis bourgois, et leur dist la venue dudit roy d'Engleterre dont il avoit espérance de estre secourus.

En ce tamps avoit esté prins et encores estoit détenus prisonnier le marischal de l'Ille-Adam, en la ville de Paris. Et y avoit eu grant noise à sadicte prinse. Car ses gens et ceulx de Paris estoient bien assamblés IIII^c pour le secourir et rescourre. Mais le duc d'Excestre yssy contre eulx de ladicte bastille, accompaignié de ses gens et de pluiseurs archiers d'Engleterre, et retourna tous ces XIIII^c (sic) par force du trait desdis archiers, et demoura le maistre. Et fu ledit mareschal prins pour aucune doubte et souspechon de trayson que ledit duc d'Excestre avoit sur luy. Mais commune renommée fut que ce fu sans cause et par haynne et envie, pour ce que ledit mareschal, à une assamblée que fist ledit d'Excestre pour aller contre les Armignas, iceluy mareschal en sa compaignie menoit les Francoix et se trouva le plus fort et tout en la compaignie d'iceluy duc et au service du roy de France. Pour quoy iceluy duc d'Excestre eubt doubte que se aucune chose avenoit par aucune aventure contre lesdis Engloix, ledit mareschal ne se trouvast le plus fort audit lieu de Paris. Et pour ce le fist prendre et emprisonner. En laquelle prison il fu longuement détenus. Et puis fu prins le seigneur de Chasteauvillain et mis prisonnier audit lieu de Paris, pour doubtance et souspechon pour ce que il fu commune renommée que iceluy de Chasteauvilain voloit traictier avoec aucuns tenans le party d'Amignac. Et fu toute la saison prisonnier jusques à ce que le seigneur de Saint-George l'en fist depuis délivrer; car il estoit son nepveu. Et se ne fu point la chose trouvée si grande que on luy metoit sus.

Le VIIIe jour de juillet party le duc de Bourgongne d'Amiens, avoec luy messire Jehan de Luxembourg, d'Anthoing, Longueval, Croy, Roubaix, d'Incy, de Humbercourt, de Picquegny et pluiseurs autres chevaliers et escuiers en nombre de IIII^c hommes d'armes dessusdis. Et s'en allèrent devers Mante, où le roy d'Engleterre estoit allez après son département de Paris. Et audit lieu de Mante arriva le duc de Bourgongne, le Xe jour dudit moix de juillet.

Quant le duc de Bourgongne party de Picardie pour aller audit lieu de Mante, il laissa le seigneur de Noielle, nommé Le Blancq Chevalier, pour garder le pàis d'Artoix. Auquel pour ce faire furent bailliés en son commandement VI^{xx} hommes d'armes pour mectre en garnisons où il estoit expédient sur les frontières de Guise et de Compiengne. Et ossi, contre ledit de Harcourt, fu en la ville de Rue commis cappitaine le Borgne de Fosseux, chevalier. Et à Abeville fu commis le seigneur de Cohem, lequel fu à ung soir très villainement navrés en asséant son guet, par gens embusquiez et desguisés, qui point ne furent congneuz. Et en celle heure meisme fu en sa présence tuez ung advocat de la ville, cuidant avoir asséné sur le maieur de la ville, nommé Nicolas Joarne, lequel estoit très fort bourguignon. Et fut commune renommée que ce fist faire ledit de Harcourt, pour ce que il n'avoit peu avoir obéissance en ladicte ville d'Abeville el nom dudit Daulphin, et que ledit maieur avoit esté celuy qui le plus l'avoit en ce grevé et qui du tout luy avoit fait refuser ladicte obéissance.

Le XIe jour dudit moix de juillet, se party de Lens en Artoix le seigneur de Commines en Flandres, lequel avoit en sa compaignie environ III^c chevaulx, lesquelx faisoient environ IIII^{xx} lances de bonne estoffe. Et s'en allèrent devers Amiens cuidans attaindre le duc de Bourgongne. Et après luy, passa Jehan de Steenhuze, filz du souverain bailli de Flandres, et pluiseurs gentilz hommes en sa compaignie, lesquelx avoient environ XX lances, qui se mirent avoec ledit seigneur de Commines. Mais ilz ne passèrent point à Amiens, pour ce que ilz trouvèrent leur seigneur party dudit lieu comme dit est, et demourèrent audit paìs d'Amiennoix jusques au retour d'iceluy duc de Bourgongne.

En celle saison arrivèrent audit lieu de Pontoise en l'aide dudit de Harcourt, le seigneur d'Auffemont et Poton de Sainte-Treille, lesquelx avoient en leur compaignie bien XXII^c chevaulx. Et tant firent iceulx cappitaines par le moyen dudit de Harcourt, que la ville de Saint-Ricquier leur fu ouverte et mise en leur obéissance. Et là se logèrent et firent icelle ville fortiffier et pourveir de vivres pour le tenir contre tous, en intencion de destruire et gaster tout le plat païs d'Artoix, pour ce que ilz le sentoient desnué de gens. Et fu lors commune renommée que ilz avoient intencion de ardoir les bledz sur les champs.

Quant le duc de Bourgongne fu arrivez à Mante, où il trouva le roy d'Engleterre, ledit roy et luy ordonnèrent leurs besongnes pour aller lever ledit siège de Chartres. Mais quant ilz s'en deurent partir on leur raporta pour certain que ledit Daulphin avoit levé son siège et s'en alloit de tire repasser la rivière de Loirre, et toute son oost avoec luy. Et il est vray. Car il fu tantost après seu, que ledit Daulphin et son oost avoient chevaulcié sans séjourner, tout de tire, de XXVI à XXVIII liewes de chemin, tant que ilz se mirent tous à sauveté oultre ladicte rivière. Et lors furent d'acord ledit roy d'Engleterre et duc de Bourgongne, que iceluy roy, à toute puissance, sievroit ledit Daulphin pour savoir quel fin il feroit, et ledit duc de Bourgongne retourneroit en Artoix pour résister ausdis Armignas et nectoier les places que ilz tenoient. Et ainsi fu fait.

Au département que fit le roy d'Engleterre de la ville de Mante, il alla mettre le siège devant la ville de Dreux. Et y fu environ VI sepmaines, et puis luy fu rendue. Et puis alla faire assaillir le chastel de Gaillardon, auquel assault le bastard de Thian fu fait chevalier et si porta moult grandement et hardiement. Et fu ledit chastel prins par ledit assault. Après laquelle prinse, s'en retourna le roy d'Engleterre à Chartres, et de là s'en alla sur la rivière de Loirre sur intencion de combatre ledit Daulphin et sa puissance, mais nulx ne luy alla au devant. Et par tant s'en alla devant la ville de Baugensis, laquelle il gaingna, et fu toute pillée et fustée que rien n'y demoura qui fust bon aux Engloix. Et puis en partirent, car ilz n'en purent avoir le chastel, et ledit roy n'y volt point longuement séjourner, ains s'en alla assiéger la ville de Villeneuve le Roy, Montargis et Chasteau Regnart.

Or me convient retourner au duc de Bourgongne, qui se party de Mante et retourna en son païs d'Artois, et trouva les gentilz hommes de Flandres entour Amiens, lesquelx il prinst en sa compaignie et les mena au païs de Pontieu. Et lors manda icelui duc tous les gentilz hommes et autres habilles et acoustumez d'eulx armer demourez audit païs d'Artoix. Et pareillement manda ès bonnes villes et au plat païs, arbalestriers, paviseurs, carpentiers, fossiers, pionniers et toutes aultres manières de gens de labeur appartenant à guerre, et les fist contraindre par toutes voies rigoreuses par ses officiers. Et tant fist que il assembla une grant compaignie de gens. Et avoient à ce tamps les Armignas esté devant la ville de Rue en faisant signe de y mectre siège et d'escarmuchier ceulx de dedens. Mais ilz y furent telement receuz que ilz furent tous joieulx d'eulx en partir sans y rien conquester.

Le XXII⁰ jour du moix de juillet dessusdit, alla le duc de Bourgongne devant Saint-Ricquier, à toute puissance. Et fu ce jour son avant garde menée par messire Jehan de Luxembourcq et le seigneur d'Anthoing, lesquelx avoient en leur compaignie grant foison de raddes et josnes gentilz hommes et grant plenté d'archiers. Et firent semblant de mectre siège audit lieu, mais ilz s'en partirent à cop soudainement et s'en allerent au Pont de Remy, là où il avoit bien VI^{xx} hommes, et là se arrestèrent. Et ceulx de la fortresse leur monstrèrent bon visage le premier jour, mais lendemain, avant que ilz fussent du tout enclos, ilz s'en partirent sans parler et habandonnèrent la place, laquelle fu incontinent arse et arrasée. Et puis s'en partirent incontinent, le duc de Bourgongne et ses gens, et s'en allèrent devers Byencourt. Mais ceulx de dedens ne les attendirent pas, ains s'en partirent et habandonnèrent la place. Et pareillement firent ceulx de Mareuil. Lesquelles places furent abbatues et démolyes à la requeste de ceulx d'Abeville.

Après ces troix forteresses ainsi démolyes, fu le duc de Bourgongne conseilliés de aller à Abeville, en attendant pluiseurs barons et cappitaines qui encores n'estoient point venus des pais de Flandres, d'Artoix et de Boullenoix et ossy de Calaix, dont il arriva VI^c Engloix en sa compaignie, tous archiers et anciens gentilz hommes qui les conduisoient; et les gens d'armes ce pendant tindrent les champs et allèrent courre sur les frontières de leurs anemis.

Quant les gens d'armes que le duc de Bourgongne avoit mandés furent venus en sa compaignie, il party dudit lieu d'Abeville et alla mettre le siège devant la ville de Saint-Ricquier. En laquelle ville estoient le seigneur d'Offemont, Poton de Sainte-Treille, le seigneur de Verdusen, Manguez, le bastard de Montigny, et pluiseurs aultres en très grant nombre, lesquelx estoient bien avitailliés et garnis. Et au commencement de ce siège boutèrent hors bien VI^{xx} de leurs meschans chevaulx et toutes les povres gens non aidables estans dedens ladicte ville et les chiens d'icelle. Et descouvrirent les maisons couvertes d'estrain et se fortiffièrent moult fort en toutes manières, et monstrèrent grant et orguilleux samblant d'eulx tenir et de faire merveilleuse guerre à ceulx dudit siège. Et ceulx dudit siège, à l'encontre, leur monstrèrent que ilz avoient corage et voulenté d'eulx bien tenir le fer au dos et de non partir dudit lieu jusques à ce que ilz se metteroient en obéissance devers le duc de Bourgongne, leur seigneur et maistre. Et se logèrent au plus près de ladicte ville et assirent leurs engiens en pluiseurs lieux autour d'icelle. Et ainsi dura ce siège en cel estat environ ung moix. Pendant lequel tamps les Engloix estans audit siège s'en retournèrent à Calaix parce que icelui duc avoit assés gens contre la puissance des Armignas. Et y eubt en ce tamps pluiseurs escarmuches et fais d'armes de fer de lance à coursses de chevaulx, où il n'y eubt gaires de perte ne de deshonneur, fors que messire Emon de Boubert y fu prins à une course droit à la barrière et menez prisonnier dedens ladicte ville.

Le siège de Saint Ricquier durant, se assamblèrent pluiseurs cappitaines des gens dudit Daulphin, en grand puissance, de pluiseurs marches et pais, pour faire lever le siège de Saint-Ricquier, et bien se trouvèrent sur le point de VIII^c hommes d'armes bien montés et bien armés, et se mirent en chemin pour aller audit lieu de Saint-Ricquier pour sousprendre à leur avantage l'oost du duc de Bourgongne estant devant ladicte ville, mais leur venure fu sçeue et icelle oost, assés à tamps pour eulx garder et eulx mettre ensamble. Après lesquelles nouvelles de leur dicte venure le duc de Bourgongne fu conseillié de partir de son siège et de aller au devant desdis Armignas. Et ainsi il fu fait.

Le XXXe jour dudit moix d'aoust, sur le point du jour, se desloga l'ost du duc de Bourgongne de devant Saint-Ricquier et furent les feux boutés par ceulx de dehors en tous leurs logis, que rien n'y demoura en estant. Et le jour de devant s'estoit secrètement partis Poton de Sainte-Trelle de ladicte ville, pour aller en la compaignie desdis Armignas, et leur dit la vérité de tout l'estat d'iceluy duc de Bourgongne. Mais icelui duc se pourvey sur ce et s'en alla passer cedit jour au matin parmy la ville d'Abeville, à toute son oost de gens de cheval et non aultres, et les arbalestriers, paviseurs et aultres manières de gens de piet, demourèrent en ladicte ville d'Abeville. Et quant le duc de Bourgongne eubt chevaucié environ une liewe il oy nouvelles par ceulx qui avoient chevaucié et espié lesdis Armignas, dont Philippe de Saveuses fut le principal et qui grandement s'i porta, que iceulx Armignas le approchoient fort et que ilz estoient en très belle ordonnance et bien habilliés et fort montez. Dont ledit de Bourgongne eubt conseil de mettre ses gens en bataille et de chevaulchier en belle ordonnance contre sesdis anemis. Et ainsi il fu fait. Et chevaulcèrent en tel estat jusques à une place nommée le Mont de Vimeu, à deux lyewes près de ladicte ville d'Abeville, bien près d'un molin à vent. Et lors perchurent les deux parties les batailles l'une de l'autre.

En la compaignie du duc de Bourgogne au Mont de Vimeu estoient les seigneurs, chevaliers et cappitaines qui s'ensuivent.

Messire Jehan de Luxembourcq, les seigneurs de Jonvelle, d'Anthoin de la Viesville, de Longueval, de Roubaix, de Croy, d'Incy, de Noielle, de Heuchin, de Humbercourt, de Crièvecuer, de Humières, de Cohen, de Roullencourt et de Belleferière, Philippe de Saveuses, le bastard de Coucy, Paien de Beaufort, Maurroy de Saint-Légier, le Maigre de la Viesville, Jacques de Levin, Jehan de Fosseux, Jehan de Mailly, le Besghue d'Authuille, Andrieu de Valins, sénéschal de Boullenoix, Daviod de Brimeu, Jehan de Horne, Mahieu de Landas, Tramet de La Tramerie, Jehan et Robert de Brimeu et pluiseurs autres chevaliers et escuiers de Picardie, le seigneur de Commines, Rolland de Utkerke, Jehan de Roenhuse, Guillain de Halluin, Jehan d'Aigue, Collart de Commines et autres du pais de Flandres. Lesquelx gens du duc de Bourgongne furent environ en nombre de mil hommes d'armes.

En la compaignie des Armignas estoient les seigneurs et cappitaines cy-après nommez.

Les seigneurs de Conflans, de Moys, de Thienbronne, Poton de Sainte Treille, Jehan de Proisy, Gilles de Gamaches et son frère, Loys d'Auffemont, Rigault de Fontaines, le marquis de Serre et son frère, Jehan Rolet, Raoul de Gaucourt, Pierre de Luppe, Philippe de Saint-Sauflieu et pluiseurs autres; lesquelx furent à ce jour nouveaux chevaliers, Rigault de Fontaines, le marquis de Serre, Collinet de Villeguière et autres. Et ce fait se mirent tous en bataille à cheval.

Quant le duc de Bourgogne vit l'ordonnance de ses anemis, lesquelx demouroient tous sur leurs chevaulx, il fist ordonner toutes ses gens à cheval et volt estre à ce jour chevalier par la main dudit de Luxembourcq. Et ossi fist Philippe de Saveuses. Et quant icelui duc fu fais chevaliers il en fist en celle meisme place pluiseurs chevaliers de sa main : c'est assavoir Gauwain de la Viesville et Maillet, son frère, Collinet de Brimeu, qui depuis se fist appeler Florimon, Jehan, seigneur de Noielle emprès Lens en Artoix, le moisne de Renty, Desre de Caurroy, Jehan de Mailli, Loys de Saint-Sauflieu, David de Poix, Houart de la Houardrie, Phillebert Audriet, savoisien, Jacquet Pot, bourguignon, Jehan de Steenhuse, Jehan de Roubaix, Collart de Commines, Guillain de Halluin, flamens, Jehan Villain et son frère, de Tournay.

Au XXXe jour d'aoust, à heure de midi ou environ, assamblèrent Bourguignons et Armignas ensamble à cours de chevaulx et de fers de lances, et y eubt très gros estour et estequis au premier encontre et par espécial sur l'estandart et compaignie du duc de Bourgongne. Lequel duc très hardiement s'i porta et pour ce jour en eubt l'honneur et le pris comme le mieux faisant de toutes les deux parties, et meismement luy en donnèrent ses anemis l'onneur et le pris, combien que durant la bataille ilz ne le congnurent point, mais parce que ilz seurent et veirent depuis de sa heucque et de son cheval, ilz certiffièrent tous que ce avoit esté celuy qui le plus hardiement s'estoit habandonnez et penez pour ce jour. Et prist de sa main deux hommes d'armes prisonniers.

En celle bataille furent pluiseurs fuians dès le commenchement de la bataille, et premiers furent ceulx du costé du duc de Bourgongne, lesquelx furent nombrés à IIII^c hommes d'armes et beaucoup d'archiers, qui pau firent à cest estour. Et des gens du costé des Armignas ne fuy gaires audit commenchement jusque en la fin de ladicte bataille.

Celle bataille dura longuement et se combatoient par monceaux, cy XX, cy XXX, cy XL, cy C. Et se partoient de l'un des monceaulx pour aller à l'autre. Et passa Jehan Rollet, à tout son estandart au premier encontre tout oultre la bataille dudit duc de Bourgongne en alant après les fuyans. Et fut long tamps que les Bourguignons lavoient le pieur de ladicte bataille, jusques à ce que le bastard de Coucy d'un costé, et messire Maurroy de Saint-Légier de l'autre, qui faisoient deux elles, se frappèrent en icelle bataille à tous leurs gens et s'y portèrent moult hardiement et grandement. Et depuis ne furent Bourguignons au desoubz, mais demourèrent les maistres et occirent et desconsfirent en fin tous lesdis Armignas. Et se saulvèrent les fuyans d'iceulx à Saint-Wallery et ailleurs hors de ladicte bataille. Et furent enclos les gens dudit Raullet, les quelx avaient passé oultre ladicte bataille, et y demourèrent tous mors ou pris, se ne furent ledit Jehan Raullet leur cappitaine, lui VIe ou VIIe qui escapèrent avoec ledict estandart et se saulvèrent par bien fuir. Et ce fut celuy qui le plus se habandonna et le plus longuement dura de tous les Armignas. Et si escappa san estre mors ne pris.

Emprès le duc de Bourgongne demourèrent en la bataille dessusdicte messire Jehan de Luxembourc, lequel y fut moult villainement navré au visaige, et prins et rescoux durant icelle. Sy y furent les seigneurs de Jonvelle, d'Antoing, de Roubais, de Commines, de Uttertke, Noyelle, Saveuse, Viesville, Valins, le bastard de Coucy, Mauroit de Saint-Légier, presque tous les nouviaux chevaliers et pluiseurs autres gentilz hommes qui point ne sont chy nommez, lesquelx furent cause de ladicte victoire. Et les fuyans, que je ne veulz point nommer pour ce que point n'en sçay de tous la vérité et que pluiseurs se voront sauver et leur honneur garder en pluiseurs manières, dont je me reporte en raison, s'en alèrent la plus grant partie à Picquegny pour che que on ne les volt laissier entrer dedens Abeville. Et aucuns aultres n'alèrent mie si loings mais s'en revinrent couvertement en la bataille du duc de Bourgongne après saditte victore, en donnant à entendre que ilz estoient demourez aveuc lui durant ladicte bataille. Et sans cheux qui n'alèrent gaires loings, furent trouvés à Picqueny près de II^m chevaulx tous fuyans. Dont pluiseurs gentilz hommes illec estans eurent très grant cerge. Combien que depuis ilz furent recheus à merci par les moyens que ilz eurent devers le duc de Bourgongne sur espéranche que ilz recouverroient leur honneur en aultres places en tamps avenir. Et fut commune renommée que icelle fuite commencha par le coulpe d'un héraut et roy-d'armes de Flandres, nommé Pays. Lequel dist et maintint à pluiseurs que il avait veu la personne d'iceluy duc de Bourgongne en telle aventure que il le tenoit mort ou prins. Et che fist les pluiseurs espoenter et fuir.

En celle bataille furent mors et occis du costé du duc de Bourgongne, le seigneur de la Viesville et Jehan de Mailly, et bien pau d'autres, de petit estat. Et furent à celle journée tous les seigneurs et gentilz hommes, cottes d'armes d'un costé et d'aultres.

A celle journée morurent et furent occis bien IIII^c hommes du costé des Armignas et sen y eut bien VI^{xx} détenus prisonniers, dont il y avait IIII^{xx} XII gentilz hommes de nom et d'armes. Lesquels furent menés en pluisseurs et divers lieus, comme au chastel de Lile, Gouay, Boulenois et aultres. Et du costé du duc de Bourgongne en furent menés prisonniers Ghislain de Halvin, nouvel chevalier, et Ferry de Mailli, et pluissieurs aultres en y eut qui furent prins. Mais ils furent rescous en la plache et partant furent quittes.

A laditte journée furent prins et emmenés le seigneur de Conflans, messire Loys Bournal, seigneur de Thienbronne, messire Gille de Gamache et son frère, messire Rigault de Fontaine, le marquis de Serre et son frère, messire Raoul de Gaucourt, Loys d'Auffemont, Poton de Sainte-Treille, Jehan de Croisy, Philippe de Saint-Sauflieu et autres jusques au nombre dessus dit. Et les deux prisonniers que le duc de Bourgongne prinst de sa main furent délivré quittement et prestement, et leur fist donner ycheluy ducq à chascun cent escus et un bon cheval. Et le seigneur de Moy y fu ung peu navrez, mais il escappa aveucq Pieron de Luppe et Jehan Raulet.

Après celle bataille retourna le duc de Bourgongne à Abeville, et à son retour apperchut la grand faulte de ses gens qui s'en estoient fuis. Car il trouva sa bataille très petitement furnye, et luy fu lors raporté que icheux fuyans estoient alez audit lieu de Picquegni, sous la seigneurie du vidasme d'Amiens, lequel vidasme estoit lors audit lieu malade d'une navreure que ung cheval ly avoit fait en une gambe à son retour de Monte (*lis.* Mante) et ne pooit aler ne chevauchier. Adonc fu iceluy duc bien esmerveilliés comment il pooit avoir eu la victore de ladite bataille à sy pau de gens, atandu la grant deffense de ses anemis duites, et amaneuis de combatre à cheval. Et regratia notre Seigneur dévotement et humblement de laditte victore. Car se il eust esté à che jour mors, prins ou descoufis, tout son pais d'Artoix estoit en aventure de perdition.

En che tamps estoit le siège devant le castel de Dovrier, mis par messire Jehan Blondel, auquel de son hirtaige appartenoit laditte fortresse, et aveucq luy estoyent audit siège les abbez de Valoires, de Dommartin et de St Martin, et grant plenté de communes gens du plat pays. Et là furent tant que ledit castel leur fu rendus par traité. Et s'en alèrent cheux de dedens sauvement. Et environ XII jours après laditte reddition fut prins ledit chevalier à une course que il fist sur lesdis Armignas où il se bouta trop en avant. Mais son castel demoura en l'obéyssanche dudit duc de Bourgongne, lequel duc y envoya gens incontinent après les nouvelles ouïes de la prinse dudit chevalier.

Quant le duc de Bourgongne eut séjourné trois jours à Abeville, il donna congiet à ses gens d'armes. Car il ne se trouvoit mye fort assés de gens pour remettre le siège devant Saint-Riquier atendu cheulx qui s'en estoient fuis de sa compaignie, où il avoit fait grant perte. Et de cheux qui estoient demourés aveucq luy avoit les pluisseurs navrés, qui ne se pooent édier. Et s'y estoient leurs logis trestous destruis et ars. Et la saison d'hiver approchoit qui leur grèvoit. Et se parti iceluy duc d'Abeville et s'en alla en pélérinage à piet à Nostre-Dame de Hal, et se retourna en sesdits pays quatre mois entier sans guerroyer, excepté che que il avoit laissié en garnison en pluisseurs villes et fortresses dudit pais de Pontieu. Lesquelz tindrent frontières contre lesdits Armignas.

En che tamps estoit le roy d'Engleterre devant Villeneuve-le-Roy, laquelle, environ celle saison, luy fu rendue par traitié. Et s'en alèrent sauvement cheux de dedens, et puis y mit ledit roy garnison. Et envoya lors le duc d'Excestre son oncle, bastart, entour la ville de Meaux, à tout grand nombre de gens. Et ledit roy s'en ala à Laigny, auquel lieu yl séjourna environ XV jours, en faisant che pendant carpenter et abillier pluisseurs angiens et aultres abillements nécessaires à mettre le siège devant Meaux. Et ce fait, il parti dudit lieu de Laigni et s'en ala mettre le siège tout entour laditte ville de Meaux, à toute sa puissanche. Et fut che siège mis le fin du mois de septembre.

Dedens la ville de Meaux estoient le bastart de Vaurru général capitaine de toute la place, Denis de Vaurru, Pierechon de Luppe, lequel tenoit prisonnier audit lieu le conte de Briaine et de Conversant, seigneur d'Enghien, aynsné frère de monseigneur Jehan de Luxembourch, messire Philippe Malet, messire Loys Gast, le Borgne de Chauquin, Jehan d'Aunay, Tromagon, Bergnart de Merville, Philippe de Gamaces et pluisseurs aultres en grand puissance; lesquelz tinrent la ville et le marquiet de Meaux moult longuement contre laditte puissanche du roi d'Engleterre, en le desprisant et despitant en maintes manières et faisoient samblant qui ne tenoient conte de ly ne de toute sa puissanche. Car il avoient ferme espéranche de estre en brief temps secourus du Dalphin et des siens à telle puissanche que pour faire partir ledit roi d'Engleterre de son dit siège.

Le III° jour de septembre audit an, fu criié et publié de par le roy de France et de par le roy régent, que la flourette, qui lors courait en France pour XVI deniers, ne vaulroit que deux deniers de la nouvelle et petite monnoie chy devant devisée, nommée nicques, et l'escu d'or qui valoit VII francs et demi ne vaudroit que XVIII s. parisis. Et fu ceste publicacion fette par toute France tenant le parti bourguignon. Et ency furent mis XVI. deniers à deux, et depuis à niant, car lesdittes flourettes furent du tout deffendues à avoir cours.

En che tamps, audit mois de novembre, se fist le traitiet entre le duc de Bourgongne d'une part, et le seigneur d'Auffemont d'autre. Et fu iceluy traitié tel que ledit seigneur d'Auffemont renderoit la ville de Saint-Riquier audit duc de Bourgongne en l'obéissance du roy de France. Et aveucq che feroit délivrer de prison monseigneur Emon de Bouberc, Ghislain de Hallain, Jehan Blondel et Ferri de Mailli et les acquitteroit de leurs renchons. Et le duc de Bourgongne meteroit pareillement à plaine délivranche tous les grans seigneurs et capitaines qui avoient esté pris à laditte journée de Saint-Riquier au Mont de Vimeu. Est assavoir les seigneurs de Conflans et de Thienbronne, Loys d'Offemont, Poton de Sainte-Treille, Jehan de Croisy et aultres chy devant nommez, et les acquitteroit pareillement de leurs renchons. Et parmy ce s'en alèrent ceulx dudit lieu de Saint-Riquier, et tous cheux de leur parti, mis à délivrance comme dit est, s'en alèrent aveucq ledit seigneur d'Auffemont où bon leur sambla. Et à la délivranche de prisonniers Bourguignons morut ledit Bouberc, et fu rendu en ung linsiel tout mort. Et à la journée de la conclusion dudit traictiet, arrivèrent à Arras le plus grant partie des barons, chevaliers et escuiers de Bourgongne en armes, nombre de chincq à six cents chevaliers et escuiers. Et estoient venus devers iceluy duc par deux chemins et en deux routes pour le conduire jusques en sondit pais de Bourgongne c'est assavoir le prince d'Orenge par Rains et par Châlons, et le seigneur de S¹ Jorge par Paris. Auquel lieu son nepveu, seigneur de Chasteauvillain, estoit encores prisonnier. Mais il fist tant que à che dit voyage il fu delivrés de ladite prison, et le remena en sa compaignie devers ledit duc de Bourgongne.

En celle compaignie furent le prince d'Orenge et seigneur de Saint Jorge dessus nommez, les seigneurs de Tolongon, de Sallenoue, de Chasteauvilain, de Thy et de Cotebrune, mareschal de Bourgongne, Anthoine de Vergi, Chastelina et pluiseurs aultres qui estoient capitaines desdis Bourguignons, s'espidirent et logère sur le plat pays de Piccardie, environ Bouchouin, Douay et Ostrevant.

Après le partement dudit seigneur d'Auffemont et de ses amis et alliez Daulphinois et Armignas, s'en retourna le duc de Bourgongne d'Arras en Flandres, et les gens d'armes de Bourgongne s'en alèrent devers le chastel de Moy, et fu commune renommée que il aloyent mettre le siège devant. Mais ne sçay par quelle aventure ilz s'en retournèrent soudainement et ne approchèrent ledit castel nient plus près que VI lieues, et dirent que ilz laroyent les Picquars convenir dudit castel de Moy.

En che tamps entrèrent aucunes manières de gens d'armes Bretons et aultres tenans le parti du Daulphin, ou pais de Normendie, et prirent soudainement par soutiveté la ville de *i* vrenches, et mirent à l'espée tous les Engloix que ilz trouvèrent. Dont le roy d'Engleterre fu moul courchiés, et fist partir de son siège de Meaux grant nombre de ses gens pour aller reconquerre ladicte ville de Avrenches en l'aide du conte de Salsebéri, qui estoit demourés garde et capitaine dudit pais de Normendie. Et tant firent lesdis Englois que ou mois de décembre ensievant ilz regaingnièrent laditte ville d'Avrenches, et desconfirent et occirent illec bien XVIII^c Bretons et aultres estrangiers, tous Armignas.

En che tamps, ou mois de décembre, parti messire Jaques de Harcourt du Crotoy en grant compaignie de gens d'armes nombrez à XVI^c hommes, et alèrent assalir ung castel ou pais de Vimeu, auquel castel il livrèrent très grant assaut et cheux de dedens se deffendirent fort par l'espace de quatre heures. Et che pendant les Englois estans en garnison en la conté d'Eu, lesquelz savoient le partement dudit Crotoy, s'estoient partis de leur garnisons environ IIII^c hommes d'estoffe archiers et aultres, et au son des canons arrivèrent audit castel et se frapèrent de grant radeur en la bataille dudit Harcourt en menant grant noise et grant cri, et esparpillèrent tellement icheux de ladicte bataille à leur premiere rencontre que la plus grant partie s'enfuy, par che que ilz furent sourpris et que ilz doutoient que Engloix ne venissent à force secourir les premiers assalans. Là furent les Doffinois et Armignas desconfis et en y morut bien IIIe. Et meismement y fu ledit Harcourt navrés et desmontés. Et s'en fuy à sa très grand honte, car ses gens furent trouvés en belle ordonnanche de bataille, mais les pluiseurs se excusèrent qu'ilz avoient esté grandement lassés et travilliés à livrer ledit assaut.

En celle meisme saison furent Armignas desconfis par les Englois emprès le Mont Saint-Mikiel, et en y morut bien V^e.

En che tamps furent rendues en l'obéissanche du roy de France et du duc de Bourgongne les forteresses et castiaux de Vertus, de Moinnier et de Montaguillon, et furent délivréez et rendues ès mains dudit seigneur de Castillon. Lequel de Castillon avoit paravant esté déceuz d'aucuns Armignas et par leur malice l'avoyent retenu et long tamps prisonnier détenu. Mais à che tamps il avoit esté délivrez, moyennant grant somme d'avoir à quoy il avoit estet renchonnés.

Au jour de Noël, fist le duc de Bourgongne sa feste à Arras, la duchesse s'espeuse aveucq luy. Et après ledit jour se parti iceluy duc dudit lieu d'Arras, aveuc luy le conte de Saint-Pol et les seigneurs et gentilz hommes de Bourgongne dessusdis, et s'en alèrent à Paris. Et de Paris s'en ala icelui duc au siège de Meaux devers le roy d'Engleterre, aveucq luy le seigneur de Saint-George et sa route. Et le prince d'Orenge s'en ala devant en Bourgongne, à toute sa gent. Et quant le duc eut besongniet devers ledit roy d'Engleterre il s'en retourna à Paris, et après le jour de la Candellier s'en parti et s'en ala en Bourgongne où il fist tenir son parlement à Dolle, et luy meisme tint ledit parlement par aucunes journées. Et puis alla pardevers son bel oncle le duc de Savoye, là où on ly fist grant chière et y firent unes joustes ordonnéez, ausquelles ledit de Bourgongne jousta, et ossy firent pluiseurs grans seigneurs tant de Bourgongne comme de Savoye. Et après ces choses fettes s'en retourna ledit duc de Bourgongne en ses pais de Bourgongne, où il séjourna jusques au mois de juing ensievant.

En cel an et par avant le jour de Noël, acoucha la royne d'Engleterre d'un filz, lequel fu nommé Henri, et le leva la contesse de Haynau cy-devant ditte, aveucq aultres. Duquel filz fu faitte moult grant joye aux royaumes de France et d'Engleterre où on tenoit le parti bourguignon.

Environ XV jours après Noël, parti messire Jehan de Luxembourq de Picquardie et s'en ala au siège de Meaux, à privée maisnie, pour traictier la délivranche du compte de Boyainne, son frère, lequel avoit esté prisonnier audit lieu de Meaux plus de ung an entier; et fu pris devant le siège de Meleun par Pieron de Luppe. Et fu ledit traitié fait et ledit conte délivré plainement moyennant certaine et grande somme d'avoir qui fu promise à délivrer pour sa renchon audit Pieron de Luppe, son maistre, dedens ung certain jour par eux devisé. Et demoura iceluy compte continuellement au service et en l'aide dudit roy d'Engleterre au siège de Meaux. Et ledit de Luxembourq s'en retourna en Picquardie dont il estoit général capitaine, et aveucq luy retourna lors messire Hue de Lannoy nouvellement ordonné maistre des arbalestriers de France.

En ce tamps estoit nouvellement retournés et délivrés des prisons d'Engleterre le conte de Richemont, frère au duc de Bretaigne, et après sa délivrance il assembla grant gens et arriva audit siège de Meaux en la compaignie dudit roy d'Engleterre, et le servi continuellement tant que yceluy roy vesqui.

A l'encontre du mois de march, fu tenu ung parlement en la ville de Bapasme par monseigneur Jehan de Luxembourq et aultres capitaines du pais de Picquardie, aveuc les officiers du roy de Franche et du duc de Bourgongne ès marches dudit pais. Auquel parlement il fu conclus que iceux seigneurs et capitaines assambleroyent prestement leurs gens d'armes pour aler mectre en obéissanche pluiseurs fortresses rebelles et anemyes audit roy de France et duc de Bourgongne, lesdictes fortresses estans et séans sur les marches dudit pais de Picardie, tant au pais de Pontieu comme en Terrasse et en Vermendois.

Le IXe jour dudit mois de march fu prins le seigneur d'Auffemont par les gens du roy d'Engleterre, au plus près des mures de la ville de Meaux. En laquelle ville il volloit monter par esquielles que on ly devoit livrer d'icelle ville. Mais il fu apperchuz et poursievy tellement que il ne pot avoir tamps ne espasse d'y monter. Et fu pris a bien peu de gens. Et bien tost après sadicte prise, fu la ville de Meaux assalie mout soudainement par Jehan de Gingin et ses gens, par ce que il apperchurent de leur logis que cheux de ladicte ville portoyent leurs biens assauveté au markiet dudit lieu de Meaux. Et quant chieux assaux fu commenchiés ainsi que dit est, les Englois partirent de leurs logis et alèrent assalir ès aultres lieux, et tant firent d'un costé et d'autre que laditte ville fu tantost gaignié. Car cheux de dedens ne visoyent qu'à eux sauver audit marchié et ne firent nulle deffence à laditte ville.

La ville de Meaux ainsy gaignié comme dit est, se logèrent Englois et Franchois eu icelle ville et avironnèrent le markiet de toutes pars, tellement que rien ne pooit issir qui ne fu apercheu. Et assés tost après fu prinse d'assaut la porte des molins dudit marchié et furent Englois maistres d'iceux molins, tellement que cheux dudit marchié ne se pooient aidier.

En cel an furent les yauwes sy grandes que il convint retraire l'oost du roy d'Engleterre, le siège durant devant laditte ville de Meaux, bien loings de laditte ville. Et convint aux Englois faire nouviaux logis jusquez à che que les dittes yauwes furent escoulées. Et durèrent bien xv jours en leur hauteur et grandeur avant que lesdis Englois peussent retourner à leur premier siège.

Le xxvie jour dudit mois de march, fu le siège mis devant Quesnoy en Pontieu par messire Jehan de Luxembourq et aucuns aultres capitaines de Picardie. Et fu le castel prins par forche d'assaut. Dont pluiseurs de cheux de dedens furent prins à renchon, et s'en y eut pluiseurs envoiiés à Amiens, lesquelz par justice furent exécutés. Et après celle prise furent rendues aux capitaines dessusdis la fortresse de Hendicourt et aultres, par traitié, et s'en partirent cheux de dedens sauvement. Et la vigille de Pasques fu le siège mis devant Araines par les capitaines dessusdis.

En che tamps, ung peu devant Pasques, saillirent hors cheux de la garnison de Marcoussy, lesquelz estoient Armignas. Et estoit leur capitaine ung gascoing nommé Mignon, lequel mena par nuit ses gens au pont de Meulen, et par faute de garde ilz prirent la ville et la fortresse dudit Meulen et firent moult de maux dedent la ville, et y mirent grosse garnison en intencion de tenir la plache et le passaige de la rivière. Mais le roy d'Engleterre y envoya hastivement le conpte de Braine et aultres en grant nombre, lesquelz mirent siège audit pont de Meulen, et n'y eurent gaires esté quant la plache leur fu rendue par traitié. Et s'en alèrent lesdis Armignas franchement.

En che tamps, bien pau après Pasques, prirent les Armignas par soutiveté le castel de Mortremar, séant ès marches de Roye et de Mondidier.

En chel an, fist le roy des Rommains une grande assamblée de gens d'armes d'une grande partie de chrestienté, pour résister à l'entreprise des hérites qui se tenoyent en la cité de Prade et à l'environ, bien deux ou trois journées de païs. Et à cheluy mandement du roy des Rommains, empereur d'Alemaigne, alèrent grand foison de princes, prélas, chevaliers, escuiers et communs gens, tant de cheval que de piet, des païs d'Allemaigne, de Liège, Hollande, Zélande, Haynau, Picardie et aultres. Et y arriva tant de gens que on n'en peut trouver le nombre. Mais lesdis hérites tindrent sy fort laditte cité de Prade que on ne les pot de gaires adomagier. Et leur demoura icelle cité, combien que en aucuns rencontres on en tua biaucoup, enviers le saint Remy. Mais ilz estoient en sy grant nombre d'hommes et de femmes, et sy est le païs sy fort que il convient retourner en leurs païs tous lesdis chrestiens, par faute de vivres et par forche de froidures et de mésaises. Et furent ces hérites sy fort obstinez en leur erreur que il ne crémoyent nul martire ne nulle mauvaise mort dont on les peuist faire morir. Et meismement se armoyent et deffendoyent les femmes en iceluy païs ainsy que dyables, plaines de toutes cruaulté, et furent pluisseurs trouveez mortes et occises par lesdis rencontres. Et en cel an meismes en furent pluisseurs trouvées et ossy biaucop d'ommes tenans laditte hérésye, faisans et tenans leur concille à ung village emprès Douay, nommé Graimori. Auquel village il furent trouvés et menés prisonniers à Arras en la court de l'évesque dudit lieu. Desquès les aucuns se repentirent et rappellèrent, qui furent recheuz à pénitanche et à mercy, et les aultres furent ars et bruis ausdis lieux d'Arras et de Douay, et ossy à Valenchiennes. Esquelx lieux, avant leur mort, il furent preschiés sur grans escaffaux devant tout le peuple par l'évesque dudit lieu d'Arras et par le maistre et inquisiteur des bougres.

L'AN MIL IIIIe XXII.

En la fin du mois d'apvril, après Pasques se assamblèrent bien IIIe hommes d'armes tenant le parti du Dolphin, que on disoit d'Armignac, ès marches de Piquardie entour Compiègne. Desquelz estoyent capitaines les seigneurs de Gamaces et de Moy, et Poton de Sainte-Treille. Et pareillement assambla messire Jaques de

Harcourt grant gent environ le Crotoy, et ly vindrent par mer trois vaissiaux d'armées plains de gens d'armes. Lesquelles assamblées et armées se faisoient pour courir sus aux Piccars tenans siège devant Arainnes. Et che venu à la congnoissance de messire Jehan de Luxembourq et des aultres capitaines de sa compaignie, ilz envoièrent incontinent par devers les gentis hommes et aultres acoustumés de sievir les armes audit pais d'Artois, affin que incontinent ilz se tirassent en armes devers eulx audit siège d'Arainnes pour estre puissans de rechepvoir et combatre leurs anemis.

A che mandement arriva le conte d'Eu, englois, à tout lx hommes d'armes et iiii^c archiers. Et pareillement y arrivèrent pluisseurs hommes de Piccardie. Et se trouvèrent à cedit siège fort assés pour attendre leurs anemis. Et furent nombré à vii^c hommes d'armes et ii^m archiers. Et aux estans tous assamblés audit siège, leur vindrent nouvelles que lesdis de Gamaces, de Moy et de Sainte-Treille approchoyent leur oost. Dont ilz eurent conseil ensamble que il envoieroient audevant, et pour che faire furent esleux les gens d'armes darrainement arrivés audit siège, en nombre de iii^c hommes d'armes et iiii^c archiers. Desquelx furent capitaine le conte d'Eu, le maistre des arbalestriers de Franche, et Philippe seigneur de Saveuses. Lesquelz se partirent dudit siège et prirent leur chemin à Breteul pour che que on leur avoit raporté que leurs anemys devoyent là passer. Et eulx estans audit lieu de Breteul leur fu dit pour vérité que lesdis anemis estoient à Pierpont. Pour quoy il se partirent dudit lieu de Breteul et s'en alèrent vers Pierpont et envoièrent leurs coureurs chevauchier et aspier lesdis anemis.

Le darrnier jour d'april, environ soleil levant, retournèrent les coureurs des capitaines dessus nommés et raportèrent en leur oost que leurs anemis estoyent audit de Pierepont et avoyent intencion de eux deslogier incontinent et retourner devers Compiègne. Adonc se hastèrent lesdis capitaines et montèrent à cheval et firent leurs gens chevauchier de tire bien hastivement, jusques à ung quart de lieue près dudit Pierepont, que il apperchûrent grant fumée près d'eux en laditte ville en laquelle lesdits Armignas avoient bouté le feu par meschéance ou autrement. Et lors se mirent Piccars et Englois du tout en ordenanche pour aler asalir leur anemis et mirent les bachinès et salades sur leurs chiefz et chevauchèrent rudement vers ladicte ville de Pierepont pour trouver leur anemis. Lesquelz s'en partoyent à celle heure et avoyent bien cergiez VI^{xx} chevaux, de blez et de grains, pour emmener aveucq eulx, et puis avoyent bouté ledit feu en la ville. Et quant les Piccars y arrivèrent par l'un costé, ilz se partoyent par l'autre. Et convenoit lesdis Piccars et Englois passer parmy la rue ou le feu estoit moult fort espris, ou prendre ung lonc tour arrière et passer parmy une yauwe qui y est. Et toutes fois, non obstant le feu, passèrent, les archiers, en bien grant haste et à grant paine. Car ledit fu estoit jà sy fort alumés que les couvretures et les banx tous espris cheoyent à terre et tant que les hommes d'armes ne porent sievir leurs archiers, qui leur fu une grant fortune, car il leur convint prendre le long tour dessusdit.

Quant les archiers furent passez oultre comme dit est, ilz rataindirent tantost les Armignas et commencèrent à traire moult asprement sur eux et les firent tous desrouter et esparpillier et fuir, cy l'un chy l'autre, sans nulle ordenanche. Et en y eut pluiseurs prins et détenus, et y eult tel archier qui en prinst et tint deux hommes d'armes à ses deux mains qui à luy se rendirent Et les aultres fuyans se rassamblèrent sur une montaigne un peu arrière de laditte ville. Et quant ilz apperchurent que lesdis archiers n'estoyent point secourus de leurs hommes d'armes, ilz retournèrent à cop sur lesdis archiers et rescourent tous leur prisonniers. Et y eut très grant estour, et bien s'y portèrent lesdis archiers. Mais ilz ne povent riens contre telle puissanche de gens, et eussent esté en très grant péril se il n'eussent esté secourus desdis hommes d'armes, lesquelz passèrent à très grant peine laditte yauwe parfonde que leurs chevaux entroyent jusques au cul et que icheux hommes d'armes estoient moulliés jusques as cuisses. Dont ils furent moult travilliés. Et ce non obstant se mirrent en belle ordenanche de bataille et alèrent à la meslée. Mais quant lesdis Armignas les sentirent et virent venir, ils se retrairent sur laditte montaigne et se mirrent tout ensamble en belle ordenanche. Et quant les Piccars et Englois virent leur magnière, ilz eurent conseil ensamble de descendre à piet et de ordonner leur gens. Car les Englois avoyent tout leur affection de combatre à piet. Et furent lors fais pluiseurs chevaliers des gentis hommes de Piccardie, et ung englois, c'est assavoir Philippe, seigneur du Bos et d'Anekin, Robert seigneur d'Ognies, Tramet de le Tramerie, seigneur de Deraucourt, Jehan d'Avelus, Jehan de Rouvières, le Besghe de Lannoy, frère audit maistre des arbalestriers, conte d'Eu, et seigneur de Saveuses. Et depuis lesdis chevaliers fais furent il longuement en ordenanche de bataille, tous à piet, et lesdis Armignas sur laditte montaigne, tous à cheval.

Quant les gentilz hommes de Picquardie virent que leurs anemis demouroyent tous à cheval sur laditte montaigne et que ilz ne faisoient nul samblant de descendre ne d'eux mouvoir, icheux Piccars montèrent tous à cheval et se ordenèrent en belle bataille tous à cheval, fors lesdis Englois qui demourent grant tamps depuis à piet. Et commenchèrent les Piccars à monter laditte montaigne, et quant les Armignas les perchurent il tournèrent incontinent le dos et commenchèrent à fuir et les Piccars après, lesquelz les çachèrent bien trois lieuwes de pays. Mais il ne les porent rataindre ne avoir, car les chevalz d'icheux Armignas estoyent séjournés et frès, et les chevalz des Piccars estoient lassés de fort chevauchier. Et ensy failly à chace d'iceux Piccars, lesquelz s'en retournèrent en leur siège sans plus faire. Et les Armignas s'en ralèrent à Compiègne, Guise et Moy et ailleurx, où bon leur sambla.

Le IIe jour de may f^o. traitiés fais et conclus entre les deux rois de Franche et d'Engleterre d'une part, et cheux du marquiet de Myaux d'aultre. Et furent les traicteurs de par lesdis rois espécialment à che commis, le duc d'Excestre, les contes de Vaerwich et de Briainne, et messire Gautier de Hongrefort. Et cheux de la partie dudit marquié furent Piéron de Luppe, Jehan d'Aunay, messire Philippe Malet, Sivador de Giremmes, le Borgne Chauquin, Olivier de Mainozit, Jehan de L'Espinace et Guillaume Fosse. Et fu le traitiet tel que dedens huit jours après ensievant, qui serroit le Xe jour dudit mois, le marchiet de Meaux serroit ouvers et plainement délivrés en la volenté et obéissanche desdis rois. Et pareillement leur serroit rendus et délivrés à leur volenté messire Loys Gast, le bastart de Vaurous, Denis de Vaurous et Jehan de Romires, lesquès serroyent mis en justice et leur serroit justiche faicte et administrée. Item, Guichart de Chissé, Piéron de Luppe, maistre Robert de Giremmes, Philippe de Gamaches et Jehan d'Aunay à la volenté desdis rois jusques à che qu'il aroyent rendu ou fait rendre toutes les fortresses que eux ou aucuns d'eux ou leurs commis ou aultres à eux obéissans et amis tenoient en ce royaume de Franche pour estre plainement mises en obéissance desdis rois. Après lesquelles rendicions fettes il aroyent leurs vies saulves, mais les corps d'iceux demouroyent prisonniers à la volenté, d'iceux rois. Item, Tromagon, Bernart de Morainville, Jehan de La Motte, ung qui sonna ung cor le siège durant nommé Grasce. En ce tamps avoit estet pris le bastart de Thian des Armignas, en chevauchant a privié mesnie, et depuis fu délivrés par raenchon. Tous les cannoniers, les consentans et couppables de la mort de feu le duc de Bourgongne, cheux qui aultre fois avoyent fet le serment de la pais finable, cheux qui avoyent villes et fortresses tenans le party du Dalphin ou d'Armignac Englois, Galois, Irlois, Escoçois et aultres qui par avant avoyent esté obéyssans au roi d'Engleterre, s'aucuns en y avoient dedans ledit marchiet, tous cheux en la volenté desdis rois. Et le sourplus des gens dudit marchié demourroyent en la volenté dessusdicte, sauve leurs vies, en l'espasse de VIII jours qui leur fu donnée. Et toutes ces choses acomplir, fu pour che que ledit traittié contenoit, oultre che que dit est, que icheux VIII jours il metteroyent par bonne ordenanche en certains et divers lieux par bonne inventoire tous leurs chevaux, harnois, armures et aultres habillemens de guerre, vivres, relicques d'églises, joyaux or argent et toutes aultres choses à yceux appartenans et chascune à par ly. Pour toutes ces seuretés de che entretenir et acomplir dedens ledit terme de VIII jours, cheux dudit marquiet baillèrent en ostage XXIIII personnes telles que lesdis traicteurs vorent eslire. Lesquelx demourèrent audit hostage jusques au Xᵉ jour. Auquel ledit marché fut ouvert et toutes les choses dessusdictes acomplies et tout l'avoir mis en la volenté dessusdite. Et furent les grans maistres menés par yaue à Roñen et delà en Engleterre où il furent mis prisonniers en pluisseurs lieux; dont les aucuns firent rendre pluisseurs fortresses qui estoyent en leur obéyssance.

Après la rendicion du marquiet de Meaux fist le roy d'Engleterre décoler le bastart de Vaurous et fu sa teste mise sur le bout de la lance de son estandart, lequel estandart, à tout laditte teste, fu attaquié et mise sur ung arbre au dehors de Meaux. Auquel arbre ledit bastart ou tamps de son règne faisoit pendre les Bourguignons que il prenoit, et en estoit tout chergié au jour que le siège y fut mis. Et pour che y fu son corps pendus par les espaules et saditte tieste estequié sur le fer de la lance dudit batart. En oultre fist ledit roy exécuter et mettre à mort messire Loys Gast, Denis de Vaurou, maistre Jehan de Rouvres, et cheluy qui avoit soné le cor le siège durant.

Après ces choses ainsy faictes, envoya le roy d'Engleterre le duc de Gloceste, son frère, en Engleterre, et manda la royne, sa femme, et le duc de Bethefort, son aultre frère, que il venissent en France devers luy, et icheluy de Gloceste demourast en Engleterre. Et ensy il le firent. Et arriva laditte royne d'Engleterre en France, acompaignié du duc de Bethefort, ung peu devant le Penthecouste.

Le Ve jour dudit mois de may, se rendirent cheux des fortresses d'Arraines et de Pontoise, sauves corps et biens, par condicion que se dedens le XIe jour dudit mois, heures de X heures au matin, il n'estoyent secourus sy puissamment que pour lever ledit siège, il renderoyent lesdittes fortresses ausdis capitaines de Piccardie et non des deux rois et du duc de Bourgongne, et de che baillèrent hostages en seanche de entretenir che que dit est. Et audit XIe jour ne dedens icheluy il ne furent point secourus, et par tant rendirent lesdittes fortresses, ainsy que dit est, et s'en alèrent et partirent environ L fust de lanches et bien III^c communs de povres gens du plat pais, dont le capitaine d'iceux estoit nommés Coquart de Cambron, chevalier, natif du pais de Boulenois. Et après leur département fu la fortresse d'Arainnes abatue et démolie et celle de Pontieu demoura en estant et en sa force et y fu mise garnison, dont Jaques de Lievin, chevalier, fu capitaine. Et adonc se départi l'ost desdis Picars et ossy les Englois, et s'en retourna chascun en son lieu. Mais on leur assigna jour de retourner et assambler entour Pieronne, de che jour en XV jours, pour aler mettre le siège devant le castiel de Moy. Mais dedens cheluy jour, lesdis Armignas, pour les nouvelles que il avoyent oiies de la reddicion de Meaux ou aultrement, boutèrent le feu és castiaux et fortresses de Moy, de Lisy, de Mont et Estout et aultres et les habandonnèrent du tout. Et par tant ne fu besoing d'aler audit lieu de Moy, et fu la journée remise pour assambler lesdittes gens d'armes au XVe jour du mois de juing ensievant, à assambler au castel en Cambrésis et à l'environ. Et depuis fu ycelle ralongié jusques au XXVIe jour d'iceluy mois, pour che que ledit de Luxembourcq fu mandés hastivement pour aler à Paris. Et devoit estre l'assamblée dudit XXVIe jour de juing entour Bray sur Somme. Laquelle journée fu affinée et mise par lettres et par mandement du duc de Bourgongne, lequel avoit intencion de retourner en Piccardie à grand puissanche et de estre audit jour en la ville de Bray dessus ditte ou bien près d'icelle. Mais icelle journée ne fu point entretenue, par les empeschemens que le Dalphin et ses gens baillèrent audit duc de Bourgongne, comme chy après vous trouverés, et ossy par la grant maladie que prist ledit de Luxembourg audit lieu de Paris, de laquelle il fu longuement occupé; et fu de la veroelle, dont pluiseurs gens grans, moyens et petis furent en cel an entequiés et empeschiés.

Pour les empeschemens dessusdis ne s'entretinrent nulles des journées assignées aux gens d'armes de Piccardie, et ce non obstant sy avoit-il pluiseurs seigneurs et capitaines qui tenoyent tousjours les gens sur les camps, vivans sur le pays, comme messire Jehan de Luxembourcq, le seigneur de Saveuses, Robert de Saveuses son frère, le bastart de Saint-Pol et aultres, lesquelx gens d'armes firent moult de maux audit païs et par espécial en Artois, de composer, renchonner et pillier par tout gens et villages, et tellement se faisoyent crémir que nulx ne se osoit mettre sur les camps ès marches où il se tenoyent.

Assés tost après la reddicion de Meaux furent renddues en l'obéissance des deux rois les villes et fortresses de la conté de Valois par le moiien du seigneur d'Auffemont qui, pour celle cause, fu mis à plaine délivrance de sa prison et ly fu toute sa terre rendue, moyennant che qu'il jura la pais finable faitte à Troies comme chy devant est dit, et de che entretenir bailla plèges souffisans, c'est assavoir l'évesque de Noyon et le seigneur de Chauni. Lesquelx, quant à ce, y obligèrent leurs corps et leurs terres.

En che tamps fu traitiet fait au seigneur de Gamaces, capitaine de Compiègne, et promist de livrer laditte ville de Compiegne en l'obéissanche des deux rois, au XVIIe jour dudit mois de juing. Et ainsy le fist, et s'en parti sauvement luy et ses gens. Et en che tamps, par le moyen Pieron de Luppe, fu le castel de Montagu rendu en l'obéissance dessusditte. Car ledit Pieron en estoit général capitaine et y avoit commis ung sien nepveu qui, à sa requeste, le rendi aux commis desdis rois. Et ossy se rendirent en laditte obéyssanche pluiseurs forteresses au païs de Beauvesis. Et lors fu Mortemer rendue en laditte obéyssance.

En la sebmaine de la Penthecouste, arrivèrent le roy et la royne d'Engleterre, tout à ung jour, à Paris, le roy devant le disner, et la royne après nonne. Aulxquelz fu faitte moult grant joye, et y séjournèrent jusques après la Trinité, et puis s'en alèrent à Saint-

Denis et delà à Senlis, et y menèrent le roy et la royne de France. Et de Senlis s'en ala le roy d'Engleterre voeir la ville de Compiègne, laquelle il trouva moult désolée. Et luy estant audit lieu de Compiègne, luy fu raporté que on avoit volut prendre la ville de Paris par aucuns moyens de lettres apporteez en laditte ville par la femme de l'armoyeu du roy de France. Laqueile femme, par ung jour, bien matin, fu apercheue d'un prestre qui estoit alés esbatre en ung sien jardin au dehors d'icelle ville, par che que ledit prestre vit gens d'armes parler à elle en une valée au dessoux dudit jardin. Lequel prestre le raporta aux gardes de le porte en leur disant que il fussent sur leur garde. Et quant laditte femme rentra en Paris, elle fu prinse desdis gardes et menée en prison, et congnut tout son fait. Par quoi l'intencion des Armignas ne pot venir à conclusion de leur emprise. Et estoient bien IIIIe hommes d'armes, qui se fuissent trouvés tous ensamble se il eusse eu bonne response de laditte femme. Par lesquelles nouvelles le roy d'Engleterre se parti dudit lieu de Compiègne et retourna à Paris, où il fist noiier ladicte femme.

En che tamps et ou mois de jning dessusdit, se parti le duc de Bourgongne de ses pais de Bourgongne pour retourner en Piccardie, et avoit en sa compaignie grant foison de gens d'armes, et arriva à Troyes en Campaigne. Auquel lieu nouvelles ly furent raportées que le Daulphin de Viennois en personne, à tout très grant puissance de gens, venoit aval en descendant sur la rivière de Loirre pour empeschier icellui duc à faire son voyage. Pour quoy icelui duc fu conseilliet de retourner en Bourgongne pour assambler toute sa gentilesse de sesdis pais afin de résister audit Dalphin et sa puissance. Et laissa le prince d'Orenge sur les frontières de laditte rivière, entour Nevers. Et les aultres capitaines s'espandirent tout au loncq de laditte rivière.

A che tamps fu mis le siège devant Saint-Waleri par les comptes de Waerwich et de Eu, à tout grant foison d'Engloix. Et fu ledit siège mis par terre et par mer.

En celle meisme saison, avoit messire Anthoine de Vergy gaigniet la ville de Saint-Digier en Pertois, et tenoit siège devant le castel, pour ce que les grans maistres s'estoyent illec retrais à tout leur avoir. Et pour lever iceluy siège, ung capitaine gascoing et gens d'armes dudit Dalphin, partirent de leur oost et prinrent leur chemin audit Saint-Digier. Mais ledit de Vergy sceut leur venue, et partirent hors de laditte ville pour aler au devant d'eux et laissa ses gens en icelle ville pour tenir ledit siège. Et tantost après ce, s'entrencontrèrent les deux partis dessusdis et combatirent grant tamps. Mais enfin il furent les Dalphinois desconfis, et y moru bien L hommes d'armes de leur costé, et les aultres s'enfuirent. Et che fait s'en retourna ledit de Vregy en sondit siège. Et estoit à che tamps retourné en Brabant le conte de Saint-Pol dessusdit, pour le gouvernement, qui estoit moult simple audit pais, comme dit est chy-devant.

En ce tamps arriva le Dalphin à Sanssoirre et là se tint grant tamps. Et lui firent cheux de La Charité-sur-Loirre obéissanche, et y furent mis de par ly grosse garnison de gens d'armes, faissans frontière contre les Bourguignons. Et adonc estoit le prince d'Orenge à Nevers, gardant la ville et le pais, appartenant as enfans de feu le conte de Nevers, oncle dudit duc de Bourgongne.

En la compaignie du Dalphin avoit grant nombre de gens, lesquelz furent nombrés à XX^m combatans et s'en attendoit encore grant cantité de pluiseurs lointains pais comme d'Espaigne, de Gennes, de Lombardie, d'Escoche et d'ailleurs. Lesquelz il avoit mandés à ses gaiges, et pour che faire il avoit assemblé grant avoir et avoit fait lever grandes tailles et aydes par tous les pais à ly obéissans. Et le duc de Bourgongne à l'encontre manda au roy d'Engleterre que il ly envoiast certaine cantité d'archiers pour estre en sa compaignie. Lequel roy ly remanda que il ly envoieroit lesdis archiers par ly requis et tel capitaine pour les conduire dont il seroit bien comptens.

Le premier jour de juillet morut en la ville de Gand dame Michielle de France, femme et espeuse du duc de Bourgongne, et fu enterrée à Saint-Bavon lès Gand. De laquelle mort le peuple de Flandres fu moult dolant, car elle estoit plaine de humilité, de sens et de courtoisie et de toute prudence et bonté, et estoit de tous amée. Et morut sans hoir avoir du duc de Bourgongne. De laquelle mort les Flamens suspechonnèrent le sieur de Roubais et la femme de Copin de la Viesville, laquelle avoit tousjours demouret aveucq elle dès le tamps de sa jonesse, et n'avoit que bien peu de tamps que elle s'en estoit partie, par maltalent. Et sy estoit lors ledit de Robais en Bourgongne aveuc le duc, et tousjours avoit estet continuellement depuis son département d'Artois. Mais che non obstant se, fu il vannys (banni) aveuc laditte demoiselle, nommée Ursèle, l'espasse de L ans et ung jour dudit pais de Flandres, par les quatre membres dudit pays.

En che mois de juillet fist le roy d'Engleterre partir son frère le duc de Bethefort, aveucq ly le roy d'Escoche, le duc d'Excestre et toute la fleur de sa chevalerie et très grant nombre d'archiers, pour aler en l'ayde du duc de Bourgongne. Et ly meisme, très malade, se fist mettre en une litière et parti de Meleun sur Saine pour sievir ses gens. Mais il fu sy appressé de saditte maladie que il le convient retourner, et se fist mener au castel de Beauté au Bois de Vissaine. Et ses gens s'en alèrent tous jours devers le duc de Bourgongne, à tout leur puissance. Et à ce tamps, estoient le roy de France et les deux roynes, à Senlis. Mais la royne d'Engleterre s'en ala audit Bos de Vissaine veoir ledit roy d'Engleterre, son mari.

En ce tamps partirent de Piccardie le seigneur de Croy et le maistre des arbalestriers de France, à tout IIIᶜ hommes d'armes, prins au pais d'Artois et en la chastelerie de Lille en Flandres, dont ledit maistre des arbalestriers estoit gouverneur. Et s'en alèrent après, lesdis Englois, au service dudit duc de Bourgongne.

En celle meisme saison et audit mois de juillet, bien pau devant le département dudit maistre des arbalestriers, fu traitiet fait à messire Jaques de Harcourt et à ceulx de Saint-Waleri tel : estassavoir, que se dedens le IIIIᵉ jour de septembre prochain ensievant ledit de Harcourt n'estoit secourus du Dalphin de Viennois de secours sy puissans que pour combatre la puissanche du roy d'Engleterre ou dudit duc de Bourgongne, il de Harcourt feroit délivrer laditte ville de Saint-Waleri en l'obéissance du roy de France et du duc de Bourgongne, et non autrement. Et par tant fu le siège levés par le consentement du roy d'Engleterre, moyennant les hostages que ledit de Harcourt en livera pour la seureté de sa promesse entretenir. Et furent les traiteurs l'évesque d'Amiens et maistre Christofre de Harcourt frère, audit messire Jaques, et ledit maistre des arbalestriers.

Ainsy que cy dessus est dit, s'en alèrent Englois et Picars en l'ayde du duc de Bourgongne, et meismement y ala messire Jehan de Luxembourc, tout nouvellement relevé de saditte maladie, et commist lors le seigneur de Saveuse à demourer et garder sa fortresse de Beaurevoir, à tout cent hommes d'armes et C hommes de trait, pour frontière tenir à ceux de Guise. Et Jehan d'Obigny fu commis à garder les frontières du païs de Lannois, à tout ses gens.

Tant chevaucèrent Englois et Piccars que il arrivèrent sur la rivière de Loire, et se mirent en la compaignie dudit duc de Bourgongne nouvellement retourné de sesdis païs, desquelz il avoit amené toute la poissance de gentilesse et plus que oncques son tayon ne son père n'en avoit mené hors à une fois, et dont se trouva iceluy duc fort assés pour combattre toute la poissance dudit Dalphin. Lequel Dalphin avoit lors en sa compaignie, comme on maintenoit publicquement et pour vérité, plus de C^m hommes combatans arrivés de pluiseurs contrées, dont il y avoit beaucoup de communes du païs de Berry et d'ailleurs. Et le duc de Bourgongne n'avoit nulles communes, mais toutes gens de cheval et d'aultres de guerre. Et avoit lors ycheluy Dalphin mis siège devant Coene à toute puissance.

Quant les gens du Dalphin furent tous assamblés et passés à monstre, il sambla à ses gouverneurs que il estoit puissans assés pour combattre tous cheux de France, pour ung jour. Et pour ce il fu conseilliés de demander journée de bataille au duc de Bourgongne de puissance contre puissance. Laquelle ly fu par ledict duc acordée au XIIe jour du mois d'aoust lors ensievant. Et fu ycelle journée à entretenir par les deux princes dessus dis et en baillèrent ly ungs à l'autre leurs lettres patentes sellées de leurs seaux. Et fu la place devisée à combatre sur laditte rivière de Loire du costé devers Paris, car les Bourguignons n'avoyent point de passaige pour aler oultre laditte rivière.

Au XIIe jour du mois d'aoust dessus dit se mist le duc de Bourgongne en ordonance pour combattre ledit Dalphin, ainsi que promis l'avoit. Et ordonna ses gens en trois batailles, c'estassavoir avant garde, bataille et arrière garde. Et pour plus seurement faire au gré de chascun et pour oster les descors qui porroient estre meux entre les nations de sa patrie pour avoir l'onneur d'aler devant, pour quoi moult de maux sont avenus en tamps passé, il mist en chascun de ses trois batailles, par le bon conseil que il eut des princes et barons de sa compaignie, de toutes les nations qui estoient en saditte compaignie, et furent tous ensamble meslés les ungs aveuc les aultres, c'estassavoir Englois, Bourguignons et Piccarr en l'avant garde, et pareillement en la grosse bataille et en l'arrière garde, tellement que on ne eust peu dire véritablement ves là les Picars, ou les Bourguignons ou les Englois, ains estoient tous meslés ensamble. Qui fu une ordonnanche moult prisée et qui fist moult douter leurs adversaires, car chascun fu comptent de demourer ou il estoit ordonné.

Quant ces ordenanches furent faittes ainsi que dit est, le duc de Bourgongne envoya son avant garde bien matin en la place devisée à combatre, et puis parti en sa bataille, le duc de Bethefort emprès lui, et sievant leur avant garde en moult noble arroy. Et après eux chevaucha leur arrière garde moult arréément, et arrivèrent tous en laditte place. En laquelle il atendirent leurs anemis en celle ordenanche du matin jusques à III heures après disner, ou environ. Et envoyèrent leurs coureurs sy avant que ilz porent bonnement aler, mais il leur rapportèrent que ilz n'avoient veu nulle apparance que leurs dis anemis deuissent entretenir leur promesse, mais avoyent entendu que ilz estoient tous divisés et départis et que chascun s'en r'aloit en son pais. Et adont retourna le duc de Bourgongne et tous cheux de sa compaignie, et s'en rala chascun en son logis, moult dolens de che que ilz n'avoient eu la bataille, combien que les pluiseurs en avoient bien dit autant. Car oncques loyaulté ne fu trouvée esdis gouverneurs dudit Dalphin. Desquelx à che jour estoient principaux, le conte d'Aumale, le visconte de Nerbonne, Taneguy du Castel et aultres, qui furent à la mort dudit duc de Bourgongne.

Après celle journée retournèrent les ducs de Bourgongne et de Bethefort et leur compaignie envers Paris, exceptés aucuns barons et capitaines de Bourgongne et de Savoye, lesquelx en la plus grand partie retournèrent en leurs pais par le congiet du duc de Bourgongne. Et quant ilz arrivèrent audit lieu de Paris, ilz trouvèrent que le roi d'Engleterre estoit nouvellement trespassé. Et estoit mort le darrain jour d'aoust audit Bois de Vissaine, et puis fu menés en l'église de Notre-Dame audit lieu de Paris.

De celle mort furent moult dolans les princes dessus nommés, et ossy fu le peuple de France tenant le parti bourguignon. Car c'estoit ung prinche de grant hardement plain et estoit moult entreprenant, et sy avoit en luy très grant prudence, loyaulté, justice et preudommye. Et au tamps de sa mort estoyent encores le roy et la royne de France à Senlis. Lesquelz furent assez tost après ramenez à Paris. Auquel lieu fu fait un moult noble service pour l'âme dudit Roy.

Après les choses ainsi advenues, furent les princes dessus dis, avoec le conseil du Roy de France, tenans pluiseurs journées de conseil pour le gouvernement du royaume de France. Et en fin furent d'accord ensamble de entretenir la paix faicte à Troies en Champaigne, cy devant escripte. Et fu commis le duc d'Excestre à demourer à Paris pour les Englois, et le duc de Bourgongne y demoura par une espace de tamps tant que les choses furent mises en bonne ordonnance pour entretenir le peuple en bonne union. Lequel peuple avoit toute sa confidence en iceluy duc de Bourgongne.

Au IIIIe jour de septembre allèrent aucuns barons et capitaines de Picardie à la journée de Saint-Wallery semonre et sommer messire Jacques de Harcourt de sa promesse entretenir. Lequel de Harcourt, après lesdictes sommacions et semonce, leur fist faire ouverture de ladicte ville de Saint-Wallery et leur fu délivrée du tout en l'obéissance devant dicte. Et en fu fait capitaine messire Jehan de Blondel, seigneur de Dourier. Et furent trièves reprinses entre iceulx de Harcourt et les dis barons jusques à la Toussains ensievant. Et fist ledit de Harcourt pluiseurs courses au païs d'Artoix et en le conté d'Eu et entour ledit Crotoy.

Après le service fait de Notre-Dame de Paris pour l'âme du roy d'Engleterre, fu le corps d'iceluy roy mené à Rouen et delà à Calaix, et puis fu menez et enterrés en Engleterre. Et le conduisy le duc de Bethefort jusques audit lieu de Calaix. Et la royne d'Engleterre se fist mener en Engleterre avec ledit corps.

En ce tamps fu le seigneur de l'Ille-Adam mis hors de prison et du tout restitués de ses offices et estas, et fu commis à garder le chastel du Louvre. Et fu commune renommée que ledit roy d'Engleterre ordonna sadicte délivrance au lit mortel au Bois de Vissaine.

Après ces choses, party le duc de Bourgongne de Paris, environ le my-mois d'octobre, et s'en retourna en ses païs d'Artois et de Flandres. Et manda ses capitaines à Arras; et là fu conclud que messire Jehan de Luxembourcq et aucuns autres capitaines de Picardie se mecteroient sus pour nectoyer pluiseurs fors où Armignas se tenoient, entour Guise et Saint-Quentin. Et pour ce faire mandèrent et assamblèrent leurs gens entour Péronne.

En ce tamps se tenoit le bastard de Thian à Saint-Germain des Prez et tenoit frontière contre les Armignas estant à Marcoussy,

Oursay, Pacy et autres forteresses. Et prinst en celle saison le cappitaine dudit Marcoussy nommé Mairon, dont cy-dessus est faicte mention à la prinse de Meleun.

Le XXIe jour dudit mois d'octobre, jour des XI^m vierges, environ entre chincq et six heures du matin, moru le roy Charles de France, en son hostel de Saint-Pol. Lequel estoit au XLIIe an de son rengne. Et furent à sa mort ses chancellier, premier chambellan, confesseur, aumosnier, sous aumosnier et autres ses officiers et serviteurs. Et tantost après sa mort l'allèrent voir en son lit les seigneurs de son conseil, de la chambre de parlement, des comptes, de l'Université de Paris, le prévost et college de Chastelet, le prévost des marchands, eschevins, bourgeois, manans et habitans d'icelle ville et pluiseurs aultres officiers et serviteurs d'icelui roy. Et fut trouvé qu'il avoit le cuer et le foye net. Et environ III heures après, fu le corps mis en ung sarcu de plonc et après mis en un coffre de cuir boulit de noyer, bien encymenté. Et puis fu porté moult réveramment par chevaliers et escuiers en sa chapelle de sondit hostel de Saint-Pol. En laquelle il fu XX jours entiers, jusques à ce que le duc de Bethefort fu retourné audit lieu de Paris, au mois de novembre ensievant. Et durant lesdis XX jours furent chantées et célébrées les messes en icelle chapelle en la fourme et manière con faisoit au vivant dudit Roy, par ceulx de sadicte chappelle, et en après par iceulx estoit fait service des mors pour l'âme de luy et de tous les trépassés. Et y allèrent journellement les quatre ordenes mendians, les ungs après les aultres, faire service pour l'âme de luy, et pareillement les colléges et chanoines de Paris, chascuns à son tour.

Item, l'Université de Paris en fist généralement un moult noble service. Depuis les quatre nacions de ladicte Université en firent particulièrement chascun ung service, et pareillement les quatre facultés et ossy les colleges de ladicte Université, ledit patriarce, les abbez et prieux de toutes les parroisses de Paris et d'entour, et les quatre ordres devant dictes.

Item, le Xe jour de novembre fu porté le corps dudit Roy de son hostel de Saint-Pol en l'église de Notre-Dame de Paris, les processions de toutes les églises alans audevant dudit corps, en ordre et chascune en son degré. Et puis les prélas au dextre costé, c'estassavoir les évesques de Paris, de Chartres et de Thérouane, les abbez de Saint-Magloire, de Saint Germain-des-Prés, de Saint-Mor, de

Saint-Crespy de Soissons, du Vau de Saint-Sernay, et de Sainte-Geneviève. Et au senestre lez alloit l'Université, c'estassavoir les recteurs et docteurs, aussi près du corps comme les prélatz.

Item, au plus près de la lisière du corps du roy estoient les maistres d'ostel et escuries d'escuiers d'icelui au costé dextre. Et à l'autre costé estoit le prévost de Paris, et les sergans d'armes entre deux.

Item, le premier varlet de chambre estoit as piez dudit corps.

Item, que icelui corps fu portés de Saint-Pol à Nostre-Dame, par les chevauceurs et gens de son escuierie.

Item, que les gens de la court de parlement portèrent en grant nombre le palle de dessus.

Item, derrière le chief du Roy estoit son premier chambellan puis les autres ensievant et les pages du roy, tous en ordonnance comme se le roy eust chevaucié, et tous à pié.

Item, après estoit le duc de Bethefort vestu en habit roial, et alloit de piet et derrière luy le chancellier de France, les maistres des requestes et gens de conseils, les seigneurs des comptes, secretaires, notaires, bourgois et autres en grant nombre, et tous de piet.

Et fu la manière de porter telle que le corps du Roy fu portés hors de sa chappelle par chevaliers et escuiers et mis en une littière moult notablement, et puis dessus le coffre où estoit le Roy fu mis ung matteras de sattin pers et beaulx draps de lin. Et dessus avoit ung pale de drap d'or à ung champ vermeil bordé d'asur semé de fleurs de lis d'or. Et par dessus fu mis un pourtraiture en le semblance du Roy et fu couronnez d'or et d'argent et pierres moult rices. Et estoit celle figure moult hault eslevée, tenans en sa main deux estuis, l'un d'or et l'autre d'argent, et avoit en ses mains gans blans et aniaux moult riches et bien garnis de pierrie. Et estoit icelle figure vestue d'un drap d'or à ung champ vermeil, à justes mances, et ung mantel de pareil fourré d'ermines, et avoit unes chausses noires et ung solers de velluyau d'azur semez de fleurs de lis d'or.

Item, par dessus ladicte litière avoit ung ciel du pareil drap dudit palle, brodé pareillement d'asur et semé de fleurs de lis d'or. Lequel fu porté hors, à l'issir de l'ostel de Saint-Pol, par le prévost des marchans et eschevins de la ville de Paris. Et depuis fu portés par les plus notables bourgois, chascun à son tour, quant les aultres l'avoient porté une espace.

En l'église de Nostre-Dame de Paris chanta la messe le patriarche de Constantinoble dessusdit, et l'évangille fu dicte par l'abbé de Saint-Germain, et l'épistre par l'abbé de Saint-Magloire tout mittré. A Saint-Denis fu la messe chantée par ledit patriarce, et l'épistre par ledit abbé de Saint-Magloire, mais l'abbé de Saint-Denis chanta l'évangille.

Item, fu le corps dudit Roy porté de Nostre-Dame de Paris jusques à la première croix d'entre Paris et Saint-Denis par les chevauceurs et gens de son escuierie. Et fu le mardi X° jour dudit mois.

Item, que à ladicte croix les mesureurs et porteurs de sel à Paris, chascun une fleur de lis à se poitrine, prirent et portèrent le corps du Roy jusques à le croix qui est au plus près de Saint-Denis, là ou l'abbé et les religieux dudit lieu arrivèrent à procession, avoec eulx les bourgois, manans et habitans dudit Saint-Denis chascun une torse ou ung chierge en sa main; et devoient porter ledit corps, mais il fu reprins desdis mesureurs et porteurs, lesquelx se portèrent jusques à l'entrée de l'église de Saint-Denis. Car il pesoit bien en ce point II^m et V^c livres.

Item, de l'entrée de ladicte église fu portés par les chevauceurs et gens de son escuirie jusques dedens le cuer, et par iceulx, après le service fait, fu portés en terre.

Item, à celle allée de Paris à Saint-Denis fu le duc de Bethefort en pareil estat que dit est, et tous les aultres tindrent la manière cy dessus devisée en allant de l'ostel de Saint-Pol à Nostre-Dame. Et allèrent tous de piet depuis ladicte église jusques à la première croix dessusdicte, et de ladicte croix emprès Saint-Denis jusques à ladicte église de Saint-Denis.

Item, ne furent aucuns à l'offrande à Paris ne à Saint-Denis, fors seullement ledit de Bethefort.

Item, y eubt bien au service dudit Roy ès deux églises devant dictes, en luminaire, XX^m livres de chire.

Item, à l'aumosne eubt XVI^m personnes ou plus, qui tous eubrent de troix à quattre blans de bonne monnoie chascun.

Item, quant le Roy fu mis en terre et que ledit patriarche eubt signié et béney la terre de sa main sur le corps, les huissiers d'armes illec présens rompirent leurs petites verges et les gectèrent dedens la fosse et puis mirent leurs macques (masses) en bas ce dessoubz deseure.

Item, après le roy-d'armes de Berry, accompaignié d'aultres héraulx et poursuians, cria dessus la fosse : Dieux voelle pité et marcy de l'âme de tréshault et très exellent et très puissant prince Charles, VI° de ce nom, roy de France, nostre naturel et souverain seigneur.

Et puis dist le roy-d'armes : Dieux doinst bonne vie à Henry, par la grâce de Dieu roy de France et d'Engleterre, nostre souverain seigneur.

Après lesquelles parolles, les sergens d'armes dessusdis radrechèrent leurs macques, les fleurs de liz desçure, et crièrent tous à une voix : Vive le Roy! Vive le Roy! Après toutes ces choses faictes s'en retournèrent les seigneurs à Paris. Et là fu le duc de Bethefort ordonné régent de France, et en emprist le gouvernement pour ledit Henry, nouvel roy, son nepveu, et filz du roy Henry d'Engleterre, son frère, et Caterine de France, fille dudit deffunct roy Charles VI°, dont cy-devant est faicte mension. Lequel Henry estoit en Engleterre, et là le nouroissoit, on.

Durant le service dudit roy Charles, furent de par ledit duc de Bethefort commis à garder Paris, messire Guy le Boutillier, le bastard de Thian et le prévost des marchans. Lesquelx le gardèrent en bonne paix et union sans débat ou division quelzeouques. Et ossi furent commis pluiseurs capitaines en armes sur les champs, en pluiseurs lieux, en grant puissance de gens d'armes.

Fin du règne de Charles VI dans la Chronique anonyme. *Suop^t fr.*, 93, au folio 430, verso.

TABLE DES CHAPITRES.

CHAPITRE CCLVIII.

1441. Comment la duchesse de Bourgongne se parti du roy Charles estant à Laon et retourna au Quesnoy, où alors estoit le duc de Bourgongne son mari.. 1

CHAPITRE CCLIX.

Comment la forteresce de Montagu, appertenant au damoiseau de Commarcis, fut abatue et désolée par le commandement du duc de Bourgongne.. 4

CHAPITRE CCLX.

Comment le roy de France ala mettre le siège devant la ville de Creyl, laquelle il conquist.. 5

CHAPITRE CCLXI.

Comment le roy de France ala asségier la ville de Pontoise, laquelle en la fin il conquist d'assault... 6

CHAPITRE CCLXII.

Comment le duc d'Yorch, souverain gouverneur de Normendie pour le roy d'Angleterre, vint vers la ville de Pontoise pour cuidier lever le siége du roy de France... 12

CHAPITRE CCLXIII.

Comment le conte de Hontiton, anglois, et le visconte Dourse, subject au roy d'Espaigne, mirent le siége devant la ville de Tartas, appartenant au seigneur de Labreth... 24

CHAPITRE CCLXIV.

Comment le duc d'Orliens retourna de France devers le duc de Bourgongne.. 25

CHAPITRE CCLXV.

S'ensieut la copie des instructions envoiées au roy Charles de France par les segneurs du royaume qui s'estoient assemblés à Nevers. Et les responces que le roy et ceulx de son grand conseil firent sur ycelles instructions et les requestes faites par les dessusdiz............ 36

CHAPITRE CCLXVI.

1442. Comment le roy de France fist grande assamblée de gens d'armes, avec lesquels ala tenir la journée de Tartas, à laquelle journée les Anglois ne comparurent point................................. 50

CHAPITRE CCLXVII.

Comment le roy de France, après la journée de Tartas, s'ala logier devant Sainte-Sevère, chief du pays de Gascongne. Si le conquist, ville et chastel, et aultres places plusieurs oudit pays............ 53

CHAPITRE CCLXVIII.

Comment les Anglois eurent la ville de Conches en Normandie sur les François par traictié, et pareillement eurent les François la ville de Gaillardon, laquelle tenoient les Anglois. 57

CHAPITRE CCLXIX.

Comment les Anglois assiégièrent la ville de Dieppe en Normendie. 60

CHAPITRE CCLXX.

Comment Pierre Renauld fut par force débouté de la forteresce de Milly.. 61

CHAPITRE CCLXXI.

1443. Comment le roy de France fist grande assamblée de gens d'armes pour aler en Normendie. Et d'aulcunes courses et conquestes que le duc de Sombreset fist ou pays d'Angou et ailleurs, sur les François.. 66

CHAPITRE CCLXXII.

Comment aulcuns chevaliers et gentilz hommes de la court du duc de Bourgongne entreprinrent ung fait d'armes par la manière que ci après sera déclairié.. 68

CHAPITRE CCLXXIII.

Copie du mandement dessusdit, et les noms de ceulx qui debvoient faire les armes.. 68

CHAPITRE CCLXXIV.

Comment le duc de Bourgongne envoia le comte d'Estampes, à tout grand puissance de gens d'armes, en la duchée de Luxembourg. 73

CHAPITRE CCLXXV.

Comment le Daulphin ala secourir ceulx de la ville de Dieppe qui estoient asségiés des Anglois leurs adversaires....................... 77

CHAPITRE CCLXXVI.

Comment le duc de Bourgongne mist la duchée de Luxembourg en son obéyssance... 83

CHAPITRE CCLXVII.

1444. Comment aulcuns des gens du Daulfin se tirèrent vers le pays de Bourgongne, lesquelz furent rués jus par le marescheal de Bourgongne et les siens.. 95

CHAPITRE CCLXXVIII.

Comment unes trièves furent faites et données entre les rois de France et d'Angleterre et tous leurs parens, amis, et aliés et subgetz..... 96

Additions à la chronique de Monstrelet...................... 109
Chronique anonyme.. 191

FIN DE LA TABLE DES CHAPITRES.

TABLE GÉNÉRALE ALPHABÉTIQUE.

A

Abbayes. Voy. Bonport; Mont Saint-Éloi; Mont Saint-Michel; Mortemer; Saint - Corneille; Saint - Crépin; Saint - Denis; Saint-Jean des Vignes; Saint-Pharon; Tieuloye.

Abbés de Flandre et d'Artois présents au service funèbre de Jean sans Peur, 1419, III, 361.

Abbeville (*Somme*), 1, 91; III, 96, 147, 184, 308, 312, 337; IV, 46, 56, 57, 60, 63, 64, 65, 84, 114, 117, 150, 156, 168, 177, 241, 354, 357; V, 193, 262, 309, 311, 312, 314, 419, 420, 423, 426, 427; — VI, 78, 81, 295, 297, 299, 300, 303, 304, 305. — Le duc de Bourgogne y donne un dîner à la reine Isabelle, I, 34. — Refuse de recevoir les gens de l'empereur Sigismond, 1415, III, 136. — Jure la paix de 1420, IV, 6. — Cédée par le traité d'Arras, 1435, V, 169. — (Exécution d'une femme à), V, 352. — (l'hôtel de la couronne à), IV, 64. — (Le seigneur de Coham, capitaine d'), 1421, IV, 50, 66. — (Habitants d'), II, 335.

Abbeville en Ponthieu, V, 119. Voy. Abbeville (*Somme*).

Abel, I, 279.

Abigny, V, 227. Voy. Ambigny.

Abisay, I, 198.

Abit (Jazon), conseiller de Gand, V, 36.

Abner, I, 201; II, 418.

Absalon, I, 197, 198, 199, 200, 201; II, 418.

Abraham, III, 79.

Abrecher, en Normandie. — Se rend au roi d'Angleterre, 1418, III, 309.

Abressy (messire Philibert d'), IV, 376.

Accusation d'empoisonnement portée contre le duc d'Orléans, I, 232.

Ache (l'évêque d'), V, 130.

Achéri. Voy. Achéry.

Achery (*Aisne*), à une lieue de La Fère, IV, 383.

Acheu (château d'), près de Pas en Artois, IV, 117, Voy. Acheux.

Acheux (*Somme*), III, 100; IV, 147.

Acques en Gascogne, VI, 54, 56. — assiégée par Charles VII, 1442, *ibid.* Voy. Dax.

TABLE ALPHABÉTIQUE.

Acquigraine. Voy. Aix-la-Chapelle.
Acquitaine. Voy. Acquitaine.
Actonville (Raoulet d'), l'un des meurtriers du duc d'Orléans, I, 158, 162, 164; VI, 195.
Acy (*Aisne*), V, 78, 386.
Adsauches (le seign. d'), anglais, III, 83.
Afrique, I, 193; IV, 283.
Agne (Eustace d'), seign. de Sarten, III, 58.
Aides, I, 172.
Aigue (Jean d'), VI, 301.
Aillebaudières en Champaigne. Voy. Allibaudière.
Ailli. Voy. Ailly.
Aillon, VI, 84.
Ailly (le Breton d'), IV; 90.
Ailly (Henriot de), III, 154.
Ailly (Jean d'), seigneur d'Araines, V, 420.
Ailly (M° Pierre d'), docteur en théologie, évêque de Cambrai. — Délivré de sa prison, 1408, I, 350; II, 7.
Ailly (sarrasin d'), IV, 117.
Airaines (*Somme*), III, 96; IV, 43, 52, 62, 84, 87, 88, 90; V, 39; VI, 294, 310, 312, 316. — Son château abattu, 1422, IV, 120.
Airaines (madame d') IV, 91.
Airaines (Jean d'Ailly, seigneur d'), V, 420.
Airaines (Holiel d'), I, 106.
Airaines (Pierre Quiéret, capitaine d'), 1421; IV, 42.
Aire (*Pas-de-Calais*), III, 23; IV, 119.
Aire (le bailli d'), III, 122.
Aise (la rivière d'). Voy. Oise.
Aisincourt (bataille d'). Voyez Azincourt.
Aissy. Voy. Acy.
Aix-la-Chapelle, I, 36; III, 43, 44. Voy. Aquigranye.
Aiz. Voy. Aix-la-Chapelle.
Albanen (Jourdain, évêque d'). V. Albano.
Albano (Jourdain, évêque d'), III, 135; V, 151, 153.
Albastra (le roi d'), IV, 297, 298.
Albert (*Somme*). Voy. Encre.

Albignie (l'évêque d'), V, 130.
Albine (l'évêque d'). Voy. Albano.
Albret (Catherine d'), son mariage avec Charles de Montaigu, 1409, II, 33.
Albret (Charles d'), connétable de France, I, 94, 167; II, 3, 53, 65, 227, 236, 261, 271, 403, 464; III, 13, 59, 96; IV, 324, 335, 355; VI, 9, 24, 52, 53, 110, 213, 221, 229. — Accompagne le duc d'Orléans dans son expédition de Guienne, 1406, I, 133. — Reçoit de fortes sommes pour des levées de troupes, 1410, II, 80. — Favorable au parti d'Orléans, *ibid*. — Dépense pour le duc de Berri les sommes qu'il avait reçues du roi, 1410, II, 95. — Se rend à l'assemblée d'Auxerre, 1412, II, 292. — Envoyé en Languedoc contre le duc de Clarence, 1412, II, 305. — Tué à la bataille d'Azincourt, 25 octobre 1415, III, 112.
Albret (Charles, cadet d'), VI, 24, 25.
Albret (Enmenon d'), frère du seigneur de Hangest; III, 42.
Albret (Guillaume d'), seigneur d'Orval, IV, 273, 311. — Tué au combat de Rouvray, 1428, p. 313.
Albreth. Voy. Albret.
Alègre (le seigneur d'), en Auvergne, II, 360. — Tué à la bataille d'Azincourt, 1415, III, 113.
Alemaigne. Voy. Allemagne.
Alemans, VI, 86; V, 349.
Alenchon. Voy. Alençon.
Alençon (*Orne*), II, 253; V, 100. — Son siége, 1422, IV, 40. —
Alençon (comté d'), II, 248.
Alençon (le comte d'), Jean VII, 125, 169, 269; II, 50, 52, 65, 81, 82, 141, 170, 235, 236, 243, 248, 257, 377, 402, 409, 464; III 47; IV, 122, 123, 203. — Amène des troupes au duc d'Orléans, 1405, I, 120. — Entre dans Roye et dans Nesle; 1411, II, 164. — Va trouver la

reine et le duc de Berri à Melun, 1411, II, 170. — Marche contre Clarence, 1412, II, 291. — Fait chevalier de la main du roi, 1414, III, 19. — Au siége d'Arras, 1414, III, 24 —Le feu est mis à ses tentes, 1414, III, 33. — Joute contre le roi, 1414, III, 60. — Jure la paix d'Arras, p. 63. — Assiste à la bataille d'Azincourt, 1415, p. 103. — Blesse le duc d'York, p. 119. —Est tué sur le champ de bataille, p. 120.

Alençon (le duc d'), Jean V, III, 55, 96, 121, 167; IV, 189, 324, 327, 410, 415, 453; VI, 41, 67, 99, 110, 173, 221, 229. — Son mariage, 1421, IV, 41. — Fait prisonnier. 1424, p. 196. — Sa fidélité à la France, 1425, IV, 241. — Assiste à la présentation de la Pucelle à Chinon, IV, 316. —Au sacre de Charles VII, 1429, IV, 339. — Arrête le chancelier de Bretagne, 1431, V, II, 12. — Le collier de la Toison d'or lui est envoyé, 1440, V, 444.

Alençon (le bâtard d'), IV, 172. fait prisonnier, 1424, p. 196.
Alençon (les gens du duc d'), VI, 67.
Aleu (pays de l'), V, 240.
Alexandre V (Pierre de Candie), élu pape le 26 juin 1409, couronné le 7 juillet suivant, mort le 3 mai 1410, II, 58; VI, 161. — Notifie son élection à l'évêque de Paris, II, 27. — Meurt empoisonné à Bologne, II, 66. Voy. Candie (Pierre de). Université (l').
Alexandrie (le patriarche d'), évêque de Carcassonne, I, 149; II, 17. — Succède à Gui de Roye dans l'archevêché de Reims, 1409, II, 37.
Alexandrie (le port d'), IV, 269.
Alibaudières. Voy. Allibaudière.
Aliquatin, capitaine, II, 267.
Alixandre (le patriarche d'). Voy. Alexandrie.

Alixandre (le port d'). Voy. Alexandrie.
Allemagne, IV, 86, 453; VI, 232, 311.
Allemagne (l'empereur d'), V, 205, 212; VI, 59. Voy. Sigismond.
Allemagne (le roi d'), III, 54, 162, 172.
Allemagne (Les marches d'), IV, 385; V, 74.
Allemagnes (l'empereur des), IV, 86.
Allemaigne. Voy. Allemagne.
Allibaudière (*Aube*), III, 380, 385; VI, 284. — Son siége, 1419, p. 382.
Aloier (Pierre), III, 118. Voy. Aloyer.
Alos (comté d'). Voy. Alost.
Alost (comté d'), III, 163.
Alost (les cinq membres de la comté d'), V, 238.
Aloyer, homme d'armes, IV, 54.
Alozes, poisson, V, 22.
Alveron (le seigneur d'), portugais, III, 61.
Aly, poursuivant d'armes, I, 13. — appelé Longueville le hérault, 28.
Amalech (le roi), I, 301.
Amasa (le chevalier), I, 198, 201.
Ambassade anglaise, 1406, I, 126.
Ambassade d'Écosse, 1408, I, 259.
Ambassade envoyée par le duc d'Orléans au roi, 1411, II, 115.
Ambassade du roi au duc de Bourgogne, 1411, II, 122.
Ambassade anglaise. —Sans résultats, 1414, III, 62.
Ambassade envoyée en Angleterre, 1415, III, 72.
Ambassade vers le duc de Brabant, 1414, III, 21.
Ambassade anglaise, 1416, III, 147.
Ambassade de Charles VII au duc Philippe de Bourgogne, 1435, V, 134.
Ambassades, I, 32, 130; II, 317; V, 26, 45, 199, 430; VI, 94, 282.
Ambigni, V, 225.

Amboise (le seigneur d'), vicomte de Thouars, V, 73.
Ambrecicourt (le sire d'), II, 271, 280.
Ambrine (le bâtard d'), III, 26. Voy. Ambrive.
Ambrive (Anthoine d'), tué à la bataille d'Azincourt, 1415, III, 117.
Amé (Messive), seigneur d'Espirey, VI, 69.
Ameville (le seigneur de), VI, 69.
Amiennois. Voy. Amiénois (l').
Amiénois (l'), III, 182, 372; IV, 302; V, 39, 97, 199, 342, 459.
Amiens (*Somme*), I, 289; II, 414, 457, 460; III, 28, 72, 93, 97, 102, 145, 175, 183, 184, 191, 208, 209, 234, 249, 250, 312, 365, 372; IV, 23, 24, 47, 50, 78, 84, 147, 149, 171, 175, 197, 251, 294, 305, 334, 354, 356; V, 98, 105, 193, 300, 304, 419, 423, 459, 460; — VI, 63, 64, 78, 144, 235, 290, 296, 297, 298, 310. — Le duc de Bourgogne y loge dans l'hôtel d'un bourgeois, 1407, I, 172. — Conférence des envoyés de France et d'Angleterre, 1409, II, 46. — Lettre des princes adressée à cette ville, 1410, II, 82. — Favorable au duc de Bourgogne, 1411, II, 162. — Jure la paix de 1420, IV, 6. — Son vieux château pris par Lahire, 1434, V, 114. — Cédée par le traité d'Arras, 1435, V, 169. — (émeute à), 1435, V, 195. — (Les arbalestriers d'), IV, 52. — (La commune d'), ses lettres sur la paix d'Arras, 1415, III, 65. — (Chapitre de Notre-Dame d'), III, 66. — (Entrevue d'), 1406, VI, 195. — (L'église de Saint-Germain à), V, 198. — (Députés d'), II, 294. — (L'évêque d'), II, 237; III, 361; IV, 18, 282; VI, 320. Voy. Harcourt (Jean d'). — (Le bailli d'), II, 159; IV, 77, 85; V, 198, 381; VI, 152, 157. — (Bailliage d'), II, 374; III, 234; IV, 3. — (Le bailli d'). Voy. Auxi. — (Le bailli d'). Voy. Hangest (Ferry de). — (Bailliage d'), levée d'impôts, 1418, III, 294. — (Le vidame d'), II, 118, 246, 250, 278, 404; III, 214, 365, 375, 382, 385; — IV, 2, 84, 88, 356, 425, 437; V, 87, 93, 129, 264; VI, 294, 304. — tué à la bataille d'Azincourt, 1415, III, 113. — Assiste au massacre des Armagnacs, 1418, III, 270. — Voy. Saquet.
Amiens (Robert le Josne, bailli d') IV, 24, 197.
Amiens (Jean de Conty, maieur d'), 1435, V. 195.
Amiral (l'), II, 391.
Amiral de France, voy. Brabant (Clugnet de). — Dampierre.
Amiral d'Angleterre (l'), voy. Grès (le comte de).
Amiraux, voy. Brabant (Clugnet de), Châtillon (Jacques de), Sens (Charles de), Trie (Renand de).
Anaxagore, I, 207.
Anceulles (le seigneur d'), II, 168.
Anchorano (Pierre de), docteur de Bologne, II, 17.
Ancre (le seigneur d'), III, 76, 340, 241; VI, 200, 236. — Blessé à l'attentat du pont de Montereau, 1419, III, 344.
Ancy, voy. Inchi.
Andebeuf (Pierre), biernois, V, 13. — Ecartelé, 1431, p. 15.
Andeville (messire Richard d'), V, 389.
Andregines (le seigneur d'), II, 336.
Andrieu (M° Jean), III, 72.
Andrieuet (messire Philebert), IV, 281.
Androne (Richard), VI, 98.
Androniche, I, 276.
Anelet (d'), gentilhomme, fait prisonnier devant Saint-Riquier, 1421, IV, 55.
Aneval (messire Charles d'), IV, 196.
Aneval (Robinet d'), IV, 196.
Anffreville (le seigneur d'). — Tué

à la bataille d'Azincourt, 1415, III, 115.
Angennes (messire Jean d') III, 124.
Angennes (Jean d'), capitaine du port de Touques en Calvados, 1417, III, 188.
Angennes (Renaud d'), reçoit du duc de Bourgogne la garde du Louvre, 1405, I, 113.
Angers (*Maine-et-Loire*), II, 77, 248; III, 2; IV, 145; VI, 37, 48.
Angers (l'évêque d'), VI, 123.
Angeol (Miles d'), II, 360.
Anghien (le seigneur d'), I, 260.
Anghiennes. Voy. Angennes.
Angiers. Voy. Angers.
Anglais (les), III, 76, 83.
Angle (Jean d'), seigneur d'Orchimont, III, 52.
Anglesche (la gent), IV, 156.
Angleterre, IV, 110; V, 91, 212; VI, 33, 100, 232, 326.
Angleterre (Artus, roi d'), IV, 25.
Angleterre (le roi d'), Henri IV, II, 236. — Rencontre l'armée des Français venus au secours du prince de Galles, 1403 (*lis.* 1405), I, 82.
Angleterre (le roi d'), Henri V, III, 121, 125, 144, 162, 218, 242, 283, 319, 332, 337, 360; IV, 81, 83, 91; V, 180; VI, 83, 94, 235, 254, 261, 268, 285, 288, 295, 298; V, 305, 308, 314, 316, 317, 320. — Son itinéraire, 1415, III, 97, 100. — Ses conquêtes en Normandie, 1418, 258. — Loge à l'abbaye de Bonport, 275. — Reçoit le portrait de Catherine de France, 295. — Son entrée à Rouen, 307. — Assiége Melun, 1420, 409. — A la bataille d'Azincourt, 1415, VI, 229, 230. — Mécontent du duc de Bourgogne, 1419, III, 321. — Sa réception aux ambassadeurs bourguignons, 1419, III, 363. — Son expédition en France, 1420, III, 388. — épouse Catherine de France

à Troyes, 1420, 389. — Ses conquêtes en France, 1420, IV, I. — Son altercation avec le maréchal de l'Ile-Adam, 1420, IV, 9. — Habite le Louvre, 1420, IV, 22. — Appelle le duc de Touraine à la table de marbre, 1420, IV, 36. — Apprend la mort de son frère le duc de Clarence, 1421, IV, 41. — Débarque à Calais, 43. — Réduit le marché de Meaux, 1423, 91. — Sa maladie, 1421, IV, 45. — Assiége et prend la ville de Dreux, 1421, IV, 69. — Son séjour à Compiègne, 1422, 104. — Sa mort, 1422, IV, 109; VI, 322.
Angleterre (le roi d'), Henri VI, V, 205, 206, 211. — Sa lettre au duc de Bourgogne touchant la condamnation de la Pucelle, 1431, IV, 442. — Consent à la délivrance de Charles, duc d'Orléans 1440, V, 436.
Angleterre (Henri de Lancastre, roi d'), Henri V, III, 188. — (Henry, roi d'), 258.
Angleterre (Henri, fils du roi d') VI, 228.
Angleterre (la reine d'), IV, 15, 17, 113; VI, 316, 317, 323.
Angleterre (la reine d'), Isabelle, femme de Charles d'Orléans. — Accompagne à Paris la duchesse douairière d'Orléans, 1407, I, 167, 170.
Angleterre (l'amiral d'). Voy. Grès (le comte de).
Angleterre (le cardinal d'), V, 57; VI, 33.
Angleterre (le chancelier d'), VI, 266.
Angleterre (le trésorier d'), V, 191.
Anglois (les), IV, 108, voy. Anglais.
Anglure (le château d'), IV, 440, 441.
Ango. Voy. Anjou.
Angou. Voy. Anjou.
Angoulême (*Charente*), I, 45.

TABLE ALPHABÉTIQUE.

Angoulême (comté d'), II, 341.
Angoulême (Charles d'Orléans, comte d'), I, 129.
Angoulême (Jean d'Orléans, comte d'), I, 394; II, 124, 130, 236; IV, 8; V, 304; VI, 203, 208, 215. — Mis en otage, 1412, II, 303.
Angoulême (le duc d'), IV, 317, lis : le comte.
Anguiennes (Jean d'), capitaine de Cherbourg, III, 242.
Aniou (messire Charles d'), V, 292.
Anjou (l'), III, 357; IV. 37; VI, 66.
Anjou (le duché d'), III, 73.
Anjou (le duc d'), roi de Sicile, Louis II, fils de Louis Ier et de Marie de Blois, né le 7 octobre 1377, mort le 29 avril 1417, — I, 123, 145; II, 420; III, 69, 170, VI, 99. — Appelé à Melun par le duc d'Orléans, 1405, I, 121. — S'entremet de la paix entre les ducs d'Orléans et de Bourgogne 121 et suiv. — Sa mort, III, 180, VI, 232.
Anjou (le duc d'), Louis III, fils de Louis II et d'Iolande d'Aragon, né le 25 septembre 1403, mort le 15 novembre 1434, — IV, 144; V, 179.
Anjou (Charles d'Anjou), fils de Louis II, duc d'Anjou. — III, 180; IV, 335; V, 73, 101, 179, 304, 305, 457; VI, 7, 9, 19, 21, 51. — Est parrain de Philippe de France, fils de Charles VII, 1435; V, 216.
Anjou (René d'), 2e fils de Louis II, duc d'Anjou, III, 408; VI, 106. — Marquis du Pont. — Son mariage, 1420, IV, 20. — Duc de Bar, p. 129.
Anjou (le trésorier d'), V, 134.
Anlermonne, V, 66.
Anloing (le seigneur d'), III, 375.
Annas, II, 19.
Année du grand hiver, 1407, I, 165; VI, 199.
Ansel (Jean), V, 21, 23.

Anssay (le pays d'), près Francfort, V, 349.
Anthipotel (maistre), IV, 283.
Antoch (Martel), seigneur de Tilloy. — Fait prisonnier, 1440, V, 460.
Athies (Gérard d'), fait chevalier, 1421, IV, 59.
Athis (Aisne), II, 174.
Anthoing (le seigneur d'). Voy. Antoing.
Anthon, en Dauphiné (Isère), IV, 408.
Anthon (Me Nicolas Raoulin, seigneur d'), V, 397.
Antoing (le seigneur d'), III, 249; IV, 66, 184, 306, 425, 437; V, 87, 93, 214, 239, 246; VI, 236, 243, 275, 292, 296, 299, 301, 303.
Antoing (le jeune, seigneur d'), III, 99, 214.
Anvers, IV, 248; V, 123 — (l'abbaye de Saint-Michel à), V, 124.
Anverse (la cité d'), Averse, à 3 lieues de Naples, III, 170.
Apatis, sorte de contributions de guerre, V, 459; VI, 105.
Apoine (l'université d'). Voy. Oxford.
Appade, montagne, I, 85.
Aquetonville (Raoulet d'). Voy. Actonville.
Aquigranye, VI, 161.
Aquilée (le patriarche d'), II, 20.
Aquilée (Anthoine, cardinal d'), III, 135.
Aquitaine, I, 117; II, 227, 261.
Aquitaine (le duché d'), III, 62, 73, 231, 296; IV, 336. — Donné à Louis, duc d'Orléans, 1407, I, 152.
Aquitaine (le duc d'), I, 170, 334; II, 33, 49, 54, 81, 93, 113, 163, 170, 230, 237, 243, 258, 259, 272, 274, 280, 282, 286, 288, 289, 290, 293, 303, 316, 372, 398, 402, 420, 459; — III, 15, 19, 24, 36, 40, 53, 54, 75, 76, 77, 97, 126, 128; VI, 121, 124, 132, 137, 138, 139, 158, 165. — Son mariage projeté avec

Marguerite de Bourgogne, 1404, I, 96. — Fait répondre à la duchesse d'Orléans par le chancelier, 1408, I, 348. — Accompagne le roi au voyage de Tours. 1408, I, 390. — Pouvoirs que le roi lui confère, 1409, II, 57. — Son éducation confiée au duc de Bourgogne, 1409, II, 59. — Articles qui le concernent dans la paix de Bicêtre, 1410, II, 99. — Assiste à un conseil où se rend l'université, 1410, II, 105. — Dominé par les Cabochiens, 1411, II, 163. — Écrit au duc de Bourgogne de venir le joindre, 1411, II, 170. — Sa colère contre son chancelier, 1412, II, 334. — Interpellé par les séditieux, 1413, II, 344. — Donne audience aux Parisiens, 350. — Ses lettres au bailli d'Amiens, 23 janvier 1413, II, 425. — Dîne chez un chanoine au cloître Notre-Dame, 1413, II, 429. — Part de Paris, 9 avril 1414, III, 1. — Mis à la tête du gouvernement, p. 46. — Se saisit des trésors de la reine, p. 68. — Sa mort, 1415, p. 131.

Aquitaine (le duc d'). Voy. Foleville, Guienne, Louis.

Aquitaine (la duchesse d'), II, 399, 420; III, 2, 60. — reléguée à Saint-Germain en Laye, 1415, III, 70.

Aquitaine (le chancelier d'), jure la paix d'Arras, 1414, III, 63.

Arabe (les pays d'), I, 193.

Aragon, I, 42; III, 50; VI, 227.

Aragon (le roi d'), Martin, I, 20, 76.

Aragon (le roi d'), Ferdinand le Juste, III, 170.

Aragon (le roi d'), Alphonse V; IV, 143, 156; VI, 233. — Fait prisonnier, 1435, V, 148.

Aragon (Isabelle d'), femme de Louis II, duc d'Anjou et roi de Sicile, II, 64.

Aragon (le connétable d'), I, 77.

Aragonnois (les), IV, 164, 231.

Araines. Voy. Airaines.

Aras (la ville d'). Voy. Arras.

Arbalétriers (le maître des). Voy. Rambures.

Arbalétriers genevois, I, 101, 126; III, 183; IV, 403.

Arbalétriers portugais, IV, 403.

Arbre sec (l'), quartier général du duc de Bourgogne, 1417, III, 217, 218; VI, 240.

Arc-en-Ciel (l'), homme d'armes, IV, 432. — Tué en 1333, V, 78.

Archenciel. Voy. Arc-en-Ciel (l').

Archers anglais, I, 356, 461, 365; IV, 396.

Archers piquards, III, 255.

Archers du corps du duc de Bourgogne, VI, 271.

Archigage, arme de jet, II, 50.

Arcle (le seigneur d'), VI, 220.

Arclus (Adam d'), III, 20.

Arcis-sur-Aube (*Aube*) VI, 43, 44.

Arcuelles (le mont d'), I, 168.

Ardel (Nicolas d'), chanoine de Roye, VI, 139.

Ardembourg. Voy. Ardenbourg.

Ardenbourg (*Pays-Bas*), V, 329, 330.

Ardenne, V, 75.

Ardenne (la marche d'), V. 225.

Ardennes (les), IV, 183.

Ardoyen (Jacob van), V, 289.

Ardre. Voy. Ardres.

Ardre (le capitaine d'). Voy. Louvroy (le seigneur de).

Ardres (*Pas-de-Calais*), I, 105; II, 339; V, 204, 210, 237, 259, 264.

Argency (messire Pierre d'), baron d'Ivry. — Tué, 1421, IV, 63.

Argentier du roi (l'), II, 311.

Argies (messire Drion d'), seigneur de Bétencourt. — Tué à la bataille d'Azincourt, 1415, III, 115.

Argies (messire Pierre d') tué à la bataille d'Azincourt, 1415, III, 116.

Argilières (le seigneur d'), II, 250.

Arguel (le seigneur d') VI, 259.

Aristote, I, 278, 299.

Arlay (le seigneur d'), II, 272, voy. Châlon (Jean de).

Arleux (*Nord*), cédée par le traité d'Arras, 1435, V, 169.
Arli, voy. Arly.
Arly (Gui d'), IV, 62.
Arly (Jean d'), IV, 84; V, 315. — Fait chevalier, 1440, V, 422.
Arlon (*Pays-Bas*), VI, 84, 88.
Armagnac (l'), VI, 82.
Armagnac (comté d'), V, 307.
Armagnac (le comte d'), Bernard VII, — II, 50, 53, 65, 82, 94, 141, 227, 236, 256, 341, 429, 431, 464; III, 5, 7, 33, 47, 126, 128, 135, 217, 224, 239, 257, 259; VI, 82, 95, 110, 141, 173, 221, 232, 233, 234, 245, 246, 248, 250, 251, 253, 255, 256, 259, 260. — Articles qui le concernent dans la paix de Bicêtre, 1410, II, 97. — En grand crédit, 1411, II, 41. — Envoyé en Languedoc contre le duc de Clarence, 1412, II, 305. — Assiste au siége d'Arras, 1414, III, 24, 25. — Fait connétable, 1415, III, 131, VI, 230. — Assiége Senlis, 1417, III, 244, 252. Son arrestation dans Paris, 1418, III, 263. — Sa mort, III, 270. — Honneurs qu'on lui rend, 1437, V, 307.
Armagnac (les enfants de Bernard VII, comte d'), V, 307.
Armagnac (le jeune comte d'), — Jean IV. — Ses plaintes au dauphin sur la mort de son père, 1418, III, 292, 293.
Armagnac (les gens du comte d'), III, 244.
Armagnac (la comtesse d'), 146.
Armagnac (Bonne d'), son mariage avec Charles, duc d'Orléans, 1410, II, 65. — Proscrite, 1413, II, 353.
Armagnac (le cadet d'), IV, 335, 336.
Armagnac (les armoiries d'), II, 466.
Armagnacs (massacre des) 1418, III, 263.
Armaignac. Voy. Armagnac.

Armements, II, 81.
Armements des Orléanois, 1410, II, 78.
Armements du duc de Bourgogne, 1411, II, 171. — 1415, III, 77.
Armements du roi d'Angleterre, 1415, III, 70.
Armentières (*Nord*), V, 239.
Armes (officier d'), II, 153, 155.
Armignac, voy. Armagnac.
Armignacs, V, 318.
Armignacs, nom de parti, II, 252.
Armignach. Voy. Armagnac.
Armignas, surnom donné aux partisans du duc d'Orléans, II, 102.
Armoiries, II, 466. Voy. Blasons.
Armont. Voy. Aumont.
Arondel (le comte d'), I, 82; II, 241; IV, 389, 426, 441; V, 6, 13, 27, 28, 94, 119; V, 212, 228. — Blessé et pris, 1435; V, 122. — Meurt à Beauvais de sa blessure, p. 123.
Arpajon (le seigneur d'), VI, 275.
Arpasein (le seigneur d'), VI, 275.
Arques (*Seine-Inférieure*), IV, 76; V, 263. — Se rend au roi d'Angleterre, 1418, III, 309.
Arrac (Paulin d'), écuyer d'honneur du pape Alexandre V, — II, 29.
Arragon. Voy. Aragon.
Arragon (l'). Voy. Arragonnois (l').
Arragonois (l'), capitaine, V, 184, 223. — Tué, 1436, V. 224.
Arragonois (François (l'), V, 126, 418.
Arragonnois (les). Voy. Arragonnois.
Arras (*Pas-de-Calais*), I, 87, 89, 172, 174, 259, 371; II, 101, 111, 172, 428, 440; III, 17, 22, 29, 35, 36, 37, 47, 64, 98, 190, 249, 360, 367, 373; IV, 75, 77, 130, 150, 155, 305, 348, 428; V, 61, 63, 110, 115, 129, 131, 135, 144, 151, 155, 182, 189, 199, 283, 308; VI, 26, 27, 144, 226, 235, 282, 306, 307, 308, 311, 323. — Marguerite de Bourgogne y meurt le 20 mars,

1404, I, 95. — Conseil qu'y tient le duc de Bourgogne, 1405, I, 108; — Séjour, 131. — Fêtes, 132. — Assiégée par Charles VI, 1414, III, 24, 32; VI, 226. — (L'église de Saint-Vaast d'), III, 361; V, 188; VI, 282, 294. — (L'abbaye de Saint-Vaast d'), V, 145. — (Po... d'), III, 34. — (II... la Court-Lecomte à), V, 133. — (Conférences ... 1435, V, 144. — (La convention d'), V, 150, 186. — (La paix d'), V, 214, 269; VI, 45, 164. — (Joutes à), 1429, IV, 376. — En 1431, IV, 434. — En 1435, V, 138. — (Traité d'), V, 377, 380, 396.

Arras (l'évêque d'), Martin Porée, II, 232; III, 246, 360, 361, 363; IV, 2, 87, 278, 353, 356; V, 130, 188; VI, 247, 282. Voy. Porée (Martin).

Arras (la cour de l'évêque d'), IV, 87.

Arras (le gouverneur d'), IV, 2; VI, 226. Voy. Bouvier.

Arras (Franquet d'), la Pucelle lui fait trancher la tête, 1430, IV, 384.

Arse (le roi d'), V, 137.

Arsi (le seigneur d'), V, 268.

Arsy (le vicomte d'), IV, 465.

Arsy (Galhault d'), tué, 1421, IV, 64, 67.

Arsy. Voy. Acy.

Arsy sur Aube. Voy. Arcis.

Art d'amours (l'). Voy. Ovide.

Artésiens (les), I, 171.

Artevelle (Jacques d'), V, 245.

Artillerie, I, 102, 104, 351; II, 249; IV, 419; VI, 51, 248.

Artois (l'), II, 165, 167, 171, 267, 431; III, 18, 40, 98, 133, 149; IV, 106, 144, 302, 333, 401; V, 16, 38, 62, 63, 95, 97, 117, 268, IV, 312, 317, 320. VI, 81, 200, 219, 226, 235, 283, 294, 297, 298, 304, 323. — Envahi par les Orléanais, 1411, II, 165.

Artois (comté d'), III, 17, 31, 147; IV, 150; V, 214.

Artois (nobles de l'), II, 408, 460.

Artois, roi-d'armes, II, 432; IV, 437.

Artoix. Voy. Artois.

Artus (le roi), IV, 115.

Artus de Bretagne, connétable de France, V, 107.

Artus, duc de Touraine, comte de Montfort et d'Yvry, IV, 148.

Artus (messire Jehan), V, 102.

Arzillières (le seigneur d'), voy. Hangest (Claude de).

Ascens, docteur, I, 207.

Asche (le damoisel Guillaume), décapité à Bruxelles, en 1420, IV, 7.

Asincourt (messire Ernault d'), chevalier, gouverneur du comté de Réthel. — Tué à la bataille d'Azincourt, 1415, III, 117. Voy. Azincourt.

Asnières (le seigneur d'), II, 253.

Asse (le seigneur d'), tué à la bataille d'Azincourt, 1415, III, 115.

Assemblée tenue au Louvre par le duc d'Aquitaine, 1415, III, 69.

Assinodée, V, 368, 369, 372.

Assoneville (messire Beaudrain d'), tué à la bataille d'Azincourt, 1415, III, 117.

Ast. Voy. Astinence.

Astinence (la cité d'), II, 40; c'est Ast ou Asti, en Lombardie.

Aston (Richard), chevalier anglais, lieutenant de la ville de Calais, I, 102.

Astrapagni (la forteresse d'). Voy. Estrépagny.

Athalie (la reine), I, 202.

Athelles (le comte d'), assassin de Jacques Ier, roi d'Écosse, 1436, V, 275. — Son supplice, p. 276, 278.

Athies. Voy. Athis.

Aubenton (*Aisne*), IV, 202, V, 432.

Aubenthon, voy. Aubenton.

Aubert (le duc), III, 174.

Aubert Villers. Voy. Aubervilliers.

Aubervilliers (*Seine*). Voy. Hautbervilliers.

Aubespine (Gilles de), V, 25.
Aubien, près Hesdin (*Pas-de-Calais*), V, 313.
Aubigni. Voy. Aubigny.
Aubigny (Guillaume d'), IV, 53.
Aubigny (Jean d'), III, 148, 149, 153, 240, 248.
Aubriet (Philibert), fait chevalier, 1421, IV, 59.
Aubrumes (Witasse d'), III, 118.
Aubrune, en Bourgogne, IV, 408.
Aucerre. Voy. Auxerre.
Aucerrois (pays de l'), V, 165.
Auçoirre. Voy. Auxerre.
Aucourt (*Pas-de-Calais*), IV, 52.
Audenarde (*Pays-Bas*), II, 413; III, 15; IV, 234; V, 239, 267; VI, 226.
Audrenet (messire Philibert), IV, 67.
Audrien (le chastel). Voy. Châteaulaudren.
Audriet (Philibert), IV, 59; VI, 302.
Aufery (Buret), III, 140.
Auffemont. Voy. Offemont.
Auffeu (Binet d'), III, 140. — Banni, 1416, p. 145.
Aufrique. Voy. Afrique.
Auges (Glandu de), VI, 9.
Augi (le comte d'). Voy. Eu.
Auhtuille (Jehan d'), III, 118.
Aujain, rivière, III, 100.
Aulnay. Voy. Aunay.
Aulphemont. Voy. Offemont.
Ault (le seigneur d'), IV, 459.
Aumale (*Seine-Inférieure*), appartenant au comte d'Harcourt.—III, 182; V, 229. — Sa prise, 1429, IV, 350. — Se rend au roi, 1435; V, 202. — Son château, III, 258; IV, 370.
Aumale (le comte d'), Jean V, d'Harcourt,—III, 110, 146, 195, 347, 464; IV, 137, 189; VI, 322. — Commande l'arrière-garde à la bataille d'Azincourt (29 octobre 1415), III, 104.
Aumale (la comtesse d'), IV, 74.
Aumarle (le duc d'), 172, *lisez*: le comte d'Aumale.
Aumarle (comté d'), III, 150.

Aumarle. Voy. Aumale.
Aumasle. Voy. Aumale.
Aumont (le seigneur d'), tué à la bataille d'Azincourt, 1415, III, 117.
Aumont (le seigneur d'), IV, 386, VI, 199.
Aunay (le Galois d'), chevalier, seigneur d'Orville, V, 28, 90, 126; VI, 199. — Fait chevalier, 1428, IV, 313.
Aunay (Jean d'), IV, 71, 93, 94; VI, 200, 305, 314.
Aunay (Pierre d'), fait bailli de Senlis. 1415, III, 131.
Aunay (le batard d'), chevalier, seigneur d'Orville, V, 32.
Auneau, en Beauce (*Eure-et-Loir*), III, 220.
Aunoy (le Galois d'). Voy. Aunay.
Auquetonville. Voy. Actonville.
Aurech, en Ternois (le seigneur d'), prisonnier à la bataille d'Azincourt, 1415, III, 121.
Ausc (l'archevêque d'), *lisez*: Auch, V, 151.
Ausigny (le seigneur d'), VI, 67.
Ausne (messire, Guichart d'), III, 118.
Auspierre, VI, 245.
Aussay (le bailli d'), voy. Auxi.
Ausserre, voy. Auxerre.
Ausserois (le batard, Congnart de l'), III, 154.
Aussoire. Voy. Auxerre.
Aussoix (Baillieu d'), VI, 236.
Austeriche. Voy. Autriche.
Austeulx (Hue des), III, 118.
Authel (château d'). Voy. Autheux.
Autheux (le château d'), (*Somme*), IV, 430.
Authie (l'), rivière, IV, 49, 50.
Authuille (le Besghue d'), VI, 301. Voy. Auhtuille.
Authun. Voy. Autun.
Autre (le seigneur d'), VI, 266, 279. Voy. Ancre.
Autriche (le duc d'), VI, 192. — Son maréchal Gérard de Harancourt, I, 37.
Autriche. Voy. Osteriche.
Autun (noces de Charles de Bour-

bon avec Agnès de Bourgogne à), 1425, IV, 250.
Autye (l'), VI, 228.
Auvergne, III, 357; V, 415.
Auvergne (le comte d'), Bertrand de la Tour, V, 179.
Auvergne (messire Brunet d'), IV, 195.
Auvergne (Guillaume d'), VI, 275.
Auvergne (les seigneurs d'), V, 411.
Auvers (*Seine-et-Oise*), arrondissement de Pontoise), III, 151.
Auvione (le seigneur d'), IV, 385.
Aux Bœufs (frère Pierre), III, 287.
Auxerre, (*Yonne*), II, 269; III, 388; IV, 3, 35, 158, 160; V, 45, 115, 152, 457; VI, 128, 214. — Charles VI y loge au palais épiscopal, 1412, II, 290.
Auxerre (le comté d'), V, 163. — (L'élection d'), V, 165.
Auxerre (la paix d'), VI, 132, 143.
Auxerre (le comte d'), Louis de Châlon, II, 271. — Fait chevalier, 1414, III, 18. — Assiste au siége d'Arras, p. 24.
Auxerre l'évêque d'), II, 237.
Auxerrois (l'), III, 57, 386.
Auxi. Voy. Auxy.
Auxonne (*Côte-d'Or*), VI, 69.
Auxy (*Pas-de-Calais*), IV, 50, 51, 54, 65; V, 313, 315.
Auxy (le seigneur d'), III, 249, 251; V, 98, 308, 420, 427.
Auxy (le seigneur d'), tué à la bataille d'Azincourt, 1415, III, 113.
Auxy (le seigneur d') assiste au massacre des Armagnacs, III, 271. — Meurt de l'épidémie, 1418, III, 288.
Auxy (Jean d'), fait chevalier, 1423, IV, 159.
Auxy (messire Philippe d'), seigneur de Dampierre, bailli d'Amiens. — Tué à la bataille d'Azincourt, 1415, III, 113.
Auxy (le bailli d'). Voy. Veau de Bar.

Auxy (Galien, bâtard d'), II, 251.
Avaire (le port). Voy. Auvers.
Avallon en Bourgogne (*Yonne*), V, 69.
Avalon. Voy. Avallon.
Avelin (la dame d'), proscrite, 1413, II, 353.
Avelus (Jean d'), VI, 313.
Avenne (le comte). Voy. Avesnes.
Averse, à trois lieues de Naples, VI, 233.
Avesnes (*Nord*), IV, 166.
Avesnes en Hainaut, (*Nord*), IV, 34.
Avesnes-le-Comte, Artois (*Pas-de-Calais*), III, 30.
Avesnes-lez-Bapaume (les Bénédictines d'), Artois (*Pas-de-Calais*), III, 19.
Avignon (*Vaucluse*), III, 53, 407.
Avitaillements, I, 91.
Avranches (*Manche*), V, 113; VI, 307. — Se rend au roi d'Angleterre, 1418, III, 258. — Prise par les Dauphinois, 1421, IV, 80.
Avranches (le capitaine d'), frère du comte de Suffort, IV, 172.
Avrenches. Voy. Avranches.
Axcelle. Voy. Axel.
Axel (*Belgique*), V, 330.
Aylac (l'évêque de), VI, 162.
Aynemie (le comte d'), I, 77.
Ays (Robin d'), III, 154.
Aysouville (Jean d'), sénéchal héréditaire du duché de Lorraine, V, 336.
Azincourt, Artois (*Pas-de-Calais*), III, 101, 105.
Azincourt (bataille d') III, 100, 111; VI, 228, 229. — Liste des morts, 112.
Azincourt (le seigneur d'), I, 372.
Azincourt (le seigneur d') et son fils, tués à la bataille d'Azincourt, 1415, III, 114.
Azincourt (messire Andrieu d'), IV, 67.
Azonville (messire Maillart d'), tué à la bataille d'Azincourt, 1415, III, 117.
Azincourt (Regnault d'), II, 252.
Azincourt (Yzembert d'), III, 109.

B

Baal, II, 418.
Babilonne (le soudan de), IV, 167, 180, 245. — Sa lettre aux princes chrétiens, 1426, IV, 283.
Bac-à-Béry (*Marne*), V, 429.
Bac-à-Berry (le). Voy. Bac-à-Béry.
Bacqueville (*Seine-Inférieure*), se rend au roi d'Angleterre, 1418, III, 309.
Baffremont (Pierre de). Voy. Bauffremont.
Baiart (M⁰ Toussains), VI, 117.
Baier (Conrat), proscrit, 1413, II, 353.
Baieux. Voy. Bayeux.
Bailles, fermeture de lices, VI, 268.
Bailleul (*Pas-de-Calais*), V, 263, 265.
Bailleul en Vimeu, III, 96.
Bailleul (Jean de), I, 372; VI, 200. — Tué à la bataille d'Azincourt, 29 octobre 1415, III, 114.
Bailleul (le bâtard de), V, 295.
Baillis d'Amiens. Voy. Brimeu (David de), Esne (Robert d'), Humbercourt, Jeune (Robert le).
Baillis de Rouen. Voy. Gamaches, Gaucourt.
Baillis de Senlis. Voy. Aunay (Pierre d'), Maucreux (Troullart de).
Baillis de Sens. Voy. Bois (Gasselin du).
Baillis de Tournésis. Voy. Bounes (Brunet de).
Baillis de Vermandois. Voy. Bains (le Brun de), Kersis (Thomas de), Liersis (Thomas de).
Baillis de Vitry. Voy. Esne (Mansart d').
Baillis (création de plusieurs), 1415, III, 131.
Bailloel (Jean de). Voy. Bailleul.
Baillon (Watier de), écuyer, IV, 276.
Bains (le Brun de), bailli de Vermandois, II, 263.
Baisu (le seigneur de), tué à la bataille d'Azincourt, 1415, III, 117.
Baivart (Simonet), pâticier, VI, 117.
Baivière (Jean de). Voy. Bavière.
Bal des Sauvages (le), 1407, I, 233, 326.
Balade (Jean), lieutenant de Calais, IV, 42.
Baldach (Guillaume), chevalier anglais, lieutenant du capitaine de Calais, II, 172.
Baldaloc, fils Daire, IV, 283.
Bâle, IV, 34. — (Le concile de), 1431, IV, 448; VI, 28. — (Courses des Français sur), 1438, V, 349.
Baleham. Voy. Balham.
Balesqui (Andrieu), VI, 163.
Balham (*Ardennes*), IV, 163.
Balinghem (*Pas-de-Calais*), II, 260, V, 247, 260.
Balinghen. Voy. Balinghem.
Ballinghem. Voy. Balinghem.
Balme (Jean de La), I, 372.
Bande (la), prise comme signe de ralliement par les Orléanais, 1410, II, 90. — En 1413, VI, 221.
Balpaumes en Artoix. Voy. Bapaume.
Baltazar, bâtard du Quesnoy, IV, 279.
Bame (le seigneur de), VI, 200.
Banelangeen. Voy. Balinghen.
Bannière (lever), II, 272.
Bannières des métiers, I, 377.
Bannis de Paris (les), 1415, III, 73, 77.
Banone (le seigneur de), VI, 162.
Banquet royal. — Au Palais, 1409, II, 52.
Bapasme, *lis.*: Bapaume, VI, 309.
Bapaume en Artois (*Pas-de-Calais*), I, 396; II, 124, 167; III, 19, 20, 24, 35, 97; VI, 225, 227. — Hôtel du duc de Bourgogne, I, 164. — La ville attaquée par un parti d'Orléanais, 1411, II, 167. — (château de duc de Bourgogne à), III, 374.
Bapaumes. Voy. Bapaume.

TABLE ALPHABÉTIQUE.

Bapeaumes. Voy. Bapaume.
Bappaumes. Voy. Bapaume.
Bar (duché de), II, 122; IV, 385, 453; V, 273, 336, 432. — ravagé, 1440; V, 433.
Bar (Robert, duc de), VI, 196. — En guerre avec le duc de Lorraine, 1406, I, 128, 131.—Présent au discours de Jean de Courteheuse (*alias* Courtecuisse) contre Benoît XIII, 1408, p. 256. — Sa mort, 1411, II, 122.
Bar (Henri, duc de), II, 122. — Faute du texte, *lis.*: Robert duc de Bar.
Bar (Édouard III, duc de), II, 233, 258, 272, 289, 290, 293, 345, 370, 372, 398, 464; III, 5, 7, 24, 25, 33, 35, 47; VI, 118, 123, 173, 218, 221, 223, 224. — Son avénement, 1411, II, 122. — Engage le Dauphin à prendre le gouvernement, 1412, p. 335. — Commande l'avant-garde à la bataille d'Azincourt, 1415, III, 104. — Y est tué, p. 113, VI, 229.
Bar (Louis, cardinal et duc de), I, 350; II, 7, 68, 91; III, 121, 135, 408; IV, 21, 52, 54; VI, 173, 196, 203, 205. — Présent au discours de Me Jean Petit, I, 178. — Assiste au traité de Chartres, I, 397, 399, 400. —Arrêté par les Parisiens, 1418, III, 263.
Bar (le duc de). — René, fils de Louis II, duc d'Anjou, III, 180; IV, 184, 291, 296, 385, 440, 453, 454, 458, 463; V, 7, 8, 49, 50, 51, 82; VI, 99. — Fait prisonnier, 1431, V, 464. — Blessé, p. 465.
Bar (le duc de). Voy. Anjou (René d').
Bar (la duchesse de), I, 87.
Bar (Bonne de), fille de Robert, duc de Bar et femme de Waleran de Luxembourg, comte de Saint-Pol, II, 355; III, 52, 67.
Bar (la fille du duc de), V, 49.
Bar (Édouard de), marquis du Pont. — Enlève le duc de Guienne de Paris, 1405, VI, 193, 217.
Bar (Henri de), II, 122.
Bar (Jean de), fils de Robert, duc de Bar, II, 256, 271, 287, 293; III, 61. — Tué à la bataille d'Azincourt, 25 octobre 1415, III, 113; VI, 229.
Bar (Jeanne de), V, 77. — Comtesse de Soissons, dame de Dunkerque et de Warneston, p. 130.
Bar (Philippe de), fils de Robert, duc de Bar, I, 327.
Bar (Robert de), II, 122; III, 150. — Comte d'Aumale (*lis.*: Marle) et de Soissons, III, 297.— Comte de Marle, V, 51.
Bar (Robert de), comte de Marle, VI, 223.
Bar (le Viau de), prévôt de Paris, VI, 236, 256, 257, 261.
Bar-sur-Aube (*Aube*), V, 458, 462.
Bar-le-Duc (*Meuse*), I, 86; V, 432.
Bar-sur-Seine (*Aube*), V, 165, 166.
Bar (le), près Montépilloy (*Oise*), IV, 334.
Barbarins, IV, 297.
Barbasan (le sire de). Voy. Barbazan.
Barbasen (le seigneur de). Voy. Barbazan.
Barbazan (le sire de), II, 271, 280; III, 127, 410; IV, 18, 351, 385, 440, 454; VI, 275, 281, 286, 287. — Sa tentative sur Paris, 1418, III, 264. — Jure le traité de Pouilly-le-Fort, 1419, III, 328. — désapprouve le meurtre de Jean sans Peur, p. 347. — Le Dauphin lui confie la garde de Melun, p. 381. — Captif du roi d'Angleterre, 1420, IV, 14. —Tué, 1431, IV, 465.
Barbe (Me Pierre), VI, 117.
Barbe (le), de Craon, III, 154.
Barbenchon (le seigneur de), V, 407.
Barbette (la porte). Voy. Paris (portes de).
Barbey (Thiébault de), évêque de Metz, IV, 454.

Bardoul (M⁰ Raoul), secrétaire du roi. — Massacré, II, 346.
Barnabo, I, 229, 230.
Barnabo de l'OEf, I, 76.
Barnage (Sohier), champion, I, 99.
Barnamont, capitaine. — Pris, 1436, V, 237.
Bariller (Guillaume), chevalier breton, II, 5.
Baron (*Oise*), II, 429.
Baron (Pierre), IV, 236.
Barrau (Guillaume), secrétaire du roi. VI, 116.
Barre (Jean de la), IV, 39..
Barrois (le), IV, 206 ; V, 42. — (ravages en), 1419, III, 317.
Barrois (les), IV, 459, 460 ; V, 7, 205, 337, 431, 457.
Barrois. Voy. Ligni.
Baroix (le pays de). Voy. Barrois (le).
Barron. Voy. Baron.
Basach (le roi), I, 85.
Basilius, I, 190.
Basle. Voy. Bâle.
Basoches (Gérard Renauld, seigneur de), V, 353.
Basoncourt. Voy. Bazoncourt.
Bassiel (Ancel), avocat. — Décapité, 1414, III, 10.
Bastille (la), II, 343, 398, 457 ; III, 207, 266, 289 ; IV, 2, 14, 37, 130 ; V, 219, 220, 221 ; VI, 216, 220, 256, 257, 262, 294. — Sa garde confiée au grand-maître Montagu, 1405, I, 113. — Tannegui du Chatel s'y réfugie avec le Dauphin, 1418, III, 262.
Bastille Saint-Antoine (la). Voy. Bastille (la).
Bastille faite dans la forêt de Compiègne, VI, 11.
Bastille d'Ancyre, I, 84.
Bataille d'Azincourt, 25 octobre, 1415, V, 346 ; VI, 229.
Bataille de Baugé, 1420, IV, 38.
Bataille de Blangi, V, 346.
Bataille de Cassel, I, 7.
Bataille de Crécy (mention de la), III, 96.
Bataille de Hongrie, I, 85.
Bataille des harens (la), 1428, IV, 313.
Bataille de Mons en Vimeu, 1421, IV, 65.
Bataille de Roosebeke, I, 7.
Bataille de Saint-Rencey-du-Plain, 1412, II, 251.
Bataille de Tongres, 1408, I, 356, 358.
Bataille de Verneuil, 1424, IV, 192 ; V, II.
Bataille de Willeman, 1431, V, 7.
Bataille, — la rencontre de Mons en Vimeu ne porte pas ce nom et pourquoi, IV, 65.
Bateaux de cuir, VI, 13.
Bateillier (Rousselet), III, 154.
Batiller (Guillaume), II, 250, 276 ; III, 345 ; IV, 18.
Baudemont (le comte de), VI, 229. Voy. Vaudémont.
Baudemont. Voy. Béaudemont.
Baudimont (sans doute pour Ribemont *Ribodi mons*), III, 23, 25, 29, 30, 34.
Beaudemont (*Eure*), se rend au roi d'Angleterre, 1418, III, 309.
Baudo (messire), IV, 387.
Baudouin, trésorier de Mons, IV, 236.
Baudouin (Frétel le), tué à la bataille d'Azincourt, 1415, III, 117.
Baudre (Jehan du), IV, 408.
Baudricourt (Robert de), chevalier, amène la Pucelle au roi à Chinon, 1428, IV, 315.
Bauduin (M⁰ Godefroy), VI, 139.
Baufémont (le seigneur de). Voy. Bauffremont.
Bauffremont (le seigneur de), en Champagne, tué à la bataille d'Azincourt, 1415, III, 114.
Bauffremont (Guillaume de), V, 53.
Bauffremont (Henri de), VI, 200.
Bauffremont (messire Pierre de), seigneur de Chargny, VI, 67, 91, 200, 236. — Fait chevalier de la Toison d'or, 1429, IV, 374.

Bauffremont (Pierre de), grand prieur de France, III, 328.
Baugé (bataille de), 1420, IV, 38, 70.
Baugency-sur-Loire, IV, 70, 326, 327, 328.
Baughois de la Beuvrière, III, 118.
Baugis (Denisot de), III, 154.
Baugy. Voy. Baugé.
Baulef (la forêt de), le duc de Bourgogne y fait faire des machines de guerre, 1406, I, 135.
Baurain (Jean de). Voy. Beaurain.
Bavière (duché de), III, 50, VI, 228.
Bavière (le duc de), II, 20, 402, VI, 203. — Son mariage, 1413, II, 407.
Bavière (Clément, duc en) lisez : Robert, duc de Bavière, I, 36.
Bavière (Etienne, duc en), I, 10, envoyé par l'Empereur vers la reine de France, 1401, I, 37.
Bavière (le Rouge, duc de), II, 337, 410; IV, 23.
Bavière (Jean, duc de), III, 280; VI, 162.
Bavière (Louis, duc de), frère de la reine Isabeau de Bavière, I; 111, 161, 267; II, 3, 34, 52, 59, 168, 372, 398, 450; III, 32, 47, 55, 172; VI, 118, 162, 217, 218, 232. — Enlève le dauphin de Paris, 1405, I, 110; VI, 193. — Accompagne la reine à Melun, 1407, I, 243. — Envoyé vers le duc de Bourgogne, 1408, p. 393. — Épouse la fille du roi de Navarre, 1409, II, 49, 51. — Envoyé à Paris pour demander aux Parisiens de ramener le dauphin à sa mère, ce qui lui est refusé, 1411, II, 168, 169. — Ses bagages arrêtés, II, 245. — Engage le dauphin à prendre le gouvernement, 1412, II, 335. — Proscrit, 1413, II, 353. — Fait chevalier, 1414, III, 7.
Bavière (Jaqueline de), fille de Guillaume IV, comte de Hainaut, III, 173, 241; IV, 80, 143, 206, 210, 241, 248, 255, 270, 275, 281, 292, 295; V, 42, 272. — Projet de la marier au dauphin, 1406, I, 129. — Épouse Jean de Brabant, 1418, III, 280. — Sa lettre au duc de Bourgogne, 1425, p. 235.
Bavière (Guillaume de), comte de Hainaut, I, 9, 390; II, 20; VI, 174.
Bavière (Jean de), dit Sans-Pitié, évêque de Liége, I, 129, 145, 259, 352, 353, 354, 371, 373, 390; II, 419; III, 241, 359; VI, 73, 199, 202, 292. — Chassé par ses sujets, 1406, I, 141. — Complimente le duc de Bourgogne sur sa victoire, 1408, I, 367. — Reçoit en présent la tête du seigneur de Pierelves, p. 368. — Résigne l'évêché de Liége, 1417, III, 174. — Sa mort, 1424, IV, 210.
Baviller, III, 97.
Baye (Nicolas de), VI, 115.
Bayeux (*Calvados*), V, 113. — Se rend au roi d'Angleterre, 1418, III, 258.
Bayeux (l'évêque de) arrêté par les Parisiens, 1418, III, 262. — Tué, 270.
Bazentin (Bohort), IV, 364, 420, 459.
Bazentin (Boort de). Voy. Bazentin (Bohort).
Bazentin (Jean), IV, 420.
Bazin (Jean), V, 291.
Bazincourt (Hue de), tué, 1437, V, 291.
Bazoncourt (*Moselle*), V, 53.
Beauce (la), IV, 70. Voy. Beausse.
Beaucloquier, I, 370.
Beaufie de Symon Perrin (sire), VI, 163.
Beaufort (le seigneur de), III, 49, 90; VI, 200.
Beaufort (Jean de), avocat du roi, à Senlis, III, 252.
Beaufort (messire Paien de), III, 128, 150; VI, 237, 301.
Beaufort (messire Sarrazin de),

IV, 64, 67. — Fait chevalier, 1421, p. 59.
Beaufort à la Barbe (le seigneur de), III, 17.
Beaufremont (Pierre de), chevalier, seigneur de Chargni, V, 139. Voy. Bauffremont.
Beaujolois (le bailli de), V, 99.
Beaujelois (le), II, 2, 256.
Beaulieu (*Oise*), V, 386.
Beaulieu, en Vermandois, V, 456.
Beaulieu (l'abbé de), IV, 250.
Beaulieu (Jean de), V, 460.
Beaulse. Voy. Beauce.
Beaumanoir (le seigneur de); au sacre de Charles VII, 1429, IV, 339.
Beaumanoir (Jean de), IV, 31.
Beaumanoir (le bâtard de), V, 293.
Beaumesnil (le seigneur de), tué à la bataille d'Azincourt, 1415, III, 115.
Beaumont (le seigneur de), anglais, I, 153; II, 97; III, 82, 85; IV, 389. — Présent à la bataille d'Azincourt, 1415; III, 106.
Beaumont (Jaquemir de), VI, 85, 86.
Beaumont (Me Jean de), physicien, I, 331.
Beaumont (messire Louis de), VI, 27, 35.
Beaumont (Thomas de), V, 218.
Beaumont en Argonne, IV, 289. — Son siége, 1428, p. 290.
Beaumont, en Hainaut, III, 14. — (Tour de), IV, 134.
Beaumont-sur-Loire (le seigneur de), tué à la bataille d'Azincourt, 1415, III, 115.
Beaumont-sur-Oise, II, 303; III, 151, 156, 210, 212; IV, 78; VI, 13, 15, 238. — Son château, II, 371. — Son port, VI, 14. — Sa prise, 1423, IV, 173. — Son château assiégé, 1434, V, 91. — (Le comté de) mis en la main du roi, 1410, II, 87.
Beaumont-le-Roger, III, 188.
Beaumont-le-Vicomte (*Sarthe*), V, 101; VI, 67.
Beaumont-le-Visconte. Voy. Beaumont-le-Vicomte.
Beauquesne (*Somme*), IV, 251, 252, 357; V, 46, 146; 150. — (Le prévôt de), III, 160.
Beaurain, V, 225. — Noms de ses quatre tours, p. 228.
Beaurain sur Canche, II, 59.
Beaurain (Jean de), IV, 392, 395; V, 75, 114, 225, 228.
Beauraing (Jean de). Voy. Baurain.
Beaurevoir (*Nord*), IV, 7, 91; V, 80, 386. — (le château de), III, 371; IV, 75, 136, 182, 206, 401, 470; VI, 320.
Beaurevoir (la dame de), IV, 371.
Beaurienne (le comte de), IV, 394.
Beau-Ru (le seigneur de). Voy. Saquet.
Beausault (le seigneur de), II, 250.
Beausault (Antoine de), III, 335, 336; IV, 195.
Beausault (Hugues de), III, 335; IV, 195.
Beausault (Jean de), II, 252.
Beausault (messire, Loys de). — Tué à la bataille d'Azincourt, 1415, III, 114.
Beausault (Pierre de), V, 75.
Beausire (Jean), Sobriquet donné au duc de Bourgogne, VI, 231.
Beausse (la), VI, 34.
Beauté sur Marne, près Vincennes, I, 123. — (L'hôtel de), II, 127; VI, 320.
Beauvais (*Oise*), III, 147, 175, 209, 213, 239, 243, 308, 312, 333, 335; IV, 23, 47, 78, 369, 381, 397, 433; V, 12, 14, 16, 36, 71, 79, 92, 127, 146, 231, 298, 341; VI, 30, 61, 63, 64, 236, 266, 291. — L'empereur Sigismond y passe, 1415, III, 136. — Rassemblement de troupes, 1418, III, 298. — Se rend à Charles VII, 1429, IV, 354. — (Église des Cordeliers de), V, 122. — (Levée d'impôts dans l'évêché de), 1418, III, 294.
Beauvais (l'évêque de). — Pierre de Savoisy, I, 150; III, 146, 275;

IV, 104. — Envoyé pour traiter avec les Orléanais, 1410, II, 90.
Beauvais (l'évêque de). — Bernard de Chivenon, VI, 266.
Beauvais (l'évêque de). Pierre Cauchon, IV, 18, 389.
Beauvaix en Cambrésis. Voy. Beauvois.
Beauval (le château de), V, 46.
Beauval (le seigneur de), VI, 275. Voy. Belleval.
Beauval (Bertrand de). Voy. Pressigny.
Beauval (Guillaume de), IV, 367.
Beauval (messire, Yvain de). — Tué à la bataille d'Azincourt, 1415, III, 117.
Beauval (messire, Walerant de), IV, 355, 415.
Beauverger (le seigneur de), III, 49. — Voy. Craon (Antoine de).
Beauvesis, VI, 277, 317. Voy. Beauvoisis.
Beauvoir (le seigneur de), VI, 200.
Beauvoir (Gérard de), IV, 408.
Beauvoir (Jean de), IV, 73, 89, 204.
Beauvoir (messire, Pierre de), bailli de Vermandois, — Tué à la bataille d'Azincourt, 1415, III, 114.
Beauvoir sur Ancre (le seigneur de), III, 118.
Beauvois, en Cambrésis. — (Nord), V, 79, 387.
Beauvoisis (le), II, 170; III, 150, 182, 372; IV, 97, 358, 378; V, 269, 342; VI, 78. — Ravagé, 1420, IV, 35.
Bec-Crépin (le). — Se rend au roi d'Angleterre, 1418, III, 309. — Se rend à Charles VII, V, 202.
Bec-Helluin (abbaye du), III, 188; IV, 40.
Bechebien. Voy. Bec-Helluin.
Bechelun. Voy. Bec-Helluin.
Becq (l'abbaye du). Voy. Bec-Helluin.
Becque (Sire Othe de la), VI, 163.
Becqueville (le seigneur de) et son fils messire Jean Martel. — Tués à la bataille d'Azincourt, 1415, III, 115.
Becton (le seigneur de), anglais, III, 83.
Bégaulx (une compagnie de fuselaires qui se nomment les), III, 154.
Beghelluin. Voy. Bec-Helluin.
Bègue de Quenoulles (le), III, 118.
Béguines (Franquet de), IV, 430.
Behaigne. Voy. Bohême.
Behaignon (messire Simon de), III, 26.
Belesme. Voy. Bellesme.
Belin, en Franche-Comté (Jura), III, 50.
Belincourt (le seigneur de). Voy. Porte (Colart de la).
Bellay (Robert de), riche drapier. — Son arrestation, 1415, III, 141.
Bellay (le bâtard de), III, 26. Voy. Belloy.
Bellegarde (Antoine de), V, 78.
Bellegoule (Corbeau de), IV, 394.
Belleferière (le seigneur de), VI, 237, 301.
Belloy (le seigneur de), III, 191; IV, 195.
Belloy (Antoine de), V, 417.
Belloy (Bertrand de). — Tué à la bataille d'Azincourt, 1415, III, 117.
Belloy (Jean de), V, 102.
Belleval (Baudin de), III, 119.
Bellemote (le château de), près d'Arras, III, 25; VI, 227.
Belles (messire Jehan de). — Tué, 1430, IV, 391.
Bellesme (Orne), II, 254.
Belleville, en Beaujolais (Rhône), V, 99.
Bellière (le seigneur de la). — Tué à la bataille d'Azincourt, 1415, III, 116.
Belloy (le bâtard de), IV, 46.
Belmarin, I, 193.
Benain, en Charrolais, V, 90.
Bénédic (le pape). — Benoît XIII, VI, 227.
Benin. Voy. Benain.
Benoît XIII (Pierre de Luna), élu

le 28 septembre 1394, I, 146; IV, 231. — Le parlement défend au clergé de France de lui payer des subsides, 1406, I, 132. — Envoie en France ses bulles d'excommunication, 1407, I, 245. — S'embarque à Porto-Venere, passe en Aragon et de là à Perpignan, 1408, I, 258. — Sa mort, 1423, IV, 178. — Voy. Concile de Pise.

Berdenne (l'évêque de), II, 17.
Berch. Voy. Berck-sur-Mer.
Berck-sur-Mer (*Pas-de-Calais*), II, 266.
Berengeville (Jean de), blessé mortellement à l'attaque de Merck, 1405, I, 101.
Bernard (Jean), capitaine de Saint-Denis. — Son exécution, 1418, III, 274.
Bernard (messire Pierre), VI, 93.
Bernonville (Robert de), surnommé Le Roux. — Tué, 1436, V, 237.
Béroth sur Somme, II, 234.
Berrard (J.), IV, 394.
Berri (le), IV, 137, 174; VI, 257. — Les communes de), VI, 321.
Berri (le duché de), III, 338. — Fait retour à la couronne, 1416, III, 146.
Berri (Jean, duc de), I, 90, 93, 111, 123, 125, 139, 145, 160, 162, 167, 168, 172, 173, 268, 289, 299, 335, 345. — II, 1, 4, 34, 50, 52, 54, 56, 59, 81, 129, 141, 146, 170, 227, 236, 243, 257, 262, 271, 274, 279, 284, 286, 289, 299, 300, 303, 341, 348, 350, 360, 373, 390, 402, 405, 420, 438, 459, 464. — III, 42, 47, 53, 55, 59, 69, 98, 126, 130, 135, 139; IV, 358; VI, 110, 116, 121, 129, 173, 195, 199, 203, 205, 215, 217, 219, 230, 232. — S'entremet de la paix entre les ducs d'Orléans et de Bourgogne, 1401, I, 36. — Capitaine de Paris, fait rendre leurs armes aux Parisiens, 1406, I, 127. — Le duc de Bourgogne se plaint à lui des obstacles mis à son expédition de Calais, 1406, I, 138. — Présent au discours de M° Jean Petit, I, 178. — Présent au discours de Jean Courtcheuse contre Benoît XIII, 1408, I, 255. — Accompagne le roi au voyage de Tours, 1408, I, 390. — Assiste au traité de Chartres, I, 397. — Pouvoirs que le roi lui confère, 1409, II, 57. — Mécontent de la cour, 1409, II, 60. — Y retourne, 1410, p. 63. — Envoyé à Gien pour apaiser le différend mû entre le duc de Bretagne et le comte de Penthièvre, p. 64. — Mécontent de la cour, va à Angers s'aboucher avec le duc d'Orléans et de Bourbon, 1410, II, 77. — Fait bon accueil aux envoyés de l'Université, 1410, II, 90. — Députe vers le roi, 1410, II, 96. — Articles qui le concernent dans la paix de Bicêtre, 1410, II, 97, 99, 100. — Apprend l'arrestation du seigneur de Croy, 1410, II, 109. — Ses lettres au duc d'Orléans, 110. — Mécontent, 1410, II, 113. — S'entremet de la paix entre les princes, II, 115. — Chargé de traiter de la paix, 1411, II, 151. — Les Parisiens, appréhendent de le voir arriver au gouvernement, 1411, II, 162. — Va prendre la reine à Melun et l'amène à Corbeil. — Ils envoyent Louis de Bavière à Paris, pour demander le Dauphin. — Ce qui leur est refusé, 1411, II, 168. — Sac de son hôtel de Nesle, p. 169. — Ses partisans proscrits par les Cabochiens, 1411, II, 153. — Présente les clés de Bourges au duc d'Aquitaine, 1412, II, 288. — Tombe malade, 1412, II, 305. — Se rend à l'assemblée d'Auxerre, 1412, II, 292. — Traite avec les séditieux, 1413, II, 355. — Capitaine de Paris, 1414, III, 2. — Sa réponse aux Parisiens touchant

la paix d'Arras, 1414, III, 42.
— Mécontent, p. 46. — Jure la paix d'Arras, 1414, III, 63. — Projet des Parisiens de l'enfermer, 1415, III, 140. — Sa mort, 1416, III, 145; VI, 233.
Berri (la duchesse de), II, 289. — Son mariage, 1416, III, 161.
Berry, roi-d'armes, I, 27, 28.
Berry. Voy. Berri.
Bersières (le seigneur de), IV, 32.
Bertran (Jean), boucher de Saint-Denis, III, 154.
Bertran du Glaiakin. Voy. Duguesclin.
Besançon (la cité de), VI, 60.
Besin (le pays de).Voy. Bessin (le).
Bessay (le seigneur de), III, 19.
Bessin (le pays de), V, 113.
Bessin (Benoît de), III, 154.
Bestille (le seigneur de), VI, 162.
Bétancourt (le seigneur de). Voy. Argies.
Bétencourt (le seigneur de). Voy. Argies.
Bétencourt (Morelet de), II, 245.
Béthencourt (*Somme*), III, 97.
Béthencourt (le seigneur de), tué à la bataille d'Azincourt, 1415, III, 116.
Béthencourt (Colart de), seigneur de Rolepot, IV, 415.
Bethfort (le duc de), Jean de Lancastre, II, 337; III, 72, 407; IV, 15, 18, 23, 98, 103, 107, 109, 112, 138, 147, 150, 154, 166, 171, 176, 183, 189, 191, 193, 219, 240, 249, 251, 258, 294, 297, 310, 324, 332, 361, 368, 434, 441; V, 2, 27, 30, 33, 53, 55, 57, 94, 118, 125; VI, 228, 268, 288, 316, 320, 324, 325. — Fait régent, 1422, IV, 119, 120, 122. — Son entrevue à Paris avec le duc de Bourgogne, 1424, IV, 207. — Fait assiéger Montargis, 1426, IV, 271. — Son entrevue avec le duc de Bourgogne, 1429, IV, 317. — Ses lettres à Charles VII, 1429, IV, 340. — Arme, 1432,
V, 31. — Perd la duchesse, sa femme, p. 44.
Bethfort (la duchesse de), Anne de Bourgogne, IV, 156, 251, 334, 360, 371. — Sa mort, 1432, V, 44.
Bethfort, (la duchesse de), Jaqueline de Saint-Pol. — Se remarie, 1436, V, 272; VI, 12.
Béthune (*Pas-de-Calais*), III, 23; VI, 235. — Ses alentours dévastés par les Bourguignons, 1406, I, 130.
Béthune (Antoine de), IV, 345. — Seigneur de Mareuil, p. 430.
Béthune (Guiot de), V, 416, 462.
Béthune (Jacotin de), V, 384, 385, 391, 392, 398, 399; VI, 8, 80.
Béthune (Jean de), frère du vicomte de Meaux, I, 372.
Béthune (Jean de), seigneur de Mareuil, en Brie, tué à la bataille d'Azincourt, 1415, III, 113.
Béthune (Jeanne de) — épouse Jean de Luxembourg, 1418, III, 297; IV, 431. — Comtesse de Ligny et vicomtesse de Meaux, V, 469.
Béthune (Robert de), seigneur de Moreul, en Brie, V, 295; VI, 16.
Betizach (le seigneur de), V. 77.
Beuf (le captal de). Voy. Buch.
Beuroult (Hector de), VI, 237.
Beuvrière (Antoine de la), capitaine de Ham, V, 417.
Beys (Josse de), V, 332.
Biaukesne. Voy. Beauquesne.
Biau Lieu, en Chipre, IV, 260.
Biauquesne. Voy. Beauquesne.
Biaurain (Jean de). Voy. Beaurain.
Biaurevoir (le château de). Voy. Beaurevoir.
Biauvoir-sur-Ancre (le seigneur de). Voy. Beauvoir.
Biauvais, VI, 6. Voy. Beauvais.
Bicêtre. Voy. Vicestre.
Biens d'église, IV, 297.
Bière (Guillaume de), III, 346, 406.

Bigas, homme d'armes normand, III, 372.
Bigot (Jean), III, 242.
Billart (Jean), écuyer, garde de la prévôté de Roye, VI, 139.
Bisset (messire Henri), IV, 272, 274.
Blaise. Voy. Saint-Blaise.
Blainville (*Seine-Inférieure*), se rend au roi, 1435, V, 202, 272.
Blainville (le seigneur de), III, 83, tué à la bataille d'Azincourt, 1415, III, 115.
Blamont (le comte de), III, 103, 104, 121; V, 338. — Tué à la bataille d'Azincourt, 25 octobre, 1415, III, 113.
Blan (le) en Bourbonnais, VI, 47.
Blanc (Jean le), capitaine d'Harfleur, III, 286.
Blanc Chevalier (le seigneur de Noielle, dit le), IV, 66. Voy. Noielle.
Blanchard (Alain), fait capitaine de Rouen par les séditieux, 1417, III, 177. — S'échappe, 179, 305. — Décapité à Rouen, 1418, p. 307.
Blanchart (Alain). Voy. Blanchard.
Blanche (la reine), I, 232.
Blanche de Navarre, III, 392.
Blanche (le bâtard de), tué, 1436, V, 223.
Blanchefort, homme d'armes, IV, 426, 439; V, 38, 45, 79, 96, 97, 201, 203, 316, 337, 349; VI, 9, 52.
Blanchefort (le petit), l'un des bâtards de Renti, V, 118, 129; VI, 54.
Blanchelaine, homme d'armes, fait prisonnier, 1423, V, 223.
Blancquebeu (le comte de), VI, 162.
Blancs (chapperons portés dans Paris), 1413, II, 349.
Blancs-manteaux (l'église des), I, 308.
Blanfort (le grand et le petit), V, 127. Voy. Blanchefort.

Blangi. Voy. Blangy.
Blangy. (*Somme*), III, 18, 100, V, 72.
Blangy, au compté d'Eu, V, 71.
Blanmont (le seigneur de), maréchal de Bourgogne, VI, 91, 95.
Blanqueforres (le pays de), V, 355.
Blanquetache. Voy. Blanquetade.
Blancquetacque. Voy. Blancquetade.
Blanquemain (le comte de), II, 20.
Blanquetacque. Voy. Blanquetade.
Blanquetade, petite ville de Picardie et gué de la Somme, entre Abbeville et Saint-Valery, III, 96, 182, IV, 57, 73; V, 117, 264, 265, 316.
Blanquetaque. Voy. Blanquetade.
Blansel (Jehan de), III, 119.
Blanville (le seigneur de), VII, 52. Voy. Blainville.
Blainville (Robert de), VII, 52.
Blaqueville (le seigneur de), prisonnier, I, 81.
Blason du pape Martin V, III, 189.
Blasons, I, 77, IV, 115, 435, 440, 442, 466; VI, 69.
Blaves. Voy. Blaye.
Blaye. (*Gironde*). — Assiégée par le duc d'Orléans, 1406, I, 133.
Bleharie, habitant de Tournay, IV, 245.
Blentuenon (le seigneur de), VI, 163.
Bleudesques, V, 263.
Blesset (messire Guillaume), V, 101.
Blois. — (*Loir-et-Cher*). I, 348, 388, II, 155, 304, 361; IV, 41, 316, V, 22, 453; VI, 26, 35. — La duchesse douairière d'Orléans, y retourne, 1407, I, 171. — La duchesse d'Orléans, Valentine de Milan, y meurt le 4 décembre 1408, I, 393. — Les enfants d'Orléans y retournent après l'entrevue de Chartres, 1408, I, 401. — Le seigneur de Croy y est détenu prisonnier, 1410, II, 109. — Philippe, comte de Vertus y meurt en 1420, IV, 8.

Blois (la duchesse douairière de), sœur du comte de Namur. — épouse Clugnet de Brabant, 1406, I, 127.
Blond (Jean le), chevalier, III, 95.
Blondel (Guillaume), écuyer, III, 43.
Blondel (messire Jean), IV, 68, 73, 131, 187. 188, 271, 276, 279, 280, 309; VI, 304, 306. — Seigneur de Dourier, VI, 323.
Blondel (Jean), cousin germain de messire Jean Blondel, IV, 271.
Blosset (le Borgne), V, 135.
Boccace. — cité, I, 216. Voy. Juvénal.
Bochet (Pierre), président au parlement, 1409, II, 49.
Bocquelare (Guillaume le), — Décapité à Gand, 1437, V, 330.
Boelle (Jehan), grand doyen des métiers de Gand, V, 36.
Boesme (le roi de). Voy. Bohême.
Boforon (Guichart de), VI, 275.
Boffremont (Pierre de), grand prieur de France, VI, 275. Voy. Bauffremont.
Bohaigne (Sagimont roi de), VI, 161.
Bohaigne (pays de). Voy. Bohême.
Bohain. — (*Aisne*), III, 51; IV, 231, 429, V; 386. — (Le château de), V, 51, 63, 64, 131, 384.
Bohaing. Voy. Bohain.
Bohême, V, 83, 84.
Bohême (le roi de). — Déposé de l'Empire, 1401, I, 36. — Sa nièce épouse Antoine, duc de Brabant, 1409, II, 32.
Bohémiens (les), IV, 23.
Boieue (Jean), poissonnier, IV, 117.
Boileur (Jehan), IV, 394.
Bois (le seigneur du), I, 71.
Bois (Gasselin du), bailli de Sens, II, 411; III, 24, 57.
Bois (M° Félix du), VI, 117.

Bois (Mansart du), chevalier, I, 105; II, 156.
Bois d'Annequin (le seigneur du). — Tué à la bataille d'Azincourt, 1415, III, 117.
Bois d'Annequin (le fils du seigneur du), picard. — Tué à la bataille de Tanneberg, 1410, II, 76.
Bois Donnequin. Voy. Bois d'Annequin.
Bois de Vicennes (le). Voy. Bois de Vincennes.
Bois de Vincennes (château du), IV, 23, 47, 78, 99; V, 205, 414. — Henri V, roi d'Angleterre y meurt, 1422, IV, 107, 109. — Philippe le Bon, duc de Bourgogne, y vient trouver le duc de Bethford, 1422, IV, 112.
Bois de Vissaine (le), VI, 195.
Boisratier. Voy. Bourratier.
Boissay (le seigneur de), premier maître-d'hôtel du roi, II, 276; 350. — Tué à la bataille d'Azincourt, 1415, III, 117.
Boisseville (le seigneur de), V, 200.
Boissie (Oudin de), écuyer, IV, 138.
Boissie (Roger de), écuyer, IV, 138.
Boissière (la). — Se rend aux Français, 1430; IV, 419, 425.
Boissy (Henri de), seigneur de Chaule, III, 58, 119.
Bolay (le seigneur de), VI, 163.
Bologne la Grasse, II, 66, 370; IV, 448; V, 290. — Séjour d'Alexandre V, 1409, II, 61. — Fêtes du couronnement de Jean XXIII, 1410, II, 72. — Entrée de Louis d'Anjou, *ibid*.
Bombardes, I, 136; III, 216; IV, 83; V, 405.
Bomber (messire Edmond de), IV, 41, 55. — Assiste au massacre des Armagnacs, 1418, III, 271. — Sa mort, 1421; IV, 73.
Bon (M° Jean), VI, 117.
Bon de Sains (le), III, 118.
Bon de Saveuses (le), IV, 42.
Bondis (le bois de), II, 401; VI, 218.
Bonnay (*Somme*), V, 147.

Bonnay (messire Robert de). — Tué à la bataille d'Azincourt, 1415, III, 116.
Bonne (le château de la), près Laon, V, 429.
Bonnebault (messire Jehan de). — Tué à la bataille d'Azincourt, 1415, III, 116.
Bonnelet de Masengion, II, 439.
Bonnes (le château de), V, 196.
Bonnes (Brunet de). — Fait bailli de Tournésis, 1415, III, 131.
Bonnet (Nicole), gouvernement du roi, II, 312.
Bonneul (le seigneur de), IV, 441.
Bonneval (*Eure-et-Loir*), III, 227, 230; VI, 242. — Se rend au Dauphin, 1418, III, 315. — 1421, IV, 44.
Bonneval (messire Jehan de). — Tué à la bataille d'Azincourt, 1415, III, 116.
Bonnières (*Pas-de-Calais*), III, 100.
Bonnières (Guillaume de), VI, 200, 237.
Bonnyères (Guillaume de). Voy. Bonnières.
Bonongne. Voy. Bologne.
Bonongne la Grasse. Voy. Bologne la Grasse.
Bonport (l'abbaye de), III, 275.
Bonpuis (Estevenin de), VI, 247.
Boort. Voy. Quiéret.
Boort Quiéret (messire), II, 250.
Bordeaulx. Voy. Bordeaux.
Bordeaulx (le cardinal de). Voy. Bordeaux.
Bordeaux, I, 42, 45; VI, 55. — (Prisonnier français menés à), I, 134. — (L'église de Saint-Séverin de), V, 355.
Bordeaux (le cardinal de), I, 401, 349.
Bordelais (les marches de), VI, 24.
Bordes (le château de), I, 235.
Bordes (Me Baude des), III, 246; VI, 247, 266.
Bordes (Jean de), V, 205.
Borgne (Marcel, le), II, 303.
Borgne Foucault (le) II, 271, 402. — Banni, 1409, II, 248.

Borgne de La Heuse (le), II, 248, 250.
Borgne de la Heuse (le), chevalier normand. — Envoyé en Galles, 1408, I, 259.
Borgne de Noaille (le), III, 119.
Borgrave (Pierre le), V, 270.
Bornem (*Pays-Bas*), VI, 223.
Bornete, gentilhomme, champion, I, 99.
Bornonville, capitaine. — Pris, 1436, V, 237.
Bornorville (Antoine de), VI, 80. Voy. Bournonville.
Borselle (Franque de), V, 272.
Bos. Voy. Bois.
Bos (sire Florin du), VI, 163.
Bos (Manssart du). — Exécuté aux halles, 1411, VI, 213.
Bos (Philippe du), IV, 89; VI, 313.
Bos d'Anequin (le seigneur du). Voy. Bois d'Annequin.
Bos de Vissaine, *lisez:* Bois de Vincennes, VI, 320.
Bosengi. Voy. Baugency.
Bosquage (le seigneur de), VI, 275.
Bosqueaulx (le comte de), écossais, IV, 137, 189, 195.
Bosqueaulx (le comte de), connétable du Dauphin, IV, 38.
Bosqueaulx (le seigneur de), II, 262, 263; III, 128, 133; VI, 88, 91. — Gouverneur du Valois III, 142. — Prend Compiègne, 1418, III, 279, 280. — Prend Soissons, 1418, III, 292. — Décapité, 1422, IV, 131.
Bosqueaux (Charles de), VI, 24.
Bosredont (Guichard de), III, 328.
Bossut (messire Hue de), II, 168.
Bouberc (Émon de), VI, 306. Voy. Boubert.
Boubert (Émon de), VI, 300.
Bouchain (*Nord*), III, 173; IV, 27, 210, 234; VI, 291, 292.
Boucher (Guillaume le), physicien, I, 331.
Boucherie Saint-Jacques (la), II, 344.
Bouchers de Paris. — Leur puissance, 1411, II, 162.
Bouchoire (*Somme*), IV, 422; 425.

Bouciquault (le maréchal). Voy. Bouciquaut.

Bouciquaut (le maréchal), I, 318; II, 7, 8, 170, 272; III, 19, 84, 96, 101, 103. — Perd Gênes, 1409, II, 37. — Se rend à Lille auprès du duc de Bourgogne, 1410, III, 111. — A Paris, pour se plaindre de la révolte des Génois, III, 112. — Fait prisonnier à la bataille d'Azincourt, 1415, III, 112. — Meurt en Angleterre, *ibid.*

Boue (forteresse de la), à deux lieues de Laon, V, 42.

Boufflers (Nicaise de), IV, 46, 48 73.

Bouillon, en Luxembourg. — Jean de Bavière, évêque de Liége, s'y réfugie, 1406, I, 142. — Prise d'assaut par les Liégeois, *ibid.*

Bouillon (le château de). — Résiste au duc de Bourgogne, 1408, I, 368.

Bouillon (la terre de), I, 374. — (château de), 381.

Bouillon (le duc de), VI, 162.

Boulainviller (Simon de), chevalier, VI, 294.

Boulenois, IV, 416, V, 117, 127, 211; VI, 304. Voy. Picardie.

Boulenois (la marche de), V, 259.

Boulenois (les frontières de), V, 268.

Boulenois (sénéchal de), II, 270.

Boulenois (les), III, 181.

Boulenois. Voy. Boulonais.

Boulers, V, 238.

Boullenoix, VII, 299.

Bouligny (Renier de), conseiller du roi, II, 314.

Boullenviller (Simon de), IV, 143.

Boulles (les), en Normandie. — Se rend au roi d'Angleterre, 1418, III, 309.

Boulogne (Balthazar cardinal de). Voy. Jean, XXIII.

Boulogne-sur-Mer, I, 33, 34, 106, 350, II, 97, 231, 267, 391, 404; III, 72, 373; IV, 103, 114; V, 118. — Jure la paix de 1420, IV, 6. — (La basse), III, 137, V, 231.

Boulogne (le capitaine de), I, 15.

Boulogne (comté de), II, 234, V, 171. — Mis en la main du roi, 1410, II, 87.

Boulogne-la-Grasse. Voy. Bologne.

Boulongne-la-Grasse, V, 290.

Boulongne. Voy. Boulogne.

Boulonnais, I, 125.

Boulonnois (la comtesse de), III, 161.

Bounongne. Voy. Bologne.

Bouquans (le comte de), I, 154. Voy. Bosqueaux.

Bouquiaus (le comte de), IV, 162. Voy. Bosqueaux.

Bouray (village près Corbie), IV, 435.

Bourbon (Louis II, duc de), I, 93, 111, 123, 139, 162, 167, 168, 267, 269, 335, 387, II, 4, 34, 50, 52, 60, 65, 77; VI, 195, 203, 204. — Reçoit la reine Isabelle, I, 34. — S'entremet de la paix entre les ducs d'Orléans et de Bourgogne, 1401, I, 36. — Accompagne le roi au voyage de Tours, 1408, I, 390. — Assiste au traité de Chartres, I, 397. — Sa guerre avec Amé de Viry, 1409, II, 2. — Mécontent de la cour, 1409, II, 60. — Sa mort, II, 80.

Bourbon (Jean I, duc de), II, 141, 170, 226, 230, 236, 243, 255, 257, 271, 287, 289, 303, 372, 376, 402, 464, III, 13, 14, 18, 29, 34, 47, 55, 59, 70, V, 62; VI, 221, 229. — Fait des courses en Normandie, 1410, II, 113. — Lettre que lui adresse le duc de Bourgogne, 1411, II, 156. — Son refus, 158. — Ses partisans proscrits par les Cabochiens, 1411, II, 163. — Entre par surprise dans Roye, 1411, II, 164 — Met garnison dans Nesle, *ibid.* — Se fortifie dans son comté de Clermont en Beauvoisis, 1411, II, 164 — Va trouver la reine et le duc de Berri à Melun, 1411, II, 170. — Se rend à l'assemblée d'Auxerre, 1412, II, 292. — Envoyé en Languedoc contre le duc de Clarence, 1412, II, 305. — Au siége d'Arras, 1414, III, 24. — Jure la paix d'Arras, 1414, III, 41, 63. — Assiste à la bataille d'Azincourt, 1415, III, 103. — Y est fait prisonnier, 120. — Prisonnier en Angleterre, 1425, IV, 250. — Assiste à la bataille de Rouvray, 1428, IV, 311. — Est fait chevalier, IV, 312.

Bourbon (Charles I, duc de), V, 98, 99, 106, 115, 134, 135, 137, 138, 140, 143, 148, 179, 183, 273, 346, 410; VI, 42, 99, 110, 122, 173. — Aux funérailles d'Isabeau de Bavière, 1435, V, 188. — Parrain de Philippe de France, 216. — Traite avec le roi, 1440, 414.

Bourbon (la duchesse de), II, 233, 306; III, 59, 146.

Bourbon (les enfans de), II, 234.

Bourbon (Charles, fils du duc de), III, 145, 340, 341, 357; VI, 279. — Arrêté par le Seigneur de l'Ile-Adam, 1418, III, 263.

Bourbon (gens du duc de), V, 90.

Bourbon (Charles de), comte de Clermont, IV, 210, 211.

Bourbon (Charlotte de), IV, 269; V, 31. — Son mariage avec Jean II ou Janus de Lusignan, roi de Chipre, 1409, II, 33, 34.

Bourbon (Jacques de), IV, 144; VI, 199.

Bourbon (Jacques de), comte de La Marche, III, 414; VI, 232. — Son expédition en Galles, 1402, I, 69.

Bourbon (Jacques de), seigneur de Curroy, III, 328.

Bourbon (Jacques de), seigneur de Thury, VI, 275.

Bourbon (Jacques de), capitaine du château de Rouen, 1417, III, 177.

Bourbon (Jacques de). Voy. La Marche.

Bourbon (Jean de), frère du comte de la Marche, I, 69.

Bourbon (Jean de), seigneur de Préaux, IV, 132.

Bourbon (Louis de), frère du comte de La Marche, l'accompagne dans son expédition de Galles, I, 69.

Bourbon (Louis de), frère du seigneur de Préaulx. — Tué à la bataille d'Azincourt, 1415, III, 113.

Bourbon (Louis de), comte de Vendôme et de Chartres, souverain maître de l'hôtel, VI, 97.

Bourbon (Pierre de), III, 179. — Captif du roi d'Angleterre, 1420, IV, 14.

Bourbon (Pierre de), seigneur de Préaulx, III, 410.

Bourbon (Hector, bâtard de), II, 226, 270, 305, 465; III, 2, 5. — V, 402, 410, 419, 420. — Blessé, 1414, III, 10.

Bourbon (le bâtard de), VI, 222. — Noyé par ordre de Charles VII, 1440, V, 458.

Bourbonnais (le), II, 226; V, 410, 415.

Bourbonnois (le duc de), VI, 123. Voy. Bourbon.

Bourbonnois et d'Auvergne (Charles I, duc de), V, 152, 155.

Bourbourc. Voy. Bourbourg.

Bourbourg (*Nord*), II, 122; V, 240; VI, 223.

Bourc-en-Bresse. Voy. Bourg.

Bourch (le), V, 272.

Bourcq. Voy. Bourg-sur-Mer.

Bourdec (Nicolas), grand bouteiller de Normandie, IV, 138.

Bourdechon (Perrin), III, 260.

Bourdelois (le), IV, 336.

Bourdet (Nicolle), chevalier anglais, IV, 285; VI, 22.

Bourdon (Loys), II, 292, 362, 391; III, 31, 124, 142; VI, 214. — Assiste à la bataille d'Azincourt, 1415, III, 104. — Son arresta-

tion et son supplice, 1417, III, 175.
Bourg, V, 224.
Bourg-en-Bresse, II, 3.
Bourg-sur-Mer, en Guienne, assiégée par le duc d'Orléans, 1406, I, 133.
Bourg-de-Dun (le), village près d'Eu, V, 420.
Bourges (*Cher*), II, 115, 243, 257; III, 53, 115, 146, 243, 257, 357, 407; IV, 108, 335; VI, 29, 35, 216, 217, 258. — (Le voyage de), 1411, VI, 214, 221. — (Arrivée du roi devant), 11 juin, 1412, II, 270; VI, 214. — Levée du siége, 10 juillet, 1412, II, 289.
Bourges (l'archevêque de), Guillaume de Boisratier, II, 271, 360; III, 72; VI, 123. — Jure la paix d'Arras, 1414, III, 63. — Son discours au roi d'Angleterre, 1415, III, 74. — Envoyé à Paris par le duc de Berri pour la paix, 1411, II, 116.
Bourges (Gaston de Logus, bailli de), V, 292.
Bourges (Pothon de Sainte-Treille, bailli de), V, 293.
Bourghenon, homme d'armes. Voy. Bourguignon.
Bourgogne, II, 171, 431; III, 40, 48, 57; IV, 106, 107, 460, 465; V, 15, 30, 90, 97, 110, 137; VI, 68, 81, 100, 318. — Ravages des Écorcheurs, 1438, V, 340.
Bourgogne (les marches de), VI, 95.
Bourgogne (comté de), III, 50, 163; V, 62; VI, 230.
Bourgogne (duché de), V, 62; VI, 46, 163.
Bourgogne (les trois États du duché de), VI, 172.
Bourgogne (seigneurs de), III, 215.
Bourgogne (Philippe le Hardi, duc de), reçoit la reine Isabelle à son retour d'Angleterre, 1401, I, 34. — Prend possession du duché de Bretagne pour le jeune duc, 35. — donne des fêtes pour le mariage de son fils, Antoine, comte de Réthel, 1402, I, 70. — Va à Bar-le-duc aux obsèques de sa sœur, la duchesse de Bar, 1403, I, 86. — Tombe malade et meurt à Hall, en Hainaut, I, 87; VI, 192, 195.
Bourgogne (Jean sans Peur, duc de), I, 106, 139, 158, 160, 162, 163, 165, 177, 371, 372, 387, 388; II, 1, 4, 5, 32, 52, 65, 81, 86, 93, 94, 95, 96, 114, 125, 165, 230, 234, 237, 244, 258, 259, 261, 266, 272, 274, 282, 284, 287, 290, 293, 299, 303, 307, 341, 345, 350; II, 355, 360, 362, 374, 376, 390, 404, 406, 408, 412, 419, 427, 431, 457, 460, 462; III, 36 37, 47, 49, 55, 58, 69, 75, 110, 126, 128, 162, 164, 165, 173, 184, 190, 208, 209, 210, 212, 213, 215, 216, 218, 219, 226, 227, 237, 239, 242, 248, 255; V, 109, 155, 176; VI, 203, 204, 205, 211, 217, 218, 219, 221, 225, 234, 238, 239, 240, 241, 242, 243, 244, 245, 246, 258, 259, 260, 261, 266, 272, 277, 278, 279, 286, 315, 316, 319, 320. — Contraire à une taille mise sur Paris, I, 97. — Prend possession de son comté de Flandre, 1405, I, 97. — Est conseillé de se rendre à Paris, I, 98. — Envoie une ambassade à Charles VI, 1405, I, 107. — Ramène de force le Dauphin a Paris, 1405, I, 109; VI, 193. — Quitte le Louvre pour l'hôtel d'Artois, 1405, I, 113. — Apprend la marche de la reine et du duc d'Orléans sur Paris, 1405, I, 122 et suiv. — Traite avec eux, 124. — Retourne en Flandre, 125. — Ses préparatifs de défense contre le duc d'Orléans, 1405, I, 123. — Se fait donner le gouvernement de Picardie, 1406, I, 125. — Va trouver la reine à Compiègne,

1406, I, 129. — Traite avec le duc d'Orléans, 1406, I, 130. — Ses préparatifs pour son expédition de Calais, 1406, I, 135 et suiv. — Son mécontentement des obstacles mis à cette expédition, 138. — Son brusque départ de Paris après le meurtre du duc d'Orléans, 1407, I, 164. — Tient un conseil à Lille touchant la mort du duc d'Orléans, 1407, I, 171. — Ses armements, 1407, I, 175. — Entre dans la ville de Saint-Denis, 176. — Entre à Paris, 1407, I, 176, VI, 196. — Précautions dont il s'entoure, 177. — Sa justification, 177 et suiv. — Obtient sa réconciliation, 1407, I, 243. — Présent au discours de Jean Courtehouse, contre Benoît XIII, 1408, I, 255. — Part mécontent de Paris, 1408, I, 259. — Amende honorable proposée contre lui, 1408, I, 341. — Arme pour Jean de Bavière, 1408, 350. — Sa marche contre les Liégeois, I, 350 et suiv. — Les envoyés du roi lui signifient la poursuite de la duchesse douairière d'Orléans, 1408, I, 352. — Éloge de sa conduite à la bataille de Tongres, 1408, I, 365. — Les poursuites commencées contre lui arrêtées à la nouvelle de la bataille de Tongres, 1408, I, 367. — Les villes de Liége, Huy, Dinant et Tongres, lui ouvrent leurs portes, 1408, I, 368. — Nom de Jean sans Peur qui lui est donné après la bataille de Tongres, 1408, I, 389. — Se loge à Saint-Denis, 23 novembre, 1408, I, 391. — Son entrée à Paris, 392. — Son départ, 395. — Son retour, 396. — Son arrivée à Chartres, 397. — Les Parisiens lui apprennent le voyage du roi à Tours, 1408, I, 391. — Ambassade que le roi lui envoie de Tours, 1488, I, 393. — Son rôle dans la mort du grand-maître, Jean de Montaigu, 1409, II, 42, 44. — Accorde entre eux, Antoine, duc de Brabant, son frère, et Guillaume, comte de Hainaut, son beau-frère, 1409, II, 35. — Se rend à Paris, ibid. — Pouvoirs que le roi lui confère, 1409, II, 57. — Ses riches présents aux gens de la cour, 1409, II, 57. — L'éducation du duc d'Aquitaine lui est confiée, 1409, II, 59. — Maître dedans Paris, II, 66. — Lève des troupes contre les Orléanois, 1410, II, 79. — La ville d'Amiens lui est favorable, 1410, II, 86. — Va visiter la reine à Melun, 87. — La ramène à Vincennes, ibid. — Articles qui le concernent dans la paix de Bicêtre, 1410, II, 99. — Sa colère de l'arrestation du seigneur de Croy, 1410, II, 110. — Montre son fils, le comte de Charrolois, aux villes de Flandre, 1410, II, 111. — Reçoit une ambassade du roi, 1411, II, 122. — Défié par les princes d'Orléans, 1411, II, 152. — Sa réponse, 153, VI, 209. — Ses préparatifs, 155. — Sa lettre au duc de Bourbon, 156. — Ses lettres au bailli d'Amiens, 159. — Obtient des mandements royaux pour lever des troupes, 1411, II, 170. — Mandé par le duc d'Acquitaine, 1411, II, 170. — Assiége la ville de Ham, 1411, II, 174 et suiv. — Accompagne le roi au voyage de Bourges, 1412, II, 259. — Son crédit dans Paris, 1412, II, 306. — Son mécontentement des menées des conseillers du Dauphin, 1412, II, 335. — Reproches que lui adresse le duc d'Acquitaine, 1413, II, 345. — Prend brusquement congé du roi, 1413, II, 400; VI, 218. — Ses lettres aux bonnes villes de Picardie, 23 janvier, 1413, (v. s.),

II, 421, VI, 124. — Ses lettres aux villes de France, 1413, II, 434. — En bataille devant Paris, 1413, VI, 220. — S'adresse aux Flamans, 1414, III, 2. — Secourt Arras, 1414, III, 29. — Ses délais à jurer la paix d'Arras, III, 64. — L'entrée de Paris lui est refusée, 1415, III, 129. — Les Parisiens lui donnent le sobriquet de Jean de Lagni, 1415, III, 133. — Envoye des députés à ses partisans à Paris, 1415, III, 139. — Ses lettres aux bonnes villes, 1417, III, 174, 220. — Favorise l'évasion de la reine, 1417, III, 229. — Son séjour à Chartres, 1417, III, 235. — Conspiration dans Paris en sa faveur, 1417, III. 238, 239. — Ramène la reine dans Paris, 1418, III, 272. — Capitaine de Paris, 1418, III, 273. — Son entrevue avec le duc de Bretagne au pont de Charenton, 1418, III, 288. — Impuissant contre l'émeute, 1418, III, 289. — Fait exécuter plusieurs séditieux, 291. — Établit des impôts, 293. — Moyenne le mariage de Jean de Luxembourg, 297. — Son entrevue avec le Dauphin, 1419, III, 322. — Sa mort, 338. — Honneurs qui lui sont rendus, 1420, III, 404. — Sobriquets qui lui sont donnés, VI, 231.

Bourgogne (Philippe le Bon, duc de), III, 358, 361, 373; IV, 1, 4, 8, 10, 12, 14, 15, 17, 23, 30, 36, 42, 46, 48, 51, 55, 57, 62, 66, 69, 81, 86, 89, 92, 96, 98, 106, 109, 113, 115, 130, 134, 147, 150, 171, 175, 184, 193, 201, 212, 240, 278, 283, 289, 292, 294, 333, 355, 378, 381, 383, 394, 400, 421, 427, 455; V, 430, 432, 439, 458, 469; VI, 25, 28, 45, 60, 62, 68, 73, 74, 75, 81, 83, 84, 86, 87, 88, 90, 92, 93, 96, 99, 139, 156, 282, 283, 288, 289, 291, 292, 296, 297, 298, 299, 300, 303, 304, 305, 306, 307, 308, 322, 323; V, 4, 8, 15, 30, 42, 45, 49, 52, 55, 57, 61, 62, 63, 65, 66, 67, 69, 81, 87, 89, 96, 98, 106, 115, 123, 133, 135, 138, 143, 147, 150, 189, 193, 203, 205, 209, 212, 215, 227, 238, 240, 241, 247, 257, 260, 272, 279, 283, 289, 299, 307, 310, 314, 316, 325, 327, 340, 345, 354, 376, 397, 428. — Assiége Crépy en Laonnais, 1419, III, 374. — Son entrée à Troyes le 21 mars 1419, III, 378. — Au siége de Melun, 1420, III, 411. — Sa plainte contre la mort de Jean sans Peur, 1420, IV, 17. — Fait chevalier, 1421, IV, 59. — Dangers qu'il court, 1421, IV, 60. — A Abbeville, 1421, IV, 63. — Son entrée à Paris, IV, 78. — Son voyage en Savoie, 79. — Vient visiter le duc de Bethford à la mort de Henri V, 1422, IV, 112. — Refuse la régence, 1422, IV, 119. — à Paris, 1423, IV, 163. — Son entrevue à Paris avec le duc de Bethford, 1424, IV, 207. — Son mariage, 1424, IV, 209. Ses lettres au duc de Glocester, 1424, IV, 216, 223. — Arme, 1425, IV, 244. — Son expédition en Hollande, 1425, IV, 249, 252, 257. — Marche sur la Hollande, 1426, IV, 280. — Assiste à un tournoi à Bruxelles, 1428, IV, 306. — Vient trouver le duc de Bethford à Paris, 1429, IV, 317. — Tombe malade, 319. — Reçoit à Arras une ambassade de Charles VII, 1429, 348. — Ses noces avec Isabelle de Portugal, 1429, IV, 370. — Institue l'ordre de la Toison-d'Or, 1429, IV, 373. — Assiste à des joutes à Arras, IV, 376. — Va visiter la Pucelle prisonnière, 1430, 388. — Naissance de son fils, 1430, IV, 429. — Traite avec les Liégeois, 1432,

V, 54. — Tient la fête de la Toison-d'Or dans la ville de Dijon, 1433, V, 81. — Son entrevue à Nevers avec le duc de Bourbon, 1434, V, 108. — Arme contre l'Angleterre, 1435, V, 217. — Défié par le duc de Glocester, 1436, V, 249. — Traite avec la ville de Bruges, 1437, V, 332. — Mécontent de Jean de Luxembourg, 1439, V, 391. — Sa bonne réception à Charles, duc d'Orléans, 1440, V, 436, 438. — Son accueil au seigneur de Cornouaille, V, 440. — Donne à Charles, duc d'Orléans, le collier de la Toison-d'Or, 1440, V, 443. — Pardonne à la ville de Bruges, 1440, V, 445. — Mécontent du seigneur de Commercy, 1441, VI, 4.

Bourgogne (la duchesse de), VI, 2, 3, 28, 31, 33, 83, 92.

Bourgogne (la duchesse de). — Marguerite de Flandre, femme du duc Philippe le Hardi, I, 89. — Sa mort à Arras, I, 95.

Bourgogne (la duchesse de), Marguerite de Bavière, femme du duc Jean sans Peur, II, 231, 371; III, 350; IV, 74, 76, 77, 78. — Sa mort, IV, 118.

Bourgogne (la duchesse de). — Bonne d'Artois, 2º femme du duc Philippe le Bon, IV, 250.

Bourgogne (la duchesse de). — Isabelle de Portugal, 3º femme du duc Philippe le Bon, 42, 86, 108, 136, 350; IV, 401; V, 393, 403. — Ses couches à Gand, 1432, V, 49; — Ses couches à Dijon, 1433, V, 81. — Insultée par les Gantois, 1436, V, 270. — Va à la rencontre de Charles, duc d'Orléans, à Gravelines, 1440, V, 436. — Assiste aux noces de Charles, duc d'Orléans, 1440, V, 440. — Implore le duc, son mari, en faveur de la ville de Bruges, 1440, V, 446. — Son entrevue avec le roi à Laon, 1440, V, 468.

Bourgogne (Philippe, fils de Jean, duc de), VI, 227.

Bourgogne (Agnès de), IV, 211. — Epouse le comte de Clermont, 1425, IV, 250.

Bourgogne (Anne de), femme du duc de Bethford, IV, 148, 150, 151.

Bourgogne (Antoine de), fils du duc Philippe le Hardi, I, 88.

Bourgogne (Antoine de), fils de Philippe le Bon. — Né à Bruxelles, 1430, IV, 429. — Sa mort, 1430.

Bourgogne (Catherine de), fille de Jean sans Peur. — II, 414. — Son mariage projeté avec le fils aîné de Louis, roi de Sicile, 1410, II, 64.

Bourgogne (Gui, bâtard de), IV, 265. — Fait chevalier, 1428, p. 266.

Bourgogne (Marguerite de), I, 96, III, 280; IV, 148, 150.

Bourgogne (Philippe de), fils du duc Philippe le Hardi, I, 88.

Bourgogne (Philippe de), comte de Charolais, III, 63.

Bourgogne (les deux sœurs du duc de), V, 134.

Bourgogne (le duc de). Voy. Orléans (enfants d').

Bourgogne (le maréchal de), IV, 459; V, 8; VI, 47, 91, 248.

Bourgogne (le chancelier de). Voy. Raulin.

Bourgogne (chirurgiens du duc de), VI, 92.

Bourgois (Olivier), clerc, I, 75.

Bourguignon (Pothon le), V, 92.

Bourguignon, homme d'armes, IV, 155.

Bourguignons, II, 165, 175; III, 47, 58, 138; IV, 138; V, 90.

Bourlet (Jean), II, 25.

Bournal (Louis), VI, 304.

Bourneau (Vendée). Voy. Bournommeau.

Bournommeau, IV, 31.

Bournonville (le seigneur de), VI, 200.

Bournonville (Enguerran de), I,

372; II, 39, 124, 166, 227, 256, 269, 271, 281, 433, 439; III, 5; VI, 201, 207, 212, 219, 220. — Assiste à la bataille de Tongres, 1408, I, 359. — Gouverneur du duc de Guienne, 1410, VI, 205. — En garnison à Paris, pendant la sédition des Cabochiens, 1411, II, 166. — Pris dans Soissons, 1411, VI, 222.

Bournouville (Gaviot de) et Bertran, son frère. — Tués à la bataille d'Azincourt, 1415, III, 117.

Bournonville (Guiot de), III, 52.

Bournonville (Lyonnet de), III, 261, 310, 386; IV, 52, 176, 184, 282, 353. — Commande dans Gisors, 1419, III, 334. — Beau-frère du seigneur de l'Ile-Adam, III, 315.

Bournonville (Robinet de). — Présent à la bataille d'Azincourt, 1415, III, 109.

Bournonville (Waleran de), IV, 291.

Bourratier (Guillaume), archevêque de Bourges. — Proscrit, 1413, II, 353.

Bourratier (Guillaume), secrétaire du roi. — Envoyé vers le duc de Bourgogne, lors de son expédition de Liége, 1408, I, 351.

Bourratier (Guillaume), évêque de Langres, II, 52.

Bourratier (Guillaume) archevêque de Bourges, III, 72.

Bourreau (le), de Paris, III, 266.

Bourry (Thomas), IV, 145.

Bours (le seigneur de), VI, 200.

Bours (Guichard de), I, 372. Voy. Bours (Vitard de),

Bours (Hue de), III, 235.

Bours (Maillotin de), IV, 434, 438.

Bours (messire, Vitard de), II, 414. — Tué à la bataille d'Azincourt, 1415, III, 113.

Bourset (Bernard de), V, 229.

Bousencourt (le seigneur de). — Tué à la bataille d'Azincourt, 1415, III, 117.

Boursier (Alexandre), II, 322, 324.

Bousincourt (le seigneur de). — Tué à la bataille d'Azincourt, 1415, III, 117.

Boussac (le maréchal de), IV, 327, 337, 404, 409, 412, 415, 420, 426, 433; V, 12, 33.

Boussac (le seigneur de). — Envoyé au secours d'Orléans, 1428, IV, 301.

Boussach (Gauthier de), V, 200.

Boussart, homme d'armes, IV, 426.

Boussenoch (le château de), V, 225, 226.

Boussignies (le seigneur de). Voy. Hornes (Jean de).

Boussut (le seigneur de), VI, 201.

Bouteiller de France (le), VI, 173.

Bouteiller (Charles le), chevalier. — Tué à la bataille de Baugé, 1420, IV, 39.

Bouteiller (Gui le), II, 439; III, 6, 11, 247, 282, 297, 337; IV, 124; V, 93, 326. — Embrasse le parti du roi d'Angleterre, 1418, III, 308. — Au sacre de Henri VI, 1431, V, 2, 6.

Bouteiller (Guillaume le), II, 303.

Bouteiller (Raoul le), IV, 85, 89, 157, 166, 177, 208.

Boutiller. Voy. Bouteiller.

Boutillier. Voy. Bouteiller.

Boutry (messire, Charles), III, 118.

Bouvier (Guillaume), chevalier, licencié en lois, III, 111.

Bouvier (messire, Guillaume), gouverneur d'Arras, III, 17, 59, 62.

Bouvines (*Nord*), IV, 309, 395; V, 229, 230.

Bove (messire, Gobert de la). — Tué à la bataille d'Azincourt, 1415, III, 115.

Bovery, serviteur d'Hector de Saveuses, III, 279.

Boves (*Somme*), III, 97.

Boves (Guichard de), I, 365.

Brabanchons (les). Voy. Brabançons.

Brabaçons, IV, 227; V, 192; VI, 205. — Voy. Collision.

Brabant (le), III, 133; IV, 6, 401; V, 62, 116, 137; VI, 93, 319. — (Les communes de), IV, 229.

— (Le duché de), V, 123; VI, 289. — (Le pays de), V, 205.
Brabant (Antoine, duc de), I, 70, 141, 145, 172, 391, 395, 412; II, 6, 50, 52, 78, 93, 172, 412, 419; III, 21, 31, 36, 48, 52, 54, 59, 62; VI, 73, 164, 167, 172, 192, 201, 205, 207, 210, 212, 227. — Antoine, duc de Lembourg, succède au duché de Brabant, 1406, I, 144. — Présent au discours de Jean Courteheuse contre Benoît XIII, 1408, I, 256. — Ses démêlés avec Guillaume, comte de Hainaut, 1408, I, 396. — Son mariage, 1409, II, 32. — Logé à Saint-Denis, 1410, II, 88. — Appaise une rixe, survenue entre ses troupes et celles du comte de Saint-Pol, 1410, II, 89. — Articles qui le concernent dans la paix de Bicêtre, 1410, II, 97. — Joute contre le duc d'Orléans, 1414, III, 60. — Présent à la bataille d'Azincourt, 1415, III, 108. — Y est tué, III, 112; VI, 229.
Brabant (Jean IV, duc de), III, 121, 127, 133, 359, 409; IV, 26, 143, 171, 175, 207, 211, 217, 226, 232, 239, 241, 270. — Sa mort, 1426, IV, 275.
Brabant (Philippe I, duc de), IV, 307. — Meurt à Louvain, 1430, IV, 399.
Brabant (la duchesse de), Jeanne de Luxembourg, 1re femme du duc Antoine. — Sa mort, 1406, I, 137.
Brabant (la duchesse de), I. 396.
Brabant (la duchesse de), Jaqueline de Bavière, IV, 80.
Brabant (les ducs de), V, 123.
Brabant (Antoine de), I, 373, III, 174. — Amène des troupes à son frère Jean, duc de Bourgogne, 1411, II, 172.
Brabant (les ambassadeurs du duc de), VI, 164.
Brabant (Jean de), III, 133. — Épouse Jaqueline de Bavière, 1418, III, 280.

Brabant (Philippe de), III, 133.
Brabant (Jean de Hornes, sénéchal de), V, 64.
Brabant (Clugnet de), II, 124, 164, 166, 167, 178, 262, 265, 362, 391; III, 5, 84, 107, 124, 127, 142, 354; VI, 207, 210, 217. — Chevalier de l'hôtel du duc d'Orléans, amiral de France, I, 127. — Arrêté par les ordres du roi, au moment de s'embarquer à Harfleur, *ibid*. — Épouse la veuve de Louis, comte de Blois, *ibid*. — Commande les troupes, envoyées contre le duc de Lorraine, 1406, I, 128, 131. — A une rencontre sur mer avec les Anglais, 1406, I, 133, 134. — Veut se mettre à la poursuite du duc de Bourgogne, après le meurtre du duc d'Orléans, 1407, I, 164. — Tient garnison dans la ville de Ham, appartenant au duc d'Orléans, 1411, II, 164. — Sa tentative sur Réthel, 1411, II, 166. — En grand crédit, 1413, II, 411. — Amiral de France, III, 61. — Présent à la bataille d'Azincourt, 1415, III, 104.
Braecht (Gilles de), conseiller de la ville de Gand, VI, 223, 224, 225.
Braibant. Voy. Brabant.
Braibençons. Voy. Brabançons.
Braine, III, 317; V, 222.
Braine le comte, en Hainaut. — Son siége, 1424, IV, 226, 230.
Braine (le comte de), IV, 371; VI, 310.
Branbourg (le comte de), II, 20.
Brandebourg. Voy. Branbourg, Brandeburghe.
Brandeburghe (le marquis de), III, 262.
Braquemont (le seigneur de), III, 72.
Braquemont (Guillaume), V, 117.
Braquemont (sire, Louis de), IV, 196.
Braquemont (Lyonnet de). — Pris dans un combat sur mer, 1406, I, 134.

Braquemont (Robinet de), chevalier normand. — Combat sur la flotte espagnole, 1408, I, 261.
Braquencourt (Jacques de), II, 245.
Brasy (le seigneur de), VI, 91.
Braulart (Jacques), III, 246; VI, 247.
Bray. — Se rend au roi d'Angleterre, 1418, III, 309.
Bray-sur-Seine (*Seine-et-Marne*), III, 339, 346, 350; V, 293, 294; VI, 246, 278, 280, 285, 286. — Séjour de Charles VI, 1420, III, 407.
Bray-sur-Somme (*Somme*), III, 88, 246, 255; V, 317; VI, 316.
Bray (Robinet de), III, 154.
Breda (*Pays-Bas*), IV, 248.
Brédane (la province de), *lisez*: Embrun, II, 16.
Bredenarde, V, 264.
Brederode (Waleran de), III, 241.
Bref (M⁰ Andrieu, le), V, 403.
Brefemont (Guillaume de), VI, 69. Voy. Bauffremont.
Brégy (le seigneur de), VI, 245.
Breille. Voy. Bresle.
Bremeu (le seigneur de). Voy. Brimeu.
Bresantiau, neveu de Simon Morhier. — Tué au combat de Rouvray, 1428, IV, 313.
Breseil (messire, Pierre de), V, 73.
Bresière (le seigneur de), frère du comte de Straffort, V, 404.
Bresle (*Somme*), III, 244.
Bresle (messire, Jean de). — Tué à la bataille de Baugé, 1420, IV, 39.
Bressay (Jean de), lieutenant du maréchal de Rieux, V, 117, 129, 419; VI, 59. — Pris, 1435, V, 118.
Bressay (Pierre de), seigneur de la Garesne, VI, 58.
Bresse (la), II, 2.
Bressices. Voy. Bressuire.
Bressuire (*Deux-Sèvres*), IV, 31.
Brest (*Finistère*). — Le comte de La Marche s'y embarque pour son expédition des Galles, 1402, I, 69, 82.

Bretagne, I, 117, 299; V, 425; VI, 67. — Le duc de Bourgogne en prend possession au nom du jeune duc, Jean V, 1401, I, 34.
Bretagne (mort de Jean de Montfort, duc de), 1401, I, 32.
Bretagne (le duc de). — Jean V, I, 93, 235, 267, 269, 387; II, 50, 53, 162, 239, 372, 403; III, 98, 102, 132, 167, 204; IV, 28, 34, 41, 147, 150, 284, 287; V, 11, 251, 278, 453. — VI, 28, 34, 48, 99, 173, 196, 265. — Mené à Paris par le duc de Bourgogne, 1401, I, 35. — Va trouver le duc de Bourgogne à Saint-Denis, 1407, I, 176. — Présent au discours de M⁰ Jean Petit, I, 178. — S'allie aux Anglais pour sa guerre contre la duchesse de Penthièvre, 1409, II, 35. — Envoie ses ambassadeurs à Paris. — Puis y vient lui-même, 36. — Sa querelle avec le comte de Penthièvre, 1410, 64. — Le roi de Navarre et le comte de Mortain traitent de la paix avec le comte de Penthièvre, 1410, II, 79. — Les Cabochiens appréhendent de le voir arriver au gouvernement, 1411, II, 162. — Ses partisans proscrits par les Cabochiens, 1411, II, 163. — Se retire en Bretagne, *ibid.* — Sa querelle avec le duc d'Orléans, 1413, II, 409. — Sa colère contre Tannegui du Chastel, 1415, III, 132. — Son entrevue avec le duc de Bourgogne, 1418, III, 288. — Son entrevue avec le Dauphin, 1419, III, 357. — Le collier de la Toison-d'Or lui est envoyé, 1440, V, 444.
Bretagne (ducs de). Voy. Montfort (Jean de).
Bretagne (la duchesse de), III, 55; IV, 31. — Accouche d'un fils, 1410, II, 81.
Bretagne (Artus de), comte de Richemont, connétable de France, V, 387.

Bretagne (Gilles de), II, 237. — Sa mort, 1412, II, 290.
Bretagne (Olivier de), comte de Penthièvre, IV, 28.
Bretagne (Richard de), IV, 30.
Bretagne (le chancelier de). — Arrêté par le duc d'Alençon, 1431, V, 11.
Bretagne (l'amiral de), I, 71, 80.
Bretaigne. Voy. Bretagne.
Bretèche (la), IV, 353.
Breteuil, III, 312, 336; V, 16, 18, 45, 74, 96, 114. — Le château, V, 38.
Breteuil en Beauvoisis, IV, 419; V, 97, 127. — Le château pris par La Hire, 1434, V, 105.
Breteuil au Perche, IV, 191.
Breteul, VI, 312. Voy. Breteuil.
Breth. Voy. Brest.
Bretheul. Voy. Breteuil.
Breton (M⁰ Guillaume), V, 137.
Breton (le Petit), IV, 273.
Bretons, II, 35; IV, 276; VI, 307.
Bretous bretonnans, IV, 285.
Bretueil. Voy. Breteuil.
Brétigni. Voy. Brétigny.
Brétigny (le château de), V, 348.
Brétigny (le seigneur de). Voy. Chaule.
Bretonnière (Soudan de la). — Tué, 1437, V, 291.
Brevelier, V, 265.
Brezé (Pierre de), seigneur de la Varenne et de Brissac, sénéchal de Poitou et d'Avignon, VI, 97.
Bri-Conte-Robert. Voy. Brie-Conte-Robert.
Briac (Jean de). Voy. Buat.
Briaine (le comte de) et de Conversant, seigneur d'Enghien, VI, 305, 314. Voy. Brienne.
Briane (comté de). Voy. Brienne.
Briant (le seigneur de), III, 83.
Briauté (le seigneur de), VI, 237.
Bricoles, I, 105; III, 6.
Bridoul de Puiseurs (messire), III, 119.
Brie (la), III, 410; IV, 20, 56, 441; V, 33. — Remplie de troupes, 1405, I, 120.
Brie (Thomelin de), II, 333. — Décapité aux halles, 1413, p. 371.
Brie-Comte-Robert (*Seine-et-Marne*), IV, 11, 112, 405; VI, 286.
Brienne (comté de), III, 413.
Brimencourt (Jean de), III, 269.
Brimeu (le seigneur de), I, 372; II, 414; III, 90; V, 246. — Pris dans une rencontre contre les Anglais, 1405, I, 404. — Tué à la bataille d'Azincourt, 1415, III, 113.
Brimeu (Artembaut de), IV, 414.
Brimeu (Athis de), III, 29, 362, 376, 389; VI, 237. — Prisonnier à la bataille d'Azincourt, 1415, III, 120.
Brimeu (Collinet, puis Florimont de), VI, 237, 302. — Fait chevalier, 1421, IV, 59.
Brimeu (David de), sire de Humbercourt, II, 81, 421; III, 184, 185. — Fait bailli d'Amiens, 1417, p. 191.
Brimeu (David de), seigneur de Ligny, IV, 67, 374.
Brimeu (David et Daviod de), III, 389; IV, 67, 190, 353, VI, 237, 301.
Brimeu (Florimont de). — Tué à la bataille de Tongres, 1408, I, 366.
Brimeu (Florimont de), IV, 67, 403, 405; V, 315. — Sénéchal de Ponthieu, V, 228, 260, 308.
Brimeu (Florimont de), seigneur de Massicourt. — Fait chevalier de la Toison-d'Or, 1429, IV, 374.
Brimeu (Garin, bâtard de), IV, 457.
Brimeu (Gérard, bâtard de), III, 150, 182, 281; IV, 309, 422, 424.
Brimeu (Jacotin de), VI, 237.
Brimeu (Jacques de), III, 29; IV, 89, 357, 400, 403, 413, 415; V, 115, 315. — Seigneur de Grigni, fait chevalier de la Toison-d'Or, 1429, IV, 374.
Brimeu (Jean de), IV, 340, 365, 367, 382, 383; V, 56, 94, 115, 138, 213, 255, 314, 407; VI,

237, 301. — Fait chevalier, 1429, IV, 345. — Bailli d'Amiens, 1435, V, 196.
Brimeu (Maillet de), VI, 302.
Brimeu (Olivier de), IV, 68.
Brimeu (Robert de), IV, 254; VI, 237, 301.
Brimeul. Voy. Brimeu.
Brimeux. Voy. Brimeu.
Brinior (le seigneur de), VI, 162.
Bris (Piètre), V, 332.
Brisconterobert. Voy. Brie-Comte-Robert.
Brissart, tabellion royal à Roye, VI, 139.
Brisset (Rogier). — Fait prisonnier, 1424, IV, 196.
Brocher (maître Gui), II, 312.
Broissi (l'église de), IV, 179.
Brolay (le seigneur de). Voy. Craon, (Amaury de).
Brolly (Anthoine de), III, 118.
Bron (Gautier de), V, 316, 337.
Brousacq, capitaine, VI, 9. Voy. Broussac.
Broussac, capitaine, IV, 174; V, 203, 293, 349.
Broussac (Pierre de), V, 419.
Broussach, capitaine. Voy. Broussac.
Broussacq (Pierre de). Voy. Broussac.
Broussart, capitaine. Voy. Broussac.
Broussart (Gauthier de), IV, 273.
Brousset (les enfants de), V, 224.
Brouxelles. Voy. Bruxelles.
Brucelles. Voy. Bruxelles.
Bruges, I, 97, 231; II, 123, 260, 404; III, 359; V, 234, 239, 241, 267, 293, 322, 327, 451; VI, 222, 223. — Noces de Philippe le Bon, duc de Bourgogne, 1429, IV, 371. — Émeute, 1437, V, 282. — Traité avec le duc de Bourgogne, 1437, V, 332 — Réconciliée avec le duc de Bourgogne, 1440, V, 445 et suivant. — (Mortalité à), 1438, V, 339.
Bruges (le prévôt de Saint-Donat de), II, 232. — (L'église de Saint-Donat de), V, 333. —
(Hôtel des Trois-Rois à), V, 445.
—(Saint-Jean de l'Hôpital à), V, 287, Saint-Donat, *ibid*. — (Les damoiselles de la ville de), V, 448. — (Députés de), 1440, V, 445.
Brughelins (les), V, 250, 257, 269, 289, 307, 332. — Sollicitent la médiation de Charles, duc d'Orléans, auprès du duc de Bourgogne, 1440, V, 445.
Bruières. Voy. Bruyères en Laonnais.
Bruissart (Gauchier de), IV, 366. Voy. Broussart.
Brun (le), le Bains chevalier, bailli de Vermandois, 1412, II, 363.
Brunchault. Voy. Chaussée.
Bruneil (le seigneur de), IV, 195. Voy. Brunel.
Brunel (messire). — Tué à la bataille d'Azincourt, 1415, III, 117.
Brunel (Guichard), III, 314.
Brunel (messire Hue), III, 209, 215.
Brunel (messire Loys), III, 150, 215, 334.
Brunel (Maurice), III, 85.
Brunelay, capitaine du château de Montchas, V, 35.
Brunelay, capitaine d'Eu, V, 93.
Brunequel (le vicomte de), Voy. Thouenne (Jean de).
Brunet (Hue), III, 126.
Brusquant (Grenier de). — Tué à la bataille d'Azincourt, 1415, III, 117.
Bruxelles, I, 87; IV, 7, 230, 275, 306, 429; V, 50, 352, 378; VI, 292. — Noces d'Antoine duc de Brabant, 1409, II, 32.
Bruyère (Jacques de la). — Tué 1437, V, 291.
Bruyères en Laonnais, IV, 202. — Prise par les Français, 1433, V, 68.
Brye. Voy. Brie.
Buat (Jean de). — Tué à la bataille d'Azincourt, 1415, III, 116.
Buch (le captal de), III, 333, V, 355.

Budé (Guillaume), maître des garnisons du roi, II, 312.
Budé (Jean), contrôleur du scel, II, 324.
Buef, (le captal de). Voy. Buch.
Bueil (le seigneur de), V, 73, 101, 102, VI, 9, 42. — Tué à la bataille d'Azincourt, 1415, III, 115.
Bueil (Louis de), VII, 67.
Buges (Nicaise), général des finances, II, 320.
Bugle de Grouches (le), III, 267, 268.
Buillon (Geoffroy de), secrétaire du duc d'Aquitaine, II, 276.
Buillon. Voy. Bouillon.
Buisemont (Pierre de), seigneur de Chargui, VI, 68. Voy. Baufremont.
Buiseuses (Étienne de), capitaine, IV, 260.
Buisignies de la Gravelle, IV, 146.
Buisines ou trompettes, II, 71.
Buisserie (la), entre Tournus et Mâcon, IV, 165.
Buisson (Thibault), IV, 31.
Buissy sur Fontaines, IV, 133.
Bulle de Grégoire XII, du 11 décembre 1406, I, 147.
Bulletes, III, 310.
Burtel, III, 311.
Bus (la tour de), IV, 405.
Bussai (Loys de). Voy. Bussy.
Bussy (le château de), IV, 98.
Bussy (le seigneur de), IV, 407.
Bussy (Loys de), III, 29. — Tué à la bataille d'Azincourt, 1415, III, 114.
Butor, bâtard de Croy. — Fait prisonnier, 1418, III, 302.
Buvrière (Baugois de la), III, 26.
Byencourt, VII, 299.

C

Caboce. Voy. Caboche.
Caboche (Jean), II, 399, III, 127; VI, 217. — Ses deux neveux, II, 402.
Caboche (Jehanninot), II, 344.
Caboche (Simonet le coustelier, dit), VI, 117.
Caboche (le varlet). — Décapité 1414, III, 20.
Cabochiens (sédition des), 1411, II, 162.
Cachielle (Jehan), V, 325.
Cadart (Me Jean), IV, 271.
Cadet, capitaine du château de Coucy, VI, 167.
Caen. — (*Calvados*), II, 144, 412, 452; V, 113; VI, 131. — Assiégée par Henri VI, 1417, III, 242. — (Le bailli de), II, 236. — (Députés de), II, 294.
Caffran (messire Jacques de), maréchal de Chipre, IV. 264.
Cageux (Le Bègue de). Voy. Cayeu.
Caire (le). Voy. Kaire.
Caitignies (Thiebault de). — Tué, 1430, IV, 391.
Calais, I, 3, 104, 105, 108, 329, 350; II, 97, 233, 247, 268, 391; III, 54, 72, 94, 112, 121, 125, 137, 147, 162, 163, 164; IV, 24, 27, 42, 114, 183, 207, 231, 252, 258, 293, 334, 389; V, 150, 191, 204, 213, 231, 234, 238, 245, 248, 250, 257, 260, 266, 280, 352, 379, 402, 430, 444; VI, 28, 33, 230, 235, 290, 292, 295, 299, 300, 323. — (Le hâvre de), IV, 43. — (Garnison de), I, 68, III, 78. — (Anglois de la garnison de), I, 101. — (Le capitaine de), I, 16. — (Ceux de), V, 242, 243. — (Tentative du duc de Bourgogne sur), 1406, VI, 194. — (Arrivée de Charles, duc d'Orléans à), 1440, V, 436. — (Le voyage de), V, 322.
Calaix, VII, 228. Voy. Calais.
Calcoine (Nicolas, prévôt de), V, 153.
Caldée, IV, 283.
Caldes, en Hongrie, III, 408.
Caletren, château au duché d'Aquitaine, assiégé, I, 94.
Calemarchin, I, 82.

Calenton (le seigneur de), VI, 52.
Calivray (Jacques), III, 154.
Calot (M⁰ Laurens), VI, 117.
Calville (Colart de), III, 183.
Camahieu, nom d'une monnaie, VI, 295.
Camber (le seigneur de). — Présent à la bataille d'Azincourt, 1415, III, 106.
Cambier (Parceval), IV, 169.
Cambises (le roi), I, 276.
Cambouches (le baron de), IV, 288.
Cambrai. Voy. Cambray.
Cambray. —(*Nord*). I, 3, II, 246; III, 21, 48, 86, 88; IV, 23, 127, 134, 305; V, 63, 79, 381, 397, 399, 401, 450, 452, 470; VII, 164, 223, 227. — De ses habitants. —Sa charité pendant la famine, 1437, V, 320. —Ses faubourgs pillés, 1443, VI, 81. — (Jean de Luxembourg, enterré dans l'église Notre-Dame de), 1440, V, 454. — (l'évêché de), IV, 232.
Cambray (le cardinal de), VI, 232.
Cambray (l'évêque de), I, 150, III, 361; IV, 279, 430; V, 133; VI, 282. Voy. Ailly, (Pierre d'). Lens (Jean de).
Cambray (évêques de), II, 247.
Cambray (l'abbé de Saint-Audebert de), V, 382.
Cambray (le comte de). Voy. Cambry.
Cambray (Adam de), premier président, V, 134, 152, 155.
Cambre (le duc de), IV, 197.
Cambrésis (le), II, 167; III, 47, 88, 132, 161; IV, 130, 302, 429, 457; V, 63, 89, 95, 268, 317, 386, 429, 451, 466, 470. — Ravagé, 1417, III, 181, — 1420; IV, 35.
Cambrésis (la marche de), V, 451.
Cambridge (le comte de), frère du duc d'Yorck, III, 81.
Cambron (Coquart de), chevalier, VI, 316. Voy. Cambronne.

Cambronne (Choquart de), IV, 90, 170, 177. — Voy. Chambronne.
Cambry (le comte de). Voy. Cambray (le comte de), III, 81.
Cameran (le Borgne de), IV, 193.
Campements, II, 175.
Canche (le), rivière, III, 100; IV, 49.
Candie (le duc de), I, 77.
Candie (Pierre de). —Élu pape par le concile de Pise, sous le nom d'Alexandre V, 1409, II, 10, 11.
Cannoniers, II, 282; III, 83; IV, 139; VI, 315.
Canny (le seigneur de). — Prisonnier à la bataille d'Azincourt, 1415, III, 120.
Canny (Aubert de), VI, 200.
Canons, I, 104, 136, 362; III, 219, 226, 284; IV, 93, 157; V, 418; VI, 19, 20, 58.
Canons et trébus, VI, 201.
Cantaing (*Nord*), IV, 429.
Cantimpré (le moustier de Notre-Dame de), VI, 81.
Cantorbéry. Voy. Cantorbie.
Cantorbie, III, 72; IV, 43, 114.
Cantorbie (l'archevêque de), III, 73, 304.
Cantorbie (l'official de), V, 132.
Capeline d'acier, II, 284.
Capelle, capitaine, V, 349.
Capeluce, le bourrel de Paris, VI, 263. Voy. Capeluche.
Capeluche, bourreau de Paris, 1418. III, 290. — Est décapité, p. 291.
Caperel (M⁰ Oudart), V. 382.
Cappes. Voy. Chappes.
Cappi. Voy. Capy.
Captal de Buef (le), VI, 55. Voy. Buch.
Caprel (M⁰ Oudart), VI, 96.
Capy (*Somme*), V, 45, 79, 146, 317.
Carados des Quesnes.—Prisonnier, 1419, III, 369, 370.
Cardinaux. Voy. Aquilée, Bar, Bordeaux, Cambray, Fleurance.
Cardonne (messire Jehan de), seigneur de Richaucourt, IV, 459.
Carencières. Voy. Garencières.
Carignan. Voy. Yvois.

Carl (Gontier). Voy. Col.
Carmathen. Voy. Calemarchin.
Carmen (Jean), écuyer, I, 76.
Carnassie (le comte George de), VI, 163.
Carnassie (le comte Jean de), VI, 163.
Carnicon (Jean, messire), anglais, II, 5.
Carquand (le seigneur de), chevalier du Boulonnais, II, 88.
Caruel de Hangart (messire), III, 118.
Cassel (Chatellenie de), II, 122.
— (La terre de), V, 273. Voy. Bataille.
Cassel (le duc de Bar, seigneur de,) VI, 223.
Casset. Voy. Cusset.
Cassuelbonne (le comte de), VI, 162.
Castaignier (Jean), secrétaire du roi, V, 152, 155.
Castel (Lescremot). — Défie la comtesse de Hainaut, 1422, IV, 134.
Castel en Cambrésis. Voy. Cateau-Cambrésis.
Castelbon (le vicomte de), fils du comte de Foix, I, 94.
Castelinba, VI, 239, 240, 258.
Castellans (les), IV, 164.
Castellus (le seigneur de), IV, 385.
Castelogne. Voy. Catalogne.
Castenoy. Voy. Quesnoy (le).
Castillans. Voy. Castellans.
Castille (le roi de), V, 84; VI, 99.
Castillon (le seigneur de), IV, 136.
Castillon (le seigneur de), lisez : Châtillon, VI, 308.
Castrammer. Voy. Châteaumur.
Catalogne, I, 42; IV, 282.
Cateau-Cambrésis (Nord), II, 114; IV, 277; VI, 2, 316.
Cathelongne. Voy. Catalogne.
Catherine de Bourgogne. Voy. Bourgogne.
Catherine de France, fille de Charles VI, I, 10; II, 43; III, 80, 319, 334, 363, 378, 379; IV, 80. 98; V, 344, 401; VI, 268, 269, 277, 283, 285, 326. — Son portrait montré à Henri V,

roi d'Angleterre, 1418, III, 295.
— Fiancée à ce monarque, 1420, p. 389. — Son arrivée à Harfleur, 1422, IV, 98. — Envoyée au duc de Bourgogne, 1439, V, 400.
Catheu. Voy. Catheux.
Catheux (Oise), IV, 404.
Cathilinaire. Voy. Saluste.
Cathilinas, III, 153. Voy. Catilinas.
Cathiline, I, 303.
Cathon. Voy. Caton.
Catilinas, chevalier lombard, III, 150.
Caton, I, 283, 285; VI, 128.
Caubret (Jacotin de), IV, 173.
Cauchon (le Borgne de), IV, 93.
Cauchon (Pierre de), évêque de Beauvais, IV, 23, 389; VI, 117. Voy. Beauvais (l'évêque de).
Caudebec (Seine-Inférieure). — Se rend au roi d'Angleterre, 1418, III, 309.
Caudebec (l'abbé de), I, 349.
Caudevert (Jean). — Décapité à Bruxelles en 1420, IV, 7.
Caudeville (Jean de), IV, 204.
Cauffour (Henri de). Voy. Chauffour.
Cauffour (Jean de). Voy. Chauffour.
Cauldebecque (l'abbé de). Voy. Caudebec.
Caumesnil (Jean de), III, 362.
Caumont (le seigneur de), V, 410, 414.
Caumont (Bertran de), IV, 14.
Cauroy (le seigneur de), III, 118.
Caurroy (Desre de), VI, 302.
Caux (le pays de), III, 171, 277; IV, 24, 104; V, 202, 341. — (Le chief de), V, 421.
Caux (le bailli de), IV, 156.
Cauxte (messire Hugue), V, 224.
Cauwart, capitaine, V, 264.
Cayeu (le Bègue de), chevalier. — Tué à la bataille d'Azincourt, 1415, III, 114.
Cayeu (Payen de). — Tué à la bataille d'Azincourt, 1415, III, 114.
Cayn, I, 279.
Cayphas, II, 19.

Cécile. Voy. Sicile.
Ceilly (le comte de), II, 62.
Célestins (les), VI, 195.
Célestins (la chapelle des), III, 56; V, 45. — (Le couvent des), I, 308.
— (L'église des), I, 160.
Cenery, V, 12.
Cercamp (l'abbaye de), III, 67.
Céricourt (Thiébault de). — Tué, 1421, IV, 64.
Cérines ou Kerynia, port de l'île de Chipre, II, 34.
Cérixée, V, 206, 209.
Cerny, V, 293.
Cerny en Laonnois (le seigneur de). — Tué à la bataille d'Azincourt, 1415; III, 115.
Cervoles (messire, Philippe de), III, 346.
Césarée en Cappadoce, I, 190.
Cesse (le duc de). — Fait prisonnier, 148.
Chaalons. Voy. Châlons.
Chaalons (Jean de). Voy. Châlon.
Chaalons en Bourgogne. Voy. Châlon.
Chaalons en Champagne. Voy. Châlons.
Chabannes (Anthoine de), V, 43, 79, 103, 201, 316, 337, 349, 410, 462; VI, 9, 47, 52.
Chabannes (Jacques de), IV, 364, 382, 409, 426; V, 99, 293, 306; VI, 47. — Assiste au combat de Rouvray, 1428, IV, 311. — Commande à Creil, 1429, IV, 358, 363.
Chabennes (Anthoine de). Voy. Chabannes.
Chailly (messire Denis de), IV, 428; V, 388; VI, 7.
Chailly (messire, Jean de), seigneur de Chamblois. — Tué, 1440, V, 422.
Chaînes rendues aux Parisiens, 1405, I, 113; II, 457. — Otées, 1415, III, 142.
Chalant (le cardinal de), II, 21, 68.
Chalant (Jacques de), seigneur de Ameville, VI, 69.
Chalent (le cardinal de). Voy. Chalant.

Challansi, lisez: Chalancey (Côte-d'Or), V, 53.
Challus (messire, Robert de). — Tué à la bataille d'Azincourt, 1415, III, 116.
Chally (Denis de). Voy. Chailly.
Chalon (élection de), V, 163.
Chalon (le seigneur de), III, 29.
Châlon (Jean de), I, 372; II, 256, 272. — (Jean de), seigneur d'Arlay, II, 64.
Châlon (Louis de), fils du prince d'Orange, III, 215; VI, 236.
Châlon (Périnet de). — Pendu à Amiens, 1435, V, 198.
Châlon, le hérault, I, 31.
Châlons (Marne), III, 48, 51, 351, 355; IV, 336; V, 462; VI, 306. — Se soumet à Charles VII, 1429, IV, 337.
Châlons (l'évêque de), V, 403. — Moyenne le mariage d'Antoine, duc de Brabant, 1409, II, 32.
Châlons (Guillaume de), II, 276.
Châlons (messire, Robert de). — Tué à la bataille d'Azincourt, 1415, III, 116.
Chambely. Voy. Chambly.
Chambely le Haubrégier. Voy. Chambly.
Chambennes. Voy. Chabannes.
Chamber (le seigneur de), III, 82.
Chambéri, V, 82.
Chamberlan (Guillaume), VI, 6, Voy. Chambrelent.
Chambli (Jean de). Voy. Chambly.
Chamblois (Jean de Chailly, seigneur de), V, 422.
Chambly (Oise), III, 113, 210, VI, 13, 237, 238.
Chambly (Jean de), V, 273.
Chambly le Hauberger. Voy. Chambly.
Chambly le Haubergier. Voy. Chambly.
Chambois (le seigneur de). — Tué à la bataille d'Azincourt, 1415, III, 115.
Chambonnes (Jacques de). Voy. Chabannes.

Chambour (le seigneur de), IV, 288.
Chambre des comptes, II, 322; VII, 197, 324.
Chambre aux deniers, II, 311.
Chambrelent (messire Guillaume), V, 388, 390.
Chambronne (Colart de), IV, 21. Voy. Cambronne.
Chambronne (Guichart de), IV, 21.
Chambronne (Louis de), IV, 21.
Champ du comble (le), de Hasebain, I, 358.
Champ mortel, I, 99.
Champagne, IV, 56, 183, 341, 399, 440; V, 8, 10, 30, 75, 90, 110, 222, 269, 319, 461; VI, 38, 44, 246, 249.
Champagne (messire Louis de), IV, 196.
Champagne, roi-d'armes, I, 52, 57.
Champaigne. Voy. Champagne.
Champaings (Jean de), seigneur de Gruffy, Savoisien, IV, 264.
Champcommun, V, 387.
Champdivers (le seigneur de), III, 205; VI, 226, 236.
Champdivers (Guillaume de), I, 372; III, 14, 17, 295, 328, 360; VII, 200, 276. — Seigneur de Cheigni, VI, 69.
Champdivers (Henri de), VII, 236.
Champdivers (Jean de), II, 64.
Champigneux (la forteresse de), IV, 398.
Champion (Jean), secrétaire du dauphin, III, 331.
Champion vaincu, décapité, I, 100.
Champremy (Rifflart de), IV, 154.
Champtoceaux (Maine-et-Loire), IV, 29, 33.
Champtourneau. Voy. Champtoceaux.
Champtourteau. Voy. Champtoceaux.
Chancelier (le), I, 168, 263, 337; II, 238, 263, 299, 337, 352, 430, 463; III, 257, 262; V, 273; VI, 230, 267, 324. — Chargé par le duc d'Aquitaine de faire la réponse à la plainte de la duchesse d'Orléans, 1408, I, 348. — Envoyé vers le duc de Bourgogne à Saint-Omer, 1411, II, 116. — Sa querelle avec le chancelier d'Aquitaine, 1412, II, 334. — Jure la paix d'Arras, 1414, III, 63. — Projet des Parisiens de le tuer, 1415, III, 140. — Arrêté par les Parisiens, 1418, III, 262.
Chancelier du duc d'Aquitaine (le), II, 237, 299; III, 98; VI, 118, 123. — Voy. Neelle (Jean de).
Chancelier de Bourgogne (le), II, 360.
Chancelier du duc de Guienne (le), VI, 118, 123.
Chancelier d'Orléans (le), II, 299; VI, 123.
Chancelier d'Orléans (le), Guillaume Cousinot, I, 169.
Chancellerie (la), II, 323.
Chanlay (le bâtard de), III, 154.
Chantili. Voy. Chantilly.
Chantilly. — Se rend à Charles VII, 1429, IV, 354.
Chanville Hault-Vergier. Voy. Chambly.
Chapeau de Montaulban, arme, III, 137.
Chapelle, capitaine, V, 316.
Chapelle (Jean de La), chevalier, conseiller du duc de Bourgogne. — Tué à la bataille de Tongres, 1408, I, 366.
Chapelle (Loys de la), IV, 407.
Chapelle Gautier (la) (Eure), V, 337.
Chapelle Saint-Denis (la), III, 136; V, 2, 301.
Chapelle-en-Térace (la).
Chapelle-en-Thiérarche (la), III, 14, 48.
Chappes (Aude), IV, 385; V, 64. — Voy. Cappes.
Charcottie (la), en Chipre, IV, 262.
Charenton, II, 169, 333; III, 264.

— Les Parisiens y envoient des troupes, 1410, II, 95. — Son pont, I, 123; III, 288, 388; IV, 362; VI, 254, 257, 264. — Rompu par les Parisiens, II, 169.

Charetier (Maistre Guillaume), V, 135, 152, 155.

Chargni-sur-Oise, V, 348; VI, 139.

Chargni (Pierre de Buisemont, seigneur), VI, 68.

Chargny (le seigneur de), IV, 376, 476; V, 69, 98, 138, 141, 213, 268.

Charité sur Loire (la), II, 269, 289; IV, 106; VI, 319. — Sa prise, 1423, IV, 174. — (Perrinet Crasset, capitaine de la), V, 57.

Charlemaisnil, V, 341. — Se rend au roi d'Angleterre, 1418, III, 309. — Se rend au roi de France, 1435, V, 202.

Charles V, II, 242, 312, 327. Voy. Charles le Quint.

Charles le Quint, I, 7.

Charles le Riche (le roi), II, 45.

Charles VI, II, 237, 249, 258, 266, 402; III, 44, 120, 126, 145, 217, 244, 246, 358, 363, 373; IV, 78; VI, 109, 115, 144, 152, 157, 164, 196, 203, 210, 214, 224, 249, 255, 263, 267, 277, 283, 288, 322, 389.
— Appelé par Monstrelet, Charles le Bien-Aimé, I, 5. — Tient état royal au palais, 1409, II, 54. — Réduit sa garde, 1409, II, 58. — Mécontent du duc de Bourbon, s'empare du château de Creil, 1410, II, 78. — Se propose de marcher contre les princes, 1410, II, 93 et suiv. — Les habitants des environs de Paris viennent se plaindre à lui de leurs souffrances, 1410, II, 95, 96. — Son départ pour Tours, 1408, I, 390. — Assiste à l'intronisation de Simon de Montagu, évêque de Paris, 1409, II, 31. — Les princes se plaignent du mauvais gouvernement de son hôtel, 1409, II, 41. — Va trouver la reine à Melun, 1408, I, 259. — Logé au palais, 1410, VI, 205. — Son état d'abandon, 1410, VI, 205. — Reçoit les lettres du duc d'Orléans, 1411, II, 150. — Tombe malade, 152. — Son départ de Paris, 5 mai, 1412, II, 258. — Est blessé d'un coup de pied de cheval, 259. — Son arrivée devant Bourges, 11 juin 1412, II, 270. — Armé en guerre 1412, II, 272. — Quitte le siége de Bourges, 20 juillet 1412, II, 289. — Logé au palais de l'évêque d'Auxerre, 1412, II, 290. — Rejoint la reine à Melun, 1412, II, 295. — Joute aux noces de Louis de Bavière, 1413, II, 408. — Va à Senlis, 1413, II, 465. — A Saint-Denis, 1414, III, 47. — Son entrée à Paris, ibid. — Assiste aux obsèques de Louis duc d'Orléans 55. — Joute contre le duc d'Alençon, 1414, III, 60. — Arrive devant Compiègne, 1414, VI, 221. — Assiége Soissons, V, 222. — Arrive devant Péronne, ibid. — Devant Bapaumes, 225. — A Arras, ibid. — Danger du feu au camp d'Arras, 1414, III, 34. — Son pèlerinage à Notre-Dame de Curlu, 1414, III, 18. — Fait le comte d'Alençon chevalier, 1414, III, 19. — Son retour à Senlis, 1414, III, 42. — Sa maitresse, 1415, III, 76. — A Rouen, 1415, III, 97. — Réception qu'il fait à l'empereur Sigismond, 1415, III, 136. — Projet des Parisiens de le mettre en chartre, 1415, III, 140. — Fait arrêter Loys Bourdon, 1417, III, 175. — En présence des séditieux, 1418, III, 262. — Tentative pour l'enlever aux Parisiens, 1418, III, 264. — Ramené dans Paris par le duc de Bourgogne, 1418, III, 272. — Fait son entrée dans Paris aux côtés du roi

d'Angleterre, 1420, IV, 16. — Réduit à un état misérable, 1420, IV, 22. — Reçoit la visite de la reine d'Angleterre, 1422, IV, 99. — Misérable état dans lequel on le laisse, 1422, IV, 100. — Sa mort, 22 octobre 1422, IV, 120; VI, 323, 324, 325, 326.

Charles VI (santé de). — Son attaque de folie, I, 8. — Vacillations dans son état de santé, I, 108, 115, 119, 130, 140, 243, 263; II, 4, 49, 113, 350, 373; III, 319.

Charles VII, IV, 129, 157, 198, 211, 272, 301, 309, 335; V, 16, 45, 103, 181, 219, 222, 291, 294. —Son couronnement, 1422, IV, 131. — Reçoit la Pucelle à Chinon, 1428, IV, 314. — A Gien, 1429, IV, 324. — Ses succès, 1429, IV, 337. — Son entrée à Reims, p. 338. — Donne la bataille de Montespilloy, 1429, IV, 346. — A Senlis, 1429, IV, 356. — En Touraine, p. 358. — Son itinéraire en 1429, IV, 358. —Séjourne à Chinon, 1433, V, 73. — Naissance de son fils Philippe, 1435, V, 216. —Son entrée dans Paris, 1437, V, 301. — Séjourne à Tours, 1437, V, 316. — Arme contre le duc de Bourbon, 1440, V, 410. —On lui donne des préventions contre Charles, duc d'Orléans, 1440, V, 452. — Lève des troupes, 1440, V, 457. — Son entrevue avec la duchesse de Bourgogne à Laon, 1440, V, 468. — Ses préparatifs contre les Anglais, 1440, V, 470. —Passe les fêtes de Pâques à Laon, 1441, VI, 1. — Délivre sans rançon un Anglais qui s'était rendu à lui, 1441, VI, 23. —Remontrances de Nevers, 1441, VI, 26. — Assiége Pontoise, 1441, VI, 6. — Assiége Creil, 1441, VI, 5. —Arme, 1432, VI, 32. — Arme, 1442, VI, 50. — Arme, 1443, VI, 66. —Son accueil au Dauphin, 1443, VI, 82.

Charles de France, fils de Charles VI, I, 9.

Charles (le Dauphin), IV, 18.

Charles (le cadet), fils mainsné du sire d'Albert, VI, 24.

Charleton, capitaine, IV, 195.

Charny en Laonnais (le seigneur de). Voy. Cerny.

Charny. Voy. Chargny.

Charpentier (maître Guillaume le), II, 25.

Charrolois (le), II, 226. —(Le comté de), V, 81.

Charrolois (Philippe, comte de), I, 115; II, 32, 233, 237, 350, 412; III, 49, 87, 98, 163, 165, 205, 208, 242, 245, 249, 250, 251, 268, 297, 350; V, 344, 448; VI, 45, 172, 197, 235. — Son mariage projeté avec Michelle de France, 1404, I, 96.— Montré aux villes de Flandre par son père, le duc de Bourgogne, 1410, II, 111. —Son séjour à Gand, 1412, II, 259. — Fait rendre les derniers honneurs aux morts de la bataille d'Azincourt, 1415, III, 122. — Apprend à Gand la mort de son père, 1419, III, 358.

Charrolois (le comte de). Voy. Bourgogne (Philippe de).

Charrolois (la comtesse de), V, 448.

Charrues, I, 145.

Charsi (Jean de). Voy. Torsy.

Chartain (le pays), VI, 34, 58.

Chartrain (pays de), V, 94.

Chartres (*Eure-et-Loir*), I, 108, 395; II, 81, 87, 89, 133, 136, 386; III, 220, 226, 227, 234, 237, 239, 315; IV, 69, 137; V, 94; VI, 30, 128, 204, 242, 295. — (Notre-Dame de), VI, 203, 244. —Arrivée du duc de Bourgogne, le 6 mars 1408 (V. S.), I, 397. — Assassinat d'Hélion de Jacqueville, 1417, III, 235, 236. — Prise par les Français, 1431, V, 21. — Assiégée par le Dauphin, 1421, IV, 44, 47.

Chartres (traité de), II, 287; III, 39; VI, 172.

Chartres (l'évêque de). — Jean de Montagu, I, 33.
Chartres (l'évêque de). — Martin Gouge, II, 271; III, 46, 69. — Assiste à l'entrevue des princes d'Orléans et du duc de Bourgogne, I, 397. — Jure la paix d'Arras, 1414, III, 63.
Chartres (l'évêque de).— Jean VII, IV, 122; VI, 324.
Chartres (Jean de Festigny, évêque de), V, 25.
Chartres (l'évêque de). Voy. Gouge (Martin).
Chartres (Regnault de), archevêque et duc de Reims, V, 109, 155.
Chartres (messire Hector de). — Arrêté par les Parisiens, III, 262. — Tué dans Paris, 1418, III, 270.
Chartres (messire, Hector de), le jeune et ses deux frères. —Tués à la bataille d'Azincourt, 1415, III, 117.
Chartres (le vidame de), VI, 9.
Chartreux de Paris (les). — Sépulture du comte de Mortain, II, 290.
Chaslesmesnil. Voy. Charlemaisnil.
Chasse (la), IV, 405.
Chasteaubelin (seigneur de), III, 50.
Chasteaubelin. Voy. Chateaubelin.
Chasteaubrun (le seigneur de). — Tué au combat de Rouvray, 1428, V, 313, 314.
Chasteaugeron (le seigneur de), IV, 288.
Chasteaulandon. Voy. Châteaulandon.
Chasteau Moulineau. — Se rend au roi d'Angleterre, 1418, III, 309.
Chasteaumur. Voy. Châteaumur.
Chasteauthierry. Voy. Château-thierri.
Chasteauvielz. Voy. Châteauvieux.
Chasteau vilain. Voy. Châteauvilain.
Chastel (le), IV, 404.
Chastel (le), en Brie, V, 293.

Chastel (le seigneur du), 1, 71, V, 134. — Tué, I, 81.
Chastel (la dame du), proscrite, 1413, II, 353
Chastel (Guillaume du), neveu de Tanegui, VI, 15.
Chastel (Jean du), secrétaire, VI, 152, 160.
Chastel (Mᵉ Venture du), V, 359.
Chastel Audrien, IV, 32. Voy. Chateaulaudren.
Chastel Gaillart. Voy. Château Gaillard.
Chastel Thierry. Voy. Château-thierry.
Chastel Neuf (le), à Naples, III, 170.
Chastel Noef. Voy. Château Neuf.
Chastel-Pol (port de), I, 71.
Chasteler, VI, 81.
Chastelet (messire Gérard du), V, 337, 338.
Chastelier (Michel du), tué à la bataille d'Azincourt, 1415, III, 116.
Chastelina, capitaine, VI, 307. —
Chastellus (le seigneur de), III, 261, 375, 389. — Fait maréchal de France, 1418, III, 273.
Chastellus (le seigneur de), VI, 236, 261.
Chastelmorant (le seigneur de), III, 267.
Chastelmorant (Jean de), envoyé vers Benoît XIII, 1407, I, 244, 248.
Chastenier (Jean), général des finances, II, 320.
Chastigniers (les) — se rend aux Français, 1430, IV, 419.
Chastillon. Voy. Châtillon.
Chastrangonnois (le), VI, 67.
Chateaubriant (le seigneur de), IV, 31.
Chateau Gaillard, III, 337; IV, 364; VI, 266. — Se rend à Charles VII, 1429, IV, 350.
Chateaulandon (*Seine-et-Marne*), IV, 274; V, 292; VI, 246.
Chateaulaudren (*Côtes-du-Nord*), IV, 32.
Chateaumur (*Vendée*), IV, 31.

Chateauthierri (*Aisne*), I, 130; IV, 35, 338, 340; V, 34; VI, 291.
Chateauvieux (le seigneur de), III, 215; VI, 236.
Chateauvilain (le seigneur de), III, 215, 240, 389; IV, 74, 79; V, 52; VI, 200, 236, 245, 276, 306. — Mort de son fils, 1418, III, 291. — (Le seigneur de Thy, frère du seigneur de), V, 96.
Châtelet (le), III, 57, 261; IV, 14, 156; VI, 255. — Forcé par les Parisiens, 1418, III, 262. — Massacres, 290. — (Sergent du Châtelet écartelé, 1439, V, 390. — (La porte du), V, 302. — (Le grand), III, 269; VI, 262. — Le petit) III, 269; VI, 262. — (Le corps du), V, 302; VI, 324. — (Procédure du), VI, 131.
Chatelus (le seigneur de). Voy. Castellus.
Châtillon, près Paris, III, 217.
Châtillon-sur-Seine (*Côte-d'Or*), V, 65, 66.
Châtillon (le seigneur de), IV, 92, 185, 338, 441; VI, 9, 16. — Assiste au massacre des Armagnacs, 1418, III, 270. — Capitaine de Reims, VI, 291.
Châtillon (messire Charles de), tué à la bataille d'Azincourt, 1415, III, 117.
Châtillon (messire Jacques de), seigneur de Dampierre, amiral de France, II, 168; III, 4, 57. — Tué à la bataille d'Azincourt, 1415, III, 112.
Châtillon (Jacques de), fils aîné du seigneur de Dampierre. — Se sauve de Paris, 1413, II, 361.
Châtillon (messire Jean de), Bâtard de Dampierre, V, 134.
Chauf (Jean), gouverneur du roi, II, 312.
Chauffour (Henri de), III, 153, 281, 383; VI, 261.
Chauffour (Jean de), III, 153, 154.
Chaule (le seigneur de). Voy. Boisy.
Chaule (Carbonnel de), V, 388.
Chaule (Jean de), seigneur de Bretigny, III, 119; VI, 162.
Chaule. Voy. Chaulnes.
Chaulnes (*Somme*), III, 149; VI, 78.
Chaulny (le seigneur de). Voy. Chauny.
Chaumes, en Brie (*Seine-et-Marne*), III, 313; VI, 267.
Chaumont (Denisot de), II, 305, 344; III, 48, 127; VI, 117, 217, 219. — Banni, 1413, II, 408.
Chaumont (les enfants de), IV, 21.
Chaumont en Charrolois, V, 90.
Chauny-sur-Oise (*Aisne*), II, 164; V, 19, 21. — Restitué au duc d'Orléans, 1412, II, 303.
Chauny (le seigneur de), II, 250, 267; IV, 97, 437; VI, 317. — Prisonnier à la bataille d'Azincourt, 1415, III, 120. — Fait capitaine de la Bastille, 1418, III, 266.
Chauny (messire Aubert de), seigneur de Varennes. — Soupçonné du meurtre du duc d'Orléans, 1407, I, 161. — Ses instructions, 1417, III, 192. — Sa mise en accusation, III, 206.
Chauny (le bâtard de), V, 298.
Chanquin (le Borgne de), VI, 305, 314.
Chaussée de Brunehault (la), I, 354.
Chauvegni (le seigneur de). Voy. Chauvigny.
Chauvigny (le seigneur de). — Assiste au combat de Rouvray, 1428, IV, 311.
Chauvry (*Seine-et-Oise*), VI, 10.
Chavenchy (le seigneur de). —Tué à la bataille d'Azincourt, 1415, III, 115.
Chavensi (siége de), V, 223, 224.
Cheingni (le seigneur de), VI, 69.
Chellecte (le seigneur de), lieutenant de Boucicaut à Gênes, II, 38.
Chépoix (*Oise*). Voy. Chépoy.
Chépoy (le seigneur de), III, 119.
Cherbourg (*Manche*), II, 318, 333,

412, 452; V, 353; VI, 28, 131.
— Assiégé par le duc de Glocester, 1417, III, 242. — (Le château de), VI, 216.
Cherebourg. Voy. Cherbourg.
Chérines (le port de), en Chipre. Voy. Cérines.
Chermes (la forteresse de), en Chipre, IV, 264, 265, 269.
Chersbourg. Voy. Cherbourg.
Cherté des vivres, V, 319; VI, 277, 294.
Chervin (Jouan), homme d'armes, III, 314.
Cheuly (Renaud de), III, 346.
Chevalier (Jean). — Décapité à Bruxelles, 1426, IV, 275.
Chevalier (Nicolas), V, 42.
Chevalier fait par l'empereur Sigismond à son passage en France, 1415, III, 138.
Chevalier de Guet (le), V, 2.
Chevaliers (créations de), 1404, I, 92. — 1420, III, 412. — 1421, IV, 59. — 1422, IV, 89, 92.— Devant un gibet, II, 272.
Chevaliers lettrés, IV, 250.
Chevaux. — Feu qu'avaient ceux des Lombards et des Gascons, II, 102.
Cheverin. Voy. Chauvry.
Chevreuse (*Seine-et-Oise*), — Sa prise, 1417, III, 245. — Se rend à Charles VII, 1438, V, 342.
Chevreuse (le seigneur de), III, 261. — Assiste au massacre des Armagnacs, 1418, III, 270.
Chevreuse (le bâtard de), IV, 404.
Chevreuses. Voy. Chevreuse.
Chevrières (Perrin de), III, 154.
Chevrot (M⁕ Jean), archidiacre de Vexin dans l'église de Rouen, V, 59, 60, 61. — Évêque de Tournay, V, 213, 345.
Chiembronne (Guichard de). — Dégage la Pucelle, 1429, IV, 355.
Chiembronne (Guillaume de), V, 427. — Pris, 1440, p. 420.
Chiembronne (Louis de), IV, 98. — Pris, 1421, IV, 63.
Chiens, expulsés d'une ville assiégée, VI, 300.

Chierbourg. Voy. Cherbourg.
Chierebourg. Voy. Cherbourg.
Chierne (le seigneur de), III, 279.
Chièvres (le seigneur de), I, 372.
Chin (le seigneur de), I, 78, 106 ; II, 88, 263, 265 ; III, 110 ; IV, 74. — Tué à la bataille d'Azincourt, 1415, III, 116.
Chingny (comté de). Voy. Chiny.
Chinon (*Indre-et-Loire*), IV, 314; V, 73 ; VI, 165.
Chiny (comté de) en Luxembourg, III, 52.
Chipigen (Thomas), III, 105.
Chippre. Voy. Chypre.
Chippriens (les), IV, 180.
Chiron (Jean de), seigneur de Ranchevières, VI, 69.
Chirurgiens du duc de Bourgogne, VI, 92.
Chissay (Guichard de), IV, 92, 94. — Henri V recommande de le retenir prisonnier, 1422, IV, 111.
Chissé (Guichart de), VI, 314.
Choisi-sur-Ayne. Voy. Choisy-au-Bac.
Choisy (la forteresse de), IV, 383.
Choisy-au-Bac (*Oise*), IV, 131, 381, 412. — Se rend à Charles VII, 1429 ; IV, 354.
Choisy-sur-Oise. Voy. Choisy-au-Bac.
Chypre (le royaume de), IV, 242, 245, 268. Voy. Cérines, Nicosie.
Chypre (le roi de), II, 20; IV, 180, 243, 259; V, 150. — Sa maladie, 1425, IV, 246. — Fait prisonnier, 1426, IV, 263. — Mené au Kaire, 267. — Sa rançon, 268. — Sa mort, 1431, V, 30.
Chypre (le fils du roi de), arrêté prisonnier par les Parisiens, 1418, III, 262. — (La fille du roi de), V, 82.
Chypre (le grand commandeur de), IV, 261.
Chypre (le maréchal de). Voy. Caffran (Jacques de).
Chypre (le cardinal de), V, 82, 130, 133, 151, 153, 154, 179.

Cicéron. Voy. Tulles.
Cigny (Comté de). Voy. Chiny.
Cilien (le comte). Voy. Cilley.
Cilley en Basse Stirie (Hermann, comte de), III, 43.
Cipre (le roi de). Voy. Chypre.
Ciricourt (le seigneur de), VI, 69.
Cirixée (le port de), III, 125.
Cité de Dieu (la). Voy. S. Augustin.
Clabaut (Jean), garde du scel du bailliage de Vermandois à Roye, VI, 137.
Claidas, capitaine anglais, IV, 163. Voy. Classidas.
Claix (Lancelot de), tué à la bataille d'Azincourt, 1415, III, 117.
Clamace (Rifflart de), présent à la bataille d'Azincourt, 1415, III, 109.
Clameci (Giles de). Voy. Clamecy.
Clamecy (messire Gilles de), III, 246; VI, 247. — Fait prévôt de Paris, 1418, III, 314; VI, 267. — Assiste au sacre de Henri VI, 1431, V, 2, 6.
Clamecy (messire Jean de), V, 10.
Clamel (Andrieu), III, 191.
Clamesy (messire Gille de). Voy. Clamecy.
Clarcy (le château de), pris par les Dauphinois, 1419, III, 360.
Clarence (le duc de), III, 72, 82, 162, 188, 277, 283, 319, 388; IV, 70; V, 346; VI, 215, 228; 268, 288, 293. — Prend Gisors, 1419, III, 334. — Fait capitaine de Paris, 1420, IV, 2.
Clarence (Thomas, duc de), II, 241, 257, 303, 305, 337. — Débarque à la Hogue, 1412, II, 291. — Capitaine de la Normandie, IV, 37. — Tué à la bataille de Baugé, 1420, IV, 38.
Clarence (la duchesse de), III, 412.
Clarence (le bâtard de), IV, 368.
Clari (Gilles de), exécuté, 1426, IV, 270.
Claroy, à une demi-lieue de Compiègne, IV, 383, 387, 410.

Clarsy (le seigneur de). Voy. Craon.
Clarus Boie, décapité à Gand, 1437, V, 330.
Clary (Lansellot de), tué à la bataille d'Azincourt, 1415, III, 117.
Classedach, Anglais, IV, 294. Voy. Classidas.
Classedas. — Présent au siège d'Orléans, 1428, IV, 300. Voy. Classidas.
Classidas, Anglais. — Tué au siège d'Orléans, 1429, IV, 321.
Clau (Clavin du), III, 153, 248; VI, 236, 242, 246, 249.
Clau (Jean du), chef des Grandes compagnies, III, 150, 180, 240, 248, 274, 333; VI, 236, 242, 246, 249.
Clau (Lami du), Savoisien, III, 150.
Clau (M⁰ Robert au) chanoine de Cambrai, V, 62.
Clavain (maistre Guillaume). — Décapité à Bruxelles, en 1420, IV, 7.
Clavain (messire Henry). — Décapité à Bruxelles, en 1420, IV, 7.
Clavain (messire Jean). — Décapité à Bruxelles, en 1420, IV, 7.
Clavain (Jean), geôlier. — Décapité à Bruxelles en 1420, IV, 7.
Clavin, frère de Jean de Clau, III, 240.
Clavin (Jaquet du), III, 154.
Clément VI, I, 140.
Clément, duc en Bavière. Voy. Bavière.
Clemmesy (Gilles de). Voy. Clamecy.
Clenmessy Gilles de), prévôt de Paris. Voy. Clamecy.
Clerchamp (l'abbaye de). Voy. Cercamp.
Clerchamp (l'abbaye de), V, 72.
Cleremont. Voy. Clermont.
Clermont (l'évêque de), III, 246; V, 304; VI, 247.
Clermont (le comte de), I, 160, 267, 269; II, 3, 6, 34, 52, 65, 141; IV, 360, 369, 379; VI, 203.

Clermont (Jean, comte de), I, 94, 173. — Envoyé en Languedoc, 1404. — Joûte aux noces d'Antoine, duc de Brabant, 1409, II, 32. — Succède à son père Louis, duc de Bourbon, 1410, II, 80.

Clermont (Charles de Bourbon, comte de). — Ses noces, 1425. IV, 250. — Au sacre de Charles VII, 1429, IV, 339. — Fait gouverneur de l'Ile de France et du Beauvoisis, 1429, IV, 358.

Clermont (le comte de). Voy. Bourbon (Charles de).

Clermont (la comtesse de). — Intercède pour les prisonniers de Creil, 1410, II, 78.

Clermont (la dame de), I, 327.

Clermont (Andrieu de), IV, 196.

Clermont (Simon de), II, 265.

Clermont en Argonne, V, 273.

Clermont en Beauvoisis, II, 114, 165; III, 59, 151, 312, 336; IV, 18, 335, 397; V, 92, 103, 105, 290, 298. — Son château, V, 300. — Ses siéges, III, 373; IV, 420. — (Le seigneur de Moy, capitaine de), V, 350.

Clermont en Beauvoisis (comté de), III, 243; IV, 369. — Mis en la main du roi, 1410, II, 87. — Le duc de Bourbon s'y fortifie, 1411, II, 165. — Ravagé, 1419, III, 373.

Clerre (le seigneur de), Anglais, III, 83.

Clervaux (l'église de). — On y arrête Sansien Leleu, 1408, I, 258.

Cles, VI, 86. Voy. Cleux.

Cletel (le seigneur de), V, 135.

Cleux, village près de Lens, en Artois, VI, 292.

Clèves (le comte de). — Adolf IV, I, 131.

Clèves (le comte de), I, 50, 172, 176; II, 20, 53, 419; VI, 162. — Amène des troupes au duc de Bourgogne à Paris, 1405, I, 120.

Clèves (de), V, 107.

Clèves (la comtesse de), II, 32.

Clèves (le duc de), IV, 281; V, 246, 311.

Clèves (la duchesse de), IV, 371, 430; V, 435.

Clèves (le damoiseau de), V, 82, 136, 336. — Assiste aux funérailles d'Isabeau de Bavière, 1435, V, 188.

Clèves (la demoiselle de), V, 438, 439. — Épouse Charles, duc d'Orléans, 1440, V, 433. — Son mariage avec le fils du roi de Navarre, 1438, V, 341.

Clèves (le seigneur de). — Présent à des joûtes, 1440, V, 448.

Clicon. Voy. Clisson.

Clicq (le comte de). Voy. Clique.

Clifort (le baron de), IV, 44.

Clique (le comte de), VI, 74, 84, 91, 92.

Clisson (Olivier de), connétable de France, I, 7, 50.

Clisson (la dame de), IV, 29.

Clocestre. Voy. Glocestre.

Cloches, données par le duc de Bourgogne à l'église de Térouane, V, 56.

Clovis, I, 339.

Cluignet de Brabant. Voy. Brabant.

Cobatre (Alienor de), IV, 231, 270.

Cochon (M⁰ Pierre), évêque de Beauvais, V, 2, 5; VI, 247, 297. Voy. Beauvais (évêques de).

Codrus, II, 379.

Coene, lisez: Cosne, VI, 321.

Coesquan (le seigneur de), IV, 288.

Coetivy (le seigneur de), amiral de France, VI, 16.

Coetivy (Olivier de), VI, 9.

Cognac (Charente), VI, 53.

Cognac (le seigneur de), VI, 53.

Coham (le seigneur de). Voy. Cohem.

Cohein (Pierre), évêque de Beauvais, III, 246. Voy. Cochon.

Cohein (le sire de). Voy. Cohem.

Cohem (le seigneur de), III, 215, 239, 251, 266, 291, 365; VI, 236, 297, 301. — Assiste au massacre des Armagnacs, 1418, III, 270. — Capitaine d'Abbeville, 1421, IV, 50, 51, 66.

Coignon (sire Tristan), IV, 196.
Coimbre (le duc de). Voy. Cambre (le duc de).
Coitivy (Olivier de). Voy. Coetivy.
Cokin (Honoré), V, 195, 197. — Décapité à Amiens, 1435, p. 198.
Col (Gautier), secrétaire du roi, III, 36, 46, 96.
Colcos (l'île de), IV, 373.
Colemach de Saincte-Couloume, I, 76.
Coliboure (le baron de), IV, 146.
Collaon (le seigneur de), VI, 69.
Collége de Navarre, III, 57.
Collequeult (le bâtard de), III, 215.
Collet (Jean), chevalier. — Tué à la bataille de Tongres, 1408, I, 365.
Colleville (Colart de), III, 55. — Sa femme, III, 373.
Collision entre les gens du comte de Saint-Pol et les Brabançons, près de Saint-Denis, 1410, II, 88.
Cologne, I, 36; VI, 164. — (L'archevêque de), I, 285; III, 44, 408. — (L'avoué de), IV, 264.
Colombier (Isère), IV, 407.
Colombiers en Brie, lisez: Coulommiers, IV, 428.
Colompne. Voy. Colonna.
Colonna (le cardinal). Voy. Martin V.
Colscamp (le bâtard de), VI, 237.
Columpne (le cardinal de). Voy. Colonna.
Colville (Colart de). Voy. Colleville.
Combats singuliers, 1409, II, 5.
Combor (le seigneur de). — Tué à la bataille d'Azincourt, 1415, III, 116.
Combouches (le seigneur de). — Tué à la bataille d'Azincourt, 1415, III, 115.
Combourt (le seigneur de). Voy. Combor.
Combrest (le seigneur de), IV, 195.
Combrevant (le seigneur de), mis à mort, 1436, V, 278.
Comette (frère Thomas), carme,

V, 43. — Brûlé comme hérétique à Rome, 1432, 44.
Commanderies, III, 24.
Commarci (le damoiseau de). Voy. Commercy.
Commarcis (le damoiseau de). Voy. Commercy.
Commendaces, III, 56.
Commercis (le damoisel de). Voy. Sallebrusse.
Commercy, (Meuse), V, 41, 110; VII, 86.
Commercy (le damoiseau), IV, 379, 380; V, 40, 53, 222, 224, 338, 457; VI, 4, 85. — Fait chevalier, 1429, IV, 339.
Commines (le seigneur de), III, 215, 375, 385; IV, 67; V, 239, 267; VI, 237, 297, 301, 303.
Commines (Colard de), IV, 67; V, 267, 285, 287, 332; VI, 302. — Fait chevalier, 1421, IV, 59. — Pris, 1421, IV, 64. — Souverain bailli de Flandre, V, 214.
Commines (messire Jean, seigneur de), V, 239. — Fait chevalier de la Toison d'or, 1429, IV, 374.
Comminges (le comte de), VI, 52.
Commun (le château de), I, 382, 383.
Communes (troupes des). — Leur faiblesse et leur indiscipline, I, 364.
Communes de Flandre (les), II, 172.
Compiègne (Oise), I, 304; II, 428, 441, 462, 465; III, 59, 134, 167, 173, 203, 335, 360, 366, 368; IV, 20, 35, 56, 88, 97, 103, 352, 358, 378, 382, 384, 387, 391, 394, 396, 398, 400, 402, 404, 409, 412, 414, 419, 427, 444; V, 18, 74, 417, 452; VI, 5, 20, 77, 81, 146, 157, 220, 234, 254, 257, 261, 297, 311, 312, 314, 318. — La reine s'y rend, 1406, I, 128. — Fêtes, I, 129. — Sa réduction, III, 4. — Siége de 1414, VI, 221. — Se

rend aux Bourguignons, 1418, III, 267. — Surprise par le seigneur de Bosqueaux, 1418, III, 278. — Se rend au duc de Bethfort, 1422, IV, 103. — Sa prise, 1423, IV, 174, 176. — (Le prévôt de), III, 133. — (Garnison de), IV, 42.

Compiègne (l'abbé de S.-Corneille de), tué dans Paris, 1418, III, 270.

Compiègne (la tour de S.-Corneille à), III, 279.

Compiengne. Voy. Compiègne.

Complainte faite après la bataille d'Azincourt, 1415, III, 122.

Complainte du pauvre commun et des laboureurs de France, VI, 176.

Comte-Maréchal (le), III, 284; IV, 163, 164. — Présent à la bataille d'Azincourt, 1415, III, 106.

Couach (le seigneur de), VI, 24.

Conches (*Eure*), assiégée, 1442, VI, 57.

Conches (le seigneur de), I, 372; IV, 408. Voy. Créquy.

Conchi Voy. Conchy-sur-Canche.

Conchy-sur-Canche(*Pas-de-Calais*), IV, 49.

Concile de Bâle, 1431, IV, 448, 449; V, 83, 109, 129, 190, 343, 357.

Concile de Constance, 1414, III, 44, 50, 54, 135, 224; IV, 178, 189, 250, 450; VI, 227, 231.

Concile de Paris, 1406, I, 139, 263.

Concile de Pise, dépose les deux contendants à la papauté (Grégoire XII et Benoît XIII), 1409, II, 9. — (Constitutions du), 1409, II, 29.

Concile de Pise. Voy. Bar (le cardinal de).

Condamné à mort sauvé miraculeusement, V, 9.

Condé (*Nord*), IV, 234.

Conflans (*Seine*), II, 437; VI, 16, 18.

Conflans (le seigneur de), IV, 67, 174, 441; VI, 301, 304, 306. — Pris, 1421, IV, 63.

Connebourch (le seigneur de), VI, 163.

Connétable (le), I, 160; II, 252, 267, 268, 374, 391, 464, 465; III, 14, 99, 101, 145, 147, 148, 242, 246, 253, 257; IV, 324, 327, 335, 353; V, 137, 183, 221, 224, 241, 273, 292, 301, 457, 468; VI, 2, 6, 17, 123, 173. — Récompensé pour le gain de bataille de Saint-Rémy-du-Plain, 1412, II, 255. — Marche contre les Anglais, 1412, II, 302. — Présent à la bataille d'Azincourt, 1415, III, 103. — Marche sur Paris lors du complot de 1415, III, 142. — Rappelle les troupes de Normandie, 1417, 208. — Averti d'une conspiration dans Paris, 1417, III, 238.

Connétable d'Angleterre (le). Voy. Percy (Thomas de).

Connétables. Voy. Clisson (Olivier de).

Consale (messire Pierre), Portugais, III, 61.

Conseil (le), III, 358. — Favorable au duc de Bourgogne, 1411, II, 150.

Conspirations. Voy. Paris.

Constance, I, 149; III, 44; VI, 161. Voy. Concile.

Constances (l'évêque de). Voy. Coutances.

Constantinoble. Voy. Constantinople.

Constantinople (l'empereur de), Manuel Paléologue, — son départ de Paris, 1401, I, 32.

Constantinople (le patriarche de), IV, 122; VI, 324.

Contay (le seigneur de), V, 460.

Contay (Guillaume le Jeune, seigneur de), V, 420.

Contes. Voy. Conches (le seigneur de).

Conteville (Lyonel), IV, 414.

Conty (Jean de), maïour d'Amiens, V, 195.

Conversan (le comte de), Pierre de Luxembourg, I, 260, 396;

II, 32. 104; III, 165, 317, 413; IV, 80, 85, 93, 94, 175, 278; VI, 203. — Seigneur d'Enghien, IV, 211, 226, 402, 464. — Marche avec le duc de Bourgogne contre les Liégeois, 1408, I, 353.

Conversano, ville épiscopale au royaume de Naples. Voy. Conversan (le comte de).

Conversen (le comte). Voy. Conversan.

Copin Capon, décapité à Gand, 1417, V, 332.

Coquelaire (le château de), V, 295.

Coqueluche (la), sévit, II, 463.

Corail (Loys de), chambellan du roi, tué dans Paris, 1418, III, 289. Voy. Corailles.

Corailles (Loys de), chevalier, II, 270.

Coram (Guillaume), Anglais, IV, 399; V, 75, 114.

Corbeny (*Aisne*), IV, 339.

Corbeil (*Seine-et-Oise*), II, 168, 168, 169, 258; III, 226, 227, 232, 261, 264, 322, 412; IV, 15; V, 152, 414; VI, 242, 257, 286. — Le duc de Bourgogne y rataint le Dauphin, 1405, I, 109. — Abandonnée par la reine. — Prise par les Parisiens, 1411, II, 169. — Charles VI, y séjourne, 1420, III, 410.

Corbie (*Somme*), I, 172; III, 28, 96, 175, 183, 190, 208, 365, 367, 372; IV, 240, 334, 354, 359, 428, 439; V, 98, 105, 147, 153, 419, 459; VI, 235, 236. — Cédée par le traité d'Arras, 1435, V, 169.

Corbie (Arnaud de), chancelier de France, VI, 120. Voy. Corbie (Regnault de).

Corbie (messire Ernault de), seigneur d'Ommel, tué à la bataille d'Azincourt, 1415.

Corbie (Philippe de), III, 201.

Corbie (Regnault de), *lis.*: Arnaud, chancelier. — Sa réponse à l'Université, 1410, II, 92. — Disgracié, 1413, 371. — Rétabli, 399.

Corbueil. Voy. Corbeil.

Cormercq, de l'ordre de Saint-Jean de Jérusalem, III, 154.

Cornuart, hospitalier, III, 153.

Coroan (Guillaume), capitaine de Nièvre. Voy. Coram.

Cornouaille (le seigneur de), Anglais, I, 153; III, 83, 125, 275, 276, 284, 301, 302, 368, 369, 370, 372, 373; IV, 12, 93. — présent à la bataille d'Azincourt, 1415, III, 106. — escorte Charles, duc d'Orléans, à sa rentrée en France, 1440, V, 436. — bien reçu du duc de Bourgogne, 1440, V, 440. — son retour en Angleterre, 1440, V, 444.

Cornouaille (le fils du seigneur de), IV, 93.

Cornouaille (Jean de), chevalier anglais, II, 5.

Corrados des Quesnes, V, 75.

Corroville (le seigneur de), I, 150.

Corsay (Jean de), — fait maître des arbalétriers, 1415, III, 131.

Cosne-sur-Loire (*Nièvre*), IV, 106, 108. — Assiégée par le Dauphin, 1422, IV, 106, 108, 109.

Cosne (voyage de), IV, 118.

Cote de blanc gris, IV, 8.

Cotebrune (Jean de), maréchal de Bourgogne, III, 328; IV, 74; VI, 200, 236, 246, 275, 307. — Assiste au mariage de Henri V, à Troyes, 1420, III, 389.

Cotigny (le seigneur de), IV, 155. — Amiral de France, VI, 7, 52.

Cotigny (Olivier de), IV, 52, 56.

Cottebrune (le seigneur de), maréchal de Bourgogne. Voy. Cotebrune (Jean de).

Cottivi (Prigent de), V, 73. Voy. Coetivy.

Couchi (le bâtard de). Voy. Coucy.

Couchy (Lansellot de), III, 118.

Coucy (*Aisne*), I, 40, 41, 43; II, 114, 124, 167, 178, 303, 411, 448; IV, 89; V, 386. — Son siége, 1423, IV, 163. — (Le

château de), III, 310, 312; VI, 267, 291. — Rendu à Charles, duc d'Orléans, 1440, V, 456.
Coucy (le sire de), I, 8.
Coucy (la dame de), II, 122.
Coucy (la demoiselle de), fille d'Enguerran. — Son mariage avec Philippe, comte de Nevers, 1409, II, 2.
Coucy (Enguerran de), comte de Soissons, II, 2.
Coucy (le bâtard de), IV, 60, 67; V, 227; VI, 301, 302, 303.
Coudin. Voy. Condun.
Coudun (*Oise*), IV, 383, 386, 390.
Couette (Thomas), carme. — Ses prédications, 1428, IV, 302.
Coulanges-la-Vineuse (*Yonne*), IV, 161; V, 96.
Coulembier (forteresse de), IV, 406.
Couleurs (signification des), IV, 429.
Coulevrines, IV, 464.
Coulogne (l'archevêque de), VI, 161. Voy. Cologne.
Coulogne-les-Vigneus. Voy. Coulanges.
Coulombiers (Henri de), écuyer, V, 111.
Coulommiers (Martin de), marchand de Paris, décapité, 1414, III, 21.
Coulommiers (Martin de), VI, 117.
Coulommiers. Voy. Colombiers.
Coulongne (Fulcho de), VI, 163.
Coulongne. Voy. Cologne.
Coup d'État du duc d'Aquitaine, 1415, III, 69.
Cour (état de la), 1419, III, 364.
Courcelles (le seigneur de), III, 246; V, 134; VI, 200, 237, 247. — Assiste au sacre de Henri VI, 1431, V, 2, 6.
Courcelles (Jean de), II, 118, 360; VI, 8.
Courcelles (M" Pierre de), I, 257; IV, 196.
Courcelles (M" Thomas de), V, 137.

Courchy (le seigneur de), tué à la bataille d'Azincourt, 1415, III, 115.
Courcielles (Jean de). Voy. Courcelles.
Couronnement de la reine d'Angleterre, 1420, IV, 24.
Courouam (Guillaume), pris, 1430, IV, 424. Voy. Coram.
Coursain, V, 66.
Course (Jean de), I, 248.
Court (Dimenche de), 52.
Courtecuisse (Jean), docteur en Théologie, III, 56. Voy. Courteheuse.
Courteheuse (Jean), son discours contre Benoît XIII, 1408, I, 255.
Courteheuse (Thomas de), valet de chambre du roi, I, 155, 158.
Courteheuse (Guillaume), l'un des meurtriers du duc d'Orléans, I, 158.
Courtiamble (messire Jacques de), Voy. Courtramblé.
Courtie-sur-Saine, VI, 18.
Courtramblé (messire Jacques de), I, 372; II, 64; III, 389; VI, 200, 236, 247. — porte la bannière du duc de Bourgogne à la bataille de Tongres, 1408, I, 362.
Courtraville (messire Jacques de), III, 246.
Courtray, V, 239, 267, 330.
Cousinot (Guillaume), avocat en parlement, I, 269, 336. Voy. Chancelier d'Orléans.
Cousoy (Jean de), envoyé vers Benoît XIII, 1407, I, 244.
Coussi. Voy. Coucy.
Coussy. Voy. Coucy.
Coustalier (Simonet le), dit Caboche, VI, 117.
Coustances. Voy. Coutances.
Cousteville (Jennet de), proscrit, 1413, II, 353.
Coutances (*Manche*), — se rend au roi d'Angleterre, 1418, III, 258.
Coutances (l'évêque de), II, 237.

— Arrêté par les Parisiens, 1418, III, 262. — Tué, 270.

Couvin, dans le pays de Liége, I, 383.

Couvrant (Jean Geoffroi de), V, 223.

Coux (Philippe de), avocat, IV, 50.

Cramailles (Pierre de), exécuté, 1434, V, 86.

Cramailles (messire Yvain de), tué à la bataille d'Azincourt, 1415, III, 115.

Cramault (Simon), patriarche d'Alexandrie, I, 349.

Craon (messire Amaury de), seigneur de Brolay, tué à la bataille d'Azincourt, 1415, III, 115.

Craon (Antoine de), seigneur de Beau Verger, III, 118, 248, 249, 254, 360, 409; VI, 200. — Tué à la bataille d'Azincourt, 1415, III, 115.

Craon (messire Jacques de), seigneur de Dommart en Ponthieu, IV, 142; V, 16, 17. — Fait chevalier, 1437, V, 313, 315.

Craon (messire Jean de), seigneur de Dommart, I, 105. — Prisonnier à la bataille d'Azincourt, 1415, III, 120.

Craon (messire Jean de), seigneur de Montbaron, tué à la bataille d'Azincourt, 1415, III, 115.

Craon (Jean de), seigneur de Maubuisson, mari de l'une des filles du grand maître, Jean de Montaigu, II, 46.

Craon (Pierre de), I, 7.

Craon (messire Simon de), seigneur de Clarsy, tué à la bataille d'Azincourt, 1415, III, 113.

Craonnois (le), VI, 67.

Crasset (Perrinet), IV, 175. — Capitaine de la Charité-sur-Loire, V, 57.

Crécy-sur-Authie (*Somme*), V, 129.

Crécy-en-Brie (*Seine-et-Marne*), V, 34.

Crécy-sur-Serre (*Aisne*), III, 375; V, 81, 89, 90.

Creil (*Oise*), III, 244, 253, 303; IV, 20, 353, 358, 363, 397; V, 18, 38, 91, 92, 229, 386; VI, 5. 251. — Ses siéges, II, 78; III, 267; IV, 354; VI, 6.

Creilg. Voy. Creil.

Creille. Voy. Creil.

Créqui (le seigneur de), III, 90; IV, 355, 387, 403, 414, 415; V, 64, 128, 245, 246, 259, 401.

Créqui (Enguerrand de), IV, 431, 432.

Créqui (Ernoul de), IV, 415.

Créqui (messire Jean, seigneur de), III, 345. — Fait chevalier de la Toison d'or, 1429, IV, 374.

Créqui (Lestendart, seigneur de), tué à la bataille d'Azincourt, 1415, III, 113.

Créqui (Philippe de), tué à la bataille d'Azincourt, 1415, III, 114.

Créqui (Raoul de), V, 64.

Créqui (messire Regnault de), seigneur de Conches, I, 372. — Tué à la bataille d'Azincourt, 1415, III, 114.

Crésecques (Jean de), VI, 80.

Crespy-en-Laonnais (*Aisne*), III, 371, 374, 375, 377; IV, 202; VI, 283. — Prise par les Dauphinois, 1419, III, 360. — Capitule, III, 376.

Crespy-en-Valois (*Oise*), IV, 73, 97, 344, 352, 358, 383, 397; V, 68, 92, 416.

Cressi-sur-Serre. Voy. Crécy.

Cressonsac (*Oise*), IV, 97. — Son château abattu, 1422, IV, 120.

Cressonsacq. Voy. Cressonsac.

Crète (le seigneur de la), tué à la bataille d'Azincourt, 1415, III, 116.

Creton (messire Antoine de). Voy. Craon.

Crevant (*Indre*), IV, 157, 159, 161. — Sa prise, 1423, IV, 162.

Crèvecœur (*Nord*), cédée par le traité d'Arras, 1435, V, 169.

Crèvecœur (le seigneur de), III, 235, 267, 279; IV, 18, 56, 66, 176, 375, 397, 420, 437; V, 64,

138, 213, 285, 300, 344, 403, 431; VI, 301.
Crèvecœur (la dame de), V, 401.
Crèvecœur (Jean de), IV, 55, 73; V, 213.
Crèvecuer. Voy Crèvecœur.
Creyl. Voy. Creil.
Cricque (Jean), V, 332.
Crievecuer. Voy. Crèvecœur.
Crime d'une femme d'un village près d'Abbeville, V, 351.
Cris de guerre, I, 364.
Criston (Guillaume), chevalier, V, 277.
Croisines (Adam de), IV, 138.
Croisy (le seigneur de), II, 253.
Croisy (Jean de), VI, 304, 306.
Croissy (*Oise*), IV, 49.
Croix (George de), IV, 364, 380, 399, 464, 465; VI, 8, 80.
Croix (Jorge de). Voy. Croix (George de).
Croix (Étienne de la), III, 154.
Croix du Tirouer (la), II, 430.
Crotoy (le) (*Somme*), II, 412, 452; III, 37, 59, 161; IV, 21, 41, 42, 51, 58, 90, 91, 102, 104, 145, 156, 166; VI, 131, 290, 294, 307, 311, 323. — Fortifié, 1419, III, 365. — Son château, III, 259; VI, 165. — Ses siéges, IV, 157, 177; V, 260.
Crouy (le seigneur de), assiste à la bataille de Tongres, 1408, I, 369. — Arrêté par les Orléanistes, 1410, II, 109.
Croy (le seigneur de), I, 107, 145, 260, 372, 392; II, 59, 294, 372, 437, 438; III, 29, 48, 90, 385, 386; IV, 54, 66, 73, 107, 143, 212, 226, 394; V, 64, 81, 138, 196, 213, 246, 255, 314, 407, 432; VI, 200, 296, 301, 320. — Fait capitaine de Picardie, 1406, I, 137. — Sa délivrance, 1411, II, 233. — Se sauve de Paris, 1413, II, 361. — Tué à la bataille d'Azincourt, 1415, III, 113.
Croy (le seigneur de), assiste au mariage de Henri V, à Troyes, 1420, III, 389.
Croy (le seigneur de), chevalier du duc de Bourgogne, IV, 308.
Croy (le seigneur de), comte de Porcien, VI, 91.
Croy (Antoine, seigneur de), III, 214, 365, 370, 375, 382.
Croy (messire Antoine, seigneur de) et de Renty, fait chevalier de la Toison d'or, 1429, IV, 374.
Croy (Jean de), II, 234, 372, 421; IV, 340, 345, 395; V, 64, 87, 93, 128, 147, 213, 246, 256, 315, 407, 432. — Bailli de Hainaut, V, 115, 235, 246, 256, 470; VI, 96. — Tué à la bataille d'Azincourt, 1415, III, 113.
Croy (messire Jean de), seigneur de Tours-sur-Marne, fait chevalier de la Toison d'or, 1429, IV, 374.
Croy (Butor, bâtard de), III, 386, 403.
Croy (Victor, bâtard de), chef de compagnies, III, 180, 369, 370.
Cruautés exercées dans Paris contre les Armagnacs, 1418, III, 271.
Cudoë (Charles), prévôt des marchands, 1411, II, 162.
Cuiraces, II, 277.
Culevin. Voy. Couvin.
Culevrines, V, 122; VI, 21.
Cure (l'évêque de la), en Hongrie, VI, 162.
Curon (Simon de). Voy. Craon.
Curroy (le seigneur de). Voy. Bourbon (Jacques de).
Cusset (*Allier*), V, 412, 415.
Cussoy, V, 53.
Cuvilliers (Jehan Loys de), III, 154.
Cylien (le comte), en Esclave, VI, 161.
Cyne (messire Robert de), — accompagne la reine dans son évasion, 1417, III, 230.
Cypre. Voy. Chypre.
Cypriens (les), IV, 262.
Cytocie, en Chipre, IV, 260.

D

Dace (Henri, roi de), de Norwége et d'Esclavonie. — Son mariage avec Philippe, fille de Henri IV, roi d'Angleterre, 7 décembre, 1405, I, 403.

Dache (le roi de), V, 150. Voy. Dace.

Dam (Jean de), V, 267.

Damas, IV, 244. — (Le roi de), VI, 161.

Damfront. Voy. Domfront.

Dammartin. Voy. Dampmartin.

Damme (Jehan de la), V, 332.

Dampierre (le seigneur de), I, 105; II, 96, 231; III, 96, 101, 103; IV, 348; V, 403, 411; VI, 199.

Dampierre (le seigneur de), sénéchal de Ponthieu, pris dans une rencontre contre les Anglais, 1405, I, 104.

Dampierre (Jacques de Châtillon, seigneur de), amiral de France, III, 57. — Tué à la bataille d'Azincourt, 1415, 112. — Enterré dans l'église des Frères-Mineurs de Hesdin, p. 122.

Dampierre (Jean, bâtard de), IV, 441; V, 30, 285; VI, 91.

Dampierre. Voy. Auxi.

Dampierre (le seigneur de). Voy. Chastillon.

Dampmartin, II, 429, 431; III, 132.

Dampmartin en Goele, III, 254.

Dampmartin en la Gobelle, IV, 405.

Dampmartin (le comte de), I, 106, 110, 160; II, 164, 174, 178, 402, 464; III, 47, 103, 151; VI, 221, 229. — Possédait la ville de Nesle, II, 164, et celle d'Athies, 174. — Commande l'arrière-garde à la bataille d'Azincourt, 1415, III, 104.

Dampmartin (le comte de), seigneur de la Rivière, III, 124.

Dampmartin (le comte de). Voy. Vergi (Antoine de).

Dampmartin (Bureau de), II, 314; III, 201. — Averti du complot des Parisiens, 1415, III, 140.

Dampmartin (Burel de), conseiller du roi. Voy. Dampmartin (Bureau de).

Dampville. Voy. Damville.

Dampviller. Voy. Damvillers.

Damville (*Eure*), IV, 191.

Damville-en-Vasseulx, IV, 192.

Damvillers (*Meuse*), III, 53.

Dandennet, capitaine, IV, 143.

Dane (Martin), tapissier, massacré en 1413, II, 346.

Danemark. Voy. Dace.

Danfront. Voy. Damfront.

Daniel (le prophète), I, 277, 301.

Darmouth. Voy. Tordemue.

Darsie (forteresse de), IV, 164.

Dasque (l'archevêque), V, 151.

Daudonnet, capitaine, III, 375.

Daulphin (le comte de), VI, 203.

Daulphin (Guischard), III, 77.

Daulphinois (les), III, 279; IV, 6, 7, 25, 35, 40, 51, 56, 60, 72, 88.

Daumarle. Voy. Aumale.

Dauphin (le), Louis, — présent à la justification du duc de Bourgogne, I, 242. — Ramené par la reine de Melun à Paris, 267. — Assiste au traité de Chartres, 1408, p. 397. Voy. Guienne (Louis, duc de).

Dauphin (le) Jean, VI, 291.

Dauphin (le), Charles, III, 164, 166, 203, 217, 231, 257, 329, 348, 379; IV, 11, 25, 69, 97, 106; V, 278, 295, 301, 304; VI, 2, 9, 17, 20, 21, 51, 61, 76, 77, 78, 80, 81, 95, 96, 234, 255, 257, 260, 270, 272, 276, 285, 291, 293, 298, 300, 306, 317, 318, 320. — Malade à Compiègne, 1416, III, 168. — Sa conduite vis-à-vis de sa mère, 1417, III, 176. — Marche contre les révoltés de Rouen, 1417, III, 178. — Son entrée dans la ville, 179. — Sa réponse au hérault du duc de Bourgogne, 1417, III, 218. — Sauvé par Tannegui du Châtel, 1418,

III, 262. — Son évasion, 1418, III, 264. — Exhorté à faire la guerre au duc de Bourgogne, 1418, III, 278. — Prend le titre de régent, 1418, III, 278. — Les Parisiens lui renvoient sa femme, 1418. — Accueille le fils du comte d'Armagnac, III, 292. — Prend la ville de Tours, 293. — Son entrevue avec le duc de Bourgogne, 1419, III, 322. — Avec le duc de Bretagne, 1419, III, 357. — Nomme plusieurs gouverneurs de villes, 1419, III, 381. — Sa retraite sur Bourges, 1422, IV, 108. — Apprend la nouvelle de la mort de son père, 1422, IV, 129.

Dauphin (les gens du), VI, 54.

Dauphin (le) Louis, fils de Charles VII, V, 457, 462. — Sa fuite, V, 410. — Reçoit le Dauphiné du roi son père, après leur traité de réconciliation, 1440, V, 416.

Dacphin de Viennois (le), VI, 99.

Dauphine (la), III, 167.

Dauphiné (le), II, 235; IV, 406; VI, 99.

Daussy (le seigneur), V, 228.

David (le roi), I, 197, 198, 199, 200, 201; III, 224.

David (Jean), II, 303.

Dax (*Landes*), VI, 53

Débarquement des Anglais à la Hogue, 1412, II, 291.

Décimes, I, 98; II, 60, 106, 123, 235.

Défense de s'armer, 1413, II, 410.

Défenses d'armer, 1410, II, 113, 347.

Défi du comte de Saint-Pol au roi d'Angleterre, 1402, I, 67.

Défi (lettres de) des princes d'Orléans au duc de Bourgogne, 1411, II, 152.

Défis de chevalerie, I, 11.

Degrés (Jean des), doyen des navieurs de Gand, V, 239.

Delf, IV, 293.

Démolition de forteresses, V, 98.

Demuin (*Somme*), III, 183, 208. —
(Château de), III, 365, 366; V, 236.

Demuin (la dame de), III, 208.

Dendermonde, en Flandre, V, 238, 332.

Denise, V, 239.

DerLi (le comte de) Henri de Lancastre, II, 55.

Dermay (Jean), III, 340.

Dernay (Jean), III, 344.

Descauffines (messire Alemant), tué à la bataille d'Azincourt, 1415, III, 116.

Descente des comtes de Warwick et de Kent, II, 302.

Descouet, V, 316.

Desmares (Charles), V, 117.

Desport Descerne, VI, 80.

Desquesnes (le vicomte), tué à la bataille d'Azincourt, 1415, III, 114.

Desvernes, V, 127.

Deuil, manière de le porter, III, 55. — Du dauphin, IV, 130.

Devises, IV, 241.

Devises du duc de Bourgogne et du duc d'Orléans, I, 123.

Devises symboliques de présents faits par le duc de Bourgogne, 1409, II, 58.

Dieppe (*Seine-Inférieure*), V, 203, 309, 341; VI, 66, 76, 77, 78, 80. — Ses siéges, III, 309; V, 200; VI, 20. — (L'église de Saint-Jacques de), VI, 80. — (La Bastille de), VI, 85.

Diest (Estievène), tué, 1436, V, 224.

Digne (l'évêque de), II, 16.

Dignen (l'évêque de). Voy. Digne.

Digon. Voy. Dijon.

Digongne (Pierre de), VI, 236.

Dijon (*Côte-d'Or*), III, 48, 77, 249; IV, 19; V, 8, 66, 81, 106, 110, 115; VI, 69, 77, 84, 258, 280. — (Chartreux de), I, 89; V, 158, 159; VI, 192, 286.

Dimence de Court, VI, 76.

Dimenche de Court, capitaine, VI, 52. Voy. Dimence.

Dinant, I, 371, 377, 383; V,

225, 229, 230. — Ouvre ses portes au duc de Bourgogne, 1408, I, 368.
Dinclmes (l'évêque de), III, 60.
Dingoon, secrétaire, V, 415.
Dinquerque. Voy. Dunkerque.
Dio (le seigneur de), VI, 200.
Dioscorum, V, 367.
Disly (le comte de), VI, 162.
Divery. Voy. Yvry.
Divion (le bâtard de), III, 369, 370.
Dixemue. Voy. Dixmude
Dixmude (le damoiseau de), II, 260.
Dixmude (Henri de), VI, 237.
Dixmude (Jean de), sa mort, 1412, II, 290.
Dixmude (Robert de), III, 216.
Dizise, V, 106.
Dodenne (une), pièce d'artillerie, IV, 355.
Dol (*Ille-et-Vilaine*), IV, 287.
Dolehaing (le seigneur de). Voy. Dolhaing.
Dolhaing (le seigneur de), chevalier, chancelier du duc d'Aquitaine, I, 392; II, 59, 237, 334, 440. Voy. Neelle (Jean de).
Dolle, *lisez*: Dôle (*Jura*), VI, 308.
Dolle (Inglebert de), V, 224.
Domfront (*Orne*), II, 248.
Dominique François (M*e*), VI, 117.
Dommart, en Ponthieu, IV, 50, 142; V, 16, 17.
Dommart (le vicomte de), III, 119.
Dommart (le seigneur de). Voy. Craon.
Dommartin (l'abbé de), VI, 304.
Dompierre (le seigneur de), II, 412.
Domremy (*Vosges*), lieu de naissance de la Pucelle, IV, 314
Domy, en Chipre, IV, 261.
Dondelay, capitaine, IV, 195.
Dor...n (château de), abattu, 1422, IV, 120.
Donsy (baron de). Voy. Donzi.
Donthonfort (le comte), V, 404.
Dontiton (le comte); VI, 228, 288, 291. Voy. Hontiton.

Donzi (baron de). Voy. Nevers.
Donzy (baronnie de), I, 90.
Donzy (le baron de). Voy. Nevers (Philippe, comte de).
Dordrecht. Voy. Dourdrec, Durdrech.
Doré (M*e* Jean), avocat en parlement, III, 362.
Dorlay (Jean de Châlon, seigneur de). Voy. Arlay.
Dorue (messire Henri), tué à la bataille d'Azincourt. 1415, III, 116.
Dorset (Thomas, comte de), I, 153; II, 241; III, 59, 61, 82, 171, 283, 286; IV, 44; V, 418. — Assiste à la bataille d'Azincourt, 1415, III, 106.
Douaire de Catherine de France, III, 391.
Douay (*Nord*). I, 89, 137, 171, 294; II, 153, 172; III, 15, 17, 23, 28, 132, 137, 367; IV, 75, 87, 234; V, 299; VI, 226, 235, 311 — (Bailliage de), IV, 3.
Doubles, monnaie, IV, 72.
Douceure (Jean de), IV, 143.
Doudeville (Richard), V, 272. — Pris, 1435, V, 122. — Mari de la duchesse de Bedford, VI, 12.
Douglas (le comte de), I, 154; IV, 189, 195. — Mis à mort, 1436, V, 278. Voy. Glas (Jame de).
Douglas (David, frère du comte de), mis à mort, 1436, V, 278.
Dourdan (*Seine-et-Oise*), III, 69, 219; VI, 243.
Dourdan (seigneurie de), V, 172.
Dourdan (Jean de Gapaumes, capitaine de), VI, 59.
Dourdas (Heyne), pris, 1321, IV, 63.
Dourdas (Jean de), IV, 68, 139.
Dourdrec, *lisez*: Dordrecht, III, 174.
Dourlens (*Somme*), III, 175, 184; IV, 23, 24, 50, 240, 252, 294, 357; V, 45, 46, 129, 146, 193, 316. — Traité avec le duc de Bourgogne, 1417, III, 185. — Cédée par le traité d'Arras, 1435,

V, 169. — (Le prévôt de), III, 160.
Dours, sur la Somme, V, 459.
Dours (le seigneur de), II, 109, 414; V, 460; VI, 200.
Dours (Jean de), pendu, 1430, IV, 397.
Dours (Lamelot de), V, 64.
Dours (Lanselot de), V, 98.
Dourse (le vicomte de), sujet du roi d'Espagne, VI, 24.
Doursès (le comte de). Voy. Dorset.
Dourset (le comte de). Voy. Dorset.
Dourville, lisez : Douville, — se rend au roi d'Angleterre, 1418, III, 309.
Douville (Eure). Voy. Dourville.
Douvres, II, 233; III, 125; IV, 43, 114; V, 191.
Douvrier, IV, 49. — (château de), IV, 68.
Douy (sire Gaspar de), VI, 163.
Douway. Voy. Douay.
Dovrier (le château de), VI, 304. Voy. Douvrier.
Draps de Damas, IV, 282.
Dreues. Voy. Dreux.
Dreuez (le comte de). Voy. Dreux.
Dreux (Eure-et-Loir), II, 235, 267; IV, 41; VI, 243, 294, 298. — Se rend au roi d'Angleterre, 1421, IV, 69.
Dreux (le comté de), réuni au domaine à la mort du duc d'Orléans, 1407, I, 168.
Dreux (le comte de), VI, 173.
Dreux (messire Gauvain de), tué à la bataille d'Azincourt, 1415, III, 116.
Dreux (messire Jehan de), II, 250. — Tué à la bataille d'Azincourt, 1415, III, 116.
Dreux (la demoiselle de), II, 372.
Drincham (Nord), V, 240.
Droco, IV, 216.
Drocourt (Nord), IV, 43.
Droissay (Jean de), serviteur de la reine, 1417, III, 227.
Drougy, VI, 43. Voy. Drugy.

Drucat (le seigneur de), II, 251.
Drugy, IV, 49, 54.
Du Bois (messire Jacques), V, 134.
Du Bois (Jean), IV, 236.
Duc (Édouard le), décapité à Bruxelles, en 1420, IV, 7.
Duc (Henri le), décapité à Bruxelles, en 1420, IV, 7.
Duc de Sicon (messire), IV, 408.
Duguesclin (Bertrand), V, 341.
Duilly (Charlot de), III, 154; VI, 237. Voy. Dulli.
Duilly (Jean de), III, 154.
Dulli (Callot de), VI, 249, 250.
Dun-le-Roy (Cher), II, 270, 271.
Dunin (le château de), III, 372.
Dunkerque (Nord), I, 107; II, 122; VI, 222. — Rendu à Jean de Luxembourg, 1418, III, 298.
Dunnequerque. Voy. Dunkerque.
Dunois (le bâtard d'Orléans, comte de), IV, 273, 274; V, 403, 419, 430, 431, 437; VI, 58, 77. — Assiste aux noces de Charles, duc d'Orléans, 1440, V, 440
Dunot, écuyer d'écurie du duc d'Orléans, noyé dans la Loire, 1440, V, 470.
Dunquerque. Voy. Dunkerque.
Dur (Me Jean le), IV, 258.
Durant (sire Jean), III, 253.
Durant (Michault), VI, 7.
Durdrech, lisez : Dordrecht, IV, 249.
Durez (le comté de). Voy. Dreux.
Durgi, IV, 49.
Durham (l'évêque de). Voy. Dinelmes.
Durset (le comte de). Voy. Dorset.
Duvert (Jehan), décapité à Bruxelles en 1420, IV, 7.
Dyancourt (Philibert), VI, 91.

E

Ebbon la Valée, I, 197.
Échevins de Paris (les), VI, 324.
Éclaron (Haute-Marne), V, 53.
Éclipse de soleil, 1406, VI, 194.
Écluse (l'), I, 7, 107; IV, 289;

V, 266, 269, 296, 321, 327, 330, 334
Éclusier (*Somme*), II, 428 ; IV, 252.
Écoce. Voy. Écosse.
Écorcheurs (les), V, 317, 338, 340, 350, 385, 392, 457.
Écossais (les), II, 240 ; III, 357 ; IV, 161. — Leur belle conduite à la bataille de Montespilloy, 1429, IV, 346. — (Le capitaine des), IV, 288.
Écosse, I, 153 ; IV, 26 ; VI, 31, 319. Voy. Ambassades.
Écosse (le roi d'), I, 153 ; II, 55 ; VI, 99, 320.
Écosse (Jacques Ier, roi d'), assassiné, 1436, V, 275.
Écosse (Jacques II, roi d'), V, 277.
Écosse (le connétable d'), IV, 158. — Fait prisonnier, 1423, IV, 161. — Assiste au combat de Rouvray, 1428, IV, 311, 312.
Écosse (le bâtard d'), nommé le comte de Hembe, II, 76.
Écouen (le fort d'), V, 126.
Écu d'or (valeur de l'), 1421, IV, 71.
Édelbourg. Voy. Édimbourg.
Édewant (Gérard de), IV, 394.
Édimbourg (le château d'), V, 277, 278.
Édit sur la majorité des rois, 1407, I, 170.
Édouard III, roi d'Angleterre, III, 96 ; V, 245.
Égiptiens, VI, 185.
Églises (mobilier mis en sûreté dans les), IV, 49.
Éguethin (Robinet), IV, 364.
Égypte (l'), I, 193.
Eipinghen (Thomas) III, 105.
Éléphants, I, 85.
Ély, au comté de Cambridge, VI, 94.
Embarquement du roi d'Angleterre, 1415, III, 82.
Embaumements, II, 67.
Éme (Mansart d'), VI, 247. Voy. Esne.
Émeric Thomas, VI, 163.

Émeute à Paris, 1412, II, 305, — 1413, II, 344, 351.
Empereur (l'), III, 51 ; IV, 144, 222, 448 ; V, 177 ; VI, 161, 249, 251.
Empereurs. Voy. Bohême (le roi de). — Bavière (Clément, duc en).
Empoisonnements, I, 331.
Encoure (Jean d'), IV, 73.
Encre, autr. Albert (*Somme*), III, 100 ; IV, 84. — (Le château d'), V, 299.
Encre (messire Fleurent d'), III, 26.
Encre (Foucon d'), II, 237.
Enghien en Hainaut, I, 351.
Enghien (le seigneur d'), VII, 201. Voy. Anghien, Conversan.
Enghien (Louis d'), VI, 8.
Enghien (Englebert d'), I, 260 ; IV, 211, 212.
Engien. Voy. Enghien.
Enguerran de Monstrelet. Voy. Monstrelet.
Entremès, V, 6.
Entrevue des princes au siége de Bourges, 1412, II, 284.
Épernay (*Marne*), V, 54.
Éphèse, V, 367.
Épineuse (*Oise*), II, 306.
Épingen (*Bade*). Voy. Espinguen.
Erbi (le comte d'). Voy. Derbi.
Erbre (le damoiseau d'), III, 241. Voy. Erke.
Ercles (le damoiseau d'), VI, 163, 258. Voy. Erke.
Ère (Jean d'), IV, 204.
Erke (le damoiseau d'), III, 241.
Erlay. Voy. Arlay.
Erlre (le seigneur d'), VI, 163.
Ermignach (le comte d'), VI, 52. Voy. Armagnac.
Erpinguen (Thomas), chevalier, grand maître de l'hôtel du roi d'Angleterre, III, 147. Voy. Erpinion.
Erpinion (Thomas), ambassadeur anglais, I, 152.
Éru (le seigneur de), VI, 200.
Eerre, en Ostrevant (*Nord*), III, 99.

Es (*Pays-Bas*), VI, 88.
Escailles (le seigneur d'), IV, 294; VI, 228, 292. — Présent au siége d'Orléans, 1428, IV, 300. VI, 12. Voy. Escalles.
Escaillon (le seigneur d'), IV, 27, 35, 389. Voy. Escailles.
Escalles (le seigneur de), IV, 209, 288, 322; V, 126, 281. — Fait prisonnier, 1429, IV, 330.
Escandeuvre (la forteresse d'), près Cambrai, IV, 275.
Escarssines (Alard d'), tué, 1430, IV, 391.
Escaufours (Raillart d'), II, 252.
Escault (l'), II, 174.
Escaussure (Othe d'), chevalier, porte la bannière du comte de Hainaut à la bataille de Tongres, 1408, I, 362.
Eschey, fils de Geth, I, 198.
Echelleurs (excellents), VI, 87.
Esclaren. Voy. Éclaron.
Escluse (l'). Voy. Écluse (l').
Esclusiers, vers Péronne. Voy. Éclusier.
Escoce. Voy. Écosse.
Escoche (le roi d'), VI, 295. Voy. Écosse.
Escoçois, VI, 189. Voy. Écossais.
Escoçois (le Petit), VI, 93.
Escorcheurs (les). Voy. Écorcheurs.
Escouan (le fort d'), près Montmorency. Voy. Écouen.
Escouveville (Jean d'), tué à la bataille d'Azincourt, 1415, III, 117.
Escrevilliers (Casin d'), I, 152.
Escuelle (messire Jacques de l'), tué à la bataille d'Azincourt, 1415, III, 114.
Esne (le Baudrain d'), tué à la bataille d'Azincourt, 1415, III, 117.
Esne (Mansart d'), III, 246; IV, 132. — Bailly de Vitry, III, 131.
Esne (Robert d'), bailli d'Amiens, III, 183, 211.
Esne (le bâtard d'), II, 264; V, 291.

Espagne, III, 50; IV, 282; V, 137; VI, 31, 227, 319.
Espagne (le roi d'), I, 24; V, 150.
Espagne (la reine d'), sœur de Henri, roi d'Angleterre, — sa mort, 1408, I, 402.
Espagne (le cardinal d'), II, 67.
Espagnols — en guerre contre les Sarrasins de Grenade, 1408, I, 261.
Espagny (le seigneur d') III, 119.
Espaigne (le seigneur d'), VI, 200.
Espaigne (Jean d'), fait chevalier, 1421, IV, 59.
Espaigne. Voy. Espagne.
Espaignolz. Voy. Espagnols.
Espaignon du Boscage (d'), III, 328.
Espally (*Haute-Loire*), IV, 129.
Espargne (l'), II, 315.
Espehy, près Saint-Quentin, II, 421.
Espinace (Jean de l'), IV, 93; VI, 314.
Espineuse (ville d'). Voy. Epineuse.
Espineuse (Vignet d'), II, 306.
Espinguen (Thomas d'), I, 46.
Espirey (le seigneur d'), VI, 69.
Espoise, VI, 95.
Epoisses (*Côte-d'Or*). Voy. Espoise.
Esprelecques, V, 264.
Esprenay. Voy. Épernay.
Esquabonne (le seigneur d'), IV, 408.
Essars (Antoine des), II, 118, 315, 343, 373, 398; VI, 216.
Essars (Pierre des), II, 143, 179, 180, 346, 355; VI, 204, 205, 213, 216. — Maître des eaux et forêts, II, 234. — Prévôt de Paris, arrête le grand maître, Jean de Montaigu, 1409, II, 42. — Déposé, 1410, II, 100. — Paroles du duc de Berri contre lui, 1410, II, 91. — Accompagne le duc de Bourgogne en Flandre, 1410, II, 101. — Capitaine de Cherbourg, II, 333. — Son arrestation, 1413, II, 343. — Décapité aux Halles, 1413, II, 373; VI, 218.

Essoine, excuse, I, 26, 40.
Estable (Guillaume), bourgeois de Senlis, III, 252.
Estainbourg (Jean d'), écuyer, IV, 138.
Estaine (Pierre d'), aumônier du roi, succède à Pierre Paoul dans l'évêché de Senlis, 1409, II, 37.
Estampes (Jean d'), bourgeois du Crotoy, IV, 169.
Estampes-Saint-Germain, à deux lieues d'Auxerre, III, 387.
Estampes. Voy. Étampes.
Estanevelle (Olivier d'), IV, 184.
Estaples. Voy. Étaples.
Esteenhuse (le seigneur d'), VI, 237.
Estembourch (Wautre d'), V, 270.
Estenguse (Jean d'), fait chevalier, 1421, IV, 59.
Estenu (Jean de), fait chevalier, 1421, IV, 59.
Esterpaigni. Voy. Estrepagny.
Estienhuse (le seigneur d'), souverain de Flandre, III, 375.
Estienhuse (messire Jean d'), IV, 67. Voy. Estenguse.
Estieves (Jean d'), pris, 1436, V, 237.
Eston (élection d'), V, 163.
Estoquillon (château d'), I, 381.
Estornay (Me Gilles d'), prévost de Harlebecque, IV, 371.
Estourdi d'Ongnies (messire), III, 119.
Estournay (messire Gérard d'), V, 267.
Estouteville (le seigneur de), III, 83.
Estouteville (Blanchet d'), V, 22.
Estouteville (Estout d'), VI, 80.
Estouteville (Jean d'), V, 201, 203, 271, 418, 419; VI, 16. — fait chevalier, 1421; VI, 22.
Estouville (Robinet d'), V, 201, 418; VI, 16. — Fait chevalier 1441, VI, 22.
Estrade (aller à l'), II, 270.
Estramain, démon, I, 225.
Estrepagny (Eure), III, 276; IV, 367. — (La forteresse d'), IV, 350.

Estrepaigni. Voy. Estrepagny.
Estrewan Nostrespan, maréchal de Hongrie, VI, 163.
Étampes (Seine-et-Oise), II, 256; III, 220; VI, 242.— (le château d'), VI, 214. — mis en la main du roi, 1410, II, 87. — Donné à Jean, duc de Bourgogne, par Jean, duc de Berri, III, 146. — Donné à Jean, fils du comte de Nevers, 1434, V, 87, 172.
Étampes (le comte d'), V, 60, 61, 88, 93, 97, 134, 136, 139, 143, 146, 173, 196, 241, 246, 285, 291, 311, 348, 351, 385, 397, 407, 424. — Assiste aux funérailles d'Isabeau de Bavière, 1435, V, 188; VI, 63, 75, 76, 77, 81, 86, 87, 88, 91.
Étampes (gens du comte d'), VI, 64.
Étampes (la comtesse d'), V, 441.
Étaples (Pas-de-Calais), III, 137; V, 127, 128. — (le havre d'); IV, 41.
États, 1420, IV, 21.
États (les trois), IV, 2.
États de Bourgogne, V, 62.
États de Flandre, I, 171.
États tenus à Paris, 1412, II, 307.
Étrennes, II, 57
Eu (Seine-Inférieure), III, 337; V, 94, 420; VI, 294. — (Brunelay, capitaine d'), V, 93.—(La garnison d'), VI, 81.
Eu (comté d'), III, 95, 150; V, 94; VI, 307, 323.
Eu (le comte d'), Charles d'Artois, II, 53, 287, 372, 377, 402, 464; III, 55, 96; IV, 111; V, 35, 419, 458, 470; VI, 9, 51, 55, 221, 229, 291, 312, 314, 318. — Seigneur de Blangi, III, 18, 31. — Au siége d'Arras, 1414, III, 24. —Jure la paix, III, 63. — Henri V recommande de le retenir prisonnier, 1422, IV, 111.— Sa délivrance, 1438, V, 346, 347. — Assiste aux noces de Charles, duc d'Orléans, 1440, V, 440.

Eu (le comte d'), frère du comte de Straffort, VI, 15.
Eu (la sœur du comte d'), II, 371.
Eu (le sénéchal d'), tué à la bataille d'Azincourt, 1415, III, 115.
Eugène IV (le pape), V, 44, 47, 88, 343, 357, 448.
Eule (le seigneur d'), V, 235, 237.
Eustace (frère). Voy. Pavilly (Eustache de).
Évêques. Voy. Poirée (Martin).
Évreux (*Eure*), III, 188; IV, 191, 335, 353; VI, 59. — Se rend au roi d'Angleterre, 1418, III, 258.
Évreux (le duc d'), II, 403.
Évreux (l'évêque d'), II, 360, 412; VI, 123. — Au sacre de Henri VI, 1431, V, 2.
Évreux (l'évêque d'), Guillaume V. — Tué, 1418.
Évreux (le bailli d'). — Tué au siége d'Orléans, 1429, IV, 321.
Excestre (le duc d'), III, 283; IV, 15, 23, 44, 47, 71, 93, 109, 113; VI, 288, 291, 294, 296, 305, 314, 320. — Capitaine dans Paris, 1420; IV, 37.
Excestre, hérault d'armes du roi d'Angleterre, III, 78.
Excluse (l'). Voy. Écluse (l').
Exinforde (le comte d'), III, 82. — Assiste à la bataille d'Azincourt, 1415, III, 106.
Ézéchiel, II, 379.

F

Fachinquant, évêque, II, 18.
Fachinquant, fameux capitaine italien, II, 39.
Facino cane. Voy. Fachinquant.
Factot (messire Jehan). Voy. Falstoff.
Fagettes (le commandeur de), III, 154.
Faiel (le seigneur de). — Tué dans une rencontre contre les Anglais, 1405, I, 104.

Faiette (Guillebert de la). Voy. La Faiette.
Faimières (Étienne de), chevalier écossais, IV, 162.
Faingte (Jean de la), — écartelé, 1439, V, 390.
Falaise (*Calvados*), — se rend au roi d'Angleterre, 1418, III, 258.
Falaise (Jean de), II, 250.
Faloise. Voy. Falaise.
Falstoff (Jean), IV, 138, 329, 331. — Grand maître de l'hôtel du duc de Bedford, IV, 310, 311.
Famagouce. Voy. Famagouste.
Famagouste, en Chypre, IV, 246, 265.
Famine de 1437, V, 319. — De 1438, p. 339.
Fastocq (Jean). Voy. Falstoff.
Fastot (Jean). Voy. Falstoff.
Faucalle, en Caux, V, 420.
Faugete (le commandeur de), III, 153.
Faulcon, roi d'armes d'Angleterre, I, 27.
Faulermine (Jacob du), IV, 34.
Faulieu (messire Charles de), IV, 67.
Faulquembergue. Voy. Fauquemberg.
Fauquemberg (*Pas-de-Calais*), V, 418.
Fauquemberg (le comte de), III, 110, 122. — Commande l'arrière-garde à la bataille d'Azincourt, 1415, III, 104. — Y est tué, 113.
Fauquemberg (le seigneur de) et de Durselle, IV, 395; V, 264, 310, 389.
Fauquemberg (Eustache de), II, 25.
Fauquemberg (Vincent de), II, 25.
Fauquemberghe. Voy. Fauquemberg.
Fauques. Voy. Foucques.
Fauquesoles (le bailli de), III, 369.
Fauville (*Seine-Inférieure*), III, 95.
Favonius, I, 303.
Fay (Charles du), VI, 80.
Fay (Jean de), chevalier de Rhodes. — Pris, 1440, V, 428.

Fay (Rouge de), VI, 80.
Fay (Tyebaut de), III, 118.
Faye (l'Ermite de la), II, 360.
Fécamp (*Seine-Inférieure*), V, 201, 271, 297. — Se rend au roi d'Angleterre, 1418, III, 309.
Fécamp (l'abbé de), III, 216; IV, 208.
Feinte-Venue (le seigneur de). — Tué à la bataille d'Azincourt, 1415, III, 115.
Femmes noyées dans la Meuse, 1408, I, 370.
Fénières (Colard de), bailli de Leschines, V, 318.
Fer de rochet, I, 173.
Fère-sur-Oise (la), V, 465.
Fermainville (Sauvage de), IV, 251.
Ferrare (le marquis de), — appelé au secours des Génois, 1409, II, 38. — Assiste à l'élection de Jean XXIII, 1410, II, 69.
Ferrée (le seigneur de la), VI, 200.
Ferrières (Guillon de), neveu de Pothon de Sainte-Treille, V, 92.
Ferrières (Jean de), chevalier normand, fils du seigneur de la Vieuville. — Tué à la bataille de Tanneberg, 1410, II, 76.
Ferrières (Raoul de), tué à la bataille d'Azincourt, 1415, III, 117.
Ferron, secrétaire, III, 160.
Ferry (Colard de), III, 378.
Ferry-Fontaines, III, 315. — Se rend au roi d'Angleterre, 1418, III, 309.
Ferté (la), IV, 46, 49, 54; V, 386.
Ferté-Hubert (la), IV, 326.
Ferté-Milon (la). — Sa prise, 1422, 135.
Ferté-sous-Jouarre (la, *Seine-et-Marne*), VI, 249.
Ferté (le seigneur de la), III, 242; IV, 408. — (La dame de la), IV, 209.
Fescamp. Voy. Fécamp.
Festigni (M⁰ Jehan de), évêque de Chartres, V, 25.

Fête de la Toison d'or, 1440, V, 441.
Fêtes à Lille, 1413, II, 412.
Fêtes. Voy. Paris.
Feulloles (le seigneur de). — Tué à la bataille d'Azincourt, 1415, III, 117.
Feulloy, IV, 440.
Fèvre (Enguerran de), écuyer, II, 276.
Fièfes (le seigneur de), III, 118.
Fièfes (Boort de), IV, 169.
Fiennes (messire Colart de), II, 304, 439, III, 6, 11, 52. — Tué à la bataille d'Azincourt, 1415, III, 117.
Fiennes (Guichard de), V, 460.
Fiennes (le bâtard de), V, 85.
Fierbouc. Voy. Fierbouch.
Fierbourch, capitaine, III, 57, 154. Voy. Fierbourg.
Fierbourg (Jean de), VI, 279.
Filsvatier (le seigneur de), IV, 253.
Finances, II, 316, 327.
Finebourg, capitaine, III, 49.
Flamands (Les), I, 171; II, 175, 176, 261; V, 192, 241, 256, 266; VI, 211, 319. — (Défection des), 1436, V, 259.
Flamanz (les). Voy. Flamands.
Flamengz (les). Voy. Flamands.
Flandre, I, 117; II, 101, 165, 171, 261, 431; III, 40, 49, 133; IV, 69, 282, 302; V, 16, 62, 116, 137, 321; VI, 200, 210, 231, 307, 323.
Flandre (comté de), I, 96, 97; III, 147, 359; IV, 107; V, 215. — (Les bonnes villes de), V, 307; VI, 194. — (Les communes de), IV, 254; V, 242, 265; VI, 211. — Marchent pour le duc de Bourgogne, 1411, II, 172. — (Les députés de), VI, 223. — (États de), III, 36, 54; VI, 164. — (Les marches de), V, 461. — (Les quatre membres de), V, 215; VI, 223. — (Les rigales de), entre Grandmont et Tournay, V, 238. — (Seigneurs de), III, 215. — (Le

souverain bailli de), VI, 237.— (Le voyage de), I, 281.

Flandre (Louis, comte de), père de Marguerite de Bourgogne, I, 96; VI, 193.

Flandre (messire Raoul de), I, 372. — Tué à la bataille d'Azincourt, 1415, III, 114.

Flandre (Robert, bâtard de), III, 215; VI, 200, 237.

Flandre (Victor, bâtard de), III, 215; VI, 200, 237.

Flandres. Voy. Flandre.

Flavie, sur *Meuse*, I, 369.

Flavigny (Jean de) de Bouwers, IV, 204.

Flavy (le sire de), III, 369, 371.

Flavy (Charles de), III, 366; V, 79; VI, 9, 78, 80.

Flavy (Guillaume de), IV, 289, 290, 291, 353, 409, 414, 426; V, 290; VI, 11. — Commande dans Compiègne, 1429, IV, 358; VI, 5.

Flavy (Hector de), IV, 424, 438; V, 21, 337, 339; VI, 78.

Flavy (Jean de), III, 238; IV, 67, 437.

Flavy (Louis de), IV, 481, 891.

Flavy (Raoul de), VI, 78, 80.

Flavy (Resnaud de), VI, 78.

Flermont (le comte de) VI, 200.

Fleurence (François, cardinal de). Voy. Florence.

Fleurettes, sorte de monnaie, IV, 71. Voy. Flourettes.

Flisc (le cardinal de), II, 30.

Floing (*Ardennes*). Voy. Flong.

Flong, V, 66.

Floquet, capitaine, V, 316, 337 387; VI, 9, 15, 52, 59.

Florence, V, 88, 89. — (Notre-Dame la Nouvelle à), V, 374.

Florence (François, cardinal de), III, 135.

Florennes (en *Flandres*), I, 260, 351, 354; IV, 395.

Florentins (les), II, 21; III, 413.

Floriues. Voy. Florennes.

Florins d'or, I, 385; II, 58.

Flory (l'évêque de). Voy. Saint-Flour.

Flottemanville (*Manche*), I, 6.

Flour (Pierre), docteur en théologie, III, 361.

Flourence. Voy. Florence.

Flourette, monnaie, VI, 306.

Floyon (le seigneur de), VI, 201.

Floyon (Jean de), IV, 395.

Foie (l'ermite de). Voy. Faye.

Foigny (l'abbé de) envoyé par l'Université pour traiter avec les Orléanais, 1410, II, 90.

Fois (le comte de). Voy. Foix.

Foix (le comte de) Archambaud de Grailli, II, 53; V, 179; VI, 51, 53. — Licencie ses troupes, 1412, II, 291.

Foix (le bâtard de), consumé par les flammes au bal du 29 janvier 1393, I, 234.

Foix (Archambaud de), III, 328. — Seigneur de Noailles, VI, 275. — Comte de Noailles, V, 157.

Foix (Gaston de), III, 333.

Foleville. Voy. Folleville.

Folleville (*Eure*), V, 409.

Folleville (le château de) (*Somme*), V, 459.

Folleville, bouteiller du duc d'Aquitaine. — Tué à la bataille d'Azincourt, 1415, III, 117.

Folleville (Aubelet de), IV, 67 403, 416. — (Aubert de), III, 369; V, 290.

Folleville (Regnaut de), chevalier, III, 295; VI, 266.

Fondes, lisez: Fondi, III, 83.

Fondet (le comte de) — fait prisonnier, 1435, V, 148.

Fondi, au royaume de Naples. Voy. Fondes.

Fondreffles, machine de guerre, I, 135.

Fonds de terre, II, 241.

Fontaine (Guérin de), tué à la bataille de Baugé, 1420, IV, 39.

Fontaine (Mordon de la), VI, 59.

Fontaine-Lavagan (*Oise*), III, 372.

Fontaine-Lavagan (le seigneur de), V, 281, 297,—Pris, 1436, V, 282.

Fontaines, V, 272.

Fontaines (le seigneur de), V, 12, 17, 205.
Fontaines (le seigneur de), du pays d'Anjou, IV, 146.
Fontaines (Enguerran de), II, 292.
Fontaines (messire Enguerran de), et son frère Charles, tués à la bataille d'Azincourt, 1415, III, 115.
Fontaines (Jean de), tué à la bataille de Baugé, 1420, IV, 39.
Fontaines (Renaud de), IV, 63, 67, 375, 382. — Fait chevalier, 1421, IV, 59. — Pris, IV, 63.
Fontaines (Rigault de), III, 335; IV, 67, 409, 426; V, 33, 77, 94, 120, 204; VI, 301, 304.
Fontaines (Me Tristran), avocat d'Amiens, V, 194.
Fontaines (Yvorin de), tué à la bataille de Baugé, 1420, IV, 39.
Fontaines le Bourg, — se rend au roi d'Angleterre, 1418, III, 309. — Au roi de France, 1435, V, 202.
Fontenay, II, 269.
Fontenay (le seigneur de), IV, 195.
Fontenay (Pierre de), II, 118, 310; IV, 138; VI, 236.
Fontenelle (Jean de), IV, 173.
Forceville (*Somme*), III, 100.
Foresmoustier, lisez: Faremoutier, V, 264.
Forestmoutier (le monastère de), V, 313.
Forêt de Compiègne, VI, 11.
Forêt de Crespy, IV, 46.
Forges (Colard de), tué, 1434, V, 87.
Fortebrace, capitaine, IV, 144.
Fort-Escu (Guillaume), tué à la bataille d'Azincourt, 1415, III, 117.
Forte-Espice, capitaine, V, 69, 336, 337, 338.
Fortin (messire), IV, 13.
Fort Moustier (le), IV, 404.
Fosse (Guillaume), VI, 314.
Fossé (Guillaume du), IV, 93.
Fosse de Boulenois (la), V, 236.
Fosses, au pays de Liége, I, 260, 383.
Fosseus. Voy. Fosseux.
Fosseux (le seigneur de), I, 105, 372; III, 29, 49, 90, 245, 249, 251, 253, 254, 266, 272; V, 246; VI, 236, 265. — Gouverneur d'Artois, 1416, III, 161, 184, 209, 212, 214, 228, 239. — Gouverneur de Picardie, III, 133. — Prisonnier à la bataille d'Azincourt, 1415, III, 120. — Assiste au massacre des Armagnacs, 1418, III, 270. — Meurt de l'épidémie, 1418, III, 288.
Fosseux (le Borgne de), III, 365, 385; IV, 73, 89, 142; VI, 297.
Fosseux (messire Colart de), I, 392. — Tué à la bataille d'Azincourt, 1415, III, 114.
Fosseux (Jacques de), III, 139, 153, 208; V, 154. — Banni, 1416, III, 145.
Fosseux (Jean de), III, 150, 181, 182, 208, 216, 365, 375; IV, 66, 413, 435, 437; VI, 81, 237.
Fosseux (Philippe de), III, 208, 220, 251, 375. — Fait chevalier, 1404, I, 92. — Tué à la bataille d'Azincourt, 1415, III, 114.
Fosseux (le bâtard de), IV, 457.
Fossez. Voy. Fosses.
Foucault (Jean), V, 29, 32, 125, 184.
Foucques, Anglais, IV, 363. — Tué, 1429, p. 364.
Fougères (*Ile-et-Villaine*), IV, 286; V, 114.
Fougières. Voy. Fougères.
Fouilloy. Voy. Feuilloy.
Fourchonnière (Gui de la), IV, 195.
Fo...ancourt (Henri de), IV, 454.
Fouquaus (l'abbé de). Voy. Fécamp.
Fouquausains (la maison de), IV, 200.
Fouquencourt (le bailli de), II, 245.
Fouregni (le seigneur de), IV, 196.
Foy (Gilles de), fait chevalier, 1437, V, 313.
Frameuse (le seigneur de), IV, 67.

Franc (le), V, 128, 239, 240, 327, 328.
Francastel, IV, 78. Voy. Franc-Chastel.
Franc-Chastel (le), IV, 78.
France, VI, 232.
France (la reine de), IV, 15, 17.
France (le roi de), IV, 1, 22. Voy. Charles VI.
France (Catherine de). Voy. Catherine.
France (Jeanne de), femme de Jean V, duc de Bretagne, I, 10.
France (Michelle de), femme de de Philippe le Bon, duc de Bourgogne, I, 10, 96, 180; III, 358; VI, 197, 227, 319.
France (naissance de Louis de), 1423, IV, 173.
France (naissance de Philippe de), 1435, V, 216.
France (les deux maréchaux de), VI, 52.
Franche-Comté, hérault du duc de Bourgogne, V, 190, 193.
Franckfort, I, 36; V, 349.
François (les), III, 121.
François (le comte), IV, 156.
Francq (territoire du), II, 260. Voy. Franc (le).
Franel (Pierre), évêque de Lisieux, III, 72.
Franquefort. Voy. Francfort.
Franquemez (le fort de), IV, 136.
Fransomme (Robert de), VI, 8.
Frasne (Jean de), IV, 237.
Frastier (Pierre). Voy. Fratier.
Fratier (Pierre), III, 328, 344, 345.
Fremessent (le seigneur de), IV, 395; V, 315.
Fremesson (le seigneur de), V, 245, 246. Voy. Fremessent.
Frémi (abbaye de), II, 245.
Frémousent (Lancelot de), tué à la bataille d'Azincourt, 1415, III, 117.
Frencq. Voy. Franc (le).
Fresas (Waleran de), IV, 89.
Frésencourt (le seigneur de), — tué à la bataille d'Azincourt, 1415, III, 117.

Fresnes (Jacques de), VI, 80.
Fretal (Robert), IV, 89.
Freté-Hubert (la). Voy. Ferté.
Freté sur Gerre (la). Voy. Ferté.
Frète (le seigneur de la). Voy. Ferté.
Frète (la dame de la). Voy. Ferté.
Fretin (Gilbert de), écuyer du comté de Guines, I, 72.
Frévench, III, 100.
Frévent (*Pas-de-Calais*). Voy. Frévench.
Friboure, capitaine, III, 153. Voy. Fribourg.
Fribourg (le comte de), IV, 408, 459; V, 82, 100; VI, 200.
Fribourg (Jean de), III, 341, 344.
Fribourg, capitaine, II, 226.
Frignoles (le seigneur de), — tué à la bataille d'Azincourt, 1415, III, 117.
Frise, V, 43.
Froissart (Jean), cité I, 5, 7, 85, IV, 28.
Fronsières (Jean de), IV, 171.
Frontières (garde des), II, 329.
Frotier (Pierre), VI, 275.
Fruiart (Martin), IV, 464.
Fuselaires, troupe, III, 154.
Fusées, IV, 51.
Fuster des villages I, 92,

G

Gaaing (le chateau de), dans les États de Gênes, — Gani? II, 39.
Gaiette, V, 148.
Gaillardon. Voy. Gallardon.
Gaillart (le seigneur de), III, 83.
Gaillon (*Eure*), — son siége, 1424, IV, 186.
Galardon. Voy. Gallardon.
Galebault (Gadifer), — pendu par les grandes compagnies, 1417, III, 181.
Galées, vaisseaux, III, 413.
Gales (le comte de), *lisez*: Douglas, I, 38.
Gales. Voy. Galles (pays de).
Galet du Champ, capitaine.—Pris, 1436, V, 237.

Galigny (le seigneur de), — tué à la bataille d'Azincourt, 1415, III, 113.
Galilée (Henri, prince de), frère du roi de Chypre, IV, 243, 246, 260, 261, 262.—Sa mort, 1426, IV, 263.
Galincourt,— se rend au roi d'Angleterre, 1418, III, 309.
Gallardon (Eure-et-Loir), III, 220; VI, 58, 242, 298. — Le duc de Bourgogne y dine le 2 mars 1408, I, 400. — Se rend au Dauphin, 1421, IV, 44.
Galles (pays de), I, 38, 39; II, 240 IV; 26; VI, 100. — Expédition du comte de La Marche, 1402, I, 69. — Secours envoyés par le roi de France, 1408, p. 259.
Galles (le prince de), I, 82; II, 332.
Galles (le prince de), fils de Henri IV, roi d'Angleterre, I, 153, 154.
Gallois (les), II, 55; IV, 94; VI, 315.
Galois de Renti (le), II, 250.
Gamaces (le seigneur de). Voy. Gamaches.
Gamaches (Somme), III, 314, 337; IV, 43, 85, 90, 98; VI, 294. — Se rend au comte de Warwick, 1422, IV, 101.
Gamaches en Vimeu (Somme), V, 228.
Gamaches (le seigneur de), III, 280, 328, 335, 336; IV, 20, 85, 88, 97, 103, 162, 427; VI, 275, 305, 311, 312, 314. — Fait capitaine de Rouen, 1417, III, 179. — Fait capitaine de Compiègne par le Dauphin, 1419, III, 381; VI, 317. — Rend Compiègne au duc de Bethford, 1422, IV, 103.
Gamaches (Brunet de), IV, 90.
Gamaches (Gilles de), IV, 63, 195; VI, 301, 304. — Fait chevalier, 1421, IV, 59. — Prisonnier, IV, 63.
Gamaches (messire Louis de), IV, 67.— Pris, 1421, IV, 63.

Gamaches (Philippe de), IV, 71, 94.
Gamarde, capitaine, V, 205. Voy. Gamart.
Gamart, capitaine, III, 118.
Gance (Picart de la), seigneur de Quinquenpoit, IV, 394.
Gand, I, 97, 171, 253; II, 233, 259, 260, 414; III, 63, 358, 373; IV, 19, 23, 78, 118, 248, 289; V, 49, 214, 232, 238, 241, 248, 254, 259, 260, 267; VI, 124, 132, 222.—Séjour de la duchesse de Bourgogne, 1421, IV, 78. — Séjour du duc d'Orléans, 1440, V, 449.
Gand (émeutes à), — en 1432, V, 36; — en 1433, V, 68; — en 1436, V, 280; — en 1437, V, 321.
Gand (les Augustins de), VI, 225. Voy. S. Bavon.
Gand (Me Henri de), I, 298.
Gande. Voy. Gand.
Gande (la), IV, 289, 292.
Ganelon, VI, 257.
Gani, États de Gênes. Voy. Gaaing.
Gantois (les), II, 404; V, 68, 232, 238, 240, 256, 266, 280, 296, 308, 320. — Le duc de Bourgogne leur vend les confiscations, 1410, II, 110.
Gapaumes (Aleaume de), III, 215.
Gapaumes (Jean de), capitaine de Dourdan, VI, 59.
Gapondes (Me Jean de), VI, 9.
Garde (Me Guillaume de la), VI, 139.
Garde des chartes du roi (le). Voy. Mauregard (Étienne de).
Garde du scel du secret du roy, III, 21.
Garancières (Guanes de), II, 250.
Garancières (Jannet de), II, 253.
Garancières (Jean de), II, 143, 144.
Garganey (le fils de Christophe). — Fait prisonnier, 1435, V, 148.
Gargeaux. Voy. Jargeau.
Garmouset, capitaine, V, 345.

TABLE ALPHABÉTIQUE.

Garpchères. Voy. Garancières.
Garson (M° Jean), VI, 232. Voy. Gerson.
Garville, *lisez* : Graville, VI, 59.
Gascogne, I, 94; II, 256; VI, 51, 52, 100.
Gascongne. Voy. Gascogne.
Gascons (les), II, 102.
Gast (Bertran), gouverneur du comté de Vertus, I, 324.
Gast (Louis), VI, 305, 314, 315, — Décapité; 1422, IV, 96.
Gastelinas, chef des grandes compagnies, III, 154, 180, 274.
Gastinois (le). Voy. Gâtinais (le).
Gâtinais (le). II, 391; III, 410. — Le duc d'Orléans rassemble des troupes, 1411, II, 170.
Gaucourt (le seigneur de), II, 250, 271, 275, 280, 465 ; III, 19, 57, 83, 96, 147; IV, 111, 273, 348 ; V, 22, 33, 35, 293, 419, 421; VI, 35, 77, 228. — Chambellan du roi, I, 16. — Gouverneur du Dauphiné, IV, 406. — Assiste au couronnement de Jean XXIII, 1410, II, 71. — Envoyé au secours d'Orléans, 1428, IV, 301. — Henri V recommande de le retenir prisonnier, 1422, IV, 111.
Gaucourt (Barbazan de), II, 228.
Gaucourt (Raoul de), III, 306; IV, 67, 197; VI, 301, 304. — Pris, 1421, IV, 63.
Gaucourt (Raoul de), bailli de Rouen. — massacré par les séditieux, 1417, III, 177.
Gaude (la). Voy. La Gaude.
Gaugeaux (messire François de), IV, 196.
Gaule (le seigneur de), II, 430.
Gaules (Galiot de), II, 228; III, 124.
Gavene de Cambrésis, III, 87.
Gavres, V, 238.
Gayel (Henry le), IV, 394.
Gazebeque (le damoisel de), IV, 307.
Gelées — en 1428, IV, 308.
Genblaix (Jehan de), IV, 392.
Gencien (Pierre). — Se sauve de Paris, 1410, II, 362. — Fait prévôt des marchands, II, 409.
Généraux des finances, II, 319.
Gênes, I, 318; II, 8; V, 148 ; VI, 219.
Gênes (révolte de). — Plaintes du maréchal Boucicuaut devant le conseil, 1410, II, 112.
Gênes (l'archevêque de), II, 29.
Gênes (l'amiral de), V, 148.
Genève, IV, 34. — Séjour de Martin V, 1418, III, 275.
Genève (le comte de), V, 82, 112.
Génevois (les), III, 413; V, 149. —Voy. Arbalétrier:, Génois.
Genli (le seigneur de), IV, 66; VI, 200.
Gennes. Voy. Gênes.
Génois (les), I, 105, 135. — Appellent le marquis de Ferrare à leur secours contre les Français, 1409, II, 38. — Insultent la flotte de Louis d'Anjou, 1410, p. 73.
Gente (Guillemin), VI, 117.
Gentien (Pierre). Voy. Gencien.
Gentil (Jean), V, 419.
Gentilli. Voy. Gentilly.
Gentilly (*Seine*). — Le duc d'Orléans logé à l'hôtel qu'y avait l'évêque de Paris, 1410, II, 94.
Genville. Voy. Janville.
Gérard (messire Regnauld), capitaine de la Rochelle, V, 403.
Gérard (Renauld), maître d'hôtel du roi, chevalier, seigneur de Basoches, V, 353.
Gérard (Thomas), V, 294. — Capitaine de Montereau, V, 84.
Géraumes (messire Charlet de), IV, 195.
Gerberoy (*Oise*), V, 119, 231, 351.
Gercy (*Aisne*), II, 265.
Gergeau, VI, 208. Voy. Jargeau.
Gergerain (messire Thomas), IV, 459.
Gérincourt (Thiébault de). — Tué, 1421, IV, 64.
Germencourt (Thibaut de), IV, 67.
Germigny. Voy. Garmigni.
Germole, capitaine, V, 97.
Géron (Alain), bailli de Senlis, IV,

366, 439, 440; V, 205. — Tué, 1436, V, 223. Voy. Giron.
Gersies. Voy. Gercy.
Gerson (Jean), docteur en théologie, chancelier de l'église Notre-Dame de Paris, III, 55, 255.
Gesdo, nom d'une herbe, II, 273.
Gestes (Pierre). Voy. Gentien.
Ghelet (Antoine de), V, 402.
Ghienne (pays de). Voy. Guienne.
Ghisce (Jean de), VI, 214.
Ghisnes. Voy. Guines.
Ghistelle (messire Gérard de), V, 267.
Ghistelle (Jean de), VI, 200.
Ghistelle (Louis de), VI, 200, 229. — Tué à la bataille d'Azincourt, 1415, p. 230.
Giac (messire Pierre de), III, 321, 328, 357; VI, 279, 281.
Giac (la dame de), III, 322, 341, 350, 356; VI, 259, 280.
Giach (Pierre de). Voy. Giac.
Gien (comté de), V, 172.
Gien-sur-Loire (*Loiret*), II, 64, 97; IV, 324, 335; V, 291. — (La garnison de), II, 277. — (Assemblée de), 1409, VI, 204.
Giency (le seigneur de), fait chevalier, I, 92.
Giffart (Andrieu), conseiller du roi, II, 314. — Son arrestation, 333.
Gilly (le seigneur de), VI, 69.
Gingin (Jean de), capitaine des grandes compagnies, III, 150, 154, 180, 220, 274, 333; IV, 81, 82; VI, 236, 242, 259, 309. — Fait chevalier, 1422, IV, 92.
Giremmes (Robert de). Voy. Giresme.
Giresme (Charles de), II, 292.
Giresme (Robert de), IV, 94, 314.
Giresme (Sivador de), IV, 93, 314.
Giresme (les deux frères de), II, 345.
Giron (Alain), IV, 409.
Gisors (*Eure*), III, 282, 315; IV, 47; V, 119, 342. — Prise par le duc de Clarence, 1419, III, 334. — (Le capitaine de), IV, 176.
Givenchi (le seigneur de). — Pris dans une rencontre contre les Anglais, 1405, I, 104.
Glas (Jame du), IV, 195.
Glisy (Guillaume de), dit Brunet, III, 154.
Glocester (le duc de), III, 72, 82, 162, 188, 242, 283, 319, 388; IV, 143, 171, 175, 206, 210, 226, 229, 230, 232, 234, 241, 244; V, 191, 192, 265; VI, 235, 295.
Glocester (Humfroy, duc de), II, 337; IV, 212, 216, 220, 252, 258, 270; V, 254, 260, 263. — Son défi au duc de Bourgogne, 1436, V, 249 — Assiste à la bataille d'Azincourt, 1415, III, 106. — Fait capitaine de Rouen, 1418, III, 308. — Ses lettres au duc de Bourgogne, 1424, IV, 213, 220. — Remontrances qui lui sont faites en plein conseil, 1425, IV, 242. — Sa querelle avec le cardinal de Winchester, 1425, IV, 251.
Glocester. Voy. Clocestre.
Glocestre (le duc de). Voy. Glocester.
Glois (Guillaume le), III, 154. Voy. Gois.
Goele (Dampmartin en) III, 254.
Gois (Guiot le), fils de Thomas le Gois. Blessé mortellement, 1411, II, 230.
Gois (Guillaume le), VI, 219.
Gois (Jean le), III, 48; VI, 219.
Gois (Thomas le), II, 162; VI, 117.
Gois (les Le), — bannis, 1413, II, 408; VI, 217.
Golesine, au comté de Namur, IV, 395.
Gonisseulle, en Normandie. — Se rend au roi, 1435, V, 202.
Goune (Jean de), bourgeois du Crotoy, IV, 169.
Gontier, capitaine. — Pris dans une rencontre contre les Anglais, 1405, I, 104.
Gontier, secrétaire, VI, 123.
Gorcamp, III, 241.
Gorcum, en Hollande. Voy. Gorcamp.

Gorgnies (messire Herault de), gouverneur d'Auviller, V, 224.
Gormeville (Guillaume de), III, 154.
Gotscalt (Jorge), V, 37.
Gouay, VI, 304.
Goudghebur (Piètre), V, 332.
Gouez (Thomas le). Voy. Gois.
Gouge (Martin), évêque de Chartres. — Arrêté avec le grand maître Jean de Montaigu, 1409, II, 42. — Élargi, 47.
Gourgouches, près d'Oisy, V, 387.
Gourle (Gui), III, 118. — Noyé en passant la Somme, 1440, V, 427.
Gourle (Jehan), III, 118.
Gournay, IV, 97, 434; V, 27.
Gournay, en Normandie. — (*Seine-Inférieure*), III, 209, 244; IV, 20, 370, 421, 433; V, 119, 121. — Se rend au roi d'Angleterre, 1418, III, 309.
Gournay-sur-Aronde (*Oise*), IV, 379, 398. — Se rend à Charles VII, 1429, IV, 354. — Se rend aux Français, 1430, p. 419.
Gournay (le comte de Hontiton, capitaine de), 1419, III, 336.
Gournay (le seigneur de), III, 30.
Gouvieux (*Oise*), III, 253.
Gouy (Gaviot de), III, 315. Voy. Goy (Daviot de).
Goy (David de), III, 261. Voy. Goy (Daviot de).
Goy (Daviot de), III, 334. Voy. Gouy (Gaviot de).
Goy (Harpin de), III, 265.
Goys. Voy. Gois.
Grailli (Jean de), III, 333. Voy. Foix (le comte de).
Graimori, village près de Douai, VI, 311.
Grammont, aux Pays-Bas. Voy. Grandmont.
Grammont, en Hainaut, VI, 226.
Granche (Étienne de la), président au parlement, frère du cardinal d'Amiens, II, 48.
Grancey (*Côte-d'Or*). Voy. Gratsi.
Grand conseil (le), III, 36; VI, 197.
Grandes compagnies (les), 1417, III, 180.
Grandes eaux, VI, 310.
Grander (Yvain). Voy. Owen Glendower.
Grand (maître Gérard le), IV, 235.
Grand maître de l'Hôtel (le), II, 170, 360; VI, 123, 173, 199. Voy. Guichard Dauphin, Vendosme (le duc de).
Grandmont, V, 238. Voy. Grammont.
Grand-Puis (*Seine-et-Marne*), IV, 405.
Grand Pierre (le), V, 223.
Grandpré (comté de), III, 317.
Grandpré (le comte de), III, 103, 104. — Tué à la bataille d'Azincourt, 1415, III, 113.
Grandpré (le comte de). — Tué dans Paris, 1418, III, 270.
Grands bouteillers de France, II, 91, 234.
Grands chambriers de France. Voy. Nevers (le comte de).
Grands maîtres des arbalétriers. Voy. Lune (Jacques de la).
Grands panetiers. Voy. Mailli (Robinet de).
Grange (le seigneur de la), V, 85.
Granssi, V, 53. Voy. Grancey.
Grant-Bretaigne (la), IV, 25.
Grant Jaques (le), Lombard, III, 281.
Grantpré. Voy. Grandpré.
Grantson (le bâtard de), III, 17.
Granville (le seigneur de), envoyé au secours d'Orléans, 1428, IV, 301. Voy. Graville.
Grasce, sonneur de cor, VI, 315.
Grasville. Voy. Graville.
Gratsi, V, 96. Voy. Grancey.
Grauwe (Jean le), V, 326.
Gravelignes. Voy. Gravelines.
Gravelines (*Nord*), I, 106; II, 339; V, 231, 241, 255, 257, 263, 352, 379, 402, 403, 436, 449; VI, 28, 30, 33. — (Marches de), I, 101.
Gravelingnes. Voy. Gravelines.
Graville (*Seine-Inférieure*), III, 82.
Graville (le seigneur de), IV, 142,

273, 274; VI, 9, 261. — Assiste au combat de Rouvray, 1428, IV, 311.
Graville (l'ancien seigneur de), IV, 195.
Graville (Jean de), IV, 134, 138. — Capitaine de Pont-de-l'Arche, 1418, III, 275, 276.
Graville, le poursuivant, I, 28.
Grecs (les). Voy. Grieux (les).
Grégoire (le pape), I, 93.
Grégoire XII, I, 143, 146, 147; II, 15, 26. Voy. Concile de Pise, Malesta.
Grégoire XIII, I, 98.
Grenade, I, 193.
Grenade (Sarrasins de), en guerre contre les Espagnols, 1408, I, 261.
Grès (le comte de), amiral d'Angleterre, III, 59.
Grès (le seigneur de), III, 82; IV, 389.
Grés (messire Jean des), — tué à la bataille d'Azincourt, 1415, III, 116.
Grésille (sire Aimeri de), IV, 196.
Grevant (Guillaume de), VI, 87, 88, 89.
Grève (le seigneur de la), — tué au combat de Rouvray, 1428, IV, 313.
Grève (la), II, 431.
Grey (Thomas), III, 82.
Gribauval (Angeux de), IV, 439.
Gribauval (Enguerrand de), IV, 290, 431, 432.
Grieux (les), IV, 449. Voy. Grecs.
Griguaulx (François de), VI, 281.
Grigois (les), IV, 448. Voy. Grecs.
Grimaille (messire François de), III, 345.
Grimaulx (François de), III, 61.
Gros (Jean de), hennuyer, II, 76.
Gros-Breton (le), capitaine, IV, 180.
Grosse-Teste, homme d'armes, V, 84.
Groulei (Imbert de), sénéchal de Lyon, IV, 406.
Gruffy (le seigneur de). Voy. Champaings (Jean de).
Gruthuse (le seigneur de), III, 215; VI, 237.
Gueldres (le duc de), I, 7, 324; IV, 281; V, 132, 135, 137, 138, 143; VI, 48, 162.
Gueldres (mademoiselle de), VI, 48.
Guelles (le duc de). Voy. Gueldres.
Guerbauval (Baughois de) III, 119.
Guerbauval (Guillebert de), III, 119.
Guerbauval (Regnault de), III, 118.
Guerberoy, V, 204. Voy. Gerberoy.
Guerin (Jean), conseiller du roi, II, 314, 333; VI, 117.
Guermesnil (le château de). — Se rend aux Français, 1430, IV, 419.
Guerre entre les ducs d'Orléans et de Bourgogne, 1411, II, 165.
Guerre civile, 1407, I, 165.
Guerre (Remonnet de la), II, 457, 465; III, 7, 8, 131, 133, 160, 181; VI, 220, 253, 259. — Marche sur Paris, 1415, III, 141. — Arrêté par les Parisiens, 1418, p. 262. — Tué, p. 270.
Guerre (Raymonnet de la). Voy. Guerre (Remonnet de la).
Guiart (Étienne) de Sens, III, 154.
Guichard Dauphin, maître de l'hôtel du roi, I, 348; II, 46, 101, 243, 256, 271, 278, 409; III, 103; VI, 200 — Envoyé vers le duc de Bourgogne lors de son expédition de Liége, 1408, I, 351. — Remplace Jean de Montaigu dans l'office de grand maître, 1409, II, 48. — Tué à la bataille d'Azincourt, 1415, III, 112.
Guichart Dauffin. Voy. Guichard-Dauphin.
Guienne, II, 304; V, 146; VI, 51. — (Duché de), II, 340; V, 434; VI, 100. — (Pays de), V, 355. — (Expédition de Louis, duc d'Orléans, en), 1406, I, 132.

Guienne (Louis, duc de), I, 108, 139; II, 341; VI, 116, 118, 120, 196, 199, 203, 217, 221, 225. — Ramené de force à Paris par le duc de Bourgogne, 1405, I, 110 et suiv. — Confié au gouvernement du duc de Berri, 1405, I, 114. — Présent au discours de Me Jean Petit, I, 178. — A pour gouverneur Enguerran de Bournonville, 1410, VI, 205. — Commande pour la première fois, 1411, VI, 214, 215. — Emmené hors de Paris, 1415, VI, 193. — Sa mort, III, 131; VI, 230. Voy. Aquitaine, Dauphin.

Guierche (la), VI, 67.

Guieron (forteresse de), V, 8, 10.

Guignart (le bâtard), III, 154.

Guillaume (le duc), comte de Hainaut, II, 52; III, 62.

Guillaume, chevalier, II, 46.

Guillaume (Renaud), bailli de Montargis, V, 293.

Guillaume le Josne. — Fait chevalier, 1440, V, 422.

Guillebaut (Gui), gouverneur des finances du duc de Bourgogne, IV, 435.

Guillemecourt (*Seine-Inférieure*), V, 341.

Guillemin (Petit), V, 21, 23.

Guines (*Pas-de-Calais*), II, 268; V, 247, 256, 257, 264. — (Comté de), I, 158; V, 213.

Guinois (les), II, 268.

Guion (Alain), IV, 426.

Guischard Daulphin. Voy. Guichard Dauphin.

Guise, en Thiérarche (*Aisne*), III, 14, 311, 315; IV, 7, 35, 98, 136, 182, 183, 229; V, 77, 345, 386, 463; VI, 268, 290, 294, 297, 314, 323. — Sa capitulation, 1424, IV, 199. — Jean de Luxembourg y meurt, 1440, V, 451.

Guise (le comté de), II, 167; IV, 8, 130, 145, 154, 163; V, 51.

Guise (la terre de), IV, 103; V, 319.

Guise (Jean de Proisy, gouverneur de), IV, 63.

Guise (Daviot de), gouverneur de Guise, V, 416.

Guistelle (Jean de), I, 372. — Sa mort, 1412, II, 290.

Guistelle (Louis de), I, 372. — Tué à la bataille d'Azincourt, 1415, III, 114.

Guitry (le seigneur de). — Fait capitaine de Montereau par le dauphin, 1419, III, 381.

Guitry (Pierre de), capitaine de Montereau, III, 356, 403, 406.

Guittri (le seigneur de), IV, 196. Voy. Guitry.

Gustart, queux du sire d'Albret, II, 276.

Guynes (l'évêque de), III, 122.

Guynes. Voy. Guines.

Gyen-sur-Loire. Voy. Gien.

H

Habourdin (le seigneur de), V, 246, 285. Voy. Haubourdin.

Hacqueville (le seigneur de), III, 83, 85.

Hainaut (le), I, 353; III, 14; IV, 86, 171, 211, 224; V, 43, 62, 76, 137, 317, 407, 429, 466, 470; VI, 2, 163, 200, 226, 231, 234, 311. — Ravagé, 1420, IV, 35. — (Comté de), IV, 211, 242, 278.

Hainaut (le comte de), VI, 192, 204, 234.

Hainaut (ambassadeurs du comte de), VI, 164.

Hainaut (le duc Albert, comte de), de Hollande et de Zélande. — Sa mort, 1404, I, 95.

Hainaut (Guillaume, comte de), I, 95, 125, 260, 352, 371; II, 32, 111, 202, 204, 231, 247, 335; III, 15, 144, 164, 166. — Assiste à un champ mortel au Quesnoy, I, 99. — Son voyage à Paris, 1406, I, 132. — Marche avec le duc de Bourgogne contre les Liégeois, 1408, I, 353.

— Éloge de sa conduite à la bataille de Tongres, 1408, I, 366. — Son entrée à Liége, 1408, I, 369. — Va trouver le roi à Tours, 1408, I, 392. — Retourne en Hainaut, 1408, 395. — Obtient la confiscation de l'hôtel que le grand maître de Montaigu avait à Paris, 1409, II, 45. — Traite avec la reine, à Melun, 1409, II, 50. — Sa fuite de Paris, III, 168. — Sa mort, 1417, III, 173. Voy. Bavière, Brabant, Saint-Pol.

Hainaut (la comtesse de), III, 59, 62, 241, 374; IV, 6, 26, 67, 75, 318; VI, 227, 291, 308. — (la comtesse douairière de), IV, 134, 230, 275, 400, 450.

Hainaut (la dame de), sœur du duc de Bourgogne, III, 13, 15, 21, 36, 54, 63, 164, 205.

Hainaut (la duchesse de), VI, 164, 167.

Hainaut (Guillaume, bailli de), V, 67.

Hainaut (Guillaume de Lalain, bailli de), IV, 279.

Hainaut (le sénéchal de), I, 76; II, 280; III, 84; VI, 201. — Son combat singulier contre un chevalier anglois, 1499. II, 5.

Hainaut (le trésorier de); III, 205.

Hainaut (Évrard, bâtard de), III, 281.

Hainaut (Guillaume de), II, 419; III, 88.

Hainaut (Willemet de), capitaine de Montagu, V 68, 75.

Hainseberghe (le comte de), IV, 264.

Hainseberghe (le damoiseau de), I, 367; IV, 7.

Hainsberghe (le seigneur de), VI, 199.

Hainseberge (Jean de), évêque de Liége, V, 54. Voy. Hainseberge.

Hairon (Robin). — Pris, 1430, IV, 424.

Hai, IV, 229; VI, 192.

Halis (Alexander de), docteur, I, 207.

Hallain (Ghislain de). Voy. Haluyn.

Halles (le quartier des), V, 218.

Hallesale (Gilbert de), IV, 159.

Haluin. Voy. Haluyn.

Haluyn (le seigneur de), III, 375.

Haluyn (messire Guilain de), IV, 67; VI, 301, 302, 304, 306. — Fait chevalier, 1421, IV, 59.

Haluyn (messire Guillaume de). — Pris, 1421, IV, 64.

Halvyn. Voy. Haluyn.

Halx, IV, 211. Voy. Hal.

Ham (*Somme*), II, 124, 164, 167, 178, 179; III, 18; V, 96, 233, 386, 391. — Ses sièges, II, 171; IV, 172; V, 95; VI, 207, 210, 211. — (Antoine de la Beuvrière, gouverneur de), V. 417.

Ham (le seigneur de), VI, 9. — Tué à la bataille d'Azincourt, 1415, III, 114.

Hamaide (le seigneur de la). — Tué à la bataille d'Azincourt, 1415, III, 116. Voy. Hameide.

Hambon (Andrieu), IV, 162.

Hambon (messire Guillaume), IV. 162.

Hambures (le seigneur de), II, 226.

Hamède (le seigneur de la), III, 84.

Hamedde (le seigneur de la), VI. 201. Voy. Hameide.

Hameide (le seigneur de la). — Assiste à la bataille de Tongres, 1408, I, 359.

Hamel (Renaud du), IV, 204.

Hames (le seigneur de) I, 372. Voy. Ham.

Hames (Hue de), VI, 91.

Han (Jacques de), et son frère. — Tués à la bataille d'Azincourt, 1415, III, 117.

Han (*Ardennes*), V, 224.

Han sur Somme. V. Ham.

Hanaples, IV, 136. Voy. Hannapes.

Handebourg (le château de), V, 277.

Hangart (Jacques de), bourgeois

d'Amiens. — Loge le duc de Bourgogne, I, 172.
Hangest (*Somme*), III, 18, 96, 97, 148.
Hangest sur Somme. Voy. Hangest.
Hangest (le seigneur de), III, 42. — Capitaine de Boulogne. — Pris dans une rencontre contre les Anglais, 1405, I, 104, — Délivré de sa prison, 1412, II, 292. — maître des arbalétriers, 1413, II, 410.
Hangest (Ferry de), bailli d'Amiens, III, 19. — Favorable au duc de Bourgogne, 1411, II, 162.
Hangest (Claude de), seigneur d'Arzillières, VI, 19.
Hangiers (Jean de), VI, 8, 63, 78.
Hannapes (*Aisne*). Voy. Hanaples.
Hennekin, V, 242.
Hantidon (le comte de), IV, 417.
Hantonne (le port de), c'est Southampton, I, 91; III, 73, 78. Le château, III, 81.
Haplaincourt, V, 72. — Le château d'), V, 75, 76. Voy. Happlincourt.
Haplaincourt (le seigneur de). — Tué à la bataille d'Azincourt, 1415, III, 114.
Haplaincourt (messire Jacques de). — Tué à la bataille d'Azincourt, 1415, III, 114.
Haplaincourt (Jean de), V, 76; VI, 63, 75.
Happlincourt (*Pas-de-Calais*). Voy. Haplaincourt.
Harancourt (Gérard de), chevalier, maréchal du duc d'Autriche, I, 37.
Harbonnières (*Somme*), III, 97, 369; V, 407.
Harbonnières (ung nommé), III, 366.
Harcourt (*Calvados*), III, 188.
Harcourt (le comte d'), II, 50, 52; III, 182, 258.
Harcourt (Christophe de), V, 107, 134, 152; VI, 320.
Harcourt (Jacques d'), III, 249, 276, 301, 337, 376; IV, 21, 41, 46, 48, 51, 55, 56, 57, 73, 76, 91, 104, 130, 144, 156, 157; VI, 282, 290, 294, 297, 307, 308, 312, 320. — Prisonnier à la bataille d'Azincourt, 1415, III, 120. — Son mariage, 1417, III, 243. — Sa trahison envers le comte d'Harcourt, 1418, III, 258. — Assiste au massacre des Armagnacs, 1418, III, 270. — Conduit le deuil de Jean Sanspeur, 1419, 361. — En faveur auprès du duc de Bourgogne, 1419, III, 364. — Battu par un parti d'Anglois, 1421, IV, 76. — Lieutenant général en Picardie, IV, 166, 170.
Harcourt (Jean d'), V, 58, 60, 61; VI, 200. — Fait chevalier, I, 92. Voy. Aumale.
Harcourt (Jean d'), comte d'Aumale, III, 246; VI, 247, 281.
Harcourt (Jean d'), évêque d'Amiens, IV, 104.
Harcourt (Jean d'), archevêque de Narbonne, V, 345.
Harcourt (Jean d'), évêque de Tournay, V, 345.
Harcourt (Louis d'), archevêque de Rouen, II, 37.
Harcourt (Philippe d'), II, 250; VI, 200.
Harcourt (le bâtard d'), III, 375; VI, 9.
Hardentyn (Antoine de), seigneur de Bouchasnes. — Fait chevalier, 1437, V, 313.
Hardicourt (Gilles de), IV, 89.
Harecourt. Voy. Harcourt.
Harecourt (Gui de), bailli de Vermandois, IV, 131.
Harengs (la journée des). Voy. Rouvray.
Harfort, port d'Angleterre, I, 82.
Harlebecque (le prévôt de). Voy. Estornay (Gilles d').
Harfleu. Voy. Harfleur.
Harfleur (*Seine-Inférieure*), I, 91, 127; III, 82, 141, 147; V, 272, 346, 418, 420, 424, 458; VI, 228. — Portes, III, 84. — Sa

reddition, III, 89. — Ses fortifications, III, 95. — Descente du duc de Clarence, 1416, III, 162. — Débarquement de la reine d'Angleterre, 1422, IV, 98.
Harlem, IV, 249. — Assiégé, 1425, IV, 264.
Harpedane, chevalier, I, 94, 106. — Amène des troupes au duc d'Orléans, 1405, I, 120.
Harpedaine (le fils), IV, 195. Voy. Harpedane.
Harselances (Gauvain de), III, 314.
Harselances (Jean de), III, 314.
Hasebain (pays de), I, 374, 377.
Harteul (le seigneur de), V. 338.
Haspre (*Nord*), V, 79, 80.
Hastines (les frères de), V, 246.
Haubourdin (le seigneur de), V, 245.
Haubourdin (la dame de), V, 401.
Haulcourt (le seigneur de), II, 267.
Haulsaires, Haulsères et Haussaires, sorte de troupe, III, 52, 235 ; IV, 90, 392.
Haulte Alemaigne, III, 408.
Haulte-Pierre (le comte de), VI, 162.
Haulvère, habitant de Mons en Hainaut, IV, 236.
Haulx, I, 87. — (Notre-Dame de), I, 88 ; III, 14 ; IV, 69.
Haulz (N. Dame de). Voy. Haulx.
Hausseberch (le seigneur de), VI, 163.
Haussy, en Hainaut, V, 470, 471.
Haut-Mont sur Loire (le seigneur de). — Tué à la bataille d'Azincourt, 1415, III, 115.
Haut-Chasteler, V, 225, 226.
Hautbervilliers (*Seine*), IV, 354 ; V, 218. Voy. Aubervilliers.
Haute Cloche (Jean de), IV, 367.
Hauton, IV, 407. Voy. Anthon.
Hautredee (le seigneur de), IV, 253.
Hauwiel (Enguerrand), V, 267.
Havre de Calais (le), IV, 43.
Havrech (le seigneur de), IV, 166.
Havrech (messire Simon de). — Tué à la bataille d'Azincourt, 1415, III, 116.

Havreche (château de), en Hainaut, IV, 169.
Havrenas, poursuivant, IV, 117.
Havresse (messire Guérart de), III, 119.
Haye (La), en Hollande, I, 95.
Haye (le seigneur de la). — Tué à la bataille d'Azincourt, 1415, III, 115.
Haye (Jean de la), IV, 405. — Fait chevalier, 1429, IV, 332.
Haye (Piquet de la), III, 69.
Hayna. Voy. Hainaut.
Haynau. Voy. Hainaut.
Haynnau. Voy. Hainaut.
Hayneberch (le comte de), VI, 162.
Haynuyers, V. 192.
Haze (Guillaume de), VI, 163.
Hazebrouch, V. 240. Voy. Hazebrouck.
Hazebrouch (Theri de), V, 231, 240.
Hazebrouck (*Nord*). Voy. Hazebrouch.
Hectins (le seigneur de). — Tué à la bataille d'Azincourt, 1415, III, 117.
Hecquelo (en Flandre), V, 330.
Heidelberg. Voy. Heldeberch.
Heilli. Voy. Heilly.
Héli. Voy. Ely.
Heilly (le seigneur de), I, 260, 372 ; II, 118, 119, 124, 168, 256, 269, 271, 278 ; VI, 200, 211, 214. — Assiste à la bataille de Tongres, 1408, I, 359. — Concourt à l'arrestation du grand maître de Montaigu, 1409, II, 42. — Maréchal d'Aquitaine, II, 227. — Tué à la bataille d'Azincourt, 1415, III, 113.
Heilly (Jacques de), IV, 422. — Tué, 1430, IV, 424, 425, 427.
Heinsbergue (Jehan de), évêque de Liége, comte de Loz, IV, 392, 393. Voy. Hainsberghe.
Helchin (le seigneur de), III, 90.
Heldeberch, beau-frère du duc de Bourgogne, IV, 222.
Hellicourt (*Somme*). Voy. Hellincourt.

Hellincourt, IV, 429.
Helly (Jacques de). Voy. Heilly.
Helly (l'eaue de), V, 147.
Hem. Voy. Ham.
Hembe (le comte de). Voy. Ecosse (le bâtard d').
Hemenfort, en Hollande, IV, 280.
Hemton (Thomas), V, 418.
Hen (le comte de), IV, 389.
Hen (messire Jacques de). — Tué à la bataille d'Azincourt, 1415, III, 114.
Henchin (le seigneur d'). Voy. Quiéret.
Hennuiers (les). Voy. Hennuyers.
Hennuyers, I, 132, 142, 364; IV, 227.
Henri IV, roi d'Angleterre, I, 32, 43, 107. — Le comte de Northumberland et les Gallois se soulèvent contre lui, 1401, p. 38. — Sa réponse au défi du duc d'Orléans, 1402, p. 46. — Sa lettre aux Flamands, 1412, II, 260. — Sa mort, 1413, p. 337.
Henri V, roi d'Angleterre, II, 247, 337; III, 78; V, 69, 99. — Ses lettres à Charles VI, 1415, III, 78. — Conspiration contre sa personne, p. 81. — Punit un complot ourdi dans Paris, 1422, IV, 105. — Tombe malade et se fait transporter au château de Vincennes, p. 107. — Ses dernières paroles, p. 110. — Sa mort, p. 112. — Caractère de sa dernière maladie, p. 113. — Sa pompe funèbre en traversant la France, ibid. — Bon mot d'un gentilhomme françois à ce sujet, p. 117.
Henri VI, roi d'Angleterre, V, 8, 45, 190, 192, 310, 389; VI, 99, 106, 251, 326. — Sa naissance, 1421, IV, 80; VI, 308. — Proclamé roi de France, à Saint-Denis, 1422, IV, p. 123. — Sa descente à Calais, 1430; IV, 389. — Sacré à Saint-Denis, 1431, V, 1.
Henri de Gand. Voy. Gand.

Hentiton (le comte de). Voy. Hontiton.
Héraumont (Jean d'). — Tué, 1431, IV, 465.
Héraults d'armes, III, 78; VI, 226.
Herbaumes (le seigneur de), II, 250; V, 200.
Herbaumes (Alart de), II, 252.
Herbaumes (messire Gérard de), II, 304. — Tué à la bataille d'Azincourt, 1415, III, 117.
Herbausmes. Voy. Herbaumes.
Herbonnières. Voy. Harbonnières.
Hérémas, démon, I, 225.
Hérétiques. Voy. Comette (frère Thomas).
Hergicourt (Pierre de), chevalier, IV, 169.
Héricourt (Pas-de-Calais), IV, 85. — Son château abattu, 1422, IV, 120.
Hérisson (messire Pierre). — Fait prisonnier, 1424, IV, 196.
Herlem Voy. Harlem.
Herlin (le seigneur de), III, 118.
Herman, huissier de salle du duc de Bourgogne, V, 289.
Hermanville (le seigneur d'), III, 83.
Hermibloc (Pierre), doyen des métiers de Gand, 1437, V, 321.
Herselaines (Jean de), IV, 171; VI, 79.
Herselaines (les deux frères de), IV, 21.
Hersis (Thomas de). Voy. Liersis (le seigneur de).
Hérussart (le château de), près Beauquesne, VI, 81.
Hervi, V, 66.
Hesdin (Pas-de-Calais), I, 137; II, 123, 461; III, 28, 122; IV, 65, 69, 73, 114, 241, 333, 435; V, 129, 311, 313, 316, 399; VI, 25, 226. — Son château, IV, 240, 309. — (Prieuré de Saint-Georges de), III, 105.
Hétonville, VI, 12.
Heuchin (le seigneur de), V, 246; VI, 301.
Heudicourt (Somme), VI, 310.
Heugochin (Robinet de), IV, 457.

Heuse (Baudrain de la), prévôt de Paris, 1412, II, 333.
Heuze (le seigneur de la), II, 3.
Heuze (le Borgne de la), II, 267. — Prévôt de Paris, VI, 206, 217. — Démis de sa charge, 1413, II, 409.
Heve (Guillaume de le), IV, 236.
Hieu, II, 418.
Hincourt (messire Jacquet de), V, 419.
Hirechon, V, 386.
Hiver (le grand). Voy. Année.
Hœsines (Hugues de), VI, 85.
Hogue. Voy. La Hogue.
Holande (la dame de). Voy. Hollande.
Hollande (la), I, 353, 396; III, 70, 164, 174, 242; IV, 86, 289; V, 42, 137, 213; VI, 200, 311. — Expédition du duc de Bourgogne, 1426, IV, 257. — (Comté de), VI, 292.
Hollande (le duc de), Guillaume VI, I, 374, 391, 397. — Sa victoire sur les Liégeois, 1408, I, 368.
Hollande (la duchesse de), I, 89, 129; III, 167.
Hollande (les barons de), IV, 248.
Hollande (Anthoine de). — Fait capitaine de Reims, 1429, IV, 339.
Hollandois (les), II, 268; V, 192, 266.
Holle (Loys de), V, 326.
Holloch (le seigneur de), VI, 163.
Holofernes, II, 418.
Hommages, I, 86. — Du duc de Bourgogne et de ses frères au roi, 1405, I, 119.
Honcourt (Renaud de), VI, 80.
Honcourt en Cambrésis (le seigneur de), III, 118.
Hondescotte (le seigneur de). — Tué à la bataille d'Azincourt, 1415, III, 114.
Hondeserte (le seigneur de). Voy. Hondescotte.
Hondeshon (le seigneur de), VI, 162.
Honfleur (*Calvados*), III, 182. — Se rend au roi d'Angleterre, 1418, III, 309.
Hongrefort (Henri de). — Tué, 1433, V, 85.
Hongrefort (messire Watier de), V, 6. Voy. Honguefort.
Hongres (les), IV, 449.
Hongrie (la), I, 332; II, 63; IV, 144.
Hongrie (le roi de), II, 62. — Sa lettre à l'université de Paris, 1408, I, 261. Voy. Sigismond.
Hongrie (Saigremont de Belaigne, roi de), VI, 161.
Hongrie (le connétable de). — Perd par sa faute la bataille de Tanneberg, 1410, II, 76.
Hongrois (les). Voy. Hongres.
Honguefort (messire Gaultier de) IV, 93, 132; VI, 314. Voy. Hongrefort.
Honnecourt (*Aisne*), V, 386.
Honneflen. Voy. Honfleur.
Honnestain (Fuicho de), VI, 163.
Hontidon (le comte de). Voy. Hontiton.
Hontiton (le comte de), III, 284, 338, 368, 370, 372, 373, 388; IV, 15, 23, 396, 400, 401, 403, 409, 416, 419, 420; V, 144, 152; VI, 24. — Capitaine de Gournay, III, 336. — Pris à la bataille de Baugé, 1420, IV, 38.
Hoos (Thomas), VI, 97, 98.
Hornay, III, 182. Voy. Hornoy.
Hornes, en Hollande, IV, 256.
Hornes (Jean de), IV, 67, 371; V, 64, 138; VI, 163, 237, 301. — Sénéchal de Brabant, V, 213, 247, 252, 269. — Sa femme insultée à Gand, 1436, V, 270.
Hornes (Jean de), seigneur de Boussignies. — Fait chevalier, 1420, III, 412.
Hornoy (*Somme*), V, 39.
Hornut (le sire de). — Fait prisonnier, 1424, IV, 196.
Hostience (le cardinal). Voy. Ostie.
Hôtel d'Anjou (l'), I, 121, 123, 124; II, 230.
Hôtel d'Artois (l'), I, 122, 158, 164, 176, 234; II, 431, 449;

TABLE ALPHABÉTIQUE. 407

IV, 16, 112, 209, 361; VI, 130, 196, 260, 289. — Séjour du duc de Bourgogne, 1405, I, 113.
Hôtel de Bourbon (l'), III, 131, 263; VI, 262.
Hôtel du chancelier (l'), VI, 255.
Hôtel du duc de Guienne (l'), VI, 118.
Hôtel Saint-Ouen (l'), III, 61.
Hôtel d'Orléans (l'), I, 170; III, 127.
Hôtel Neuf (l'), VI, 260.
Hôtel de Neelle (l'). Voy. Hôtel de Nesle.
Hôtel de Nesle (l'), I, 163; II, 431; III, 145; IV, 2. — Saccagé par les Parisiens, 1411, II, 169.
Hôtel Saint-Pol (l'), I, 5, 168; II, 146, 166, 169, 237, 258, 302, 306, 346, 420, 449; III, 47, 262, 264, 273; IV, 22, 99; V, 4, 188; VI, 118, 255, 289, 323. — On y porte le corps du duc d'Orléans, I, 161. — Conseil qu'on y tient, 162. — Les Cabochiens en ôtent le roi pour le mettre au Louvre, 1411, II, 169. — Le peuple l'envahit, 1413, II, 351. — Charles VI y reçoit la plainte du duc de Bourgogne sur la mort de son père, 1420, IV, 17.
Hôtel Saint-Pol (les jardins de l'), I, 239.
Hôtel des Tournelles (l'), III, 265; IV, 151, 156, 361; V, 4, 44; VI, 260.
Hôtel de l'Épée, II, 431.
Hôtel de l'Image Notre-Dame, I, 155.
Hôtel de l'Ours (le maître de l').— Son arrestation, 1415, III, 141, 264.
Hôtel du maréchal de Rieux, I, 159.
Hôtel de Savoisy, I, 73.
Houardrie (Houart de la), VI, 302.
Houcourt (le seigneur de), I, 106.
Houdain (Pas-de-Calais), IV, 27, 210; VI, 292.
Houdain, château situé sur les frontières du Brabant, I, 396.
Houdenc (Parceval de), IV, 42.
Houllefort, capitaine. — Pris, 1436, V, 237.
Housses (les), lis.: Les Hussites, IV, 449.
Huçon (Richard), V, 84.
Huches (le château de), en Boulenois, IV, 429.
Huet, clerc de Iean de Luxembourg, V, 376, 383.
Humandrie (le seigneur de), IV, 288.
Humbercourt (le seigneur d'), II, 59, 414; III, 49, 365, 375, 390; IV, 64, 66, 84; VI, 237, 296, 301. — Bailli d'Amiens, III, 131, 367. — Fait prisonnier, 1421, IV, 64. — Sa mort, 1426, IV, 258. Voy. Brimeu (David de).
Humereules (Burteul de), III, 311.
Humfroy, IV, 110. Voy. Glocestre.
Humières (le seigneur d'), III, 214, 375; IV, 378, 403, 436; V, 38, 46, 64, 70, 81, 87, 128, 246, 407, 420; VI, 75, 91, 301. — Prisonnier à la bataille d'Azincourt, 1415, III, 120.
Humières (Andrieu d'), VI, 200.
Humières (Drieu d'), IV, 241. — (Drieu, seigneur d'), IV, 412.
Humières (Jean d'). — Tué à la bataille d'Azincourt, 1415, III, 114.
Humières (Jean d'), IV, 439. — Fait chevalier, 1435, V, 186.
Humières (le Liégeois d'), IV, 345.
Humières (Mahieu d'). — Tué à la bataille d'Azincourt, 1415, III, 114.
Humières (Mahieu d'), IV, 457, 457; VI, 64. — Fait chevalier, 1431, IV, 463.
Humières (le bâtard d'), V, 42. —Capitaine de Herqueri, V, 132.
Hurpes (Gautier de). Voy. Rupes.
Hussites (guerre des) 1421, IV, 86. Voy. Housses (les).

Hutekerque (Jean d'), III, 365; IV, 254.
Hutekerque (Roland d'), chevalier, III, 215; IV, 254, 267, 285, 288, 374; V. 332; VI, 205. — Concourt à l'arrestation de Jean de Montaigu, 1409, II, 42. — Sa femme, V, 270.
Hutequerque. Voy. Hutekerque.
Huy, au pays de Liége, I, 354, 370, 371, 377, 380. — Ouvre ses portes au duc de Bourgogne, 1408, I, 368.
Hyrechon, V, 227. Voy. Irechon.

I

Iaune (la rivière d'), VI, 286, *lis.* : Yonne.
Ièvre, rivière, II, 271.
Ile-Adam (l'), (*Seine-et-Oise*), III, 282 ; V, 38. — (Le pont de l'), III, 212.
Ile-Adam (le seigneur de l'). Jean de Villiers, III, 83, 210, 214, 239, 251, 260, 265, 330, 335, 365, 375, 382, 386 ; IV, 35, 130, 136, 172, 174, 176, 212, 226, 256, 282, 345, 355, 441; V, 27, 29, 91, 127, 184, 205, 216, 219, 274, 285, 301; VI, 236, 238, 254, 261, 277, 296, 323. — Arrête Charles de Bourbon, 1418, III, 263. — Fait entrer des troupes dans Paris, 1418, III, 264. — Assiste au massacre des Armagnacs, 1418, III, 270. — Fait maréchal de France, 1418, III, 273. — Surpris dans Pontoise, 1419, III, 333. — Sa fière réponse au roi d'Angleterre, IV, 9. — Son arrestation, 1420, IV, 37. — Est fait gouverneur de Paris, 1429, IV, 362. — Réintégré au rang de maréchal de France, 1431, V, 11. — Entre dans Paris, 1436, V, 220. — Est tué dans une émeute à Bruges, V, 286.
Ile-Adam (le fils du Seigneur de l'), V, 334.

Ile-de-France (l'), II, 171, 465; III, 334; IV, 310, 342, 358, 405; V, 27, 127, 184, 206, 274; VI, 13. — Mouvements de troupes, 1405, I, 120; — 1410, II, 79.
Illebourch (le seigneur de), VI, 163.
Impôts, II, 317; III, 293; V, 194. — En Angleterre, IV, 25.
Inchi (le seigneur d'). Voy. Inchy.
Inchy (le seigneur d'), I, 372; 214; III, 90; IV, 66; V, 246; VI, 200, 236, 243, 296, 301. — Tué à la bataille d'Azincourt, 1415, III, 113. — (Le jeune seigneur d'). — Prisonnier à la bataille d'Azincourt, III, 120
Inchy (Eustache d'). — Fait chevalier, 1437, V, 313.
Inchy (Philippe d'), VI, 80.
Incy (le seigneur d'). Voy. Inchy.
Innocent VII, I, 147.
Instructions d'Aubert de Chauny, seigneur de Varennes, 1417, III, 192. — Réponses du duc de Bourgogne, p. 196. — Chauny mis en accusation, p. 206.
Iorcq (le duc d'), VI, 228. Voy. Yorck.
Ipre. Voy. Ipres.
Ipres, II, 404 ; III, 359.
Ircanie, IV, 283.
Ireligni (le château d'). — Se rend aux François, 1430, IV, 419.
Irlande, I, 46; II, 240; VI, 100.
Irlandois, IV, 94. — Leur singulier état en campagne, III, 285.
Irlois, *lis.* : Irlandais, VI, 315.
Isabeau de Bavière, I. 10, 161. — Son sceau, 1417, III, 234. — Sa mort, 1435, V, 188. Voy. Reine (la).
Isabel. Voy. Isabeau.
Isabelle d'Aragon. Voy. Aragon.
Isabelle de France, fille de Charles VI, femme de Richard II, roi d'Angleterre, puis de Charles, duc d'Orléans, I, 10, 129; VI, 192. — Son retour en France, 1401, I, 33. — De-

mandée par le prince de Galles, 1406, I, 126. — Meurt en couches, 1409, II, 37.
Isaie. Voy. Ysaye.
Isle-Adam (le seigneur de l'). Voy. Ile-Adam.
Isle-Bouchart (le seigneur de l'). — Tué à la bataille d'Azincourt, 1415, III, 115.
Isle-Gomort (le seigneur de l'). — Tué à la bataille d'Azincourt, 1415, III, 116.
Isle-de-France. Voy. Ile-de-France.
Isle-en-Jourdain (l'), (Gers), VI, 82.
Istre (Estevène d'), IV, 237.
Italie, IV, 125, 143, 157; VI, 232.
Ivery (le baron d'). Voy. Ivry.
Ivry (château d'), IV, 172.
Ivry (le seigneur d'), II, 318; III, 21, 72.
Ivry (le seigneur d') et son fils messire Charles. — Tués à la bataille d'Azincourt, 1415; III, 115.
Ivry (le seigneur d'). — Tué au combat de Rouvray, 1428, IV, 313.
Ivry (le baron d'). Voy. Argency.

J

Jacleville (Élion de). Voy. Jaqueville.
Jacobins (les), — leur modération, 1409, II, 61.
Jacotin, II, 245.
Jacques (le roi). Voy. La Marche (Jacques, comte de).
Jacqueville (Hélion de). Voy. Jaqueville.
Jacques (le roi). — Jacques de Bourbon, comte de La Marche, VI, 232, 233.
Jacques de fustenne, vêtement militaire, VI, 212.
Jagre (Liévin le), V, 326.
Jaloignes (le seigneur de), V, 293; VI, 52.
Janville (Eure-et-Loir), IV, 311; V, 336. Voy. Yenville.
Jaqueville (Hélion de), II, 256, 370, 391, 399; III, 49, 57, 127, 153, 210, 220; VI, 116, 200, 217, 237, 242, 244. — Capitaine de Paris, 1413, III, 344; VI, 216. — Banni, III, 408. — Assassiné par Hector de Saveuses, 1417, III, 235. — (Le neveu de), VI, 245.
Jaqueline, femme de Jean, duc de Brabant, IV, 26.
Jaques, patron de barque, IV, 168.
Jard (moine de l'abbaye du), IV, 14.
Jargeau (Loiret), II, 149, 153; IV, 324, 336; V, 402; VI, 208. — Prise par le comte de Salisbury, 1428, IV, 296.
Jartière d'Angleterre (le roi d'armes de la), V, 440.
Jaucourt. Voy. Yaucourt.
Jaully (Jean), III, 154.
Jazon, IV, 373.
Jean XXIII (le pape), II, 370; III, 51; VI, 228. — Son élection, 1410, II, 68. — Son couronnement, 69. — Sa mort, 1417, III, 247.
Jean (le roi), I, 117; II, 312.
Jean Sans-terre, roi d'Angleterre, III, 307.
Jean, duc de Bourgogne. Voy. Bourgogne.
Jean, duc de Bretagne. Voy. Bretagne.
Jean, duc de Touraine, I, 9.
Jean Froissart. Voy. Froissart.
Jean Juvénal, II, 400.
Jean Sans-peur. Voy. Bourgogne (ducs de).
Jean Sans-pitié, évêque de Liége, fils d'Albert, comte de Hainaut, I, 95.
Jean l'Apothicaire, de Gand, V, 326.
Jeanne d'Arc. Voy. Pucelle (la).
Jeanne de France. Voy. France.
Jehan, le bastard, III, 205.
Jehan. Voy. Jean.

Jehanne. Voy. Jeanne.
Jéhu (le roi), I, 215.
Jenlis (le seigneur de), IV, 92.
Jennet, archer du corps du duc de Bourgogne, III, 154.
Jergeau. Voy. Jargeau.
Jéricho (le connétable de), IV, 383.
Jérusalem, I, 197; IV, 19. — (Le connétable de), IV, 261, 269.
Jeumont (le seigneur de), I, 354; III, 29, 49. — Tué à la bataille d'Azincourt, 1415, III, 116.
Jeumont (Jean de), III, 20; IV, 211; VI, 201. — Maréchal de Guillaume, comte de Hainaut, I, 379.
Jhérémie, I, 302.
Jhérico. Voy. Jéricho.
Jhérusalem. Voy. Jérusalem.
Joab, I, 198, 199, 200; II, 418.
Joarne (Nicolas), mayeur d'Abbeville, VI, 297.
Job (le livre de), I, 277, 312, 316.
Joingny. Voy. Joigny.
Joigny (*Yonne*), III, 239, 240; IV, 9; VI, 245.
Joigny (le comte de). — Gui de la Trémouille, IV, 158, 385; VI, 9.
Joigny (Jean de). — Fait prisonnier, 1421, IV, 63, 67.
Joingny (le fort de), entre Beauvais et Gisors, V, 91.
Jonvelle (le seigneur de). — Jean de la Trémouille, III, 246, 340, 345, 348, 350, 385, 389; IV, 66, 209; VI, 236, 280, 301, 303.
Josne (Robert le), bailli d'Amiens, IV, 197; V, 189, 195.
Josse, fils de Philippe le Bon, duc de Bourgogne, V, 50.
Jossequin (Philippe), III, 328, 346, 350, 356; VI. 276, 280. — Son extraction, III, 351.
Jourdain (le), I, 197.
Jourdain (Jean), bourgeois de Rouen, III, 305.
Jouste (Olivier de la). — Tué, 1436, V, 223.
Joutes, I, 76; IV, 151; VI, 69.

— Aux noces d'Antoine, duc de Brabant, 1409, II, 32. — A Paris, 1414, III, 60. — A Saint-Ouen, 1414, III, 61. — A Arras, 1429, IV, 376. — En 1431, IV, 434. — Aux noces de Charles, duc d'Orléans, 1440, V, 441.
Jouy-en-Brie (deux moines de), décapités en 1420, IV, 14.
Joy-en-Brie. Voy. Jouy.
Judith, II, 418.
Juifs. — Manière dont ils sont traités au couronnement de Jean XXIII, 1410, II, 71.
Jules César, I, 208, 299, 303.
Julien l'Apostat, I, 189, 191.
Juliers (le duc de), VI, 162.
Jullers. Voy. Juliers.
Jumelles (Galifre de), III, 21.
Jumont (le seigneur de). Voy. Jeumont.
Justice (offices de), II, 321.
Justification du duc de Bourgogne, par Me Jean Petit, I, 177 et suiv.
Justinus Fronteneusis, II, 379.
Juvénal (*lis.*: Boccace). — Son livre des cas des nobles hommes, I, 299.

K

Kaire (le), IV, 243. — Le roi de Chipre y est mené prisonnier, 1426, IV, 267.
Kairy (Antoine), écuyer du roi de Chipre, IV, 261.
Kanart, routier de Boulenois, IV, 403, 416.
Karados des Quesnes (messire), V, 45.
Katerine. Voy. Catherine.
Katherine. Voy. Catherine.
Ken. Voy. Caen.
Kennebrouck, hérault d'Angleterre, V, 249.
Kent (le comte de), II, 302; III, 82, 284, 313, 338, 363, 374, 388. — Assiste à la bataille d'Azincourt, 1415, III, 106. — Tué à la bataille de Bangé, 1420, IV, 38.
Kent (Effreville, comte de), IV, 23.

TABLE ALPHABÉTIQUE.

Kersis (messire Thomas de), bailli de Vermandois, 1417, III, 181.
Kerynia. Voy. Cérines.
Kesnoy le Conte. Voy. Quesnoy.
Kiéret (Jacques), V, 285. Voy. Quiéret.
Kierewier, capitaine des communes, V, 201, 203.
Kint (le comte de), VI, 228. Voy. Kent.
Kiriel. Voy. Kyriel.
Koux (M⁰ Alain le), V, 135.
Kyriel (Thomas), IV, 18, 34, 76, 368, 422; V, 204, 281, 297, 310, 340, 404. — Fait prisonnier, 1430, IV, 424.

L

La Boulle (messire Guillaume de), comte de Suffort, VI, 97, 98.
La Bourde (le seigneur de), IV, 155.
La Faiette (Guillebert, seigneur de), maréchal de France, IV, 34, 184; V, 107, 134, 152, 155. — Fait prisonnier, 1424, IV, 196. — Assiste au combat de Rouvray, 1428, p. 311, 312.
La Garide, ville, IV, 248.
La Gaude, ville, IV, 255, 282.
La Guice (le seigneur de), VI, 200.
La Hire (Estienne de Vignoles, dit), III, 311, 315, 360, 375; IV, 105, 183, 193, 206, 273, 327, 372; V, 22, 79, 80, 95, 103, 105, 120, 127, 146, 204, 231, 271, 274, 281, 297, 300, 340, 349, 387, 419, 462; VI, 16, 52, 191, 267.— Fait prisonnier, 1420, IV, 35.—Envoyé au secours d'Orléans, 1428, p. 301. — Assiste au combat de Rouvray, p. 311. — Est fait bailli de Vermandois, 1429, p. 339. — Prend la forteresse d'Amiens, 1434, V, 114. — Assiste au siége de Pontoise, 1441, VI, 9. — Meurt au château de Montauban, 1442, p. 57. Voy. Vignoles (Amado de).
La Hire (les gens de), V, 428, 429.
Lahire (Pierre Arnauld, frère bâtard de), V, 426.
La Hire (Geoffroi), VI, 9.
La Hire (le Bourch de), V, 290, 103. — (Le Borgne de), V, 92. — Pris, 1421, IV, 63. — (Le Bourg de), IV, 63.
La Hogue-Saint-Vast, II, 291.
La Mark (Evrard de). Voy. Mark.
La Motte, près Beaurevoir, V, 80.
La Ville (monseigneur de). Voy. Laval.
Laban (Jacques), VI, 117.
Labbaye (Jean de), III, 246.
Labbé (Charles), III, 150; VI, 237, 243. — La reine le fait capitaine de la ville de Tours, 1417; III, 229. — Se range du parti du dauphin, 1418, III, 293.
Labret. Voy. Labreth.
Labreth. Voy. Albret.
Labroie, sur la rivière d'Authie (Pas-de-Calais), V, 264, 313.
Ladan (messire Jean), IV, 459.
Ladislas, roi de Naples. Voy. Lanselot.
Lagen, bâtard d'Arly, III, 282, 286. — Sa mort, 1418, III, 297.
Laghen, bâtard d'Arly. Voy. Lagen.
Lagnon, bâtard d'Ailli, III, 247, 248. Voy. Lagen.
Lagny-sur-Marne, III, 128, 132, 204, 303; IV, 70, 78; V, 11, 28, 31, 35, 70; VI, 230, 264, 305. — Prise par les François, 1418, III, 287. — Reprise par le maréchal de l'Ile-Adam, 288. — (Le pont de), V, 27.
Lagny (Jean de), sobriquet donné au duc de Bourgogne, VI, 231.
Laictre (Hutasse de). Voy. Laitre.
Laiet (Olivier, IV, 18.
Laigle (le seigneur de), VI, 69.
Laigni les Chastigniers (Oise), IV, 427.
Laigny. Voy. Lagny.
Laigle (le seigneur de), IV, 33, 34.

Laigle de Sains, capitaine. — Pris, 1430. IV, 424.
Laigle de Saint-Gille, capitaine, IV, 412.
Laillier (Jacques), VI, 290. — (Jaquet de), VI, 218.
Laillier (Michault), II, 325, 350; III, 68; IV, 133; V, 218. — Une femme lui révèle le complot des Parisiens, 1415, III, 140. — Sa fuite de Paris, 1422, IV, 135.
Laines d'Angleterre, V, 322.
Laingny-sur-Marne. Voy. Lagny.
Lairre (sire Robert de), IV, 196.
Laistre (M⁰ Eustace de). Voy. Laitre.
Laistre (Witace de). Voy. Laitre.
Laitre (M⁰ Eustache de), II, 360; III, 48, 127, 205, 314, 334, 390; VI, 117, 120, 219, 253, 261. — Créé chancelier de France, 1413, II, 371. — De nouveau, 1418, III, 273. — Sa fuite de Paris, II, 399. — Sa mort, 1420, III, 403; VI, 291.
Laittre (Huitasse de). Voy. Laitre.
Lalain. Voy. Lalaing.
Lalaing (Guillaume de), V, 76, 270. — Bailli de Hainaut, IV, 279.
Lalaing (Jean de), IV, 345.
Lalaing (Sanse de), V, 221, 222, 259.
Lalaing (Simon de), IV, 355, 376, 431, 432; V, 75, 77, 89, 98, 216, 221, 259, 270, 296, 344, 407, 432; VI, 63, 75, 84, 91. — Fait chevalier, 1426, IV, 266.
La Lande (Henri de). — Tué à la bataille d'Azincourt, 1415, III, 117.
Laleaue (Pierre de), grenetier de Roye, VI, 139.
Lalemant (Henri), IV, 31, 52, 55.
Lallaing (le seigneur de), VI, 201.
Lambau (Jacques), VI, 117.
Lamballe (*Côtes-du-Nord*). — Assiégée, 1420, IV, 32.
Lamberville (*Seine-Inférieure*). Voy. Lambreville.
Lambreville. — Se rend au roi, 1435, V, 202.
Lames, III, 95.
Lamoure, homme d'armes. — Fait prisonnier Jean de Luxembourg, 1421, IV, 64.
Lampoule (Daniel de). — Tué à la bataille de Tongres, 1408, I, 366.
Lancastre (duché de), I, 153.
Lancastre (Henri de), I, 235, 306, 329, 389; II, 54; IV, 241. Voy. Henri V, roi d'Angleterre.
Lancastre, roi d'armes, I, 52, 57.
Lancelot (le roi). Voy. Lanselot.
Lances de guerre, I, 40.
Landas (le seigneur de), VI, 200.
Landas (Mahieu de), IV, 89; VI, 301.
Landislay, II, 24.
Landrecies (*Nord*), IV, 164, 166.
Laneroy, IV, 85.
Lange Corrarion, I, 251. Voy. Langle.
Langle Corrarion, I, 246.
Langle (le bâtard de), V, 202, 264.
Langlain (le bâtard de), IV, 195.
Langlois (Colin), IV, 168.
Langny (Hue de), II, 439.
Langres (*Haute-Marne*), IV, 459; V, 97, 402; VI, 77.
Langres (l'évêque de), III, 246; VI, 247.
Langres (députés de), II, 294.
Langres (élection de), V, 163.
Langres (le bâtard de), I, 8.
Languedoc, II, 227; III, 357, 407; IV, 282, 406; VI, 29, 95.
Lanion (le bâtard de), IV, 420.
Lannoy (château de). — Abattu, 1422, IV, 120.
Lannoy (le seigneur de), V, 246, 432. — Son mot sur la paix d'Arras, 1435, V, 183.
Lannoy (le chevalier de), VI, 221.
Lannoy (Baudoin de), seigneur de Moulenbais. — Fait chevalier de la Toison d'or, 1429, IV, 374.
Lannoy (le Begue de), IV, 89; VI,

313. — Gouverneur de Lille, IV, 279.
Lannoy (Guillebert de), seigneur de Villerval, III, 360; VI, 237. — Fait chevalier de la Toison-d'Or, 1429, IV, 374.
Lannoy (Hue de), III, 390; IV, 80, 352, 400, 403, 437; V, 214, 443. — Maître des arbalétriers, 1421, IV, 80, 83, 88, 103, 107, 109, 111; VI, 220, 237, 309. — Fait capitaine de Senlis, 1422, IV, 103. — Assiste aux derniers moments de Henri V, 1422, IV, 111. — Fait chevalier de la Toison-d'Or, 1429, IV, 374. .
Lannoy (Hue de), seigneur de Crèvecœur, V, 116.
Lannoy (Hue de), seigneur de Santes, IV, 413; V, 397.
Lannoy (Jean de), III, 118.
Lannoy (Lanion de), III, 6, 11, 29; IV, 64. — Assiste à la bataille d'Azincourt, 1415, III, 104. — Fait prisonnier, 1421, IV, 64.
Lannoy (Olivier de), IV, 139.
Lansay (Mondo de), V, 294.
Lanselot (le roi), I, 258; II, 108. — S'approche de Pise, 1419, II, 21. — Ravage le royaume de Naples, 1410, II, 66. — Roi de Naples, 1413, II, 369. — Sa mort, 1414, III, 45.
Lanselot, frère du seigneur de Maumez. — Tué à la bataille d'Azincourt, 1415, III, 114.
Lanssach (Mondo de), V, 84.
Lansselaou (le roi), *lis.:* Lancelot, VI, 232.
Laon (*Aisne*), III, 51. 374, 377; IV, 98, 202, 431; V, 42, 68, 78, 81, 89, 134, 462, 464, 470; VI, 1, 4, 5, 75, 143, 254, 257, 283. — (Exécutions à), II, 265. — (Députés de), II, 294. — (Entrée du roi à), 1414, III, 12. — Entrevue de la duchesse de Bourgogne et du roi, 1440, V, 468.
Laon (l'abbaye de Saint-Martin de), V, 468.

Laon (l'évêque de). — Au siége d'Arras, 1414, III, 24. — Jure la paix, III, 63.
Laon (Thomelaire, prévôt de), IV, 398.
Laonnois (le), I, 391; II, 167; III, 371; IV, 164; V. 77, 269, 271, 430. — (La marche de), V, 430.
Larcher (Jean), docteur en théologie, IV, 19.
Lardenois d'Osteure, V, 471.
Larecque, seigneur françois, III, 61.
Largis (Thomas de), bailli de Vermandois, VI, 259.
Larigot (messire Jean). Tué au combat de Rouvray, 1428, IV, 313.
Las (Guillot de), V, 419.
Lasalle (Dragon de), IV, 195.
Lasque (Jacob), VI, 163.
Lasqudam, VI, 163.
Lau (Amenon de), accusé de la mort de Jean Sans-peur. — Décapité, 1420, IV, 14.
Launoy (le vidame de). — Tué à la bataille d'Azincourt, 1415, III, 113.
Launoy (messire Gilebert de). — Prisonnier à la bataille d'Azincourt, 1415, III, 121.
Launoy (Lanier de), II, 439.
Launoy (Hue de), II, 465.
Launoy (Lanion de). Voy. Launoy.
Launoy (Laniout de), II, 438. — Tué à la bataille d'Azincourt, 1415, III, 117.
Launoys (le bâtard de), III, 154.
Laurens, lieutenant de Jehan du Clau, chef de compagnies, III, 181.
Laurens de Rout de Pasco (sire), VI, 163.
Laux (Angerot de), IV, 174.
Laval (monsieur de), tué, I, 83.
Lavaugour (Charles de), IV, 30.
Layet (Olivier). — Frappe le duc de Bourgogne à Montereau, 1419, III, 344, 345.
Laygle de Rotheflay, IV, 415.

Le Grant (frère Jacques), II, 402.
Le Jeune (Robert), avocat à Amiens, II, 404. — Bailli d'Amiens, IV, 24.
Le Lerens Botereau, château, IV, 30.
Le Maire (Simon), V, 291.
Leboin (messire Charles), IV, 195.
Lebret (Charles de). Voy. Albret.
Le Clerc (Gilles), avocat de Gand, V, 326.
Leclerc (Jean), Président au parlement, III, 246; VI, 247. — Fait chancelier de France, 1420, III, 403; IV, 17; VI, 291.
Leclerc (Jean), ferron, père de Perrinet Leclerc, III, 260.
Leclerc (Perrinet). — Sa trahison, 1418, III, 261. — Chute de son crédit, III, 268.
Leclerc (Pierre), prévôt de Beauvais, V, 195, 196.
Léger (Jean), lieutenant du bailli de Rouen. — Massacré par les séditieux, 1417, III, 177.
Legois. Voy. Gois.
Leleu (Cansion). Voy. Leleu (Sansion).
Leleu (Sansion), I, 257. — Son arrestation, 1408, I, 258. — Son amende honorable, I, 264, 265.
Lemaire (Me Raoul le), prévôt de Saint-Donat de Bruges. — Se sauve de Paris, 1413, II, 362.
Lembourch. Voy. Lembourg.
Lembourg (le duché de), I, 90; VI, 163.
Lembourg (le duc de), Antoine de Bourgogne, I, 114, 132. — Succède au duché de Brabant, 1406, I, 144.
Lendit (le), III, 148.
Lengres. Voy. Langres.
Lens, en Artois, III, 28; IV, 210, 333; V, 133; VI, 226, 292, 297. — Son château, I, 164.
Lens (le seigneur de), VI, 229.
Lens (Charles de), II, 344, 399; VI, 237, 275. — Fait amiral, 1418, III, 273, 328, 340, 341. — Sa mort, 1419, III, 357.

Lens (Charles de), gouverneur de Chartres, VI, 257, 261.
Lens (Charles de). Voy. Reucourt, Sens.
Lens (Jean de), seigneur de Liekerque, évêque de Cambray, IV, 276, 277.
Lens (messire Phelippe de) et messire Henri, frères de l'évêque de Cambray. — Tués à la bataille d'Azincourt, 1415, III, 116.
Lens (le châtelain de). — Tué à la bataille d'Azincourt, 1415, III, 113, VI, 200.
Léon (Alain, évêque de), III, 325, 328.
Lermite de Boval. — Pris, 1430, IV, 424.
Lermitte (Tristan), V, 223.
Lers (messire Florent de), V, 22.
Lersis (Thomas de), bailli de Vermandois, III, 160. Voy. Liersis.
Les Loges. — Se rend au roi, 1435, V, 202.
Lesage (Arnoul), II, 360.
Leschines (le bailli de), V, 318.
Lescluse, II, 172.
Lescoing (lieu dit), III, 253.
Lescouan (Mathelin de), VI, 52.
Lessny (le seigneur de), V, 73.
Lestandart, seigneur de Créqui. — Tué à la bataille d'Azincourt, 1415, III, 115.
Lestandart de Milly, IV, 376.
Lestauwe (Jehan), V, 325.
Lettre des Princes à la ville d'Amiens. — Chartres, 2 décembre, 1410, II, 82.
Lettres des princes d'Orléans aux bonnes villes du royaume, 1411, II, 150.
Lettres de Charles VI pour la publication de la paix d'Auxerre. — Melun, 7 septembre 1412, II, 296.
Lettres du roi pour la publication de la paix. Données au siége devant Melun, le 22 juillet 1420, IV, 2.
Lettres parties, I, 25.
Leulinghem (Pas-de-Calais), lieu habituel des conférences pour

les trêves, I, 33 ; II, 168, 231, 391, 404.
Leuze (le seigneur de la). — Tué à la bataille d'Azincourt, 1415, III, 115.
Lève (la), rivière, V, 321.
Levées de troupes. — En 1411, II, 171. — En 1419, III, 365. — En 1422, IV, 107. Voy. Albret (le connétable d').
Leveure (château de), IV, 275.
Lezignen (Pierre de). Voy. Lusignan (Jean de).
Licentiements de troupes, 1409, II, 47.
Licques (le seigneur de), I, 105.
Lictervelle (le seigneur de), V, 285.
Lictuaire (le royaume de). Voy. Lithuanie (le grand-duché de).
Lida (le seigneur de), VI, 163.
Lidequerke (le seigneur de). — Tué à la bataille d'Azincourt, 1415, III, 114.
Liége, I, 355 ; IV, 86 ; VI, 201. — Ouvre ses portes au duc de Bourgogne, 1408, I, 368. — Entrée du duc Guillaume, I, 369. — Voy. Sentence.
Liége (le pays de), IV, 36 ; V, 55, 225, 229 ; VI, 199, 311.
Liége (l'évêque de), I, 125, 350, 375, 395 ; II, 35 ; III, 111, 408 ; IV, 371 ; V, 133, 225 ; VI, 174, 194. — Fils du seigneur de Pierrelves, I, 355, 361.
Liége (l'élu de), VI, 162.
Liége (l'évêché de), IV, 232.
Liége (le chapitre de), I, 375.
Liége (le doyen de), III, 43, 360.
Liége (le seigneur de), I, 376.
Liégeois (les), IV, 308, 392 ; V, 54, 225 ; VI, 201, 232. — Leur révolte contre leur évêque, Jean de Bavière, 1406, I, 141. — S'opposent au passage du duc de Bourgogne, 1406, p. 145. — Chassent leur évêque, Jean de Bavière, 1408, p. 260. — Le duc de Bourgogne marche contre eux, 1408, p. 351. — Envoyés en otages, 1408, p. 371.

Liekerque (le seigneur de). Voy. Lens (Jean de).
Liencourt en Santers, IV, 291.
Liersis (Thomas de), II, 262, 263 ; III, 268. — Bailli de Vermandois, 1415, III, 131.
Lieuvain (messire Jacques de), IV, 91.
Lième (la), rivière à Bruges, V, 333.
Lievin (Jacques de), chevalier, VI, 316.
Liévin (Piètre), V, 242.
Lignac (Philibert de). Voy. Naillac.
Ligne (le seigneur de), III, 84 ; V, 139. — Assiste à la bataille de Tongres, 1408, I, 359. — Garde du scel secret du roi, III, 21. — Prisonnier à la bataille d'Azincourt, 1415, III, 120.
Lignières (le seigneur de), chevalier, IV, 414.
Ligney. Voy. Ligny.
Ligny-en Barrois, III, 51, 52, 68 ; V, 40. — Son siége, 1420, III, 409. — (Comté de), III, 133 ; IV, 429.
Ligny en Cambrésis, IV, 134.
Ligny (le comte de), V, 50, 51, 78, 90, 95, 133, 144, 146. — (Philippe, comte de), IV, 225.
Ligny (Walcran de Luxembourg, comte de) et de Saint-Pol. Voy. Saint-Pol.
Ligny (la comtesse de), V, 80.
Ligny (le seigneur de), IV, 67.
Liguy (Camusat de), III, 153 ; VI, 237.
Lihons-en-Santers, III, 366 ; IV, 422, 426 ; V, 317, 406, 408. — Pillé, 1416, III, 149. — (Le prieur de), V, 344.
Lille. — (Nord), I, 164. 171, 172, 294, 371, 373, 387, 391, 395 ; II, 5, 111, 292, 401, 404, 406, 410, 414 ; III, 20, 21, 23, 87, 132, 133, 147, 359 ; IV, 23, 65, 69, 74, 107, 234, 258, 401 ; V, 58, 260, 268, 272, 283, 289, 322, 326, 380 ; VI, 202, 226, 235, 304. — Marguerite de

Bourgogne, enterrée dans la collégiale de Saint-Pierre, 1404, I, 96; VI, 193. — (Le château de), IV, 72.
Lille (bailliage de), IV, 3. — (Châtellenie de), VI, 320.
Lille (le gouverneur de), IV, 2. — (Le Bègue de Lannoy, gouverneur de), IV, 279.
Lille (le seigneur de), Anglois, IV, 294.
Lille (Gaillart de), V, 78.
Lille (Jean de), V, 347, 348.
Lille (Lancelot de), Anglois. — Présent au siége d'Orléans, 1428, IV, 300. — Y est tué, p. 302.
Lillebonne (*Seine-Inférieure*), V, 271.
Limaigne (le vicomte de), VI, 51.
Limeçon. Voy. Limisso.
Limisso, en Chypre, IV, 180, 260.
Limoges (la vicomté de), IV, 34.
Linage (le comte de), IV, 454. — Tué, 1431, p. 465.
Lindessay (Gautier de), IV, 195.
Linet (Robert de), vicaire général de l'archevêque de Rouen, III, 305.
Liney (le comte de). Voy. Ligny.
Lingne (le seigneur de), VI, 201.
Linguenhen (le comte de), VI, 162.
Linières, II, 228.
Linquart (Jean), gentilhomme brabançon, IV, 307.
Lion (château de), IV, 440.
Lion, sur le Rosne. Voy. Lyon.
Lion (Hannekin), pirate. — Se noie, 1436, V, 234.
Lionne (l'évêque de). Voy. Saint-Pol de Léon.
Lions-en-Santers. Voy. Lihons.
Lippe (Pierron de), IV, 196. Voy. Lupe.
Liquerque (Jean de), évêque de Cambrai, II, 247.
Lis (messire Philippe le), III, 335, 337, 411.
Lische (l'abbaye de), V, 237.
Lisieux (*Calvados*). — Se rend au roi d'Angleterre, 1418, III, 258.

Lisieux (l'évêque de), V, 152, 219, 403. — Jure la paix d'Arras, 1414, III, 63.
Lisle. Voy. Lille.
Liste des personnes tuées dans Paris en 1418, III, 270.
Liste des chevaliers de l'armée du duc de Bourgogne au combat de Mons-en-Vimeu, 1421, IV, 66.
Liste des seigneurs à la suite du Dauphin, au combat de Mons-en-Vimeu, 1421, IV, 67.
Lisy, VI, 316.
Lit de justice, VI, 115. — En 1407, I, 170. — En 1413, II, 362. — A l'hôtel Saint-Pol, en 1420, IV, 17.
Lithuanie (le grand-duché de). — Attaqué par le grand maître de Prusse, 1410, II, 75.
Lituaire (le roi de), II, 62.
Loches (*Indre-et-Loire*), V, 410.
Loeraine (Ferry de). Voy. Lorraine.
Logus (Gaston de), bailli de Bourges, V, 292, 293.
Lohaing (le seigneur de). — Porte la parole pour le duc de Bourgogne à l'entrevue de Chartres, I, 398.
Lohéac (le maréchal de), VI, 7, 21, 52, 67.
Lohiac. Voy. Lohéac.
Lohoraine. Voy. Lorraine.
Loire (la rivière de), III, 357; IV, 70, 157, 320, 324, 457; VI, 129, 293, 298, 318, 321.
Loire (Robert de), III, 183, 343, 345; IV, 18.
Lolinhen (Louvelet de), II, 465.
Lolinguen. Voy. Leulinghen.
Lombardie (la), I, 37; IV, 281; VI, 258, 319.
Lombars, II, 102, 325. — Troupes, IV, 193.
Lombart (Martin le), V, 75, 76.
Lombart (Mᵉ Pierre), VI, 117.
Lombois (messire Édmond de), III, 249.
Lon (Jean de). — Pris, 1436, V, 282.

Londres, III, 72, 125; IV, 24, 114, 251; V, 191, 436. — Arrivée de l'empereur Sigismond, 1416, III, 144. — (Le pont de), IV, 115. — (L'église de Saint-Paul, à), IV, 115.

Londres (l'évêque de), IV, 250.

Longbois (messire Edmond de), III, 251.

Longempré. — Se rend au roi d'Angleterre, 1418, III, 309.

Longheval (Regnault de). Voy. Longueval.

Longin. Voy. Loigny.

Longny (le maréchal de), II, 414, III, 19, 46, 102, 120. Voy. Longvi.

Longueil (Oise). — Se rend aux Français, 1430, IV, 419.

Longueil (Jean de), II, 360.

Longueil (Raoul de), chevalier. — Tué à la bataille d'Azincourt, 1415, III, 117.

Longueville, village du Barrois, V, 432.

Longueville (le château de), V, 340.

Longueval (le seigneur de), II, 428; III, 251, 365, 370, 375, 386, 389; IV, 62, 66, 84, 187, 350, 426, 439; V, 45, 117, 200; VI, 78, 200, 236, 257, 262, 296, 301. — Tué à la bataille d'Azincourt, 1415, III, 113.

Longueval (le seigneur de). — Laisse prendre Soissons, 1418, III, 292.

Longueval (messire Alain de). — Tué à la bataille d'Azincourt, 1415, III, 113.

Longueval (Charles de), IV, 197.

Longueval (Hue de), VI, 85, 91.

Longueval (Jean de), IV, 281; V, 20.

Longueval (Mahieu de), V, 20.

Longueval (Regnault de), IV, 67, 187, 227; V, 79; VI, 9, 16, 237. — Commande à Pont-Saint-Maxence, 1429, IV, 358. — Fait chevalier, 1441, VI, 22.

Longueville (le seigneur de), I, 33.

Longueville-le-Héraut. Voy. Aly.

Longjumeau (Seine-et-Oise), VI, 241.

Longvi (le seigneur de). — Fait maréchal de France, 1411, II, 217. Voy. Longny.

Lony, lis.: Longwy (Moselle), V, 273.

Lopez (Sanche). Voy. Leleu (Cansion).

Lor (le seigneur de), gouverneur de Rethelois, V, 139.

Loreil (Anthoine de), capitaine écossais, V, 32.

Lorel (Anthoine de), V, 101.

Lorfevre (Pierre), chancelier de la duchesse d'Orléans, I, 269.

Lorraine (duché de), II, 241; IV, 385, 453; V, 7, 42, 273, 402, 433.

Lorraine (le duc de), Charles Ier, I, 176; II, 2, 50, 125, 278, 286, 345, 348, 350; III, 127; IV, 184; VI, 99, 162, 174, 196, 199, 205. — Amène des troupes au duc d'Orléans, 1405, I, 120. — En guerre avec le duc de Bar, 1406, I, 128, 131. — Présent au discours de Jean Petit, 1407, I, 178. — Fait connétable de France par la reine, 1417, III, 240. Voy. Bar.

Lorraine (la duchesse de). — Assiste aux noces de Philippe, comte de Nevers, 1409, II, 2.

Lorraine (la fille du duc de). — Son mariage, 1420, IV, 21.

Lorraine (Ferri de), VI, 229. Voy. Vaudemont.

Lorrains (les), V, 337, 338, 431, 457.

Lotaire (le roi), I, 346.

Los (comté de), I, 374, 377, 380, 382.

Los (le comte de), VI, 162.

Loth, III, 79.

Lottart de Villeries, IV, 295.

Louchier (Robert le), VI, 8.

Louis (le roi). — Louis II, duc d'Anjou, roi de Sicile, I, 9; II, 243, 372, 387; III, 2, 97, 129. — Part pour la Provence, I, 258; II, 66. — Son entrée à

Bologne, 73. — Son retour en Provence, 74. — Son entrée à Paris, 1411, p. 230. — Son arrivée au camp de Bourges, 1412, p. 288. — Son séjour à Angers, III, 128. — Sa mort, 1417, III, 180.
Louis (le roi). — Louis III, duc d'Anjou, roi de Sicile, IV, 164. — Succède à son père, 1417, III, 180.
Louis (le roi), VI, 195. Voy. Anjou, Sicile.
Louis, I, 9. Voy. Aquitaine (le duc d').
Louis, frère bâtard de la duchesse Jacqueline de Bavière, IV, 275.
Louroy (le seigneur de), II, 250, 267; III, 78. — Tué à la bataille d'Azincourt, 1415, III, 113.
Louvain, IV, 399; V, 352.
Louvaing. Voy. Louvain.
Louvet (Jean), président de Provence, III, 328, 344, 345; IV, 18; VI, 275. — Se sauve à la Bastille, 1418, III, 263. — Pousse à la guerre contre le duc de Bourgogne, III, 278.
Louviers, III, 188, 275. — Prise par Lahire, 1429, IV, 372.
Louvion (Jean de), IV, 34.
Louvois, à 4 lieues de Reims, V, 222.
Louvre (le), I, 128, 258, 339, 350; II, 132, 169, 344, 420, 431, 457; III, 69, 135, 141, 264, 269; IV, 2, 16, 22, 99; V, 221; VI, 140, 216, 217, 218, 220, 260, 289. — Le duc de Bourgogne y ramène le dauphin, 1405, I, 111. — La chambre Saint-Louis, 112. — Sa garde, confiée par le duc de Bourgogne à Renaud d'Angennes, 113. — Audience solennelle de Charles, duc d'Orléans, I, 268. — Forcé par les Parisiens, 1418, III, 262.
Louvres en Parisis, I, 108; IV, 359, 361.
Louvroy (le seigneur de), capitaine d'Ardre, III, 110. — Du conseil, 1410, II, 101. — A l'arrière-garde, à la bataille d'Azincourt, 1415, III, 104.
Loys (le roi). Voy. Louis.
Loz, V, 238.
Lozenam, IV, 31.
Luce (Guillaume), général des finances, II, 320.
Lucembourg. Voy. Luxembourg.
Luceu. Voy. Lucheux.
Lucheul. Voy. Lucheux.
Lucheux (*Somme*), III, 28; IV, 240; V, 80. — (Le château de), IV, 78.
Lucifer, I, 196, 215, 301; II, 417.
Lucrelles (Hue de), I, 22.
Lully (messire Jean de) et son frère Galois. — Tués à la bataille d'Azincourt, 1415, III, 114.
Lune (Jacques de la), grand maître des arbalétriers, III, 340, 341.
Lune (Pierre de la), I, 256, 264, 317, 319, 329, 330; II, 16, 103; III, 50, 224; IV, 178. — (Pierre Martin, dit la), II, 24. Voy. Benoît XIII.
Lupe (Péron de), III, 413; IV, 61, 62, 67, 71, 80, 93, 94, 98; VI, 227, 301, 304, 305, 308, 314, 317.
Luppe (Perron de la). Voy. Lupe (Péron de).
Luppe (Pierre de). Voy. Lupe (Péron de).
Lupus, chef d'Hussites. — Tué, 1433, V, 83.
Luru (Louis de). — Fait chevalier, 1428, IV, 314.
Lusignan (Gilles de). — Frère du roi de Chypre, IV, 264.
Lusignan (Jean de), roi de Chypre. — Son mariage avec Charlotte de Bourbon, 1409, II, 33. — Jean, son fils, V, 31.
Lusignan (Pierre de), connétable de Jérusalem, IV, 268.
Lusigny-sur-Ouche (*Côte-d'Or*), V, 66.
Lussegnen (Pierre de). Voy. Lusignan.

Lussegnon (messire Gille de). Voy. **Lusignan**.
Lussignies. Voy. **Lusigny**.
Lutilier (Hue), lieutenant du comte de Sommerset à Calais, I, 16.
Luxembourg (la ville de), III, 52; VI, 84, 86, 87, 88, 90. — Le château, I, 68; VI, 91. — Le comté, III, 52. — Le duché, I, 237; II, 32, 241; IV, 74, 79; VI, 74, 75, 83. — Le pays, I, 35. — (Le fort de), VI, 73.
Luxembourg (le duc de), III, 368; IV, 74.
Luxembourg (la duchesse de), III, 174; V, 210; VI, 73, 92.
Luxembourg (la demoiselle de), sœur de Waleran de Luxembourg, comte de Saint-Pol, I, 33; IV, 401.
Luxembourg (Jacqueline de), V, 55.
Luxembourg (Jean de), comte de Ligny, II, 166, 250, 252, 432; III, 27, 41, 48, 53, 67, 129, 210, 214, 239, 245, 249, 251, 253, 266, 315, 328, 360, 366, 369, 370, 375, 380, 382; IV, 2, 8, 10, 18, 46, 50, 52, 54, 59, 66, 74, 79, 83, 87, 98, 103, 107, 133, 136, 152, 163, 175, 178, 181, 187, 197, 206, 212, 217, 229, 270, 275, 278, 288, 291, 353, 359, 371, 377, 379, 380, 383, 387, 390, 396, 400, 432; V, 8, 18, 40, 63, 75, 86, 89, 95, 110, 131, 209, 214, 317, 342, 345, 376, 384, 387, 391, 397, 409, 416, 424, 429; VI, 226, 236, 240, 248, 268, 275, 282, 284, 291, 296, 299, 301, 302, 303, 308, 310, 312, 316, 320, 323. — Assiste au massacre des Armagnacs, 1418, III, 270. — Son mariage, 297. — Conduit le deuil de Jean sans Peur, 1419, p. 361. — Envoyé à Péronne, 365. — Blessé, 1420, p. 383. — Assiste aux noces d'Henri V, 389. — Donne l'ordre de chevalerie au duc de Bourgogne, 1421, IV, 59. — Fait prisonnier, IV, 64. — Ses progrès, 1421, p. 83. — Reçoit la capitulation de Guise, 1424, p. 199. — Assiège Beaumont en Argonne, 1428, p. 290. — Est fait chevalier de la Toison-d'Or, 1429, p. 374. — A la garde de la Pucelle, 1430, p. 389. — Sa mort, 1440, V, 451. — Son portrait, p. 456.
Luxembourg (les gens de Jean de), VI, 243.
Luxembourg (Jean de), comte d'Étampes, V, 279.
Luxembourg (Jean de), capitaine d'Arras, 1414, III, 17, 18, 22.
Luxembourg (Jean de), bâtard de Saint-Pol. — Tué, 1431, V, 28, 29.
Luxembourg (Louis de), comte de Saint-Pol, de Conversan et de Braine, seigneur d'Enghien, V, 466; VI, 77. — Son mariage avec Jeanne de Bar, comtesse de Soissons et de Marle, 1435, V, 130.
Luxembourg (Louis de), comte de Saint-Pol et de Ligney, VI, 8.
Luxembourg (Louis de), archevêque de Rouen. — Sa mort, 1443, VI, 93.
Luxembourg (Louis de), évêque de Térouane, chancelier de France, IV, 355; V, 2, 93, 219. — Archevêque de Rouen, V, 272.
Luxembourg (Louis de). Voy. Thérouenne.
Luxembourg (Louis de), bâtard de Saint-Pol, V, 184. — Fait chevalier, 1435, p. 186.
Luxembourg (Pierre de), III, 53.
Luxembourg (Pierre de), comte de Saint-Pol, V, 70, 77.
Luxembourg (Pierre de), comte de Conversan et de Braine, seigneur d'Enghien, I, 260; III, 382, 389, 413; IV, 212. — Fait chevalier de la Toison-d'Or, 1429, p. 374. — Comte de Saint-Pol, p. 428.
Luxembourg (Waleran de), sei

gneur de Ligny et de Beaurevoir. IV, 401; V, 454.
Luxembourg (Waleran de), comte de Ligny et de Saint-Pol. Voy. Saint-Pol.
Luxembourg (Waleran de). Voy. Saint-Pol.
Luxeul (l'abbaye de), V, 166.
Lymeçon. Voy. Limisso.
Lyet (Olivier), VI, 280, 281, 287.
Lymoges (habitants de), VI, 45.
Lyon (*Rhône*), I, 93, 258; III, 172; IV, 34; V, 100. — (Émeute à), 1436, V, 279.
Lyon (Alain, évêque de), VI, 278.

M

Macart, sergent du duc de Bourgogne. IV, 236.
Macet (Me Gérard), VI, 247. Voy. Machet.
Machet (Girart), docteur en théologie, III, 135.
Machon (Jacques le), III, 154.
Machon (Me Robert le), chancelier du dauphin, VI, 275. Voy. Maçon.
Mâcon (*Saône-et-Loire*), IV, 211.
Mâcon (comté de), V, 160. — (Élection de), V, 163.
Mâcon (le bailli de), V, 162.
Maçon (Robert le), chancelier du dauphin, III, 328. — Se sauve à la Bastille, 1418, III, 263.
Mâconnais (le), IV, 163.
Madoch (l'île de), V, 355.
Maëstricht. Voy. Trect (le).
Magdebourg, IV, 450.
Maguelonne (l'évêque de), V, 304.
Mahieu (messire Simon). Voy. Morhier.
Mahom, I, 193.
Mahomet, I, 192.
Maide, capitaine. — Pris, 1436, V, 237.
Maience. Voy. Mayence.
Maignelers (Tristran de), IV, 379, 398.
Maigni (Gérard de), IV, 459. — Fait chevalier, 1431, p. 463. — Tué, p. 465.
Maillet (Robinet de), III, 214.
Maillet de Gournay (messire), III, 118.
Mailli. Voy. Mailly.
Mailliere (Me Robert), V, 403.
Mailly (*Somme*), V, 147.
Mailly (le seigneur de), I, 372. — Tué à la bataille d'Azincourt, 1415, III, 113.
Mailly (autre seigneur de), IV, 187; V, 76, 214. — Assiste au sacre de Charles VII, 1429, IV, 339.
Mailly (Alard de), V, 76.
Mailly (Colard de), IV, 184, 339; VI, 8, 63. — Bailli de Vermandois, V, 19, 20, 21.
Malatesta (seigneur de). — Donne protection au pape Grégoire XII, 1409, II, 14.
Malatrait (Jean de). — Tué à la bataille d'Azincourt, 1415, III, 117. Voy. Malatret.
Malatret (messire Jean), V, 223.
Malbery, capitaine de Gisors, IV, 176.
Maldighem (Gérard de), V, 332.
Male Maison (la), forteresse à deux lieues de Cateau-Cambrésis, IV, 276, 279. — Abattue, p. 280.
Malegni. Voy. Maligny.
Malestrel (Godefroi de), IV, 195.
Mailli (Ferri de), III, 128, 133, 134, 148, 150, 181, 251, 261; IV, 73, 184, 403, 412, 433; V, 19, 20, 126, 184; VI, 8, 20, 304, 306. — Assiste à la bataille d'Azincourt, 1415, III, 104.
Mailly (Hue de), VI, 9. — (Hugues de), p. 80.
Mailly (Jean, seigneur de), IV, 63, 66.
Mailly (Jean de), III, 390; VI, 301. — Tué, 1421, IV, 63.
Mailly (Me Jean de), IV, 134. — Évêque de Noyon, III, 378; V, 2, 5.
Mailly (Me Nicole de), IV, 73.

Mailly (Robert de), II, 344; VI, 116. Voy. Mailly (Robinet de).
Mailly (Robinet de), II, 399; III, 48, 127; VI, 237. — Banni, 1413, II, 408. — Grand panetier, 1418, III, 273, 375. — Sa mort, 1419, III, 378. Voy. Mailly (Robert de).
Mainart (M⁰ Quentin), prévôt de Saint-Omer, V, 116.
Maincam (Bertran de), IV, 431, 432.
Maincamp (le château de), entre Chargui et Soissons, V, 271.
Maine (le), II, 236, 248; IV, 145; VI, 58. — Courses des Anglais, 1412, II, 299.
Maine (le comte du), VI, 99.
Mainfroy, trésorier du duc d'Aquitaine. — Proscrit, 1413, II, 353.
Maingoual (le seigneur de), V, 432.
Mainozit (Olivier de), VI, 314.
Maire (le comte de), VI, 200.
Mairon, capitaine de Marcoussis, VI, 323.
Maiseroles. Voy. Mézerolles.
Maisières (Philippe de), I, 229, 230, 335.
Maisières sur Meuze, II, 372; III, 48.
Maisoncelles, près d'Azincourt, III, 101, 105, 111.
Maistre (Raoul le), chanoine de Tournay et d'Amiens. II, 109.
Maistre des arbalétriers (le), I, 81; II, 170, 280; VI, 312, 320. — Seigneur de Rambures, III, 78, 101. — Envoyé à Tournay, 1414, III, 63. — Assiste à la bataille d'Azincourt, 1415, III, 103. Voy. Corsay (Jean de).
Maistres des requêtes, II, 323.
Maîtresse de Charles VI, III, 76.
Maizières, III, 13.
Malachienne (M⁰ Henri), II, 324.
Maladie du roi, I, 227. — En 1407, II, 1. — En 1409, II, 48, 59. — En 1410, II, 101. — En 1411, II, 162. — En 1412, II, 333. — En 1415, III, 70. Voy. Charles VI.
Maladies au siége de Bourges, 1412, II, 286.
Maladies régnantes à Arras. — 1414, III, 32. — En Picardie, p. 49.
Malart (Jean), fripier, VI, 117.
Malatesta (Charles). — Assiste à l'élection de Jean XXIII, 1410, II, 69.
Malet (Philippe), IV, 93; VI, 305, 314.
Maleteste. Voy. Malatesta.
Maleville (le seigneur de), V, 201.
Malière (Robert). Voy. Mallière.
Maligny (Côte-d'Or), V, 66.
Malines, III, 359, V, 50, 352.
Malinghehem (Thierri de), IV, 367.
Malisnes. Voy. Malines.
Malheur des temps, 1436, V, 269.
Mallière (Robert), secrétaire du Dauphin, III, 331. — Secrétaire du roi, V, 152, 155. — Maître des comptes, V, 353.
Manimes (messire Robert, seigneur de), IV, 307. — Fait chevalier de la Toison-d'Or, 1429, IV, 374. Voy. Manimes.
Manchecler (Guillaume), III, 252.
Mando de Lanssach, V, 84.
Manguez, capitaine, VI, 299.
Manimes (Robert de), III, 215.
Manne (Messire Raoul de). — Tué à la bataille d'Azincourt, 1415, III, 114.
Mans (le) (Sarthe), I, 7, 8, 227; VI, 31, 293. Voy. Mans-Saint-Julien.
Mans (le comté du), III, 73.
Mans-Saint-Julien (le), II, 255. — Assiégé par le comte de Salisbury, 1425, IV, 247.
Mansart-du-Bois, II, 234. — Son corps rendu à sa famille, 1412, p. 336.
Mansay (Alardin de). — Pris, 1436, V, 282.
Mantes (Seine-et-Oise), III, 321; IV, 47, 48, 69; V, 94; VI, 10, 18, 31, 254, 266, 268, 270,

295, 297, 298, 304. — Se rend au roi d'Angleterre, 1418, III, 309.
Manuel Paléologue, Voy. Constantinople.
Marburi (Jean), I, 46.
Marc (le seigneur de), VI, 163.
March (le comte de), III, 81.
March (Raimond), III, 154.
Marchands génois. — Arrêtés dans Paris lors de la révolte de Gênes, 1409, II, 40.
Marchant (Andry). — Créé prévôt de Paris, 1413, II, 409.
Marche (le comte de la). Jacques de Bourbon, I, 111; II, 34, 49, 53, 172, 225, 228; III, 47, 55, 125, 169, 414; V, 305, 307, 410; VI, 9, 173, 203. — Commissaire réformateur, 1409, II, 47, 56. — Envoyé pour traiter avec les Orléanistes, 1410, II, 90. — Echangé, 1412, p. 292. — Au siége d'Arras, 1414, III, 24.
Marche (le comte de la). Voy. Bourbon.
Marche (le comte de la). Voy. March.
Marche (Antoine de la), VI, 236.
Marche (Evrard de la). Voy. Mark.
Marche et de Vendosme (le comte de la), II, 3.
Marchet (Gérard), juge-mage, III, 246.
Marcoignet (Hector de). — Tué dans Paris, 1418, III, 270.
Marcoignet (Louis de). — Fait prisonnier, 1429, IV, 332.
Marcoing (*Nord*), II, 174; IV, 429.
Marcongnet. Voy. Marcoignet.
Marcoussis (*Seine-et-Oise*), II, 245, 246, 301; III, 219, 257, 290; IV, 85, 142; VI, 242, 254, 310, 323. — (Le château de). II, 91. — Dévolu au roi par confiscation sur Jean de Montaigu, 1409; II, 45. — Donné à Louis de Bavière, p. 49. — Argenterie qu'on y trouve, p. 52. — (Célestins de), VI, 216.

Marcoussy. Voy. Marcoussis.
Marcq (le château de), V, 243, 257.
Maréchal de Bourgogne (le), II, 272. Voy. Vergi.
Maréchal de France (le), I, 81.
Maréchal de l'ost (droits du), III, 113.
Maréchaux de France (les deux), VI, 9.
Mares (Charles des), V, 94, 199, 200, 201, 203, VI, 61.
Mares (Charlot des), IV, 433. — Capitaine de Rambures, V, 85. Voy. Marles (Charles des).
Mares (Jean des), V, 93.
Marescaux (Jérard de), V, 224.
Mareuil (*Somme*), IV, 43, 52, 90; VI, 299.
Mareuil en Brie (le seigneur de), VI, 9. Voy. Béthune (Jean de).
Mareul. Voy. Mareuil.
Mareuse (le comte de), écossais, I, 351, 354.
Margny (*Oise*), IV, 383, 387, 390, 411.
Margny (Pierre de), avocat en parlement. — Négociateur en 1420. IV, 2.
Margorin (Guill. de), III, 328.
Marguerite, femme de Philippe le Hardi, duc de Bourgogne, VI, 192.
Marguerite de Bourgogne, IV, 175.
Maria (Philippe). Voy. Milan.
Mariages, I, 70; II, 407; IV, 150; VI, 106. — D'Antoine, comte de Rethel, avec la fille du comte de Saint-Pol, 1402, I, 70. — Du duc d'Aquitaine avec une fille du duc de Bourgogne, I, 115. — De Philippe, comte de Nevers, avec la fille d'Enguerran de Couci, 1409, II, 2. — D'Antoine, duc de Brabant, avec la nièce du roi de Bohême, 1409, II, 32. — Du fils du grand maître Montaigu, 1409, II, 33. — De Jean II ou Janus de Lusignan, avec Catherine de Bourbon, *ibid*. — De Louis de Ba-

vière avec la fille du roi de Navarre, 1409, II, 49, 51. — De Charles, duc d'Orléans, avec Bonne d'Armagnac, 1410, II, 65. — De la fille du roi de Chypre avec le comte de Genève, 1433, V, 81. — De la demoiselle de Clèves avec le fils du roi de Navarre, 1438, V, 341.
Mariages projetés. — De Catherine de Bourgogne avec le fils aîné du roi de Sicile, 1410, II, 64. — De Marguerite de Bourgogne avec Louis, duc d'Aquitaine. — De Philippe, comte de Charolais, avec Michelle de France, 1404, I, 96.
Mariages traités à Compiègne, 1406, I, 129.
Marie de Bourgogne, I, 131.
Marie de France, religieuse à Poissy, I, 10.
Marigni. Voy. Margni, IV, 396.
Marigny (Pierre de), II, 376.
Marigny (Pierre de), avocat du roi en parlement, IV, 19.
Marigny (Robert de), III, 346.
Marigon, gascon, III, 61, 213.
Marin (Guillaume), IV, 185.
Marius le Tirant, II, 379.
Mark (Evard de la), IV, 392; V, 110, 222, 224, 230.
Marle (*Aisne*), III, 14; IV, 202; V, 77, 386, 429, 463, 465.
Marle (le comte de), III, 25, 47; VI, 173, 212, 221, 229.
Marle (Robert de Bar, comte de), III, 103; V, 51; VI, 223. — Tué à la bataille d'Azincourt, 1415, III, 113.
Marle (Henri de), chancelier de France, II, 237, 333; II, 121; VI, 219, 255. — Premier président, II, 400. — Tué, 1418, III, 270.
Marle (Jean), écuyer, IV, 138.
Marlière (Robert). Voy. Mallière.
Marmande (*Lot-et-Garonne*), VI, 55.
Marmoutier, abbaye, III, 228.
Marne (Henri de), chancelier de France, VI, 255. *Lis.* : Marle.

Marne (le fils bâtard de Henri de), VI, 264.
Maroch, I, 193.
Maroufle (Charles de), chevalier de l'ordre teutonique, II, 77.
Marquenterre (*Somme*), V, 117.
Marquetes (le seigneur de). — Tué à la bataille d'Azincourt, 1415, III, 117.
Marquion (*Nord*), II, 172, 174.
Marquis (Palamèdes du) tué à la bataille d'Azincourt, 1415; III, 117.
Marragon, gascon, VI, 239.
Marseille (*Bouches-du-Rhône*), I, 93, 150, 251, 255. — Son port, III, 413.
Martel (Bertrand), V, 117.
Martel (messire Gilles), IV, 195.
Martel (Jean), chevalier normand, tué, I, 81.
Martel (messire Jean), tué à la bataille d'Azincourt, 1415, III, 115.
Martel (Louis), IV, 138.
Martignet (messire Enguerran de), arrêté par les Parisiens, 1418; III, 263.
Martin V (le pape), III, 51, 189, 275, 247; IV, 178, 231, 232, 448; V, 47; VI, 228, 246.
Martinet, patron de barque, IV, 168.
Marueil. Voy. Mareuil.
Mary (le comte de), anglais, IV, 195.
Mascon. Voy. Mâcon.
Masconnois (pays de). Voy. Mâconnais.
Masmines (Robert de), VI, 237.
Massacre des Armagnacs, 1418, III, 269, 289; VI, 130.
Mathago, capitaine, V, 100, 418.
Mathe (le seigneur de), IV, 195.
Mathelin, capitaine, V, 316, 337.
Mathelone (de), — tué, I, 83.
Mathurins (le ministre des), — emprisonné par le prévôt de Paris, 1415, III, 132.
Maubroy de Saint-Ligier. Voy. Maunoy.

Maubuisson (abbaye de), III, 113; VI, 7, 16, 17, 21, 238.
Maucourt (le seigneur de), III, 312; IV, 187, 188. — Décapité à Amiens, 1424, p. 197.
Maucreux (Troullart de), bailli de Senlis, 1417; III, 211, 255.
Maude, VI, 268.
Maudet, capitaine, IV, 196.
Maulevrier (*Seine-Inferieure*), se rend au roi d'Angleterre, 1418, III, 309.
Maulevrier (le capitaine de), III, 314.
Maulroy de S. Légier. Voy. Mauroy.
Maumes (le seigneur de), III, 90. Voy. Maumez.
Maumez (le seigneur de), tué à la bataille d'Azincourt, 1415, III, 114.
Maumines (le seigneur de), VI, 200. Voy. Maumismes.
Maumismes (le seigneur de), IV, 395.
Mauny (le seigneur de), IV, 195.
Mauny (Olivier de), III, 338.
Mauregart (E.), secrétaire, VI, 137, 176.
Mauregard (Etienne de), garde des chartes du roi, III, 64, 66, 77, 201.
Mauregart (M.), secrétaire, VI, 156.
Mauroy de S. Léger, II, 465; III, 128, 152, 375, 386; IV, 20, 60, 67, 206. — Blessé, 1417, III, 227. — Sa mort, 1426, IV, 258.
Mauriez (Robert de), III, 412.
Maux de la guerre, 1410, II, 95, 101.
Maye (le juge), VI, 247.
Mayence (l'évêque de), III, 408. — Couronne l'empereur Robert, duc de Bavière, 1401, I, 37.
Mayence (le prince de), III, 44.
Mayence (la province de), III, 51.
Mayencourt (le seigneur de), fait chevalier, 1421; IV, 59; VI, 16.
Mayerborc. Voy. Magdebourg.
Maynast (M° Quentin), doyen de Saint-Omer, V, 344.

Mayoncourt (le seigneur de). Voy. Mayencourt.
Mazingben (Louvelet de) et son frère, tués à la bataille d'Azincourt, 1415, III, 117.
Mazinghien (Théri de), IV, 415.
Meaulx en Brie. Voy. Meaux.
Meaux (Seine-et-Marne), II, 101; III, 2, 128, 265, 313, 413; IV, 35, 71, 78, 81, 97, 99, 334, 342, 345, 428; V, 10, 387, 389; VI, 254, 264, 277, 294, 305, 308, 310. — La tour de Constances, V, 338. — La porte de Cornillon, *ibid*. — La cour de Supletist, *ibid*.
Meaux (le marché de), IV, 91, 92, 94, 96; VI, 305, 309, 310, 314, 315, 316, 317. — Sa reddition, 1422, IV, 93.
Meaux (l'évêque de), V, 219.
Meaux (la comtesse de), V, 50.
Meaux (Jeanne de Béthune, fille du vicomte de), IV, 431.
Mechz (l'évêque de). Voy. Metz.
Mecqueque (messire Regnault de), III, 246.
Media Villa (Ricardus de), docteur, I, 207.
Médoc. Voy. Madoch.
Méhun le Chastel, *lis.*: Méhun-sur-Yèvre (*Cher*). — Les princes s'y assemblent, 1410; II, 65.
Meleun. Voy. Melun.
Meliades, breton, V, 285.
Melun (*Seine-et-Marne*), I, 108, 111, 243, 259, 267, 333; II, 87, 162, 168, 258, 386; III, 53, 55, 68, 127, 264, 322, 407; IV, 1, 23, 107, 351; V, 45, 295; VI, 193, 215, 216, 254, 270, 271, 286, 308. — Concentration des troupes orléanaises, 1405, I, 120. — Le duc d'Orléans y appelle le roi Louis d'Anjou, 121. — Noces de Charles de Montaigu et de Catherine d'Albret, 1409, II, 33. — Et de Janus, roi de Chypre, avec Charlotte de Bourbon, *ibid*. — Le mariage de Louis de Bavière avec la fille du roi de

Navarre s'y fait, 1409, II, 51. — Le seigneur de Barbasan, gouverneur, 1419, III, 381. — Son siége, 1420, III, 410. — On y mène le roi, p. 412. — (Reddition de), 1420, IV, 9. — Se rend à Charles VII, 1429, IV, 379.

Melun (le prévôt de), IV, 310.

Melun (Jean de), fils du seigneur d'Antoing, II, 46.

Mello (*Oise*). Voy. Merlau.

Menau (Pierre de), II, 439 ; III, 6. — Capitaine de Menau. — Décapité, 1414, p. 10.

Menau (l'ancien seigneur de), III, 11.

Menault. Voy. Menau.

Mendians (les). Voy. Ordres.

Menestrelx, IV, 391.

Menton (messire Nicolle de), IV, 376.

Mepe (le bois de) en Flandre, VI, 223.

Mer Verde (la), IV, 269.

Merbers (Aubert de), III, 118.

Mercier (Jean le), III, 246 ; VI, 247.

Merck (*Pas-de-Calais*), I, 101, 104, 105, 107. — (Le château de), VI, 193.

Mercure (le chevalier), I, 191.

Mercurium de Laigle—fait prisonnier, 1435, V, 148.

Merebeau (le seigneur de), IV, 459.

Merenquerque, V, 323, 325, 326, 327.

Meremoustier. Voy. Marmoutier.

Mereville (Bernard de), IV, 71, 94.

Merlau, *lis.* : Mello (*Oise*), IV, 97, 299.

Merle (Jean de), chevalier, V, 139.

Merquenne (le seigneur de), V, 239.

Merquoiques (messire Regnault de), chevalier, III, 246 ; VI, 247.

Merville (le seigneur de), V, 113.

Merville (Bernart de), VI, 305.

Mès en Lohoraine. Voy. Metz.

Mesnil (Jean du), III, 328, 346 ; VI, 275.

Mesnil (Martelet du), III, 21, 128, 133, 134.

Mesnil (les deux frères du), II, 345.

Mesnil-Aubry (le) (*Seine-et-Oise*). Voy. Mesnil-au-Bois.

Mesnil-au-Bois. — Les gens du comte de Saint-Pol s'y logent, 1410, II, 88.

Mesmacre (Copin de). — Décapité à Gand, 1437, V, 328, 329.

Mesmimes (Martin de), V, 332. Voy. Maumines.

Mestan (le comte de), VI, 162.

Metz (l'évêque de), Thiébaut de Barbey, IV, 454, 464. — Ses deux frères tués, 1431, p. 465.

Metz (l'archidiacre de), V, 130, 151, 153.

Meulan (*Seine-et-Oise*), III, 239 ; IV, 137 ; VI, 17, 212, 239, 254, 268, 270, 310. — (Entrevue de), 1419, III, 318. — Sa prise, 1422, IV, 133. — (Le pont de), III, 214, 215 ; IV, 85 ; V, 199. — Assiégé, 1422, IV, 136. — Pris par les Français, 1435, V, 187.

Meulenc, Voy. Meulan.

Meun-sur-Loire, IV, 298, 300, 326.

Meun-sur-Yèvre, III, 53.

Meureville (Bernard de). Voy. Mereville.

Meurs (le comte de), V, 144 ; VI, 162.

Meuse (la), I, 378, 383 ; V, 226.

Mézerolles (*Somme*), III, 28.

Miche (le comte de), IV, 429.

Michele de France. Voy. France.

Miès (l'évêque de). Voy. Metz.

Mignon, capitaine gascon, IV, 85 ; VI, 310.

Mignot (Guillaume), de Brebiectes emprès Compiegne, III, 152.

Mignot (le grant Thomas), III, 154.

Milan (le duc de), I, 37, 50, 228, 323 ; III, 136 ; IV, 164, 281 ; V, 130, 150. — (Philippe-Maria, duc de), V, 84, 148. — Prend le maréchal de Bouci-

quaut pour arbitre dans un différend avec son frère, le comte de Pavie, 1409. II, 38.
Milan (le cardinal de), II, 11.
Milan (le vicomte de), VI, 162.
Milet (le cardinal), II, 68.
Millam (*Nord*). Voy. Millay.
Millay (le pont de), V, 235, 246, 354. Voy. Millam.
Millien, ville fermée, VI, 53.
Milly, près Beauvais, V, 426. — Le château, V, 428; VI, 61, 62, 63, 64.
Milly le Chastel, V, 53.
Milly (messire Jacques de), IV, 405.
Milly (lestandart de), IV, 181.
Min Heere (Christofle), V, 270.
Miners (Guillaume de), écuyer, IV, 166. Voy. Minors.
Mines, III, 85.
Minors (Guillaume), capitaine, V, 202. Voy. Miners.
Miraumont (*Somme*), III, 18, 19, 97.
Miraumont (le sire de), I, 358; III, 251, 255; VI, 200.
Miraumont (Robert de), VI, 87, 88, 89.
Mirebeau. Voy. Merebeau.
Mirecourt (*Vosges*). Voy. Mirencourt.
Mirencourt, V, 337. Voy. Mirecourt.
Mirot (Jean de), écuyer, IV, 138.
Mitre, II, 69.
Moab (le pays de), I, 193.
Mœux (Guillaume). — Décapité à Bruxelles, en 1420, IV, 7.
Mognay, en Valois. — Se rend à Charles VII, 1429, IV, 354.
Moiencourt (le seigneur de). Voy. Moyencourt.
Moiniés, en Champagne. — Assiégé par le comte de Salisbury, 1425, IV, 255.
Moinnier, en Champagne, VI, 308. Voy. Moiniés.
Moiri (le seigneur de), IV, 189.
Molin (Pierre du). — Tué à la bataille d'Azincourt, 1415, III, 116.

Molins (le seigneur de). — Tué au siége d'Orléans, 1429, IV, 321.
Molins. Voy. Moulins.
Mollaine (maître Adam), garde du scel privé du roi d'Angleterre et doyen de Salisbury, VI, 97, 98.
Molliens (Jeminet de), II, 438.
Molquital (le seigneur de), anglais, III, 83.
Momor (le seigneur de), IV, 63, 67.
Monbis (le seigneur de), VI, 69.
Monceaulx. — Se rend au roi d'Angleterre, 1418, III, 309.
Monceaulx (le château de), au comté d'Eu, III, 314, 337.
Monceaulx (le seigneur de), VI, 292.
Monchas, V, 94.
Monchas (le château de). Voy. Montchas.
Monchas (le seigneur de), II, 336.
Monchat (Willemet de), II, 438.
Monchi (Aymont de), seigneur de Marsy. — Fait prisonnier, 1437, V, 313.
Monchiaux (Simon de), III, 118.
Moncy (Levrin de), V, 456.
Monfaucon, gibet, VI, 213.
Monferant (Mondo de), V, 294.
Mongascon (le seigneur de), VI, 52.
Mongoguier (le seigneur de). — Député vers le comte de Charolais, 1415, III, 98. — Tué à la bataille d'Azincourt, 1415, p. 116.
Mongommery. Voy. Montgommery.
Monlyet (le seigneur de), VI, 67.
Monmor (le seigneur de). — Pris, 1421, IV, 63, 67.
Monmor (Jacques de). — Tué dans Paris en 1418, III, 289.
Mondidier (*Somme*), III, 151, 175, 208, 209, 239, 312, 315, 367, 372; IV, 89, 176, 359, 378, 379, 381, 382, 426, 428; V, 38, 74, 105, 127, 290, 291, 351, 459; VI, 20, 134, 211, 310. — (Châtellenie de), IV, 150; VI, 62. — (Sergent de), V, 385.
Monnaies, II, 262, 325; IV, 71,

77; V, 50; VI, 289, 290, 295, 306. — (Évaluations de), IV, 36. — (Ordonnances sur les), 1421, IV, 47, 71. — (Abaissement des), V, 322. — Voy. Camahieu, doubles, écus d'or, fleurettes, florins, nicques.

Monpipel (le seigneur de). — Tué au combat de Rouvray, 1428, IV, 313.

Mons, en Hainaut, I, 371, 374; III, 280; IV, 34, 211, 216, 230, 234, 278, 308; V, 67. — (L'ostel de Natre à), III, 280.

Mons, en Vimeu (la journée de), 1421, IV, 65, 72.

Mons (le duc des), IV, 21.

Mons (Morelet de), II, 251.

Monsangon, *lis.* : Montsaugeon (*Haute-Marne*), VI, 77.

Monsay (Alardin de), IV, 377; V, 205, 297.

Monssay. Voy. Monsay.

Monsteriau ou Fault Yonne. Voy. Montereau.

Monsteront (château de), IV, 98.

Monstereuil. Voy. Montreuil.

Monsterueil. Voy. Montreuil.

Monsteruel. Voy. Montreuil.

Monstreau (l'église de). Voy. Montereau.

Monstreau-Bellay, IV, 170. Voy. Montreuil-Bellay.

Monstreau-Bellay (le seigneur de), V, 201, 202.

Monstrelet (Enguerran de), I, 3; IV, 127; VI, 191. — Témoin oculaire, III, 345. — Parle de lui-même, V, 311.

Monstreuil. Voy. Montreuil.

Monstiervilliers, *lis.* : Montivilliers (*Seine-Inférieure*). Se rend au roi d'Angleterre 1418. III, 309.

Mont (messire Waleran du), IV, 204.

Mont-Espilloy (bataille de), 1429, IV, 344. Voy. Montépilloy.

Mont-Estour, VI, 316.

Mont de Hellem (le), IV, 275.

Mont-le-Héry. Voy. Montlhéry.

Mont-Saint-Éloi (abbaye du), III, 31; IV, 145.

Mont Saint-Martin, V, 80, 81.

Mont Saint-Michel (le), IV, 170, 287; VI, 308. — (Combat du), 1426, IV, 275.

Mont Saint-Michel (l'abbé du), I, 150.

Mont de Vimeu, VI, 301, 306.

Montagu, III, 317; IV, 98, 399; V, 386, 467, 469; VI, 47, 75, 81. — (La forteresse de); IV, 98, 380; V, 40; VI, 4, 26, 317. — (Le prévôt de), VI, 5.

Montagu (le grand maître Jean de). — Accompagne le dauphin qu'on emmenait de Paris, 1405, I, 110. — A la garde de la Bastille, p. 113. — Accompagne le duc d'Orléans dans son expédition de Guienne, 1406, p. 133. — Envoyé vers le duc de Bourgogne, 1408, I, 393. — Marche à la suite du duc de Bourbon, 1409, II, 3. — Fête magnifiquement l'intronisation de son frère, Gérard de Montagu, évêque de Paris, 1409, p. 31. — Son arrestation, p. 42. — Son supplice, 1409, p. 44, VI, 204. — Indignation des ducs d'Orléans et de Bourbon et du comte de Clermont, II, 45. — Confiscation de ses biens, *ibid.* — Ses filles, *ibid.* — Plaintes à la reine au sujet de son exécution, p. 49. — Son argenterie paraît à un banquet royal, p. 52. — Son fils, p. 300. — Sa réhabilitation, p. 301; VI, 216.

Montagu (Charles de), fils du grand maître Jean de Montagu. — Son mariage avec Catherine d'Albret, 1409, II, 33.

Montagu (Gérard de), évêque de Paris, frère du grand-maître. — On lui refuse de donner la sépulture à son frère, 1409, II, 48.

Montagu (Simon de), évêque de Poitiers et chancelier du duc de Berri. — Succède à Pierre d'Orgemont dans l'évêché de Paris, 1409, II, 31.

TABLE ALPHABÉTIQUE.

Montagu, le seigneur de), I, 372; III, 14, 17, 215, 340, 341, 344, 346, 348, 350, 354, 374, 389; IV, 206, 408; VI, 226, 236, 245, 275, 279, 280. Voy. Neufchâtel (Jean de).

Montagu (Villemet de Hainau, capitaine de), V, 68.

Montaguillon (forteresse de), IV, 154, 162; VI, 308.

Montaigu. Voy. Montagu.

Montargis (*Loiret*), II, 318, 386; III, 53, 264, 322; V, 57, 291. — Ses siéges, IV, 271; V, 342.

Montargis (Renault-Guillaume, bailli de), V, 293.

Montauban (*Tarn-et-Garonne*), VI, 57.

Montauban (la dame de). — Proscrite, 1413, II, 353.

Montauban (messire Bertran de), II, 421. — Tué à la bataille d'Azincourt, 1415, III, 116.

Montaulban. Voy. Montauban.

Montauben. Voy. Montauban.

Montaut (Philippe de), III, 346.

Montbaron (le seigneur de). Voy. Montbason.

Montbason (le seigneur de). Voy. Craon (Jean de).

Montbéliart (*Doubs*), VI, 249.

Montberon (le seigneur de), II, 321, 360.

Montbertaut (messire Colart de), III, 118.

Montcavrel (le seigneur de). Voy. Montchevrel.

Montcavrel (messire Rasse de). — Tué à la bataille d'Azincourt, 1415, III, 117.

Montchas (le château de), en Normandie, V, 35, 72, 77. Voy. Monchas.

Montchevrel (le seigneur de). — Tué à la bataille d'Azincourt, 1415, III, 115.

Montcommun (Regnault de), VI, 236.

Montdidier (*Somme*). Voy. Mondidier.

Montegen (le seigneur de). Voy. Montejan.

Montejean (le seigneur de). — Tué à la bataille d'Azincourt, 1415, III, 115.

Montelau (Guillaume de), I, 346.

Montélimart (*Drôme*), III, 249.

Montenaken. Voy. Montenay.

Montenay, en Picardie, I, 354; IV, 46.

Montenay (le seigneur de), III, 242; IV, 195, VI, 275. — Du conseil, 1410, II, 101.

Montenay (Jacques de), chevalier normand, I, 76.

Montenay (messire Jean de). — Tué à la bataille d'Azincourt, 1415, III, 116.

Montenoy (le seigneur de), III, 328. Voy. Montenay.

Montépilloy, III, 211; IV, 20. Voy. Mont-Espilloy.

Montereau (Thomas Gérard, capitaine de), V, 84.

Montereau-Faut-Yonne (*Seine-et-Marne*), II, 246, 259, 338, 391, 399; III, 255, 409; IV, 18, 340, 342, 344; V, 116, 292, 293; VI, 217, 248, 252, 254, 277, 278, 279, 285. — (Le château de), III, 341. — (Le pont de), Jean-Sans-Peur y est assassiné, 1419, III, 342. — (Notre-Dame de), III, 347. — (Siége de), 1420, IV. 403. — (L'église de), V, 157. — (Le port de), p. 258.

Montfaucon, près Paris, II, 306, 336. — Les troupes du duc de Bourgogne s'y mettent en bataille, 1405, I, 123. — (Le gibet de), I, 226; II, 301, 371, 373.

Montfaucon, en Poitou, II, 256.

Montfaulcon. Voy. Montfaucon.

Montferant (le seigneur de), VI, 55.

Montferant. Voy. Montferrat.

Montferrant (le seigneur de), IV, 177.

Montferrat (Acrisiaire, fils du marquis de), VI, 162.

Montferrat (Mondo de). — Pris, 1435, V, 122.

Montfort (le comte de), VI, 48.

Montfort (le comte de). Voy. Artus.
Montfort (Jean de), duc de Bretagne, I, 32; IV, 28.
Montfort (le seigneur de), IV, 248; VI, 67.
Montfort (sire Louis de), IV, 236, 238.
Montgaiguier (les gens du seigneur de), V, 456. Voy. Mongoguier.
Montgay, V, 27. Voy. Montjay.
Montgommery (le seigneur de), IV, 382, 396.
Montigny, V, 205.
Montigny-le-Roy, IV, 459.
Montigny (le seigneur de). — Tué à la bataille d'Azincourt, 1415, III, 116.
Montigny (messire Robert de). — Tué à la bataille d'Azincourt, 1415, III, 117.
Montigny (le bâtard de), VI, 299.
Montillet (Roger de), clerc, I, 75.
Montivilliers (*Seine-Inférieure*), III, 83; V, 420, 422, 424.
Montjardin (messire Baudouin de). — Fait prisonnier à la bataille de Tongres, 1408, I, 365.
Montjay (*Seine-et-Oise*). — La ville, I, 226; IV, 405. — La tour, I, 225. Voy. Montgay.
Mont-Joye, roi d'armes de France, II, 5; III, 99, 111; V, 135.
Montlhéry (*Seine-et-Oise*), II, 91, 94, 421, 437, 438; III, 217, 218, 219, 223, 226, 237, 238, 239, 290, 291; IV, 142, 365; V, 219, VI, 241, 254, 283. — Les Orléanistes s'y portent, 1410, II, 89.
Montmartre, IV, 354, V, 218.
Montmelart. Voy. Montélimart.
Montmorency (le seigneur de), IV, 354.
Montpensier (la damoiselle de), sœur du comte de la Marche, I, 33.
Montorgueil (la tour de), près Bouvines, IV, 309; V, 54.
Montroel. Voy. Montreuil.
Montreuil-Bellay (*Maine-et-Loire*), Voy. Montreau-Bellay.

Montreuil-sur-Mer (*Pas-de-Calais*), III, 72, 147, 161, 175, 184; IV, 49, 68, 114, 150, 357; V, 118, 129, 193; VI, 295. — Jure la paix, 1420, IV, 6. — Séjour d'Henri V, IV, 45.
Montrouge, près Paris, VI, 216; VI, 240.
Moracte (le comte de). II, 20.
Morainville (Bernart de), VI, 315.
Morainvilier (Simonnet de). — Tué à la bataille d'Azincourt, 1415, III, 117.
Moravie. Voy. Procope.
Morcourt (château de), IV, 440.
Moreau (Estevière), V, 155. — (Estienne), V, 152.
Moreaumez, I, 142.
Moret (*Seine-et-Marne*), II, 259.
Moreuil (*Somme*), IV, 89; V, 405. — (Château de), V, 87, 88, 93.
Moreuil (le seigneur de), III, 162, 301. — Fait prisonnier, 1418, III, 302.
Moreuil (Jean de). — Tué à la bataille d'Azincourt, 1415, III, 113. — Chevalier du duc de Bourgogne, II, 374.
Moreuil (Floridas de), III, 119.
Moreuil (Waleran de), V, 21, 76, 87, 88, 126, 184, 315, 317, 351, 407; VI, 75, 91.
Moreul. Voy. Moreuil.
Moreul en Brie (le seigneur de), VI, 16.
Morgnie (pays de), I, 82.
Morhier (messire Simon), IV, 310. — Prévôt de Paris, 1431. — Complimente Henri VI, V, 2.
Morienne. Voy. Moravie.
Morillon (Geoffroi de). — Tué, 1436, V, 223.
Morlens, I, 71.
Morlaix (*Finistère*). Voy. Morlens.
Mortaigne. — Cédée par le traité d'Arras, 1435, V, 169.
Mortaigne (le comte de). Voy. Mortain.
Mortaigne (messire Guillaume de), II, 272.
Mortain (le comte de), I, 256, 267; II, 52, 93, 97, 237, 259,

272; V, 5, 238; VI, 199, 203.
— (Mort du comte de), 1412, II, 290.
Mortaing (le comte de). Voy. Mortain.
Mortalité à Auxerre, 1412, II, 290. — A Paris, 1418, III, 288. — Au siége de Melun, 1420, IV, 10. — En 1433, V, 74.
Mortemer, VI, 317.
Mortemer (Oise), IV, 97; V, 74, 290.
Mortemer, près Montdidier (Oise), IV, 85.
Mortemer (château de), près Ressons sur le Mas, V, 88. — Abattu, 1422, IV, 120.
Mortemer (l'abbaye de), III, 277.
Mortemer (le seigneur de), anglais, I, 153.
Mortemer, capitaine, V, 200.
Mortemer (Gérard, bâtard de), IV, 85.
Mortremur (le castel de), *lis.* : Mortemer, VI, 310.
Morueil. Voy. Moreuil.
Morviller (Philippe de). Voy. Morvilliers.
Morviller (Yvon de). — Tué à la bataille d'Azincourt, 1415, III, 117.
Morvilliers (Philippe de), III, 184, 185, 234, 235, 249, 295, 359; IV, 17; VI, 261. — Banni, 1416, III, 145. — Fait premier président, 1418, III, 273. — Assiste au sacre de Henri V, 1431, V, 2.
Mote (la). Voy. Motte (la).
Motetz et Virelais, II, 71.
Motte (le seigneur de la), V, 135.
Motte (Guillaume de la), gouverneur de Jean, duc de Brabant. — Assassiné, 1418, III, 281.
Motte (Jean de la), V, 420; VI, 315. — L'un des meurtriers du duc d'Orléans, 1407, I, 158.
Motte (Mérant de la), IV, 196.
Motte (Roland de la). — Tué à la bataille de Tongres, 1408, I, 366.
Motte de Bron (la), IV, 32.

Motte (la), en Lorraine, V, 402.
Mouchy-la-Gache (Oise), II, 174; III, 97, 100.
Moucy la Gache. Voy. Mouchy.
Moufflaines (le bois de), V, 134.
Moulins (Allier), V, 410. — Louis, duc de Bourbon, y meurt, 1410, II, 80.
Moullet, château près du Rhône, III, 172.
Mouree (le commandeur de la), V, 247, 252, 269.
Mourmil (Hennequin), grand seigneur napolitain, III, 170; VI, 233.
Mouscade. Voy. Moscade.
Mouson. Voy. Mouzon.
Moussi-le-Preux. — Se rend aux Bourguignons, 1418, III, 267.
Mousson. Voy. Mouzon.
Moustardier (Jehan le), V, 137.
Moustereul. Voy. Montreuil-sur-Mer.
Moustier-sur-Saulx, V, 339.
Moustier-Vilers. Voy. Montivilliers.
Moustreau ou fault Yonne. Voy. Montereau.
Mouton (Philebert de), IV, 376.
Mouy (le seigneur de) et son fils. — Tués à la bataille d'Azincourt, 1415, III, 117.
Mouzon (Ardennes), IV, 163, 291; V, 228.
Moy (Aisne), IV, 75; VI, 314, 316. — (Le château de), V, 299; VI, 307.
Moy (le seigneur de), II, 406, 421; IV, 62, 67, 88, 174, 354; V, 12, 298, 389; VI, 9, 78, 301, 308, 311, 312.
Moy (Antoine de), VI, 79, 80.
Moy (messire Arthus de), III, 119.
Moy (Charles de), III, 210.
Moy (Gadifer de), V, 78.
Moy (messire Tristran de), III, 119.
Moy (le bâtard de). — Tué, 1421, IV, 64.
Moy en Beauvoisis (le seigneur de), V, 350.

Moy en Brie (le seigneur de), VI, 16.
Moy en Laonnois (le château de), IV, 98.
Moyencourt (le seigneur de), IV, 67, 268; VI, 9, 78. — Fait chevalier, 1421, IV, 59.
Moyencourt (Charles de), IV, 281.
Moyne de Renty (le), III, 215.
Moynes (la forteresse de), en Champagne. — Prise par les François, 1426, IV, 270.
Moyniers, forteresse en Champagne, III, 385.
Moyse, I, 194, 195, 214, 300; II, 418.
Moys (le seigneur de), VI, 301. Voy. Moy.
Mulet Dautre, capitaine, II, 265.
Murat (le vicomte de), II, 321.
Murat (messire Jean), III, 346; IV, 195.
Musique militaire, III, 101, 412.
Mussi-l'Evesque (*Aube*), V, 65.
Musy (Ernoal le), IV, 295.
Myebres (le pont de) sur Sambre, III, 14.

N

Naillac (Philibert de), grand maître de Rhodes, II, 58, 279.
Nampterre (Me Philippe de), V, 403. Voy. Nanterre.
Namur (la ville de), I, 383; IV, 394; V, 137. — (Le comté de), IV, 392; V, 54. — Vendu au duc de Bourgogne, 1428; IV, 308.
Namur (le comte de), I, 130, 145, 172, 378, 396; II, 32, 35, 50, 53, 111; IV, 278; VI, 174, 201. — Marche avec le duc de Bourgogne contre les Liégeois, 1408, I, 353. — Sa mort, 1428, IV, 308. Voy. Blois (la duchesse de).
Namur (la comtesse de), IV, 371, 430; V, 401, 441.
Namur (Jean de), VI, 163, 201.
Nancy (*Meurthe*), IV, 21.
Nansi le Duc. Voy. Nancy.
Nansone, château, III, 408.
Nante. Voy. Nantes.
Nanterre (Simon de), président en parlement, III, 64.
Nantes (*Loire-Inférieure*), I, 35; IV, 29, 32; V, 12, 119. — (Exécution du maréchal de Rais à), 1440, V, 426.
Nanteuil, en la montagne de Reims, V, 224.
Nanton (Hugotin de). — Tué à la bataille de Tongres, 1408, I, 366.
Naples, III, 169, IV, 156, 164. — Émeute, 1416, VI, 232. — (Royaume de), III, 413.
Naples (Jeanne de), VI, 232.
Naples (Louis, roi de). Voy. Anjou (Louis d').
Napolitains (les), V, 149.
Narbonne (le vicomte de), II, 51; III, 328, 344, 345; IV, 18, 137, 189; VI, 221, 229, 275, 279, 281, 322. — Poussé à la guerre contre le duc de Bourgogne, 1418; III, 278. — Assiste au meurtre de Jean sans Peur, 1419, p. 345. — Son supplice, 1424, IV, 195.
Narbonne (l'archevêque de), V, 403, 430, 437, 439. — Assiste aux noces de Charles, duc d'Orléans, 1440, V, 440.
Narbonne (l'archevêché de), V, 59.
Nassau (le comte de), V, 133, 144.
Nassau (les trois comtes de), VI, 162.
Nausson. Voy. Nassau.
Navaron (P.), II, 360.
Navarre, V, 137; VI, 56.
Navarre (le roi de), Charles III, I, 24, 33, 86, 111, 387; II, 1, 50, 52, 54, 81, 90, 92, 101; VI, 205. — Accompagne le roi au voyage de Tours, 1408, I, 390. — Assiste au traité de Chartres, p. 397. — S'entremet de la paix entre le roi et le duc de Bretagne, 1409, II, 36. — Sa fille épouse Louis de Bavière, frère de la reine, 1409, p. 49. — Envoyé à Gien pour apaiser

la querelle du duc de Bourgogne et du comte de Penthièvre, 1410, p. 64. — Ses propositions au nom des princes, p. 93.
Navarre (le roi de), Jean II, V, 150, 341. — Fait prisonnier, 1435, V, 148.
Navarre (la sœur du roi de), duchesse de Bretagne, I, 35.
Navarre (Pierre de), I, 328 ; VI, 200, 205. — Comte de Mortain, II, 351. — Sa veuve, p. 407. — Reste seul auprès du roi, 1410, VI. 505.
Naym (une cité nommée), I, 337.
Néapolitains (les), III, 169. Voy. Napolitains.
Neaufle (le château de), I, 232.
Neauville (Martin de), VI, 117.
Neelle (*Somme*), II, 164 ; III, 151, 156 ; V, 384, 386, V, 416, 417, 456 ; VI, 44, — Pillée, 1416, III, 152.
Neelle (Jean de), II, 118, 119. — Chancelier du duc d'Aquitaine, p. 100, 286. — Sa querelle avec le chancelier de France, 1412, p. 334.—Proscrit, 1413, p. 353.
Neelle (Raoul de), seigneur de Saint-Crespin, II, 250, 252. — Tué à la bataille d'Azincourt, 1415, III, 114.
Neelle en Tardenois (*Aisne*), IV, 186.
Négociations, 1419, III, 379.
Nemach (messire Ponçon de), sénéchal d'Auvergne, III, 345.
Nemours (*Seine-et-Marne*), V, 292. — (Duché de), I, 86 ; II, 97.
Nemoux. Voy. Nemours.
Nerbonne (le vicomte de). Voy. Narbonne.
Nerbonne (l'archevêque de). Voy. Narbonne.
Nesle (*Somme*). Voy. Neelle.
Nesle-en-Dôle (*Aisne*). Voy. Neelle en Tardenois.
Nesle (l'hôtel de). Voy. Hôtel.
Nesson (Pierre de), II, 345.
Neufcastel (Thibaut, seigneur de), VI, 275.
Neufchastel, IV, 76 ; V, 263.

Neufchâtel, en Languedoc, I, 94.
Neufchastel, en Lorraine, V, 273. — Le comte de Vaudemont le rend au roi, 1406, I, 131.
Neufchâtel-sur-Aisne, III, 181.
Neufchastel d'Encourt, IV, 20. Voy Neufchastel de Nicourt.
Neufchastel de Nicourt, c'est Neufchâtel en Bray (*Seine-Inférieure*), V, 119, 264, 310. — Se rend au roi d'Angleterre, 1418, III, 309.
Neufchastel (le seigneur de), III, 215 ; VI, 236. — Et de Montagu, VI, 281.
Neufchastel (Jean de), IV, 408 ; VI, 275. — Seigneur de Montagu, III, 31.
Neufville, se rend au roi, 1435, V, 202.
Neufville én Dorans, IV, 136.
Neufville de l'Encombre — se rend au roi d'Angleterre, 1418, III, 309.
Neufville en Esmoy, V, 92.
Neufville eu Hez (la), IV, 97. — Se rend à Charles VII, 1429, IV, 354.
Neufville sur Meuse, III, 52, 53 ; IV, 291.
Neufville le Roy, IV, 363.
Neufville, dans les États de Gênes. — Borgo Novo? II, 39.
Neufville (le seigneur de), III, 90 ; V, 87. — Assiste à la bataille de Tongres, 1408, I, 359. — Tué à la bataille d'Azincourt, 1415 ; III, 113.
Neufville (le seigneur de), fils du comte de Northumberland, III, 284.
Neufville (Oste de), V, 482.
Neufville (Philippe de), IV, 42, 171.
Neufville (Rifflart de), V, 381.
Neufville (Robert de), IV, 395 ; V, 64, 126, 184, 221. — Fait chevalier, 1415, p. 186.
Neufville (Taupinot de), III, 118.
Neufville (le bâtard de), IV, 457.
Névelin (Henri), docteur en décret, III, 223.

Nevers (*Nièvre*), II, 318; V, 106, 107, 109; VI, 26, 27, 34, 318, 319. — Lieu de l'entrevue des ducs de Bourgogne et de Bourbon, 1434, V, 108.

Nevers (comté de), — dévolu à Philippe de Bourgogne, frère du duc Jean, à la mort de leur mère, Marguerite de Bourgogne (20 mars 1404), I, 96.

Nevers (le comte de), Jean de Bourgogne, I, 85, 88, 160; V, 192.

Nevers (le comte de), Philippe de Bourgogne, I, 172, 176, 370; II, 6, 32, 52, 93, 94, 237, 259, 272, 350, 371, 412, 428; VI, 172, 192, 199, 201, 202, 205, 212. — Baron de Donzi, I, 114; III, 14. — Reçoit le comté de Réthel de son frère Antoine, duc de Brabant, 1406, I, 144. — Son mariage, 1409, II, 2. — Grand chambrier de France, 1410, II, 81. — Est fait chevalier par Bouciquaut, 1415, III, 101. — Commande l'avant-garde à la bataille d'Azincourt, 1415, III, 104. — Y est tué, p. 121, 127; VI, 229.

Nevers (le comte de), Charles de Bourgogne, V, 4, 81, 82, 107, 133, 173, 385, 397; VI, 43. — Assiste aux noces de Charles, duc d'Orléans, 1440, VI, 440.

Nevers (la veuve du comte de), IV, 209.

Nevers (Jean, fils du comte de), V, 86. — Fait capitaine de Picardie, p. 87.

Nichosie. Voy. Nicosie.

Nicosie, en Chypre, II, 34; IV, 260, 264, 265, 266, 268, 269; V, 31. — (L'archevêque de), IV, 264, 268.

Nicques, monnaie, VI, 306.

Nielles (Jean de), seigneur d'Alleham, VI, 200. — Seigneur d'Ollehaing, chancelier du duc de Guienne, p. 207. Voy. Nesle.

Nieuport, I, 107.

Nièvre, V, 238.

Nièvre (Guillaume Coron, anglais, capitaine de), V, 114.

Niort (*Deux-Sèvres*), VI, 41, 42.

Nivelle en Brabant, I, 351.

Nivelles (le seigneur de). Voy. Savoisy (Philippe de).

Nivernois (le), V, 350.

Noailles (le seigneur de), Archembaud de Foix, III, 328, 340; VI, 275, 286. — Tué à l'affaire du pont de Montereau, 1419, III, 344.

Nobles d'Angleterre, monnaie, III, 71.

Noces de Charles de Bourbon, comte de Clermont, avec Agnès de Bourgogne, 1425, IV, 250.

Noces de Philippe le Bon, duc de Bourgogne, à Bruges, 1429, IV, 370.

Noces de Charles, duc d'Orléans, avec la demoiselle de Clèves, 1440, V, 439 et suiv.

Noefville (le seigneur de), VI, 75. Voy. Neufville.

Noefville (Oste de). Voy. Neufville.

Noeile (Raoul de). Voy. Nelle.

Noelle-sur-mer. Voy. Noyelle.

Noelles (Jean de), seigneur d'Ollehain, VI, 202. Voy. Neelle.

Noeville (Robert de). Voy. Neufville.

Nofville (Taupinot de la). Voy. Neufville.

Nogent-le-Roi (*Eure-et-Loir*), V, 305. — Prise par les Anglais, 1428, IV, 294.

Nogent-sur-Seine (*Aube*), III, 272; VI, 252, 259.

Noielle. Voy. Noyelle.

Noiers (Hue de), III, 328.

Noigent. Voy. Nogent-sur-Seine.

Noion. Voy. Noyon.

Noion (l'évêque de). Voy. Noyon.

Nomoulx. Voy. Nemours.

Noms des capitaines anglais présents au siége d'Orléans, IV, 300.

Nongon. — Se rend au roi d'Angleterre, 1418, III, 309.

Noortfolc (le duc de), IV, 405.

Noorth (le comte de), avoué de Cologne, IV, 264.
Noorvolt (le duc de), *lis.:* Norfolk, IV, 389.
Norenberghe (le burgrave de), *lis.:* Nuremberg, VI, 162.
Norfolc (le duc de), IV, 398.
Norinville en Laonnois, IV, 441.
Normandie, I, 117; II, 114, 235; III, 258; IV, 310, 335, 428; V, 201, 297, 306; VI, 10, 66, 101, 254, 266, 307. — (La basse), IV, 284, 287. — (Ports de), IV, 102. — (Le duché de), III, 62, 231, 242, 296; IV, 110; V, 146, 389, 404, 434. — (Les communes de), V, 104, 113.
Northfort (le duc de), *lis.:* Norfolk, V, 404.
Northombelande (pays de). Voy. Northumberland.
Northombreland (le comte de), I, 130. Voy. Northumberland.
Northumberland (le), I, 38, 130.
Norvegue (l'évêque de), *lis.:* Norwick, III, 60.
Norweghe (l'évêque de), *lis.:* Norwich, III, 85.
Norwègue (le roi de), V, 151.
Norwic (le comte de), III, 82.
Norwich (l'évêque de), III, 82, 147; V, 152. Voy. Norvegue, Norweghe.
Notre-Dame de Curlu, près Péronne, III, 18.
Notre-Dame de Hal, VI, 305.
Notre-Dame de Liesse, I, 238.
Notre-Dame de Paris, II, 50, 301, 373, 429; III, 55; IV, 16; V, 5, 304; VI, 288, 322, 323, 324. — Sa grande cloche nommée Catherine, VI, 216. — Son Saint-Christophe, VI, 217.
Nouailles (le seigneur de). Voy. Noailles.
Nouvion (*Somme*), V, 315.
Nouvion-le-Comte (*Aisne*), III, 371.
Novaire, *lis.:* Novarre, IV, 282.
Novion (la dame du). — Proscrite, 1413, II, 353.
Noyelle-sur-mer (*Somme*), IV, 42, 156; VI, 294.

Noyelle (le seigneur de), III, 17, 49, 90; VI, 226, 236, 297, 303. — Dit le Blanc-Chevalier, IV, 66; VI, 200. — Prisonnier à la bataille d'Azincourt, 1415, III, 120.
Noyelle (Baude, et Baudo de), III, 386; IV, 64, 383, 386, 401, 416, 418; V, 98, 235, 237, 255, 310, 315. — Prisonnier à la bataille d'Azincourt, III, 120. — Gouverneur de Péronne, Montdidier et Roye, V, 87.
Noyelle (Jean de), III, 118; VI, 302.
Noyelle (Lanssellot de), III, 118.
Noyelle (Pierre de), III, 118.
Noyelle (le bâtard de), VI, 79.
Noyers (Hughet de), VI, 275.
Noyon (*Oise*), III, 35, 59, 160, 367, 369; IV, 380, 381, 382, 398, 401, 403, 418, 428, 452; VI, 5. — Se rend aux Bourguignons, 1418, III, 267.
Noyon (l'évêque de), II, 96; IV, 97, 333, 356. — Du conseil, 1410, II, 101; VI, 123, 317.
Nuailles (le seigneur de), VI, 258, 279. Voy. Noailles.
Nuefchastel. Voy. Neufchatel.
Nuefville (le seigneur de), VI, 200. Voy. Neufville.
Nully (Jacques de). — Fait chevalier, 1429, IV, 332.
Nuremberg. Voy. Norenberghe.
Nycolay, sire Janus Vaida, grand maître de l'hôtel de Sigismond, VI, 163.
Nycolay (Charles), grand comte de Hongrie, VI, 162.
Nycolay (Marcial), comte de Tenuse, VI, 162.
Nyorc (l'évêque de), IV, 2. Voy. Yorch.
Nyort. Voy. Niort.

O

Obigny (Jean d'), VI, 237, 242, 246, 249.
Obsèques, I, 86.

Octonville. Voy. Actonville.
Oef (le château de l'), à Naples, III, 169.
Offemont (*Oise*), IV, 97.
Offemont (le seigneur d'), II, 250, 267, 299, 376, 406; IV, 48, 49, 52, 72, 73, 81, 87; V, 103, 298, 300; VI, 5, 19, 103, 297, 299, 306, 307, 309, 317. — Blessé et pris au siége de Meaux, 1421, IV, 82. — Du conseil, 1410, II, 101. — Lui et son fils tués à la bataille d'Azincourt, 1415, III, 114.
Offemont (la sœur du seigneur d'), IV, 117.
Offemont (Louis d'), IV, 63, 67; VI, 301, 304, 306. — Fait prisonnier, 1421, IV, 63.
Offreville (le seigneur d'). Voy. Anffreville.
Oger (Robinet). Voy. Ogier.
Ogier (Robinet), III, 53, 279.
Ognies (Robert, seigneur d'), VI, 313.
Oise (l'), II, 47, 466; III, 150, 210, 359, 378, 382, 397, 412, 419; VI, 13, 17, 228, 238. — Construction d'un pont, VI, 7.
Oiselet (le seigneur d'), VI, 200.
Oisemont (*Somme*), III, 182; IV, 57.
Oisy (*Aisne*), V, 386. Voy. Oisy en Thiérarche.
Oisy en Cambrésis (*Pas-de-Calais*). III, 150, 374.
Oisy en Thiérarche, IV, 136, 179.
Oisy (Galehault d'). — Tué, 1421, IV, 64.
Olive (Jean de l'), VI, 247.
Olivedo (Jean d'), écuyer, I, 21.
Olon (Jean d'), V, 305.
Omont (le seigneur d'), V, 30, 32, 34, 39.
Ongnies (Bertrand d'), III, 119.
Onqueure (Jean d'), III, 150.
Oraces, IV, 94.
Orange (le prince d'). Voy. Orenge.
Orcamp (l'abbé d'), IV, 250, 258.
Orchies (*Nord*), I, 294.
Orchimont (*Ardennes*), V, 225, 229. — Prise, 1436, p. 230.
Orchimont (le seigneur d'), V, 225, 227.
Orchimont (le seigneur d'). Voy. Angle (Jehan d').
Orchimont (le damoisel d'), V, 110.
Orchimont (Jean d'). Voy. Angle (Jean d').
Ordre de Charles, duc d'Orléans, V, 444.
Ordre de la Jarretière, V, 207.
Ordre de la Toison d'or, 1429, IV, 373.
Ordres mendiants (les). — Leurs prétentions, 1409, II, 60.
Orenge (le prince), Jean de Châlon, VI, 200. — Meurt à Paris, 1418, III, 288.
Orenge (le prince d'), Louis de Châlon, III, 407, 408; IV, 74, 78, 239, 255, 278, 406, 408; V, 82; VI, 259, 265, 306, 307, 308, 318, 319. — Assiste au mariage de Henri V, à Troyes, 1420, III, 289. — Quitte le siége de Melun, IV, 10.
Orgemont (Amaulry d'). — Son arrestation, 1415, III, 141, 142.
Orgemont (M⁸ Miles d'), II, 360.
Orgemont (Pierre d'), évêque de Paris. — Sa mort, 1409, II, 31.
Orgni (Pierre d'), IV, 317.
Orgy (Pierre d'). — Tué, 1436, V, 223.
Oripette, en Provence. — Sa prise, 1426, IV, 271.
Oris (Michel d'), écuyer aragonnais. — Défie un chevalier anglais, I, 11 et suiv.
Orix (Michel d'). Voy. Oris.
Orléanistes (les), II, 89, 175; III, 58, 150. — Leurs succès, 1411, II, 168.
Orléannois, VI, 212.
Orléans (la ville d'), II, 228, 229; III, 69; IV, 150, 273, 294, 313, 416, 453; V, 22, 23; VI, 35, 205. — Son siége, 1428, IV, 298, 309, 319. — Arrivée de la Pucelle, 1429, IV, 320. — (Le duché d'), II, 226. — (Le gouverneur d'), VI, 122.

Orléans (Louis, duc d'), I, 108, 109, 111, 125, 126, 129; II, 287, 415, 442; V, 45; VI, 153, 192, 208. — Blessé par le roi Charles VI, I, 8. — Prend possession du pays de Luxembourg, I, 35. — Fête le sénéchal de Hainaut dans son château de Couci, 1402, I, 43. — Son défi au roi d'Angleterre, *ibid*. — Son voyage vers le pape à Marseille, 1404, I, 93. — Lève des troupes, 1405, I, 120. — Écrit aux bonnes villes, et à l'Université, 1405, I, 121. — Sa réponse à une députation de l'Université, 122. — Fait sortir le duc de Guienne de Paris, 1405, VI, 193. — Supplié par les princes de ne pas entrer dans Paris, 1405, I, 123. — Traite avec le duc de Bourgogne, 1406, I, 130. — Son expédition en Guienne, 1406, I, 132; VI, 194. — Reçoit le duché d'Aquitaine, 1407, I, 151. — Assassiné le mercredi 23 novembre 1407, I, 154; VI, 195. — Sa postérité, I, 167. — Accusé par Jean Petit d'avoir voulu séquestrer la reine, I, 220, 237. — Accusé par Mᵉ Jean Petit d'avoir travaillé auprès du pape pour faire détrôner le roi, I, 239, 240. — Accusé d'avoir pris quatre mille francs dans la tour du palais, I, 333. — Ses obsèques, 1414, III, 55.

Orléans (Charles, duc d'), II, 50, 51, 53, 65, 77, 81, 82, 125, 126, 129, 164, 165, 236, 243, 257, 271, 287, 303, 341, 346, 361, 372, 376, 402, 420, 438, 459, 464; III, 40, 47, 55, 56, 69, 412; IV, 8, 111, 317; V, 12, 19, 54, 430, 469. — VI, 25, 28, 40, 106, 110, 122, 123, 173, 192, 203, 205, 206, 207, 213, 221, 229. — Son mariage avec la reine Isabelle, veuve de Richard II, 1406, I, 129. — Son entrée à Paris, 1408, I, 263. — Fait hommage au roi pour son duché. — Retourne à Blois, 1408, I, 348. — Titres qu'il prend à la mort de sa mère, 1408, I, 394. — Son arrivée à Chartres, I, 397. — Son mariage avec Bonne d'Armagnac, 1410, II, 65. — Son ressentiment de la mort de Montagu, 1409, VI, 204. — S'excuse au duc de Berri de l'arrestation du seigneur de Croy, 1410, II, 110. — Envoie des ambassadeurs au roi, 1411, II, 115. — Ses lettres, 116. — Sa lettre au roi, 1411, II, 124, 131, 141. — Ses lettres de défi au duc de Bourgogne, 1411, VI, 208, 209. — Ses partisans proscrits par les Cabochiens, 1411, II, 163. — Se rend à l'assemblée d'Auxerre, 1412, II, 292, 293. — Son mécontentement de l'émeute de Soissons, 1412, II, 336. — En crédit dans Paris, 1413, VI, 219. — Sa querelle avec le duc de Bretagne, 1413, II, 409. — Redemande ses châteaux de Coucy et de Pierrefons, 1413, II, 411. — Seigneur de Ham, III, 18. — Au siège d'Arras, 1414, III, 24. — Jure la paix d'Arras, 1414, III, 40. — Joûte contre le duc de Brabant, 1414, III, 60. — Jure la paix d'Arras, 1414, III, 63. — Escarmouche avant la bataille d'Azincourt, 1415. — Est fait chevalier, III, 102. — Assiste à la bataille, III, 103. — Y est fait prisonnier, III, 120; VI, 230. — Henri V recommande de le retenir prisonnier, 1422, IV, 111. — Sa rançon, 1439, V, 353. — Sa délivrance, 1439, V, 404. — Ramené en Angleterre, 1440, V, 431. — Son retour, 1440, V, 433, 436. — Épouse la demoiselle de Clèves, 1440, V, 439. — Reçoit le collier de la Toison d'or, 1440, V, 442. — Donne au duc de Bourgogne le collier de son ordre, 1440, V,

444. — Les habitants de Bruges sollicitent sa médiation auprès du duc de Bourgogne, 1440, V, 445. — Son départ de Bruges, 1440, V, 448. — Son séjour à Gand, 1440, V, 449. — Concours des seigneurs français auprès de sa personne, 1440, V, 449. — Rachète le château de Coucy, 1440, V, 456. — Tentative d'empoisonnement sur sa personne. — 1440, V, 470. — Ses titres, VI, 97.

Orléans (la duchesse douairière d'), Valentine de Milan, veuve de Louis, duc d'Orléans, I, 165, 167, 387. — Son entrée dans Paris en appareil de deuil, 1408, I, 267. — Sa mort à Blois, le 4 décembre 1408, I, 393.

Orléans (la duchesse d'), Marie de Clèves, troisième femme de Charles, duc d'Orléans, V, 440, 448. — Intervient auprès du duc de Bourgogne en faveur de la ville de Bruges, 1440, V, 446.

Orléans (la veuve du duc d'), VI, 203.

Orléans (la fille de Charles, duc d'), IV, 41.

Orléans (procureurs du duc d'), II, 289.

Orléans (Charles d'), I, 10.

Orléans (madame d'), I, 337.

Orléans (enfants d'). — Leur traité avec le duc de Bourgogne, 1408, I, 395.

Orléans (les princes d'). — Leurs lettres aux bonnes villes du royaume, 1411, II, 150. — Leurs préparatifs de guerre, 152.

Orléans (le bâtard d'), Jean, fils naturel de Louis, duc d'Orléans et comte de Dunois et de Longueville, IV, 327, 335; V, 22, 25, 33, 95, 217, 220, 222, 292, 293, 295, 305, 421; VI, 34. — Envoyé au secours de la ville d'Orléans, 1428, IV, 301. — Assiste au combat de Rouvray, 1428, IV, 311. Voy. Dunois.

Orléans (l'ordre institué par Charles, duc d'), V, 444.

Orléans, héraut, I, 52, 57.

Orliens. Voy. Orléans.

Ormay (Jean d'), III, 346.

Orme (l') Hauldon, quartier général du duc de Bourgogne, 1417, III, 217.

Ormont (les fils du comte d'). — Faits chevaliers, 1441, VI, 15.

Orreville, V, 317. Voy. Orville.

Orsay (Seine-et-Oise), IV, 155. — (Le château d'), III, 219.

Orval (le seigneur d'). Voy. Labret (Guillaume de).

Orville (le château d'), près Louvres (Seine-et-Oise), V, 126.

Orville (le seigneur d'). Voy. Aunay (le bâtard d'). — (le Galois d').

Ospital (Colin de l'), III, 154.

Ostel de la ville (l'), II, 429.

Ostelent (l'), officier des joûtes, VI, 71.

Ostelmier (Simon), III, 344.

Ostende (George d'), secrétaire du roi en 1420, IV, 2.

Osterice (le duc d'), IV, 449. Voy. Osteriche.

Osteriche (le duc d'), II, 20. Voy. Osterice.

Osteriche (la duchesse d'), I, 89.

Ostie (le cardinal d'), III, 189.

Ostrevant (le comté d'), I, 353; V, 43, 63.

Otages, III, 252.

Oudenarde (Pays-Bas). Voy. Audenarde.

Oudeville (messire Richard d'). Voy. Doudeville.

Oursay, VI, 323. Voy. Orsay.

Ourse, femme de Copin de la Viefville, damoiselle de la duchesse d'Orléans. — Soupçonnée de l'avoir empoisonné, 1422, IV, 118.

Ouvrem (Rasse), capitaine de Gand, 1437, V, 324.

Ovide, I, 288, 323.

Owen Glendower, prince usurpateur de Galles, I, 69; II, 55.

Oxford (l'Université d'), III, 54.

Oye (le château d'), (*Pas-de-Calais*), V, 241, 243.

P

Pacy, VI, 323.
Pauriach (le comte de). Voy. Pardiac.
Painel (messire Bertrand). — Tué à la bataille d'Azincourt, 1415, III, 115.
Paix d'Arras (publication de la), 1414, III, 60.
Paix de Bicêtre, 1410, II, 97, 102.
Paix de Pontoise, 1414, III, 36.
Palais (le), II, 344, 402; III, 269; V, 4, 304; VI, 216, 259. — Séjour qu'y fait le roi, 1409, II, 51; VI, 205. — Banquet royal, II, 52. — Forcé par les Parisiens, 1418, III, 262. — Le concile de Paris se tient dans sa grande salle, 1418, I, 263. — La chambre verte, II, 93.
Palaiseau (*Seine-et-Oise*), III, 219.
Palatin du Rin (le comte), VI, 162.
Palis, hérault du duc de Bourgogne, puis roy-d'armes de Flandre, III, 217.
Pallemargue (Jean), III, 154.
Pallière (Gérard de la), capitaine d'Yvry, IV, 190.
Paloiseau. Voy. Palaiseau.
Pancète, capitaine, III, 150. Voy. Panecte.
Panecte, capitaine, III, 153.
Paniel (messire Jacques). — Au sacre de Henri VI, 1431, V, 2, 6.
Paniscelle. Voy. Paniscole.
Paniscole, en Aragon, III, 50.
Paoul (Pierre), docteur en théologie, I, 349; II, 23, 25. — Évêque de Senlis. Sa mort, 1409, II, 37.
Pape (le), III, 414; IV, 270; V, 109.
Parc, III, 319.
Parceval le Grant, homme d'armes, III, 26, 366.
Pardiac (le comte de). — Bernard d'Armagnac, V, 179, 292, 293, 301, 305, 307.

Pardons (les grans), I, 31.
Parent (Jean), VI, 117.
Paris, I, 84, 174; II, 2, 97, 116, 150, 166, 179, 231, 234, 242, 243, 244, 258, 388, 402, 403, 451; III, 38, 53, 57, 59, 77, 93, 127, 147, 167, 213, 217, 232, 242, 244, 256, 296, 334, 351, 362, 365, 373; IV, 6, 14, 44, 71, 96, 107, 150, 156, 250, 258, 294, 297, 324, 327, 340, 398, 441; V, 29, 35, 91, 94, 126, 216, 218, 205, 416, 419, 461; VI, 18, 26, 77, 109, 114, 122, 126, 129, 133, 137, 140, 146, 148, 151, 156, 160, 168, 176, 205, 220, 230, 234, 240, 249, 251, 253, 258, 262, 277, 289, 294, 306, 308, 316, 317, 322, 323. — Église Saint-Pierre des Degrez, III, 146. — Église Saint-Laurent, III, 151. — (Chaînes de), VI, 220. — (Les bouchers de), II, 162.
Paris (portes de). — Porte Barbette, I, 155. — Porte de Bordelles, II, 94. — Porte de Louvel, III, 237. — Porte Montmartre, II, 433. — Porte Saint-Antoine, II, 94, 438. — Porte Saint-Denis, I, 164; V, 3, 302. — Porte Saint-Germain des Prés, III, 260. — Porte Saint-Honoré, IV, 355; VI, 141. — Porte Saint-Jacques, V, 219; VI, 212. — Fermeture des portes, 1407, I, 162.
Paris (hôtels de). Voy. Hôtels.
Paris. Voy. Cabochiens, Célestins, Chaînes, Collèges, Croix du Tiroüer, Cruautés, Palais, Ostel de Ville, Tailles, Temple (le). — Assassinat du connétable de Clisson, I, 7. — Rassemblement de troupes aux environs, 1401, I, 36. — Le duc de Bourgogne y ramène le dauphin, 1405, I, 111. — Fortifications faites autour de l'hôtel d'Artois, 1405, I, 113. — La reine et le duc d'Orléans y rentrent après la paix, 1405, I, 123. — Entrée

de la duchesse douairière d'Orléans, 1407, I, 167. — Entrée du duc de Bourgogne, 1407, I, 176; VI, 196. — Effet produit par le discours de Jean Petit, I, 243. — Arrivée d'une ambassade anglaise, 1408, I, 389. — Entrée du duc de Bourgogne, novembre 1408, I, 392. — Entrée du roi, de la reine et du dauphin, à la mi-carême 1408 (v. s.), I, 401. — Joie qu'y cause l'élection d'Alexandre V, 8 juillet 1409, II, 10. — Entrée du duc de Bourgogne, vers la mi-août 1409, II, 35. — Mouvements lors de l'arrestation de Montaigu, 1409, II, 44. — Entrée du roi de Sicile, 1409, II, 58. — Alertes, 1410, II, 95. — Insulté par des partis d'orléanistes, 1411, II, 166. — Entrée du roi de Sicile, 1411, II, 230. — Son départ, 1412, II, 248. — Fêtes du retour du roi, 1412, II, 302. — (Triste état de), 1413, II, 346. — (Exécutions à), II, 370 et suiv. — Dispositions stratégiques dans Paris, 1413, II, 429; VI, 218. — Entouré de gens de guerre, 1413, II, 465. — (Assemblée tenue à), 1414, III, 46. — Le roi y revient, 47. — Fête du 10 février 1414, III, 60. — (Conspiration dans), 1415, III, 140. — Arrivée du comte de Trois Citez, frère du roi de Chipre, 1416, III, 145. — De l'empereur Sigismond, VI, 232. — Opposé à l'élection de Martin V, 1417, III, 190. — Conspiration, 1417, III, 238. — Livré au parti bourguignon, 1418, III, 260 et suiv. — (Pillage et meurtres dans), 1418, III, 262. — Rentrée du roi, de la reine et du duc de Bourgogne, 1418, III, 273. — (Processions dans), 1418, III, 286. — (Mortalité dans), 1418, III, 288. — (Massacres dans), 1418, III, 289. — Processions pour la paix, 1419, III, 331. — (Exécutions dans), 1419, III, 356. — Entrée du roi d'Angleterre, 1420, IV, 15. — Tenue d'états, 1420, IV, 21. — Entrée du duc de Bourgogne, 1421, IV, 78. — Entrée des deux rois, 1422, IV, 99. — Complot, 1422, IV, 104. — Service à Notre-Dame, pour Henri V, 1422, IV, 112. — Conseil tenu à la mort de Henri V, 1422, IV, 113. — Conspiration, 1422, IV, 135. — Entrevue des ducs de Bethford et de Bourgogne, 1424, IV, 207. — Arrivée du duc de Bourgogne, 1429, IV, 317. — (Entrée du seigneur de l'Isle-Adam dans), 1436, V, 220. — En rée de Charles VII, 1437, V, 301. — (Complots dans), 1436, V, 279. — (Mortalité à), 1438, V, 339. — Séjour de Charles, duc d'Orléans, 1440. V, 452.

Paris (l'évêque de), II, 271, 402, 415, 461; III, 134, 201, 246, 257; IV, 121; V, 304; VI, 231, 247, 265, 324. Voy. Montagu (Gérard de).

Paris (l'évêque de), Pierre d'Orgemont. — Le pape Alexandre V lui notifie son élection, 1409, II, 27.

Paris (l'évêque de), Gérard de Montagu. — Jure la paix d'Arras, 1414, III, 63. — Obtient des séditieux la liberté de plusieurs prisonniers, 1418, III, 263. — Malade, 1418, p. 287.

Paris (l'évêque de), Jean Courtecuisse. — Assiste au sacre de Henri VI, 1431, V, 2.

Paris (l'official de), II, 239.

Parisiens (les), II, 231, 244, 258, 345, 401, 408; III, 42, 216, 218, 259, 355; IV, 1, 100, 125, 133, 333, 356, 361; V, 187, 351; VI, 19, 220, 253, 254. — Favorables au duc de Bourgogne, I, 123, 175, 402; II,

163 ; III, 237; V, 218. — Leur indifférence sur le meurtre du duc d'Orléans, I, 165. — Leur joie à l'entrée du dauphin ramené par sa mère, 1408, I, 267. — Leur mécontentement du départ du roi pour Tours, I, 390. — Refusent au duc de Berri l'entrée de leur ville. — Saccagent son hôtel de Nesle, 1411, II, 169. — Transfèrent le roi et le duc d'Aquitaine de l'hôtel Saint-Pol au Louvre, *ibid.* — Députent à l'assemblée d'Auxerre, 1412, II, 292. — Écrivent aux bonnes villes, 1413, II, 347. — Deviennent orléanistes, 1413, VI, 219. — Prennent des chaperons blancs, 1413, II, 349. — Leurs plaintes au duc d'Aquitaine, 1415, III, 130. — Font un prêt de cent mille francs, 1418, III, 293. — Vont au siége de Pontoise, 1441, VI, 8.

Parisin (Jean de), III, 154.

Parlement (le), VI, 197, 324. — Travaille à la réformation de la maison du roi, 1409, II, 42. — L'empereur Sigismond assiste à une de ses séances, 1415, III, 137.

Partenay (*Deux-Sèvres*), III, 330, 331.

Partenay (le seigneur de), IV, 170.

Pas en Artois (*Pas-de-Calais*), IV, 117.

Pas de Larron (le), entre Creil et Gouvieux, III, 253.

Pasmes (le seigneur de), III, 281 ; IV, 408.

Passavant (*Marne*), IV, 296. — (Le château de), V, 48.

Passavant (Jean de). — Tué à la bataille de Baugé, 1420, IV, 39.

Passaw (l'évêque de), VI, 162.

Passe-Avant (le château de). Voy. Passavant.

Passe-Carte, habitant de Tournay, IV, 245.

Passenchault (Gérard de), IV, 454.

Passi. Voy. Passy.

Passot. Voy. Passaw.

Passy (*Saône-et-Loire*), V, 66, 69.

Passy (le seigneur de). — Assiste au sacre de Henri VI, 1431, V, 2.

Pastourel, nom d'un inspiré qui parut l'an 1431, IV, 433.

Patay (bataille de), 1429, IV, 328, 330.

Pattetent (Guillebert), doyen des mestiers de Gand, V, 280.

Pauques (le seigneur de). Voy. Pouckes.

Pavant (Gauthier de), VI, 86.

Pavie (le comte de), frère du duc de Milan, II, 38.

Paville (Eustace de). Voy. Pavilly.

Pavilly (Eustache de), II, 352. — Envoyé par la ville de Rouen pour demander des secours, 1418, III, 294.

Payement des troupes, II, 278.

Pays, roi-d'armes de Flandre, VI, 303.

Paysans, II, 254.

Paysans, — font la guerre aux Anglais, VI, 56 ; — détroussent les gens d'armes, p. 67.

Pelage (Jean), V, 363.

Pèlerinages, IV, 339. — De Léesse, III, 58.

Pellehaste (Jean), VI, 139.

Pembroke (le comte de), I, 107, 126.

Penard (le bâtard), III, 150.

Pénestrin (le cardinal), II, 12. — *Alias* de Poitiers, 16.

Penheet. Voy. Penhoët.

Penhoët (le seigneur de), I, 71.

Pennebruch. Voy. Pembroke.

Pennel (messire Bertran). Voy. Painel.

Pennesach (Jamet de), IV, 433 ; VI, 52. — Tué, 1434, V, 86. Voy. Pennesacq.

Pennesacq (le seigneur de), capitaine de Laon, V, 77, 419; VI, 9.

Pennesat (le seigneur de), IV, 432. Voy. Pennesach.

Pennonceaulx des troupes du duc

TABLE ALPHABÉTIQUE.

d'Orléans, I, 120. — Du duc de Bourgogne, p. 123.
Penthèvre (le comte de). Voy. Penthièvre.
Penthièvre (le comte de), Olivier de Blois, I, 396 ; II, 2, 6, 50, 63, 289 ; IV, 28, 30, 34, 164, 278 ; VI, 173, 212, 221. — Épouse une fille du duc de Bourgogne, 1406, I, 131. — Sa querelle avec le duc de Bretagne, 1410, II, 64. — Logé près de Paris avec ses Bretons, 1410, II, 88. — Sa mort, 1433, V, 74.
Penthièvre (la comtesse de). — En guerre avec le duc de Bretagne, 1409, II, 36.
Penthièvre (la vieille comtesse de), IV, 32.
Penyemerich, VI, 163.
Perche (le pays de), V, 94.
Perche (le comte du), Jean V. — Pris à la bataille de Baugé, 1420, IV, 38.
Percy (Henri de), comte de Northumberland, I, 39.
Percy (Thomas de), connétable d'Angleterre, I, 33, 39.
Perdriac (le comte de). Voy. Pardiac.
Périducolans, VI, 163.
Périère (Jean de la), V, 386.
Périgord (comté de), II, 341.
Périan Resgony, VI, 163.
Pernois, forteresse appartenant à l'évêque d'Amiens, IV, 143.
Péronne (*Somme*), II, 428 ; III, 15, 18, 28, 96, 183, 268, 365, 374 ; IV, 130, 378, 421, 425 ; V, 75, 290, 407 ; VI, 225, 259, 323. — Assiégée par Charles VI, 1414, VI, 222. — (Châtellenie de), IV, 50 ; VI, 62. — (Le prévôt de), V, 381. — (Le receveur de), p. 382.
Péronne, Montdidier et Roye (prévôté foraine de), V, 167.
Perpignan (*Pyrénées-Orientales*). — Benoît XIII s'y réfugie, 1408, I, 258.
Perrichon Tube, capitaine, III, 153.

Perrin, trompette du duc de Bourgogne, III, 154.
Perrin de Loherenc, sergent d'armes du roi d'Angleterre, I, 29.
Perrinet, capitaine, IV, 162.
Pers de France (les), IV, 339.
Perse (la), I, 193.
Persi. Voy. Percy.
Persiaque (le seigneur de), I, 130. Voy. Percy.
Persiaque (ceulx de). — Les partisans de Henri de Percy, comte de Northumberland, I, 38.
Persy (messire Jehan de), V, 6. Voy. Percy.
Perves (le seigneur de), VI, 199, 201, 202.
Peste, 1437, V, 319. — De 1438, V, 339.
Pestel (Gui), III, 137.
Petenghien, V, 239.
Petit (frère Jacques), II, 237. — Son écrit, 1412, II, 241.
Petit (maître Jean), docteur en théologie, I, 172, 174 ; II, 461 ; III, 56, 134, 287 ; VI, 196, 231, 265. — Sa justification du meurtre de Louis, duc d'Orléans, I, 177. — Avoué par le duc de Bourgogne, p. 242. — Sa mort, 1411, II, 123. — Condamnation de sa doctrine, 1413, II, 415.
Petit (maître Dominique le), II, 24, 25.
Petit-Mesnil (le). — Décapité aux Halles, 1413, II, 371.
Petit Moisne (le), IV, 47. — Pendu à Rome, 1432, p. 48.
Petit-Roland (le), V, 71.
Petit Roy (le fils du), III, 154.
Pharaon, VI, 163.
Philebert, chevalier de la cour du duc de Bourgogne, V, 346.
Phileton (messire), anglais, IV, 101.
Philippe Auguste. Voy. Philippe le Conquérant.
Philippe le Conquérant, III, 307.
Philippe de Valois, I, 117 ; II, 312 ; III, 96.
Phinéas, I, 195 ; II, 417.
Piat (Pierre), V, 20.

Picardie, I, 117; II, 431; IV, 107; V, 30, 42, 63, 76, 89, 97, 407; VI, 75, 289, 311, 316, 318. — (Les bonnes villes de), II, 421; VI, 194. — (Monnaies ayant cours en), VI, 295. — (Waleran, comte de Saint-Pol, capitaine de), I, 100. — (Jean, fils du comte de Nevers, capitaine de), V, 87.
Picars (les), II, 173, 177; IV, 108, 270, 282, 345, 456; V, 90, 187, 241; VI, 26, 86, 93, 211, 284, 289. — Leur vaillance à la bataille de Montépilloy, 1435, IV, 347. — (Archers), IV, 464.
Picart (M° Jean). — Gardien de la reine à Tours, 1417, III, 176, 228.
Picollon (Colard de), V, 291.
Picquebat (le seigneur de), VI, 163.
Picquegny. Voy. Picquigny.
Picquigny (Somme), IV, 60, 64, 65; V, 16, 17, 300; VI, 303, 304. Voy. Piqueny.
Picquigny (le seigneur de), vidame d'Amiens, IV, 184; VI, 237, 296.
Picquigny (Liénard de), IV, 85.
Pied (Jehan), II, 310.
Piémont (le prince de), V, 112.
Pières (Lancelot), III, 95, 96.
Piéronne, lis. : Péronne, VI, 316.
Pierpont. Voy. Pierrepont.
Pierrefonds (Oise), II, 303, 411, 448; IV, 35, 73, 397, 403, 404. — Son château, III, 279; IV, 97. — Brûlé en 1412, II, 304.
Pierrefons. Voy. Pierrefonds.
Pierregors. Voy. Périgord.
Pierrelles. Voy. Pierrelves.
Pierrelves, en Brabant, I, 351.
Pierrelves (le seigneur de), I, 260, 351, 354, 355, 373. — Son fils fait évêque de Liége au lieu de Jean de Bavière, 1406, I, 141. — Tous deux tués à la bataille de Tongres, 1408, I, 365.
Pierrelves (le damoisel de), I, 356.

Pierrepont (Somme), IV, 88, 89; VI, 312.
Piétons, II, 268.
Pieul (Colinet de), — proscrit, 1413, II, 353.
Pillot (Jean), IV, 162.
Pilot (Perrin), marchand de Paris. — Emprisonné au Louvre, 1409, II, 46.
Pimont (le prince de). Voy. Piémont.
Pimorin (Jean), VI, 117.
Piouel (Ragonnet de), — son martyre, 1425, IV, 246.
Pipempoix (messire Guillaume), — décapité à Bruxelles en 1420, IV, 7.
Piquart (Jean). Voy. Picart.
Piquegny. Voy. Picquigny.
Pise (concile de), I, 401, 402; II, 58; IV, 450.
Pise (l'archevêque de), II, 103, 105, 107, 108; III, 56.
Plaisance (Thomas de), III, 154.
Planche (Guillemot de la), de Douai, III, 154.
Planchette, capitaine bourguignon, III, 154.
Planes et autres instruments de fer, I, 88.
Plansy (le seigneur de), IV, 386.
Plante (M° Hutin de la), V, 359.
Plateaux (le seigneur des), V, 250. Voy. Plato.
Plates, pièce de l'armure, I, 40.
Plato (M° Jean), V, 359.
Platon, cité, II, 377, 386.
Pleinemue (le port de), I, 69.
Plessier (Gilles du), III, 6. Voy. Plessis.
Plessier de Roye (le), — se rend aux Bourguignons, 1418, III, 267.
Plessis (Gilles du), chevalier, — décapité, 1414, III, 11. Voy. Plessier.
Plommet d'or, pour plumet, II, 58.
Ploutre de Guerboval (le), — tué à la bataille d'Azincourt, 1415, III, 118.
Plumeterre, patron de barque, IV, 168.

Plymouth. Voy. Pleinemue.
Poictiers (Charles de), évêque de Valence, III, 339.
Poictiers (Philippe de), II, 360. — Tué à la bataille d'Azincourt, 1415, III, 117.
Poictiers. Voy. Poitiers.
Poigny (l'abbé de), Amé. Voy. Foigny.
Poigny (maître Pierre de), II, 25.
Poilly-le-Fort. Voy. Pouilly-le-Fort.
Poily (Guillaume de), IV, 414.
Pointièvre (le comte de). Voy. Penthièvre.
Pointo (Guillaume), chevalier, VI, 60.
Poirée (Martin), de l'ordre des frères prêcheurs, — confesseur du duc de Bourgogne — qui célèbre à Arras la fête de son installation comme évêque de cette ville, 1408, I, 259.
Poissi. Voy. Poissy.
Poissy (*Seine-et-Oise*), VI, 16, 17, 18.
Poissy. Voy. Marie de France.
Poitevin (Me Robert), V, 137.
Poitiers (*Vienne*), III, 357; IV, 316; V, 73; VI, 57. — Charles VII y est couronné, 1422, IV, 131.
Poitiers (le cardinal de), II, 16.
Poitiers (l'évêque de), II, 10; VI, 199.
Poitou (le), II, 227; VI, 41.
Poitou (le comté de), II, 341; III, 73. — Fait retour à la couronne, 1416, III, 146.
Poix (*Somme*), III, 336; IV, 24.
Poix (le seigneur de), I, 372. — Tué à la bataille d'Azincourt, 1415, III, 113.
Poix (le vicomte de), III, 33.
Poix (David de). Voy. Poix (Daviot de).
Poix (Daviot de), III, 150, 153, 181; IV, 59, 67, 136, 205, 403, 413, 422; V, 416; VI, 8, 237, 302. — Fait chevalier, 1421, IV, 59. — Gouverneur de Guise,

1424, IV, 230. — Fait prisonnier, 1430, IV, 424.
Poix (Gannet de), VI, 265.
Poix (Jean de), III, 153.
Poix (Jennet de), III, 139, 208, 212, 251, 266; VI, 237. — Amiral de France, III, 273. — Prisonnier à la bataille d'Azincourt, 1415, III, 121. — Banni, 1416, p. 145. — Meurt de l'épidémie, 1418, p. 288, Voy. Poix (Johannot de).
Poix (Johannot de), neveu de Jacques de Châtillon, seigneur de Dampierre, III, 57, 148, 150.
Poix (messire Roger de), — tué à la bataille d'Azincourt, 1415, III, 113.
Pol (messire Renier), III, 389. Voy. Pot.
Pole (le seigneur de la), IV, 145.
Politique d'Aristote (la), I, 299.
Polli-le-Fort, VI, 276. Voy. Pouilly-le-Fort.
Pologne (le roi de), II, 20, 75. — En guerre avec le grand maître de Prusse, 1409, II, 61. Voy. Poulane.
Polonais (les), II, 62.
Polt (Regnier), VI, 200. Voy. Pot.
Poluache, IV, 395.
Pompe funèbre de Henri V, IV, 113.
Pompet (le seigneur de), VI, 200.
Ponce (Pierre), II, 25.
Poncelet-Saint-Denis (le), V, 3.
Ponchon de la Tour, III, 119.
Pons-sur-Seine. Voy. Pont-sur-Seine.
Ponsay, VI, 67.
Pont (le marquisat du), III, 409.
Pont (le marquis du), fils du duc de Bar, I, 106, 110, 128, 160, 401; II, 32, 52, 122; V, 338, 432. — Accompagne le duc d'Orléans dans son expédition de Guienne, 1406, I, 133. — Frère du cardinal de Bar. — Assiste au traité de Chartres, I, 397.
Pont (le marquis du). Voy. Édouard III duc de Bar.

Pont (Guillaume du), tué, 1421, IV, 64.
Pont-à-Choisy (le), — se rend aux Bourguignons, 1418, III, 267.
Pont de bateaux (construction d'un), III, 411.
Pont-de-l'Arche (*Eure*), II, 372; III, 178; VI, 261, 265: — Se rend au duc de Clarence, 1418, III, 277.—Lieu de conférences, p. 295.
Pont-l'Évêque (*Calvados*), IV, 382, 418, 419.
Pont-Neuf (chute du), 1407, I, 165.
Pont-au-Nouvion (le), V, 471.
Pont-Ourson. Voy. Pontorson.
Pont-de-Remy (*Somme*), III, 96, 136, 314, 337; IV, 43, 51, 52, 54; VI, 294, 299. — Se rend aux Français, 1430, IV, 419.
Pont-Saint-Esprit (*Gard*), III, 407. — Se rend au dauphin, 1420, p. 408.
Pont Saint-George, pont jeté sur la Seine, 1418, III, 277; VI, 18.
Pont-Sainte-Maxence (*Oise*), II, 401; IV, 10, 176, 358; V, 92, 416; VI, 20. — Se rend aux Bourguignons, 1418, III, 267. — A Charles VII, 1429, IV, 354. — Aux Français, 1430, IV, 359.
Pont-sur-Seine (*Aube*), IV, 151.
Pont à la Tiberge (le), IV, 30.
Pont de Vaire. Voy. Vaires.
Pontaillier (Gui de), VI, 200, 279. Voy. Pontalier.
Pontalier (messire Guy de), III, 340. Voy. Pontaillier.
Pontaudemer (*Eure*), III, 97. — Se rend au roi d'Angleterre, 1418, III, 309.
Ponteau de mer. Voy. Pontaudemer.
Ponthèvre (le comte de). Voy. Penthièvre.
Ponthey (Thery), IV, 394.
Ponthieu (le), IV, 42, 97, 117, 144, 302; V, 63, 85, 316; VI, 294, 298, 305. — (La sénéchaussée de), III, 234. — (Le sénéchal de). Voy. Dampierre.
Ponthieu (le comté de), II, 267; III, 62, 73, 296; IV, 3. — Donné à Jean duc de Touraine, 1412, II, 335. — Cédé par le traité d'Arras, 1435, V, 169.
Ponthieu (le comte de), III, 98, 126, 130. — Beau-fils de Louis, roi de Sicile, p. 136.
Pontieu. Voy. Ponthieu.
Pontièvre (le comte de). Voy. Penthièvre.
Pontoise (*Seine-et-Oise*), II, 376, 437; III, 213, 239, 245, 251, 254, 282, 296, 298, 308, 12, 321, 330, 332; V, 1, 216, 218, 268, 342; VI, 12, 23, 31, 212, 238, 250, 266, 268, 270, 277, 295, 297, 316. — Prise par les Anglais, 1419, III, 332. — Séjour de Henri VI, 1420, III, 388. — Prise par les Anglais, 1436, V, 274. — Assiégée par Charles VII, 1441, VI, 7, 46. — La grande bastille de S. Martin, VI, 10, 15. — L'église Notre-Dame, p. 20. — La tour de Frices, p. 22, 23.
Pontoise (la paix de), II, 413; III, 36; VI, 143, 164, 167, 169.
Pontorson (*Manche*), IV, 278, 287.
Ponts (rupture des) sur Seine, 1411, II, 169.
Popeghem (Jean de), V, 332.
Poperinghe, V, 263, 265.
Porc (messire Pierre le), IV, 288.
Porcien (le comte de), VI, 91.
Porée (Martin), évêque d'Arras, III, 134. Voy. Poirée.
Porte (Bardoul de la), IV, 236.
Porte (Colard de la), IV, 236.
Porte (Colard de la), seigneur de Belincourt. — Tué à la bataille d'Azincourt, 1415, III, 115.
Porte (Gilles de la), IV, 236.
Portes de Paris. Voy. Paris.
Portingal. Voy. Portugal.
Portingalois, III, 61; IV, 403. Voy. Portugal.

Porto (Guillaume), VI, 80.
Porto-Venere, I, 250, 258.
Portrait de Catherine de France présenté au roi d'Angleterre, 1418, III, 295.
Portugal, I, 42.
Portugal (le roi de), I, 24; V, 150. — (La reine de), I, 402.
Portugal (Isabelle de), femme de Philippe le Bon, duc de Bourgogne, IV, 370. — Accouche d'un fils, IV, 429.
Porus, III, 118.
Postelles (Gilles de), V, 67.
Posti Romaine (les ambassadeurs de), VI, 164.
Pot (Jacques), — fait chevalier, 1421, IV, 59; VI, 302.
Pot (Renier), III, 75, 215, 328; IV, 158; VI, 236. — Moyenne le mariage d'Antoine, duc de Brabant, 1409, II, 32. — Est fait gouverneur du Dauphiné, II, 59. — Seigneur de la Roche, IV, 374.
Potes (le seigneur de), — tué à la bataille d'Azincourt, 1415, III, 116.
Pothon, capitaine, IV, 193, 327, 386; V, 120. Voy. Pothon de Sainte-Treille.
Pothon le Bourguignon, V, 92, 127, 201, 203.
Pothon de Sainte-Coloume, I, 76.
Pothon de Sainte-Treille, IV, 382, 404, 409, 412, 414, 423, 424, 426, 433; — fait prisonnier, 1431, IV, 434.
Pouckes (le seigneur de), — tué à la bataille d'Azincourt, 1415, III, 114.
Poudre à canon, III, 84; IV, 167.
Pouencé (*Maine-et-Loire*). Voy. Poussay.
Pouilly-le-Fort (*Seine-et-Marne*), III, 329, 332, 345.
Poulaine (le roi de). Voy. Pologne.
Poulaine (l'archidiacre de). V, 151.
Poulane, V, 137. — (Le roi de), II, 75. Voy. Pologne.
Poulane (Nicholle, ambassadeur de), V, 139.
Poulane (le connétable du roi de), V, 150.
Poule (le seigneur de la). Voy. Poulle.
Poule-le-Fort. Voy. Pouilly-le-Fort.
Poulenois (les). Voy. Polonais.
Poulle (le seigneur de la), frère du duc de Suffolk, IV, 272, 273; — fait prisonnier en 1422, IV, 146; — en 1429, IV, 326.
Poulle (Daniel de la). Voy. Lampoule.
Poulligny (Jean de), seigneur de la Motte, IV, 138.
Pouilly-le-Fort. Voy. Pouilly.
Poupart (Charles), argentier du roi, II, 312; — tué dans Paris, 1418, III, 270.
Poussay (*Vosges*), V, 11, 12.
Poussay, VI, 67.
Poutraines (Girard de), — tué à la bataille d'Azincourt, 1415, III, 117.
Prade (la cité de), *lis :* Prague, VI, 311.
Praghe. Voy. Prague.
Pragois (les), III, 408; V, 83, 449, 450.
Prague, IV, 86, 144, 449; V, 83.
Préaulx (*Eure*), — se rend au roi d'Angleterre, 1418, III, 309; — au roi de France, 1435, V, 202.
Préaulx (*Seine-Inférieure*), V, 272.
Préaulx (le seigneur de), Pierre de Bourbon, III, 410.
Préaulx (le seigneur de), — jure la paix d'Arras, 1414, III, 63; — captif du roi d'Angleterre, 1420, IV, 14. Voy. Bourbon (Jean de).
Préaulx (la dame de), femme de Jacques de Bourbon, I, 110.
Precop, marquis de Maurienne. Voy. Procope.
Précy (*Oise*), — III, 211; IV, 404.

Prendegrest (Jean de), chevalier anglais, I, 13.
Prés (Mahieu des), III, 154.
Pressigny (le seigneur de), VI, 77.
Pressigny (Bertrand de Beauval, seigneur de), VI, 97.
Pressy (messire Jehan de), — au sacre de Henri VI, 1431, V, 2.
Pressy-sur-Oise. Voy. Précy.
Prevelves (le seigneur de), I, 360, 361. Voy. Pierrelves.
Prévost (messire Philippe), IV, 180.
Prévôt de Paris (le), I, 29, 162, 237, 248; II, 317, 325, 360; III, 135, 140, 257, 355; V, 302; VI, 253, 255, 324; — articles qui le concernent dans la paix de Bicêtre, 1410, II, 99; — sa conduite vigoureuse lors du complot de 1415, III, 141; — arrête Loys Bourdon, 1417, III, 175; — est fait chevalier, 1414, III, 7.
Prévôt de Paris (le). Voy. Clamecy (Gilles de), Essars (Pierre des), Saint-Cler (Brunel de), Tannegui du Chastel.
Prévôt des marchands (le), II, 242, 325, 352; III, 135, 355; V, 2; VI, 125, 324. Voy. Cudoë (Charles).
Prévôt des maréchaux de France (le), — tué à la bataille d'Azincourt, 1415, III, 117.
Prévôts fermiers, II, 330.
Prez (Mathieu des), III, 150, 153.
Prie (le seigneur de), V, 410, 414.
Prieuré de Saint-Georges-de-Hesdin, III, 105.
Princes (les) — justifient devant la reine la peine de mort de Montaigu et demandent des réformes, 1409, II, 48 et 49; — demandent la réformation de la maison du roi, 1409, II, 41; — s'assemblent à Mehun-le-Châtel, 1410, II, 65; — écrivent à la ville d'Amiens, 1410, II, 82; — déposent les armes, 1410, II, 114.

Princhi, V, 273. Voy. Pringy.
Pringy (Marne). Voy. Princhi.
Procope, marquis de Moravie I, 50.
Proisy, IV, 133, 164. Voy. Proisy.
Proisy (le seigneur de), IV, 195.
Proisy (Colart de), écuyer, IV, 205.
Proisy (Jean de), IV, 67, 184, 229; VI, 301; — gouverneur de Guise, IV, 67, 199; — fait prisonnier, 1421, IV, 64.
Proizy (Aisne). Voy. Proisy.
Proscriptions (liste de) donnée par les Parisiens au duc d'Aquitaine, 1413, II, 353.
Protextus du Tabouret, chef d'Hussites, — tué, 1433, V, 83.
Prouvanlieu (le château de), IV, 381.
Prouvence (la cité de), Marseille, I, 98. Voy. Provence.
Prouville (Gaudeffroy de), III, 119.
Prouvins. Voy. Provins.
Provence, II, 241; III, 407. Voy. Loys (le roi).
Provins (Seine-et-Marne), III, 128, 272, 303, 308, 313, 383; IV, 339; V, 64; VI, 252, 267, 277.
Pruce (le grand maître de). Voy. Prusse.
Pruciens, II, 75.
Prully (messire Antoine de), — tué au combat de Rouvray, 1428, IV, 311.
Prusse (la), II, 61.
Prusse (le grand maître de), II, 20; — VI, 162; — en guerre avec le roi de Pologne, 1409, II, 61; — attaque le grand-duché de Lithuanie, II, 75.
Pucelle (la), IV, 325, 326, 335, 354, 382, 387; — Jehenne (la), IV, 386, 433; — vient trouver Charles VII à Chinon, 1428, IV, 314; — le suit à Poitiers, p. 316; — va à Blois, p. 316; — son entrée dans Orléans, 1429, p. 320; — assiste à la

bataille de Montépilloy, p. 346; — son attaque sur Paris, à la porte Saint-Honoré, p. 355; — fait trancher la tête à Franquet d'Arras, 1430, p. 384; — est faite prisonnière, p. 388; — sa condamnation, 1431, p. 442; — lettre du roi d'Angleterre à ce sujet, *ibid.*

Puillerie (Girault de la), V, 22.

Puis (Hue du), procureur du roi à Amiens, III, 133.

Puis (Jean du), gascon, V, 202.

Puis (M° Laurens du), gardien de la reine à Tours, 1417, III, 176, 228.

Puis (Yvon du), IV, 63, 67, 174, 397; V, 30, 132, 223; VI, 6; — fait prisonnier, 1421, IV, 63; — En 1424, p. 196.

Puiset (le) (*Eure-et-Loir*), II, 228.

Puiseux (Colinet de), chevalier, — écartelé pour avoir rendu la tour de Saint-Cloud, 1411, VI, 207.

Puissemin d'Ausserrois, capitaine, III, 154.

Puy (le) (*Haute-Loire*), IV, 129.

Puy (l'évêque du), II, 103; — IV, 129, 211.

Q

Quarré (Manecier), capitaine orléaniste, III, 164, 178.

Quarreaulx d'arbalètes, I, 103.

Quatre mestiers de Flandres (les), III, 16.

Quatre-Oefz (Perrinet), V, 387.

Quennebourg (Jacqueline de). Voy. Bavière.

Quennebrouch (Jacqueline de). Voy. Bavière.

Quenof (Henri), V, 78.

Quérecques (le seigneur de). Voy. Quiéret.

Querecques (Morelet de), I, 105.

Quesne (le) (*Somme*). Voy. Quesnel.

Quesne en Brie (le), IV, 405.

Quesnel, III, 148. Voy. Quesne (le).

Quesnes (le seigneur des), III, 33.

Quesnes (messire Carados des), III, 335, 366.

Quesnoit (le seigneur de), VI, 201.

Quesnoy (le) (*Nord*), III, 166; IV, 84; V, 67, 318. Voy. Quesnoy-le-Comte.

Quesnoy (le) (*Somme*), IV, 359.

Quesnoy (le) en Hainaut. Voy. Quesnoy-le-Comte.

Quesnoy (le) en Ponthieu, V, 310.

Quesnoy-le-Comte, I, 99, 130; IV, 76; V, 318, 319, 450, 780; VI, 3.

Quesnoy (le seigneur du), tué à la bataille d'Azincourt, 1415, III, 116.

Quesnoy (la dame du), — proscrite, 1413, II, 353.

Quesnoy (Jean le), II, 25.

Quesnoy (M° Nicolle du), VI, 117.

Quesnoy (Robert du), capitaine de S. Walery, V, 260, 261.

Queue (Huchon de), écossais, V, 29.

Quiéret (le seigneur de), — tué dans une rencontre contre les Anglais, 1405, I, 104.

Quiéret (sire Boort), I, 372; — seigneur de Henchin; — fait prisonnier à la bataille d'Azincourt, 1415, III, 120.

Quiéret (Gauwain), VI, 75, 78, 80, 85, 88, 89.

Quiéret (Gui), VI, 80.

Quieret (messire Hutin), — tué à la bataille d'Azincourt, 1415, III, 114.

Quiéret (messire Pierre), IV, 66; — capitaine d'Araines, IV, 42; — seigneur de Ramecourt, IV, 436; — fait prisonnier à la bataille d'Azincourt, 1415, III, 120.

Quieuvrain (George de) et Henri, son frère, — tués à la bataille d'Azincourt, 1415, III, 116.

Quiévrain (le seigneur de), hennuyer, II. 76; — tué à la bataille d'Azincourt, 1415, III, 116. Voy. Quieuvrain.

Quiévrain (la fille du seigneur de), IV, 34.
Quint (le comte de), VI, 267, 291. Voy. Kent.
Quiriel (Thomas), V, 264. Voy. Kiriel.

R

Rabecque (messire Victor de), III, 215; VI, 237.
Rabel (Raise de), IV, 394.
Rachie (le seigneur de la), — tué à la bataille d'Azincourt, 1415, III, 117.
Raffort, capitaine, II, 256.
Raguier (Raymond), II, 310, 311.
Raillart (Gaultier), III, 291; — chevalier du Guet, VI, 264.
Raillart (Jean), V, 84.
Raillicq (le seigneur de), V, 134.
Raims. Voy. Reims.
Raineval (le seigneur de), — tué à la bataille d'Azincourt, 1415, III, 113.
Rainneval, V, 74. Voy. Renneval.
Rains. Voy. Reims.
Rais (le maréchal de), IV, 327, 337, 408. Voy. Raix.
Raisse (le seigneur de), I, 372; III, 118; VI, 200.
Raisse (messire Colart de), III, 118.
Raix (le maréchal de), — son jugement, 1440, V, 425.
Rambelle (le seigneur de), IV, 195.
Rambouillet (le château de), — assiégé par le comte de Salisbury, 1425, IV, 245.
Ramboulet. Voy. Rambouillet.
Rambuilet (le seigneur de), IV, 195. Voy. Rambouillet.
Rambures (Somme), IV, 43; V, 94; — (le château de), IV, 433; V, 72.
Rambures (le seigneur de), maître des arbalétriers, II, 228, 229, 409; III, 78, 101; — envoyé à Gênes, 1409, II, 40; — à Tournay, 1414, III, 63; — du conseil, 1410, II, 110; — tué à la bataille d'Azincourt, 1415, III, 112.
Rambures (autre seigneur de), III, 209, 215; IV, 21, 42, 197, 367; V, 423, 424, 433; — fait prisonnier, 1429, IV, 370.
Ramecourt (*Pas-de-Calais*), III, 4.
Ramecourt (le seigneur de). Voy. Quiéret.
Rameston (Thomas de). Voy. Rampston.
Rampillon (*Seine-et-Marne*), IV, 405.
Rampston (Thomas), I, 46; IV, 179, 184, 199, 206, 325. — Fait prisonnier, 1429, IV, 330. — Sénéchal de Bordeaux, VI, 24, 55. — Fait prisonnier, 1442, p. 54.
Ranchevieres (le seigneur de), VI, 69.
Ranus (le seigneur de), VI, 162.
Raolet (Jean). Voy. Raoulet.
Raolin (Nicolas). Voy. Raoulin.
Raolin (Nicole), avocat en parlement. Voy. Raoulin.
Raon (le seigneur de), VI, 200.
Raoul (Jean). Voy. Raoulet.
Raoulet (la forteresse de), près Montdidier, V, 350.
Raoulet (Jean), IV, 61, 62, 67, 133, 183; VI, 304.
Raoulin (M° Nicolas), seigneur d'Anthon, chancelier du duc de Bourgogne, III, 329, 331; IV, 18; V, 397, 398.
Rap (Jean, seigneur de) et de Ciricourt, VI, 69.
Rapillon. Voy. Rampillon.
Rapiot (M° Jean), VI, 117.
Rasse. Voy. Raisse.
Rasse (le seigneur de), II, 272. — Assiste à la bataille de Tongres, 1408, I, 359.
Rasse, capitaine de Gand, V, 326.
Rasse Ouvrem, V, 331.
Raulet (Jean). Voy. Raoulet.
Raulin (M° Nicolas), V, 403. Voy. Raoulin.
Raulin (M° Nicolle), chancelier

TABLE ALPHABÉTIQUE.

de Bourgogne, V, 443, Voy. Raoulin.
Raulin (le grand), — fait chevalier, 1428, IV, 413.
Raynech (le comte de), VI, 162.
Raynech (Bougrans de), VI, 163.
Razille, capitaine, V, 416, 417.
Rebongne (le prévôt de), V, 229.
Rebretanges (Robinet de), I, 68.
Recourt (Pierre de), IV, 188.
Recteur de l'Université (le). — Sa visite au duc de Bourgogne, 1405, I, 112. — Assiste au discours de Jean Petit, p. 178. — A celui de Jean Courtecuisse contre Benoît XIII, 1408, p. 256. — A la plainte des enfants d'Orléans, p. 269. — A une ouverture de dépêches saisies, 1412, II, 237.
Rectomp (Pierre de), — son supplice, 1424, IV, 197.
Redeclif (messire Jean), garde du sol privé, V, 132.
Reecourt (messire Gérard de), — tué à la bataille d'Azincourt, 1415, III, 117.
Réformateurs (commissaires), 1409, II, 47.
Réformateurs généraux, II, 56, 59.
Réformation du royaume, 1405, I, 116 et suiv.
Réformes proposées, 1412, II, 310.
Réformes. Voy. Princes (les).
Régence (l'évêque de), III, 174.
Regnauld (Pierre), V, 316.
Reims (*Marne*), III, 51, 132, 351, 354, 376; IV, 98, 336, 398; V, 64, 131, 134, 429, 430, 462; VI, 4, 143, 306. — (Les députés de), II, 294. — (Entrée de Charles VII à), 1429, IV, 338.
Reims (l'archevêque de), II, 103, 106; III, 40, 41, 56, 136, 146, 246; IV, 211, 338; V, 16, 107, 134, 403, 430, 437, 439; VI, 247. Voy. Roye (Gui de).
Reims (l'archevêque de), — Simon de Cramaud. — Envoyé pour traiter avec les Orléanistes, 1410, II, 90. — Du conseil, p. 101.
Reims (l'archevêque de), — Renaud de Chartres. — Arrêté par les Parisiens, 1418, III, 263. — Chancelier de France, IV, 360; V, 152; VI, 3.
Reine (la), — Isabeau de Bavière, I, 33, 109, 111, 118, 155, 168, 170, 259, 388; II, 231, 258, 303, 316, 402, 420; III, 2, 60, 68, 139, 145, 246, 248, 334, 358, 378, 389; IV, 78, 99; V, 344; VI, 116, 119, 127, 137, 152, 157, 203, 209, 234, 242, 244, 249, 253, 258, 266, 268, 270, 277, 283, 322. — Se rend à Compiègne, 1406, I, 128. — Quitte Paris après le discours de Jean Petit, 1407, I, 243. — Ramène le Dauphin de Melun à Paris, 1408, I, 267. — Accompagne le roi au voyage de Tours, 1408, I, 390. — Assiste au traité de Chartres, p. 397. — Assiste, à Melun, aux noces de Janus, roi de Chipre avec Catherine de Bourbon, 1409, II, 33. — Appelle le duc de Bourgogne à Paris, 1409, II, 35. — Plaintes qu'on lui fait de l'exécution de Montaigu, 1409, II, 49. — Vient à Paris sur l'ordre du roi, 1409, II, 53. — Remet le gouvernement de son fils, *ibid*. — Pouvoirs que lui confère le roi, 1409, II, 57. — Les ducs d'Aquitaine et de Bourgogne la ramènent de Melun à Vincennes, 1410, II, 87. — Envoyée avec le cardinal de Bar et le comte de Saint-Pol pour traiter avec les Orléanais, 1410, II, 91. — Vient habiter l'hôtel Saint-Paul auprès de son mari malade, 1410, II, 101. — Chargée de traiter avec les princes, 1411, II, 151. — A Melun pendant la sédition des Cabochiens, 1411, II, 163. — Quitte Corbeil et retourne à Melun, 1411, II, 169. — Accompagne le roi au voyage

de Bourges, 1412, II, 259. — Son retour à Melun, *ibid.* — Tombe malade, 1415, III, 127. — Projet des Parisiens de la tuer, 1415, III, 140. — Reléguée à Tours, 1417, III, 176, 227. — Son évasion, p. 228. — Ses lettres aux bonnes villes, p. 230. — Ramenée par le duc de Bourgogne dans Paris, 1418, III, 272. — A Joigny, 1417, III, 239. — Accouche d'un fils, 1423, IV, 173. — Naissance de Philippe de France, 1435, V, 216. — A l'hôtel Saint-Ouen, 1410, VI, 206.

Reines (les deux), VI, 289.

Reliques, IV, 16, 95; VI, 288. — Exhibition de celles de la Sainte-Chapelle, V, 4.

Remède d'Amours (le). Voy. Ovide.

Remon (le Borgne de), V, 30.

Remon (Guillaume), IV, 196.

Remonnet de La Guerre, capitaine orléaniste. Voy. Guerre (Remonnet de la).

Remy (*Oise*), IV, 97. — Se rend à Charles VII, 1429, IV, 354.

Remy (Pierre de), III, 118.

Renaix, en Flandre, V, 238.

Renauld (Pierre), V, 201, 309; VI, 9, 52, 61. — Frère bâtard de La Hire, V, 426, 428.

Renauld Guillaume le Bourguignon, VI, 56.

Renauville (le seigneur de), III, 118.

Renin. Voy. Thuin.

Rennes (*Ille-et-Vilaine*), IV, 284.

Renneval (*Aisne*). Voy. Rainneval.

Renonciation de douaire, I, 89.

Renonciation des veuves, III, 68.

Renty (le bâtard de), IV, 415; V, 235. — (Jean, bâtard de), V, 285, 432. — (Le grand bâtard de), V, 313. — (Un des bâtards de), V, 129.

Renty (le Galois de), IV, 395. — Chevalier, V, 247, 315.

Renty (messire Jean de), II, 268.

Renty (le maistre de), — fait chevalier, 1421, V, 59.

Renty (le moine de), IV, 66, 67; VI, 302. — Fait chevalier, 1421, IV, 59.

Renty (messire Oudart de) et ses deux frères, — tués à la bataille d'Azincourt, 1415, III, 114.

Renty (Oudart de), — tué, 1432, V, 34.

Réolie (la) (*Gironde*), VI, 55.

Représentation d'un corps, I, 89.

Représentation ou pourtraiture du roi, VI, 324.

Ressons sur le Mas (*Oise*), V, 18, 74. — Se rend aux Français, 1430, IV, 419, 425.

Retandif, capitaine, — pris, 1425, V, 122.

Réters (le comté de). Voy. Réthel.

Réthel (*Ardennes*), II, 167; III, 385; IV, 458; V, 41, 131. — Assiégée par Clugnet de Brabant, 1411, II, 167. — (Le capitaine de), V, 8.

Réthel (le comté de), II, 2; III, 48; VI, 75. — Donné par Antoine de Bourgogne, duc de Brabant, à son frère Philippe, comte de Nevers, 1406, I, 144.

Réthel (Antoine, comte de), I, 114. — Son mariage avec la fille du comte de Saint-Pol, 1402, I, 70.

Réthelois (le), II, 431; V, 64, 269; VI, 76.

Réthelois (les), VI, 44.

Réthers. Voy. Réthel.

Retteloix (le), IV, 183. Voy. Réthelois.

Reubenpré (le seigneur de), IV, 395.

Reubz (Gérard), V, 289.

Reucourt (Charles de), autrement dit de Sens, VI, 116.

Reumancourt (le seigneur de), — du conseil, 1410, II, 101.

Reume (David de), V, 229.

Révolte de Gênes, 1409, II, 38 et suiv.

Révolte à Rouen, 1417, III, 176.

Rey (le seigneur de), VI, 200.
Rhin (le), IV, 34, 448.
Rhin (le comte Louis du), III, 408.
Rhodes (le grand maître de), IV, 165 ; II, 376. — Envoyé pour traiter avec les Orléanistes, 1410, II, 87. — Du conseil, p. 101.— (l'amiral de), IV, 269. — (Les chevaliers de), IV, 261. Voy. Naillac.
Ribaudekins, sorte de pièces d'artillerie de campagne, II, 172, 175 ; III, 101 ; V, 240, 284.
Ribaudequins. Voy. Ribaudekins.
Ribemont (*Aisne*), III, 13 ; IV, 202. Voy. Baudimont.
Ribemont (*Somme*). Voy. Baudimont.
Ribermont. Voy. Ribemont.
Ricarville (un homme nommé), V, 13.
Richard II roi d'Angleterre, I, 10, 54, 59, 67, 71, 117, 235, 328, 329 ; II, 337 ; III, 81.
Richard, frère prêcheur, IV, 335.
Richard Daulphin, maître d'hôtel du duc de Bourbon, II, 227. Voy. Guichard Daulphin.
Richarville, capitaine, V, 203.
Richaumes (Georges de), V, 126, 184.
Richaumes (Harpin de), V, 64, 98. — Fait prisonnier, 1435, p. 118. — Capitaine de Rue, p. 260. — Fait chevalier, 1437, p. 313. — Tué, 1440, p. 422.
Richaumes (Richard de), V, 129.
Richemont (le comte de), — Artur, fils du duc de Bretagne Jean IV, connétable, II, 238, 248, 291, 403, 429, 464 ; III, 47, 54, 70, 96, 102 ; IV, 81, 147, 150, 152, 211, 285, 289, 335 ; V, 95, 109, 122, 134, 143, 147, 155, 179, 217, 222, 229, 240 ; VI, 51, 123, 173, 221, 229, 308.— Rejoint les princes, 1410, II, 95. — Fait chevalier, 1414, III, 7. — Prisonnier à la bataille d'Azincourt, 1415, III, 120 ; VI, 230. — Sa délivrance, 1421, IV, 81. — Son mariage, 1423, p. 163.—Fait connétable, 1423, p. 175. — Ses exploits, 1435, V, 2. — Au siège de Pontoise, 1441, VI, 9.
Ridres, monnaie, V, 50.
Rienville, château d'Italie, II, 14.
Rieu. Voy. Rieux.
Rieux (le maréchal de), III, 265 ; V, 184, 185, 199, 200, 203, 246 ; VI, 5. — Sa tentative sur Paris, 1418, III, 264.
Rieux (le seigneur de), IV, 31.
Rieux (Corbeau de), — fait chevalier, 1421, IV, 59. — Tué, p. 64.
Rigault (Jean), — fait chevalier, 1421, IV, 59.
Rignewes, au pays de Liége, V, 226.
Rin (le comte Loys du). Voy. Rhin.
Rin (Guillaume seigneur de), III, 118.
Ripaille, dans le Chablais, V, 111.
Ripellay (messire Jean), V, 388.
Ripelmonde. Voy. Rupelmonde.
Rippemont. Voy. Rupelmonde.
Riquebourg (Percheval de), III, 118.
Ris, à quatre lieues de Rouen, V, 281.
Rivière (le seigneur de la), — tué à la bataille d'Azincourt, 1415, III, 115.
Rivière (le seigneur de la), Voy. Dampmartin (le comte de).
Rivière (Jacques de la), frère du comte de Dampmartin, II, 345 ; — VI, 217 ; — décapité aux Halles, 1413, II, 370.
Rivière (la dame de la), III, 220.
Rivière (Sauvage de la), — pris, 1421, IV, 63.
Rivière de la Tibouville (le seigneur de la), — tué à la bataille d'Azincourt, 1415, III, 115.
Roault (Joachim), V, 462.
Robecque (Robert, seigneur de), — fait chevalier, 1426, IV, 266.
Robersal (Loys de), III, 374. Voy. Robersat.

Robersart (le seigneur de), IV, 396.
Robersat (Henri de), III, 380.
Robersat (Loys de), IV, 109.
Robert (Pierre), VI, 85.
Robert (maistre), trompette du duc de Bourgogne, III, 154.
Robert le Jeune, avocat au parlement, — receveur de l'aide au bailliage d'Amiens, 1418, III, 294.
Robert le Jeune (M°), conseiller du duc de Bourgogne, III, 191, 209.
Robinet le Visconte, capitaine, III, 154.
Robretaignes (Robinet de), III, 367.
Rocestre. Voy. Rochester.
Roche (le château de la), IV, 163.
Roche (le seigneur de la), V, 217.
Roche (Alain de la), — tué, 1436, V, 223.
Roche (Guillebert de la), V, 416, 417.
Rochebaron (le seigneur de), IV, 196.
Rochebaron (la damoiselle de la), IV, 209.
Rochefort (la forteresse de), III, 220.
Rochefort (le seigneur de), III, 215; IV, 158.
Rochefort (le damoiseau de), I, 370; VI, 202.
Rochefort (la dame de), IV, 151.
Rochefort (Charles de), IV, 386; V, 285; VI, 63, 91.
Rochefort (Guillaume de), V, 96.
Rochefoucault (seigneur de la), II, 360.
Rocheguion (la) (Seine-et-Oise), III, 337.
Rocheguion (le seigneur de la), VI, 16; — tué à la bataille d'Azincourt, 1415, III, 113.
Rochelle (la) (Charente-Inférieure), IV, 131, 142; — (les habitants de), II, 231.
Rochelle (la). Voy. Villaines (Guillaume de).
Roches (le seigneur des), — tué à la bataille d'Azincourt, 1415, III, 116.

Roches (Andry des), III, 281.
Rochester, au comté de Kent, II, 232; III, 72; IV, 114; — (l'évêque de), III, 363.
Rochetaillarde (le seigneur de), VI, 55.
Rochie (le seigneur de la), — tué à la bataille d'Azincourt, 1415, III, 117.
Rodemaque (le seigneur de), IV, 465.
Rodemaque (Jean de), IV, 464.
Rodes. Voy. Rhodes.
Rodest, en Flandre, II, 122.
Rodiguez, VI, 189.
Roenhuse (Jean de), VI, 301.
Roes (le seigneur de), IV, 389.
Rogan (messire Jean de), 59, IV, 67. — Voy. Rogon.
Rogier-Beaumont. Voy. Beaumont-le-Roger.
Rogon (Jean de), — pris, 1421, IV, 63. Voy. Rogan.
Roham (le vicomte de). Voy. Rohan.
Rohan (le vicomte de), IV, 288.
Rohault (Joachim), VI, 9, 16, 52.
Rohem (le vicomte de), Voy. Rohan.
Roi (le). Voy. Charles VI.
Roie. Voy. Roye.
Rois (le maréchal de). Voy. Rais.
Rois-d'armes, VI, 226.
Roisimbos (le seigneur de), VI, 200.
Roisinbos (le seigneur de). Voy. Rosimbos.
Rolaincourt. Voy. Rollencourt.
Roland (le seigneur de), IV, 459.
Rolequin (messire), II, 250, 252; — tué à la bataille d'Azincourt, 1415, III, 114.
Rolet (Jean), VI, 301, 302.
Rollecourt (le seigneur de), Voy. Rollencourt.
Rollencourt (Pas-de-Calais), II, 413.
Rollencourt (le seigneur de), VI, 237, 301.
Rollin (M° Nicolas), VI, 276.
Rolly (le Bon de), VI, 23.
Romaigne, en Champagne, V, 223.

Romains (le roi des), IV, 86; VI, 310. Voy. Rupert.
Romains (le roi des), — Sigismond, VI, 99, 288; — son arrivée à Paris, 1416, VI, 232.
Romay. Voy. Romenay.
Rombaix. Voy. Roubaix.
Rome, I, 31, 304; III, 413; IV, 19, 231, 250; V, 44, 88; — prise par le roi Lancelot, 1413, II, 369; — entrée de Louis d'Anjou, 1420, III, 414; — (le château Saint-Ange à), V, 47.
Rome (le saint collége de), VI, 110.
Rome (le pape de), VI, 161.
Romenay (*Saône-et-Loire*), V, 53.
Romires (Jean de), VI, 314.
Rommains (les), V, 88, 89, 125.
Romme. Voy. Rome.
Rommenel (Guillaume de), chevalier, capitaine de Tours, 1418, III, 293.
Rommeres (maître Jean de), — décapité, 1422, IV, 96.
Ronc (le seigneur de). Voy. Ronq.
Ronchin (le), capitaine, VI, 76, 85, 193.
Roncle (le seigneur de), VI, 163.
Rong (le seigneur de), Voy. Ronq.
Ronq (le seigneur de), I, 372; II, 124, 272, 401, 462; III, 17, 59; VI, 226; — tué à la bataille d'Azincourt, 1415, III, 114.
Rons (la ville de). Voy. Rouen.
Ront (le seigneur de). Voy. Ronq.
Roos (messire Robert de), VI, 97, 98.
Ros (le seigneur de), Anglais, I, 153; VI, 228, 291; — maréchal d'Angleterre, III, 374; — tué à la bataille de Baugé, 1420, IV, 38.
Ros (sire Robert de), escorte Charles, duc d'Orléans, à sa rentrée en France, 1440, V, 436; — assiste aux noces de Charles, duc d'Orléans, 1440, p. 440; — ambassadeur en France, p. 444.
Rosbecque (le bâtard de), IV, 154.
Rose (Jean), homme d'armes, III, 26.
Rosebare (le damoiseau de), IV, 212.
Rosebecque. Voy. bataille de Roosebeke.
Rosebourg, au duché de Lancastre, I, 153.
Rosimbos (le seigneur de) et son frère, — tués à la bataille d'Azincourt, 1415, III, 114.
Rosimbos (Jean de), IV, 66.
Rosmiach (le seigneur de), III, 346.
Rossefay (Roissart de), III, 118.
Rostelant. Voy. Rutland.
Rostelin (le marquis de), V, 107.
Rotterdam, IV, 249.
Rottredam. Voy. Rotterdam.
Roubais (le seigneur de). Voy. Roubaix.
Roubaix (le seigneur de), II, 429; III, 99, 215, 376, 389; IV, 66, 73, 119, 265, 371, 374; V, 380; VI, 200, 237, 296, 301, 303, 319; — concourt à l'arrestation du grand maître Montagu, 1409, II, 42; — se sauve de Paris, 1413, II 361.
Roubaix (Jean de), — fait chevalier, 1421, IV, 59; — VI, 302.
Roubaix (Pierre de), V, 285.
Roubaix (le bâtard de), III, 274; IV, 52.
Roucourt (de), capitaine, IV, 52.
Roucy (le comte de), Jean VI, — III, 103; VI, 203, 221, 229; — au siége d'Arras, 1414, III, 24; — tué à la bataille d'Azincourt, 1415, III, 113.
Rouen (*Seine-Inférieure*), II, 235; III, 84, 97, 102, 120, 126, 171, 243, 247, 250, 281, 293, 309, 360, 386; IV, 23, 95, 99, 113, 142, 156, 248, 340, 372, 389, 434; V, 6, 13, 15, 91, 94, 99, 105, 118, 125, 204, 221, 231, 281, 298, 310, 345, 347, 389, 405, 407, 418; VI, 9, 12, 67, 143, 261, 266, 290, 293, 315, 323; — sa révolte, 1417, III, 176; —

Henri IV y met le siége, 141 p. 283; — détresse de la vill p. 299; — conseillée de se rendre, p. 303; — sa capitulation, p. 305; — entrée du roi d'Angleterre, p. 307; — (exécution de la Pucelle à), 1431, IV, 442, 447.

Rouen (les Chartreux de), III, 283; — (les portes de Saint-Hilaire, de Caux, de Martainville et de Beauvais à), *ibid.*; — (le pont de Saint-Georges à), III, 307, 308.

Rouen (le cardinal de), V, 346.

Rouen (l'archevêque de), III, 178; — V, 210, 377; — jure la paix d'Arras, 1414, III, 63.

Rouen (l'abbé de Sainte-Catherine du Mont de), V, 137.

Rouen (le vicomte de), — dangers qu'il court, 1417, III, 177.

Rouen (le bailli de), IV, 176; — V, 418.

Rouen (le fils du bailli de), — tué à la bataille d'Azincourt, 1415, III, 117.

Rouen (le receveur de), — dangers qu'il court, 1417, III, 177.

Rouen (députés de), II, 294.

Rouen (Jaquet de), VI, 117.

Rouen (Jean de), fils de la tripière du parvis Notre-Dame, VI, 117.

Rouge croix des Anglois, V, 41.

Rouge du Fay, VI, 80.

Rouge-Maison (la), V, 92.

Rougemont (château de), en Beauce, IV, 70.

Rougemont (le seigneur de), VI, 200.

Rougemont (Thiebault de), IV, 408; VI, 69.

Roulers, en Flandre, V, 283, 284, 289.

Roullencourt (le seigneur de). Voy. Rollencourt.

Roumant (le seigneur de), V, 134.

Rousseauville. Voy. Ruisseauville.

Rousseauville (l'abbé de), III, 122.

Roussel (Andry), VI, 117.

Roussel (Me Jacques), avocat en Parlement, — décapité à Paris, 1436, V, 280.

Roussel (Jean), II, 438.

Rousselet, prévôt de Laon, V, 78.

Rousseval, au diocèse d'Amiens, II, 336.

Roussy (le comte de). Voy. Roucy.

Roussy (Amé de), — mari de l'une des filles du grand maître de Montaigu, II, 45.

Roussy (le comte de). Voy. Roucy.

Routiers de guerre, VI, 52.

Rouvères (Jean de), IV, 94.

Rouvières (Jean de), VI, 313.

Rouvray (bataille de), 1428, IV, 311.

Rouvres (Me Jean de), VI, 315.

Rouvroy (Gilles de), III, 336.

Roux (Robert le), écuyer, I, 357, 359; III, 220; VI, 201.

Roy (Gui de). Voy. Roye.

Roy (Me Thierri le), III, 59, 246; VI, 247, 266.

Roy d'armes de Berry (le), VI, 325.

Roy d'armes de Flandres (le), II, 415.

Royal-Lieu (abbaye de), III, 2; IV, 176, 403, 410, 411, 417; V, 417.

Royaulieu (abbaye de). Voy. Royal-Lieu.

Royaumont (l'abbaye de), VI, 14.

Roye (*Somme*), II, 164, 178, 428; III, 175, 315, 366, 369, 371; IV, 187, 419, 422, 424, 426; V, 290, 291; VI, 282, 310. — Surprise par le duc de Bourbon et le comte d'Alençon, 1411, II, 164. — Sa châtellenie, IV, 150; VI, 62. — Le prévôt et le grènetier, VI, 139.

Roye (Nicolas d'Ardel, chanoine de), VI, 139.

Roye (le seigneur de).—Prisonnier à la bataille d'Azincourt, 1415, III, 120.

Roye (Gui de), archevêque de Reims. — Appelle des conclusions prises par l'Université dans l'affaire du schisme, 1408, I,

348. — Tué à Voltri, dans les États de Gênes, comme il se rendait au concile de Pise, 1409, II, 7.
Roye (Gui de), chevalier, IV, 403; V, 76, 270, 531; VI, 63, 75, 85, 91.
Roye (Jean de), VI, 200.
Roye (Raoul de), abbé de Corbie. — Sa mort, 1417, III, 191.
Roye en Vermandois. Voy. Roye (*Somme*).
Royet (Gilles le), bourgeois du Crotoy, IV, 169.
Royne (la). Voy. Reine.
Roys, village près de Rouen, V, 204.
Roz (le seigneur de). Voy. Ros.
Rubempré (Antoine de), IV, 89.
Rubempré (Courbet de). — Tué dans une rencontre contre les Anglais, 1405, I, 104.
Rue (*Somme*), V, 117, 118, 119, 127, 128, 129, 131, 167, 199, 314, 315; VI, 297, 298.
Rue (Harpin de Richaumes, capitaine de), V, 260. — Tué, 1440, V, 422.
Rue Saint-Antoine, V, 219.
Ruilly (Maurice de), II, 118. — Garde des coffres, p. 315.
Ruisseauville (*Pas-de-Calais*), III, 100; VI, 228, 229.
Runesture, en Flandre, V, 263.
Rupelmonde, V, 86, 462.
Ruper. Voy. Rupert.
Rupert, roi des Romains. — Arrivée de ses ambassadeurs au concile de Pise, 1409, II, 12.
Ruppes (Gautier de), chevalier bourguignon, I, 372; II, 270; III, 14, 29, 291, 328; VI, 200, 236, 264, 275.
Ruppez (le seigneur de), IV, 408. Voy. Ruppes.
Russault (le fort de), II, 302.
Russie (le duc de), VI, 162.
Rutland (le comte de), II, 403; V, 306. — Le comte de Saint-Pol le fait exécuter en effigie dans son château de Bohain, I, 68.

S

Saasbourg, VI, 162.
Sabelli, V, 66.
Sabellion, I, 299.
Sablé (*Sarthe*), VI, 31.
Sablon (Michel du), II, 324.
Sabulon. Voy. Sablon.
Sacxone (le duc de), *lis.* : Saxe, VI, 162.
Saige (M* Raoul le), V, 132.
Saigremont de Belaigne, roy de Hongrie, VI, 161. Voy. Sigismond.
Sailly (le seigneur de). — Prisonnier, 1421, IV, 64.
Sailly (messire Denis de), V, 293.
Sailly (Hue de). — Banni, 1416, III, 145.
Sailly (Noiseux de), V, 407.
Sainbretier, capitaine, III, 346.
Saine (la), VI, 240. Voy. Seine.
Sainette (le comte de), VI, 162.
Sainguis (Phelippot de), V, 402.
Sains (*Aisne*), IV, 200.
Sains, village près de Douai, IV, 87.
Sains (le seigneur de), II, 250.
Sains (le Brun de), II, 252.
Sains (Jean de), secrétaire du roi. — Son arrestation, 1408, I, 258.
Sains (Jean de) de Cambrésis, VI, 80.
Sains (Renaud de), IV, 415; VI, 80.
Saint-Akaire (l'église de), V, 80.
Saint-Amand (*Nord*), IV, 180; V, 171.
Saint-Ange (le cardinal de), IV, 144.
Saint-Aubin en Caux (*Seine-Inférieure*), V, 420.
Saint Augustin, I, 182, 274, 293, 297, 300, 322.
Saint-Awain. Voy. Saint-Ouen.
Saint Basile, I, 190.
Saint-Bavon, près Gand, IV, 118; V, 37; VI, 225, 319.
Saint-Bernard (collége), II, 103.
Saint-Bertin (joutes en la grande

salle de l'abbaye de), 1440, V, 441.
Saint-Bertin (abbaye de). Voy. Saint-Omer.
Saint-Blaise (*Vosges*), V, 53.
Saint-Brice (le seigneur de). — Tué à la bataille d'Azincourt, 1415, III, 114.
Saint-Césaire. Voy. Sancerre.
Saint-Ciprien, I, 286.
Saint-Clau (la tour de). Voy. Saint-Cloud.
Saint-Cler (le seigneur de). — Tué à la bataille d'Azincourt, 1415, III, 115.
Saint-Cler (Morelet de), prévôt de Paris, VI, 206. Voy. Saint-Clerc.
Saint-Clerc (Brunal de), fait prévôt de Paris, 1410, II. 100. Voy. Saint-Cler (Morelet de).
Saint-Cloud (*Seine-et-Oise*), III, 216; VI, 18, 212, 213. — Pillée par les troupes des princes, 1410, II, 95. — (La tour de), VI, 207, 240, 241.
Saint-Corneille de Compiègne (abbaye de), VI, 164.
Saint-Crespin (le seigneur de). Voy. Nelle.
Saint-Crespin de Soissons (abbaye de), III, 6. — L'abbé, VI, 324.
Saint-David (l'évêque de), en Écosse, I, 126; II, 97, 391, 404, 406; V, 132, 152, 403.
Saint-Denis (la ville de), II, 431, 437, 441; III, 47, 136, 148, 330, 334; IV, 354, 362, 365; V, 184, 187, 218, 301; VI, 18, 140, 142, 157, 205, 207, 213, 254, 318, 324. — Le duc de Bourgogne y entre, 1407, I, 176; — en 1408, p. 391. — Le duc de Brabant s'y loge, 1410, II, 88. — Rixe entre ses troupes et celles du comte de Saint-Pol, p. 89. — Séjour d'Henri VI, 1420, III, 388. — Prise par les Français, 1435, V, 125. — (Garnison de), III, 131. — Saint-Denis en France, I, 89.
Saint-Denis (abbaye de), III, 146; IV, 123, 458; VI, 324, 325. — Henri VI y est sacré, 1431, V, 1. — L'église, V, 188. — Les tombeaux, III, 131. — La tour du Vélin, V, 218.
Saint-Denis (l'abbé de), I, 150; V, 304; VI, 324. Son arrestation, 1408, I, 258. — Sa délivrance, p. 350.
Saint-Denis en France. Voy. Saint-Denis.
Saint-Désirier. Voy. Saint-Dizier.
Saint-Digier en Partois. Voy. Saint-Dizier.
Saint-Dizier (*Haute-Marne*), III, 48; IV, 105. Voy. Saint-Dizier en Perthois.
Saint-Dizier en Perthois. — Prise par les Bourguignons, 1422, IV, 105; VI, 318.
Saint-Eufren. Voy. Saint-Vulfrand.
Saint-Fargeau (*Yonne*), II, 256.
Saint-Fiacre (l'abbé de), I, 269.
Saint-Fiacre en Brie, lieu de pèlerinage, I, 238.
Saint-Fleur (messire Denis de), V, 53.
Saint-Florentin (*Yonne*), IV, 65, 336.
Saint-Flour (*Cantal*). — Jean, comte de Clermont, y passe en revue des troupes, 1404, I, 94.
Saint-Flour (l'évêque de), I, 257.
Saint-Flourentin. Voy. Saint-Florentin.
Saint-Foursis. Voy. Saint-Fursi.
Saint-Furgeau en Nivernais. Voy. Saint-Fargeau.
Saint-Fursi de Péronne, III, 15.
Saint-Gengou (*Saône-et-Loire*), V, 160.
Saint-Gengou (le bailli de), p. 162.
Saint-George. — Son nom pris en invocation, VI, 68.
Saint-George (le seigneur de), I, 145, 372, 392; II, 64, 227, 256; III, 129, 340, 341; IV, 74, 78, 151, 407; VI, 200, 259, 279, 296, 308. — Le duc de Bourgogne le fait premier chambellan du duc d'Aquitaine, 1409, II,

TABLE ALPHABÉTIQUE.

59. — Les ducs de Berri et de Bourgogne le font gouverneur du duc d'Aquitaine, 1410, II, 101. — Licencie ses troupes, 1412, II, 291. — Voy. Vienne (Guill. de).

Saint-Germain (Jean de), IV, 204.

Saint-Germain (Waleran de), IV, 84, 173.

Saint-Germain d'Auxerre (le doyen de), I, 257. — Son arrestation, 1408, p. 258.

Saint-Germain l'Auxerrois, VI, 218.

Saint-Germain-sous-Cailly (*Eure*), V, 271. — Se rend au roi d'Angleterre, 1418, III, 309. — Au roi de France, 1435, V, 202.

Saint-Germain-en-Laye (*Seine-et-Oise*), III, 70, 76, 148; V, 351.

Saint-Germain des Prés (l'abbaye de), VI, 323. — On y loge des gens d'armes, 1410, p. 205.

Saint-Germain des Prés (l'abbé de), IV, 121; V, 304; VI, 324.

Saint-Géry (chanoines de) de Cambrai, III, 86.

Saint-Ghilain en Flandre, IV, 231.

Saint-Gille (messire Bertrand de). — Tué à la bataille d'Azincourt, 1415, III, 116.

Saint-Gobain (*Aisne*), V, 386.

Saint Grégoire, I, 180, 203, 283.

Saint-Guillaume (église de), I, 158, 159, 160.

Saint-Honnauré (la porte). Voy. Paris (portes de).

Saint-Jacques de Compostelle, IV, 19.

Saint-Jacques en Galice, I, 40.

Saint-Jacques (le grand maître de). — Fait prisonnier, 1435, V, 148.

Saint-James de Beuvron (*Manche*), IV, 285, 287.

Saint-Jangon. Voy. Saint-Gengou.

Saint-Jasmes de Buiveron. Voy. Saint-James de Beuvron.

Saint Jean l'Evangéliste, I, 197.

Saint-Jean (Regnault de), V, 184. — Sa mort, 1435, p. 187.

Saint-Jean des Vignes (abbaye de), III, 6.

Saint-Jean (l'abbé de), II, 360.

Saint-Jean (messire Rigault de), V, 125.

Saint-Jehanston en Écosse, V, 275.

Saint-Jenois (Simon de), VI, 8.

Saint-Johnston. Voy. Saint-Jehanston.

Saint-Jorge (le seigneur de), *lisez*: Saint-George, VI, 306, 307.

Saint-Josse (*Pas-de-Calais*), III, 136.

Saint-Just (*Oise*), IV, 375.

Saint-Lambert de Liége, I, 369.

Saint-Lambert (chapitre de), 378, 380.

Saint-Laurens en Flandre, V, 325.

Saint-Laurens-lès-Tours (l'abbaye de), VI, 242.

Saint-Laurens (Jaquet de), VI, 117.

Saint-Léger (le seigneur de), II, 251, 439, 465; III, 139; VI, 200, 237. — Banni, 1416, III, 145.

Saint-Léger (Gotrant de), III, 154.

Saint-Léger (Hector de), II, 465.

Saint-Léger (Mauroy de), III, 149, 150, 153, 255; IV, 60, 67; VI, 237, 240, 301, 302, 303. — Arrêté par ordre du duc de Bourgogne, 1423, IV, 155.

Saint-Légier. Voy. Saint-Léger.

Saint-Leu de Sérens (*Oise*), II, 47.

Saint-Liébault (le seigneur de), VI, 236, 247.

Saint-Liger. V. Saint-Léger.

Saint-Lô (*Manche*). — Se rend au roi d'Angleterre, 1418, III, 258.

Saint-Louis, III, 306.

Saint-Maclou (le port de). Voy. Saint-Malo.

Saint-Magloire (l'abbaye de), III, 269.

Saint-Magloire (l'abbé de), IV, 121; V, 304; VI, 324.

Saint-Maixent (l'abbé de). — Sa lettre sur l'élection d'Alexandre V, 1409, II, 10.

Saint-Malo (*Ille-et-Vilaine*), I, 80; V, 94.

Saint-Malo (le port de), I, 70.
Saint-Mangon (l'évêque de). Voy. Maguelonne.
Saint-Marc (le cardinal de), III, 255, 256, 288; VI, 232, 251, 252. — Arrêté par les Parisiens, 1418, III, 263.
Saint-Marceau-lès-Paris, III, 238.
Saint-Marcel (le bourg) II, 94.
Saint-Marcq (Gaudeffroy de), III, 118.
Saint-Marcq (Hugues de). — Fait prisonnier, 1424, IV, 196.
Saint-Martin (abbaye de) à Pontoise, VI, 7.
Saint-Martin (l'abbé de), VI, 304.
Saint-Martin (Amé de). — Pris dans un combat sur mer, 1406, I, 134.
Saint-Martin (Bernard de), IV, 67. — Fait prisonnier, 1421, IV, 63.
Saint-Martin des Champs (prieuré de), II, 273, 431; III, 269, 331; V, 307. — Il s'y fait un combat singulier, 1409, II, 5.
Saint-Martin-le-Gaillard, III, 335.
Saint-Martin-en-Jumeaux, I, 173.
Saint-Martin de Laon (abbaye de), III, 12.
Saint-Mathieu (port de) en Angleterre, I, 72.
Saint-Maturin, nom qui désigne le couvent des Mathurins, I, 75.
Saint-Maur des Fossés. Voy. Saint-Mor.
Saint-Maurice (l'ordre de), V, 111.
Saint-Maurisse (le seigneur de), III, 169; VI, 232.
Saint-Maxence (l'abbé de). Voy. Saint-Maixent.
Saint-Meurise (le seigneur de). Voy. Saint-Maurisse.
Saint-Michel (l'archange), I, 196; II, 417.
Saint-Mor des Fossés (abbaye de), III, 287, 288; IV, 112, 265. — Henri V y est enterré, 1422, IV, 112.
Saint-Mor (l'abbé de), V, 304; VI, 324.
Saint-Nicolas (patronage de), I, 91.
Saint-Nicolas de Warengeville, V, 402.
Saint-Omer (*Pas-de-Calais*), I, 31, 135; II, 116, 267, 408; III, 162, 163; V, 52, 57, 263, 296, 401, 430, 431, 444, 445, 449, 458; VI, 194, 235. — Charles, duc d'Orléans, logé à l'abbaye de Saint-Bertin, 1440, V, 438.
Saint-Omer (le prévôt de), II, 232.
Saint-Omer (maistre Quentin Mainart, prévôt de), V, 116.
Saint-Ouen (l'hôtel), près Saint-Denis, VI, 206.
Saint-Oyn (l'hôtel de). Voy. Saint-Ouen.
Saint-Paul de Léon. Voy. Chastel Pol.
Saint-Per (le seigneur de), VI, 53.
Saint-Per (Angerot de), VI, 24, 55.
Saint-Phale (*Côte-d'Or*), V, 66.
Saint-Pharon (abbaye de), V, 388.
Saint-Pharon de Meaux (l'abbé de), V, 427.
Saint Pierre (l'apôtre), I, 207.
Saint-Pierre (le château) en Gascogne, I, 94.
Saint-Pierre (le cardinal de), V, 84.
Saint-Pierre (le seigneur de) tué à la bataille d'Azincourt, 1415, III, 117.
Saint-Pierre (autre seigneur de), V, 134.
Saint-Pierre-sur-Dive (*Calvados*), V, 104.
Saint-Piride (l'évêque de), VI, 162.
Saint-Pol (*Pas-de-Calais*), II, 267; III, 100; IV, 24, 252, 253; V, 72. — (le château de), III, 4. Voy. Saint-Pol-en-Ternois.
Saint-Pol-en-Ternois, II, 404, 406, 420.
Saint-Pol (comté de), III, 27, 133; IV, 129.
Saint-Pol (Waleran de Luxembourg, comte de) I, 125, 141, 163, 174, 373, 396; II, 53, 91, 96, 170, 234, 348, 404, 405, 419, 420; III, 27, 52, 53, 133; IV, 429; VI, 193, 203, 205, 268, 275, 277, 289, 292. —

Reçoit la reine Isabelle à Lalinghen, I, 33. — Ses lettres de défi au roi d'Angleterre, 1402, I, 67. — Sa descente en l'Isle de Wigth, I, 91. — Battu par les Anglais devant Merck, 1405, I, 100. — Présent au discours de Jean Courtebeuse contre Benoît XIII, 1408, I, 256. — Obtient la liberté de Pierre d'Ailly, évêque de Cambrai, 1408, I, 350. — Commissaire réformateur, 1409, II, 47, 56. — Capitaine de Paris, 1411, II, 166. — Conteste au sire d'Albret sa charge de connétable, II, 292. — Blessé d'une chute de cheval, 1414, III, 4. — Son expédition en Luxembourg, 1414, III, 51. — Sa mort, 1415, III, 67. — Sa succession, p. 68.

Saint-Pol (Philippe de Bourgogne, comte de), III, 208, 214, 238, 322, 328, 334, 362, 409; IV, 75, 78, 212, 225, 227, 230, 240; VI, 237, 245, 258, 260, 267, 308, 319. — Lieutenant du roy à Paris, 1419, III, 345. — Démis de la capitainerie de Paris, 1420, IV, 2. — Fait gouverneur du duché de Brabant, 1420, IV, 6. — Hérite de la succession de Jean, duc de Brabant, 1426, IV, 275.

Saint-Pol (Pierre de Luxembourg, comte de), V, 50, 51, 56, 71. — Sa mort 1433, p. 72, 80.

Saint-Pol (Louis de Luxembourg, comte de), V, 72, 75, 76, 80, 95, 133, 144, 146, 311, 317, 424, 429, 462, 466; VI, 9, 17, 18, 19, 80, 81, 173. — Ses premières armes, 1433, V, 79. — Assiste aux noces de Charles, duc d'Orléans, 1440, V, 440. — Se distingue aux joutes, p. 441.

Saint-Pol (Loys, fils du comte de), IV, 437.

Saint-Pol (Thiébault, fils du comte de), IV, 437.

Saint-Pol (les gens du comte de), V, 462.

Saint-Pol (terres du comte de), V, 429.

Saint-Pol (Jeanne de Bar, comtesse de), V, 271.

Saint-Pol (la comtesse douairière de), V, 131.

Saint-Pol (Philippe de) neveu du duc de Bourgogne, III, 314.

Saint-Pol (Roland de), IV, 34.

Saint-Pol (Waleran de), I, 106, 145. — Fait connétable, 1411, VI, 213.

Saint-Pol (le bâtard de), IV, 163, 184, 206, 226, 256; V. 100, 214; VI, 317. — (Jean, bâtard de), IV, 241, 334, 345, 365, 371, 421; V, 11, 17, 29, 32, 34, 38, 64, 70, 90, 126, 184. — Assiste au sacre de Henri, VI, IV, 143; V, 2, 6. — Louis (bâtard de), V, 64, 126.

Saint-Pol (l'hôtel). Voy. Paris (hôtels de).

Saint-Pol-de-Léon (Finistère), I, 84.

Saint-Pol-de-Léon (l'évêque de), IV, 231.

Saint-Priach (le seigneur de), VI, 52.

Saint-Quentin (Aisne), II, 123; III, 13, 15, 167, 175, 367, 374; IV, 75, 202, 354; V, 451, 452; VI, 2, 4, 75, 303. — Cédée par le traité d'Arras, 1435, V, 169, 193. — (Ceulx de), III, 97. Voy. Saint-Quentin-en-Vermandois.

Saint-Quentin-en-Vermandois, V, 134. Voy. Saint-Quentin (Aisne).

Saint-Remy (le château de) (Aisne), I, 137.

Saint-Remy-en-l'Eau (Oise), IV, 375.

Saint-Remy-en-Laire. Voy. Saint-Remy-en-l'Eau.

Saint-Remy-du-Plain (Ille-et-Vilaine), II, 249, 254.

Saint-Remy (l'évêque), I, 339.

Saint-Riquier (Somme), III, 136, 175, 184; IV, 42, 43, 46, 48, 51, 54, 56, 58, 65, 68, 72, 73, 357; V, 193; VI, 295, 297, 299, 300, 305, 306. — Jure la

paix, 1420, IV, 6. — Cédée par le traité d'Arras, 1435, V, 169.
— (le prévot de), III, 160.
Saint-Riquier (l'abbé de), IV, 49.
Saint-Sauflieu (Louis de), VI, 302.
Saint-Sauflieu (Philippe de), VI, 301, 304.
Saint-Sauflieu. Voy. Saint-Saulieu.
Saint-Saulieu (Charles de), III, 267. — Tué, 1421, IV, 63.
Saint-Saulieu (Louis de), III, 216; IV, 59. — Fait chevalier, 1421; IV, 59. — Se noie dans la Somme, p. 67.
Saint-Saulieu (Philippe de). — Fait prisonnier 1421, IV, 63.
Saint-Sellerin, au Maine, V, 100, 102.
Saint-Simon (le seigneur de), — tué à la bataille d'Azincourt, 1415, III, 114.
Saint-Simon (autre seigneur de), IV, 67.
Saint-Simon (Gilles de), IV, 273, 387, 419; VI, 9. — Fait chevalier, 1429, IV, 332.
Saint Thomas, I, 300.
Saint Thomas d'Aquin, I, 297, 322.
Saint Urbain, V. 53.
Saint-Vallery (*Somme*), III, 312; IV, 43, 56, 62, 71, 76, 80, 93, 101, 130, 168, 306; V, 94, 309; VI, 294, 303, 318, 320, 323. — Son siége, 1422, IV, 101. — Prise par les Français, 1433, V, 85.
Saint-Vallery (l'abbaye de), V, 311, 315.
Saint-Vallier (le seigneur de), VI, 52.
Saint-Vandrille (Oger de), III, 387.
Saint-Victor (le moustier), à Paris, II, 42.
Saint-Vincent, V, 78.
Saint-Vincent-lès-Laon (abbaye de), V, 86, 89, 90.
Saint-Vincent (le fort de l'abbaye de), de Laon, IV, 431.
Saint-Vorge, V, 53.

Saint-Vulfrand d'Abbeville, IV, 114.
Saint-Walery. Voy. Saint-Vallery.
Saint-Walleri. Voy. Saint-Vallery.
Saint-Yllier (M° Nicolle de), VI, 117.
Saint-Yon (Garnier de), VII, 117.
— (Garnot de), III, 127; VI, 219.
Saint-Yon (les), VI, 217.
Saincte-Terre (le bâtard de) gascon, III, 213; VI, 239, 245.
Saincte-Treille (Pothon de). Voy. Sainte-Treille.
Sainte Anne. — Son nom pris en invocation, VI, 68.
Sainte-Beuve (le seigneur de). — Tué à la bataille d'Azincourt, 1415, III, 115.
Sainte-Catherine-du-Mont, de Rouen, III, 179, 284.
Sainte-Catherine du Val-des-Écoliers (église de), I, 73.
Sainte-Chapelle (reliques de la), V, 305.
Sainte-Croix (le cardinal de), V, 26, 84, 130, 133, 145, 151, 153, 154, 158, 159, 178.
Sainte-Geneviève (l'abbé de), IV, 121; V, 304; VI, 324.
Sainte-Marie (le château), en Languedoc, I, 94.
Sainte-Marie-la-Ville. — Se rend aux Français, 1430; IV, 419.
Sainte-Menehould (*Marne*), IV, 458; V, 222.
Sainte-Minehaut. Voy. Sainte-Menehould.
Sainte-Minehoult. Voy. Sainte-Menehould.
Sainte-Sévère (*Landes*), VI, 53. — Reprise par les Anglais, 1441, p. 55.
Sainte-Suzanne (*Manche*), VI, 41, 42.
Sainte-Treille (Pothon de), III, 315, 360, 375; IV, 48, 49, 55, 58, 62, 63, 67, 68, 88, 152, 172, 183, 227, 337, 376; V, 146, 201, 204, 281, 293, 297, 305; VI, 9, 17, 52, 297, 299, 300, 301, 304, 306, 311, 312.

— Fait prisonnier, 1421, IV, 63. — De nouveau, en 1423, p. 181. — Envoyé au secours d'Orléans, 1428, p. 301. — Assiste au combat de Rouvray, p. 311. — Envoyé vers le duc de Bethford, 1429, p. 317.

Sainte-Treille (le seigneur de), frère aîné de Pothon, V, 34.

Sainte-Treille (Pierre de), capitaine du château de Coucy, 1418, III, 310.

Saintes (l'évêque de). Voy. Xainctes.

Saintines (*Oise*), IV, 397. — Se rend à Charles VII, 1429, IV, 354.

Saintrailles (Poton de). Voy. Sainte-Treille (Pothon de).

Saintron (pays de), I, 374.

Saintron (le seigneur de). — Tué à la bataille d'Azincourt, 1415, III, 116.

Sainzelles (le seigneur de), V, 139.

Sale (Gadifer de La), II, 39.

Salebery. Voy. Salisbury.

Salebruce. Voy. Sarrebruk.

Salebrusse. Voy. Sarrebruck.

Salemine (île de), I, 70.

Salemire (le damoiseau de), VI, 75.

Salenoire (Pierre de), V, 298.

Salerne (le prince de), V, 47.

Saligne (Bourdon de). Voy. Saligny (Lourdin de).

Salignies (Bourdin de). Voy. Saligny (Lourdin de).

Saligny (Lourdin de), III, 126; IV, 134. — Son arrestation, 1412, II, 304.

Salins (la dame de), IV, 151.

Salins (Andrieu de), VI, 236.

Salisbury (le comte de), IV, 15, 39, 40, 81, 138, 154, 158, 162, 189, 209, 259, 270; V, 2, 4, 6; VI, 288, 291, 293, 294, 307.— Gouverneur de Champagne et de Brie, IV, 185. — Assiége Rambouillet, 1425, p. 245. — Le Mans, p. 247. — Et Moiniers, p. 255. — Sa descente en France, 1428, p 293. — Prend Nogent-le-Roi, p. 294. — Et Jargeau, p. 296. — Assiége Orléans, p. 298. — Sa blessure et sa mort, p. 300.

Salisbury (messire Evrard de), IV, 464.

Salisbury (le bâtard de), V, 102.

Salisbury l'évêque de), II, 15.

Salisbury (le doyen de), V, 404.

Sallenoue (le seigneur de), VI, 236, 307.

Sallezar, capitaine, VI, 82.

Salluste. — Cité, I, 1, 303.

Salm (le comte de), en Ardenne, I, 396; IV, 264, 265, 454; V, 133. — Marche avec le duc de Bourgogne contre les Liégeois, 1408, I, 353. — Assiste à la bataille d'Azincourt, 1415, III, 103, 104. — Tué, 1431, IV, 465.

Salm (le damoisel de), fils du comte. — Porte l'étendard de Saint-Lambert à la bataille de Tongres. — Y est tué, 1408, I, 365.

Salmes. Voy. Salm.

Salmines (le comte de), IV, 454. —Tué, 1431, IV, 465.

Saloinguies (le seigneur de), VI, 7.

Salomon (le roi), I, 280, 322.

Salsebery. Voy. Salisbury.

Saluces (le marquis de), V, 82.

Saluces (le seigneur de), III, 215, 219.

Salus (Pons de), chevalier, seigneur de Chastelneuf. — Tué à la bataille d'Azincourt, 1415, III, 117.

Salusce (le seigneur de). Voy. Saluces.

Saluse. Voy. Saluces.

Saluste (le seigneur de). Voy. Saluces.

Saluz d'or, monnaie, IV, 72; V, 407.

Sambre (la), I, 260, 382, 383.

Sambretier, capitaine, III, 344.

Sambry, I, 193, 194, 195.

Samer-au-Bois (*Pas-de-Calais*), II, 302; V, 127, 235.

Samer (l'abbé de), V, 128.

Sammer ou Bois. Voy. Samer-aux-Bois.
Sampy (le seigneur de), VI, 200. Voy. Sempy.
Sancerre (*Cher*), II, 278; IV, 106; V, 414. — (La garnison de), II, 277.
Sandacourt. Voy. Sandaucourt.
Sandaucourt (*Vosges*), IV, 460.
Sandrart-Dandre, IV, 236.
Sandvich (le port de), III, 162.
Sangathe. Voy. Sangatte.
Sangatte (*Pas-de-Calais*), V, 247, 260.
Sangin (Phelippot de). Voy. Sergins.
Sanguin (Guillaume). — Banni, 1416, III, 145.
Sansoirre, *lis.*: Sancerre, VI, 319.
Sanson, sergent du duc de Bourgogne, IV, 236.
Sans-Pitié (Jean), évêque de Liége. — Amène, à Paris, des troupes au duc de Bourgogne, 1405, I, 120.
Sansse, frère de Simon de Lalaing, V, 217.
Sanssy (messire Colard de), IV, 465; V, 273.
Santes (Hue de Lannoy, seigneur de), V, 214, 397.
Santers (le pays de), III, 133, 148, 150, 161, 162; V, 59, 72, 74, 105, 127, 199, 269, 342, 405, 424, 459; VI, 78. — Ravagé, 1420; IV, 35.
Santers (le seigneur de), III, 310.
Santhers (le). Voy. Santers.
Saquet, seigneur de Beau Ru et vidame d'Amiens. — Du conseil, 1410, II, 101.
Saragosse, IV, 246.
Saragouce. Voy. Saragosse.
Saraine (Jean de), chevalier, I, 370.
Sardaigne (l'île de), II, 51.
Sardaine (le comte de), I, 77.
Sardiniens (les), II, 51.
Sardonne (messire Jean de). — Tué à la bataille d'Azincourt, 1415, III, 116.
Sarmac (le roi de), II, 75.

Sarmach (le connétable de), II, 75.
Sarpe (Jean), IV, 90, 169.
Sarrasin (frère Jehan), jacobin, V, 22.
Sarrasins (les), I, 189; II, 62; IV, 180, 242, 246, 258. Voy. Grenade.
Sarrebruk (le comte de), VI, 229.
Sarrebruk (Amé de), damoiseau de Commercy, II, 123; III, 5; V, 41. — Meurt de maladie au camp d'Arras, 1414, III, 32.
Sarrebruk (Robert de), damoiseau de Commercy, VI, 4, 78.
Sarrebruk (le bâtard de), III, 150.
Sars (Guillaume de), bailli de Hainaut, III, 281.
Sarten (le seigneur de). Voy. Ague (Eustace d')
Saubretier, capitaine, III, 340. Voy. Sambretier.
Saucourt (de), IV, 413.
Saül (le roi), I, 276.
Saulx (Jean de La), conseiller du duc de Bourgogne, I, 171. Voy. Saux.
Saulx (M° Mille des), avocat en parlement. — Décapité, 1436, V, 280.
Saumer-au-Bois. Voy. Samer.
Sausset d'Eusne, III, 118.
Sauvage (Crossewin le), V, 214.
Saux (Jean de La), chevalier, docteur en lois, chancelier de Jean, duc de Bourgogne, III, 362.
Savari (Gasserant), chevalier catalan, IV, 263.
Savari, homme d'armes, IV, 139.
Savari (messire Galleran), IV, 265.
Saveurs (Jean de), II, 303.
Saveuse. Voy. Saveuses.
Saveuses (le seigneur de), III, 212; IV, 66, 84, 90, 136, 176, 184, 338, 360, 365, 375, 382, 400, 403, 413, 426, 437; V, 39, 87, 115, 139, 146, 214, 259, 285, 407, 459; VI, 63, 75, 85, 88, 91, 317, 320. — Fait chevalier, 1429, IV, 338. — Capitaine d'Amiens, 1435, V, 196, 198.
Saveuses (Le Bonde), frère d'Hec-

tor, II, 465; III, 208, 235; V, 97, 105, 250. — Blessé, 1426, IV, 281.
Saveuses (Guillaume de), III, 104, 107. — Tué à la bataille d'Azincourt, 1435, III, 113.
Saveuses (Hector de), frère de Le Bon de Saveuses, II, 439; III, 18, 28, 49, 58, 88, 128, 150, 153, 208, 210, 216, 228, 237, 239, 243, 251, 267, 277, 314, 337, 365, 368, 370, 371, 375, 383, 385; VI, 237, 244, 257, 262. — Assiste à la bataille d'Azincourt, 1415, III, 104. — — Marche sur Paris, 1418, p. 265. — Assassine Hélion de Jacqueville, 1417, p. 235, 236. — Battu par les Dauphinois, p. 317.
Saveuses (Merlet de). — Tué dans une rencontre contre les Anglais, 1405, I, 104.
Saveuses (Philippe de), frère d'Hector, II, 439, 465; III, 18, 29, 49, 58, 128, 150, 153, 208, 210, 216, 237, 239, 243, 251, 267, 365, 375; IV, 56, 59, 74, 75, 76; VI, 257, 262, 301, 302, 303, 312, 314. — Assiste à la bataille d'Azincourt, 1415, III, 104. — Marche sur Paris, 1418, p. 265.
Saveuses (Robert de), III, 292, 386; IV, 176, 375, 397; V, 71, 85, 89, 98, 235, 237, 247, 315; VI, 91, 237, 317.
Saveuses (le bâtard de), IV, 366.
Saveuzes, V. Saveuses.
Savoie (la), II, 241, 452; IV, 79, 281, 282; V, 345; VI, 200, 308. — Érigée en duché par l'empereur Sigismond, 1416, III, 172; VI, 232.
Savoie (le comte de). — Amédée VII, premier duc de Savoie; II, 21, 50; III, 146; IV, 211; V, 278, 281; VI, 172, 192, 205. — Livre Amé de Viry au duc de Bourbon, 1409, II, 3. — Son entrée à Paris. 1410, p. 94. — Fait duc par l'empereur Sigismond, 1416, III, 172. — Sa retraite à Ripaille, 1434, V, 111.
Savoie (la duchesse de), I, 90.
Savoie (le chancelier de), V, 82.
Savoie (le maréchal de), II, 279.
Savoie (le bâtard de), II, 255.
Savoie (les ambassadeurs du comte de), VI, 164.
Savoie (les gens du duc de), V, 81.
Savoisis (Charles de). Voy. Savoisy.
Savoisy (Charles de), I, 73, 134; II, 118, 246, 360.
Savoisy (Philippe de), seigneur de Nivelles, III, 185.
Savône, dans les États de Gênes, I, 244, 247.
Savoye. Voy. Savoie.
Savoyens, I, 351; V, 268.
Saxe. Voy. Saxone.
Saxe (Guillaume duc de), VI, 74.
Saxongne, IV, 450.
Saxongne (le duc de), II, 20.
Saxongne (la cité de). Voy. Savone.
Sceau d'Isabeau de Bavière, 1417, III, 234.
Schisme, I, 244, 350.
Scochart (Jean). — Décapité à Bruxelles en 1420, IV, 7.
Scornay, en Flandre, V, 238.
Scrope (lord), III, 82.
Scroupe (le seigneur de), III, 82. Voy. Scrope.
Secron (messire Thomas), IV, 162.
Sedune, au comté des Vertus, IV, 185.
Sees (le seigneur de), VI, 69.
Séguinat (M° Jean), secrétaire, VI, 279.
Seignet (Guillaume), III, 138.
Seine (la), II, 346; III, 82, 131, 149, 277, 405; IV, 378, 405; V, 33, 125; VI, 129, 295. — Les Parisiens en rompent les ponts depuis Charenton jusqu'à Melun, 1411, II, 169. — (Passage de la), 1417, III, 215.
Sempy (le seigneur de). — Blessé par le roi, I, 8. Voy. Sampy.

Sempy (messire Colinet de). — Tué à la bataille d'Azincourt, 1415, III, 117.
Sénéchal de Hainaut. Voy. Verchin (Bertran de).
Sénéchal de Hainaut. Voy. Verchin (Jean de).
Senguin (Guillaume), III, 68.
Senlis (*Oise*), II, 78, 171, 428, 466; III, 2, 33, 35, 42, 46, 59, 62, 78, 167, 171, 211, 239, 244, 248, 252, 356; IV, 101, 104, 107, 344, 346; V, 71, 186, 452; VI, 5, 30, 146, 221, 234, 244, 248, 250, 252, 257, 318, 320, 322. — Séjour des deux rois, 1422; IV, 101. — Se rend à Charles VII, 1429, IV, 353.
Senlis (bailliage de), III, 234.
Senlis (la journée de), IV, 352.
Senlis (l'évêque de). — Arrêté par les Parisiens, 1418, III, 162. — Tué, III, 270.
Senlis (le seigneur de), IV, 395.
Sens (*Yonne*), II, 259, 262, III, 402; IV, 358, 405; VI, 254, 285.
Sens (l'archevêque de). — Jean de Montagu, frère du grand maître, II, 271, 402, 464; III, 41; VI, 199. — Assiste au traité de Chartres, 1408, I, 397. — Sa fuite, 1409, II, 46. — Son bannissement, p. 48. — Au siége d'Arras, 1414, III, 24. — Jure la paix, p. 63.
Sens (l'archevêque de), Henri de Savoisy, III, 246, 330; V, 304; VI, 123, 247.
Sens (bailli de), II, 411; V, 164.
Sens (Charles de). — Pour Charles de Lens, VI, 279, 281.
Sentence de Liége, I, 374 et suivantes.
Sequalot en Flandre, V, 66.
Serain (*Aisne*), IV, 429.
Sére (la rivière de), III, 371.
Sere (le marquis de), VI, 301, 304.
— Fait chevalier, 1421, IV, 59.
— Prisonnier, p. 63. — (le frère du marquis de), p. 67.

Sere (Guischardon de), II, 279.
Sères (Bernadon de), 256.
Sergins (Phelippot de), V, 225.
Sergius (le moine), I, 192.
Serre (le marquis de). Voy. Sere.
Séry lez Mazières, IV, 180.
Severach (le seigneur de), VI, 83.
Seves (le seigneur de), II, 439.
Sexte (Claude de), V, 111.
Sez (le seigneur de), IV, 459. Voy. Sees.
Sezille. Voy. Sicile.
Sezille (le roi de), VI, 126, Voy. Sicile.
Siche (Seigneur de), IV, 283.
Sicile (la), V, 137.
Sicile (le roi de). — Louis II, d'Anjou, I, 158, 159, 162, 167, 168, 172, 173, 289, 345; II, 1, 129, 146, 233, 235, 248, 254, 290, 293, 299, 300, 376, 402, 414, 429, 431, 438, 464; III, 44, 46, 136, 139; VI, 99, 122, 173, 196, 199, 203, 214, 221. — Empêche Clugnet de Brabant de poursuivre le duc de Bourgogne après le meurtre du duc d'Orléans, 1407, I, 164. — Présent au discours de M° Jean Petit, I, 178. — Présent au discours de Jean de Courteheuse contre Benoît XIII, 1408, I, 255. — Accompagne le roi au voyage de Tours, 1408, I, 390. — Assiste à l'entrevue de Chartres, 397. — Son entrée à Paris, à son retour d'Italie, 1409; II, 58. — Projet des Parisiens de l'enfermer, 1415, III, 140. — Embûche qu'on lui tend, 1416, III, 351.
Sicile (le roi de). — Louis III, d'Anjou; III, 413; V, 150, 273, 338. — Entre dans Rome, 1420, III, 414.
Sicile (la reine de), III, 413; V, 82. — Projet des Parisiens de la tuer, 1415, III, 140.
Sicile (la vieille reine de), V, 89.
Sicile (René de), duc de Bar. — IV, 385.

Sicile (le vice-roi de). — Fait prisonnier, 1435, V, 148.
Sicile et de Naples (le roi de), III, 126.
Siége de Bourges, 11 juin 1412, II, 270.
Siége de Calefrin, I, 94.
Siége de Ham en Vermandois, 1411, II, 171.
Sierixée, en Zélande, IV, 253.
Sigismond, roi de Hongrie. — Élu empereur d'Allemagne, 1414, III, 43; VI, 161.
Sigismond (l'empereur), III, 135, 249, 275; V, 83. — Son arrivée à Paris, 1415, III, 135. — Sa parcimonie, p. 137. — Assiste à une séance du parlement. *Ibid.* — Son arrivée à Londres, 1416, p. 144.
Sigismont. — Voy. Sigismond.
Sigmach (Jean), III, 341.
Signes de ralliement, III, 21, 32, 266, 313; V, 175.
Signet d'or, III, 227.
Sihin (le seigneur de), IV, 67.
Simon (Damp), IV, 14.
Simon (Piètre), premier échevin de Gand, V, 331.
Sisonne (*Aisne*), VI, 75, 76.
Sistoracense (l'évêque de), II, 18.
Sitri, en Bourgogne, V, 66.
Slongi, en Bourgogne, V, 53.
Socourt (Louis de), VI, 80.
Soignies, en Hainaut, IV, 222, 227, 229, 230.
Soissonnais, II, 114; V, 271.
Soissons (*Aisne*), II, 439, 441, 454, 462; III, 376; IV, 339, 396; V, 270, 274, 300; VI, 5, 146, 157, 220, 254, 257, 261, 262. — Noces de Philippe, comte de Nevers, 1409, II, 2. — Émeute, 1412, II, 336. — Assiégée par le roi, 1414, III, 5. — Sac de la ville, III, 9; VI, 122. — Prise par le seigneur de Bosqueaux, 1418, III, 292.
Soissons (le comte de). Voy. Couci.
Sol (Hector de), V, 419.
Solaines. Voy. Solesmes.
Soldées (servir en), I, 356.

Solesmes (*Nord*), IV, 458; V, 317.
Solier (Blanchet du), gouverneur de la ville de Neelle, III, 152.
Solier, sorte d'échafaud, I, 398.
Solres (Pierre de), III, 153.
Sombreseil (le comte de). Voy. Sommerset.
Sombresel (le comte de). Voy. Sommerset.
Sombreselh (le comte de). Voy. Sommerset.
Sommain (Jean de). Voy. Soumain.
Somme (la), II, 174, 176, 177; III, 96, 97, 151, 161, 182; IV, 42, 73, 84, 440; V, 16, 45, 79, 116, 146, 170, 189, 405, 419, 459; VI, 62, 228. — (Passages de la), V, 427.
Sommerset (le comte de), I, 13, 102; IV, 26; V, 275, 346, 389, 405, 407, 418, 422, 424; VI, 57, 58, 66. — Fait prisonnier à la bataille de Baugé, 1420, IV, 38.
Sommerset (la comtesse de), V, 419.
Sonbresil. Voy. Sommerset.
Songnies. Voy. Soignies.
Soral (le seigneur de), IV, 177.
Sorbon (le seigneur de), VI, 200.
Sorcellerie, I, 313. Voy. Sortiléges.
Sorclaux (messire Yvert), décapité à Bruxelles en 1420, IV, 7.
Sorel (le seigneur de), VI, 237.
Sores (le seigneur de), chevalier, II, 465.
Sores (le seigneur de) et messire Brifault, son frère, — tués à la bataille d'Azincourt, 1415, III, 116.
Sores en Beauvoisis (le seigneur de), III, 149, 150, 151, 237.
Sorguet (Guillaume), III, 137.
Sortiléges, I, 215, 227.
Sotinghien. Voy. Sotteghem.
Sotteghem, en Flandre, V, 238.
Souchal (le Borgne de), écuyer du roi. — Se sauve de Paris à la mort du grand maître, 1409, II, 46.
Soudan de Babilonne (le), IV, 180, 242, 263, 268.

Soudant (le). Voy. Soudan.
Souillac (*Lot*), V, 355.
Soulach. Voy. Souillac.
Soulenges (le baron de), IV, 288.
Soumain (Jean de), IV, 67, 390, 395. — Fait prisonnier, 142, IV, 63.
Souper, V, 448.
Sourmain (Jean de). Voy. Soumain.
Southampton. Voy. Hantonne.
Souvegnon (le seigneur de), VI, 69.
Souys (Drouot de), IV, 414.
Souys (Flouridas du), III, 118.
Stabuleuse (l'abbé de), VI, 164.
Stafford (le comte de), III, 85; IV, 389, 405, 426, 427, 428; V, 2, 5, 404. — (Les deux fils du comte de), VI, 15.
Stafort (le comte de). Voy. Stafford.
Stavelo. Voy. Stabuleuse.
Steenhuse (le seigneur de), III, 215, 385; V, 239, 267; VI, 297, 302.
Stenhuse (le seigneur de). Voy. Steenhuse.
Sterque (Gilles de), V, 325.
Stewart (Pierre), VI, 237.
Stewart (Robert), V, 276.
Stienhuse (le seigneur de). Voy. Stenhuse.
Stinbèque (Jean de), II, 260.
Stouart (Jacques de), chevalier, V, 278.
Stouart (messire de), — tué au combat de Rouvray, 1428, IV, 312.
Stouart. Voy. Stewart.
Strenhuse (le seigneur de). Voy. Steenhuse.
Suassebourch, VI, 162.
Subsides sur l'Artois, I, 130.
Subsides refusés au pape, II, 108.
Suffolck (le comte de). Voy. Suffolk.
Suffolk (le comte de), IV, 158, 162, 189, 191, 209, 284, 286, 294, 322, 324, 370; V, 132, 140, 152. — Assiste à la bataille d'Azincourt, 1415, III, 106. — Assiége Montargis, 1426, IV, 271. — Succède au commandement du siége d'Orléans, 1428, IV, 300.
Suffort (messire Guillaume de Laboulle, comte de), VI, 97. Voy. Suffolk.
Supplice de la femme de l'armurier du roi, VI, 318.
Supplices. — Loys Bourdon noyé dans la Seine, 1417, III, 175.
Supplices, 1421, IV, 87.
Supplique du duc de Bourgogne et de ses frères au roi, 1405, I, 114 et suiv.
Surie (la). Voy. Syrie (la).
Susanne, I, 277.
Suse (le seigneur de la), V, 217.
Suze (le seigneur de la), VI, 9.
Syméon (le duc de), I, 193.
Syrie (la), I, 193; IV, 242, 267.

T

Tabari, capitaine de brigands, III, 283, 377, 387.
Tabouret (Protextus du), V, 83.
Taille mise sur Paris en 1404, I, 97.
Taille des marcs d'argent, 1422, IV, 100.
Taillemonde (Jean), V, 376.
Tailles, en 1411, II, 235; — en 1415, III, 139; — en 1421, IV, 77.
Taite Nycolay, sire de Clechy, VI, 163.
Talbot (messire Jean), IV, 294, 322, 332; V, 69, 91, 126, 184, 281, 310, 340, 389, 405, 406, 418, 421; VI, 9, 10, 12, 17, 18, 57. — Présent au siége d'Orléans, 1428, IV, 300. — Fait prisonnier, 1427, p. 330.
Talbot (le bâtard de), VI, 60, 80.
Talevende (Ullin), normand, docteur en théologie, I, 265.
Tallebot. Voy. Talbot.
Tambulan, III, 58. Voy. Tamburlan.
Tamburlan (le Grand). — Tamerlan, ou Timour-Lenk, I, 84.

Tancarville (*Seine-Inférieure*), V, 104, 271. — Se rend au roi d'Angleterre, 1418, III, 309. — Au roi de France, 1435, V, 202.
Tancarville (le comte de), II, 53, 54, 56, 91; V, 173, VI, 9, 122, 123, 199. — Assiste au discours de Jean Courteheuse ou Courtecuisse contre le pape Benoît XIII, 1408, I, 256. — Jure la paix d'Arras, 1414, III, 63.
Tancarville (le comte de), fils de Jacques d'Harcourt, V, 295, 301, 304.
Tancarville (la fille du comte de), III, 243.
Taneguy du Chastel. Voy. Tannegui.
Tannegui du Châtel, chevalier breton, I, 76; II, 457; III, 201, 265, 313, 321, 328, 338, 341, 342, 345; IV, 18, 137; VI, 230, 256, 260, 267, 270, 275, 279, 281, 322. — Prévôt de Paris, III, 132, 148, 245, I, 220. — Tombe dans la disgrâce du duc de Bretagne, 1415, III, 132. — Sauve le Dauphin, 1418, III, 262. — Destitué de la prévôté de Paris, 1418, III, 263. — Ses mesures contre les séditieux, III, 264. — Pousse à la guerre contre le duc de Bourgogne, III, 278.
Tanquarville (le comte de). Voy. Tancarville.
Taperiel (Oudart), III, 268.
Tarente, III, 170. — (Le pays de), VI, 233.
Tarente (le prince de). — Fait prisonnier, 1435, V, 148.
Tartaille, capitaine, IV, 144.
Tartarins (les), II, 62.
Tartas (*Landes*), VI, 24, 25, 34, 52. — (La journée de), VI, 50. — (Le voyage de), VI, 57.
Tartres (les), IV, 297. Voy. Tartarins (les).
Tede (le duc de), VI, 162.
Temple (le), à Paris, II, 431; III, 60, 269; IV, 14.

Tendremonde. Voy. Dendermonde.
Tenebi, en Angleterre, I, 82.
Terdrenne (le port de), en Angleterre, I, 80. Voy. Tordenue.
Ternant (le seigneur de), bourguignon, V, 41, 216, 217, 221, 222; VI, 81, 91. Voy. Teurnant.
Ternois (le), II, 267; III, 27; IV, 302.
Térouane (ville détruite, près Saint-Omer), I, 103, 105; IV, 24, 252, 305; V, 55, 56, 91, 92.
Térouane (l'évêque de) Louis de Luxembourg, chancelier de Henri VI, roi d'Angleterre, III, 122, 361; IV, 2, 18, 121, 134, 175, 209, 221, 240, 429; V, 2, 125; VI, 261, 282, 324.
Térouane (Guillaume, fils du cardinal de), V, 344.
Terrasse, *lis.* : Thiérache, VI, 309.
Terrewane. Voy. Térouane.
Testart (Martellet), III, 154.
Teurnant (messire Philippe, seigneur de). Fait chevalier de la Toison d'or, 1429, IV, 374.
Teyr (messire Louis de), IV, 196.
Thaisy (Mᵉ Jean de), V, 135.
Thalebot. Voy. Talbot.
Thaleboth. Voy. Talbot.
Thalemonde, serviteur de Jean de Luxembourg, V, 383.
Thanadas, neveu du comte de Bouquiaus, IV, 162.
Thenequettes (Estevenin de), IV, 367.
Thérasche. Voy. Thiérache.
Thérouanne. Voy. Térouane.
Thérouenne. Voy. Térouane.
Thian (le bâtard de), III, 150, 255, 281, 386; IV, 44, 92, 124, 136, 172, 174, 176; V, 68, 126, 184, 388; VI, 237, 243, 248, 251, 257, 261, 296, 298, 315, 323, 326. — Chef de compagnies, III, 181, 239. — Fait chevalier, 1422, IV, 92. — Bailli de Senlis, IV, 310. —

Capitaine de Crépy-en-Valois, IV, 325, 329. — Assiste au sacre de Henri VI, 1431, V, 2.
Thibert (Jean), boucher de Paris, III, 260.
Thiebrone (Louis de). Voy. Thiembronne.
Thiembronne (le seigneur de), VI, 301, 304, 306.
Thiembronne (Guichard de), V, 235, 259.
Thiembronne (Louis de), III, 182, 337, IV, 67; V, 235, 236, 237, 259.
Thien (le bâtard de). Voy. Thian.
Thiennes (le seigneur de). — Tué à la bataille d'Azincourt, 1415, III, 114.
Thiérache, II, 440; III, 48, 132, 161.
Thionville (*Moselle*), III, 52; VI, 73, 84, 90, 91, 92.
Thiouville (le seigneur de), III, 64; IV, 196.
Thoison d'or, roy d'armes de Bourgogne, V, 141, 190, 193.
Thoisy (Jean de), évêque de Tournay, III, 373; IV, 352. — Sa mort, 1432, V. 58.
Thomelaire, prévôt de Laon, IV, 398, 399, 430. — Son exécution, 1432, V, 48.
Thonnon. Voy. Thonon.
Thonon, dans le Chablais, V, 111.
Thoraute (Jean, seigneur de). Voy. Thorote.
Thorote (Jean de), V, 462; VI, 80.
Thorsy (le seigneur de). Voy. Torcy.
Thouars (le vicomte de). — Assiste au combat de Rouvray, 1428, IV, 311.
Thouars (le seigneur d'Amboise, vicomte de), V, 73.
Thouenne (Jean de), vicomte de Bruniquel. — Tué à la bataille de Tongres, 1408, I, 366.
Thoulongon. Voy. Toulongeon.
Thoys (forteresse de), V, 300.
Thuin, en Flandre, I, 142. — (Le château de), 1, 382.

Thunes, en Barbarie, I, 193. — (Le roi de), IV, 245.
Thurin. Voy. Turin.
Thy (le seigneur de), V, 96; VI, 236, 307.
Thyonville. Voy. Thionville.
Tien (le bâtard de). Voy. Thian.
Tienbronne (Louis de). Voy. Tiembronne.
Tiérace. Voy. Thiérache.
Tieulier (Watelin), V, 338.
Tieuloye (l'abbaye de la), III, 23.
Tignonville (le seigneur de), II, 96. — Son arrestation à Amiens, 1409, II, 47. — Tué à la bataille d'Azincourt, 1415, III, 115.
Tignonville (Guillaume de), prévôt de Paris, I, 75, 388, VI, 200. — Naguère prévôt de Paris. — Envoyé vers le duc de Bourgogne, 1408, I, 351.
Tigry (le seigneur de), VI, 281.
Tilloie (le seigneur de). V, 460. Voy. Antoch (Martel.)
Tilloy (château de). — Abattu, 1422, IV, 120.
Tingri (la châtellerie de), IV, 429.
Tintenach. Voy. Tinténiac.
Tinténiac (*Ille-et-Vilaine*), IV, 284.
Tinteville (messire Légier de), V, 52.
Tionville. Voy. Thionville.
Titet (Jean), avocat. — Décapité à Laon, 1414, III, 10.
Toison d'or (le roi d'armes de la), V, 443. — Porte le collier aux ducs de Bretagne et d'Alençon, 1440, V, 544.
Toison d'or (le collier de la), V, 287. Voy. Fêtes, Ordre.
Toisy (Jean de), III, 390.
Tombe (la), village, III, 247; VI, 246, 247, 252.
Tombe (le Moustier de la), III, 256.
Tombe (le cardinal de la) — (Martin V), VI, 228.
Toneguey (Jean de), capitaine de Champlost, III, 154.
Tongres, I, 354, 357, 358, 383.

TABLE ALPHABÉTIQUE.   469

— Ouvre ses portes au duc de Bourgogne, 1408, I, 368.
Tonnerre (*Yonne*), III, 49, 57; V, 457.
Tonnerre (le comté de), V, 65.
Tonnerre (le comte de). — Louis de Châlon, III, 50; IV, 189; VI, 221, 229. — Tué à la bataille de Verneuil, 1424, IV, 195.
Tonnoirre. Voy. Tonnerre.
Torcy (la forteresse de), IV, 351, 368.
Torcy (le seigneur de), II, 299; IV, 197; V, 203, 341, 387. — Envoyé à Gênes, 1409, II, 40. — Maître d'hôtel du duc de Berri, II, 101.
Torcy (Giles de), écuyer, II, 276.
Torcy (Jean de), évêque de Tournay, II, 101.
Tordemue (le port de) en Angleterre, I, 69.
Torel (Mᵉ Guillaume). — Gardien de la reine à Tours, 1417, III, 176, 228.
Tornant (le seigneur de), capitaine de Réthel, V, 8.
Torsenay (Jean de), gentilhomme bourguignon, III, 113.
Torsi (le seigneur de). Voy. Torcy.
Torsy (le seigneur de). Voy. Torcy.
Tost (Louis), IV, 94.
Tost-Avant (messire Jean). — Tué à la bataille de Baugé, 1420, IV, 39.
Touchet (le seigneur de), VI, 200.
Toucques (le seigneur de), III, 118. Voy. Touques.
Toucy. Voy. Toussi.
Toul (l'évêque de), V, 338.
Toulongeon (le seigneur de), VI, 236, 307.
Toulongeon (Andrieu de), IV, 67.
Toulongeon (Antoine de), maréchal de Bourgogne, III, 14, 281, 328, 340, 344, 360; IV, 158, 164, 385, 455; VI, 200, 261. — Fait chevalier de la Toison d'or, 1429; IV, 374.
Toulongeon (le Borgne de), chevalier, III, 17; IV, 158.

Toulongeon (Jean de), III, 328; VI, 276.
Toulonjon. Voy. Toulongeon.
Toulouse (*Haute-Garonne*), V, 355; VI, 51, 52.
Toulouse (l'archevêque de), I, 263; V, 304.
Touque. Voy. Touques.
Touques (*Calvados*), III, 188.
Tour (le seigneur de la). — Assiste au combat de Rouvray, 1428; IV, 311.
Tour (Anselin de la), bailli de Vitry, V, 293.
Tour (Arcade de la). — Sa mort, 1435, V, 187.
Tour (Artus de la), V, 184.
Tour (messire Heinselin de la), VI, 9.
Tour (Henri de la), III, 153; V, 222; VI, 75.
Tour (Philippe de la), IV, 196; V, 71. 93, 120, 281, 301.
Tour (Willem de la), IV, 465.
Tour en Auvergne (le seigneur de la). — Tué à la bataille d'Azincourt, 1415, III, 115.
Tour le Borgne (la) en Flandre, IV, 179.
Touraine, IV, 358. — Courses des Anglois, 1412, II, 299. — (Duché de), III, 73.
Touraine (le comte de), II, 464.
Touraine (le duc de), I, 170; III, 167; IV; 8. 29. Voy. Artus.
Touraine (Charles, duc de). — Dauphin, III, 315, 338, 407; IV, 41, 44, 103, 106, 108. — Cité à la Table de marbre, 1420, IV, 35.
Touraine (Jean, duc de), I, 129, 392; VI, 231. — Son mariage, 1406, *Ibid.* — Le roi, son père, lui donne le comté de Ponthieu, 1412, II, 335, — puis le duché de Berri et le comté de Poitou, 1416, III, 116.
Tournav, I, 351, 367, 371, 373; II, 243; III, 111; V, 59, 61, 171, 178; VI, 8, 16, 268, 292, 385, 449. — On y jure la paix d'Arras, 1414, III, 63. — Émente

en 1423, IV, 145, 173. — En 1424, p. 198. — En 1425, p. 245. — En 1428, p. 295. — (Députés de), II, 294. — (Bailliage de), III, 234; IV, 3.
Tournay (l'évêque de). — Jean de Thoisy, II, 118, 237, 360, 376; 391; III, 59, 76, 361, 376; IV, 18, 249, 278; VI, 282.
Tournay (l'évêque de). — Jean d'Harcourt, V, 210, 378, 397, 398, 403, 442.
Tournehan. Voy. Tournehem.
Tournehem (*Pas-de-Calais*), I, 101; V, 264.
Tournelles (les). Voy. Paris (hôtels de).
Tournemine (le bâtard de), III, 366.
Tournésis (le), I, 351; IV, 302; V, 63.
Tours (*Indre-et-Loire*), III, 227, 228, 229, 230, 322; IV, 48; V, 316; VI, 81, 94, 98, 106, 242. — Voyage du roi, 1408, I, 390. La reine y est reléguée, 1417; III, 176. — Prise de cette ville par le Dauphin, 1418, III, 293. — Il y séjourne, p. 315. — (Députés de), II, 294.
Tours (le duché de), III, 338.
Tours (le duc de), VI, 173.
Tours, en Porcien, V, 10.
Toussaint (maître Jean), secrétaire du roi, I, 150.
Toussi, en Champagne, III, 386.
Touwars (le seigneur d'Amboise, vicomte de). Voy. Thouars.
Trait (le) (*Seine-Inférieure*). — Se rend au roi d'Angleterre, 1418, III, 309.
Traité d'alliance entre Louis, duc d'Orléans, et Henri de Lancastre, 1396 (*lisez :* 1399), I, 49.
Traité de Chartres (entrevue et), 1408, I, 397 et suivant.
Traité de Bourges, 1412, II, 287.
Traité d'Auxerre, 1412, II, 292.
Traité entre Henri VI et les princes, 1412, II, 339.
Traité d'Arras, 1414, III, 36.

Traite de S. Mor, 1418, III, 288.
Traité de Chartres, 1414, III, 39.
Traité entre le Dauphin et le duc de Bourgogne, 1419, III, 324.
Traité de Troyes, 1420, III, 390; VI, 284.
Traité de la reddition de Melun, 1420, IV, 12.
Traité de la reddition du marché de Meaux, 1422, IV, 93.
Traité de Meulan, 1423, IV, 138.
Traité d'Arras (teneur du), 1435, V, 151.
Trajan (l'empereur), I, 282.
Tramecourt (*Pas-de-Calais*), III, 105.
Tramet de la Tramerie, capitaine, IV, 89; VI, 237, 301. — Seigneur de Deraucourt, VI, 313.
Trect (la ville de), — *lis.* : Maëstricht, I, 144, 145, 351, 354, 355, 368, 383; VI, 199.
Treille (messire Raoul de la), IV, 195.
Tremblay (le vicomte de). — Tué à la bataille d'Azincourt, 1415, III, 116.
Trémoille (le seigneur de la). Voy. Trémouille.
Trémouille (le seigneur de la). — George, III, 386; IV, 410, 414; VI, 44, 200, 247, 248.—Gouverneur du Dauphiné, II, 360. — Son mariage, 1416, III, 161.— Assiste au sacre de Charles VII, 1429, IV, 339. — Son arrestation, 1433, V, 73.
Trémouille (Jean de la). — Fait chevalier à la bataille de Tongres et tué le même jour, 1408, I, 366.
Trémouille (Jean de la). — Seigneur de Jonvelles, III, 215, 328; IV, 66; VI, 246, 247, 275.— Ses noces à l'hôtel d'Artois, 1424, IV, 209. — Chevalier de la Toison d'or, 1429, IV, 374.
Trénon (Philippe de). — Fait chevalier, 1423, IV, 159.

Tréport (débarquement des Anglais au), 1413, II, 376.
Trésoriers des guerres, II, 318.
Tresport. Voy. Tréport.
Tret (le seigneur du). — Tué à la bataille d'Azincourt, 1415, III, 115.
Trèves (l'archevêque de), III, 408; VI, 162.
Trèves avec l'Angleterre. — En 1407, I, 152. — En 1411, II, 168. — En 1415, III, 141. — — En 1416, p. 147. — En 1419, p 318, 373. — En 1427, IV, 287. — En 1429, p. 363. — En 1444, VI, 99. — (Rupture des), II, 33. — (Expiration des), III, 78.
Trie (Patroullart de), frère du maréchal. — Tué, I, 83.
Trie (Regnault de), amiral de France, I, 127.
Trimoulle (le seigneur de la). Voy. Trémouille.
Trinacle (le roi de), fils aîné du roi d'Aragon, II, 51. Voy. Sicile.
Tripoli (le comte de). Voy. Trois Citez (le comte de).
Troies (Patroullart de). Voy. Trie.
Troies. Voy. Troyes.
Trois Citez (le comte de), frère du roi de Chipre (le comte de Tripoli). — Son arrivée à Paris, 1416, III, 145.
Trois États (les), IV, 341; VI, 49, 94, 289.
Tromache (le roi de), VI, 161.
Tromagon, Gascon, III, 213; IV, 71, 94; VI, 239, 305, 315.
Trompantin (le seigneur de), Anglais, III, 83.
Trompanton (le seigneur de), III, 85.
Trompettes d'argent, V, 447.
Tronchon (Mᵒ Jean), archidiacre de Bruxelles, V, 438.
Trowane (l'évêque de). Voy. Térouane.
Troyes (*Aube*), III, 128, 239, 248, 316, 318, 334, 338, 354, 364, 373, 383, 385, 388; IV, 79, 97, 108, 113, 151, 336; V, 64; VI, 26, 244, 249, 258, 267, 277, 281, 285, 317, 318. — Entrée du duc de Bourgogne, 1419, III, 378. — Noces de Henri VI, 1420, III, 389. — Séjour de Charles VI, 1440, V. 457.
Troyes (paix de), VI, 322.
Troyes (Mᵉ Jean de), chirurgien, II, 344, 398; III, 48, 127; VI, 117. — Banni, 1413, II, 408.
Troyes (Jean de), cousin germain du chirurgien, II, 402.
Tube (Pierson), III, 154.
Tudart (Jean), doyen de Paris, V, 134, 152, 155.
Tuerie (la grande), 1418, III, 289.
Tuing. Voy. Thuin.
Tulle, VI, 164.
Tulle et Tulles, — pour Tullius Cicéron, I, 208, 287, 299.
Tullius, 1, 207.
Tumble (le seigneur de), IV, 195.
Tunis. Voy. Thunes.
Turbis (Lionnet). — Tué à la bataille d'Azincourt, 1415, III, 117.
Turin (le cardinal de), ambassadeur du pape Alexandre V, 1409, II, 58, 60, 67.
Turpin (Gui), chevalier, VI, 258.
Turquie, I, 332. — (La terre de), I, 85.
Tyan (le bâtard de). Voy. Thian.
Tyan (le bâtard), capitaine général de Senlis, 1417. Voy. Thian.
Tyembronne (messire Louis de). Voy. Tiembronne.
Tyonville. Voy. Thionville.

U

Uffle (messire Paillart d'), V, 134.
Uilli (Charlot d'), III, 248.
Université (l'), I, 73; II, 241, 258, 332; IV, 448; V, 218; VI, 114, 121, 125, 127, 196, 216, 324. — Envoie ses députés vers le duc d'Orléans, à Melun, 1405, I, 122. — Propositions du duc, p. 318. — Gui de Roye, archevêque de Reims, appelle de ses conclusions dans l'affaire du

schisme, 1408, I, 348. — Lettre que lui adressent ses députés au concile de Pise, 1409, II, 22. — Travaille à la réformation de la maison du roi, 1409, II, 42. — Accueille mal les demandes d'Alexandre V, 1409, II, 60. — Sa querelle avec les ordres mendiants, 61. — Députe l'abbé de Foigny vers les Orléanais, 1410, II, 90. — Menace de quitter Paris, 1410, II, 92. — Assemblée du 23 novembre 1410, II, 103. — Ses plaintes au duc d'Aquitaine, 1415, III, 130.

Université (l'). Voy. Hongrie (le roi de); Recteur (le).

Urbain V, II, 239.

Ursin (le cardinal d'). Voy. Ursins (le cardinal des).

Ursin (maître). — Chargé, au nom de l'Université, de répondre à l'archevêque de Pise, 1410, II, 107.

Ursins (le cardinal des), II, 62; III, 255, 256, 288, 295; VI, 251, 252, 265. — Retourne à Avignon, 1418, III, 296.

Usages. — Les ducs d'Orléans et de Bourgogne montés sur le même cheval, II, 294. — L'armée anglaise jette de grands cris en allant au combat, IV, 194.

Ussès (l'évêque d'). Voy. Uzès.

Utequerque. Voy. Utkerke.

Utkerke (Roland d'), III, 363; VI, 200, 301.

Utrecht, IV, 281.

Utrecht (l'évêché d'), IV, 232.

Utterke (le seigneur d'), VI, 303. Voy. Utkerke.

Uutkerke. Voy. Utkerke.

Uzès (l'évêque d'), V, 130, 151.

V

Vaerwich (le comte de). Voy. Warwich.

Vaidasiandrias, VI, 163.

Vailly (Jean de), avocat au parlement, II, 334. — Son arrestation, 1413, II, 345. — Président au parlement, III, 65, 77, 129. — Envoyé à Tournay, 1414, III, 63.

Vaine, château près du Val-de-Galie, III, 216.

Vaires (*Seine-et-Marne*), III, 133.

Val-de-Galie (le), près Versailles, III, 216.

Valasel (le seigneur de). — Tué à la bataille d'Azincourt, 1415, III, 117.

Valchiron. Voy. Valhuon.

Valée (Jean de la), chevalier, I, 106.

Valemont. Voy. Valmont.

Valence (l'évêque de), III, 339.

Valence la Grant, I, 77.

Valenchiennes. Voy. Valenciennes.

Valenciennes (*Nord*), I, 371; II, 247; III, 164, 173: IV, 27, 87, 234, 277; V, 319, 450; VI, 291, 311. — Patrie de Froissart, I, 5.

Valencourt (messire Jean de). — Tué à la bataille d'Azincourt, 1415, III, 116.

Valenier, patron de barque, IV, 168.

Valère le Grant, II, 379. Voy. Valère Maxime.

Valère Maxime, I, 276, 282.

Valhuon (Martel de). — Tué dans une rencontre contre les Anglais, 1405, I, 104.

Valines (le seigneur de), IV, 254.

Valines (Andrieu, ou Andry de), IV, 67, 326, 362.

Valins (le seigneur de), VI, 303.

Valins (Andrieu de), sénéchal de Boulonnais, VI, 301.

Valmont (*Seine-Inférieure*), III, 171. — Se rend au roi d'Angleterre, 1418, III, 309. — Au roi de France, 1435, V, 202.

Valoires (l'abbé de), VI, 304.

Valois (le), II, 114; III, 152; IV, 20, 35, 56; V, 392. — (Le comté de), IV, 97; VI, 317. — Mis en la main du roi, 1410, II, 87. — (Garnisons du), V, 429.

Valois (Charles de). — Nom que donne le roi d'Angleterre au Dauphin, IV, 110, 333, 341.

Valois (Louis de). Voy. Orléans.
Valois (la dame de), fille de Charles VI, I, 115.
Valois (le), Bourguignon, III, 153.
Valru (Denis de). Voy. Vauru.
Vanderberque (George), V, 270.
Vandonne. Voy. Vendôme.
Vandosme. Voy. Vendôme.
Vandre (Jean de), VI, 91.
Vandre (Philebert de), V, 30, 32, 34. 39, 70, 96, 259; VI, 91.
Vangles (Baudart de), III, 252.
Vaquier (Jaquemin), V, 418.
Varaine (le seigneur de la), V, 101, 102. Voy. Varennes.
Varenbon (le seigneur de), Savoisien, IV, 264.
Varennes (le seigneur de). Voy. Chauny (Aubert de).
Vargignes. Voy. Wargnies.
Vargines. Voy. Wargnies.
Vargnies. Voy. Wargnies.
Varneston. Voy. Warneton.
Varvich. Voy. Warwick.
Vasmonstier. Voy. Westminster.
Vasseux, IV, 191.
Vast (le), en Ponthieu, IV, 46.
Vaucouleur (Robert de Baudricourt, capitaine de), IV, 315.
Vaucouleurs (*Meuse*), IV, 314.
Vaucourt (Jean de), III. 215.
Vaucourt (Louis de), III, 215; IV, 42, 375, 381, 409, 426, 433; V, 56, 71, 125, 184. — Fait prisonnier, 1424, IV. 196. — Envoyé au secours d'Orléans, 1428, IV, 301. — Prisonnier pour la seconde fois, 1431, IV, 434. — Sa mort, 1435, V, 187.
Vaucourt (Philippe de), V, 427. — Pris, 1440, p. 428.
Vaucourt (Robinet de). — Tué à la bataille d'Azincourt, 1415, III, 117.
Vaudegen (Ernoul de). Voy. Waudrigien.
Vaudémont (*Meurthe*), IV, 454, 455, 459; V, 7, 53, 236; VI 242. — (Le comté de), V, 336, 338, 431.
Vaudémont (Antoine de Lorraine, comte de), III, 122; IV, 453,
456, 461, 463, 465; V, 8, 42. 49, 133, 236, 237, 431, 432, 433, 457; VI, 9, 20, 47.
Vaudémont (Ferri de Lorraine, comte de), I, 396; II, 2, 52, 93, 402; III, 103, 104; VI, 199, 203. — Tué à la bataille d'Azincourt, 1415, III, 113.
Vaudémont (la comtesse de). — Assiste aux noces de Philippe, comte de Nevers, 1409, II, 2.
Vau de Saint-Sernay (l'abbé de), VI, 324.
Vaudray (Antoine de), seigneur de Laigle, VI, 69.
Vaudray (Guillaume de), seigneur de Collaon, VI, 69.
Vaudrepont (Giles de). — Tué à la bataille d'Azincourt, 1415, III, 116.
Vauhuon (Martel de). — Tué à la bataille d'Azincourt, 1415, III, 117.
Vauldre (Philebert de), VI, 93. Voy. Vandre.
Vaulx (Jean de), haussaire, III, 235.
Vaulx (le curé de), III, 154.
Vaurain (le seigneur de). Voy. Waurin.
Vaurous (Denis de). Voy. Vauru.
Vauru (Denis de), IV, 71; VI, 305, 314, 315. — Décapité, 1422, IV, 96.
Vauru (le bâtard de), IV, 71, 94; V, 305, 314, 315. — Décapité, 1422, IV, 96.
Vauru (l'arbre de), IV, 96.
Vauvillé-en-Santerre (*Somme*), III, 97.
Vauviller. Voy. Vauvillé-en-Santerre.
Veau de Bar (le), bailli d'Auxi, III, 251, 261, 375; IV, 305. — Pris, 1414, III, 14. — Fait prévôt de Paris par les séditieux, 1418, III, 263. — Assiste au massacre des Armagnacs, p. 270. — Déposé de la prévôté de Paris, p. 314. — Assiste au mariage de Henri VI, 1420, p. 389.
Végèce, cité, I, 306; IV, 125.

Vendengies (Jehan de), V, 67.
Vendeuil (Oise), III, 336. — (Le château de), V, 396. — (La tour de), V, 98.
Vendeul. Voy. Vendeuil.
Vendôme (Loir-et-Cher), III, 227, 230.
Vendôme (Louis de Bourbon, comte de), I, 70, 160, 167, 267, 269; II, 49, 53, 464; III, 33, 47, 96, 103; IV, 404, 409, 412, 415, 426, 430; V, 134, 152, 155, 179, 292, 301, 304, 403, 410, 415; VI, 43, 106, 221, 229. — Commissaire réformateur, 1409, II, 47, 56. — Grand maître de l'hôtel, 1413, II, 410. — Au siège d'Arras, 1414, III, 24. — Jure la paix d'Arras, III, 63. — Fait prisonnier à la bataille d'Azincourt, 1415, III, 120; VI, 230.
Vendôme (le duc de). — Commande à Senlis, 1429, IV, 358.
Vendôme (Lyonnel de), III, 274; IV, 182; V, 456.
Vendôme (Alain de), III, 17, 52, 104. — Tué à la bataille d'Azincourt, 1415, III, 117.
Vendôme (le bâtard de). — Fait la Pucelle prisonnière, 1430, IV, 388.
Vendosme. Voy. Vendôme.
Venette, près Compiègne, IV, 176, 383, 387, 390, 396, 397, 417. — (Le pont de), IV, 403, 418. — (L'abbaye de), lisez : Royal-Lieu, IV, 411.
Venise, I, 318.
Venise (le port de). Voy. Porto-Venere.
Venise (le cardinal de), V, 89.
Vénissiens (les), V, 44.
Ventadour (le comte de), III, 267, IV, 189, 195. — Fait prisonnier; 1423, IV, 162, 164.
Ver, en Valois, V, 416.
Verberie (Oise), III, 2; IV, 397, 409, 412.
Verbrie. Voy. Verberie.
Verchin (messire Bertran de), sénéchal de Hainaut. — Tué à la bataille d'Azincourt, 1415, III, 116.
Verchin (Jean de), sénéchal de Hainaut, I 39.
Verducil (la tour de). — Se rend aux Français, 1430, IV, 419.
Verduisant (le seigneur de), IV, 52, 55, 76, 131. — Fait prisonnier en 1421, IV, 76. — En 1423, IV, 181. — Tué au combat de Rouvray, 1428, IV, 313.
Verdun (Meuse), VI, 164.
Verdun (l'évêque de), II, 13; VI, 81.
Verdun (Me Hugues de), VI, 117.
Verdusen (le seigneur de), VI, 299.
Vergi. Voy. Vergy.
Vergines (Loys de), III, 182.
Vergy (le seigneur de), maréchal de Bourgogne, I, 354, 372; II, 272; III, 212, 215, 228, 239; IV, 158, 159; VI, 200, 236, 259.
Vergy (Antoine de), III, 215, 240, 348; IV, 105; VI, 236, 279, 307, 318. — Comte de Dammartin, IV, 374, 385, 459; V, 52.
Vergy (Jean de), IV, 105, 459; V, 52, 96, 205. — Fait gouverneur de Bourgogne, 1435, V, 115.
Vergy (le bâtard de), IV, 459.
Vergy (le prieur de), VI, 96.
Vermandois (le), I, 391; II, 170; III, 161, 182; IV, 130; V, 63, 75, 95, 269, 342, 466; VI, 78, 309. — Levée d'impôts, 1418, III, 294. — Ravagé, 1420, IV, 35. — (Le bailliage de), II, 374; III, 234. — (Le bailli de), IV, 163. Voy. Beauvoir.
Vermendois. Voy. Vermandois.
Vernembourg (le comte de), V, 133, 224; VI, 75, 84.
Verneuil (Eure), II, 372; IV, 196.
Verneuil, au Perche, IV, 190.
Verneul, VI, 31.
Verneul (le seigneur de), III, 119.

Vernoel. Voy. Verneuil.
Vernon (*Eure*), II, 234, 249, 477; III, 85; VI, 254, 266, 295. — Se rend au roi d'Angleterre, 1418, III, 309.
Vernon-sur-Seine. Voy. Vernon (*Eure*).
Vernueil. Voy. Verneuil.
Vernuel. Voy. Verneuil.
Véronne (l'évêque de), V, 153.
Veront (Hector de), III, 215.
Véroult (Pierre de), fait capitaine de Melun, 1420, IV, 14.
Verrad (Pierre le), IV, 138.
Verre (le seigneur de la), en Hollande, V, 278.
Versailles (Jean de), IV, 67. — Pris, 1421, IV, 63.
Versailles (Robinet de), IV, 67. — Tué, 1421, IV, 64.
Verseilles (messire Rigault de), V, 16, 56, 71. Voy. Versailles.
Verselay (l'abbé de). Voy. Vezelay.
Versele (messire Franque de), V, 43.
Verselles (Robinet de). Voy. Versailles.
Versenaire (Meurisse de). — Tué à Bruges, 1437, V, 281.
Vertaing (messire Loys de), III, 119.
Vertigneul (Alart de), III, 269.
Vertois (le seigneur de), IV, 195.
Vertus (*Marne*), IV, 202; VI, 308.
Vertus (comté de), I, 171. Voy. Gast (Bertran).
Vertus (le comte de), Philippe d'Orléans, I, 394, 397; II, 124, 236, 299, 303, 402, 429, 464; III, 47, 54, 330; VI, 122, 173, 203, 208, 215, 221. — Fait des courses en Normandie, 1410, II, 113. — Se rend à l'assemblée d'Auxerre, 1412, II, 292, 293. — Engage le Dauphin à s'emparer du gouvernement, 1412, II, 235. — Sa fuite de Paris, 1413, II, 361; VI, 217. — Assiste au siége d'Arras, 1414, III, 24. — Meurt à Blois, 1420, IV, 8.

Vertuz (le comte de), VI, 123. Voy. Vertus.
Verville (*Seine-et-Oise*), V, 53.
Vervins (*Aisne*), V, 77, 90. — Sa prise, 1412, II, 262.
Vervins (le seigneur de), II, 265. — Au siége de Pontoise, 1441, VI, 8.
Veuglaires, sorte de canon, IV, 167, 418.
Vexte (le seigneur de le), VI, 237.
Vez (messire Guillaume de), IV, 376.
Vezelay (*Yonne*), IV, 107.
Vezelay (pays de), IV, 107.
Vezelay (l'évêque de), V, 130.
Vezelay (l'abbé de), V, 151.
Vezelise (*Meurthe*), V, 42. — (L'église de), V, 337.
Vezelize. Voy. Vezelise.
Vezis (Philippot) de Sens, III, 154.
Vi (le Borgne de), V, 78.
Viane (Guillaume de), seigneur de Saint-George, IV, 374. Voy. Vienne.
Viane (Guillaume de), seigneur de Monbis et de Gilly, VI, 69.
Vibrant (Arnoul), II, 25.
Vicestre (l'hôtel de), II, 94; VI, 205. — Détruit par les Parisiens, 1410, VI, 206.
Victoire (l'abbaye de la). Voy. Venette.
Viecten (le comte de), VI, 162.
Viefville. Voy. Viesville.
Vielpont (le seigneur de), III, 77.
Vielzport (le seigneur de), — tué à la bataille d'Azincourt, 1415, III, 115.
Vielzville. Voy. Viesville.
Vienne (Antoine de), IV, 422. — Tué, 1430, IV, 424, 425.
Vienne (Émar de), VI, 236.
Vienne (Évrard de), III, 411.
Vienne (Guillaume de), chevalier, seigneur de Saint-George, I, 125; VI, 275. — Se démet de sa charge de capitaine de Picardie, 1406, I, 137.
Vienne (Guillaume de), fils du seigneur de Saint-George, III, 328;

V, 53. — Fait chevalier, 1423, IV, 159.
Vienne (Jacques de), VI, 200.
Vienne (Jean de), III, 17; IV, 158, 408.
Vienne (Pochart de), IV, 195.
Vienne (pays de), VI, 29.
Viennois (le), VI, 99.
Viese (l'évêque de), VI, 97.
Viestain (le comte de), VI, 162.
Viesville (le seigneur de la), I, 392; II, 232, 360, 376, 399; III, 90, 99; IV, 2, 62, 63, 66, 256; VI, 200, 218, 301, 303. — Envoyé à Gênes, 1409, II, 40. — Tué, 1421, IV, 63.
Viesville (Colin de la). — Se sauve de Paris, II, 361.
Viesville (Copin de la), III, 246; VI, 237, 244. — Fait chevalier, 1423, IV, 159. — (Ourse, femme de Copin de la), IV, 118. — Ursèle, VI, 319.
Viesville (Gauvain de la), IV, 67, 119; VI, 237, 302.
Viesville (le Maigre de la), VI, 301.
Viesville (Maillet de la), VI, 237.
Vigne (Colart de la), III, 328; VI, 275.
Vigneron (Simon le), de Joigny, III, 154.
Vignoles (Amado de), frère d'Étienne de la Hire, V, 91. — Tué, 1434, V, 92.
Vignolles (Étienne de), VI, 239. Voy. La Hire.
Viguier, secrétaire, VI, 144.
Viguier, capitaine au service du duc de Bourbon, II, 256.
Vilain (Andrieu). — Fait chevalier, 1421, IV, 59.
Vilain (Jean), IV, 62, 67; VI, 302. — Fait chevalier, 1421, IV, 59.
Vilars (le seigneur de), VI, 52.
Vilers, V, 202.
Vilers-le-Maguet, V, 53.
Vilers, devant Mouson, V, 225, 228.
Villac, du pays de Servie, VI, 163.
Villain (Jean). Voy. Vilain.
Villaines (Guillaume de), capitaine, de la Rochelle, I, 134.

Villandrado (Rodrigo de), VI, 189. Voy. Rodriguez. Villandras.
Villandras (Rodighe de), IV, 406, 408; V, 33, 34, 354, 356. — Son neveu pendu, 1434, V, 90.
Villas (le seigneur de), IV, 273.
Villecquier. Voy. Villequier.
Villefranche, II, 226, 256; V, 98.
Villeguier (Collinet de). Voy. Villequier.
Villekin, Flamand, V, 242.
Villeneuve, VI, 294.
Villeneufve-le-Roy, IV, 70.
Villeneuve-le-Roi, IV, 35, 70; VI, 254, 286, 290. Voy. Noefville-le-Roy.
Villeneuve-le-Roy, sur le Rhône, III, 407.
Villeneuve-Saint-George, II, 400.
Villenoefve (Guillaume de), V, 24.
Villequier (le seigneur de), III, 171, 172.
Villequier (Colinet de). — Fait chevalier, 1421, IV, 59; VI, 301.
Villers (Archembault de), II, 303.
Villers (Guillaume de), III, 118.
Villers (Regnault de), III, 118.
Villers-le-Carbonnel, V, 72, 77.
Villers-le-Châtel, III, 30.
Villestain (le comte de), VI, 162.
Villeterre. — Se rend au roi d'Angleterre, 1418, III, 309.
Villiers (Charles de). — Proscrit, 1413, II, 353.
Villiers (Geoffroi de), chevalier de Rethelois, III, 219.
Villiers (messire Jean de), seigneur de l'Ile-Adam. — Fait chevalier de la Toison d'or, 1429, IV, 374.
Vilquier. Voy. Villequier.
Vilquiert. Voy. Villequier.
Vimeu (le), III, 96, 337; IV, 48, 56, 73, 84, 144, 433; V, 36, 39, 316.
Vinam, V, 101.
Vincelles (Yonne), IV, 161.
Vincennes, I, 123; II, 53, 57, 60, 101, 231, 258, 303; III, 175; IV, 78, 99, 362; VI, 322, 323. — (Le bois de), IV, 2.

Vincent (Jean), proscrit, 1413, II, 353.
Vincestre, I, 83; III, 72.
Vincestre (le cardinal de), IV, 26.
Vinchelles (la). Voy. Vincelles.
Vinsenne (l'évêque de), V, 151. Voy. Vincestre.
Vinstghen, VI, 163.
Virelais, II, 71.
Vireton, III, 227.
Viri (Amé de). Voy. Viry.
Viritum (Aleaume de), I, 68.
Vironfosse, IV, 136.
Viry (Amé de), Savoisien, I, 370; II, 226, 227, 255, 269, 271, 277. — En guerre avec le duc de Bourbon, 1409, II, 2. — Est livré par le comte de Savoie, II, 3. — Délivré, p. 4. — Sa mort, 1412, p. 290.
Visconte (Colinet de), IV, 196.
Vissaines (le bois de), Voy. Vincennes.
Vitreboque (messire Colard de), IV, 67.
Vitri-en-Partois. Voy. Vitry-en-Perthois.
Vitry, II, 94; III, 48, 354; IV, 132.
Vitry en France, VI, 34, 35.
Vitry-en-Perthois, III, 376; IV, 206. — Ses faubourgs brûlés, 1419, III, 317.
Vitry (Anselin de La Tour, bailli de), V, 293.
Vitry (Michel de), II, 345.
Vivien (Me Estievene), V, 60.
Viviers (le cardinal de), II, 67.
Vivonne (Antoine de), V, 73.
Vivreux, IV, 51.
Voides (Baude des), VI, 117.
Voiennes (*Somme*), III, 97.
Voisines (*Haute-Marne*), IV, 441.
Voltri, dans les États de Gênes. — L'archevêque de Reims, Gui de Roye y est tué, 1409, II, 7.
Vor (le), d'emprès Douay, III, 154.
Voutre. Voy. Voltri.
Voz d'Anquin (le seigneur de), IV, 280. Voy. Bos d'Anequin.

Vredone (le seigneur de), III, 118.
Vregey (le seigneur de), maréchal de Bourgogne. Voy. Vergy.
Vregy (le seigneur de). Voy. Vergy.
Vrenon (Jean de), III, 154.
Vretasse (messire Jean de), IV, 195.
Vrevins. Voy. Vervins.
Vurguesian, VI, 163.
Vy, en Artois, IV, 231.

W

Waast (le) (*Pas-de-Calais*), V, 235.
Waervich. Voy. Warwick.
Waerwicq. Voy. Warwick.
Wailly (*Pas-de-Calais*), III, 24.
Walberge. Voy. Walperghe.
Wale (Jean de), IV, 394.
Wale (Louis de). — Pris 1436, V, 282.
Walengen (Jean, seigneur de), VI, 69.
Walgast (le duc de), VI, 162.
Walleperghe. Voy. Walperghe.
Walon-Chapelle, V, 263.
Walperghe (Théolde de), IV, 375, 376, 382, 404; V, 134. — Est envoyé au secours d'Orléans, 1428, IV, 301; VI, 9. — Assiste au combat de Rouvray, IV, 311.
Walusel (le seigneur de). — Tué à la bataille d'Azincourt, 1415, III, 117.
Wancourt (*Pas-de-Calais*), III, 23.
Wande (Eustace). — Tué, 1434, V, 86.
Wandome (Alain de). Voy. Vendôme.
Wandone (Lyonnel de), IV, 152.
Wandonne (le bâtard de). Voy. Vendôme.
Warenbon (le seigneur de), IV, 407; V, 268, 274.
Warewich. Voy. Warwick.
Wargnies (le seigneur de). — Tué

à la bataille d'Azincourt, 1415, III, 114.
Wargnies (Louis de), III, 18, 49, 128, 150, 209, 212, 215, 237, 251, 261.
Warnechon, II, 122. Voy. Warneton.
Warneston. Voy. Warneton.
Warneton (*Nord*), VI, 223. — Rendue à Jean de Luxembourg, 1418, III, 298.
Wart (le comte de), V, 133.
Wart, seigneur de Sciebourg, gouverneur de Sept-Châteaux, VI, 163.
Warwick (le comte de), II, 302, 391, 404, 406; III, 54, 95, 147, 283, 295, 304, 313, 363, 374, 388; IV, 12, 15, 93, 101, 107, 109, 110, 116, 287, 289; V, 2, 4; VI, 228, 266, 282, 288. — Va à la rencontre de l'empereur Sigismond, 1415, III, 137. — Fait gouverneur de Henri VI, roi d'Angleterre, 1422, IV, 116. — Assiége Montargis, p. 271. — Et Pont-Orson, p. 289. — Défait un parti de Français, 1431, p. 434.
Warwick (le seigneur de), V, 126.
Warwick (l'enfant de), IV, 441; V, 10, 27, 34.
Wascreman (Gautier de), capitaine de Westmoustre, V, 239.
Wastmoustier. Voy. Westminster.
Watier Disque (le grant), III, 53.
Waucourt. Voy. Vaucourt.
Waudémont. Voy. Vaudémont.
Waudricourt (Robert de), V, 53. Voy. Baudricourt.
Waudrigien (Ernoul de). — tué à la bataille d'Azincourt, 1415, III, 116.
Waudumont. Voy. Vaudémont.
Wauldre (Jean de), IV, 376.
Waulier (l'ancien), IV, 204.
Waurain. Voy. Waurin.
Waurin (le seigneur de), I, 372; III, 90; VI, 200. — Lui et son fils tués à la bataille d'Azincourt, 1415, III, 114.

Waurin (second seigneur de), V, 100, 235, 237, 245, 411. — Se signale à des joutes, V, 447.
Waverans (le seigneur de), III, 118.
Wembloch (Jean), écuyer, VI, 98.
Wernoncourt (Eustache de), IV, 296.
Werpelleirs (Jean de), V, 52.
Werwic. Voy. Warwick.
Wes (George du), V, 231, 240.
Wesemale, IV, 229.
Westminster, II, 337; IV, 115; V, 209, 239.
Westmoustier. Voy. Westminster.
Westmoustre. Voy. Westminster.
Westrebourch (le seigneur de), VI, 163.
Weucourt (Loys de), VI, 294.
Wide (le comte de), VI, 162.
Widemont (le seigneur de), VI, 52.
Wideville (Richart de), IV, 138.
Wieghe (la forteresse de), IV, 181.
Wielinghe, V, 265.
Wilbich (le comte de), Anglais.— Présent au discours de Jean Courteheuse contre Benoît XIII, 1408, I, 256.
Willeby (le seigneur de), III, 82; IV, 158, 189; V, 70, 76, 93, 100, 219, 221. — Assiste à la bataille d'Azincourt, III, 106. Voy. Willughby.
Willeman (bataille de), 1431, V, 7.
Willughby. Voy. Wilbich, Willeby.
Willy, château, VI, 85.
Wincestre (le cardinal de), IV, 251, 334, 389; V, 2, 5, 50, 144, 150, 152, 191, 253, 403, 404.
Winchecan de Douy (sire), VI, 163.
Wisebourg (l'évêque de), VI, 162.
Wisque (l'île de), I, 91.
Wissemale (le damoiseau de), IV, 212.
Wissoch (Antoine de), VI, 75, 91.
Wistoc (Antoine de), IV, 366.

Woustine (Gilles de la), V, 249, 267, 332.

X

Xainctes (l'évêque de). — Tué, 1418, III, 270.

Y

Yaucourt (le château d'), V, 427.
Ybbis, III, 53. Voy. Ywis.
Ybert (messire), maréchal savoyen, IV, 459.
Yencourt en Ponthieu, VI, 294.
Yenville-le-Chastel, II, 228; IV, 296, 298, 331. Voy. Janville.
Yèvre-le-Châtel (*Loiret*), II, 281.
Yllande. Voy. Irlande.
Yllandois, III, 285.
Yllois, IV, 203.
Yne (la forteresse d'), IV, 428.
Ynins, IV, 231.
Yonne (l'), III, 405; IV, 70, 161; VI, 129.
Yorc. Voy. York.
Yorch. Voy. York.
Yorck (le duc d'), V, 271, 343; VI, 9, 12, 14, 17. — Blessé par le duc d'Alençon. 1415, III, 119. — (Le riche duc d'), V, 2.
York (le duc d'), I, 153; III, 82, 100, 106. — (Édouard, duc d'), II, 241. — Tué à la bataille d'Azincourt, 1415, III, 110.
York (les gens du duc d'), VI, 18.
York (l'archevêque d'), V, 131, 152, 403; VI, 33. Voy. Nyorch.
Yorq. Voy. York.
Ypocras, V, 3.
Ypre. Voy. Ypres.
Ypres, I, 97; II, 260; V, 239, 240, 322, 329; VI, 222.
Yrlandois, III, 284, 315.
Ysabel, belle-fille de la duchesse douairière d'Orléans, I, 267.

Ysabel. Voy. Isabelle.
Ysacq (Jean), orfévre. — Pendu à Tournay, 1428, IV, 295.
Ysatis, nom d'une herbe, II, 273.
Ysaye (le prophète), I, 196, 304.
Ysembergue (le damoiseau de), IV, 254.
Ytaliens (les), III, 170.
Ytallie. Voy. Italie.
Yvery (le baron d'), IV, 67.
Yvery. Voy. Yvry.
Yvois, V, 75.
Yvregny (Gui d'). — Tué dans une rencontre contre les Anglais, 1405, I, 104.
Yvry (*Eure*), IV, 192. — Son siége, 1424, IV, 186, 189.
Yvry (le sire d'), VI, 199.
Ywis, en la conté de Ligney, V, 80, 114, 229; VI, 84. — (La grande église d'), III, 67.

Z

Zacharie (le prophète), I, 316.
Zaghère (Jacques le), V, 326.
Zambri (le duc), I, 300; II, 417.
Zame, VI, 162.
Zeelande. Voy. Zélande.
Zélande, I, 353; III, 70, 125; IV, 86; V, 43, 46, 137; VI, 200, 311.
Zélande (le duc de), I, 401.
Zélande (les princes de), V, 207.
Zellande (comté de), VI, 292.
Zenenberghe, IV, 257, 293.
Zenenberghe (le seigneur de), IV, 258.
Zevemberghe (le seigneur de), VI, 163.
Zevere (Daniel Van), échevin de Gand, V, 36.
Ziérik-Sée. Voy. Cérixée.
Ziricsée. Voy. Cirixée.
Zuessin (Bénédict), marchand génois, IV, 268.

www.ingramcontent.com/pod-product-compliance
Lightning Source LLC
Chambersburg PA
CBHW071624230426
43669CB00012B/2065